COLLECTION HISTORIQUE DES GRANDS PHILOSOPHES

LA
LOGIQUE DE LEIBNIZ

D'APRÈS DES DOCUMENTS INÉDITS

PAR

Louis COUTURAT

CHARGÉ DE COURS A L'UNIVERSITÉ DE TOULOUSE

> Cum Deus calculat...
> fit mundus.
> *Phil.* VII, 191.

PARIS
FÉLIX ALCAN, ÉDITEUR
ANCIENNE LIBRAIRIE GERMER BAILLIÈRE ET Cⁱᵉ
108, BOULEVARD SAINT-GERMAIN, 108

1901

LA
LOGIQUE DE LEIBNIZ

D'APRÈS DES DOCUMENTS INÉDITS

A LA MÊME LIBRAIRIE

DU MÊME AUTEUR :

De **Platonicis mythis**, thèse latine (épuisé).
De **l'Infini mathématique**. 1 vol. grand in-8 . . . . 12 fr.

EN PRÉPARATION :

Opuscules et fragments inédits de Leibniz.
La Logique algorithmique.

LA
LOGIQUE DE LEIBNIZ

D'APRÈS DES DOCUMENTS INÉDITS

PAR

Louis COUTURAT

CHARGÉ DE COURS A L'UNIVERSITÉ DE TOULOUSE

> Cum Deus calculat...
> fit mundus.
> *Phil.*, VII, 191.

PARIS
FÉLIX ALCAN, ÉDITEUR
ANCIENNE LIBRAIRIE GERMER BAILLIÈRE ET Cⁱᵉ
108, BOULEVARD SAINT-GERMAIN, 108
—
1901
Tous droits réservés.

A

MONSIEUR ÉMILE BOUTROUX

PROFESSEUR DE L'UNIVERSITÉ DE PARIS
MEMBRE DE L'INSTITUT

Hommage respectueux et reconnaissant.

PRÉFACE

La Logique de Leibniz[1] est assurément la partie de son système qui a été le plus négligée par les historiens de la philosophie et des mathématiques. Les philosophes, séduits à bon droit par sa métaphysique, n'ont accordé que peu d'attention à ses doctrines purement logiques, et n'ont guère étudié son projet d'une Caractéristique universelle, sans doute à cause de la forme mathématique qu'il revêtait. D'autre part, les mathématiciens ont surtout vu dans Leibniz l'inventeur du Calcul différentiel et intégral, et ne se sont pas occupés de ses théories générales sur la valeur et la portée de la méthode mathématique, ni de ses essais d'application de l'Algèbre à la Logique, qu'ils considéraient dédaigneusement comme de la métaphysique. Il en est résulté que ni les uns ni les autres n'ont pleinement compris les principes du système, et n'ont pu remonter jusqu'à la source d'où découlent à la fois le Calcul infinitésimal et la *Monadologie*.

Ils ont, il est vrai, pour excuse que les opuscules de Leibniz relatifs à la Logique n'ont été publiés que tardive-

---

1. Nous adoptons l'orthographe LEIBNIZ, conforme à la signature habituelle du philosophe (cf. *Klopp*, IX, 51).

ment et très incomplètement, et qu'aujourd'hui encore ils sont dispersés dans diverses éditions partielles et fragmentaires, notamment dans les deux éditions où GERHARDT a si malencontreusement distribué les *OEuvres mathématiques* et les *OEuvres philosophiques*[1]; comme si l'on pouvait découper en tranches l'œuvre d'un savant encyclopédique, dont la philosophie était nourrie de l'étude de toutes les sciences, et a inspiré en retour toutes ses découvertes scientifiques. S'il y a un penseur que l'on ne puisse dédoubler ainsi impunément, c'est bien celui qui disait : « Ma Metaphysique est toute mathematique[2] », ou encore : « Les Mathematiciens ont autant besoin d'estre philosophes que les philosophes d'estre Mathematiciens[3] ». Cette division artificielle et arbitraire opérée entre des œuvres contemporaines qui se pénètrent et s'éclairent mutuellement a eu pour résultat de dissimuler l'unité du système et d'en cacher les véritables principes. Ainsi l'absurde et déplorable scission des « lettres » et des « sciences » ne compromet pas seulement l'avenir de la philosophie; elle fausse son histoire et rend son passé inintelligible, en l'isolant des spéculations scientifiques où elle a toujours pris racine. On

---

1. Il y a dans les *OEuvres philosophiques* des lettres et même des opuscules d'un contenu mathématique, comme la *Lettre à Malebranche* du 4 août 1679 (*Phil.*, I, 342) et le *Tentamen Anagogicum* (*Phil.*, VII, 270; classé dans les manuscrits : **Math.**, VII, 5). Et en revanche, il y a dans les *OEuvres mathématiques* une foule de lettres et de fragments d'un grand intérêt philosophique, notamment la correspondance avec Tschirnhaus, et plusieurs opuscules sur la philosophie ou la logique des mathématiques (v. Chap. VI, § 7; Chap. IX, § 4).

2. *Lettre à L'Hospital*, 27 déc. 1694 (*Math.*, II, 258).

3. *Lettre à Malebranche*, 13/23 mars 1699 (*Phil.*, I, 356). Cf. *Lettre à la princesse Sophie*, 12 juin 1700 (citée p. 262, note 1). Leibniz disait lui-même de sa correspondance avec Arnauld, qu'il projetait de publier : « Il y aura un melange curieux de pensées philosophiques et Mathematiques qui auront peut estre quelquefois la grace de la nouveauté. » *Lettre à Basnage de Beauval*, 3/13 janv. 1696, P. S. (*Phil.*, IV, 499).

comprend aisément que la philosophie de Leibniz ait dû en pâtir plus que toute autre, et, dans cette philosophie, la Logique, précisément parce qu'elle est le centre et le lien de ses spéculations métaphysiques et de ses inventions mathématiques [1].

Non seulement les éditions de Leibniz sont incomplètes et « unilatérales »; mais les œuvres logiques y ont été particulièrement négligées. Sans doute RASPE, puis ERDMANN et enfin GERHARDT nous ont fait tour à tour l'aumône de quelques fragments; mais pour *un* qu'ils ont publié, ils en ont laissé de côté *vingt* autres aussi importants et aussi achevés, sinon davantage, et, ce qui est le plus incroyable, presque tous les fragments *datés*. On ne peut expliquer une telle négligence que par le fait que les éditeurs de Leibniz n'ont rien compris à ces fragments et n'ont pu en apprécier la valeur. Aussi avons-nous dû, pour compléter notre travail, prendre connaissance des manuscrits conservés à la Bibliothèque de Hanovre, et en extraire les fragments les plus intéressants, que nous publierons bientôt [2]. Nous

---

[1]. L'étroite connexion qui existe entre le Calcul infinitésimal et la métaphysique de Leibniz est affirmée expressément et nettement définie dans la *Lettre à Fardella* du 3/13 sept. 1696 : « Fortasse non inutile erit, ut nonnihil in præfatione operis tui attingas de nostra hac analysi infiniti, ex intimo philosophiæ fonte derivata, qua mathesis ipsa ultra hactenus consuetas notiones, id est ultra imaginabilia, sese attollit, quibus pene solis hactenus geometria et analysis immergebantur. Et hæc nova inventa mathematica partim lucem accipient a nostris philosophematibus, partim rursus ipsis autoritatem dabunt. » (*Grotefend*, p. 210.) N'est-ce pas un crime que de séparer ce qui dans la pensée de Leibniz était si intimement uni?

[2]. Nous ne voulons pas attendre cette occasion pour témoigner toute notre reconnaissance à M. LIARD, directeur de l'Enseignement supérieur, qui, en nous chargeant à cet effet d'une mission en Allemagne, nous a permis de mener à bien ce double travail; à M. le conseiller BODEMANN, bibliothécaire en chef de Hanovre, qui nous a libéralement ouvert le trésor dont il a la garde; et à M. VACCA, assistant de mathématiques à l'Université de Turin, qui nous en a montré le chemin.

croyions n'avoir plus qu'à glaner après tant d'éditeurs ; or nous avons rapporté une moisson si riche de documents nouveaux, que nous avons été obligé de refondre entièrement notre livre et de récrire certains Chapitres en totalité [1].

Toutefois, ces documents, si considérables qu'ils soient par leur nombre, leur étendue et leur intérêt, ne nous ont nullement obligé de modifier notre plan ni même de corriger nos conjectures chronologiques ; ils n'ont fait que combler des lacunes et confirmer notre interprétation. Ils ont surtout apporté un supplément de preuves à la conclusion essentielle de notre travail, à savoir que la métaphysique de Leibniz repose uniquement sur les principes de sa Logique, et en procède tout entière [2].

Cette conclusion, que les œuvres déjà publiées suffisaient à justifier, se trouve corroborée entre autres par un admirable fragment inédit où Leibniz a résumé en quatre pages toute sa métaphysique en la déduisant du *principe de raison*, qu'il formule rigoureusement comme suit : Dans toute proposition vraie, universelle ou singulière, nécessaire ou contingente, le prédicat est contenu dans le sujet ; en d'autres termes, toute vérité est réductible à une proposition identique, et doit pouvoir se démontrer *a priori* par l'analyse de ses termes [3]. De là Leibniz déduit d'abord le *principe de symétrie* et le *principe des indiscernables*, puis une suite de conséquences métaphysiques : il n'y a pas de dénominations purement extrinsèques ; la notion com-

---

[1]. Notamment le Chap. III (la Langue universelle) et le Chap. VIII (le Calcul logique).

[2]. C'est à la même conclusion qu'est arrivé M. RUSSELL, par une interprétation toute différente d'ailleurs, dans sa *Critical Exposition of the Philosophy of Leibniz* (Cambridge, 1900).

[3]. **Phil.**, VIII, 6-7. Voir les extraits cités Chap. VI, § 17, notamment p. 208, note 1.

plète d'une substance individuelle enveloppe tous ses prédicats passés, présents et futurs, et par suite l'univers entier, avec tous ses états successifs; toutes les substances créées ne sont que des expressions diverses d'un même univers; une substance individuelle exerce sur toutes les autres une action *physique*, mais non une action *métaphysique*, d'où suit l'hypothèse de l'harmonie préétablie; il n'y a pas de vide ni d'atomes; toute parcelle de matière est actuellement divisée à l'infini; il n'y a dans les corps aucune figure actuelle déterminée; l'espace, le temps et le mouvement ne sont que des phénomènes vrais; la substance des corps est une « forme » analogue à l'âme; enfin, aucune substance ne peut naître ni périr naturellement. Comme on le voit, ce sont toutes les thèses essentielles de la *Monadologie* qui dérivent de ce seul *principe de raison*, dont le sens exact et précis est celui-ci : « *Toute vérité est analytique.* » En conséquence, tout dans le monde doit être intelligible et démontrable logiquement par de purs concepts, et la seule méthode des sciences est la déduction. C'est ce qu'on peut appeler le postulat de l'universelle intelligibilité. La philosophie de Leibniz apparaît ainsi comme l'expression la plus complète et la plus systématique du rationalisme intellectualiste : il y a accord parfait entre la pensée et les choses, entre la nature et l'esprit; la réalité est entièrement pénétrable à la raison, parce qu'elle est pénétrée de raison. Pour caractériser cette métaphysique d'un seul mot, c'est un *panlogisme*[1].

Ce mot suffit à indiquer la place capitale que la Logique

---

1. Cette interprétation nous paraît propre à éclairer les rapports de Leibniz et de Kant. Celui-ci s'oppose radicalement à son prédécesseur en soutenant l'existence des *jugements synthétiques a priori*.

doit occuper dans le système de Leibniz. Cette conclusion n'était de notre part ni cherchée ni même prévue ; c'est sans le vouloir et presque malgré nous que nous y avons abouti. Nous nous proposions simplement d'étudier en Leibniz le précurseur de la Logique algorithmique moderne, d'analyser son Calcul logique et son Calcul géométrique, et de reconstituer l'idée de sa Caractéristique universelle. Mais, quand nous avons voulu remonter aux principes philosophiques de ces théories, nous avons aperçu, d'une part, qu'elles procédaient de la conception originale que Leibniz se faisait de la Mathématique universelle, et de son invention juvénile de la Combinatoire; d'autre part, qu'elles se rattachaient étroitement à ses essais de Langue universelle, ainsi qu'à son grand projet d'Encyclopédie démonstrative qui l'occupa toute sa vie; enfin, qu'il déduisait toutes ses thèses philosophiques des principes de sa « Science générale », c'est-à-dire de sa Méthodologie. C'est ainsi que nous avons été amené à découvrir que sa Logique était, non seulement le cœur et l'âme de son système, mais le centre de son activité intellectuelle et la source de toutes ses inventions, et à reconnaître en elle le foyer obscur, ou du moins caché, d'où jaillirent tant de lumineuses « fulgurations ».

AVERTISSEMENT

Nous croyons devoir donner ici quelques indications sur la disposition matérielle de notre ouvrage. L'état de dispersion et de désordre où se trouve présentement l'œuvre immense et multiple de Leibniz, morcelée et démembrée entre tant d'éditions fragmentaires, fait qu'il est difficile, sinon impossible, à un seul travailleur de rassembler et d'avoir sous la main tous les textes nécessaires à l'étude approfondie d'une partie quelconque du système [1]. Nous avons donc pensé être utile aux étudiants, et même à quelques-uns de leurs maîtres, en prodiguant les citations et les références, de manière à faire de notre livre un recueil de textes qui pût suppléer en quelque mesure à l'absence de telle ou telle édition [2]. De plus, les citations permettent des rapprochements instructifs ou curieux entre des textes analogues ou contemporains qui se trouvent souvent séparés dans une même édition ou dans plusieurs. Quant aux références, nous les avons multipliées, dans l'espoir de remé-

---

1. Nous n'y avons réussi nous-même que grâce aux ressources conjointes de la Sorbonne, de l'École Normale et de la bibliothèque Victor Cousin, ressources qui ne se trouvent réunies qu'à Paris.

2. Voir à la fin du volume nos *Abréviations bibliographiques*. En règle générale, nous avons renvoyé de préférence aux éditions les plus récentes; par suite, nous n'avons cité les éditions *Dutens*, *Erdmann*, etc., que pour les textes qui manquent aux éditions ultérieures. Toutefois, nous avons cité parallèlement, lorsqu'il y avait lieu, les trois éditions GERHARDT (*Math.*, *Phil.* et *Briefwechsel*).

dier, sur quelques points au moins, au manque si regrettable d'Index dans les éditions *Gerhardt*. Elles pourront servir de guide à ceux qui voudront vérifier notre interprétation, en développer et compléter quelques parties, ou étudier certaines questions accessoires que nous avons dû laisser de côté [1]. Nous avons traité dans les *Appendices* quelques-unes de ces questions connexes qui se rattachaient à notre sujet sans toutefois entrer dans notre plan. Nous avons renvoyé à la fin du volume, dans les *Notes*, les documents qui se trouvaient cités en divers endroits du livre, ou qui par leur étendue ne pouvaient trouver place dans les notes courantes. Enfin, comme toutes nos citations des œuvres philosophiques se réfèrent à l'édition *Gerhardt* [2], il nous a paru utile, pour permettre de les retrouver aisément et sûrement dans l'édition *Erdmann*, de dresser une table de correspondance entre les deux éditions, qui n'existe encore nulle part à notre connaissance. En un mot, ayant éprouvé par nous-même combien les éditions présentes de Leibniz rendent l'étude incommode et pénible, nous nous sommes efforcé d'épargner au lecteur de longues et fastidieuses recherches, souvent stériles et toujours hasardeuses, et de le faire profiter le plus possible du résultat des nôtres. Nous serions amplement récompensé de nos peines, si notre ouvrage pouvait faciliter à d'autres l'étude de la philosophie de Leibniz, attirer l'attention des chercheurs sur son œuvre si vaste et si mal connue, et susciter d'autres travaux qui contribuent à augmenter sa gloire et à restaurer sa pensée.

---

1. Voir par exemple les notes sur les travaux philologiques de Leibniz (p. 65, 1); sur les machines logiques (p. 116, 2); sur les dialogues composés par Leibniz (p. 130, 3); sur l'Algèbre de Descartes (p. 141, 2); sur l'argument ontologique (p. 195, 3); sur le principe de continuité (p. 233, 4); sur la machine arithmétique (p. 295, 4); etc. Pour les notes relatives à tel ou tel auteur, consulter l'*Index des noms propres*.

2 Sauf pour les *Nouveaux Essais*, la *Théodicée* et la *Monadologie*; nous avons préféré renvoyer aux divisions intrinsèques de ces ouvrages, parce qu'il y en a de nombreuses éditions classiques, par exemple l'édition *Janet* (2 vol. in-8°; 2ᵉ édition, Paris, Alcan, 1900).

LA
LOGIQUE DE LEIBNIZ

CHAPITRE I.

LA SYLLOGISTIQUE

1. Avant d'étudier les vues originales de Leibniz sur la Logique, il convient de rechercher d'abord ce qu'il pensait de la Logique traditionnelle d'Aristote et des Scolastiques, et en particulier de la théorie du syllogisme. Il professa toujours pour celle-ci une grande admiration :

« Je tiens que l'invention de la forme des syllogismes est une des plus belles de l'esprit humain, et même des plus considérables. C'est une espèce de mathématique universelle[1], dont l'importance n'est pas assez connue; et l'on peut dire qu'un art d'infaillibilité y est contenu, pourvu qu'on sache et qu'on puisse s'en bien servir, ce qui n'est pas toujours permis[2]. »

La meilleure preuve de la valeur que Leibniz reconnaissait à

---

1. Remarquer cette expression, qui se trouve répétée plus loin par Philalèthe (§ 9), et que nous comprendrons mieux plus tard (Voir Chap. II, § 1, et Chap. VII, § 14).
2. *Nouveaux Essais*, IV, xvii, § 4 (1704). Cf. *Lettre à Koch* du 15 juillet 1715 (*Phil.*, VII, 481); *Lettre au P. des Bosses* du 2 mai 1710 (*Phil.*, II, 402); *Lettre à Lang* du 5 juin 1716 (Note XVIII); *Lettre à Eler* du 10 mai 1716 (Note XVII).

la Logique formelle, et notamment au syllogisme, consiste dans le fait qu'il l'employa avec succès dans sa controverse avec Denis Papin touchant la Dynamique[1]. Ils poussèrent l'argumentation jusqu'au 12e ou 13e syllogisme, après quoi ils tombèrent d'accord, tandis qu'auparavant ils ne réussissaient pas à s'entendre[2].

Mais ce culte de la forme logique et son admiration pour la théorie du syllogisme n'empêchaient pas Leibniz de considérer l'œuvre d'Aristote comme imparfaite, et de vouloir la corriger et la compléter, à l'exemple des Scolastiques eux-mêmes. Vers la fin de sa vie, il écrivait ces lignes, qui résument sa propre théorie :

« La Logique de Syllogismes est véritablement démonstrative, tout comme l'Arithmetique ou la Geometrie. J'ay demontré dans ma jeunesse, non seulement qu'il y a veritablement quatre figures, ce qui est aisé[3], mais aussi que chaque Figure a six modes utiles, et n'en sauroit avoir ny plus ny moins : au lieu qu'ordinairement on n'en donne que quatre à la première et à la seconde, et cinq à la quatrième[4]. »

2. La démonstration à laquelle Leibniz faisait ainsi allusion se trouve dans sa *Dissertatio de Arte combinatoria*[5], composée

---

1. *De legibus naturæ et vera æstimatione virium motricium contra Cartesianos, responsio ad rationes a Dn P. mense Januarii proximo in Actis hisce propositas.* (*Acta Eruditorum*, 1691; *Math.*, VI, 204-11.) On trouve dans les manuscrits de Leibniz plusieurs documents relatifs à ce débat : **Phil.**, II, 8 a : *Abrégé de la dispute en forme que j'ay eue avec Mons. Papin sur l'estime de la force depuis le premier jusqu'au 13. syllogisme* (inédit); **Phil.**, II, 8 b : le morceau publié par Gerhardt en Appendice à l'article des *Acta* (*Math.*, VI, 211-5); **Math.**, IX, 7 : *Synopsis controversiæ circa legitimam virium motricium æstimationem excerpta a Dn. Papino*, de la main de Papin, avec cette note de Leibniz : « In hac synopsi status controversiæ et utrinque prolatæ rationes mihi non videntur satis recte expositæ » (Bodemann, p. 66, 301).

2. *Lettre à Gabriel Wagner*, 1696 (*Phil.*, VII, 522).

3. Voir l'Appendice I.

4. *Lettre à Bourguet* du 22 mars 1714 (*Phil.*, III, 569). Cf. *Lettre à Koch* du 2 sept. 1708 : « Inveni olim cujusque figuræ modos bonos sex nec plures aut pauciores esse posse » (*Phil.*, VII, 478), et *Lettre à Gabriel Wagner*, 1696 (*Phil.*, VII, 519).

5. *Phil.*, IV, 27-104; *Math.*, V, 7-79.

à l'âge de 19 ans (en 1666), ce qui montre que, d'un bout à l'autre de sa carrière, son opinion n'a pas varié sur ce sujet. Parmi les applications de l'Art des combinaisons, Leibniz cite en effet la détermination du nombre des modes du syllogisme catégorique[1]. Pour cela, il suit l'exemple de Joh. Hospinianus, qui avait publié à Bâle, en 1560, un opuscule[2] où il trouvait 512 modes en tout, dont 36 concluants. Selon son habitude, Leibniz se propose de retrouver par lui-même les conclusions d'Hospinianus, et il se sert de son Art combinatoire pour construire tous les modes possibles dans un ordre méthodique.

Pour chaque proposition, il distingue, avec Hospinianus, *quatre* quantités : *universelle* (U), *particulière* (P), *indéfinie* (I) et *singulière* (S); et *deux* qualités : *affirmative* (A) et *négative* (N). Puis il combine séparément les quantités et les qualités trois à trois (la 1ʳᵉ lettre figurant la majeure, la 2ᵉ la mineure, et la 3ᵉ la conclusion); chaque combinaison représente un mode différent, soit au point de vue de la quantité, soit au point de vue de la qualité. Il trouve ainsi 64 (4^3) combinaisons différentes en quantité, dont 32 seulement sont utiles. Il élimine les autres au moyen des deux règles classiques : *Ex puris particularibus nihil sequitur*; et : *Conclusio nullam ex præmissis quantitate vincit*[3]. De même, il trouve 8 (2^3) combinaisons différentes en qualité, dont 3 seulement sont utiles, à savoir : AAA, NAN, ANN. Les autres sont exclues par les deux règles classiques : *Ex puris negativis nihil sequitur*; *Conclusio sequitur partem in qualitate deteriorem*[4]. Ensuite il combine les 32 modes quantitatifs et les 3 modes qualitatifs chacun à chacun, de manière à en former

---

1. Usus VI (*Phil.*, IV, 46; *Math.*, V, 23).
2. Intitulé : « *Non esse tantum 36 bonos malosque categorici syllogismi modos, ut Aristoteles cum interpretibus docuisse videtur, sed 512, quorum quidem probentur 36, reliqui omnes rejiciantur.* » Dans le *Catalogus Inventionum in Logicis* (**Phil.**, VII, B IV, 32) Leibniz cite Hospinianus comme ayant dénombré les modes absolus du syllogisme.
3. Ce sont les règles VIII et VII (2°) de notre Appendice I.
4. Ce sont les règles VI et VII (1°) de l'Appendice I, auxquelles il faudrait ajouter la règle V (*Ambæ affirmantes nequeunt generare negantem*).

96 (32×3) modes distincts[1]. De ces 96 modes il retranche les 8 modes qui rentrent dans le type *Frisesmo*, et qui ne sont d'aucune figure[2], et il lui reste 88 modes utiles, c'est-à-dire concluants.

3. Cette multiplication du nombre des modes concluants vient évidemment de ce qu'Hospinianus admettait *quatre* quantités différentes au lieu des deux quantités (U et P) distinguées par Aristote et les Scolastiques.

En conséquence, on doit trouver plusieurs modes concluants comme espèces ou cas particuliers d'un seul des modes traditionnels : par exemple, au seul mode *Darii* correspondent *neuf* combinaisons différentes (en quantité) : UII, USS, UPP; UIS, USI, UIP, UPI, USP, UPS. En outre, Hospinianus admet comme modes distincts les modes *subalternes*, dont la conclusion dérive par subalternation de la conclusion des modes universels : *Barbari* (dérivé de *Barbara*), *Celaro* (de *Celarent*), *Cesaro* (de *Cesare*), *Camestros* (de *Camestres*).

Leibniz approuve ces diverses réformes[3]; mais il blâme Hospinianus (avec raison) d'avoir assimilé les propositions singulières aux particulières, et il montre qu'elles équivalent au contraire aux universelles, puisque le sujet y est pris dans la totalité de son extension[4]. De même, les propositions indéfinies doivent être assimilées aux particulières; de sorte que Leibniz n'admet plus en définitive que les deux quantités classiques (U et P). Dès lors, les 32 combinaisons de quantités se réduisent aux 4 suivantes : UUU, UUP, UPP, PUP, dont chacune en engendre sept autres, quand on y remplace U par S et P par I; de sorte que chacun de ces modes représente huit modes d'Hospinianus. Ces quatre modes quantitatifs combinés chacun à chacun avec les trois modes qualitatifs AAA, ANN,

---

1. Si l'on combinait les 64 modes quantitatifs avec les 8 modes qualitatifs (chacun à chacun), on obtiendrait les 512 (64 × 8) modes imaginés par Hospinianus.
2. On verra plus loin pour quelle raison (p. 6-7).
3. *Phil.*, IV, 50; *Math.*, V, 27.
4. *Phil.*, IV, 48; *Math.*, V, 25-26.

NAN, produisent les 12 *modes simples généraux*, dont on verra tout à l'heure le tableau.

4. Ces 12 *modes simples* engendrent en effet 24 *modes figurés*, quand on tient compte de la diversité des figures, c'est-à-dire de la place du moyen terme dans chacune des prémisses. Ici Leibniz défend énergiquement la 4ᵉ figure contre ses critiques, à l'exemple de Hobbes, et prouve qu'elle est aussi légitime que les autres [1]. Par exemple dans ce syllogisme :

Omne animal est substantia,
Omnis homo est animal,
ergo Quædam substantia est homo,

le petit terme est *substantia*, donc la mineure est la première des deux prémisses et la majeure est la seconde. Or le moyen terme (*animal*) est prédicat dans la majeure et sujet dans la mineure, ce qui caractérise la 4ᵉ figure [2]. Il remarque d'ailleurs que, de même que la 2ᵉ figure procède de la 1ʳᵉ par la conversion de la majeure, et la 3ᵉ par la conversion de la mineure, la 4ᵉ procède de la 1ʳᵉ figure par la conversion de la conclusion (ce qui entraîne la transposition des prémisses). Enfin il rappelle les règles spéciales à chaque figure : 1° Dans la 1ʳᵉ et dans la 2ᵉ, la majeure est toujours universelle ; 2° Dans la 1ʳᵉ et dans la 3ᵉ, la mineure est toujours affirmative ; 3° Dans la 2ᵉ, la conclusion est toujours négative, et dans la 3ᵉ, elle est toujours particulière ; 4° Dans la 4ᵉ, la conclusion n'est jamais universelle affirmative, la majeure n'est jamais particulière négative, et, si la mineure est négative, la majeure est universelle affir-

---

1. « Quarta figura æque bona est ac ipsa prima. » (*Phil.*, IV, 52; *Math.*, V, 29.) Cf. la *Lettre à Bourguet* citée plus haut (§ 1).
2. Cf. la *Lettre à Koch* du 2 septembre 1708, citée dans l'Appendice I, et qui prouve que Leibniz n'a pas changé d'opinion sur ce point. Ajoutons que, s'il considère l'ordre des prémisses comme indifférent à l'égard de la détermination des figures, il préfère néanmoins l'ordre adopté par Ramus et Gassend (où la mineure est avant la majeure, comme dans le syllogisme ci-dessus) ; et il remarque que cet ordre correspond à la relation de *prédication*, tandis que l'ordre d'Aristote répond à la considération de la compréhension (« B est dans A », au lieu de : « Tout A est B »). Cf. *Nouveaux Essais*, IV, XVII, § 8, et § 4 (cité p. 32, note 1.)

mative[1]. De ces règles il résulte que chaque mode simple n'est pas concluant dans chaque figure, et que les 12 modes simples ne donnent lieu qu'aux 24 modes figurés contenus dans le tableau suivant[2] :

Modes simples	Figure I	Figure II	Figure III	Figure IV
UA, UA, UA	*Barbara.*	—	—	—
UN, UA, UN	*Celarent.*	*Cesare.*	—	—
UA, UN, UN	—	*Camestres.*	—	*Calerent.*
UA, UA, PA	*Barbari.*	—	*Darapti.*	*Baralip.*
UN, UA, PN	*Celaro.*	*Cesaro.*	*Felapton.*	*Celanto.*
UA, UN, PN	—	*Camestros.*	—	*Fapesmo.*
UA, PA, PA	*Darii.*	—	*Datisi.*	—
UN, PA, PN	*Ferio.*	*Festino.*	*Ferison.*	*Fresison.*
UA, PN, PN	—	*Baroco.*	—	—
PA, UA, PA	—	—	*Disamis.*	*Ditabis.*
PN, UA, PN	—	—	*Bocardo.*	—
PA, UN, PN	—	—	—	—

Seul le dernier mode simple (IEO) ne donne naissance à aucun mode figuré; en effet, il n'a pas de place dans les 3 pre-

1. Pour la justification de ces règles, voir Appendice I.
2. Nous avons corrigé ce tableau d'après les indications données par Leibniz lui-même dans la note qu'il publia en 1691 dans les *Acta Eruditorum* pour protester contre la réimpression de sa Dissertation sans son consentement, et pour corriger en même temps quelques erreurs (*Phil.*, IV, p. 103-104). Il remarque qu'il n'y a pas de mode OAO dans la 4ᵉ figure, mais bien un mode AEE, et conclut : « Adeoque pro *Colanto* juxta *Bocardo* poni debet *Calerent* juxta *Camestres.* » On trouve en effet *Colanto* énuméré parmi les modes de la 4ᵉ figure (*Phil.*, IV, 52; *Math.*, V, 30). Gerhardt a voulu effectuer cette correction, mais il l'a mal comprise : il a inscrit *Calerent* au-dessous de *Ditabis*, et *Camestres* au-dessous de *Disamis*[2] (*Phil.*, IV, 53; *Math.*, V, 31). Or Leibniz n'a pas voulu dire qu'en remplaçant *Colanto* par *Calerent* il fallût aussi remplacer *Bocardo* par *Camestres* (qui est de la 2ᵉ figure et qui par suite se trouve répété à tort), mais qu'au

mières figures, puisque sa majeure est particulière et sa mineure négative, et il viole la dernière règle de la 4ᵉ figure; il n'est donc d'aucune figure [1].

Ainsi Leibniz trouve 6 modes concluants dans chacune des quatre figures; cette symétrie lui plaît, et lui paraît être une marque de vérité, car, dit-il, la nature est régulière en toutes choses; et il trouve cet ordre aussi remarquable que le nombre des corps (polyèdres) réguliers [2]. Comme il le remarque ailleurs [3], elle est obtenue en adjoignant simplement aux modes universels de chaque figure les modes *subalternes* correspondants, comme leurs noms l'indiquent suffisamment : *Barbari, Celaro, Cesaro, Camestros*. Seulement, dans la 4ᵉ figure, cette corrélation est masquée par le mauvais choix des noms : le mode subalterne de *Calerent* (que nous appelons *Camenes*) est le mode dénommé *Fapesmo* (que nous appellerions *Camenos*);

lieu de *Colanto* sur la ligne de *Bocardo* il fallait mettre *Calerent* sur la ligne de *Camestres*. C'est ce que nous avons fait, en rétablissant *Bocardo* à sa place. Leibniz corrige une autre erreur, qui, introduite dans la nouvelle édition, a passé dans celles de Gerhardt : « *Frisesmo* poni debet sub figura 0 seu nulla, non sub 4 seu quarta. Neque enim in ulla figura dari potest modus IEO, in quo major PA, minor UN et conclusio PN. » Nous avons préféré supprimer la colonne 0, puisqu'elle ne répond à aucune figure, et aussi le nom du faux mode *Frisesmo* (cause de l'erreur précédente). Dans une *Lettre à Placcius* (16 novembre 1686), Leibniz, à propos d'Hospinianus, est amené à dire : « Ceterum, ut obiter dicam, erraveram ipse in libello *Artis combinatoriæ*, cum numerum modorum utilium inirem. Modi enim quartæ esse debent AEE, AAI, EAO, EIO, AEO ». (Dutens, VI, 1, p. 31-32.) Il oublie ici le mode *Ditabis* (à moins que ce ne soit l'éditeur ou l'imprimeur).

1. Cette démonstration nous paraît plus simple et plus probante que celle que Leibniz donne au moyen d'un exemple, car, comme il le remarque, les exemples peuvent être concluants *vi materiæ*, et non *vi formæ* (Phil., IV, 54; Math., V, 31-32). Il est vrai qu'il donne, à ce propos, des règles fort ingénieuses pour trouver des exemples infaillibles, où la matière ne puisse pas faire illusion sur l'invalidité de la forme. C'est à ces règles qu'il fait allusion dans les *Nouveaux Essais* (IV, XVII, § 4) : « Ordinairement on se sert des exemples pour justifier les conséquences, mais cela n'est pas toujours assez sûr, quoiqu'il y ait un art de choisir des exemples qui ne se trouveraient point vrais si la conséquence n'était bonne ».

2. *Lettre à Gabriel Wagner*, 1696 (Phil., VII, 518).
3. *Nouveaux Essais*, IV, XVII, § 4.

tandis que le mode *Celanto* est notre mode *Fesapo* (ou *Fespamo*) [1].

5. Pour réduire les modes des 3 dernières figures à ceux de la 1re, conformément à la tradition d'Aristote, Leibniz adopte une méthode ingénieuse, qui lui avait été suggérée par son maître Jacob Thomasius, mais dont l'invention remonte à Ramus [2]. Cette méthode est ce que Leibniz appelle *régression*, et ce que nous nommons *réduction à l'absurde*. Elle consiste à prendre pour prémisses d'un nouveau syllogisme l'une des prémisses du syllogisme donné avec la négation de sa conclusion, et à en déduire la négation de l'autre prémisse. C'est bien là en effet le procédé de démonstration par l'absurde : si un syllogisme est concluant, sa conclusion ne peut être fausse que si l'une des prémisses au moins est fausse; donc, si l'on admet une des deux comme vraie, il faut que l'autre soit fausse [3]. Leibniz préfère cette méthode à la méthode classique de réduction (au moyen de la conversion), parce qu'elle repose sur le principe de contradiction [4], et qu'il y a avantage à invoquer le moins de principes possible. Il est vrai que cette méthode de réduction n'est applicable qu'aux modes de la 2e et de la 3e figures, tandis que la 4e figure a en outre besoin de la conversion pour se ramener à la 1er. Mais « il se trouve fort à propos que les con-

---

1. Vers la fin de sa vie, Leibniz paraît avoir cherché d'autres noms pour les modes nouveaux, sans doute pour mieux marquer leur indépendance à l'égard des modes anciens : dans la Ire figure, *Gabali* et *Legano*; dans la IIe, *Gaceno* et *Lesaro*; dans la IVe, *Cademop* (**Phil.**, VI, 15).

2. *Phil.*, IV, 55; *Math.*, V, 33. Cf. *Nouveaux Essais*, IV, II, § 1 : « J'ai remarqué dans ma jeunesse, lorsque j'épluchais ces choses, que tous les modes de la seconde et troisième figure se peuvent tirer de la première par cette seule méthode... » Cf. **Phil.**, VI, 15; VII, B IV, 7. Voir son opinion sur Ramus logicien (*Phil.*, VII, 67). On lit dans le *Catalogus Inventionum in Logicis* : « Petrus Ramus [invenit] demonstrationem conversionum suppositis identicis et figuris, vel aliarum figurarum ex prima, suppositis identicis et conversionibus. » (**Phil.**, VII, B IV, 32.)

3. Cf. Appendice I, § 9; et le fragment intitulé : *Difficultates Logicæ* (*Phil.*, VII, 212). Le mode de vérification des syllogismes par régression se trouve nettement défini dans un fragment inédit qui doit dater de 1679 (**Phil.**, VII, B II, 15 verso).

4. Moins immédiatement que Leibniz ne le croit.

versions mêmes dont elle a besoin se démontrent par la figure seconde ou troisième, démontrables indépendamment des conversions », et « par le principe de contradiction tout seul »[1].

En résumé, une fois établis les quatre modes principaux de la première figure, on peut démontrer la *subalternation* au moyen de *Darii* et *Ferio*; puis les modes secondaires *Barbari* et *Celaro* au moyen de la subalternation. Des six modes de la première figure on déduit alors par *régression* les douze modes de la deuxième et de la troisième. On démontre ensuite les *conversions* par des syllogismes de la deuxième et de la troisième figures; enfin on déduit les modes de la quatrième figure au moyen de la conversion[2].

6. Voyons d'abord comment les subalternations et les conversions se démontrent par des syllogismes, en prenant pour prémisse une proposition identique : « Tout A est A » ou « Quelque A est A »[3].

La subalternation de l'affirmative se démontre par *Darii* :

> Tout A est B,
> Quelque A est A,
> donc : Quelque A est B.

La subalternation de la négative se démontre par *Ferio* :

> Nul A n'est B,
> Quelque A est A,
> donc : Quelque A n'est pas B[4].

---

1. Leibniz en conclut que la quatrième figure « est plus éloignée d'un degré que la seconde et la troisième, qui sont de niveau, et également éloignées de la première; au lieu que la quatrième a besoin encore de la seconde et de la troisième pour être démontrée » (*Nouveaux Essais*, IV, II, § 1). Cette conclusion ne s'accorde pas très bien avec son opinion de la légitimité de la quatrième figure.
2. *De formis syllogismorum mathematice definiendis* (**Phil.**, VII, C, 83-84). Cf. *Principia Calculi rationalis* (**Phil.**, VII, B II, 1), et *Definitiones Logicæ* : « Notatu dignum est, tam subalternationem quam conversionem posse demonstrari ope syllogismorum » (*Phil.*, VII, 209).
3. « Conversionem posse demonstrari per syllogismum, adjiciendo propositionem identicam. » *De Arte combinatoria* (*Phil.*, IV, 55; *Math.*, V, 33).
4. Il faut remarquer que la subalternation vaut ce que vaut la prémisse soi-disant identique : « Quelque A est A. » Or si l'universelle : « Tout

De même l'*universelle affirmative* se convertit au moyen de *Darapti*, de la 3ᵉ figure :

Tout A est B,
Tout A est A,
donc : Quelque B est A [1].

L'*universelle négative* se convertit au moyen de *Cesare*, de la 2ᵉ figure :

Nul A n'est B,
Tout B est B,
donc : Nul B n'est A.

Enfin la *particulière affirmative* se convertit au moyen de *Datisi*, de la 3ᵉ figure :

Tout A est A,
Quelque A est B,
donc : Quelque B est A [2].

Leibniz essaie même de convertir par cette méthode la *particulière négative*, au moyen de *Baroco*, dit-il :

Tout A est A,
Quelque A n'est pas B,
donc : Quelque B n'est pas A.

Mais en cela il se trompe : ce n'est pas là un syllogisme en *Baroco* (de la 2ᵉ figure), car c'est un syllogisme de la 3ᵉ figure, où il n'existe pas de mode AOO, mais bien un mode OAO (*Bocardo*). On ne peut pas non plus démontrer cette conver-

---

A est B » n'a pas de *portée existentielle*, la particulière : « Quelque A est B » en a une, en ce qu'elle implique qu'il y a des A : car « quelque A » est considéré comme contradictoire de « nul A ». Par suite, dire « quelque A est A », c'est dire qu'il existe des A, ce qui n'est nullement une proposition identique. La particulière contient donc quelque chose de plus que l'universelle correspondante, à savoir ce jugement d'existence, et ne peut pas s'en déduire. Aussi la Logique moderne n'admet-elle pas la subalternation.

1. *Phil.*, IV, 55 ; *Math.*, V, 33. Il est évident que cette conversion *partielle* vaut ce que vaut le mode *Darapti*, que la Logique moderne regarde comme invalide. En effet, la conclusion particulière a une portée existentielle que ne possède aucune des prémisses universelles, et partant ne peut pas s'en déduire.

2. *Phil.*, IV, 55-56 ; *Math.*, V, 33. Cf. *Nouveaux Essais*, IV, ii, § 1.

sion, comme il le croit, par un syllogisme en *Colanto*, attendu que ce mode de la 4ᵉ figure n'existe pas, comme il l'a reconnu plus tard [1]. En définitive, le syllogisme précédent est tout simplement faux, ainsi que la conversion qu'il prétend démontrer.

La seule conversion valable de la particulière négative est celle que Leibniz mentionne aussitôt après. La proposition :

« Quelque homme n'est pas savant »

équivaut à la particulière *affirmative* :

« Quelque homme est non-savant »,

qui se convertit simplement en cette autre :

« Quelque non-savant est homme ».

Mais Leibniz croit devoir rejeter les formes *indéfinies* des propositions, c'est-à-dire celles dont un terme est négatif, qu'admettait Jean-Christophe STURM [2]. Il allègue avec raison que cette distinction porte, non sur la forme, mais sur la matière des jugements, et par suite ne peut servir de fondement à de nouveaux modes du syllogisme. Il réfute de même l'invention d'un mode *Daropti*, proposé par son maître Thomasius pour convertir la particulière négative :

Tout homme est homme,
Quelque homme n'est pas savant,
donc : Quelque non-savant est homme.

Il remarque en effet que la mineure est en réalité : « Quelque homme est non-savant », c'est-à-dire semblable à la conclusion; de sorte que le syllogisme précédent est en *Datisi*, et non en *Baroco*, comme il le dit.

En revanche, il réduit ailleurs les propositions négatives à la forme affirmative en leur donnant un prédicat *indéfini*, c'est-

---

1. Dans sa note des *Acta Eruditorum* de 1691 (*Phil.*, IV, 104).
2. *Compendium Universalium seu Metaphysicæ Euclideæ* (La Haye, Adrien Vlacq, 1660).

à-dire en faisant porter la négation sur le prédicat. Il en conclut la fausseté de l'axiome classique, selon lequel deux prémisses négatives n'engendrent aucune conclusion. En effet, soient les deux prémisses négatives :

> Nullus homo est lapis,
> Nullus homo est angelus.

Elles se transforment en deux affirmatives :

> Omnis homo est non-lapis,
> Omnis homo est non-angelus,

d'où l'on conclut régulièrement (par *Darapti*) :

> Quidam non-angelus est non-lapis.

Et ce syllogisme n'a que trois termes (*homo, non-angelus, non-lapis*), à la différence de ceux qu'on obtient en appliquant la même transformation aux modes négatifs de la 2ᵉ figure : car le moyen terme, étant deux fois prédicat dans ceux-ci, se dédouble en deux termes, l'un positif et l'autre négatif[1].

Toutes les déductions précédentes ont en même temps pour but de montrer l'utilité des propositions identiques dans le raisonnement, et de les défendre contre le reproche d'insignifiance et de stérilité que leur adressaient les logiciens empiristes[2].

7. Nous pouvons maintenant exposer la déduction des 24 modes concluants au moyen de la *régression* ou de la réduction à l'absurde. Il s'agit d'abord de démontrer les quatre modes de la 1ʳᵉ figure : *Barbara, Celarent, Darii, Ferio*. Leibniz les déduit d'un principe unique qu'il appelle le « fondement du syllogisme » et qui équivaut au *Dictum de omni et nullo*

---

1. Opuscule inédit « de Formæ Logicæ comprobatione per linearum ductus » (**Phil.**, VII, B IV, 10 verso.) Cette réduction se trouve indiquée dans le *Calculus consequentiarum* d'avril 1679 (**Phil.**, V, 8, f. 24-27).

2. « Identicas quoque suum usum habere, nullamque veritatem, utcunque tenuis esse videatur, plane sterilem esse; imo fundamenta cæterarum in his contineri mox apparebit. » (*Phil.*, VII, 300.) Cf. *Nouveaux Essais*, IV, II, § 1.

d'Aristote. Dans deux opuscules inédits, ce principe est formulé au point de vue de l'extension. On peut l'énoncer comme suit : « Si le moyen terme est inclus dans le grand terme ou en est exclu, il y inclut ou en exclut le petit terme qu'il contient lui-même [1]. » De ce principe on déduit immédiatement les deux modes affirmatifs *Barbara* et *Darii*, d'une part, et les deux modes négatifs *Celarent* et *Ferio*, d'autre part. On sait déjà comment de ces modes on déduit la subalternation, et par la subalternation les modes secondaires *Barbari* et *Celaro* [2].

Cela posé, voici comment les six modes de la 1re figure engendrent, par régression, autant de modes de la 2e et de la 3e. Si l'on prend pour prémisses la *majeure* de chacun d'eux et la négation de sa conclusion, on trouve pour conclusion la négation de sa mineure; on obtient ainsi les six modes de la 2e figure. Si l'on prend pour prémisses la *mineure* et la négation de la conclusion, on trouve pour conclusion la négation de la majeure : on obtient ainsi les six modes de la 3e figure. L'ensemble de ces 12 régressions est fort clairement représenté par le tableau suivant [3].

---

1. « Fundamentum syllogisticum hoc est : Si totum aliquod C cadat intra aliquod D, vel si totum C cadat extra aliquod D, tunc etiam id quod inest ipsi C priore quidem casu cadet intra D, posteriore vero casu cadet extra D. Et hoc est quod vulgo vocant dictum de omni et nullo. » *De formis syllogismorum...* (**Phil.**, VII, C, 83). Ailleurs, Leibniz formule les deux *axiomes* suivants : « 1. Quicquid inest inexistenti, id ipsum inest... 2. Quicquid inest excluso, id ipsum exclusum est », qu'il illustre par des schèmes linéaires (**Phil.**, VII, B IV, 11).

2. Cf. *Nouveaux Essais*, IV, XVII, § 4 : « De sorte que les deux modes additionnels de la première figure » (*Barbari, Celaro*) « se démontrent par les deux premiers modes ordinaires de ladite figure » (*Barbara, Celarent*) « avec l'intervention de la subalternation, démontrable elle-même par les deux autres modes de la même figure » (*Darii, Ferio*).

3. *De formis syllogismorum...* (**Phil.**, VII, C, 84). Leibniz désigne respectivement le petit, le moyen et le grand terme par les consonnes B, C, D. Il représente chaque proposition par 3 lettres : la première est la voyelle qui en indique la quantité et la qualité; la seconde est la consonne qui désigne le sujet; la troisième est celle qui désigne le prédicat. On remarquera qu'on obtient les modes de la 2e figure dans la colonne de gauche, et ceux de la 3e figure dans celle de droite.

Barbara.	ACD	ABC	ABD	*Barbara.*	ACD	ABC	ABD
Regressus	ACD		OBD	Regressus		ABC	OBD
Ergo		OBC		Ergo	OCD		
Baroco.	ACD	OBD	OBC	*Bocardo.*	OBD	ABC	OCD
Celarent.	ECD	ABC	EBD	*Celarent.*	ECD	ABC	EBD
Regr.	ECD		IBD	Regr.		ABC	IBD
Ergo		OBC		Ergo	ICD		
Festino.	ECD	IBD	OBC	*Disamis.*	IBD	ABC	ICD
Darii.	ACD	IBC	IBD	*Darii.*	ACD	IBC	IBD
Regr.	ACD		EBD	Regr.		IBC	EBD
Ergo		EBC		Ergo	OCD		
Camestres.	ACD	EBD	EBC	*Ferison.*	EBD	IBC	OCD
Ferio.	ECD	IBC	OBD	*Ferio.*	ECD	IBC	OBD
Regr.	ECD		ABD	Regr.		IBC	ABD
Ergo		EBC		Ergo	ICD		
Cesare.	ECD	ABD	EBC	*Datisi.*	ABD	IBC	ICD
Barbari.	ACD	ABC	IBD	*Barbari.*	ACD	ABC	IBD
Regr.	ACD		EBD	Regr.		ABC	EBD
Ergo		OBC		Ergo	OCD		
Camestros.	ACD	EBD	OBC	*Felapton.*	EBD	ABC	OCD
Celaro.	ECD	ABC	OBD	*Celaro.*	ECD	ABC	OBD
Regr.	ECD		ABD	Regr.		ABC	ABD
Ergo		OBC		Ergo	ICD		
Cesaro.	ECD	ABD	OBC	*Darapti.*	ABD	ABC	ICD

Quant aux modes de la 4ᵉ figure, Leibniz les démontrait sans doute suivant la méthode classique, en les ramenant aux modes des autres figures au moyen des conversions [1].

8. Nous venons de voir comment Leibniz fonde les principes du syllogisme sur la considération de l'extension. Mais il y a d'autres opuscules où il les fonde au contraire sur la

---

[1]. Voir les règles de cette réduction dans l'Appendice I, § 8.

considération de la compréhension des concepts. Il définit alors comme suit les rapports d'inclusion entre les termes d'une proposition : « A inclut B » signifie que B est universellement affirmé de A, c'est-à-dire que : Tout A est B. De même, « A exclut B » signifie que B est universellement nié de A, c'est-à-dire que : Nul A n'est B [1]. On voit qu'il conçoit ces rapports d'inclusion et d'exclusion au point de vue de la compréhension des concepts. Il importe de remarquer qu'à ce point de vue on ne peut définir, directement du moins, que les propositions universelles, attendu que des concepts s'incluent ou s'excluent dans leur totalité, et qu'il serait absurde de supposer entre eux une inclusion ou une exclusion *partielle*.

Par suite, les propositions particulières ne peuvent se définir que comme les négations des propositions universelles dont elles sont respectivement les contradictoires (à savoir O comme négation de A, et I comme négation de E) [2]. Il en résulte que les seuls modes primitifs sont les *cinq* modes universels (*Barbara, Celarent, Cesare, Camestres, Camenes*). Leur conclusion étant universelle, leurs prémisses le sont aussi, et par conséquent ils sont uniquement composés de propositions universelles que l'on peut interpréter en compréhension, comme affirmant des inclusions ou exclusions *totales* entre les termes.

9. A ces cinq modes universels Leibniz adjoint les cinq modes particuliers qui en dérivent par subalternation de la conclusion (les prémisses restant les mêmes), à savoir :

Barbari, Celaront, Cesaro, Camestros, Camenos [3].

---

1. *Phil.*, VII, 208.
2. « Particularis affirmativa est negatio exclusionis, et particularis negativa est negatio inclusionis » (**Phil.**, VII, B IV, 26). Cf. *Phil.*, VII, 208, nos 3 et 4; **Phil.**, VII, B IV, 3 recto. Ailleurs, Leibniz définit les négatives comme négations des affirmatives, ce qui revient au même (*Elementa Calculi*, § 8, avril 1679, **Phil.**, V, 8 b; *Generales Inquisitiones de Analysi Notionum et Veritatum*, §§ 120-121, 1686, **Phil.**, VII, C, 28 recto). On peut sans doute définir aussi les propositions particulières comme *subalternes* des propositions universelles, et c'est ce que Leibniz fait plus loin dans le fragment : **Phil.**, VII, B IV, 26. Mais alors on se place forcément au point de vue de l'extension, puisqu'on prend le sujet dans une *partie* de son extension.
3. Bien entendu, ces modes *subalternes* ne valent que ce que vaut la

Puis il transforme par régression ces *dix* modes à prémisses universelles : chacun d'eux donne naissance à *deux* autres modes, suivant qu'on associe sa majeure ou sa mineure à la négation de sa conclusion pour en déduire la négation de son autre prémisse. On obtient ainsi *vingt* modes dérivés, soit *trente* modes en tout; mais ils doivent se réduire aux 24 modes concluants, et par suite 6 d'entre eux doivent se trouver en double. C'est ce qu'on vérifie en effectuant la double réduction indiquée par Leibniz[1].

Barbara $_I$	engendre	*Baroco* $_{II}$	et *Bocardo* $_{III}$[2];
Celarent $_I$	—	*Festino* $_{II}$	— *Disamis* $_{III}$;
Cesare $_{II}$	—	*Ferio* $_I$	— *Datisi* $_{III}$;
Camestres $_{II}$	—	*Darii* $_I$	— *Ferison* $_{III}$;
Camenes $_{IV}$	—	*Dimaris* $_{IV}$	— *Fresison* $_{IV}$;
Barbari $_I$	—	*Camestros* $_{II}$	— *Felapton* $_{III}$;
Celaront $_I$	—	*Cesaro* $_{II}$	— *Darapti* $_{III}$;
Cesaro $_{II}$	—	*Celaront* $_I$	— *Darapti* $_{III}$;
Camestros $_{II}$	—	*Barbari* $_I$	— *Felapton* $_{III}$;
Camenos $_{IV}$	—	*Bamalip* $_{IV}$	— *Fesapo* $_{IV}$.

Comme on l'avait prévu, il y a *six* modes qui figurent deux fois chacun dans ce tableau[3], à savoir les quatre modes subalternes : *Barbari* et *Camestros*, *Cesaro* et *Celaront*, qui s'engendrent mutuellement deux à deux; et puis *Darapti* et *Felapton*, dont

---

subalternation elle-même, que la Logique moderne regarde comme illégitime. Leibniz croit la justifier en disant que, si A inclut B, il ne l'exclut pas, et que, si A exclut B, il ne l'inclut pas. Mais cela suppose que A existe (que son extension n'est pas nulle). C'est là un exemple remarquable des illusions du langage, qui déguise les paralogismes sous une fausse apparence de rigueur et de clarté.

1. *Phil.*, VII, 210. Nous avons rangé dans la 2ᵉ colonne les modes qu'on obtient en conservant la *majeure*, et dans la 3ᵉ ceux qu'on obtient en conservant la *mineure* du mode correspondant de la 1ʳᵉ colonne. Nous avons mis en indice, au nom de chaque mode, le numéro de la figure à laquelle il appartient, pour faciliter les comparaisons.

2. Dans les *Nouveaux Essais* (IV, II, § 1), Leibniz commet une erreur en appelant *Disamis* le mode qu'il déduit, par régression, de *Barbara*; c'est en réalité *Bocardo*.

3. Plus précisément : dans les 4 premières lignes de la seconde moitié.

chacun est engendré par deux des précédents. On n'obtient donc en tout que 24 modes distincts, qui sont les 24 modes concluants déjà trouvés par une autre méthode, à raison de *six* par figure.

10. Ce tableau confirme en outre la thèse de Leibniz, à savoir que les modes de la 2ᵉ et de la 3ᵉ figures peuvent tous se ramener à ceux de la 1ʳᵉ par simple régression, tandis que ceux de la 4ᵉ ne peuvent pas s'y ramener sans conversion. En effet, il faut remarquer qu'il y a réciprocité entre les trois modes de chaque ligne, c'est-à-dire que l'un quelconque d'entre eux n'engendre jamais par régression que les deux autres[1]. Or on constate que, dans chaque moitié du tableau, les quatre premières lignes contiennent chacune un mode de la 1ʳᵉ, un mode de la 2ᵉ et un mode de la 3ᵉ figure; tandis que la cinquième ligne est uniquement composée de modes de la 4ᵉ figure. On peut donc passer par régression de l'une quelconque des 3 premières figures à l'autre, mais on ne peut pas sortir de la 4ᵉ figure par ce seul procédé.

Le tableau précédent suggère encore d'autres remarques. D'abord, *Barbara* engendre les deux seuls modes à initiale B (*Baroco* et *Bocardo*), qui s'en déduisent en effet, comme on sait, par la réduction à l'absurde[2]. Ensuite, les quatre modes universels en C engendrent chacun un mode en D et un mode en F. La seconde moitié du tableau ne présente pas la même symétrie. Les quatre modes (principaux) *Darapti*, *Felapton*, *Bamalip*, *Fesapo* ne se déduisent d'aucun des modes universels, mais seulement des modes subalternes : *Darapti*, de *Celaront* ou de *Cesaro*; *Felapton*, de *Barbari* ou de *Camestros*; enfin *Bamalip* et *Fesapo* se déduisent de *Camenos*. Il n'y a donc aucun lien entre les deux moitiés du tableau; et l'on peut observer que tous les modes de la seconde moitié ont pour caractère de déduire de prémisses universelles une conclusion particulière. Or c'est là une déduction dont la Logique moderne a découvert et démontré l'invalidité[3]. D'ailleurs, les modes de la

---

1. Cf. le tableau du § 7 (p. 14).
2. Voir Appendice I, § 9.
3. Voir p. 9, note 4.

seconde moitié dérivent de ceux de la première par subalternation; or la Logique moderne n'admet ni la subalternation ni la conversion partielle (qui lui est équivalente, comme on sait); on ne peut donc pas déduire les modes de la seconde moitié de ceux de la première. Ainsi il ne reste comme modes concluants que les quinze premiers, qui sont ceux dont la Logique moderne a vérifié la légitimité[1].

Si Leibniz avait suivi et développé l'idée maîtresse de ses *Definitiones Logicæ*[2], à savoir que les propositions particulières ne font que *nier* les rapports d'inclusion ou d'exclusion *affirmés* par les propositions universelles, il se serait aperçu qu'on ne peut pas plus déduire une particulière de deux universelles qu'une négative de deux affirmatives[3]; et alors, au lieu de compléter la liste des modes classiques au moyen des modes subalternes, il en eût au contraire exclu, avec les modes subalternes, les quatre modes du type UUP qui leur sont équivalents, et qui ne sont pas plus valides qu'eux[4].

11. D'ailleurs, Leibniz a été bien près de découvrir l'illégitimité de ces modes, car il a tout au moins reconnu qu'ils étaient « imparfaits »[5]. Les modes subalternes sont imparfaits, selon lui, parce qu'ils concluent moins qu'ils ne pourraient; en effet, *Barbari, Celaro, Cesaro, Camestros, Camenos* ont les mêmes prémisses que *Barbara, Celarent, Cesare, Camestres, Camenes*, et en déduisent une conclusion particulière au lieu d'une universelle[6]. Les modes qui dérivent par régression des

---

1. On remarquera que les 9 modes illégitimes composent la seconde tranche horizontale du tableau précédemment extrait du *De Arte combinatoria* (p. 6). C'est qu'en effet cette tranche correspond au mode quantitatif UUP, dont la Logique moderne a reconnu l'invalidité.
2. Qui se retrouve dans le fragment inédit : **Phil.**, VII, B IV, 3 recto.
3. Règle V (Appendice I).
4. On peut remarquer que ces quatre modes (*Darapti, Felapton, Bramantip, Fesapo*) sont précisément ceux où entre la lettre caractéristique *p*, c'est-à-dire ceux qui se déduisent des modes de la 1re figure au moyen de la conversion partielle, qui est illégitime, comme on l'a vu.
5. **Phil.**, VII, B IV, 2 verso.
6. La particulière était *moins* que l'universelle, pour Leibniz qui admettait la subalternation; mais nous savons qu'elle implique quelque chose de plus, à savoir un jugement d'existence.

modes subalternes (*Darapti, Felapton, Bramantip, Fesapo*) sont imparfaits, au contraire, en ce qu'ils supposent plus qu'ils ne devraient, c'est-à-dire des prémisses universelles là où une particulière suffirait à justifier la même conclusion ; c'est ce que l'on constate en comparant *Darapti* à *Disamis* ou *Datisi*, *Felapton* à *Bocardo* ou *Ferison*, *Bramantip* à *Dimaris*, et *Fesapo* à *Fresison*. Les deux imperfections reviennent d'ailleurs au même, comme le remarque Leibniz[1]. Seulement, les modes qu'il déclare imparfaits, parce qu'ils ont une prémisse trop forte ou une conclusion trop faible, sont en réalité invalides, parce que les universelles, n'ayant pas la portée existentielle des particulières, sont à cet égard plus faibles que les particulières correspondantes, et non plus fortes, comme il le croyait[2].

12. Voyons maintenant comment Leibniz formule, au point de vue de la compréhension, les règles des cinq modes universels[3] :

1º « *Includens includentis est includens inclusi*, » c'est-à-dire : Si A inclut B, et si B inclut C, A inclut C (c'est le mode *Barbara*).

2º « *Includens excludentis est excludens exclusi* », c'est-à-dire : Si A inclut B, et si B exclut C, A exclut C (*Celarent*).

3º « *Includens excludentis est exclusum exclusi* », c'est-à-dire : Si A inclut B, et si B exclut C, C exclut A (*Camenes*). Ce sont les mêmes prémisses que pour *Celarent*, seulement la conclusion est convertie[4].

4º « *Excludens inclusi est excludens includentis* », c'est-à-dire : Si A exclut B et si C inclut B, A exclut C (*Camestres*).

---

1. *Phil.*, VII, B IV, 2 verso.
2. L'invalidité des quatre modes *Darapti*, *Felapton*, *Bramantip* et *Fesapo* a été reconnue pour la première fois par M. MACCOLL, qui les justifiait par l'adjonction d'un jugement d'existence (*The Calculus of Equivalent Statements*, ap. *Proceedings of the London Mathematical Society*, t. IX, 13 juin 1878; cf. *Symbolical Reasoning*, ap. *Mind*, nº 17, janv. 1880). M. WHITEHEAD a trouvé au contraire qu'ils ont des prémisses trop fortes, justement parce qu'il implique dans chaque proposition universelle un jugement d'existence (*Universal Algebra*, t. I, p. 104. Cambridge, 1898).
3. *Phil.*, VII, 209.
4. On peut remarquer par là que *Camenes* (de la 4ᵉ figure) est plus voisin de *Celarent* (de la 1ʳᵉ) que les modes universels de la 2ᵉ figure.

5° « *Excludens inclusi est exclusum includentis* », c'est-à-dire : Si A exclut B et si C inclut B, C exclut A (*Cesare*). Ce sont les mêmes prémisses que pour *Camestres*, seulement la conclusion est convertie.

Ces cinq règles peuvent, comme on voit, se réduire à trois, puisque la 3ᵉ et la 5ᵉ dérivent de la 2ᵉ et de la 4ᵉ par la conversion simple de la conclusion :

1° Si A inclut B et si B inclut C, A inclut C.

2° Si A inclut B et si B exclut C, A et C s'excluent mutuellement.

3° Si A inclut B et si C exclut B, A et C s'excluent mutuellement.

Les deux dernières se réduisent même à une seule, étant donné que la relation d'exclusion est réciproque [1]; on peut dire simplement :

Si A inclut B et si B et C s'excluent, A et C s'excluent mutuellement.

Leibniz lui-même résume toutes ces règles dans les deux formules suivantes :

I. Le moyen terme (B) inclus dans le sujet (A) y inclut ou en exclut le prédicat (C) qu'il inclut ou qu'il exclut lui-même ;

II. Le moyen terme (B) exclu du sujet (A) en exclut le prédicat (C) qui l'inclut lui-même [2].

La seconde formule se ramène d'ailleurs à la première par une simple permutation de A et de C. Nous n'avons donc qu'à étudier la première. Or elle se compose de deux parties : l'une est le principe du seul mode affirmatif *Barbara* : « Si A contient B et si B contient C, A contient C. » Elle est évidente et toujours valable, que l'on interprète la « contenance » en extension ou en compréhension. L'autre, au contraire, qui est le principe des quatre modes négatifs : « Si A contient B et si B

---

[1]. Si A exclut B, B exclut A (*Phil.*, VII, 208, n° 8).

[2]. « 1. Medium subjecto inclusum etiam praedicatum sibi inclusum (vel exclusum) ei includi (vel excludi) ostendit. »... « 2. Medium subjecto exclusum etiam praedicatum se includens subjecto excludi ostendit. » (*Phil.*, VII, B IV, 26.) Ce sont les mêmes règles que dans *Phil.*, VII, 209 (n°ˢ 18, 19).

exclut C, A exclut C », n'est nullement évidente[1]; elle est vraie au point de vue de la compréhension, mais elle est fausse au point de vue de l'extension. En effet, elle suppose que, si un concept en exclut un autre (de sa compréhension), il l'exclut de tout autre concept où lui-même se trouve contenu (en compréhension); autrement dit, que deux concepts qui s'excluent l'un de l'autre s'excluent mutuellement de la compréhension d'un troisième, comme s'ils ne pouvaient y coexister. Or une telle exclusion n'a pas lieu au point de vue de l'extension : deux concepts exclusifs peuvent fort bien faire partie de l'extension d'un même troisième.

13. On peut rendre cette différence sensible au moyen d'un schématisme géométrique que l'on attribue à EULER[2], mais que

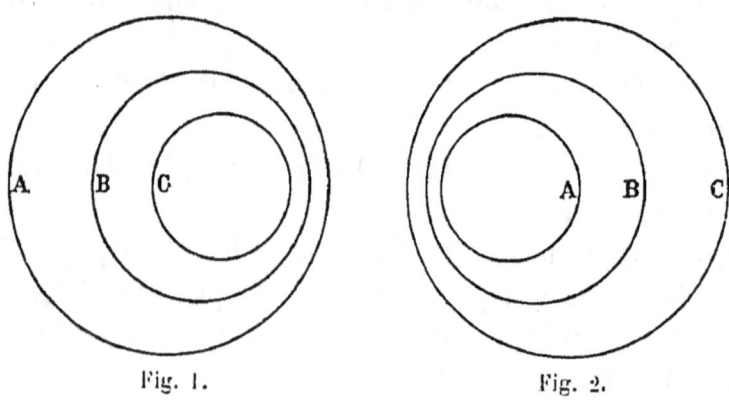

Fig. 1.   Fig. 2.

Leibniz connaissait déjà[3]. Représentons les trois termes du syllogisme par autant de cercles (*intérieurs* quand ils s'incluent, *extérieurs* quand ils s'excluent). Sans doute, le schème de *Barbara* sera toujours le même, que l'on interprète l'inclusion des concepts en extension ou en compréhension; l'ordre des termes sera seulement interverti (*Fig. 1 et 2*). Mais il n'en est pas de même pour le schème de *Celarent* (qui correspond

---

1. Bien que Leibniz se dispense de la démontrer en disant : « Patet per se » (*Phil.*, VII, 209).
2. Parce qu'il l'a employé dans ses *Lettres à une Princesse d'Allemagne* (1768), lettres 102-108.
3. Dans l'opuscule « de Formæ Logicæ comprobatione per linearum ductus » (**Phil.**, VII, B IV, 1-14).

à la seconde partie de la règle). Au point de vue de l'extension, le petit terme A, contenu dans le moyen B, est exclu du grand terme C comme B lui-même, et cela se comprend à la simple inspection de la *figure 3*. Au point de vue de la compréhension, au contraire, le moyen terme B, contenu dans le petit terme A, en exclut le grand terme C qu'il exclut lui-même

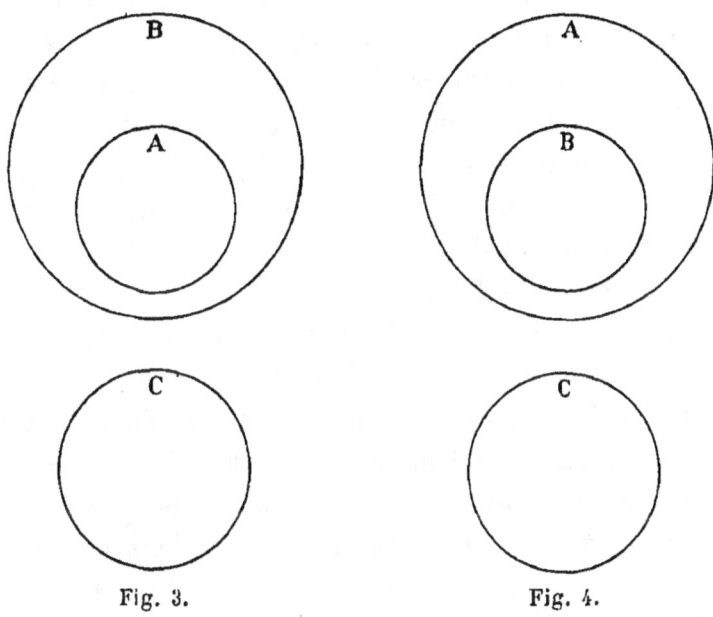

Fig. 3.   Fig. 4.

(*Fig. 4*). Cela ne ressort certes pas de la figure, et ne peut se comprendre qu'en imaginant entre les termes B et C une sorte de répulsion, plutôt morale que physique, comme si la présence de B dans A bannissait C de ce domaine et lui en interdisait l'entrée. Cette considération d'une participation dynamique des concepts est assurément légitime, mais bien confuse et bien vague; elle ne peut guère aider et guider le raisonnement; elle serait plutôt propre à l'embrouiller et à l'égarer. En tout cas, on voit qu'elle est réfractaire au schématisme géométrique, et par suite au traitement mathématique, qui repose toujours sur quelque intuition [1].

1. C'est ce que prouve la Logique algorithmique, qui n'a pu se constituer que le jour où l'on a réduit les concepts à leur extension, c'est-à-dire à des *ensembles* ou *classes* d'objets ou d'individus.

14. Quoi qu'il en soit, Leibniz paraît avoir constamment oscillé entre les deux points de vue opposés de l'extension et de la compréhension, et n'avoir jamais opté définitivement pour l'un d'eux. Il semble d'abord préférer la compréhension et considérer plutôt les « idées » que les « individus », contrairement à l'usage des écoles [1]. Plus tard, il s'émancipe de l'autorité d'Aristote; en 1686, il affecte de mettre sur le compte d'Aristote la conception suivant laquelle le prédicat est contenu dans le sujet (de l'universelle affirmative) [2]. Il admet que l'on considère l'espèce comme faisant partie du genre, et remarque que, pour obtenir des schèmes géométriques conformes au point de vue de l'extension, il suffit de retourner ceux qu'on a construits au point de vue de la compréhension, et même seulement les schèmes des propositions U. A. et P. N., attendu que ceux des propositions U. N. et P. A. sont symétriques, et par suite ne changent pas [3]. En 1690, il oppose très nettement les deux méthodes contraires, et paraît les considérer comme équivalentes [4]; mais le lendemain, il regarde implicitement le sujet comme contenant le prédicat [5]. Une seule fois il manifeste une préférence décidée pour l'extension : c'est dans l'opuscule (non daté, malheureusement) intitulé *Mathesis Rationis*, où il considère constamment les individus qui composent l'extension des divers termes, et fonde sur cette unique considération toutes les règles du syllogisme [6]. En somme, il paraît être resté en suspens entre les deux points de vue, tout en manifestant une prédilection marquée, mais machinale et presque instinctive, pour celui de la compréhension : car il répète sans cesse, comme par habitude, que le prédicat est contenu dans le sujet [7].

---

1. Par exemple dans les essais logiques d'avril 1679 (**Phil.**, V, 8 b, § 12; V, 8 f.).
2. *Generales Inquisitiones...* §§ 16 et 132 (**Phil.**, VII, C, 22 verso, 29 recto). Cf. *Specimen Geometriæ luciferæ* (**Math.**, VII, 261); voir Chap. VII, § 9.
3. *Ibid.*, §§ 122, 123 (**Phil.**, VII, C, 28 recto).
4. Fragment du 1ᵉʳ août 1690 (**Phil.**, VII, B II, 3 recto).
5. *Fundamenta Calculi Logici*, 2 août 1690, § 17 (**Phil.**, VII, C, 97).
6. **Phil.**, VI, 14; cf. **Phil.**, VII, B IV, 7.
7. Par exemple **Phil.**, V, 8 b; VII, B IV, 15; VII, C, 73-74, 103. Ailleurs,

15. On comprend d'autant moins cette tendance que Leibniz avait toutes sortes de raisons pour préférer le point de vue de l'extension, seul conforme aux principes de sa Logique. En effet, c'est au point de vue de l'extension, comme nous venons de le dire, qu'il a réussi à formuler et à justifier les règles du syllogisme de la manière la plus précise et la plus complète [1]; et il ne pouvait pas y réussir par une autre méthode. Il voulait les fonder sur la règle des termes distribués et non distribués (c'est-à-dire généraux et particuliers); or cette règle repose sur la quantification du prédicat *vi formæ*, et par suite sur la considération de l'extension. Car dire que le prédicat est universel dans les propositions négatives et particulier dans les propositions affirmatives, c'est évidemment dire qu'il est pris respectivement dans la totalité ou dans une partie de son extension. Or Leibniz a maintes fois approuvé cette règle, qui sert, comme il le dit lui-même, de fondement à toutes les règles des figures et des modes du syllogisme [2]. On peut même remarquer

---

Leibniz préfère expressément la compréhension à l'extension (**Phil.**, VII, B II, 70-71).

1. *Mathesis Rationis* (**Phil.**, VI, 14).

2. « Vellem scire, quis primus excogitaverit observationem de terminis distributis et non distributis, unde regula, quod terminus non distributus in præmissis nec possit esse distributus in conclusione; nam apud Aristotelem nullum hujus rei est vestigium, et tamen ex illis regulis compendiosius quam ex Aristoteleis modi utiles demonstrantur. » *Lettre à Koch*, du 2 septembre 1708 (*Phil.*, VII, 478).

« Velim etiam scire, quis primus excogitaverit doctrinam quæ prædicatorum quantitatem ex propositionum qualitate deducit, ostenditque omne prædicatum propositionis negativæ esse universale, et omne prædicatum propositionis affirmativæ (vi formæ) esse particulare, quæ consideratio, jam nota quibusdam Scholasticis, insigne demonstrandorum modorum compendium præbet, et tamen, ni fallor, apud Aristotelem haud extat. » *Lettre à Koch*, du 31 août 1710 (*Phil.*, VII, 481).

« 1. Medius Terminus debet esse universalis in alterutra præmissarum...

2. Alterutra præmissa debet esse affirmativa...

3. Terminus particularis in præmissa est particularis in conclusione...

4. Subjectum propositionis est universale, particularis particulare.

5. Prædicatum propositionis affirmativæ vi formæ est particulare, negativæ universale.

Ex his quinque fundamentis omnia Theoremata de Figuris et modis demonstrari possunt. » (*Mathesis Rationis*, **Phil.**, VI, 14, 4 verso.) — Enfin

que, s'il s'est prononcé expressément contre la quantification *explicite* du prédicat telle que Hamilton devait la proposer plus tard, c'est précisément parce que le prédicat se trouve déjà implicitement quantifié *vi formæ* suivant que la proposition est affirmative ou négative [1].

16. D'autre part, Leibniz cherchait à représenter les raisonnements, en particulier les syllogismes, par des figures géométriques ; et il attachait une grande importance à ce schématisme, comme nous le verrons en étudiant sa Caractéristique (Chap. IV). Il n'a pas seulement inventé avant Euler les schèmes circulaires de tous les modes du syllogisme ; il a aussi inventé un système de schèmes linéaires encore plus ingénieux et plus parfait, dont nous allons donner une idée, d'après ses manuscrits inédits [2].

On connaît le schématisme linéaire qu'il emploie dans les opuscules logiques déjà publiés [3]. Il consiste, en principe, à figurer les concepts par des segments d'une seule et même ligne droite, soit contenus l'un dans l'autre, soit extérieurs l'un à l'autre, soit ayant une partie commune, etc. Seulement, pour distinguer ces divers segments et marquer leur unité, il

---

dans l'opuscule « de Formæ Logicæ comprobatione per linearum ductus », on lit :

« Patet etiam hinc inventio Termini distributi et non distributi... Terminus *distributivus* est idem qui totalis seu universalis ; *non distributus*, qui particularis seu partialis. Subjectum est ejusdem quantitatis cujus propositio... Sed prædicatum in omni propositione affirmativa est partiale seu non distributum, et in omni propositione negativa est totale seu distributum, cum subjectum vel totum vel pro parte a toto prædicato excludatur. Ex hac consideratione Termini distributi aut non distributi Theoremata fluunt insignia regulæque quæ figuris leges præscribunt modisque generales. » (**Phil.**, VII, B iv, 7 recto ; cf. 1 recto et 9.) Et Leibniz exprime, comme dans les *Lettres à Koch*, le désir de savoir qui a inventé ce principe. (Voir l'application et la justification de ces vues dans l'Appendice I).

1. *Mathesis Rationis* (**Phil.**, VI, 14, 1 recto). Cf. *Calculi universalis Elementa*, avril 1679 : « Omnis homo est aliquid rationale. » (**Phil.**, V, 8, c 13-16.)

2. **Phil.**, VI, 15 ; VII, B ii, 18 ; VII, B iv, 1-14 ; VII, C, 28.

3. A savoir dans les fragments XIX et XX de GERHARDT (*Phil.*, VII, 228-247). Voir Chap. VIII, § 20.

faut employer des accolades, ou bien les désigner par leurs points extrêmes, ce qui complique l'écriture. Leibniz a perfectionné ce système de la manière suivante. Il a séparé les segments auparavant confondus sur la même droite, et les a transportés sur des droites parallèles, perpendiculairement à leur direction; de sorte qu'il suffit de mener par leurs extrémités des lignes (pointillées) perpendiculaires pour constater leurs relations d'inclusion ou d'exclusion partielle ou totale.

Ainsi les quatre propositions classiques seront représentées respectivement par les schèmes suivants :

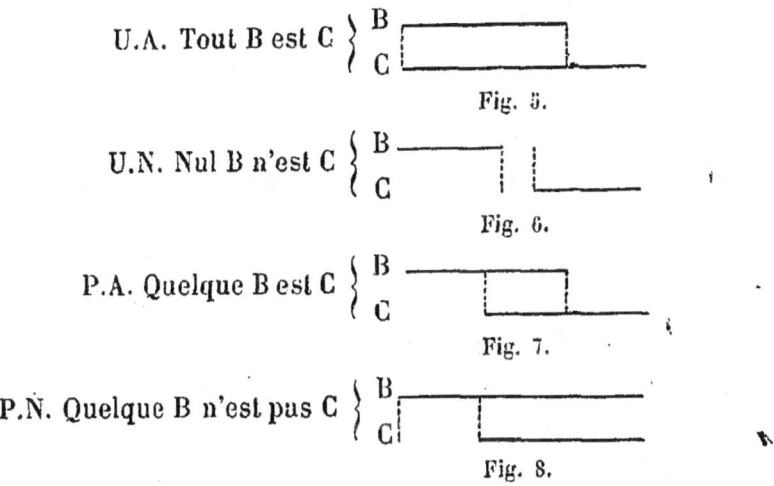

Leibniz prend certaines précautions dans le tracé de ces schèmes, afin de ne pas leur faire dire plus que la proposition correspondante ne comporte. Il remarque que les schèmes de l'U. N. et de la P. A. sont symétriques, parce que ces propositions sont simplement convertibles; il a soin au contraire de rendre dissymétriques ceux de l'U. A. et de la P. N., tant pour les distinguer des autres que pour empêcher qu'on ne croie ces propositions simplement convertibles à l'inspection de la figure.

Ces schèmes possèdent sur les schèmes circulaires (dits d'Euler) un avantage que Leibniz ne mentionne pas, mais dont il avait sans doute conscience quand il les juxtaposait aux autres dans les marges de son brouillon : c'est que, grâce aux lignes pointillées, ils permettent de distinguer les deux particulières, affirmative et négative, ce que ne fait pas le schème circulaire (*fig. 9*) qui peut représenter à la fois : « Quelque B est C », et : « Quelque B n'est pas C » ; ni le schème circu-

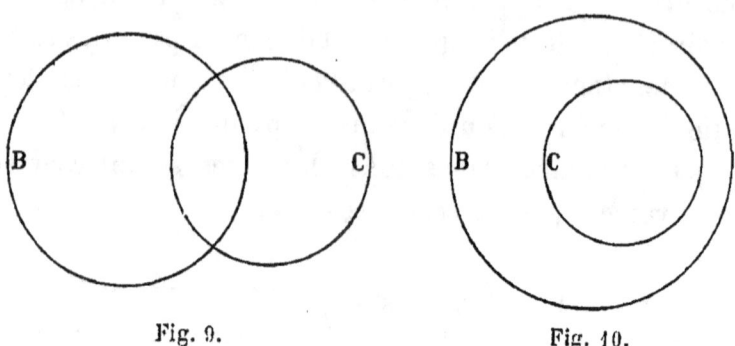

Fig. 9. Fig. 10.

laire (*fig. 10*) qui peut représenter à la fois : « Quelque B n'est pas C » et : « Tout C est B ». Les lignes pointillées marquent le sens exact de la proposition, et délimitent dans chaque terme la partie sur laquelle elle porte : la proposition est affirmative quand les lignes pointillées déterminent des segments réels des deux termes; elle est négative quand elles passent à côté et en dehors de l'un au moins d'entre eux et tombent pour ainsi dire dans le vide.

C'était si bien là l'intention de Leibniz en inventant ces schèmes, qu'il est amené, pour les préciser davantage, à doubler la partie de chaque ligne sur laquelle porte l'affirmation ou la négation. Il obtient ainsi les schèmes suivants [1] :

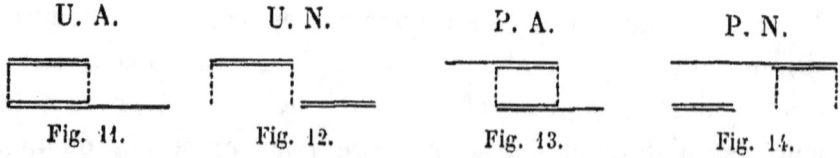

Le segment doublé représente la partie *affectée* de chaque terme, c'est-à-dire celle qui est expressément incluse ou exclue par rapport à l'autre terme. Il en résulte qu'un terme est pris universellement (ou distribué), quand sa ligne est doublée tout

---

1. **Phil.**, VII, B IV, 7.

entière; et pris particulièrement (ou non distribué), quand sa ligne n'est doublée que partiellement. On constate ainsi que le sujet des universelles est universel, et celui des particulières particulier; que le prédicat des affirmatives est particulier, et celui des négatives universel; enfin, que l'U. A. et la P. N. possèdent un terme distribué, que l'U. N. en possède deux, et la P. A. aucun. Bref, on retrouve intuitivement toutes les règles d'où Leibniz veut déduire les modes concluants du syllogisme, et cela, remarquons-le bien, en se plaçant constamment au point de vue de l'extension, et en considérant par exemple le sujet de l'U. A. comme *contenu* dans le prédicat.

17. Pour composer le schème d'un syllogisme, Leibniz juxtapose simplement les schèmes des deux prémisses, en mettant au milieu les segments qui figurent le moyen terme dans chacun d'eux, et en les faisant coïncider. Il obtient ainsi un schème à trois lignes, dont les deux extrêmes figurent les termes extrêmes. Il joint celles-ci par deux lignes pleines verticales qui figurent la conclusion (pour les distinguer des lignes pointillées qui figurent les prémisses). Les segments affectés par la conclusion, c'est-à-dire compris entre ces deux lignes pleines verticales, sont nécessairement contenus dans ceux qu'affectent les prémisses, c'est-à-dire que comprennent les lignes pointillées : Leibniz souligne ou double le segment affecté du petit terme, afin d'indiquer si la conclusion est universelle ou particulière (selon que le petit terme est doublé en totalité ou en partie). Voici, à titre d'exemples, les schèmes des modes de la 1ʳᵉ figure :

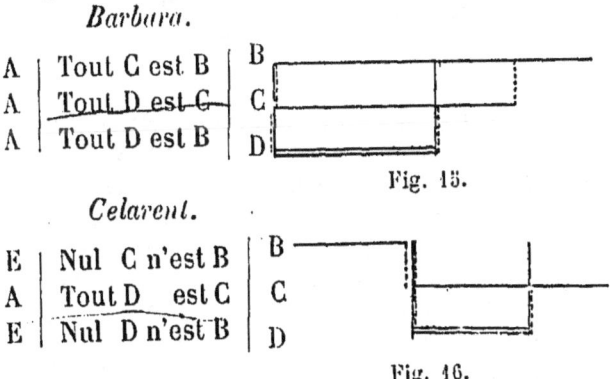

Darii.

A	Tout C est B
I	Quelque D est C
I	Quelque D est B

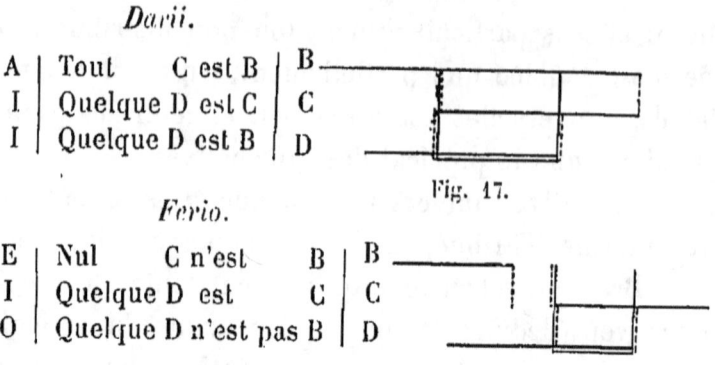

Fig. 17.

Ferio.

E	Nul C n'est B
I	Quelque D est C
O	Quelque D n'est pas B

Fig. 18.

On voit combien ce schématisme est plus explicite et plus expressif que celui des cercles dits d'Euler[1]. Leibniz l'emploie également à vérifier si tel mode proposé est légitime, ou si tel syllogisme est concluant. Supposons par exemple qu'il s'agisse de savoir si la 4ᵉ figure admet un mode AOO. On le construira ainsi :

A	Tout B est C
O	Quelque C n'est pas D
O	Quelque D n'est pas B

Fig. 19.

---

[1]. Ce schématisme apparaît, assez informe encore, dans la *Mathesis Rationis* (**Phil.**, VI, 14, 4 recto), puis dans le fragment, **Phil.**, VII, B II, 18, où Leibniz n'emploie pas encore les lignes transversales ; il indique les relations des termes en limitant les segments correspondants ou en marquant en pointillé leurs prolongements possibles. Par exemple, il représente *Barbara* comme suit :

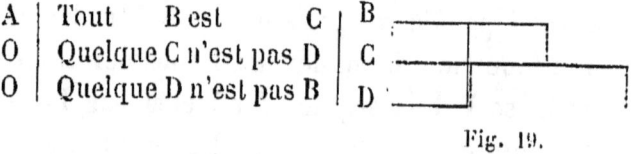

A.CD
A.BC
A.BD

Fig. 20.

ce qui signifie que B, contenu dans le moyen terme C, peut tout au plus lui être égal, et que D, au moins égal à C, peut se prolonger au delà (à droite). Leibniz éprouve le besoin de distinguer plus nettement par le dessin les termes universels et particuliers. En général, un terme universel est limité de part et d'autre, et un terme particulier est illimité. C'est dans les *Generales Inquisitiones* de 1686 qu'apparaît le doublement des traits destiné à marquer la partie affectée de chaque terme. Enfin ce schématisme se retrouve jusqu'à la fin de la vie de Leibniz, dans un fragment qui date de 1715 ou 1716 (**Phil.**, VI, 15, f 7 et 9).

La figure montre que, les prémisses étant vérifiées, la conclusion peut être fausse, et par conséquent ne résulte pas des prémisses.

18. Il est fort curieux qu'après avoir appliqué ce schématisme, avec un plein succès, à tous les modes concluants du syllogisme, *au point de vue de l'extension*, Leibniz essaie, dans le même opuscule, de l'appliquer *au point de vue de la compréhension*. Il représente par exemple l'U. A. par le schème suivant :

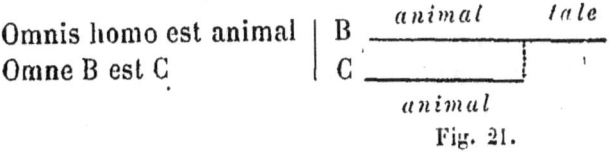

Omnis homo est animal
Omne B est C

Fig. 21.

qu'il explique ainsi : « Homo idem est quod animal tale », à savoir « rationale ». On voit bien qu'il considère ici les compréhensions respectives des deux termes, puisqu'il regarde *Animal* comme contenu dans *Homo*, et *Homo* égal à *Animal* plus un autre attribut (*rationale*) qui complète sa compréhension. Mais il ne réussit pas même à traduire ainsi les quatre propositions classiques, encore moins les modes syllogistiques, et il paraît y renoncer. Cet échec est significatif, et prouve que le point de vue de l'extension seul comporte le schématisme géométrique.

Dans les *Generales Inquisitiones* de 1686, Leibniz suit une marche inverse : il commence par définir les schèmes de A, E, I, O au point de vue de la compréhension (§§ 113-121)[1].

Ainsi l'U. A. « A est B » est traduite par le schème :

A ⊢────────⊣
B ⊢────────⊣

Fig. 22.

L'U. N. et la P. A. sont traduites par les schèmes symétriques :

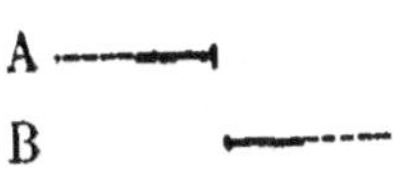

A ⊢──⊣   A ⋯⋯───────⋯⋯
B   ⊢──⋯   B ⋯⋯───────⋯⋯

Fig. 23.    Fig. 24.

1. **Phil.**, VII, C, 28 recto.

Enfin la P. N. se traduit par le schème [1] :

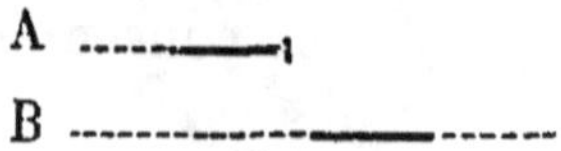

Fig. 25.

qui signifie évidemment : A ne contient pas B (en compréhension), de même que celui de l'U. A. signifie : A contient B (en compréhension).

Cela fait, Leibniz remarque qu'on peut considérer, inversement, l'espèce comme partie du genre (au point de vue de l'extension), et qu'à ce point de vue le schème de l'U. A. est inverse du précédent, à savoir :

Tout A est B :

Fig. 26.

Il en est de même de celui de la P. N., dit-il; et en effet, il suffit de permuter les lettres A et B dans la *fig. 25* pour avoir la traduction (en extension) de la proposition : « Quelque A n'est pas B ». Quant aux schèmes de l'U. N. et de la P. A., ils ne changent pas par le retournement, puisqu'ils sont symétriques. Leibniz croit pouvoir conclure que les nouveaux schèmes (en extension) ne diffèrent des anciens (en compréhension) que par l'interversion des lignes (§ 123).

19. Or, si cela est vrai pour les schèmes des propositions, où ne figurent que deux termes, ce n'est plus vrai des schèmes des syllogismes, où entrent trois termes. Sans doute, le schème de *Barbara* ne change pas, qu'on l'interprète en extension ou en compréhension : il suffit de permuter les termes extrêmes. Mais le schème de *Celarent*, par exemple, n'est plus valable, même moyennant cette permutation. En effet, construisons-le au point de vue de la compréhension :

E	Nul C n'est D
A	Tout B est C
E	Nul B n'est D

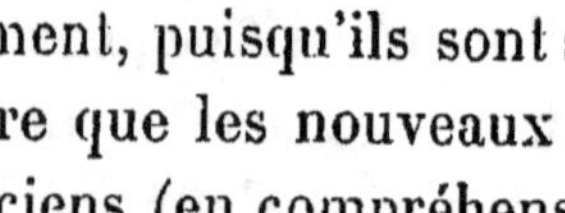

Fig. 27.

---

1. On remarquera que Leibniz double les parties affectées (comme dans **Phil.**, VII, B ɪv, 7) et en même temps emploie les segments limités et pointillés (comme dans **Phil.**, VII, B ɪɪ, 18).

On voit que, les prémisses étant vérifiées, la conclusion « quelque B est D » est possible en vertu de la figure, et par conséquent la conclusion (contradictoire) « Nul B n'est D » ne résulte pas de la figure. Cela prouve, encore une fois, que les rapports de compréhension ne sont pas susceptibles de figuration géométrique comme les rapports d'extension, et qu'il ne suffit pas de renverser ou d'intervertir ceux-ci pour en tirer ceux-là. Leibniz s'est donc trompé en croyant que les uns étaient purement et simplement inverses des autres; nous verrons que cette erreur a entaché ses essais de Calcul logique et a contribué à les faire avorter (Chap. VIII).

Quoi qu'il en soit, il a été constamment tiraillé entre deux tendances contraires : l'une, provenant de la tradition, qui le portait à considérer surtout les rapports de compréhension; l'autre, plus conforme à son esprit mathématique, qui l'amenait parfois à préférer la considération de l'extension [1]. Or celle-ci est la seule qui permette de soumettre la Logique au traitement mathématique, parce que, comme on l'a déjà vu, c'est la seule qui satisfasse aux conditions de l'intuition et de l'imagination [2].

---

1. C'est ce qui fait, par exemple, qu'il aime mieux ranger les prémisses du syllogisme dans l'ordre de Ramus (la mineure la première) qui correspond à la considération de l'extension, que dans l'ordre d'Aristote (la majeure la première) qui répond à la considération de la compréhension : « Je suis de votre opinion... que cet autre arrangement vaut mieux : tout A est B, tout B est C, donc tout A est C. » (*Nouveaux Essais*, IV, xvii, § 4; cf. § 8 : « La manière d'énoncer vulgaire regarde plutôt les individus, mais celle d'Aristote a plus d'égard aux idées ou universaux. »)

2. En effet, pour le dire d'avance, la Mathématique est, selon Leibniz, la Logique de l'imagination (**Phil.**, VII, B vi, 9 : *Elementa Nova Matheseos Universalis*; cf. **Math.**, I, 26, a).

CHAPITRE II

LA COMBINATOIRE

1. Bien que Leibniz approuve et adopte en somme la Logique scolastique, tout en la corrigeant et la complétant, on se tromperait du tout au tout si l'on croyait que sa propre Logique n'est qu'un développement ou un perfectionnement de celle d'Aristote. Il nous fait entendre lui-même le contraire, lorsque, après avoir décerné à ARISTOTE, par la bouche de *Théophile*, le magnifique éloge qu'on a lu plus haut [I, 1], il se fait adresser par *Philalèthe* le compliment suivant :

« Vous paraissez faire l'apologie de la logique vulgaire, mais je vois bien que ce que vous apportez appartient à une logique plus sublime, à qui la vulgaire n'est que ce que les rudiments abécédaires sont à l'érudition [1]. »

C'est à cette logique plus sublime et non à celle d'Aristote qu'il donne le titre de « mathématique universelle »[2]. C'est elle que nous avons maintenant à étudier et à exposer.

Néanmoins, si originale que devait être la Logique de Leibniz, l'idée-mère lui en fut suggérée par Aristote, comme il le rapporte en plusieurs endroits[3]. Il n'avait pas encore

---

1. *Nouveaux Essais*, IV, XVII, § 7.
2. « *Philalèthe*. Je commence à me former une tout autre idée de la logique que je n'en avais autrefois. Je la prenais pour un jeu d'écolier, et je vois maintenant qu'il y a comme une mathématique universelle de la manière que vous l'entendez. » *Nouveaux Essais*, IV, XVII, § 9.
3. *Vita Leibnitii a se ipso breviter delineata*, ap. GUHRAUER, II, Notes, 52, et *Klopp*, I, p. XXXVI; *Guilielmi Pacidii initia et specimina Scientiæ generalis*.

douze ans qu'il se plongeait avec délices dans les épines de la Logique scolastique : il se délectait des livres de Zabarella, de Rubio et de Fonseca, et il lisait Suarez aussi facilement que les fables Milésiennes ou les romans. Déjà avide de nouveauté et tourmenté du désir d'inventer, il jetait sur le papier des critiques et des projets de réformes; et il avoue qu'il avait grand plaisir, plus tard, à relire les brouillons qu'il avait écrits à quatorze ans. C'est à cet âge qu'il eut une idée qui devait être le germe de toute sa Logique. Il avait remarqué que les *prédicaments* ou catégories d'Aristote servent à classer les termes simples (ou concepts) dans l'ordre où ils donnent matière aux propositions. Il se demanda, et demanda à son professeur, pourquoi l'on ne classerait pas de même les termes complexes (c'est-à-dire les propositions) dans l'ordre où ils donnent matière aux syllogismes, ou généralement à la déduction. Il ignorait, ajoute-t-il, et ses maîtres ignoraient sans doute aussi, que c'est précisément ce que font les Géomètres, quand ils rangent leurs théorèmes dans l'ordre où ils se déduisent les uns des autres. Ainsi c'était déjà la méthode mathématique qui, avant même qu'il la connût, constituait son idéal logique. Il n'est donc pas étonnant qu'il l'ait prise plus tard pour modèle et pour guide, et qu'il ait conçu la Logique comme une « mathématique universelle ».

2. Ses maîtres, ne pouvant satisfaire à ses questions, se contentaient de lui répondre qu'un enfant ne doit pas chercher à innover; mais c'est en vain qu'ils prêchaient la docilité et le respect de la tradition à cet « autodidacte » qui n'apprenait les sciences qu'en les réinventant[1]. Aussi continua-t-il à

---

ap. *Phil.*, VII, 126 (voir aussi p. 127 : « pæne adhuc puero tenuia licet, fœcunda tamen obtigerunt initia Artis cujusdam Magnæ »); *Phil.*, VII, 185, 292. Cf. les *Elementa Rationis*, **Phil.**, VII, B VI, 7 recto : « Mihi adhuc puero necdum nisi vulgaris Logicæ placita noscenti expertique Matheseos nescio quo instinctu subnata cogitatio est, posse excogitari analysin notionum, unde combinatione quadam exurgere veritates et quasi numeris æstimari possent. Jucundum est vel nunc meminisse quibus argumentis utcunque puerilibus ad tantæ rei suspicionem venerim. »

1. *Phil.*, VII, 185.

méditer son idée d'une classification des jugements ; il fut ainsi amené à penser que toutes les vérités peuvent se déduire d'un petit nombre de vérités simples par l'analyse des notions qui y entrent, et qu'à leur tour toutes les idées peuvent se réduire par décomposition à un petit nombre d'idées primitives et indéfinissables. Dès lors, il suffirait de faire le dénombrement complet de ces idées simples, véritables éléments de toute pensée, et de les combiner ensemble pour obtenir progressivement toutes les idées complexes par un procédé infaillible. On constituerait ainsi l'*Alphabet des pensées humaines*, et toutes les notions dérivées ne seraient que des combinaisons des notions fondamentales, comme les mots et les phrases du discours ne sont que les combinaisons, indéfiniment variées, des 25 lettres de l'alphabet [1].

3. C'est dans sa dix-huitième année que Leibniz paraît avoir conçu ce projet [2], dont l'idée le faisait exulter, dit-il, « puerili quidem gaudio [3] », bien qu'il n'en comprît pas encore toute la portée. Mais ses méditations ultérieures ne firent que le confirmer dans son dessein, en lui en découvrant la valeur et la fécondité. Aussi en fit-il bientôt part au public dans son *De Arte combinatoria*, où il montre que l'une des principales applications de l'Art des combinaisons est la Logique, plus particulièrement la Logique de l'invention [4]. On comprend, en

---

1. « Cui studio cum intentius incumberem, incidi necessario in hanc contemplationem admirandam, quod scilicet excogitari posset quoddam Alphabetum cogitationum humanarum, et quod literarum hujus Alphabeti combinatione et vocabulorum ex ipsis factorum analysi omnia et inveniri et dijudicari possent. » (*Phil.*, VII, 185.) Voir aussi la *Lettre à Tschirnhaus* [1679], citée Chap. IV, § 5 (*Math.*, IV, 482 ; *Briefwechsel*, IV, 405-6).

2. *Lettre à Oldenburg*, vers 1676 (*Phil.*, VII, 12). Cf. *De Organo sive Arte Magna cogitandi* : « Alphabetum Cogitationum humanarum est catalogus eorum quae per se concipiuntur, et quorum combinatione caeterae ideae nostrae exurgunt. » (**Phil.**, VII, C, 156 verso.) « Alphabetum cogitationum humanarum est catalogus *notionum primitivarum*, seu earum quas nullis definitionibus clariores reddere possumus. » (**Phil.**, VII, C, 160.)

3. *Phil.*, VII, 185.

4. Usus X, n° 55 (*Phil.*, IV, 61 ; *Math.*, V, 39). Leibniz distingue en effet l'Analytique (c'est-à-dire la Logique démonstrative, ou la syllogistique d'Aristote) et la Logique inventive (*Ibid.*, n° 10). Le titre même du *De Arte*

effet, d'après ce qui précède, de quelle utilité la science des combinaisons doit être à l'Art d'inventer, puisqu'il suffit de savoir combiner entre elles les notions simples pour pouvoir trouver toutes les vérités qui expriment leurs relations, et par suite en inventer de nouvelles. Cette application à la logique a été sans doute un des principaux motifs qui ont déterminé Leibniz (qui n'était pas encore mathématicien[1]) à perfectionner, sinon à créer de toutes pièces[2], cette branche nouvelle des Mathématiques qu'on nomme aujourd'hui la Combinatoire[3].

4. Leibniz énonce comme suit le problème fondamental de la Logique de l'invention : « Étant donné un sujet, trouver tous ses prédicats possibles; étant donné un prédicat, trouver tous ses sujets possibles »; en d'autres termes, trouver toutes les propositions *vraies* où un concept figure, soit comme sujet, soit comme prédicat. Or une proposition est une combinaison de deux termes, un sujet et un prédicat; par conséquent, le problème revient à un problème de combinaisons. Leibniz s'inspire de l'exemple de Raymond Lulle[4], qui, pour trouver toutes les propositions possibles entre *neuf* termes, les avait rangés

combinatoria indique que sa principale application est l'Art d'inventer : Logicæ inventionis semina.

1. *Phil.*, IV, 12, note; *Math.*, III, 71. Cf. *Phil.*, VII, B vi, 7 recto; *Lettre à Gabriel Wagner*, 1696 (*Phil.*, VII, 522).

2. Il avait été en effet devancé par d'autres inventeurs, notamment par Pascal, dont le *Traité du triangle arithmétique*, composé avant 1654, imprimé en 1662 (à sa mort), ne fut publié qu'en 1665. Mais Leibniz ne paraît pas l'avoir connu. (M. Cantor, II, 749; III, 38.) Il mentionne d'ailleurs lui-même quels sont les théorèmes qu'il emprunte à d'autres, et il cite ses auteurs : Schwenter, Cardan, Clavius. (*Phil.*, IV, 38; *Math.*, V, 15-16.)

3. *Combinatorik* en allemand. Nous ne l'appelons pas, comme font les mathématiciens, l'*Analyse combinatoire* : 1° parce que cette science n'a rien de commun avec ce que l'usage veut qu'on nomme l'Analyse; 2° parce que cette science est pour Leibniz essentiellement synthétique, et non analytique, comme on le verra plus tard (Chap. VII, § 7). Cf. *Initia scientiæ generalis* (*Erdm.*, 86 a).

4. Dans sa *Kabbale* et dans son *Ars Magna* (1234-1315). Leibniz cite en même temps Cornelius Agrippa, *Commentarium in artem brevem Lullii*, et Alsted : *Architectura Artis Lullianæ*, dans son *Thesaurus artis memorativæ*. On remarquera que Leibniz a emprunté à Lulle son titre, dans le *De Organo sive Arte Magna cogitandi* (*Phil.*, VII, C, 156-157).

autour d'un cercle, et avait mené toutes les droites qui les joignaient deux à deux (c'est-à-dire les côtés et les diagonales de l'ennéagone ainsi formé). Il avait trouvé 36 droites, représentant autant de propositions; et en effet, le nombre des combinaisons de 9 objets deux à deux est :

$$36 = \frac{9.8}{1.2}.$$

Mais le « grand art » de Raymond Lulle était une méthode plus générale, qui permettait de former toutes les propositions qu'on peut concevoir. Pour cela, Lulle avait dressé une sorte de table des catégories, réparties en 6 séries, et distingué 9 attributs absolus, 9 relations, 9 questions, 9 sujets, 9 vertus et 9 vices [1]. Dans chaque série, le nombre total des combinaisons qu'on peut former avec les 9 concepts pris 1 à 1, 2 à 2, etc., est :

$$511 = 2^9 - 1.$$

Par suite, si l'on combine *une* combinaison de chaque série avec *une* combinaison de chacune des autres, on obtient un nombre total de combinaisons immense, car il est égal à :

$$511^6 = 17.804.320.388.674.561.$$

Tel est le calcul que Leibniz effectue en appliquant les lois des combinaisons. Raymond Lulle, qui ne connaissait pas ces lois, avait imaginé un moyen mécanique de réaliser (un peu au hasard) ces combinaisons, ou plutôt quelques-unes d'entre elles. Il prenait 6 cercles matériels concentriques, de rayons croissants, mobiles autour de leur centre, et il inscrivait les 9 termes de chaque série sur le cercle correspondant. Pour obtenir (théoriquement) toutes les combinaisons possibles, il suffit de faire tourner tous ces cercles les uns par rapport aux autres, et de prendre, dans chaque position, les 6 termes situés sur un même rayon pour les combiner entre eux [2]. Leibniz fait

---

1. Voir cette table dans la Note II.
2. On n'obtient ainsi, à vrai dire, que les combinaisons de 6 termes appartenant chacun à une série différente, dont le nombre est seulement : $9^6 = 531.441$.

plus loin allusion à ce procédé mécanique [1], et mentionne plusieurs autres inventeurs qui l'ont employé à des fins diverses : un M. de Breissac l'appliquait aux questions militaires et stratégiques [2]. Harsdörffer [3] lui-même, à qui Leibniz emprunte ces indications curieuses, en faisait usage pour composer tous les mots allemands. Enfin Alsted, auteur d'une *Encyclopédie* dont nous retrouverons de nombreuses traces chez Leibniz [4], avait employé le même procédé pour dresser une table de Topiques, dans son *Thesaurus artis memorativæ*. Leibniz rapproche ces artifices logiques des cadenas à secret (*pensiles seræ, seræ armillares*) composés, comme on sait, de plusieurs cercles ou anneaux mobiles qui portent des chiffres ou des lettres, et dont toute la sûreté consiste dans le nombre immense des combinaisons qu'ils comportent, de telle sorte qu'il n'y ait qu'une très faible probabilité pour qu'on trouve l'unique combinaison qui les ouvre.

5. Tout en appréciant l'ingéniosité du principe, Leibniz critique à fond le « grand art » de Raymond Lulle, tant à cause du choix arbitraire des concepts soi-disant généraux et simples, qu'à cause de leur nombre, artificiellement fixé à 9 dans chaque série, pour obtenir une symétrie factice; il blâme même l'admission de certaines séries, comme celle des questions, qui fait double emploi avec celle des attributs, et celles

---

1. « Construxit et rotas Raym. Lullius. » *De Arte combinatoria*, n° 96 (**Phil.**, IV, 74; **Math.**, V, 52). On trouve dans les manuscrits de Leibniz une *Cyclognomica ex Lullio, Gregorio Tolosano*, etc. (**Phil.**, VII, C, 19), ainsi qu'une feuille portant gravée la figure des cercles de Lulle, sous le titre : *Ars Magna* (**Phil.**, VII, C, 3). L'*Ars magna sciendi* du P. Kircher contient aussi des figures à cercles concentriques mobiles (en papier.) Voir Note II.

2. *De Arte combinatoria*, n°ˢ 92, 93. Leibniz corrige à ce sujet une erreur de Harsdörffer : M. de Breissac employait 9 cercles de 6 termes chacun; le nombre des combinaisons de 9 termes appartenant chacun à un cercle différent est : $6^9 = 10\,077\,696$, et non pas 216, comme le croyait Harsdörffer. Cet exemple montre à quel point on se trompe dans l'évaluation du nombre des combinaisons possibles, quand on n'en connaît pas les lois mathématiques.

3. Harsdörffer (Georg-Philipp), de Nürnberg (1607-1658), avait publié deux Suppléments (1651, 1653) aux *Deliciæ physico-mathematicæ* (1636) de Daniel Schwenter, de Nürnberg (1585-1636).

4. Voir Chap. V, § 5.

des vertus et des vices, qui ne sont évidemment pas des notions primitives et universelles. En somme, l'invention de Lulle constitue plutôt une Topique utile à la rhétorique qu'une table de catégories appropriée aux besoins de la philosophie [1].

Malgré ce jugement défavorable, il convenait de rappeler le nom de Raymond Lulle, car son « grand art » avait séduit tout d'abord Leibniz, de son propre aveu [2], et par suite n'a pas dû être étranger à la conception de sa « Caractéristique combinatoire ». Parmi ses précurseurs, Leibniz cite encore Pierre Grégoire, Toulousain, auteur d'une *Syntaxis artis mirabilis*, et surtout le P. (Jésuite) Athanase Kircher, qui venait de publier sa *Polygraphia nova et universalis ex combinatoria arte detecta* (Rome, 1663), dont nous aurons à parler plus loin. Enfin il rappelle en passant cette ingénieuse pensée de Hobbes, que tout raisonnement est un calcul, dont Hobbes lui-même n'avait su tirer aucun parti [3], et que Leibniz devait au contraire développer et approfondir d'une manière originale, et il passe à l'exposition de sa propre invention, qui, somme toute, paraît devoir peu de chose à ses prédécesseurs. Voyons donc comment Leibniz conçoit l'application de la Combinatoire à la Logique inventive.

6. On devra d'abord analyser tous les concepts, en les définissant, c'est-à-dire en les réduisant à des combinaisons de concepts plus simples. On aboutira ainsi à un certain nombre de concepts absolument simples, irréductibles et indéfinissables. Ce seront les termes du *premier* ordre, qu'on rangera dans une même classe (la première), et qu'on désignera par

---

1. On connaît le jugement dédaigneux porté par Descartes sur l'Art de Lulle, en même temps que sur la Logique syllogistique, dans le *Discours de la Méthode* (2º partie).
2. Dans une *Lettre à Remond* de juillet 1714, après avoir parlé d'un comte Jörger, « grand estimateur de l'Art Général du célèbre Raymond Lulle », et qui « préfère Lulle à tous les modernes, même à M. des Cartes », il ajoute : « Quand j'étois jeune, je prenois quelque plaisir à l'Art de Lulle; mais je crûs y entrevoir bien des defectuositéz, dont j'ay dit quelque chose dans un petit essai d'écolier intitulé *de Arte combinatoria...* » (*Phil.*, III, 619-620.) Cf. *Leibnitii judicium de scriptis Comenianis*, où il parle « de arte combinatoria, Lullianorum exerrationibus depravata et infamata ». (*Dutens*, V, 181.) Voir Note XIII.
3. Voir l'Appendice II sur *Leibniz et Hobbes*.

des signes quelconques (les plus simples sont des numéros). On rangera dans une deuxième classe les termes du *second* ordre, obtenus en combinant deux à deux ceux du premier; puis dans une troisième classe les termes du *troisième* ordre, obtenus en combinant les premiers trois à trois, et ainsi de suite. Chaque terme composé, étant une combinaison de termes simples, sera représenté par le produit (symbolique) des chiffres ou numéros correspondants, qui constituera en même temps sa définition. Mais, pour simplifier l'écriture et aussi les définitions, chaque terme du 3ᵉ ordre sera le produit d'un terme du 1ᵉʳ et d'un terme du 2ᵉ; chaque terme du 4ᵉ ordre sera le produit de deux termes du 2ᵉ, ou d'un terme du 1ᵉʳ et d'un terme du 3ᵉ, et ainsi de suite. Pour désigner les termes d'ordre supérieur au 1ᵉʳ, on fera usage d'un symbole de fraction, dont le dénominateur indiquera le numéro d'ordre de la classe, et le numérateur, le numéro du terme dans cette classe. Ainsi $\frac{1}{2}$ désignera le 1ᵉʳ terme de la 2ᵉ classe, $\frac{2}{3}$ le 2ᵉ terme de la 3ᵉ classe, et ainsi de suite[1].

On conçoit aisément qu'un même terme soit susceptible de plusieurs expressions suivant que l'on combine différemment les termes simples qui y entrent comme facteurs. Mais pour vérifier l'équivalence de ces diverses expressions, c'est-à-dire l'identité du terme exprimé, il suffira de les décomposer en termes simples, et l'on retrouvera la définition primordiale du terme considéré[2]. Cette opération est, comme on voit, ana-

---

1. Voir dans la Note VI l'échantillon que Leibniz donne de cette méthode, appliquée à la Géométrie.
2. Ainsi, suivant l'exemple même de Leibniz, soient les 4 termes simples

$$3, \quad 6, \quad 7, \quad 9;$$

soient leurs combinaisons deux à deux numérotées par ordre :

(1) 3.6,   (2) 3.7,   (3) 3.9,   (4) 6.7,   (5) 6.9,   (6) 7.9

Un même terme de la 3ᵉ classe sera représenté par :

$$\frac{1}{2}\cdot 9, \quad \frac{3}{2}\cdot 6, \quad \frac{5}{2}\cdot 3,$$

logue à la décomposition d'un nombre en facteurs premiers ; et elle a le même avantage que celle-ci, à savoir que la décomposition logique d'un terme complexe en termes simples ne peut s'effectuer que d'une seule manière, de sorte que ce terme a une formule unique et bien déterminée qui fournit un criterium infaillible de son identité [1].

7. Cela posé, il est facile de trouver tous les prédicats (logiquement) possibles d'un sujet donné. En effet, tous les facteurs ou diviseurs d'un terme donné sont ses prédicats, puisqu'ils expriment, tous et chacun, les caractères ou qualités qui font partie de sa compréhension et qui le définissent. On peut donc *attribuer* à un sujet donné, d'abord chacun de ses facteurs premiers, ensuite chacune des combinaisons formées au moyen de ces facteurs premiers.

En procédant par ordre, suivant la méthode générale de l'Art des combinaisons, on trouvera ainsi tous les prédicats possibles du sujet donné, depuis ses termes simples jusqu'à lui-même ; car la proposition dont il est le sujet et dont le prédicat est le produit de tous ses termes simples peut être considérée comme sa propre définition, c'est-à-dire comme une identité [2]. Le nombre des prédicats possibles est facile à

toutes expressions équivalentes à :

$$3.6.9.$$

Cf. le *De Synthesi et Analysi universali*, où Leibniz rappelle le *De Arte combinatoria* (*Phil.*, VII, 293). Voir Chap. III, § 7 ; Chap. VI, § 9.

1. *De Arte combinatoria*, n°s 64-70 (*Phil.*, IV, 65 ; *Math.*, V, 42). Pour faire comprendre cette propriété par une analogie arithmétique, le nombre 210 peut se mettre comme produit sous les formes différentes :

$$42 \times 5, \quad 6 \times 35, \quad 14 \times 15, \text{ etc.}$$

mais, quand on décompose les facteurs en facteurs premiers, elles se réduisent toutes à une seule expression, qui est :

$$2 \times 3 \times 5 \times 7$$

décomposition de 210 en facteurs premiers.

2. On peut illustrer cette méthode au moyen de la même analogie arithmétique. Soit à trouver tous les diviseurs de 210. On prendra d'abord ses facteurs premiers :

$$2, \quad 3, \quad 5, \quad 7,$$

calculer : si k est le nombre des termes simples (facteurs premiers) qui entrent dans la définition (ou formule) du terme donné, il aura autant de prédicats (de diviseurs) différents qu'il y a de combinaisons de k lettres en tout, soit :

$$2^k - 1.$$

Si l'on a classé les termes composés suivant la méthode indiquée ci-dessus, le nombre k sera précisément le numéro de la classe à laquelle appartient le terme donné[1].

---

puis leurs combinaisons deux à deux :

$$2.3, \quad 2.5, \quad 2.7, \quad 3.5, \quad 3.7, \quad 5.7,$$

puis leurs combinaisons trois à trois :

$$2.3.5, \quad 2.3.7, \quad 2.5.7, \quad 3.5.7$$

enfin leur (unique) combinaison quatre à quatre : 2.3.5.7, qui est le nombre 210 lui-même.

Dans le *De Synthesi et Analysi...*, Leibniz expose la même théorie au moyen de lettres. Soit par exemple une notion : $y = abcd$. Elle a pour éléments simples (facteurs premiers) les notions :

$$a, \quad b, \quad c, \quad d.$$

Formons leurs combinaisons deux à deux, et posons :

$$ab = l, \quad ac = m, \quad ad = n,$$
$$bc = p, \quad bd = q, \quad cd = r.$$

Formons leurs combinaisons trois à trois, et posons :

$$abc = s, \quad abd = v, \quad acd = w, \quad bcd = x.$$

Toutes ces combinaisons seront des prédicats de y, mais les prédicats *convertibles* seront seulement : ax, bw, cv, ds; lr, mq, np, dont chacun est égal à $abcd$. Ainsi : « proposita qualibet specie, ordine enumerari possent propositiones de ea demonstrabiles, seu praedicata tam latiora quam convertibilia, ex quibus memorabiliora seligi possent » (*Phil.*, VII, 293).

1. *De Arte combinatoria*, n° 72 (*Phil.*, IV, 66; *Math.*, V, 44). Leibniz effectue ce calcul d'une manière erronée. Soit $k = 4$: il y a :

4	combinaisons	une à une
6	—	deux à deux,
4	—	trois à trois,
1	—	quatre à quatre,

Soit : 15 combinaisons en tout.

D'autre part, chaque combinaison de

1 terme donne lieu à   1 combinaison;

8. Leibniz traite ensuite le problème inverse du précédent : Étant donné un terme, trouver tous ses sujets possibles. Comme chaque terme est un prédicat de tous les produits où il figure, le problème revient à ceci : Trouver toutes les combinaisons qui contiennent une combinaison donnée [1]. Il est clair que, si k est le nombre des facteurs premiers de la combinaison donnée, et si n est le nombre *total* des termes simples, le nombre des combinaisons demandées est le nombre des combinaisons possibles des $(n-k)$ autres termes, soit :

$$2^{n-k}-1,$$

et même, comme le terme donné peut être son propre sujet (dans une proposition identique ou dans une définition), et que ce cas correspond au cas de la combinaison de 0 terme,

2 termes............ $3 = 2^2 - 1$ combinaisons;
3   — $7 = 2^3 - 1$ —
4   — $15 = 2^4 - 1$ —

Leibniz croit devoir multiplier chacun des premiers nombres par chacun des seconds, et faire la somme des produits; il trouve ainsi :

$$4.1 + 6.3 + 4.7 + 1.15 = 4 + 18 + 28 + 15 = 65.$$

Mais il est aisé de voir que ce calcul repose sur un raisonnement faux. En effet, chacune des combinaisons de 1, 2 ou 3 lettres rentre, avec toutes ses sous-combinaisons, dans les 15 combinaisons de 4 lettres, de sorte qu'il n'y a en tout que 15 combinaisons réellement différentes, soit en général $2^k - 1$.

Leibniz a probablement voulu faire entrer en compte toutes les formes différentes d'une même combinaison (comme dans le *De Synthesi et Analysi*), mais alors chaque combinaison de h termes donne lieu seulement à $2^{h-1} - 1$ combinaisons de formes différentes (autant qu'il y a de combinaisons différentes de $h-1$ lettres).

Ainsi une combinaison de 2 lettres a seulement 1 forme;
    —   3   — a $2^2 - 1 = 3$ formes;
    —   4   — a $2^3 - 1 = 7$ formes;

et ainsi de suite, de sorte que le nombre total des combinaisons de formes différentes pour 4 lettres est

$$4.1 + 6.1 + 4.3 + 1.7 = 29,$$

comme on peut le vérifier sur le nombre 210.

1. Cette combinaison donnée, qui est l'élément (facteur) invariable et commun des combinaisons cherchées, est ce que Leibniz appelle *caput*.

on peut ajouter 1 au nombre précédent et l'on obtient le nombre total[1] :

$$2^{n-k}.$$

9. Pour trouver le nombre des prédicats particuliers d'un terme donné (c'est-à-dire le nombre des prédicats qu'on peut lui attribuer dans une proposition particulière), Leibniz raisonne ainsi : Une proposition particulière affirmative peut dériver d'une proposition universelle, soit par subalternation, soit par conversion partielle[2]. Or, dans la subalternation, le prédicat provient du prédicat; dans la conversion, il provient du sujet. Donc le nombre des prédicats particuliers d'un terme donné est égal à la somme du nombre de ses prédicats universels et du nombre de ses sujets universels. Un raisonnement analogue le conduit à cette conclusion que le nombre des sujets particuliers est égal à celui des prédicats particuliers, c'est-à-dire à celui qui vient d'être défini[3]. Cela est évident d'ailleurs, en vertu de la symétrie de la particulière affirmative qui se convertit simplement, de sorte que tout sujet particulier affirmatif du terme donné en est aussi un prédicat particulier affirmatif.

10. Ici Leibniz se propose un problème analogue pour les propositions négatives, à savoir : trouver les sujets et prédicats négatifs d'un terme donné, tant universels que particuliers. Mais la solution qu'il en donne est très incomplète et même fausse. En effet, il énonce la règle suivante pour calculer le nombre des prédicats négatifs d'un terme donné A, c'est-à-dire le nombre des termes qu'on peut substituer à X dans le jugement : « Nul A n'est X. » On évalue d'abord le nombre total

---

1. *De Arte combinatoria*, nos 74-78 (*Phil.*, IV, 67; *Math.*, V, 45). Dans l'exemple choisi par Leibniz, soit 5 le nombre total des termes simples : *a, b, c, d, e*. Si le terme donné est une combinaison *simple*, *a*, le nombre des sujets possibles est $2^{5-1} = 2^4 = 16$; si le terme donné est une combinaison *double*, *ab*, le nombre des sujets possibles est $2^{5-2} = 2^3 = 8$; et ainsi de suite. (Ici Leibniz s'est trompé en ajoutant à 7, nombre des sujets proprement dits, 2 comme nombre des sujets identiques, au lieu de 1, parce qu'il compte à tort comme sujets distincts les permutations des termes du sujet identique.)
2. Voir l'Appendice I.
3. *De Arte combinatoria*, nos 73, 79 (*Phil.*, IV, 66; *Math.*, V, 44).

des combinaisons qu'on peut former avec les n termes simples ; on en retranche le nombre des prédicats universels affirmatifs du terme donné, et celui de ses sujets universels affirmatifs proprement dits (non identiques) ; le reste sera le nombre cherché. Or le nombre de toutes les combinaisons possibles de n termes est : $2^n - 1$. Le nombre des prédicats du terme donné, supposé formé de k facteurs simples, est : $2^k - 1$; et le nombre de ses sujets proprement dits est : $2^{n-k} - 1$. Donc le nombre de ses prédicats négatifs aurait pour formule :

$$(2^n - 1) - (2^k - 1) - (2^{n-k} - 1) = 2^n - 2^k - 2^{n-k} + 1$$
$$= (2^k - 1)(2^{n-k} - 1)$$

Or on peut trouver autrement et bien plus simplement le nombre des prédicats négatifs d'un terme, en remarquant que ces prédicats sont toutes les combinaisons des n termes où ne figure aucun des facteurs du terme donné, c'est-à-dire toutes les combinaisons des $(n-k)$ autres termes simples, dont le nombre est :

$$2^{n-k} - 1.$$

Cette formule diffère de celle de Leibniz par le facteur $2^k - 1$, de sorte que celle-ci n'est juste que pour le cas où $k = 1$.

Leibniz ajoute : « De subjectis contra ». Or il est clair que les sujets négatifs universels d'un terme sont identiques à ses prédicats négatifs universels, en vertu de la symétrie de l'universelle négative, qui se convertit simplement : Si nul A n'est X, nul X n'est A. Le nombre des sujets négatifs est donc le même que celui des prédicats négatifs. Quant aux sujets et prédicats négatifs particuliers, Leibniz ne donne qu'une indication trop vague et trop sommaire pour qu'on puisse la discuter [1].

1. *De Arte combinatoria*, n° 79 (*Phil.*, IV, 68 ; *Math.*, V, 40). La méthode la plus simple et la plus sûre, pour évaluer le nombre des sujets et prédicats particuliers, consisterait à regarder la particulière affirmative comme la négation de l'universelle négative, et la particulière négative comme la négation de l'universelle affirmative. Étant donné un terme composé de k termes simples, on sait trouver ses $(2^k - 1)$ prédicats universels affirmatifs, c'est-à-dire ceux des $(2^n - 1)$ concepts que l'on peut

11. Leibniz cherche alors le nombre des arguments (syllogismes) par lesquels on peut démontrer une proposition (conclusion) donnée. Soit S le sujet, et P le prédicat. En laissant de côté le cas où ces deux termes appartiendraient à la même classe et où par suite ils devraient être identiques (ce que l'on vérifierait en les décomposant en facteurs simples), S ne peut être le sujet de P que s'il appartient à une classe d'ordre plus élevé, et s'il contient tous les facteurs simples de P. Pour mettre cette relation en évidence, on pourra employer autant de moyens termes qu'il y a de termes qui soient à la fois prédicats de S et sujets de P. Pour évaluer ce nombre, il suffit de considérer les prédicats de S comme l'ensemble des termes possibles, et de chercher combien, dans cet ensemble, le terme P possède de sujets possibles (S excepté). Soit n le nombre des facteurs simples de S, k celui des facteurs simples de P (tous compris par hypothèse parmi ceux de S, de sorte que $k < n$). Le nombre

lui attribuer avec vérité. Dès lors, il est faux de lui attribuer (universellement) l'un quelconque des autres, et par suite il a autant de prédicats particuliers négatifs, soit $2^n - 2^k$.

De même, on sait trouver ses $2^{n-k} - 1$ sujets universels affirmatifs, ses $2^{n-k} - 1$ sujets (ou prédicats) universels négatifs ; tous les autres concepts (parmi les $2^n - 1$ possibles) seront donc respectivement ses sujets particuliers négatifs, et ses sujets (ou prédicats) particuliers affirmatifs ; et leur nombre sera, dans chaque cas, $2^n - 2^{n-k}$. Cette formule diffère de celle qu'a trouvée Leibniz : $2^k - 1 + 2^{n-k} - 1$, ce qui prouve que celle-ci est erronée. Et en effet, il y est arrivé par un raisonnement faux : il a supposé que toute particulière affirmative dérive d'une universelle affirmative par subalternation ou par conversion : or cela n'est pas vrai, car il y a des particulières affirmatives de la forme : « Quelque ab est ac » qui ne dérivent pas d'une universelle ayant les mêmes termes. (On ne peut affirmer, en effet, ni que : « Tout ab est ac », ni que : « Tout ac est ab ».) Le nombre déterminé par Leibniz doit donc être trop faible ; et c'est en effet ce qui a lieu, dès que $k > 1$. En résumé, un terme composé de k facteurs simples a :

1°	$2^k - 1$	prédicats universels affirmatifs;	
2°	$2^n - k - 1$	sujets	—
	—	prédicats	— négatifs;
	—	sujets	—
3°	$2^n - 2^k$	prédicats particuliers	—
4°	$2^n - 2^{n-k}$	sujets	—
	—	prédicats	— affirmatifs;
	—	sujets	— .

cherché est, comme on sait, $2^{n-k} — 1$, et, comme on doit en exclure S lui-même, $2^{n-k} — 2$ [1].

Quant à la proposition universelle négative, on pourra la prouver si le sujet et le prédicat, une fois réduits à leurs termes simples, n'ont aucun terme commun [2]. Cela est facile à comprendre : car si le sujet (*abc*) et le prédicat (*ade*) avaient en commun un seul terme (facteur) simple *a*, on pourrait affirmer que « quelque S est P »; en effet, le terme *abcde* désignerait *quelques* S, et aurait pour prédicat *ade*. On ne pourrait donc pas affirmer que « Nul S n'est P ». Pour trouver tous les moyens termes qui peuvent servir à prouver cette proposition, Leibniz donne la règle suivante : Qu'on trouve tous les prédicats du sujet, et tous les sujets du prédicat; qu'on additionne les deux nombres, et l'on aura le nombre des moyens termes cherchés. En effet, on pourra prouver la conclusion proposée, soit en niant de son prédicat P chacun des prédicats du sujet S, soit en niant du sujet S chacun des sujets du prédicat P. On aura donc autant de syllogismes qu'il y a de prédicats de S ou de sujets de P. Cela résulte des règles du syllogisme, d'après lesquelles une conclusion universelle négative ne peut se déduire que de deux prémisses universelles, dont l'une soit affirmative et l'autre négative [3]. Si la majeure est négative, on nie du prédicat P un prédicat [4] ou un sujet [5] du sujet S; si c'est la

---

1. Autrement dit, le nombre des combinaisons des *n* termes de S qui contiennent les *k* termes de P est 2^{n-k}, en y comprenant S et P, donc, $2^{n-k} — 2$, quand on en exclut S et P.

2. Leibniz dit : « Si, une fois réduits en termes simples, ils ne sont pas contenus l'un dans l'autre. » Cette condition ne suffit pas, car soient, par exemple, les termes *abc* et *ad* : aucun des deux n'est contenu dans l'autre, et néanmoins on peut dire que « Quelque *abc* est *ad* », ou que « Quelque *ad* est *abc* » (à savoir les *abcd*). D'ailleurs, la condition énoncée, étant simplement la négation de la condition de l'universelle affirmative, ne peut être que la condition de sa contradictoire, la particulière négative : « Quelque S n'est pas P. » Et, en effet, il est vrai de dire que « Quelque *abc* n'est pas *ad* ».

3. Les modes correspondants sont :
Celarent (1re fig.); *Cesare, Camestres* (2e fig.); *Camenes* (4e fig.).

4. Dans *Celarent*.

5. Dans *Cesare*.

mineure, on nie du sujet S un prédicat [1] ou un sujet [2] du prédicat P [3].

12. En somme, malgré les erreurs de détail qui entachent cet « essai d'écolier [4] », on ne saurait exagérer l'importance du *De Arte combinatoria* dans l'histoire de la pensée de Leibniz et dans la formation de sa Logique. Il est intéressant de rappeler le jugement qu'il portait plus tard sur cette œuvre de début. Tout en reconnaissant les imperfections de cet opuscule, qui provenaient de l'extrême jeunesse de l'auteur et de son ignorance des Mathématiques, il se plaisait à le rappeler comme le prélude et l'anticipation de ses inventions ultérieures [5]. Il a indiqué lui-même, avec une complaisance visible, ce qu'il trouvait de bon et de solide dans son premier ouvrage, c'est-à-dire ce qu'il en avait conservé : « novas complures meditationes non pœnitendas, quibus semina artis inveniendi sparguntur,... atque inter cœteras palmariam illam de Analysi cogitationum humanarum in Alphabetum quasi quoddam notionum primitivarum [6] ». Dans un fragment inédit, il déclare, au sujet du même ouvrage : « il y a quelques choses qui sentent le jeune homme et l'apprentif, mais le fonds est bon et j'ay basti depuis la dessus [7]... » Ce qu'il a bâti là-dessus, c'est toute sa Logique, et le grand œuvre dont le projet l'a occupé pendant sa vie entière.

Il importe donc de retenir du *De Arte combinatoria* les idées

---

1. Dans *Camestres*.
2. Dans *Camenes*.
3. *De Arte combinatoria*, n°s 80-82 (*Phil.*, IV, 69; *Math.*, V, 46). Nous avons employé partout l'expression « nier de » : c'est qu'en effet l'universelle négative est symétrique ou réciproque (simplement convertible), de sorte qu'elle nie aussi bien le sujet du prédicat que le prédicat du sujet.
4. *Lettre à Remond* de juillet 1714 (*Phil.*, III, 620). Voir p. 39, note 2.
5. *Phil.*, VII, 186.
6. *Phil.*, IV, 103. Note publiée par Leibniz dans les *Acta Eruditorum* en 1691, à propos de la réédition de son *De Arte combinatoria* (Francfort-sur-Mein, 1690), faite sans son autorisation et à son insu. Cf. *Nouveaux Essais*, IV, III, § 18.
7. *Projet et Essais pour arriver à quelque certitude pour finir une bonne partie des disputes et pour avancer l'art d'inventer*, vers 1686 (**Phil.**, VI, 12, c).

maîtresses qui, de l'aveu même de Leibniz, devaient servir de base à ses recherches ultérieures. D'abord, tous les concepts doivent être résolubles en concepts simples, par une analyse analogue à la décomposition des nombres en facteurs premiers; et ils peuvent tous, inversement, être obtenus et composés par la combinaison progressive de ces concepts simples. Ensuite, les concepts simples ou catégories, qui sont les éléments constitutifs de tous les autres, sont en assez petit nombre, ce qui ne les empêche pas d'engendrer la multitude innombrable des concepts complexes, grâce à la merveilleuse fécondité de l'art des combinaisons; il suffira donc d'assigner à chacun d'eux un nom ou un signe simple pour former l'*Alphabet des pensées humaines*[1], au moyen duquel toutes les autres notions pourront s'exprimer, en combinant les signes de la même manière que les concepts correspondants. Enfin la Logique, et plus précisément l'Art d'inventer, dépend entièrement de la Combinatoire[2], qui enseigne à trouver par ordre toutes les combinaisons pos-

---

1. Voir *Lettre à Oldenburg* du 27 août 1676 (Phil., VII, 11; *Briefwechsel*, I, 199); *Confessio Naturæ contra Atheistas*, 1669 (Phil., IV, 103); *De Scientia universali...* (Phil., VII, 199).

2. On trouve dans les manuscrits de Leibniz deux plans d'un nouveau *De Arte combinatoria*, dont le plus développé date de 1680 (Math., I, 27, b, c). On y voit quelle extension l'idée de la Combinatoire a prise progressivement dans son esprit; elle s'identifie avec l'art d'inventer. (Voir pour plus de détails Chap. VII, §7.) Dans le plus ancien des deux, on trouve encore des recherches quelque peu puériles; par exemple : « De magnitudine libri in quo omnes hexametri possibiles scripti extent. De libro in quo scriptæ jam habeantur omnes veritates quæ ab hominibus comprehendi possunt », qui rappellent celles qu'on trouve à la fin du *De Arte combinatoria* de 1666. A ces recherches il convient de rattacher un curieux essai inédit intitulé : « De l'Horizon de la Doctrine humaine, ou Méditation touchant le nombre de toutes les verités ou faussetés possibles, que les hommes tels que nous les connaissons peuvent enoncer; et touchant le nombre des livres faisables. Où l'on demonstre que ces nombres sont finis, et qu'il est possible d'écrire et aisé de concevoir un nombre bien plus grand. Pour faire voir les bornes de l'esprit humain et son etendue à les connoistre. » (Phil., V, 9; voir *Bodemann*, p. 83; cf. **Phil.**, VIII, 19, publié ap. *Bodemann*, p. 114; et **Phil.**, VIII, 25, qui est une préface de l'*Horizon*.) C'est un simple exercice de Combinatoire, qui prend pour point de départ le nombre des lettres de l'alphabet (comme si le nombre des propositions possibles pouvait dépendre du nombre des lettres, variable suivant les peuples et les temps). Leibniz en avait écrit à

sibles des concepts simples (ou de leurs signes), et à déterminer sûrement leurs relations d'inclusion ou d'exclusion, c'est-à-dire à découvrir toutes les vérités relatives à tel ou tel concept. De là est née l'idée d'une Spécieuse générale ou d'une Caractéristique universelle, c'est-à-dire d'une Algèbre logique qui remplacerait les concepts par des combinaisons de signes, les propositions par des relations entre ces signes, et le raisonnement par une sorte de calcul, qui fournirait une méthode universelle et infaillible pour démontrer les propositions ou en découvrir de nouvelles, et qui serait à la fois un Art de juger et un Art d'inventer.

Fontenelle le 20 février 1701. Cela est d'autant plus remarquable qu'ailleurs il soutenait tout le contraire, à savoir que les concepts et les vérités premières sont en nombre infini (**Phil.**, VI, 12 f, 23).

CHAPITRE III

LA LANGUE UNIVERSELLE

1. Toutefois, ce n'est pas sous la forme d'une Algèbre ou d'un calcul que Leibniz conçut tout d'abord sa Caractéristique, sans doute parce qu'il était encore « novice en mathématiques[1] », mais sous la forme d'une langue ou d'une écriture universelle. Telle est en effet la première application qu'il fait de son invention logique, et qu'il mentionne dans le *De Arte combinatoria* aussitôt après elle[2]. Elle lui avait été sans doute suggérée par divers projets contemporains de langue universelle ou internationale, qu'il énumère d'après Caspar Schotius. L'un de ces projets (daté de Rome, 1653) est dû à un Espagnol anonyme (également cité par Kenelm Digby[3]), qui avait distribué les « choses » (c'est-à-dire les concepts) en plusieurs classes, puis numéroté ces classes, et, dans chaque classe, les concepts; il désignait alors chacun d'eux par le numéro de sa classe et par le numéro qu'il portait dans sa classe. Il est intéressant de remarquer que cet auteur était obligé d'adjoindre à

---

1. *Lettre à Gabriel Wagner*, 1696 (*Phil.*, VII, 522).
2. « Ex his, quæ de Arte complicatoria Scientiarum seu Logica inventiva disseruimus.... fluit velut Porisma seu Usus XI : Scriptura universalis, id est cuicunque legenti, cujuscunque linguæ perito intelligibilis. » *De Arte combinatoria*, n° 89 (*Phil.*, IV, 72; *Math.*, V, 49).
3. Sir Kenelm Digby (1603-1665), philosophe cartésien, exilé d'Angleterre pour raisons politiques, passa en France la plus grande partie de sa vie. Voir ce qu'en dit Leibniz dans l'*Antibarbarus Physicus* (*Phil.*, VII, 343) et les textes cités dans la Note I.

ce double numéro certains signes remplaçant les flexions grammaticales, et servant à la syntaxe (de même que Leibniz est obligé d'employer des articles et des prépositions dans son essai de Caractéristique géométrique [1]), ce qui prouve qu'il n'avait pas non plus analysé les relations des concepts, et ne savait pas les traduire en symboles.

Un autre essai de la Langue universelle est celui de Jean Joachim BECHER, médecin de Mayence [2]. Celui-ci avait simplement numéroté tous les mots d'un dictionnaire latin (dans l'ordre alphabétique) et formé des dictionnaires de diverses langues où les mots étaient rangés dans l'ordre de leurs numéros. Il établissait ainsi une correspondance entre les vocabulaires des diverses langues, de sorte qu'un texte écrit en nombres pouvait se lire et se traduire à volonté dans n'importe quelle langue, au moyen du lexique correspondant [3].

Enfin le troisième essai que cite Leibniz est celui du P. Athanase KIRCHER, S. J. [4], qui avait déjà eu l'idée d'employer à son dessein l'art combinatoire, mais d'une manière bien grossière, comme on va voir. Il avait composé un double dictionnaire en *cinq* langues (latin, italien, français, espagnol et allemand). Le premier dictionnaire était destiné au *thème* : les mots de chaque langue y étaient rangés par ordre alphabétique, et en regard de chacun d'eux se trouvait sa traduction en chiffres. Le second dictionnaire était destiné à la *version* : les mots correspondants (de même sens) des cinq langues y étaient rangés sur la même ligne dans cinq colonnes parallèles (suivant l'ordre alphabétique des mots latins) ; les lignes de chaque page et les pages étant numérotées, chaque mot (ou concept) était désigné par le numéro de sa page (en chiffres romains) et celui

---

1. Voir Note VI.
2. *Character pro notitia linguarum universali*, Francfort, 1661.
3. Cf. sur le projet de Becher, **Phil.**, VII, B III, 13.
4. *Polygraphia nova et universalis, ex combinatoria arte detecta* (Rome, 1663), Syntagma I : *Linguarum omnium ad unam reductio*, comprenant le double *Dictionarium Pentaglossum*. Les Syntagmata II et III sont consacrés à divers systèmes de cryptographie inspirés de Trithemius.

de sa ligne (en chiffres arabes)[1]. A ces deux nombres on adjoignait au besoin un signe ou une lettre indiquant la flexion du mot (le cas et le nombre pour les noms, la voix, le mode, le temps, le nombre et la personne pour les verbes). Par ce système, analogue à celui de l'Espagnol, mais plus artificiel, on pouvait traduire en nombres un texte de l'une quelconque des cinq langues, et inversement, un texte écrit en nombres dans n'importe laquelle des cinq langues indifféremment[2].

Dans un fragment inédit, Leibniz résume un projet antérieur du P. Kircher, qui paraît être une ébauche du précédent[3]. Le dictionnaire (en une seule langue) comprend 9 pages in-folio; chacune d'elles contient 6 colonnes, soit 54 colonnes en tout. Chaque colonne porte un « caractère » ou signe distinctif, et contient 30 mots numérotés par ordre. Pour désigner un mot, il suffit d'indiquer son numéro dans sa colonne et le signe de sa colonne. (Suit l'énumération des titres des 54 colonnes avec leurs signes[4].) Ce projet offre une plus grande analogie avec celui de l'Espagnol anonyme, les concepts étant distribués en classes naturelles ou catégories logiques.

Au surplus, le P. Kircher n'était pas absolument satisfait de

---

1. Ce second dictionnaire comprenait 32 pages : les 23 premières contenaient les noms et verbes les plus usuels; la 24ᵉ les noms de pays, la 25ᵉ les noms de villes, la 26ᵉ les noms de temps; la 27ᵉ les noms propres de personnes; la 28ᵉ les adverbes, la 29ᵉ les prépositions, la 30ᵉ les pronoms; enfin la 31ᵉ et la 32ᵉ contenaient respectivement les diverses formes des verbes *Sum* et *Habeo*.

2. L'idée de ce dictionnaire polyglotte avait été suggérée au P. Kircher par l'empereur Ferdinand III, dans l'intérêt des populations de langues diverses qui composaient l'Empire et surtout les domaines de la couronne d'Autriche. (DIELS, *Ueber Leibniz und das Problem der Universalsprache*, ap. *Sitzungsberichte der königl.-preuss. Akademie der Wissenschaften zu Berlin*, séance du 29 juin 1899 [anniversaire de Leibniz].) M. Diels mentionne un essai tout récent du même genre : Ferdinand HILBE, de Feldkirch : *Neue Weltsprache auf Grund des Zahlsystems....* (1898).

3. « *Reductio linguarum ad unam.... Novum inventum linguarum omnium ad unam reductarum sub S. R. J. principi Augusto duci Brunsv. et Luneb. conferat dicatque Athanasius Kircherus Autor Romæ anno 1660. 17. die Octobr.* » (**Philologie**, I, 2.)

4. Ces signes sont ceux des 54 catégories de l'*Ars magna sciendi* (Voir Note II).

tous ces projets, et il préparait un nouvel ouvrage intitulé :
« Tour de Babel », comme il l'écrivait à Leibniz vers 1670[1].

2. En somme, les divers projets de langue universelle que Leibniz connaissait à cette époque[2] étaient assez informes, et méritaient à peine ce titre de langue universelle. C'était plutôt, comme on voit, des systèmes d'écriture conventionnelle, analogues à nos *codes* télégraphiques ou à nos *chiffres* diplomatiques, où la correspondance entre les mots et les nombres est tout à fait artificielle et arbitraire. Aussi Leibniz marque-t-il nettement l'insuffisance de ces systèmes, dont le défaut primordial est de manquer de toute base logique et philosophique, et de n'avoir qu'un intérêt pratique. L'ambiguïté des termes, qui ont toujours plusieurs sens dans chaque langue; le manque de synonymes exacts, qui fait que les mots de deux langues différentes ne se correspondent jamais exactement; la diversité des syntaxes, qui fait qu'une phrase traduite mot à mot devient barbare ou inintelligible, ou donne lieu à des contresens; enfin, l'ennui d'avoir à compulser sans cesse un dictionnaire, la mémoire ne pouvant retenir les numéros afférents à tous les mots d'une langue, tels sont les principaux inconvénients que Leibniz reproche avec raison à ces projets ingénieux, mais en réalité impraticables.

Au contraire, l'écriture universelle qu'il imagine sera très simple à apprendre et très facile à retenir, parce qu'elle repose sur un fondement logique, à savoir sur l'analyse complète des concepts et sur leur réduction à des termes simples[3]. Il suffira en effet de représenter chaque terme simple par un signe aussi naturel et approprié que possible[4]; on constituera ainsi une

---

1. *Lettre de Leibniz à Oldenburg*, du 12/22 juillet 1670 (*Phil.*, VII, 5, et *Briefwechsel*, I, 40).
2. Nous parlerons plus loin de ceux dont il ne prit connaissance qu'après avoir écrit le *De Arte combinatoria*.
3. « J'avois considéré cette matiere avant le livre de Mr. Wilkins, quand j'estois un jeune homme de dix-neuf ans, dans mon petit livre *de Arte combinatoria*, et mon opinion est que les Caracteres veritablement réels et philosophiques doivent repondre à l'Analyse des pensées. » *Lettre à Burnett*, 24 août 1697 (*Phil.*, III, 216).
4. Comme les signes hiéroglyphiques du P. Kircher. (Voir Note II.)

sorte d'alphabet idéographique, composé d'autant de symboles qu'il y a de concepts élémentaires ou catégories. Dès lors, chaque concept complexe ou dérivé sera représenté par la combinaison des signes qui figurent ses éléments simples. Comme les concepts simples sont en assez petit nombre, il suffira de savoir par cœur l'alphabet logique pour pouvoir lire et comprendre à première vue un texte écrit dans ce système, sans avoir besoin d'aucun dictionnaire [1].

Ainsi, dès l'âge de vingt ans, Leibniz avait nettement conçu le plan d'une *Langue universelle* et vraiment *philosophique*, qui dépassait tous les projets connus, en ce qu'elle n'était pas seulement une *sténographie* ou une *cryptographie*, mais une *pasigraphie* logique et une *idéographie* [2].

3. Dans les années suivantes, Leibniz fut amené à préciser et à développer son projet en le comparant et en l'opposant à d'autres projets contemporains, un peu plus perfectionnés. Ce genre d'inventions paraît d'ailleurs avoir été fort à la mode à cette époque. Le dessein de fonder une Langue universelle qui remplaçât toutes les langues nationales, soit dans le commerce entre les divers pays, soit surtout dans les relations entre les savants de toute l'Europe, procède évidemment du mouvement intellectuel de la Renaissance, qui, en renouvelant toutes les sciences et la philosophie, avait révélé l'unité fondamentale de l'esprit humain et avait fait naître l'idée de l'union internationale de tous les savants, si bien exprimée par la locution de « République des Lettres ». D'ailleurs, la Renaissance, en émancipant la pensée de l'autorité des anciens et surtout du joug d'Aristote, dont la Logique avait régné pendant tout le moyen âge et

---

1. « Ea si recte constituta fuerint et ingeniose, scriptura haec universalis aeque erit facilis quam communis, et quae possit sine omni lexico legi, simulque imbibetur omnium rerum fundamentalis cognitio. Fiet igitur omnis talis scriptura quasi figuris geometricis, et velut picturis, ut olim Ægyptii, hodie Sinenses, verum eorum picturae non reducuntur ad certum Alphabetum seu literas, quo fit ut incredibili memoriae afflictione opus sit, quod hic contra est. » *De Arte combinatoria*, n° 90 (*Phil.*, IV, 73 ; *Math.*, V, 50).

2. « Hic igitur est Usus XI complexionum, in constituenda nempe *polygraphia universali*. » *De Arte combinatoria*, n° 90 (*loc. cit.*).

régnait encore dans les écoles[1], avait donné l'essor aux recherches scientifiques, et par suite fait naître le désir d'une Logique plus moderne, mieux appropriée aux besoins des sciences nouvelles[2]. La raison prenait conscience de sa force et de son indépendance, et tendait à s'affranchir de toutes les entraves de la tradition et de la routine ; on commençait à s'apercevoir qu'on pouvait dépasser l'antiquité dans la connaissance de l'univers, et à entrevoir la possibilité d'un progrès indéfini[3]. Enfin l'esprit humain prenait conscience de son unité, et de l'unité de la science ; tout ce grand mouvement d'idées, cette rénovation des sciences, et la réforme de la Logique qui en était à la fois la condition et le résultat, devaient naturellement suggérer la création d'une langue philosophique et scientifique plus logique que les langues vulgaires, qui serait commune à tous les savants, et par suite internationale.

4. On sait que DESCARTES, ayant eu connaissance par Mersenne d'un projet de langue universelle, s'est expliqué sur ce sujet dans une lettre bien connue : tout en critiquant le projet qui lui était soumis, il se déclarait favorable en principe à l'invention d'une langue universelle, et la considérait comme possible. Il proposait même d'adopter pour la création du vocabulaire un principe logique qui ressemble beaucoup à celui de

---

1. On sait quelles luttes épiques et même tragiques Ramus eut à soutenir contre les péripatéticiens, et ce qu'il lui en coûta pour avoir voulu réformer la Logique d'Aristote.

2. Il n'est pas besoin de faire remarquer l'intention révolutionnaire affichée dans le titre du *Novum Organum* de BACON (opposé à l'*Organon* d'Aristote), auquel Leibniz fait souvent allusion (*Phil.*, VII, 187, 202). Il empruntera aussi à Bacon son titre : *De instauratione et augmentis scientiarum* (*Phil.*, VII, 49, 64 ; cf. **Phil.**, VII, A, 24 : *Initia scientiæ generalis*; VIII, 1; 3). Voir le jugement que Leibniz portait plus tard (en mai 1684) sur Bacon (*Phil.*, VII, 67). L'admiration qu'il professe pour lui n'est pas sans réserve : il lui reproche d'être trop empiriste, et pas assez mathématicien.

3. C'est ainsi que Joseph GLANVILL (1636-1680), membre de la Société Royale de Londres, célébrait les progrès de la science dans son *Plus Ultra, or the progress and advancement of knowledge since the days of Aristotle* (London, 1668) qu'Oldenburg envoya à Leibniz sur sa demande (*Lettres d'Oldenburg* du 8 décembre 1670 et du 24 avril 1671 : *Phil.*, VII, 5 ; *Math.*, I, 16, 18 ; *Briefwechsel*, I, 49, 55 ; cf. *Lettre à Thomasius* du 20/30 avril 1669, *Phil.*, I, 15).

Leibniz : il faudrait dresser la liste des concepts simples, les ranger par ordre et leur attribuer des signes. Une telle langue serait en même temps une sorte d'instrument logique; seulement, son institution « depend de la vraye Philosophie », et c'est une des raisons pour lesquelles Descartes la croit pratiquement irréalisable [1].

Il n'est pas probable que Leibniz eût connaissance de cette lettre de Descartes quand il écrivait son *De Arte combinatoria*, mais il en eut certainement connaissance plus tard (à une époque que nous ne pouvons déterminer), car on trouve dans ses manuscrits une copie (de la main d'un secrétaire) de la partie de cette lettre où Descartes indique le fondement logique sur lequel la langue universelle devrait être édifiée. A cette copie Leibniz a joint une remarque personnelle, où il soutient que, si l'institution de cette langue dépend de la vraie Philosophie, elle ne dépend pas de son achèvement ou de sa perfection; autrement dit, qu'elle repose sur les éléments des sciences, mais ne les suppose pas achevées; qu'au contraire, elle se développera et se perfectionnera avec la science elle-même dont elle sera l'instrument [2]. Par là, Leibniz répond d'avance à la principale objection qu'on ait adressée de tout temps aux langues « philosophiques » qui reposent sur l'analyse des concepts. Quoi qu'il en soit, et malgré l'analogie du projet de Leibniz avec celui qu'esquissait Descartes, il ne paraît pas qu'il en soit dérivé; il semble plutôt que les deux philosophes se soient rencontrés, et cet accord n'en est que plus remarquable.

5. C'est d'une autre source que vinrent les inspirations qui amenèrent Leibniz à préciser et à développer le système ébauché dans le *De Arte combinatoria*. Les projets de langue universelle semblent avoir surtout fleuri, à cette époque, en Angleterre, dans le cercle des savants qui fondèrent la Société Royale de

---

1. *Lettre à Mersenne* du 20 novembre 1629 (Ed. *Clerselier* [1657], I, 111; éd. *Adam-Tannery* [1897], I, 76; cf. p. 112).
2. **Phil.**, V, 6 c, 7-8. Voir pourtant la *Lettre à Burnett*, 24 août 1697 (citée p. 117, note 4).

Londres. L'un d'eux, WILKINS[1], avait déjà publié un *Mercure* qui paraît n'être guère qu'un manuel de correspondance secrète[2]. Mais cet ouvrage suggéra ensuite à George DALGARNO un système plus philosophique et plus parfait[3]. Ce système consistait, en principe, à répartir tous les concepts en 17 classes suprêmes ou catégories, dont chacune était désignée par une lettre qui servait d'initiale aux mots correspondants. Puis chaque classe était divisée en sous-classes, caractérisées par la même initiale, et distinguées entre elles par la variation d'une seconde lettre. Enfin dans chaque sous-classe étaient rangés un certain nombre de mots caractérisés par les mêmes lettres et distingués par la variation de la lettre finale[4]. C'était en un mot une classification logique des concepts exprimée par des mots composés d'une manière systématique suivant un ordre arbitraire, et jouant le rôle de fiches ou d'étiquettes conventionnelles[5].

Comme on le voit, le projet de Dalgarno constituait, non plus seulement un système de correspondance et de traduction, mais une langue et une écriture universelles et complètes. WILKINS reprit à son tour ce système et le perfectionna dans un nouvel ouvrage[6]. Au lieu de 17 genres suprêmes, il comp-

---

1. John WILKINS (1614-1672), évêque de Chester, fut avec Oldenburg le premier secrétaire de la Société Royale de Londres.
2. *Mercury, or the secret and swift Messenger, shewing how a Man may with Privacy and Speed communicate his Thoughts to a Friend at a Distance* (London, 1641).
3. *Ars Signorum, vulgo Character universalis et lingua philosophica* (London, 1661). Voir le reste du titre et des détails sur ce livre dans la Note III.
4. Cf. *Lexicon Grammatico-Philosophicum* (**Phil.**, VII, D 1, 1, et Note III).
5. Dalgarno avait encore inventé un système (tout à fait indépendant du précédent) pour traduire les nombres en mots. A chaque chiffre il faisait correspondre, soit une voyelle (ou diphtongue), soit une consonne; et il traduisait chaque nombre par une suite de lettres correspondant à la suite de ses chiffres (dans le même ordre), précédée de l'initiale V (caractéristique des noms de nombre). Nous mentionnons ce système, parce qu'il semble avoir suggéré à Leibniz son projet de fonder une langue universelle sur la traduction des nombres en mots. (Voir § 7, et Note III.)
6. *An Essay towards a Real Character and a Philosophical Language, with an alphabetical Dictionary* (London, 1668). Leibniz l'annonce sous le titre inexact (réminiscence de l'ouvrage du P. Kircher) de *Polygraphia Wilkenii universalis*, dans sa *Lettre à Thomasius*, 6 Cal. Octobr. 1668 (*Phil.*, I, 9). Voir une analyse de cet ouvrage dans la Note IV.

tait 40; mais, tout en les désignant par des lettres, il les représentait par des symboles conventionnels, et il figurait les subdivisions (différences et espèces) par des traits ajoutés à la gauche et à la droite du symbole du genre [1]. Leibniz préférait une langue qu'on pût écrire avec les lettres ordinaires. Aussi trouvait-il les signes de Wilkins inutiles et rebutants [2].

6. Leibniz prit connaissance du nouveau livre de Wilkins au commencement de 1671 [3], et il paraît l'avoir beaucoup goûté, car il souhaite à diverses reprises le voir traduire en latin [4]. Néanmoins, tout en approuvant les systèmes de Dalgarno et de Wilkins, qui avaient à ses yeux l'avantage d'être des langues à la fois écrites et parlées [5], il a marqué nettement ce qui selon lui leur manquait dans la note inscrite sur son exemplaire de l'*Ars Signorum* [6]. Il leur reproche d'avoir plutôt pour fin

---

1. GERHARDT, *Phil.*, VII, 7-9 (Introduction); cf. Note IV.
2. « Malim linguam quam characterem, posset lingua scribi characteribus communibus... Itaque poterat Wilkinsius suis characteribus supersedere, qui magis deterrent. » (**Phil.**, VII, B III, 49; cf. **Phil.**, VII, B III, 24 recto.) GERHARDT se trompe donc quand il prétend que c'est justement pour cela que Leibniz préférait le système de Wilkins à celui de Dalgarno (*Phil.*, VII, 8, note). En fait, Leibniz cite Dalgarno aussi fréquemment que Wilkins, et souvent en même temps. (Voir les textes cités, la *Lettre à Burnett* du 24 août 1697, *Phil.*, III, 216, et la *Lettre à Rödeken*, 1708, *Phil.*, VII, 32.) Toutefois, c'est encore le système de Wilkins qu'il considérait comme le meilleur des systèmes existants, et le plus utile à propager (*Rapport au conseiller von Ilgen*, 15 juillet 1709, *Phil.*, VII, 33, 35, 36).
Leibniz connaissait encore un autre projet de langue universelle qu'il définit en ces termes : « Le P. Labbé, jésuite français fort savant, connu par bien d'autres ouvrages, a fait une langue dont le latin est la base, qui est plus aisée et a moins de sujétion que notre latin, mais qui est plus régulière que la *Lingua Franca*. » (*Nouveaux Essais*, III, II, § 1. Le P. Labbé vécut de 1607 à 1667. La *Lingua Franca* était le jargon italien employé dans les ports de la Méditerranée.) Leibniz parle dans le même passage d'un dominicain arménien qui parlait sans aucune flexion grammaticale, et néanmoins se faisait bien comprendre. Il y fait aussi allusion dans ses *Grammaticæ cogitationes* (**Phil.**, VII, B, III, 25).
3. *Lettre à Oldenburg* du 29 avril 1671 (*Phil.*, VII, 6; *Briefwechsel*, I, 58).
4. *Ibid.*, et *Lettre à Oldenburg* du 16/26 avril 1673 (*Phil.*, VII, 9; *Briefwechsel*, I, 92). Cf. *Phil.*, VII, 19.
5. Ce sont les seuls qu'il cite quand il est question d'une langue artificielle, dans les *Nouveaux Essais*, III, II, § 1 (1704). Cf. *Lettre à Burnett*, du 24 août 1697 (*Phil.*, III, 216). *Lettre à Rödeken*, 1708 (*Phil.*, VII, 32).
6. Voir Note III.

l'usage pratique que l'utilité des sciences, c'est-à-dire d'être surtout des langues artificielles destinées aux communications internationales, et non pas des langues philosophiques qui expriment les relations logiques des concepts. Il leur préfère et leur oppose la vraie « Caractéristique réelle », qui traduirait la composition des concepts par la combinaison des signes qui représentent leurs éléments simples, de sorte que la correspondance entre les idées composées et leurs symboles serait naturelle, et non plus conventionnelle.

Il précise d'ailleurs son projet et ses intentions dans une *Lettre à Oldenburg* qui date de son séjour à Paris (1673-1676)[1]. Il élève son « écriture rationnelle » bien au-dessus des essais antérieurs, en disant que le moindre de ses avantages serait de servir au commerce entre les nations, et en subordonnant ainsi son utilité pratique à son utilité logique d'« instrument de la raison[2] ». Puis il explique ce qu'il entend par une Caractéristique *réelle*[3] : il en donne comme exemples les hiéroglyphes égyptiens et chinois[4] et les signes des chi-

---

1. TRENDELENBURG, III, 32-37; *Phil.*, VII, 11-15; *Briefwechsel*, I, 100-104.
2. « Scripturam autem rationalem aio potissimum rationis instrumentum fore, minimumque ejus usum censeri debere commercium inter gentes lingua dissitas. » (*Phil.*, VII, 12.) Cf. *Lettre à Galloys*, 1677 (*Phil.*, VII, 21; *Math*, I, 180).
3. « Hieroglyphica Ægyptiorum et Chinensium, et apud nos notæ chymicorum, Characteristicæ realis exempla sunt, fateor, sed quale hactenus auctores designavere, non qualis nostra est. » (*Ibid.* Cf. *Phil.*, VII, 25, 204.)
4. Leibniz paraît croire que les hiéroglyphes égyptiens représentent directement les objets, ce qui n'est qu'imparfaitement vrai, car ils représentent aussi des syllabes et des lettres. Quant aux caractères chinois, un jésuite, missionnaire en Chine, lui disait plus tard : « la langue Chinoise et les caractères sont comme deux langues différentes, dont l'une parle à l'oreille et l'autre aux yeux ». (1re *Lettre du R. P. Bouvet*, Pékin, 4 novembre 1701, ap. *Dutens*, IV, 1, 161.) Au début de la même *Lettre à Oldenburg*, Leibniz désigne ainsi les auteurs de Langues universelles : « qui scripturam quandam universalem Chinensium exemplo condere voluere, quam in sua quisque lingua intelligeret ». Il fait encore allusion aux caractères chinois dans une note manuscrite du 26 mars 1676 (citée p. 84, note 3), ce qui prouve qu'il n'avait pas attendu d'avoir des relations avec les missionnaires en Chine pour s'intéresser à la civilisation chinoise. Ailleurs il rapproche le système de Wilkins des caractères chinois (1re *Lettre a Bourguet*, 1709, ap. *Phil.*, III, 544).

mistes[1]. Cela montre que la Caractéristique *réelle* est pour lui une *idéographie*, c'est-à-dire un système de signes qui représentent immédiatement les choses (ou plutôt les idées) et non les mots, de manière que chaque peuple puisse les lire et les traduire dans sa langue. Ce serait à la fois une écriture et une langue, chaque signe pouvant avoir un nom conventionnel unique[2]; mais cette écriture pourrait aussi se lire en diverses langues, de même que l'écriture chinoise[3].

7. Telles étaient les idées que Leibniz avait touchant la langue universelle pendant son séjour à Paris, et qu'il exposait à Oldenburg et à ses collègues de la Société Royale de Londres. En mai 1676, il identifiait encore la langue universelle à la Caractéristique, et rêvait d'un langage qui fût en même temps un calcul, une sorte d'Algèbre de la pensée[4]. Pour cela, il n'avait qu'à développer le principe posé dans le *De Arte combinatoria*. Du moment que tous les concepts étaient des combinaisons d'idées simples, et que la composition des concepts était analogue à la composition des nombres en facteurs pre-

---

1. Il s'agit, cela va sans dire, des signes cabalistiques des alchimistes, qui désignaient tel ou tel corps (par exemple, par le signe de la planète correspondante) sans en exprimer la composition. Au contraire, la notation des chimistes modernes répond parfaitement au vœu de Leibniz, et peut être considérée comme une application de sa Caractéristique : car elle figure la composition des corps par la réunion des signes qui représentent leurs éléments, et permet, sinon de *raisonner* sur eux, du moins de représenter et d'expliquer leurs réactions et transformations au moyen de combinaisons diverses de ces signes. Ailleurs, Leibniz énumère encore, parmi les espèces de signes, les notes de musique et les signes des astronomes (les signes du zodiaque et ceux des planètes, y compris le soleil et la lune). Il est à remarquer que Leibniz emploie quelquefois les signes des planètes au lieu de lettres dans ses calculs algébriques.

2. *Phil.*, VII, 12-13 ; 22.

3. On trouve un essai assez informe de Caractéristique dans une lettre adressée à un protecteur inconnu (le baron de Boineburg?) où Leibniz prend pour classes suprêmes les *richesses*, les *honneurs* et les *plaisirs*, représentées respectivement par un carré, un cercle et un triangle (**Phil.**, V, 6 c, 11).

4. « Ars characteristica sive lingua rationalis, quæ mirifice in compendium contrahit operationes mentis, et sola præstare potest in Physicis, quod Algebra in Mathematicis. » *Methodus physica. Characteristica.* (**Phil.**, V, 6 c, 9-10; *Foucher de Careil*, VII, 103.)

miers, il était naturel de prendre les nombres premiers pour symboles des idées simples, et la multiplication des nombres pour symbole de la combinaison des concepts (c'est-à-dire de l'adjonction de leurs compréhensions). Cette analogie était familière à Leibniz, et il la développait avec complaisance. Les nombres premiers sont en quelque sorte des *genres* par rapport à leurs multiples : les multiples de 2 sont les *binaires*, les multiples de 3 les *ternaires*, les multiples de 6 les *sénaires*. Tout multiple de 6 étant à la fois un multiple de 2 et de 3, tout sénaire est un binaire-ternaire, comme 6 est le produit de 2 et de 3 [1]. De même, pour exprimer que l'homme est un animal raisonnable, on représentera (par exemple) *animal* par 2, *raisonnable* par 3, et *homme* par le produit 6, de sorte qu'on aura l'égalité numérique :

$$6 = 2 \times 3$$

correspondant à l'égalité logique :

$$\text{Homme} = \text{animal} \times \text{raisonnable}.$$

Tel est le principe du premier système de Calcul logique qu'ait conçu Leibniz [2]. Il l'énonçait dès février 1678, dans un fragment intitulé *Lingua generalis* [3], et le prenait pour fondement d'un projet de langue universelle [4].

Pour transformer cette caractéristique en une langue parlée et écrite, il suffisait de traduire les nombres en mots par une méthode analogue à celle de Dalgarno. Voici le procédé de traduction imaginé par Leibniz : les neuf premières consonnes (b, c, d, f, g, h, l, m, n) représenteront les neuf chiffres significatifs, et les cinq voyelles (a, e, i, o, u) représenteront les unités décimales par ordre ascendant (1, 10, 100, 1000, 10000). On pourra au besoin prolonger la série au moyen de diphton-

---

1. *De Synthesi et Analysi...* (*Phil.*, VII, 292). Cf. Chap. VI, § 9.
2. Voir Chap. VIII, §§ 1-7.
3. **Phil.**, VII, B III, 3 (Voir p. 78, note 1).
4. C'est à ce projet que se rattache l'idée de représenter tous les génitifs, par exemple, par des multiples de 3 ou d'un autre nombre premier : *Lingua rationalis* (*Phil.*, VII, 29, note).

gues (toujours à l'imitation de Dalgarno). Pour énoncer ou écrire un nombre, il suffira de prendre les consonnes correspondant à ses chiffres successifs, en faisant suivre chacune d'elles de la voyelle qui indique l'ordre des unités décimales qu'elle représente. Ainsi le nombre 81374 s'écrira et se prononcera :

Mubodilefa.

L'avantage de cette notation sur celle de Dalgarno consiste en ce que chacune des syllabes indique (par sa voyelle) son ordre décimal, de sorte que sa valeur est indépendante de son rang dans le mot et qu'on peut les intervertir sans inconvénient. Ainsi le même nombre sera tout aussi bien exprimé par le mot :

Bodifalemu,

qui signifie littéralement et par lui-même :

$$1000 + 300 + 4 + 70 + 80000 = 81374.$$

Dans cette faculté de permuter toutes les syllabes d'un mot Leibniz trouve une grande commodité, qui servira, selon lui, à rendre cette langue artificielle plus agréable et plus harmonieuse, et qui donnera des facilités merveilleuses pour la poésie et la musique. Il indique même qu'on pourrait la traduire en musique, par des intervalles[1]. Il croit qu'on pourrait composer dans cette langue des poèmes et des chants « très beaux », et cela par une méthode infaillible et quasi démonstrative, tout étant déterminé[2]. On voit que Leibniz emprunte désormais aux Mathématiques son idéal logique et même esthétique.

8. Mais bientôt il s'aperçoit que le problème est moins simple et moins facile qu'il ne le croyait d'abord ; et, au lieu de créer *a priori* et de toutes pièces une langue purement

---

1. *Lingua universalis* (**Phil.**, VII, B III, 4). On trouve une allusion à ce projet dans les *Nouveaux Essais*, III, 1, § 1.
2. *Ibid.* Là encore il s'inspire du P. Kircher, dont il cite la *Musurgia*, art de composer des airs sans savoir la musique.

conventionnelle, il adopte une méthode *a posteriori*, moins arbitraire et moins téméraire. Il prendra pour point de départ les langues vivantes, et il en extraira par l'analyse logique, d'une part, les idées simples à exprimer et à combiner, et d'autre part, une *grammaire rationnelle*, en simplifiant, en régularisant et en fondant ensemble les grammaires des différentes langues. Il se met à l'œuvre dès le mois d'avril 1678[1], en se proposant de réduire le langage aux termes strictement nécessaires à l'expression de la pensée, afin de découvrir les éléments simples et primitifs de la pensée elle-même. Il précise son plan dans un fragment daté du 11 septembre 1678[2] : son but est toujours l'analyse des pensées, mais cette analyse peut être facilitée et même remplacée par l'analyse des caractères, c'est-à-dire des signes sensibles de la pensée, dont le principal est le langage. L'analyse des langues consistera à résoudre, par des définitions, tous les éléments du discours en termes plus simples, et quand on ne pourra plus décomposer ces termes, on les expliquera, c'est-à-dire qu'on en indiquera le sens par des équivalents. Ces termes irréductibles seront, en général, tous les éléments du discours qui ne peuvent plus se définir par décomposition, à savoir : les mots (à l'exception des mots composés); les locutions toutes faites; les phrases et formules dont le sens, consacré par l'usage, ne s'explique pas par l'analyse grammaticale, comme les proverbes. Puis on étudiera la syntaxe, c'est-à-dire les diverses manières d'assembler et de combiner les éléments du discours, et par suite les flexions (déclinaisons et conjugaisons) et les particules. On soumettra aussi à l'analyse les flexions et les particules, en les réduisant aux plus simples possibles. On définira et on distinguera avec soin leurs divers sens (il y a des homonymies entre les flexions et les particules), de manière que chaque flexion et chaque particule de la langue générale n'ait qu'un sens unique et bien déterminé. On réduira de même les anomalies (irrégularités de

---

1. *De Grammatica Rationali* (**Phil.**, VII, B III, 7).
2. *Analysis linguarum* (**Phil.**, VII, C, 9-10).

grammaire et de syntaxe) aux formes normales, et l'on constituera ainsi une grammaire rationnelle, absolument régulière et sans exceptions [1].

9. Seulement, comme l'institution de la grammaire rationnelle doit nécessairement précéder celle de la langue universelle

---

[1]. Les études de philologie comparée auxquelles Leibniz s'est livré en vue de la création de la langue universelle lui ont suggéré plusieurs idées pratiques ou pédagogiques qui, même aujourd'hui, ne manquent pas d'intérêt ni d'utilité. Dans une *Lettre à Job Ludolf* (1688?) il exprime d'abord le vœu de voir transcrire en lettres latines les alphabets de toutes les langues connues, attendu que la différence des alphabets est le premier et le plus grand obstacle à l'apprentissage de certaines langues. (Cf. **Phil**, VII, B III, 49.) Il ajoute : « Deinde optarem... ab hominibus linguarum peritis dictionariola edi, quibus plerarumque linguarum cognitarum radices atque primariæ voces continerentur, adjecto grammatico cujusque compendiolo, quæ sufficerent conversationi et scripturæ et faciliorum librorum lectioni, postea usu et studio cujusque pro arbitrio longius deinde proferenda. » (*Dutens*, VI, 1, 88-89.) Ailleurs, il donne le plan d'un de ces lexiques qu'il désire, à savoir un « Indiculum vocabulorum res usitatiores exprimentium », où il énumère successivement les mots les plus usuels qui désignent : 1° les nombres; 2° l'âge et la parenté; 3° les parties du corps; 4° les choses nécessaires à la vie; 5° les êtres naturels; 6° les actions : *Leibnitii desiderata circa linguas populorum, ad Dn. Podesta, interpretem Cæsareum et professorem linguæ Turcicæ transmissa* (*Dutens*, VI, II, 228). De même, quand Leibniz méditait la « restauration de la langue germanique » sur laquelle il écrivait, en 1696, une dissertation à l'adresse du duc de Wolfenbüttel, il proposait d'instituer une société (semblable à l'Académie française, et fondée dans une intention analogue) qui fût chargée de rédiger trois dictionnaires : « Lexicon vocabulorum usitatorum, Cornucopiæ technicorum, et Glossarium etymologicum » (*Lettre à Jean Bernoulli* du 28 décembre 1696, *Math.*, III, 350). Cf. les *Unvorgreifliche Gedanken* (Guhrauer, I, 440; GUHRAUER, II, 136). Dans sa *Lettre à Gabriel Wagner* (1696), il conseille d'apprendre les langues d'abord par l'usage, et ensuite par les règles de grammaire (*Phil.*, VII, 523, 526). C'est du reste par cette méthode *autodidactique* qu'il avait appris lui-même les langues classiques (*Phil.*, VII, 52; cf. *Vita Leibnitii a se ipso breviter delineata* : Klopp, I, p. XXXIII; GUHRAUER, II, Notes, p. 53). Enfin il s'occupait de recueillir des échantillons comparatifs de toutes les langues (notamment des langues slaves et asiatiques) en faisant traduire le *Pater* dans ces langues (Voir une *Lettre au landgrave*, juil. 1692, ap. Rommel, II, 427; *Oratio Dominica et aliæ, variis barbaris linguis expressæ*, avec des extraits de lettres de Witsen (1697-99), ap. *Dutens*, VI, II, 203 sqq.; *Ueber die Sprachen der Tartaren* (1698), ap. Guhrauer, II, 478; une *Lettre à Sparvenfeld*, 29 janvier 1697, et divers mémoires à Pierre le Grand, ap. Foucher de Careil, VII, 419 sqq., 398 sqq., 519 sqq.; enfin les fragments publiés par *Bodemann*, p. 257, 261.)

à laquelle elle est destinée à s'appliquer[1], Leibniz a besoin d'un idiome auxiliaire qui joue provisoirement le rôle de langue universelle et qui serve d'intermédiaire entre les langues vivantes et la future langue rationnelle.

Pour cet usage, le choix du latin était tout indiqué, puisqu'il était la langue commune des savants, et par suite l'idiome le plus approprié aux sciences et à la philosophie[2]. Leibniz projette d'abord de constituer une Grammaire latine *universelle*, qui réunirait toutes les ressources et tous les avantages des autres langues, notamment les genres et les cas, les modes et les temps, de manière à offrir toutes les distinctions et toutes les nuances qu'une langue quelconque peut exprimer[3]. Mais en même temps cette grammaire *philosophique* serait purgée de toutes les irrégularités et exceptions qui entachent les grammaires actuelles; de sorte qu'elle serait à la fois plus riche et plus simple qu'aucune d'elles. De cette manière, chacune de ces grammaires, y compris la grammaire latine, ne serait qu'une partie de la grammaire philosophique, du moins en tant qu'elle serait régulière. Comme on l'a dit, cette grammaire serait appliquée provisoirement au latin, et constituerait une grammaire latine absolument régulière[4]. C'est également au latin qu'on appliquerait d'abord la méthode d'analyse et de réduction définie plus haut. Par exemple, on remplacera les verbes intransitifs par des périphrases : au lieu de : « Dominus indiget eorum », on dira : « Dominus vult eos habere, quia sine ipsis aliquid necessarium efficere non potest », ce qui donne la définition du verbe *indigere*. D'une manière générale, on traduira ou paraphrasera toutes les locutions complexes, toutes les expressions indirectes, tous les idiotismes, pour

---

1. Parce que l'institution du vocabulaire ou « nomenclature » suppose la grammaire préalablement établie (*Phil.*, VII, 29).
2. *Analysis linguarum*, sept. 1678 (**Phil.**, VII, C, 9 verso); *Lingua rationalis* (*Phil.*, VII, 28-30; TRENDELENBURG, III, 37-40); *Linguæ philosophicæ Specimen*, janv. 1680 (**Phil.**, VI, 10, b).
3. C'est là, en somme, le plan d'une grammaire comparée auquel il est fait allusion dans les *Nouveaux Essais* (III, IX, § 9).
4. *Consilium de Encyclopædia...*, juin 1679 (**Phil.**, V, 7, 3 verso).

les réduire à des termes simples et directs (par exemple aux verbes actifs)[1]. On simplifiera par là même le vocabulaire, en supprimant tous les mots à sens compliqué ou détourné.

10. Ce n'est encore là qu'une première étape dans la simplification de la grammaire. D'abord, Leibniz regarde comme superflue la pluralité des déclinaisons et des conjugaisons (même supposées réduites à des types réguliers). Il n'y aura donc dans la langue rationnelle qu'une seule déclinaison et une seule conjugaison, l'une et l'autre absolument uniformes[2]. De même la distinction des genres est inutile, et on la supprimera sans inconvénient[3]. Ces suppressions rendront la langue rationnelle bien plus facile à apprendre que les langues actuelles, dont la principale difficulté consiste dans la diversité des genres, des déclinaisons et des conjugaisons[4]. La conjugaison elle-même peut se simplifier considérablement, car la distinction des personnes et des nombres est inutile : elle est suffisamment indiquée par le sujet[5]. Ces sortes de pléonasmes semblent destinés à remédier à l'inattention des auditeurs en répétant deux fois la même indication[6]. Pour les substantifs, Leibniz va jusqu'à les priver de la distinction du nombre, croyant sans doute pouvoir l'indiquer par l'article ou par l'adjectif (*quelques*, *plusieurs*, *tous*)[7]. A plus forte raison, il

---

1. *Lingua rationalis* (**Phil.**, VII, 28).
2. « Declinationum et conjugationum inutilis multitudo » (**Phil.**, VII, B III, 49). « Variæ declinationes inutiles » (**Phil.**, VII, B III, 8). *Grammaticæ cogitationes* : « Nec discrimina declinationum et conjugationum in grammatica philosophica usum habent. » (**Phil.**, VII, B III, 25.)
3. « Discrimen generis nihil pertinet ad grammaticam rationalem. » (**Phil.**, VII, B III, 25.)
4. « Sane manifestum est, difficillimam grammaticæ partem esse discere generum declinationumque et conjugationum differentias. » (**Phil.**, VII, B III, 25.)
5. « Numerus inutilis in verbo, satis enim intelligetur a nomine adjecto... Etiam personæ verborum possunt esse invariabiles, sufficit variari ego, tu, ille, etc. » (**Phil.**, VII, B III, 49.)
6. **Phil.**, VII, B III, 40 verso. Un exemple frappant de ces pléonasmes est fourni par les langues sémitiques, où le verbe varie suivant le *genre* du sujet (**Phil.**, VII, B III, 49).
7. « Videtur *pluralis* inutilis in Lingua rationali » (**Phil.**, VII, B III, 8).

dépouille l'adjectif de toute flexion, puisque ses flexions ne font que répéter celles du substantif correspondant[1].

11. Il ne reste plus d'autres flexions que les cas, dans les substantifs, les temps et les modes dans les verbes. Or, d'une manière générale, les flexions et les particules jouent le même rôle dans la grammaire, et peuvent se remplacer mutuellement, puisque les unes et les autres expriment les liaisons des mots et des phrases, les relations des concepts et des propositions[2]. Les langues synthétiques emploient de préférence les flexions, et les langues analytiques les particules. Leibniz semble hésiter d'abord entre les deux systèmes : ou bien, dit-il, on traduira toutes les flexions du latin par des flexions analogues de la langue rationnelle; ou bien, poussant à bout l'analyse des relations grammaticales, on réduira les flexions à des particules (par exemple on remplacera tous les cas par le nominatif précédé de diverses prépositions). Mais bientôt il incline vers ce dernier parti, plus conforme à l'idéal analytique de la langue rationnelle, et préfère à une langue synthétique comme le latin, une langue analytique comme le français[3].

Leibniz essaiera donc de se passer autant que possible des flexions. Il remarque d'abord que les prépositions régissent les cas, comme les conjonctions régissent les modes. Là encore, il y a double emploi : ou bien les cas et les modes dispensent des prépositions et des conjonctions, ou bien les prépositions et les conjonctions rendent inutiles les cas et les modes. C'est la seconde alternative que Leibniz préfère, pour cette raison qu'il y a beaucoup plus de prépositions que de cas, et de conjonctions que de modes, et que par conséquent on ne peut rendre par les flexions toute la variété des rapports qu'on

---

1. « Inutile flexiones habere in adjectivis, nam satis habentur in substantivo adjecto » (**Phil.**, VII, B III, 49).
2. Voir *Nouveaux Essais*, III, VII, § 2.
3. *Lingua rationalis* (*Phil.*, VII, 29). Cf. *Consilium de Encyclopædia*... juin 1679 : « Nominum casus semper *eliminari* possunt substitutis in eorum locum particulis quibusdam cum nominativo, ut patet ex linguis in quibus nullæ sunt nominum inflexiones nisi per particulas. » (**Phil.**, V, 7, 3 verso.) Une rature prouve que Leibniz pensait à l'exemple du français.

exprime par les particules[1]. Par exemple, à quoi bon la distinction de l'indicatif et du subjonctif régis respectivement par *Quod* et par *Ut*, puisque ces deux conjonctions diffèrent entre elles comme l'intelligence et la volonté, l'une indiquant ce qui *est*, l'autre ce que l'on veut qui *soit*[2]? Leibniz paraît donc vouloir supprimer toute distinction de modes, ainsi que toute distinction de cas[3]. Toutefois, il conserve ailleurs un seul cas oblique. Il semble que ce doive être l'accusatif, le seul cas qui ne puisse être remplacé par une préposition. Mais ce cas lui-même se ramène au génitif quand, par l'analyse grammaticale, le verbe se trouve converti en un nom verbal : « Ego laudo Titium » revient à : « Ego sum laudator Titii »[4].

Dans les verbes, il ne subsiste que la distinction des temps, qui leur est essentielle. Toutefois, Leibniz ne craint pas de critiquer la définition traditionnelle du verbe, qui remontait à Aristote : « Le verbe est un mot qui signifie le temps », en montrant que les « noms » aussi peuvent signifier le temps, par exemple les participes, qui sont des noms (adjectifs) dérivés des verbes[5]; la distinction des temps peut s'appliquer aussi aux substantifs[6], aux adjectifs et même aux adverbes[7]. Leibniz rejette en conséquence la distinction aristotélicienne du nom et du verbe, et lui substitue fort judicieusement celle-ci : Le nom exprime une idée; le verbe exprime une proposition (une affirmation ou une négation)[8]. Dans les noms rentrent non seulement les substantifs et les adjectifs, mais encore les pronoms, les participes, et même les adverbes.

1. **Phil.**, VII, B III, 40 verso.
2. **Phil.**, VII, B III, 14.
3. « In Grammatica rationali necessarii non sunt obliqui, nec aliæ flexiones » (**Phil.**, VII, B III, 26 verso).
4. **Phil.**, VII, B III, 24 verso.
5. **Phil.**, VII, B III, 8, 25 verso.
6. « Tempora nominum : ut enim dicitur *amatio*, actio ejus qui amat, ita esset *amavitio* vel *amaturitio* ejus qui amavit vel amaturus est » (**Phil.**, VII, B III, 41 verso).
7. Par exemple, « rem ridiculuram vel ridiculam futuram », d'où l'adverbe « ridiculurè », à propos duquel Leibniz raconte une anecdote amusante (**Phil.**, VII, B III, 40 verso).
8. **Phil.**, VII, B III, 8; 25 verso.

12. Leibniz essaie de réduire encore davantage le nombre des « parties du discours » en cherchant à les remplacer les unes par les autres. D'abord, les adjectifs ne se distinguent des substantifs que parce qu'ils varient en genre ; or, si l'on supprime la diversité des genres, les adjectifs se confondront avec les substantifs [1]. Les degrés de comparaison ne caractérisent pas davantage les adjectifs : car ils sont également applicables aux substantifs, aux pronoms [2] et même aux verbes [3]. D'ailleurs, la seule différence logique qu'il y ait entre les adjectifs et les substantifs consiste en ce que ceux-ci impliquent l'idée de *substance* ou d'être : donc tout substantif équivaut à un adjectif accompagné du mot *Ens* ou *Res* [4]. D'autre part, tous les verbes peuvent se réduire au seul verbe substantif *être* et aux adjectifs : « Petrus scribit, id est : est scribens [5]. » De même, les adverbes peuvent se réduire aux adjectifs, puisqu'ils sont en quelque sorte aux verbes ce que les adjectifs sont aux substantifs, et servent à qualifier le verbe [6]. Au lieu de dire : « valde potito », on dira : « sum magnus potator », où le verbe est remplacé par un substantif et l'adverbe par un adjectif [7].

En définitive, tout le discours peut se réduire au seul nom substantif *Ens* ou *Res*, au seul verbe substantif *est*, à des noms adjectifs (exprimant des qualités) et aux particules, qui servent à relier tous les mots précédents et à indiquer leurs relations [8].

---

1. « Discrimen adjectivi et substantivi in lingua rationali non est magni momenti » (**Phil.**, VII, B III, 41 recto ; cf. **Phil.**, VII, B II, 12).
2. **Phil.**, VII, B III, 8 : « ipsissimus » ; VII, B III, 42 : « ego, *egomet* ; tu, *tute* ; ille, illemet seu ille *ipse*, ipsemet ».
3. **Phil.**, VII, B III, 8 : « summe currere, currissimare ».
4. « Idem est Homo quod Ens humanum » (**Phil.**, VII, B II, 41 recto). « Omne adjectivum habet substantivum simile expressum vel suppressum » (**Phil.**, VII, B III, 26 recto).
5. *De Grammatica rationali* (**Phil.**, VII, B III, 7). *Consilium de Encyclopædia...* juin 1679 (**Phil.**, V, 7, 3 verso).
6. « Verba se habent ad adverbia ut substantiva nomina ad adjectiva » (**Phil.**, VI, 12 f, 20). « Adverbia sunt quasi adjectiva verborum » (**Phil.**, VII, B III, 7) ; cf. VII, B III, 10 ; *Consilium de Encyclopædia* (*loc. cit.*) ; **Phil.**, VII, B III, 41 recto.
7. **Phil.**, VII, B III, 10.
8. **Phil.**, VII, B III, 41 recto.

On pourra donc former tous les noms et verbes, par dérivation, au moyen de racines indiquant chacune une idée simple, soit verbale, soit substantive. L'hébreu emploie les verbes comme racines; Leibniz préfère prendre les noms, sans doute parce qu'ils engendrent naturellement les verbes [1]. Pour constituer le vocabulaire, il suffira, d'une part, de former un lexique des racines, et, d'autre part, de dresser la liste des terminaisons qui serviront à former les dérivés, chacune ayant un sens unique et bien déterminé [2].

13. Tel sera le mode de formation des mots proprement dits (noms et verbes); il reste à étudier les particules, à déterminer leur nombre et leur sens. Ce n'est pas la partie la moins délicate de l'institution d'une langue, car Leibniz considère le rôle des particules dans le langage comme extrêmement important : c'est elles qui constituent la forme d'une langue [3], qui en déterminent la syntaxe, l'allure et la physionomie; ce sont les cadres ou les moules où vient se couler la matière variable du discours, représentée par les mots. Aussi Leibniz apporte-t-il un soin tout particulier à l'analyse des particules, de leurs sens et de leurs fonctions [4]. Ces particules comprennent non seulement les prépositions et les conjonctions, mais encore beaucoup de mots classés sans raison parmi les adverbes,

---

1. **Phil.**, VII, 13, III, 42 : de la racine *vita* Leibniz déduit *vivus, vivere, vivens*, etc. Cf. **Phil.**, VII, B III, 25 verso : « nam ex verbo sum... cum aliquo nomine statim fieri potest verbum, ut sum æger, ægroto; sum sanus, valeo; sum bonus, bon... o. »

2. **Phil.**, VII, B III, 25 verso : exemples :

| bilis | tivus | titudo. |
| amabilis | activus | rectitudo. |

3. **Phil.**, VII, B III, 40 : « Vocabula sunt voces aut particulæ. Voces constituunt materiam, particulæ formam orationis. » Cf. *Nouveaux Essais*, III, VII, § 3 : « Il est très vrai que la doctrine des particules est importante, et je voudrais qu'on entrât dans un plus grand détail là-dessus. Car rien ne serait plus propre à faire connaître les diverses formes de l'entendement. » Voir la phrase suivante où Leibniz parle de « la grammaire philosophique ».

4. Voir notamment **Phil.**, VII, B III, 34-37 (8 pages in-folio) : « *De usu et constructione præpositionum; De constructione conjunctionum et de officio quod præstant in orationibus.* »

notamment les adverbes de temps, de lieu, d'interrogation, qui n'ont rien de commun avec les adverbes dits de manière, véritables qualificatifs [1]. Sur les prépositions, Leibniz avait une théorie ingénieuse : toutes les prépositions d'après lui signifient primitivement des relations de lieu, et c'est par métaphore qu'elles arrivent à désigner ensuite des relations de toutes sortes [2]. Ce principe ou cette hypothèse lui fournissait une méthode pour classer et définir logiquement toutes les prépositions, suivant qu'elles impliquent ou non l'idée de mouvement.

A cette méthode de construction *a priori* des particules Leibniz joignait, comme ailleurs, la méthode *a posteriori*, en énumérant les diverses particules latines, en les analysant, en les définissant et en les classant [3]. Il est probable que Leibniz ne voyait pas de différence essentielle entre les prépositions et les conjonctions [4], non plus qu'entre les prépositions et les adverbes de lieu et de temps, qui n'en diffèrent que par l'absence de complément exprimé.

14. A l'analyse des particules doit se joindre, nous le savons, l'analyse des flexions, puisqu'elles jouent le même rôle dans la syntaxe. Aussi Leibniz a-t-il essayé d'analyser les divers cas, et de les remplacer par des périphrases d'où ils seraient exclus. Il s'est attaché surtout à analyser le génitif, auquel, on l'a vu, il réduisait à la rigueur tous les autres cas, et qui était pour lui le type de l'obliquité, parce qu'il lui paraissait exprimer la relation la plus simple [5]. Cette relation consiste à adjoindre un substantif à un autre pour le déterminer, c'est-à-dire pour

---

1. **Phil.**, VII, B III, 26 recto : « nam, exempli gratia, *an* adverbium interrogandi quidnam commune habet cum adverbio *fortiter*, id est cum fortitudine ? »

2. **Phil.**, VII, B III, 27 ; 43 ; 59-64 (*Analysis particularum*, 12 p. in-folio).

3. **Phil.**, VII, B III, 50-58 : 15 pages in-folio contiennent les définitions de toutes les particules rangées par ordre alphabétique. Cf. **Phil.**, VII, B II, 45-46 : *Ordinis temporis loci particulæ*.

4. « *Præpositiones* jungunt nomina, *conjunctiones* jungunt integras propositiones. » (**Phil.**, VII, B II, 12 verso.) Cf. l'analogie marquée **Phil.**, VII, B III, 40 verso (v. supra, § 11), et *Nouveaux Essais*, III, VII, § 2.

5. **Phil.**, VII, B III, 24 verso.

en préciser le sens et le particulariser. L'épée d'Evandre, c'est l'épée que possède Evandre; la lecture des poètes, c'est l'acte par lequel on lit les poètes. Mais cette tournure ne réussit pas partout : « Paris est l'amant d'Hélène », cela veut dire : « Paris est amant en tant qu'Hélène est aimée »; de même : « cette épée est l'épée d'Evandre » signifie : « cette épée est un instrument en tant qu'Evandre est possesseur » [1]. Leibniz découvre ainsi que le génitif exprime en réalité des relations très variées : relations de tout à partie (*manus hominis*); de cause à effet (*filius hominis*); de possesseur à possédé (*equus hominis*); de substance à accident (*calor hominis*); de sujet à prédicat (*titulus hominis*) [2]. Il en est de même pour le datif et l'ablatif. Ainsi, pour expliquer les divers cas et supprimer l'obliquité, on est obligé de décomposer la proposition en deux autres associées par une conjonction comme « en tant que ».

C'est encore par la même méthode que Leibniz essaie d'analyser les jugements de comparaison : soit par exemple la proposition : « Titius est plus savant que Caius. » Elle se décomposera comme suit : « En tant que Titius est savant et Caius est savant, Titius est supérieur et Caius est inférieur »; ou mieux encore : « Titius est savant, et comme tel supérieur, en tant que Caius est savant, et comme tel inférieur » [3].

15. Cette analyse grammaticale des flexions et des particules avait, comme on voit, une portée logique; d'autant que Leibniz ne pensait pas pouvoir démontrer autrement certaines inférences (du droit à l'oblique) qui, Jungius l'avait montré, ne peuvent se ramener au syllogisme [4]. C'est pourquoi il consi-

---

1. **Phil.**, VII, B III, 26 recto.
2. **Phil.**, VII, B II, 12 verso.
3. **Phil.**, VII, B III, 5.
4. *Consilium de Encyclopædia...* juin 1679 (**Phil.**, V, 7, 3 verso, 4 recto). Cf. **Phil.**, VII, C, 69 : « Consequentiæ quæ nullis syllogismis aliisque logicis artibus probari possunt, quas Jungius notavit, eæ referendæ ad characteristicam Grammaticam. » *Consilium de Literis instaurandis...* : « Hæc autem argumenta concludunt partim vi syllogismorum, partim vi consequentiarum grammaticarum, quæ scilicet ipsorum vocabulorum, particularum, affixarum, et flexionum explicatione nascuntur. » (*Klopp*, I, 50.) Voir sur JUNGIUS (1587-1657) le *Catalogus inventionum in Logicis* (**Phil.**, VII, B IV, 32)

dérait constamment l'analyse (ou caractéristique) grammaticale comme la préface indispensable de l'analyse (ou caractéristique) logique [1]. Parmi ces inférences obliques qui relèvent de la Grammaire plutôt que de la Logique [2], Leibniz cite l'*Inversion des relations*, que JUNGIUS avait cataloguée dans sa *Tabula de*

et les *Nouveaux Essais* (IV, XVII, § 4). Un manuscrit inédit (**Phil.**, VII, C, 151) nous apprend que la note sur Jungius insérée dans le *Journal des Savants* du 22 août 1678 est de Leibniz. La voici :

« *Harmonica et Phytoscopica scripta Posthuma Joachimi Jungii*. Hamburg. 1678.

Ce Jungius estoit sans contredit un des plus grands Mathematiciens et Philosophes de son temps et un des plus habiles hommes que l'Allemagne ayt jamais eu. Il y a pourtant esté peu connu pendant sa vie, et beaucoup moins ailleurs, parce qu'il n'a jamais voulu rien publier de son vivant, ne pouvant pas se contenter soy-même sur ses propres Ouvrages..... »

(Comme Vagetius le lui faisait remarquer, Leibniz exagère : car la *Logica Hamburgensis* fut publiée en 1638, du vivant de Jungius.) Dans l'*Historia et Commendatio linguæ charactericæ universalis...*, Leibniz met Jungius sur le même rang qu'Aristote et Descartes : « Joachimus Jungius Lubecensis vir est paucis notus etiam in ipsa Germania, sed tanto fuit judicio et capacitate animi tam late patente, ut nesciam an a quoquam mortalium, ipso etiam Cartesio non excepto, potuerit rectius expectari restauratio magna scientiarum, si vir ille aut cognitus aut adjutus fuisset. » (*Phil.*, VII, 186.) Ailleurs il le plaçait même au-dessus de Descartes comme logicien (V. Chap. IV, § 6). Cf. *Notata quædam circa vitam et doctrinam Cartesii*, 1693 (*Phil.*, IV, 314); *Antibarbarus physicus* (*Phil.*, VII, 343); *Lettre à Koch*, 2 sept. 1708 : « Joachimus Jungius dignus est cujus cum summa laude mentio fiat, nam mea sententia vir ille fuit magnus et veræ Logicæ scientia omnes alios vicit, ne autore quidem *Artis cogitandi*[*] excepto » (*Phil.*, VII, 478); *Lettre à Bierling*, 7 juil. 1711 (*Phil.*, VII, 498); *Lettre à Gabriel Wagner*, 1696 (*Phil.*, VII, 523); *Lettre à Conring*, 3 janv. 1678 (*Phil.*, I, 188); *Lettre à Huet*, 1679 (*Phil.*, III, 16); *Lettre à Fogel*, 13/23 janv. 1671 (*Dutens*, V, 540); *Lettre à Christian Wolff*, ap. *Acta Eruditorum*, 1713 (*Dutens*, III, 408); et les *Cogitata quædam...* (Note XII).

1. *Analysis linguarum*, sept. 1678 (**Phil.**, VII, C, 10 verso). Cf. *Nouveaux Essais*, III, VII, § 6 fin : « Je crois véritablement que les langues sont le meilleur miroir de l'esprit humain, et qu'une analyse exacte de la signification des mots ferait mieux connaître que toute autre chose les opérations de l'entendement. » (Cf. p. 71, note 3.) Dans le *Consilium de Encyclopædia...* (juin 1679), la Grammaire vient en premier lieu, immédiatement avant la Logique (**Phil.**, V, 7).

2. « Omnes illationes obliquæ explicandæ ex Vocum explicationibus. » (**Phil.**, VII, B II, 12 recto.) Sur la démonstration générale de ces inférences, voir Chap. VI, § 16.

[*] Antoine ARNAULD, à qui Leibniz attribuait la *Logique de Port-Royal* intitulée : l'*Art de penser* (1662). V. Note XII.

Dianœa[1], et dont il donne les exemples suivants : David est père de Salomon, donc Salomon est fils de David[2] ; Pierre est semblable à Paul, donc Paul est semblable à Pierre[3]. Toutes ces conséquences « asyllogistiques » que l'on ne peut démontrer, dans les langues vulgaires, que par l'analyse des termes et la substitution de la définition au défini, devraient pouvoir se démontrer d'une manière immédiate et intuitive par la composition même des mots employés à traduire les relations[4]. Tel est l'idéal de la « langue générale » : exprimer les concepts par des caractères qui rendent leur composition et leurs relations manifestes et visibles[5].

---

1. Copiée par Leibniz (**Phil.**, VII, C, 151).
Voici comment Jungius y classait les inférences du droit à l'oblique :
1º *Affirmative directe* : « Circulus est figura ; ergo qui circulum describit, is figuram describit. »
2º *Affirmative inverse* : « Omne reptile est animal ; ergo qui creavit omne animal, is omne reptile creavit. »
3º *Négative* : « Quidam opulentus non est felix ; ergo quædam opulentia non est felicitas. » (Remarquer qu'on pourrait supprimer « quædam ».)
2. *Ibid.* Cf. **Phil.**, VII, B III, 24, et *Nouveaux Essais*, IV, XVII, § 4.
3. **Phil.**, VII, B II, 12 recto.
4. **Phil.**, VII, B III, 24 : « Scopus nostræ Characteristicæ est tales adhibere voces, ut omnes consequentiæ quæ institui possunt statim ex ipsis verbis vel characteribus emantur..... Hæc consequentia ex his vocabulis latinis nisi resolvantur in alia æquipollentia demonstrari non potest ; in lingua generali debet ex vocabulorum analysi in suas literas demonstrari posse. »
5. C'est d'ailleurs l'idéal même de la Caractéristique (voir Chap. IV). Leibniz fut toujours préoccupé de ces inférences du droit à l'oblique, qui faisaient échec à la Logique scolastique et qui attestaient l'existence d'une Logique plus générale. C'est dans sa correspondance avec Placcius et Vagetius que se révèle cette préoccupation (*Dutens*, VI, I). Ces deux élèves de Jungius avaient vanté à Leibniz l'enseignement de leur maître, notamment en Logique, et Vagetius s'occupait de publier ses manuscrits inédits. Il fit paraître en 1681 la 2ᵉ édition de la *Logica Hamburgensis* (voir **Phil.**, VII, C, 151). Leibniz les interrogeait avec curiosité sur les théories logiques de Jungius, notamment sur les inférences du droit à l'oblique. (Voir le *Specimen demonstratæ consequentiæ a rectis ad obliqua a Leibnitio Jo. Vagetio missum*, ap. *Dutens*, VI, I, p. 38. Cf. Chap. VI, § 15). Aussi trouve-t-on dans les papiers de Leibniz des leçons de Jungius (*De dianœa composita lectiones cœptæ 4 Martii, finitæ 23 Martii*, **Phil.**, VII, C, 149-150), la *Tabula de dianœa* déjà citée, une analyse de la *Logica Hamburgensis* (**Phil.**, VII, C, 152-155), des *Annotationes ad Logicam Hamburgensem* (**Phil.**, VII, C, 162), enfin tout un cahier écrit d'une main étrangère, contenant la rédaction d'un cours de Jungius : « *Joachimi Jungii disputationes noema-*

16. Cela nous amène à l'institution du vocabulaire de la langue universelle, auquel doivent s'appliquer en définitive les règles de la « grammaire philosophique ». On a vu comment Leibniz cherche à simplifier le plus possible la grammaire et la syntaxe, pour les rendre vraiment logiques et par suite universelles. On traduira d'abord les phrases d'une langue quelconque dans un latin simplifié et régularisé, puis de ce latin dans la « langue rationnelle ». Sans doute, les périphrases par lesquelles on devra rendre les pensées un peu complexes feront disparaître certaines nuances, et rendront le discours prolixe et surtout plat; mais Leibniz sacrifie délibérément l'élégance et la brièveté du langage à la précision et à la concision de la pensée[1].

De même que l'analyse des particules et des flexions, au moyen de périphrases, fait découvrir les relations logiques primitives, de même l'analyse des concepts, au moyen de la définition des mots, les décomposera en notions simples; comme la première est la base indispensable de la grammaire et de la syntaxe, la seconde servira de fondement logique au vocabulaire de la langue philosophique. En effet, il ne s'agit pas, comme dans les essais des prédécesseurs de Leibniz, d'assigner à chaque mot un substitut conventionnel et arbitraire, mais de trouver pour chaque idée une expression naturelle, qui traduise sa composition logique, et qui constitue pour ainsi dire sa formule. C'est à quoi l'on arrive par la définition; car définir une idée, c'est la décomposer en idées plus simples, et finalement, si l'on continue la décomposition en substituant toujours la définition au défini, en idées absolument simples et irréductibles[1]. Cela fait, on composera le « caractère » de chaque idée avec les caractères qui désignent tous ses éléments.

---

ticæ habitæ anno 1635 in collegio privato » (**Phil.**, VII, C, 166-181). Malheureusement un incendie détruisit en 1691 les trois quarts des manuscrits de Jungius avant qu'ils fussent publiés (*Lettre de Placcius*, 15 avril 1691 : *Dutens*, VI, I, 51); le reste est conservé à la Bibliothèque de Hambourg. Voir GUHRAUER, *De Joachimo Jungio Commentatio historico-literaria* (Breslau, 1846).

1. « Ad flexiones quidem vitandas circuitu opus est, sed tanti est ratiocinari compendiose, etsi non compendiose te enunties. » (**Phil.**, VII, B III, 26 verso.)

Ainsi le nom de chaque chose (ou plutôt de chaque idée) exprimera sa définition; et comme toutes les propriétés d'une chose découlent logiquement de sa définition, le nom de la chose sera la clef de toutes ses propriétés [1]. Cela n'empêchera pas la même chose d'avoir plusieurs autres noms, autant qu'elle possède de propriétés diverses [2]. Mais il n'y en aura qu'un qui sera la clef de tous les autres : c'est celui qui exprime la décomposition complète de l'idée en éléments simples [3]. Tout cela s'explique par la Combinatoire, qui sert toujours de fondement à la Caractéristique : en effet, la formule d'un concept tant soit peu complexe est décomposable d'une foule de manières en « facteurs » ; mais il n'y a qu'une seule décomposition en « facteurs premiers », c'est-à-dire en concepts simples, et c'est celle-là qui sert de principe et d'explication aux autres.

Une telle nomenclature, où le nom de chaque chose (ou idée) en serait le symbole adéquat et transparent, et pour ainsi dire le signalement ou le portrait logique, constituerait évidemment une sorte de langue *naturelle*, comme celle que Platon rêvait dans le *Cratyle*; ce serait la *langue d'Adam*, comme disaient les mystiques [4], c'est-à-dire la nomenclature que le premier homme aurait instituée dans le paradis terrestre, suivant la légende hébraïque, et que les hommes auraient parlée jusqu'à la confusion des langues à la tour de Babel [5].

---

1. *Lettre à Oldenburg* (**Phil.**, VII, 13 ; *Briefwechsel*, I, 102).
2. Leibniz prévoit qu'on pourra donner aux mêmes choses (par exemple, aux médicaments) deux noms : l'un vulgaire indiquant simplement leur effet et leur usage ; l'autre scientifique (et même secret au besoin) exprimant leur composition (**Phil.**, VII, B III, 12).
3. *Lettre à Galloys* de décembre 1678 (*Phil.*, VII, 23; *Math.*, I, 187).
4. *Natursprache* ou *Lingua adamica* de Jacob Boehme (*Phil.*, VII, 184, 198, 204; *Nouveaux Essais*, III, II, § 1).
5. *Genèse*, II, 19-20 : « et le nom qu'Adam donna à chacun des animaux est son nom véritable » ; XI, 6-7. Leibniz pensait que cette prétendue langue primitive nous est certainement inconnue (*Phil.*, VII, 205). Hermann von der Hardt lui demandait si la langue d'Adam ne serait pas l'hébreu (*Dutens*, VI, II, 225); Leibniz répondait : « Linguam Hebraeam primigeniam dicere, idem est ac dicere truncos arborum esse primigenios » ; et il ajoutait que la seule question est de savoir si l'hébreu est plus rapproché que les autres de la souche commune, d'ailleurs inconnue,

17. On voit combien l'idée de la langue universelle s'est développée et compliquée à mesure que Leibniz en approfondissait les détails. Il ne s'agit plus d'une sorte d'arithmétique déguisée, dont l'usage exigerait un perpétuel calcul mental [1], mais d'une véritable langue parlée et écrite, avec des phrases composées de noms, de verbes et de particules comme dans les langues vulgaires et pouvant s'écrire avec les lettres ordinaires [2]. Aussi, quand en 1680 Leibniz projette de donner un échantillon de sa « langue philosophique » en l'appliquant à la Géométrie, il annonce qu'il emploiera les flexions, les particules et les constructions du latin, et se contentera d'inventer des noms nouveaux qui exprimeront la génération des figures, et partant leur construction ou définition [3]. Et il est si loin de concevoir cette langue comme une sorte de calcul, qu'il déclare expressément : « Nihil autem calculi hic miscebo »; il exclura toutes les considérations de grandeur, d'égalité et de proportion, qui sont communes à l'Arithmétique et à la Géométrie, et se bornera à l'étude des points, droites, angles, intersections, contacts et mouvements, en un mot, de ce qu'on appelle aujourd'hui les propriétés projectives des figures [4]. Il espère ainsi pouvoir effectuer tous les raisonnements géométriques sans figures et *sans calcul*, par le seul enchaînement des concepts et des mots correspondants. Tel est le caractère de la langue uni-

---

ce qui serait l'œuvre de la philologie comparée (*Lettre à Tenzel*, Dutens, VI, II, 232).

1. « Ad loquendum hac lingua necesse erit posse ex tempore calculare quædam, saltem nosse Tabulam Pythagoricam majorem. Itaque hac lingua loqui nihil aliud erit, quam enuntiare propositiones numericas tabulæ pythagoricæ continuatæ, v. g. 6.8 est 48, vel 48 est 6^{narius}. » *Lingua generalis*, février 1678 (**Phil.**, VII, B, III, 3).

2. « Si characteres quoslibet molirer, sive effabiles, sive non, faciliora multa essent... Itaque errat Dalgarnus, qui putat æque facile esse Linguam et Characterem Mutum comminisci. Itaque non abhorreo a tentando primum charactere. Hoc enim perfecto deinde forte ad linguam licebit progredi facilius. » (**Phil.**, VII, B III, 24.) Cf. **Phil.**, VII, B III, 49 (cité p. 59, note 2).

3. *Linguæ philosophicæ specimen in Geometria edendum*, janvier 1680. (**Phil.**, VI, 10 b.)

4. Voir Chap. IX, § 7.

verselle; sans doute, c'est toujours une langue logique et « rationnelle », qui sert à la pensée d'auxiliaire et d'instrument ; mais ce n'est plus une Algèbre logique, et la preuve en est que le *Calculus ratiocinator* se développe désormais parallèlement, mais d'une manière absolument indépendante, sous la forme d'une véritable Algèbre, et non sous la forme d'une langue parlée et écrite [1].

18. Leibniz est donc amené, par le progrès même de son projet de Langue universelle, ou plutôt par le développement de l'idée qui en était le principe, à le dépasser. En effet, pour constituer l'*Alphabet des pensées humaines* qui devait être le fondement du vocabulaire, il fallait analyser tous les concepts et les réduire en éléments simples au moyen de la définition [2]. Or cela revenait à faire l'inventaire des connaissances humaines, et même, comme l'analyse des concepts est en même temps l'analyse des vérités, à démontrer toutes les vérités connues en les ramenant à des principes simples et évidents, c'est-à-dire à édifier une Encyclopédie démonstrative. D'autre part, une fois les concepts primitifs dénombrés et classés, il fallait les représenter par des caractères appropriés, et inventer des signes pour exprimer leurs combinaisons et leurs relations. C'était là proprement l'œuvre de la Caractéristique universelle [3].

Ainsi la vraie Langue universelle ou plutôt philosophique présuppose à la fois ce double et gigantesque travail : l'institution d'une Caractéristique et l'élaboration d'une Encyclopédie.

---

1. Voir Chap. VIII, § 9.
2. Le *De modo perveniendi ad veram Corporum Analysin et rerum naturalium causas*, daté de mai 1677, se termine par cette phrase : « Haec autem (à savoir l'analyse des qualités physiques) per definitiones et linguam philosophicam egregie fient. » (*Phil.*, VII, 269.) Dans une copie de ce fragment, Leibniz a remplacé « philosophicam » par « rationalem » (**Phil.**, VIII, 39-42).
3. Leibniz déclare que la Langue ou écriture universelle n'est qu'un « corollaire » de sa Caractéristique (*Lettre à Rödeken*, 1708, *Phil.*, VII, 32 ; cf. *Phil.*, VII, 25, et p. 91, note 5). Mais c'est bien d'une Langue universelle qu'il affirme la possibilité et qu'il désire l'adoption, puisqu'il parle d'une *Grammaire universelle* et *rationnelle* qui serait commune à toutes les langues nationales (*Rapport au conseiller von Ilgen*, 15 juil. 1709, *Phil.*, VII, 35).

Et ces deux entreprises, à leur tour, s'impliquent l'une l'autre et devraient être menées de front : car la Caractéristique suppose toutes les notions scientifiques réduites en un système logique et subordonnées à un petit nombre de catégories, c'est-à-dire l'Encyclopédie achevée ou tout au moins assez avancée ; et d'autre part la Caractéristique paraît indispensable à la constitution de l'Encyclopédie, car c'est elle qui sert à déterminer l'enchaînement logique des vérités scientifiques et même l'ordre hiérarchique des sciences [1]. Pour éviter cette sorte de cercle vicieux, il faudra que la Caractéristique et l'Encyclopédie s'élaborent parallèlement et marchent du même pas. Leibniz a parfaitement compris cette connexion nécessaire entre les deux parties de son projet, qui n'en constituait pas la moindre difficulté [2]. Pour le moment, il nous suffit de remarquer cette connexion, et de faire ressortir le plan d'ensemble de ce gigantesque projet ; mais, pour la clarté de l'exposition, nous serons obligé d'étudier séparément et successivement la Caractéristique et l'Encyclopédie, sans oublier d'ailleurs le lien qui les unit.

---

1. « Qua ratione etiam apparebit Ordo Scientiarum characteristice tractatarum... » (*Phil.*, VII, 205 ; cf. p. 187.)

2. « La Caractéristique que je me propose ne demande qu'une espèce d'Encyclopedie nouvelle. L'*Encyclopedie* est un corps, où les connaissances humaines les plus importantes sont rangées par ordre. Cette Encyclopedie estant faite selon l'ordre que je me propose, la caractéristique seroit quasi toute faite, cependant ceux qui y travailleroient n'en sçauroient pas le dessein, croyant de travailler seulement à une Encyclopedie. L'Encyclopedie cependant toute seule seroit tres plausible et d'un grand usage. Pour en venir à bout il faudroit se servir de plusieurs moyens joints ensemble. Pour cet effect il seroit bon d'establir une espece de societé de quelques habiles gens en Allemagne, qui travaillent chacun de son costé et suivant son plaisir suivant la methode que je leur proposeray, et qui sera asseurement au goust des personnes de merite. » (**Phil.**, VII, B III, 11, ap. *Bodemann*, p. 97 ; le commencement seulement ap. *Phil.*, VII, 40.)

CHAPITRE IV

CARACTÉRISTIQUE UNIVERSELLE

1. Pour aller en quelque sorte de l'extérieur à l'intérieur ou de la forme au fond, nous exposerons d'abord le projet de Caractéristique universelle. On a déjà vu comment Leibniz définit ce projet par opposition aux essais de Langue universelle, et ce qu'il entend par une Caractéristique *réelle*. Il appelle *caractères* tous les signes écrits, dessinés ou sculptés; et il entend par caractères *réels* ceux qui représentent directement, non les mots, lettres ou syllabes, mais les choses ou plutôt les idées. Mais, parmi les caractères réels eux-mêmes, il établit une différence capitale entre ceux qui servent seulement à la représentation des idées et ceux qui servent au raisonnement[1]. C'est au premier genre qu'appartiennent les hiéroglyphes égyptiens et chinois, les symboles des astronomes et des chimistes; mais c'est le second genre de caractères qu'il désire pour sa Caractéristique, et c'est pourquoi il déclare imparfaits et insuffisants ceux du premier genre. Comme exemples de caractères du second genre, il cite les chiffres arithmétiques et les signes algébriques[2]. Aussi dit-il, pour faire mieux comprendre et accepter son dessein, que l'Arithmétique et l'Algèbre

---

1. « Porro tanto utiliora sunt signa, quanto magis notionem rei signatæ exprimunt, ita ut non tantum repræsentationi, sed et ratiocinationi inservire possint. » (*Phil*, VII, 204.)
2. *Lettre à Oldenburg* (*Phil.*, VII, 12; *Briefwechsel*, I, 101); *Lettre à Galloys*, décembre 1678 (*Phil.*, VII, 23; *Math.*, I, 187).

sont des échantillons de sa Caractéristique, ce qui montre qu'elle est possible et même qu'elle est déjà en partie réalisée[1].

On comprend, dès lors, pourquoi il élève son projet bien au-dessus des divers essais de Langue universelle, et pourquoi il tient à les en distinguer radicalement[2]. Il y a, selon lui, autant de différence entre la Langue universelle de Wilkins, par exemple, et sa propre Caractéristique, qu'entre les signes de l'Algèbre et ceux de la Chimie[3], entre les chiffres arithmétiques et les symboles des astrologues, ou entre les notations de Viète et celles d'Hérigone[4]. Or l'avantage capital qu'il attribue à sa

---

[1]. « At Arithmeticam et Algebram inter mei instituti specimina recenseo, ut videas ejus quoque jam tum exempla haberi. » *Lettre à Oldenburg* (*Phil.*, VII, 12; *Briefwechsel*, I, 101). « La characteristique... dont l'Algèbre et l'Arithmétique ne sont que des échantillons. » *Lettre à Galloys*, déc. 1678 (*Phil.*, VII, 22; *Math.*, I, 186). « Hæc Algebra, quam tanti facimus merito, generalis illius artificii non nisi pars est. » *Lettre à Oldenburg* du 28 décembre 1675 (*Phil.*, VII, 10; *Briefwechsel*, I, 145).

[2]. Début de la *Lettre à Oldenburg* : « Quam de ea » (scil. de Characteristica reali) « habeo notionem ab eorum institutis plane diversam esse, qui scripturam quandam universalem Chinensium exemplo condere voluere, quam in sua quisque lingua intelligeret, aut qui linguam etiam philosophicam sunt moliti, quæ ambiguitatibus et anomaliis careret » (*Phil.*, VII, 11; *Briefwechsel*, I, 100).

[3]. *Lettre à Haak*, 1679-80 (*Phil.*, VII, 16-17) : « Video eximium illum Virum (Hookium) magni facere Reverendiss. quondam Episcopi Wilkinsii Characterem Philosophicum, quem ego quoque ex merito æstimo. Illud tamen dissimulare non possum, fieri potuisse aliquid multo majus et in tantum utilius, in quantum characteres Algebraici potiores sunt characteribus Chemicorum. Ego enim scripturam quandam universalem excogitari posse arbitror, cujus ope calculare in omni genere rerum et demonstrationes invenire possimus perinde ac in Algebra et Arithmetica. » Cf. la note inscrite par Leibniz sur son exemplaire de l'*Ars Signorum* (Note III).

[4]. *Lettre à Oldenburg* (*Phil.*, VII, 12; *Briefwechsel*, I, 101). Pierre Hérigone, mathématicien français, publia un *Cours mathématique* ou *Cursus mathematicus nova, brevi et clara methodo demonstratus per notas reales et universales citra usum cujuscunque idiomatis intellectu faciles* (4 vol., français et latin, 1634, 1644.) Il employait pour signe d'égalité 2/2, pour signes d'inégalité 2/3 et 3/2 (le 2 étant du côté du membre le plus petit), pour signe de rapport π; de sorte qu'une proportion s'écrivait : 4 π 6 2/2 10 π 15. Il employait aussi des sortes de rébus pour représenter les idées; par exemple, 5 < signifiait chez lui *pentagone*. Il avait encore des signes pour figurer les flexions : « .. est nota genitivi, est nota numeri pluralis. » On voit par ces échantillons que sa notation était loin d'être claire et commode. Il ne faut en retenir que le principe ou l'intention, qui était

Caractéristique sur tous les autres systèmes de caractères réels, c'est qu'elle permettra d'effectuer les raisonnements et les démonstrations par un calcul analogue aux calculs arithmétique et algébrique. En somme, c'est la notation algébrique qui incarne pour ainsi dire l'idéal de la Caractéristique, et qui devra lui servir de modèle [1].

2. C'est aussi l'exemple de l'Algèbre que Leibniz cite constamment pour montrer combien un système de signes bien choisis est utile et même indispensable à la pensée déductive : « Une partie du secret de l'Analyse consiste dans la caractéristique, c'est-à-dire dans l'art de bien employer les notes dont on se sert [2]. » Plus généralement, le développement des Mathématiques et leur fécondité tient, selon Leibniz, à ce qu'elles ont trouvé des symboles commodes dans les chiffres arithmétiques et dans les signes algébriques. Si au contraire la Géométrie est

---

de fournir un symbolisme « réel », c'est-à-dire naturel et idéographique, et « universel », c'est-à-dire international et indépendant de tout idiome; c'est par là seulement qu'Hérigone mérite d'être considéré comme un précurseur de Leibniz (M. CANTOR, II, 656; cf. GINO LORIA, *La logique mathématique avant Leibniz*, ap. *Bulletin des Sciences mathématiques*, 1894). Leibniz mentionne encore Pierre Hérigone dans une *Lettre à John Chamberlayn*, 13 janvier 1714 (Dutens, VI, II, 198) à propos des caractères réels tels que les signes des Chimistes et l'écriture chinoise. Il proposait également de l'imiter dans l'élaboration d'un cours de Mathématiques qui ferait partie d'une Encyclopédie (*Concept einer Denkschrift über die Verbesserung der Künste und Wissenschaften im russischen Reich* [vers 1712], ap. *Foucher de Careil*, VII, 592).

1. « Verissima pulcherrimaque compendia *Analytices hujus generalissimæ humanarum cogitationum* exhibuit mihi inspectio Analyseos mathematicæ » (*Phil.*, VII, 199). Ailleurs, Leibniz comparait et préférait sa Caractéristique à la méthode inventée par Descartes : « In Philosophia habe ich ein Mittel gefunden, dasjenige, was Cartesius und andere per Algebram et Analysin in Arithmetica et Geometria gethan, in allen scientien zu wege zu bringen per Artem Combinatoriam, welche Lullius und P. Kircher zwar excolirt, bey weiten aber in solche deren intima nicht gesehen. » *3ᵉ Lettre au duc Jean-Frédéric de Brunswick-Lunebourg*, non datée, mais probablement de 1671-73 (*Phil.*, I, 57). Cette méthode, qu'il indique ensuite, consiste à composer et à décomposer les concepts avec leurs éléments simples, au moyen de l'art Combinatoire.

2. *Lettre à L'Hospital* du 28 avril 1693 (*Math.*, II, 240). Leibniz ajoute : « et vous voyez, Monsieur, par ce petit échantillon, que Viète et Descartes n'en ont pas encore connu tous les mystères. » Ce « petit échantillon » est la notation numérique des coefficients (voir Appendice III).

relativement moins avancée, c'est parce qu'elle a manqué jusqu'ici de caractères propres à représenter les figures et les constructions géométriques; et si on ne peut la traiter analytiquement qu'en lui appliquant le nombre et la mesure, c'est parce que les nombres sont les seuls signes maniables et appropriés qu'on possède jusqu'à présent[1].

Aussi Leibniz va-t-il jusqu'à dire que les progrès qu'il a fait faire aux Mathématiques viennent uniquement de ce qu'il a réussi à trouver des symboles propres à représenter les quantités et leurs relations[2]. Et en effet, il n'est pas douteux que son invention la plus célèbre, celle du Calcul infinitésimal, ne procède de sa recherche constante de symbolismes nouveaux et plus généraux, et qu'inversement elle n'ait beaucoup contribué à le confirmer dans son opinion sur l'importance capitale d'une bonne caractéristique pour les sciences déductives[3]. Comme le

---

1. Début du *De Scientia Universali* (*Phil.*, VII, 198). Sur la Caractéristique géométrique de Leibniz, voir le Chap. IX.

2. *Inventorium mathematicum*, Praefatio : « instrumentum inventionis humanae generale esse characteres aptos, quod satis Arithmeticae et Algebrae et Geometriae ipsius exemplo patet..... Et jam nunc profiteor, hoc quidquid est quod inventioni mathematicae adjeci, ex hoc uno natum esse, quod usum symbolorum quantitates repraesentantium reddidi meliorem » (*Math.*, VII, 17).

3. L'invention du Calcul différentiel et intégral est consignée dans des brouillons datés des 29 octobre et 11 novembre 1675 (*Briefwechsel*, I, 151, 161 ; cf. *Math.*, V, 216). Or quelques mois après, Leibniz écrivait la note suivante (26 mars 1676) : « Illustribus exemplis quotidie disco, omnem solvendi pariter problemata et inveniendi theoremata artem, tunc cum res ipsa imaginationi non subjacet aut nimis vasta est, eo redire, ut characteribus sive compendiis imaginationi subjiciatur, atque quae pingi non possunt, qualia sunt intelligibilia, ea pingantur tamen hieroglyphica quadam ratione, sed eadem et philosophica. Quod fit, si non ut pictores, mystae aut Sinenses similitudines quasdam sectemur, sed rei ipsius ideam sequamur. » (*Math.*, V, 216.) On doit remarquer que cette pensée, suggérée à Leibniz par le développement du Calcul infinitésimal (« illustribus exemplis »), est aussitôt étendue aux objets *intelligibles* qui échappent à l'imagination, c'est-à-dire transportée du domaine mathématique au domaine métaphysique. Il disait lui-même plus tard : « Et comme j'ay eu le bonheur de perfectionner considerablement l'art d'inventer ou Analyse des Mathematiciens, j'ay commencé à avoir certaines vues toutes nouvelles, pour reduire tous les raisonnemens humains à une espece de calcul... » *Lettre au duc de Hanovre*, vers 1690 (*Phil.*, VII, 25).

remarque fort justement Gerhardt, « on a trop peu reconnu que l'algorithme qu'il a si heureusement choisi pour l'Analyse supérieure, doit être considéré simplement comme un résultat de ces recherches; il n'est originairement rien autre chose (et Leibniz lui-même le désigne ainsi) qu'une caractéristique, qu'un calcul opératoire [1]. » L'originalité profonde du Calcul infinitésimal consiste en effet à représenter par des signes appropriés des notions et des opérations qui n'ont plus rien d'arithmétique, et à les soumettre ainsi à un algorithme formel [2]. C'est là ce qui constitue le mérite essentiel de l'invention de Leibniz, et son principal avantage sur la Méthode des fluxions de Newton [3]. On peut donc dire que le Calcul infinitésimal n'est qu'un échantillon, le plus illustre et le plus réussi, de la Caractéristique universelle [4].

3. C'est précisément à l'occasion de son Calcul infinitésimal que Leibniz est amené à développer et à justifier ses idées sur l'utilité d'une bonne Caractéristique, dans son intéressante *Lettre à Tschirnhaus* de mai 1678 [5]. Il avait annoncé à son ami qu'il avait un calcul nouveau pour obtenir « æquationes tetra-

---

1. *Math.*, V, 5; *Phil.*, IV, 5.
2. Aussi Auguste Comte commet-il un contresens énorme, quand il assimile la différentiation et l'intégration aux opérations arithmétiques : il ne paraît pas avoir compris que ces opérations portent, non plus sur des *nombres*, mais sur des *fonctions*.
3. Gerhardt, ap. *Briefwechsel*, I, p. XV. Cf. ce que Leibniz lui-même disait de Newton, tout en lui rendant pleine justice (c'était avant leur dispute de priorité) : « Il est vrai qu'il se sert d'autres caractères; mais comme la caractéristique même est, pour ainsi dire, une grande part de l'art d'inventer, je crois que les nôtres donnent plus d'ouverture. » *Considérations sur la différence qu'il y a entre l'Analyse ordinaire et le nouveau Calcul des transcendantes*, ap. *Journal des Savants* de 1694 (*Math.*, V, 307). Voir aussi Gerhardt, *die Entdeckung der höheren Analysis* (Halle, 1855) et M. Cantor, III, 160.
4. Cf. *Briefwechsel*, I, p. VII et XV (Préface).
5. Voici les principaux avantages que Leibniz y attribuait à sa Caractéristique : « Ipsam autem Combinatoriam seu Characteristicam generalem longe majora continere, quam Algebra dedit, dubitari non debet; ejus enim ope omnes cogitationes nostræ velut pingi et figi et contrahi atque ordinari possunt : *pingi* aliis ut doceantur; *figi* nobis ne obliviscamur; *contrahi* ut paucis, *ordinari* ut omnia in conspectu meditantibus habeantur. » (*Math.*, IV, 460-1; *Briefwechsel*, I, 380.)

gonisticas », c'est-à-dire pour effectuer les quadratures. Tschirnhaus lui répondit qu'il ne voyait pas l'utilité de son invention, et que c'est rendre les sciences difficiles que d'introduire des notations nouvelles[1]. Leibniz réplique qu'on aurait pu objecter la même chose à ceux qui ont substitué les chiffres arabes aux chiffres romains, et à Viète qui a remplacé en Algèbre les nombres par des lettres. Plus loin, il explique que les chiffres arabes ont sur les chiffres romains l'avantage de mieux exprimer la « genèse » des nombres, et par suite leur définition, de sorte qu'ils sont plus commodes, non seulement pour l'écriture, mais même pour le calcul mental. Il est ainsi conduit à définir l'utilité qu'il attribue aux signes, et les conditions de cette utilité :

« In signis spectanda est commoditas ad inveniendum, quæ maxima est quoties rei naturam intimam paucis exprimunt et velut pingunt, ita enim mirifice imminuitur cogitandi labor. »

Il ajoute que c'est là l'avantage de son Calcul intégral :

« Talia vero sunt signa a me in calculo æquationum tetragonisticarum adhibita, quibus problemata sæpe difficillima paucis solvo[2]. »

Et il remarque que le même calcul lui permet de résoudre par une méthode unique des problèmes en apparence très différents, à savoir les problèmes des quadratures et le problème inverse des tangentes[3] :

« Est enim mihi pro methodo tangentium inversa et methodo tetragonistica calculus idem, eadem signa[4]. »

---

1. *Math.*, IV, 455; *Briefwechsel*, I, 375, et 523. C'est à peu près la même opinion que Huygens professa longtemps au sujet du Calcul infinitésimal, jusqu'à ce qu'il eût été convaincu par des exemples éclatants. Voir Chap. IX, § 2, et les textes qui y sont cités.

2. Suit un exemple : trouver la courbe dont la sous-tangente est constante : c'est la courbe *logarithmique*, que Descartes n'avait pas pu trouver, parce qu'elle est transcendante.

3. A savoir, déterminer une courbe par une propriété de sa tangente, comme la *logarithmique* citée ci-dessus.

4. *Math.*, IV, 455; *Briefwechsel*, I, 375. Plus loin, il dit que les trois méthodes de quadrature distinguées par Tschirnhaus rentrent comme cas particuliers dans la sienne : « Ego vero omnes istas tres methodos pro partibus habeo generalis Calculi mei Tetragonistici. » (*Math.*, IV, 458.)

Ce passage montre bien comment l'invention du Calcul infinitésimal procède de la recherche des signes les plus appropriés, et comment, en revanche, elle confirme les vues de Leibniz sur l'importance capitale et la fécondité merveilleuse d'un symbolisme bien choisi.

Quoi qu'il en soit, il importait, pour faire ressortir l'unité de l'œuvre philosophique et scientifique de Leibniz, de montrer que son invention mathématique la plus célèbre et la plus féconde, celle qui a révélé son génie et consacré sa gloire aux yeux des savants, se rattachait dans sa pensée à ses recherches de Logique, et n'était pour lui qu'une application ou une branche particulière de sa Caractéristique universelle[1]. Mais il convient aussi d'observer que ce n'était pas la seule, et que la même préoccupation lui a suggéré beaucoup d'autres inventions mathématiques plus ou moins heureuses, mais toujours ingénieuses, et dont certaines, inconnues ou méconnues, ont fait depuis fortune dans la science[2].

4. Nous savons déjà quelles sont les conditions d'une bonne caractéristique : les caractères doivent d'abord être « maniables », c'est-à-dire d'une forme abrégée et condensée, qui enferme beaucoup de sens dans une petite étendue, de telle sorte qu'on puisse en former des combinaisons variées et embrasser d'un coup d'œil des formules et des relations complexes. Ensuite, ils doivent « répondre aux notions » à exprimer, c'est-à-dire représenter les idées simples par des signes aussi naturels que possible, et les idées complexes par une combinaison des signes qui correspondent à leurs éléments, de manière à figurer aux yeux leur composition logique[3].

---

1. Dans une lettre (au baron de Bodenhausen) où il expose un théorème général touchant les quadratures, il dit : « Hoc certe theorema quomodo ex mea *Characteristica* derivetur, annotare placet »; or cette *Caractéristique*, c'est ici son Calcul infinitésimal, qui, comme il le remarque, enveloppe tous les théorèmes relatifs aux quadratures (*Math.*, V, 114; cf. p. 87).
2. Voir l'Appendice III.
3. *Phil.*, VII, 198 (cité Chap. IX, § 1); cf. le fragment suivant : « *Characterem voco notam visibilem cogitationes repraesentantem. Ars characteristica est ars ita formandi atque ordinandi characteres, ut referant cogitationes, seu ut eam inter se habeant relationem, quam cogitationes*

Ainsi la première qualité d'un système de symboles doit être la concision : ils sont destinés à abréger le travail de l'esprit, en condensant en quelque sorte les pensées. De là vient leur utilité ou plutôt leur nécessité dans les Mathématiques, dont les théorèmes ne sont, suivant l'expression de Leibniz, que des « abrégés de pensée[1] ». Et en effet, un théorème se traduit généralement par une formule qui représente un calcul fait une fois pour toutes, et qui par suite dispense de refaire dans chaque cas particulier le même raisonnement par lequel on l'a obtenue. Un théorème n'est donc pas seulement une « Tachygraphie » ou un raccourci d'écriture, mais aussi un raccourci de raisonnement, qui permet de passer des prémisses à la conclusion par un calcul ou une opération mécanique.

Dans un fragment inédit déjà cité, relatif à la Langue universelle, Leibniz impose aux caractères une autre condition : on devra pouvoir déduire de leur forme même et de leur composition toutes les propriétés des concepts qu'ils représentent; et il en donne comme modèle la numération binaire, attendu qu'elle permet de démontrer par le calcul les vérités arithmétiques élémentaires qui constituent la table de Pythagore (exemple : 3 fois 3 font 9), et que la numération décimale est obligée d'accepter comme des faits [2]. C'est à cette seconde condition que satisfait la règle de formation des caractères; leurs combinaisons doivent peindre à l'imagination les connexions logiques des

---

inter se habent. *Expressio* est aggregatum characterum rem quae exprimitur repraesentantium. *Lex expressionum* haec est : ut ex quarum rerum ideis componitur rei exprimendae idea, ex illarum rerum characteribus componatur rei expressio. » (**Phil.**, V, 6, f. 16; ap. *Bodemann*, p. 80-81.)

1. « Omnia theoremata non nisi Tachygraphias seu cogitandi compendia esse...; in eo consistit omnis utilitas verborum et characterum, ut in Arithmetica sunt decimales, ut sunt Notae Analyseos..... et proinde omnis scientiarum abstractarum laus consistit in compendiosis loquendi scribendique notis... » (**Phil.**, VII, B, II, 53.)

2. « Et sciendum est, tanto perfectiores esse characteres, quanto magis sunt αὐτάρκεις, ita ut omnes consequentiae inde duci possint. Exempli gratia perfectior est characteristica numerorum bimalis quam decimalis vel alia quaecunque, quia in bimali ex characteribus omnia demonstrari possunt quae de numeris asseruntur, in decimali vero non item » (**Phil.**, VII, B III, 24). Voir l'Appendice III.

concepts correspondants, de telle sorte que la composition des signes réponde à la composition des idées suivant une exacte *analogie* dont on verra bientôt l'importance [1]. Il y a plus : non seulement la caractéristique traduit la pensée sous une forme intuitive, mais encore elle sert à la guider, à la soulager, et même à la suppléer ou à la remplacer. De même que les combinaisons des idées sont figurées par les combinaisons des signes correspondants, les opérations de l'esprit, c'est-à-dire les raisonnements qu'on effectue sur ces idées, s'expriment par des opérations concrètes et sensibles à effectuer sur les symboles. Les lois abstraites de la Logique se traduisent donc par les règles intuitives qui régissent la manipulation des signes. Ces règles peuvent être dites mécaniques en un double sens : d'abord, en ce qu'elles commandent des transformations physiques et matérielles; ensuite, parce qu'elles deviennent des habitudes machinales de l'imagination, auxquelles la main du calculateur obéit automatiquement.

5. La méthode de Leibniz ressemble par là à la méthode cartésienne, dont elle ne paraît être d'abord que le développement [2]. Comme elle, elle se propose avant tout de ménager les forces de l'esprit et d'augmenter sa capacité, en faisant de l'imagination l'auxiliaire et en partie le substitut de l'entendement, en

---

[1] *Speciosa* autem *generalis* ipsa est *Ars characteristica*, in unam cum Combinatoria disciplinam confusa, per quam rerum relationes apte characteribus repræsentantur. Et pro certo habendum est, quanto magis effecerimus ut characteres exprimant omnes relationes quæ sunt in rebus, eo magis nos in iis reperturos auxilium ad ratiocinandum, ut ita quemadmodum de scriptura eleganter dixit poeta Gallus, colorem et corpus cogitationibus rationibusque inducamus, non tantum in memoriæ usum ad retinendum cogitata, quod scriptura præstat, sed etiam ad vim mentis augendam, ut incorporalia velut manu tangat. » *Nova Algebræ promotio* (*Math.*, VII, 159-160). Le poète français auquel il est fait allusion est Brébeuf, que Leibniz cite ailleurs : « Son veritable usage seroit de peindre, non pas la parole, comme dit Monsieur de Brebeuf, mais les pensées, et de parler à l'entendement plustost qu'aux yeux » *Lettre à Galloys*, 1677 (*Phil.*, VII, 21; *Math.*, I, 181). Allusion au vers connu où Brébeuf définissait l'écriture :

> ... cet art ingénieux
> De peindre la parole et de parler aux yeux.

[2] On verra plus tard qu'il n'en est pas tout à fait ainsi (Ch. VI, § 14).

soulageant la mémoire par des signes sensibles, et en déchargeant la pensée déductive au moyen de formules toutes faites [1]. Cette analogie s'explique d'ailleurs aisément par le fait que les deux méthodes s'inspirent de l'exemple des Mathématiques et prennent pour modèle l'Algèbre, quoique en un sens différent [2].

En effet, étant donnée la faible capacité de l'esprit, qui ne peut embrasser à la fois qu'un petit nombre d'idées, ni effectuer d'un seul coup qu'une déduction immédiate et simple, il est exposé à s'embrouiller dans le dédale des notions complexes, et à s'égarer dans les raisonnements un peu longs. Pour se guider et se retrouver à coup sûr dans le « labyrinthe » de la déduction, il a besoin d'un « fil d'Ariane » [3]. Par cette métaphore qu'il affectionne, Leibniz entend un procédé sensible et mécanique qui conduise et soutienne la pensée discursive, supprime ses incertitudes et ses tâtonnements, et rende impossibles ses défaillances et ses erreurs [4]. Il l'appelle ailleurs « filum

---

1. Cf. DESCARTES, *Regulæ ad directionem ingenii*, notamment les Règles XII, XIV, XV et XVI.

2. Leibniz disait de sa *Méthode de l'Universalité* : « elle a cela de commun avec les autres parties de l'analyse, qu'elle épargne l'esprit et l'imagination, dont il faut surtout ménager l'usage.

« C'est le but principal de cette grande science que j'ay accoustumé d'appeller *Caracteristique*, dont ce que nous appellons l'Algebre n'est qu'une branche fort petite. Car c'est la Caracteristique qui donne les paroles aux langues, les lettres aux paroles, les chiffres à l'Arithmetique, les notes à la Musique ; c'est elle qui nous apprend le secret de fixer le raisonnement, et de l'obliger à laisser comme des traces visibles sur le papier en petit volume, pour estre examiné à loisir : c'est enfin elle, qui nous fait raisonner à peu de frais, en mettant des caracteres à la place des choses, pour des-embarrasser l'imagination. » *De la Méthode de l'Universalité*, § 4, vers 1674 (**Phil.**, V, 10).

3. *Lettre à Galloys*, 1677 : « La véritable methode nous doit fournir un *filum Ariadnes*, c'est-à-dire un certain moyen sensible et grossier, qui conduise l'esprit, comme sont les lignes tracées en Geometrie et les formes des operations qu'on prescrit aux apprentifs en Arithmetique. Sans cela nostre esprit ne sçauroit faire un long chemin sans s'égarer. » (*Math.*, I, 181 ; *Phil.*, VII, 22.)

4. *Inventorium mathematicum* : « Mens enim *filo* quasi quodam *sensibili* regenda est, ne vagetur in labyrintho, et cum multa simul complecti distincte nequeat, adhibitis signis pro rebus, imaginationi parcit ; multum tamen interest, quomodo signa adhibeantur ut res utiliter referant. » (*Math.*, VII, 17.) Dans les *Animadversiones ad Weigelium*, Leibniz explique pourquoi il est plus difficile de faire des démonstrations rigoureuses en

cogitandi » [1] et le plus souvent « filum meditandi » [2], c'est-à-dire le fil conducteur du raisonnement et de l'invention [3]. Or ce procédé consiste à figurer les idées par des signes, et leurs combinaisons par des combinaisons de signes, de telle sorte que l'analyse logique des concepts soit remplacée par l'analyse matérielle des caractères [4]. Leibniz fait remonter lui-même l'invention de ce fil d'Ariane au temps de son adolescence où il composait son *De Arte combinatoria* [5], ce qui prouve bien que cette méthode

Métaphysique qu'en Mathématique : « Cujus rei ratio est, quod in numeris et figuris et notitiis quæ ab his pendent, regitur mens nostra Ariadneo quodam filo imaginationis atque exemplorum, habetque in promptu comprobationes quales Arithmetici *probas* vocant, quibus facile revincuntur paralogismi. At in metaphysicis (prout tradi solent hactenus) his auxiliis destituti sumus, cogimurque supplere ipso ratiocinandi rigore quod comprobationi vel examinibus deest. » (*Foucher de Careil*, B, 150.)

1. Cf. un fragment inédit contenant un des premiers projets d'Encyclopédie : « FILUM autem COGITANDI voco Methodum quandam facilem et certam, quam sequendo, sine agitatione mentis, sine litibus, sine formidine errandi, non minus secure procedamus ac is, qui in labyrintho filum habet Ariadneum » (**Phil.**, VII, C, 88).

2. *Lettre à Oldenburg* : « Filum autem *meditandi* voco quandam sensibilem et velut mechanicam mentis directionem, quam stupidissimus quisque agnoscat » (*Phil.*, VII, 14; *Briefwechsel*, I, 102). Un peu plus loin, Leibniz compare sa méthode au parapet d'un pont qu'on aurait à passer de nuit. (V. infra, p. 95, note 2.)

3. Ailleurs encore, Leibniz parle d'un fil palpable (*filo palpabili*) qui doit diriger les recherches (*Phil.*, VII, 57), ou de démonstrations *palpables* : « palpabiles demonstrationes, calculis Arithmeticorum aut Geometrarum diagrammatis pares » (*Phil.*, VII, 125); ou enfin d'un criterium *palpable* de la vérité : « palpabilibus notis dijudicandæ veritatis et filo certo artis inveniendi » (*Phil.*, VII, 59). Cf. p. 100, note 2.

4. *Analysis linguarum*, 11 sept. 1678 : « Ad inventionem ac demonstrationem veritatum opus est analysi cogitationum, quæ quia respondet analysi characterum..., hinc analysin cogitationum possumus sensibilem reddere, et velut quodam filo mechanico dirigere; quia analysis characterum quoddam sensibile est » (**Phil.**, VII, C, 9). Cf. la *Lettre à Tschirnhaus* de mai 1678 : « Erit enim in promptu velut Mechanicum meditandi filum, cujus ope idea quælibet in alias, ex quibus componitur, facillime resolvi possit; imo charactere alicujus conceptus attente considerato, statim conceptus simpliciores, in quos resolvitur, menti occurrent : ... resolutio conceptus resolutioni characteris ad amussim respondet » (*Math.*, IV, 461; *Briefwechsel*, I, 380).

5. *Lettre à Tschirnhaus*, 1679 : « Annum agens ætatis decimum octavum scribensque libellum *De Arte Combinatoria*, quem biennio post edidi, certum meditandi filum inveni, admirabile veræ analyseos arcanum, cujus

procède de ses idées d'ensemble sur la Combinatoire caractéristique.

Et en effet, ce secours que l'imagination prête à l'entendement, par où elle le seconde et même le supplée, c'est l'emploi systématique des signes et du calcul, en un mot la Caractéristique :

« Si nous l'avions telle que je la conçois, nous pourrions raisonner en metaphysique et en morale à peu près comme en Geometrie et en Analyse, parce que les Caracteres fixeroient nos pensées trop vagues et trop volatiles en ces matieres, où l'imagination ne nous aide point, si ce ne seroit par le moyen de caracteres [1]. »

C'est surtout aux sciences qui dépassent l'imagination que Leibniz désire appliquer sa Caractéristique, pour leur donner la rigueur et la certitude qui semblent (à tort) le privilège des Mathématiques; il suffit de transférer dans ces sciences la méthode à laquelle les Mathématiques doivent tous leurs progrès [2]. Sans doute cette méthode est plus difficile à employer en Métaphysique qu'en Mathématiques, mais il n'en importe que davantage de l'appliquer avec rigueur : « Car dans les Mathématiques il est plus aisé de réussir, parce que les nombres, les figures et les calculs suppléent aux défauts cachés dans les paroles; mais dans la Métaphysique, où l'on est privé de ce

---

corollarium est lingua vel characteristica rationalis. » (*Math.*, IV, 482; *Briefwechsel*, I, 405-6.)

1. *Lettre à Galloys*, 1677 (*Phil.*, VII, 21; *Math.*, I, 181.) Cf. les *Animadversiones ad Weigelium* citées p. 90, note 4, et l'*Analysis linguarum*, 11 sept. 1678 : « Hoc autem ope characterum facilius fit, quam si nullo ad characteres respectu cogitationes ipsas aggrediamur; nam intellectus noster filo quodam mechanico regendus est, ob suam imbecillitatem; quod in illis cogitationibus quae res imaginationi non subjectas exhibent, ipsi praestant characteres. » (**Phil.**, VII, C, 9.)

2. Dans ses *Elementa Rationis*, après avoir vanté la perfection logique des Mathématiques, et les moyens de vérification qu'elles possèdent, il ajoute : « Hoc verum beneficium perpetui per experimenta examinis illumque sensibile in labyrintho cogitandi, quod oculis percipi et quasi manibus palpari possit (quibus rebus mea sententia Mathematicarum incrementa debentur) in aliis humanis ratiocinationibus hactenus defuit. » (**Phil.**, VII, B VI, 3 verso.) Et plus loin il rappelle son invention d'adolescent, c'est-à-dire sa Combinatoire (f. 7 recto).

secours (du moins dans les manières de raisonner ordinaires), il faudroit que la rigueur employée dans la forme du raisonnement et dans les definitions exactes des termes suppléât à ce manquement [1] ». Ce secours que l'imagination et l'intuition prêtent à l'entendement dans les raisonnements mathématiques, Leibniz voulait précisément le lui fournir dans les déductions de toute sorte au moyen de son Calcul logique [2]. En outre, il remarque que les Mathématiques trouvent dans l'expérience un guide, un contrôle et une vérification qui manquent aux raisonnements des philosophes, de sorte que ceux-ci ne peuvent se préserver de l'erreur que par un attachement scrupuleux à la *forme* des déductions [3]; or cette forme ne sauroit être mieux garantie que par la Caractéristique, qui la rend sensible et palpable [4].

---

1. *Remarques...*, 1711 (*Phil.*, VI, 349, note). Cf. *Lettre à Burnett*, 1699 (*Phil.*, III, 259); *De l'usage de la Méditation* (*Phil.*, VII, 79, note); *Nouveaux Essais*, IV, II, § 12; et les *Animadversiones ad Weigelium* citées plus haut (p. 90, note 4).

2. C'est à quoi fait allusion la réserve entre parenthèses.

3. C'est pourquoi il propose comme modèles de rigueur logique, après les Géomètres, les Jurisconsultes : « On peut même avancer hardiment un paradoxe plaisant, mais véritable, qu'il n'y a point d'auteurs dont la manière d'écrire ressemble d'avantage au stile des Geometres que celuy des anciens Jurisconsultes Romains dont les fragmens se trouvent dans les Pandectes », et qui, selon lui, « font honte aux philosophes dans les matières mêmes les plus philosophiques qu'ils sont souvent obligés de traiter. » (*Phil.*, VII, 167; cf. *Nouveaux Essais*, IV, II, § 12.) Cf. Préface du *Specimen demonstrationum politicarum*, 1669 (Note VIII); *Lettre à Arnauld*, 14 janv. 1688 (*Phil.*, II, 134); *De Scientia universali...* (*Phil.*, VII, 198), où Leibniz rappelle son essai *De Conditionibus* (v. Note V); *Lettre à Gabriel Wagner*, 1696 (*Phil.*, VII, 526).

4. *Lettre à Tschirnhaus*, mai 1678 (à propos des œuvres posthumes de Spinoza) : « In *Ethica...* nonnunquam paralogizat, quod inde factum, quia a rigore demonstrandi abscessit; ego certe puto, utile esse in Geometricis discedere a rigore, quoniam in illis facile caventur errores, at in Metaphysicis et Ethicis summum demonstrandi rigorem sequendum puto, quia in illis facilis lapsus; si tamen Characteristicam constitutam haberemus, aeque tuto in Metaphysicis ac in Mathematicis ratiocinaremur. » (*Math.*, IV, 461; *Briefwechsel*, I, 381.) Cf. *Lettre à Galloys*, 1677 (*Math.*, I, 179); *Lettre à Arnauld*, 14 janv. 1688 (*Phil.*, II, 133); *De primæ Philosophiæ emendatione...*, 1694 : « Mihi vero in his magis quam in ipsis Mathematicis luce et certitudine opus videtur, quia res Mathematicæ sua examina et comprobationes secum ferunt, quæ causa est potissima successus, sed in Metaphysicis hoc

6. C'est justement cette méthode qui a manqué aux philosophes qui ont prétendu traiter la Métaphysique et la Morale *more geometrico*, notamment à Descartes et à Spinoza. Selon Leibniz, Descartes n'a pas possédé la Méthode parfaite et la véritable analyse[1]; il « n'a pas connu la véritable source des verités, ny cette analyse generale des notions, que Jungius à mon avis a mieux entendue que luy. »[2]. C'est pourquoi il a toujours échoué dans ses essais de démonstrations métaphysiques, surtout quand il a voulu les mettre en forme, comme à la fin des *Réponses aux Secondes Objections*[3]. D'où vient donc l'insuffisance de la logique de Descartes, surtout pour les choses non sujettes à l'imagination? Leibniz le déclare ingénument : « S'il avoit suivi exactement ce que j'appelle *filum meditandi*, je croy qu'il auroit achevé la première philosophie »[4].

Aussi critique-t-il assez sévèrement les fameuses règles de la méthode cartésienne, qu'il déclare inutiles ou insignifiantes : « Ceux qui nous ont donné des methodes, donnent sans doute des beaux preceptes, mais non pas le moyen de les observer. Il faut, disent-ils, comprendre toute chose clairement et distinctement; il faut proceder des choses simples aux composées; il faut diviser nos pensées, etc. Mais cela ne sert pas beaucoup, si on ne nous dit rien davantage[5]. » Nous verrons plus tard (Chap. VI) quels reproches Leibniz adresse en détail aux diverses règles de Descartes, et quels préceptes il leur substitue. Pour le moment, il suffit de remarquer que, fussent-elles valables et

---

commodo caremus. Itaque peculiaris quaedam proponendi ratio necessaria est, et velut filum in Labyrintho, cujus ope non minus quam Euclidea methodo ad calculi instar quaestiones resolvantur... » (*Phil.*, IV, 469.)

1. *Écrit à Molanus* (1677) : « Cartesio defuisse methodum perfectam atque Analysin veram. » (*Phil.*, IV, 276.)
2. *Lettre à Philipp*, 1679 (*Phil.*, IV, 282); cf. *Lettre à Malebranche*, 13 janv. 1679 : « Il est encor bien éloigné de la veritable analyse et de l'art d'inventer en general. » (*Phil.*, I, 328.)
3. *Lettre à Malebranche*, 22 juin 1679 (*Phil.*, I, 337); *Remarques sur l'abrégé de la vie de M. des Cartes* (*Phil.*, IV. 320; cf. les textes cités Chap. VI, § 45).
4. C'est-à-dire : la philosophie première. *Lettre à Foucher*, 1678?(*Phil.*, I, 370-1).
5. *Lettre à Galloys*, 1677 (*Phil.*, VII, 21; *Math.* I, 181). Cf. la *Nova Methodus discendæ docendæque Jurisprudentiæ*, 1667 (Note VII).

justes, elles ont à ses yeux le défaut de n'être que des conseils généraux et vagues, et partant inefficaces, de sorte que pour suivre sûrement la méthode cartésienne et l'appliquer à propos on aurait besoin d'une autre méthode [1]. Cette autre méthode, c'est justement la Caractéristique, qui fournit à l'esprit un fil conducteur et un appui matériel, et assure sa démarche régulière et ordonnée, non par des conseils platoniques, mais par des règles pratiques et mécaniques semblables à des règles de calcul [2].

7. C'est pour la même raison que Leibniz n'admettait pas le doute hyperbolique que Descartes avait conçu touchant la valeur des raisonnements mathématiques et la certitude de la déduction en général, sous prétexte que la mémoire y intervient nécessairement, et qu'elle peut nous tromper. Leibniz répond que la mémoire est impliquée dans tout état de conscience, et que douter de la mémoire, c'est douter de la conscience elle-même. Il ne peut non plus prendre au sérieux l'hypothèse du malin génie, par laquelle Descartes essayait de justifier son doute hyperbolique; et la réponse qu'il lui oppose est fort remarquable : il argue simplement du fait que nous pouvons, dans nos démonstrations, soulager la mémoire et même la remplacer par l'écriture et les signes [3]. Ainsi c'est la Caracté-

---

1. Plus tard (vers 1690) Leibniz faisait la satire des règles cartésiennes en ces termes mordants : « Et parum abest ut dicam similes praecepto Chemici nescio cujus : Sume quod debes et operare ut debes, et habebis quod optas. » (*Phil.*, IV, 329.) C'est pourquoi les découvertes de Descartes lui paraissent être « plustost un effet de son genie que de sa methode ». (*Phil.*, VII, 22; cf. *Phil.*, IV, 329, 331.)

2. C'est ce que Leibniz fait entendre par la comparaison du pont, dans sa *Lettre à Oldenburg* : « Pontem noctu transituro regulam hanc praescribere possum, ut recta procedat nec in dextram sinistramve evagetur, si salutem suam amat; huic praecepto poterit ille satisfacere magna cura et industria adhibita; sed si munita utrinque pontis latera erunt, aberit periculum et sollicitudo. » (*Phil.*, VII, 14.) Le précepte en question représente la méthode de Descartes, dont Leibniz cite les règles aussitôt après; les parapets du pont figurent la Caractéristique. Cette comparaison paraît inspirée du précepte que donne Descartes pour sortir d'une forêt où l'on est égaré (*Discours de la Méthode*, 3e partie, 2e règle de morale provisoire).

3. « Conscientia est nostrarum actionum memoria. Cartesius vult ideo nulli demonstrationi posse fidi, quia omnis demonstratio memoria prae-

ristique qui, déjouant les ruses du malin génie, nous garantit de toute erreur de mémoire et nous fournit un criterium « mécanique » et « palpable » de la vérité[1].

En effet, en traduisant les concepts et leurs relations par des caractères, elle permet de fixer sur le papier toutes les étapes de la déduction : les règles logiques seront représentées par des règles sensibles et mécaniques de transformation des formules (comme en Algèbre); et par suite le raisonnement se réduira à une combinaison de signes, à un jeu d'écritures, en un mot, à un calcul[2]. Leibniz retrouve ainsi, dans un sens autrement juste et profond, la pensée de Hobbes : « Le raisonnement est un calcul[3]. » Non seulement le calcul suit pas à pas la déduction, mais il la dirige d'une manière infaillible, et remplace le raisonnement par une manipulation machinale de symboles conformément à des règles fixes[4].

8. Ainsi la Caractéristique doit servir de fondement à une véritable Algèbre logique, au *Calculus ratiocinator*, applicable à tous les ordres de connaissance où le raisonnement peut s'exercer[5]. Parmi les nombreux usages de ce Calcul logique,

cedentium propositionum indiget; in qua nos potentia alicujus mali genii fortasse falli (?) posset. Sed si hucusque producimus dubitandi titulos, etiam conscientiæ nostræ de præsentibus fidere non licet. Semper enim involvitur memoria, cum nihil sit absolute loquendo præsens præter momentum. Memoriam in demonstrando sublevant scripturæ seu notæ, nullum autem dari malum genium, qui nos in illis quam (?) adulterandis fallat. » (**Phil.**, I, 4, i, 42; ap. *Bodemann*, p. 58.) Cf. *Phil.*, IV, 327, et **Phil.**, I, 4, d, 4 : « Mons. Des Cartes a fait comme les charlatans.... » (*Foucher de Careil*, B, 12; *Bodemann*, p. 52).

1. *Lettre à Oldenburg*, du 28 déc. 1675 (*Phil.*, VII, 9-10); cf. le fragment **Phil.** V, 6, f. 49, cité p. 100, note 2, et Chap. VI, § 14.

2. « Nihil aliud enim est *Calculus*, quam operatio per characteres, quæ non solum in quantitate, sed et in omni alia ratiocinatione locum habet. » *Lettre à Tschirnhaus*, mai 1678 (*Math.*, IV, 462; *Briefwechsel*, I, 381).

3. « Omnis Ratiocinatio nostra nihil aliud est quam characterum connexio et substitutio, sive illi characteres sint verba, sive notæ, sive denique imagines.... Porro ex his patet, omnem Ratiocinationem esse quandam combinationem characterum » (*Phil.*, VII, 31). Cf. *Phil.*, VII, 204.

4. « Scriptura enim et meditatio pari passu ibunt, vel ut rectius dicam, scriptura erit *meditandi filum*. » *Lettre à Oldenburg* (*Phil.*, VII, 14; *Briefwechsel*, I, 102).

5. « CALCULUS RATIOCINATOR, *seu artificium facile et infallibiliter ratioci-*

Leibniz vante particulièrement celui-ci, qu'il mettra fin aux disputes [1], c'est-à-dire aux interminables discussions des écoles, où l'on déployait toutes les ressources et toutes les subtilités de la Logique scolastique, généralement en pure perte et sans parvenir à s'entendre [2]. En effet, la stérilité de ces disputes provient surtout, selon lui, du manque de rigueur et de précision du langage vulgaire, qui fait que le raisonnement verbal donne lieu à des équivoques et à des paralogismes souvent involontaires et inaperçus [3]. Au contraire, avec des signes d'une valeur univoque et d'un sens bien défini, avec des règles de calcul invariables et inflexibles, on devra fatalement aboutir, bon gré mal gré, à la conclusion vraie, à la solution juste et complète, comme dans la résolution d'une équation [4]. On ne pourra pas plus contester le résultat d'une déduction en forme que celui d'une addition ou d'une multiplication ; d'autant plus

nandi. Res hactenus ignorata. » (**Phil.**, VII, B II, 8.) Leibniz l'appelait plus tard : « *Characteristicen quandam Rationis, cujus ope veritates rationis velut calculo quodam, ut in Arithmetica Algebraque, ita in omni alia materia quatenus ratiocinationi subjecta est, consequi liceret.* » (*Lettre à Rödeken,* 1708, *Phil.*, VII, 32.)

1. Cf. les titres suivants : « *Discours touchant la Méthode de la Certitude et l'Art d'inventer, pour finir les disputes et pour faire en peu de temps des grands progrès* » (*Phil.*, VII, 174) ; « *Projet et essais pour arriver à quelque certitude, pour finir une bonne partie des disputes et pour avancer l'art d'inventer* » (**Phil.**, VI, 12, c).

2. On connaît le mot de Casaubon, que Leibniz cite en plusieurs endroits : « On montra à Casaubon la salle de la Sorbonne, et on lui dit : Voici un lieu où l'on a disputé durant tant de siècles. Il répondit : Qu'y a-t-on conclu ? » (*Nouveaux Essais*, IV, VII, § 11.) Voir une satire piquante de ces disputes dans un fragment allemand intitulé *Vocabula,* ap. Bodemann, p. 81 (**Phil.**, V, 6, f. 17). Cf. *Phil.*, VII, 188.

3. « *Linguæ vulgares, etsi plurimum prosint ad ratiocinandum, attamen innumeris æquivocationibus sunt obnoxiæ, nec officium calculi facere possunt, nempe ut errores ratiocinationis ex ipsa vocabulorum formatione et constructione detegi possint, tanquam solœcismi et barbarismi. Quod sane admirabile beneficium hactenus solæ præstant notæ Arithmeticorum et Algebristarum, ubi ratiocinatio omnis in usu characterum consistit, et idem est error animi qui calculi.* » (*Phil.*, VII, 205.)

4. « *Sed, ut redeam ad expressionem cogitationum per characteres, ita sentio nunquam controversias finiri neque sectis silentium imponi posse, nisi a ratiocinationibus complicatis ad calculos simplices, a vocabulis vagæ incertæque significationis ad characteres determinatos revocemur.* » (*Phil.*, VII, 200.)

COUTURAT. — Logique de Leibniz.

que Leibniz croit pouvoir inventer, pour la vérification des calculs logiques, des procédés techniques analogues à la *preuve par 9* employée en Arithmétique [1].

Aussi appelle-t-il sa Caractéristique le *juge des controverses* [2], et la considère-t-il comme un art d'infaillibilité. Il fait un tableau séduisant de ce que seront, grâce à elle, les discussions philosophiques de l'avenir. Pour résoudre une question ou terminer une controverse, les adversaires n'auront qu'à prendre la plume, en s'adjoignant au besoin un ami comme arbitre, et à dire : « Calculons ! [3] »

9. Mais cette utilité pour ainsi dire polémique n'est qu'une application particulière de la Caractéristique, et ne fait que manifester sous une forme dramatique l'infaillibilité de cette méthode. Elle ne sera pas moins utile au chercheur solitaire, car outre que, comme on l'a vu, elle le conduira comme par la main dans ses déductions et ses inventions, elle lui épargnera les erreurs de raisonnement, en les lui rendant *sensibles*. En effet, tout paralogisme se traduira par une faute de calcul, et

---

1. « Possum etiam ostendere, quomodo non minus in calculo generali quam in calculo numerico *examina* sive indicia veritatis excogitari possint, abjectioni novenariæ talibusque aliis similibus respondentia, prorsus quemadmodum abjectio hæc per me a numeris communibus ad Algebram translata est. » (*Phil.*, VII, 201 ; cf. VII, 26, et les *Animadversiones ad Weigelium* citées p. 90, note 4.) Pour voir comment Leibniz a appliqué la preuve par 9 au calcul algébrique, voir Appendice III, § 9.

2. « Les hommes trouveroient par là un juge des controverses veritablement infaillible. » *Lettre au duc de Hanovre*, 1690 ? (*Phil.*, VII, 26.) Cf. *Lettre à G. Wagner*, 1696 (*Phil.*, VII, 521) ; *Lettre à Placcius*, 19 mai 1696 (*Dutens*, VI, 1, 72) ; *Lettre à Eler*, 1716 (Note XVIII), et **Phil.**, VII, B III, 24. Dans un plan inédit de l'Encyclopédie, on lit : « De judice controversiarum humanarum, seu Methodo infaillibilitatis, et quomodo effici possit, ut omnes nostri errores sint tantum errores calculi, et per examina quædam facile possint justificari. » (**Phil.**, VII, A, 26 verso.) Cf. sa *Methodus disputandi*, qu'il proposait déjà à l'Électeur de Mayence (voir Chap. VI, § 22).

3. « Quo facto, quando orientur controversiæ, non magis disputatione opus erit inter duos philosophos, quam inter duos Computistas. Sufficiet enim calamos in manus sumere sedereque ad abacos, et sibi mutuo (accito si placet amico) dicere : Calculemus ! » (*Phil.*, VII, 200.) Cf. *Phil.*, VII, 26, 64-65, 125 ; *Lettre à Placcius*, 1678 (*Dutens*, VI, 1, 22) ; et **Phil.**, V, 6, f. 19 (fragment cité p. 100, note 2).

par conséquent il sautera aux yeux, car il violera une règle intuitive et mécanique, devenue une habitude de l'œil et de la main. Il sera aussi choquant que l'est pour nous un solécisme ou un barbarisme, une faute d'orthographe ou de syntaxe [1]. Aussi tout calculateur un peu exercé sera-t-il presque incapable de commettre des erreurs, lors même qu'il le voudrait [2]. Sa main se refusera à écrire une inconséquence, ou sinon son œil la lui révélera aussitôt écrite. On ne pourra même pas formuler une proposition absurde ou fausse : car, ou bien, en essayant de le faire, l'auteur en sera immédiatement averti par l'incongruité des signes (et le lecteur le serait aussi); ou bien il se reprendra à temps, et les règles du calcul lui dicteront la vérité inconnue ou méconnue, à la place de l'erreur qu'il allait écrire [3]. Ce calcul admirable ne servira donc pas seulement à réfuter l'erreur, mais à découvrir la vérité; il sera non seulement l'art de démontrer ou de vérifier les vérités connues, mais encore l'art d'inventer.

Aussi la Caractéristique est-elle capable d'instruire les igno-

1. « Sophismata autem et paralogismi nihil hic aliud forent quam quod errores calculi in Arithmeticis, et solœcismi vel barbarismi in linguis. » (*Phil.*, VII, 205.) « Id scilicet efficiendum est, ut omnis paralogismus nihil aliud sit quam *error calculi*, et ut *sophisma*, in hoc novæ scripturæ genere expressum, revera nihil aliud sit quam *solœcismus* vel *barbarismus*, ex ipsis grammatices hujus philosophicæ legibus facile revincendus. » (*Phil.*, VII, 200.) Ce que Leibniz appelle ici par métaphore la grammaire philosophique, ce sont les règles du Calcul logique. Cf. *Initia scientiæ generalis* (Erdm., 85, a), et *Lettre à Oldenburg* : « Miram tibi Grammaticam narrare videbor, sed tum vere philosophicam esse scito, nec a Logica divellendam. » (*Phil.*, VII, 13; *Briefwechsel*, I, 102.) V. p. 97, note 3.

2. *Lettre à Oldenburg*, 28 déc. 1675 (v. p. 82, note 1) : « Id tamen præstat, Errare ne possimus quidem si velimus, et ut Veritas quasi picta, velut Machinæ ope in charta expressa, deprehendatur. » (*Phil.*, VII, 10; *Briefwechsel*, I, 145.)

3. *Lettre à Galloys*, décembre 1678 : « Les chimeres que celuy mesme qui les avance n'entend pas ne pourront pas estre écrites en ces caracteres. Un ignorant ne s'en pourra pas servir, ou s'efforçant de le faire il deviendra sçavant par la mesme. » (*Phil.*, VII, 23; *Math.*, I, 187.) *Lettre à Oldenburg* : « Illud autem quantivis pretii erit, quod in hac lingua nemo de argumento scribere poterit, quod non intelligat. Si facere conabitur, aut ipse se nugari agnoscet, et lector quoque, aut discet inter scribendum. » (*Phil.*, VII, 13-14; *Briefwechsel*, I, 102.) Cf. *Phil.*, VII, 205.

rants, parce qu'elle contient déjà virtuellement en elle l'Encyclopédie[1]. C'est elle qui constitue ce criterium mécanique et palpable que Leibniz oppose au criterium stérile de Descartes[2], et qui doit rendre la vérité sensible et irrésistible[3]. Sa portée est égale à celle de la raison, et son domaine comprend toutes les vérités rationnelles et *a priori* : tout ce qu'une raison « angélique » peut découvrir et démontrer est accessible au Calcul logique[4]. C'est que, en abrégeant et en condensant les raisonnements, elle décuple les forces de l'esprit, élargit le champ de l'intuition intellectuelle et étend indéfiniment le pouvoir de l'entendement; en un mot, elle est une exaltation de la raison humaine[5]. Aussi Leibniz la compare-t-il fréquem-

---

1. « Qui linguam hanc discet, simul et discet Encyclopædiam, quæ vera erit janua rerum.... Quicunque de aliquo argumento loqui aut scribere volet, huic ipse linguæ genius non tantum verba, sed et res suppeditabit. » *Lettre à Oldenburg* (*Phil.*, VII, 13; *Briefwechsel*, I, 101, 102). Cette expression « janua rerum » est le titre d'un ouvrage de COMENIUS : *Janua Rerum reserata, hoc est Sapientia prima (quam vulgo Metaphysicam vocant)...* composé en 1640-1644, publié à Leide en 1681. Cf. le *Judicium de scriptis Comenianis* (Note XIII).

2. « Hæc (elementa veritatis) igitur si tradantur modo quodam palpabili, ut non sit difficilius ratiocinari, quam numerare, manifestum est, omnes errores fore instar errorum calculi et mediocri attentione posse caveri, et, si qua controversia oriatur vel disputatio, sumto in manus calamo calculoque adhibito statim litigantes in veritatem etiam ingratis suis conspiraturos esse. Palpabilia igitur veritatis criteria postulo, quæ non magis dubitationem relinquant quam calculi numerorum.... » (**Phil.**, V, 6, f. 19; ap. *Bodemann*, p. 82.) Le reste de ce fragment est une critique des règles de la méthode cartésienne (voir Chap. VI, § 14).

3. Illud Criterion... quod velut Mechanica ratione fixam et visibilem et (ut ita dicam) irresistibilem reddit veritatem. » *Lettre à Oldenburg*, 28 déc. 1675 (*Phil.*, VII, 9-10; *Briefwechsel*, I, 145). Ici encore, il s'agit du criterium cartésien de l'évidence (voir le contexte).

4. « Sed quæcunque sola ratione etiam Angelica investigari possunt, ea proprie per characteristicam et investigata esse hactenus et imposterum investigatum iri, et eo longius nos prodituros quo characteristicam magis perfecerimus, iterum tibi affirmo. » *Lettre à Clüver*, août 1680 (*Phil.*, VII, 19). Cf. p. 251, notes 3 et 4.

5. « Sciendum est, hac arte ea tantum (convenienti studio adhibito) posse obtineri, *quæcunque ex datis quantocunque ingenio possint elici*.... Quantum in illis omnibus valet ratio (valet autem plurimum), tantum et multo magis posse hanc artem, quæ nihil aliud est, quam summa quædam exaltatio, et *compendiosissimus per symbola notasve usus* humanæ rationis. » (*Phil.*, VII, 201; cf. 205.)

ment aux télescopes et aux microscopes, qui reculent les bornes de la vision dans le sens de l'éloignement ou dans celui de la petitesse, comme le Calcul logique prolonge la portée de l'œil de l'esprit[1]. Il la compare encore à la boussole, qui permet au marin de s'aventurer au large, et d'effectuer de longues traversées sans risquer de s'égarer ou d'allonger sa route par des détours inutiles[2]. Il résume enfin d'un mot toutes ces métaphores en appelant sa Caractéristique l'organe ou l'instrument de la raison[3].

10. Mais elle est plus encore, à savoir l'incarnation et le substitut de la raison : elle n'aide pas seulement le raisonnement, elle le remplace. Elle dispense en effet l'esprit de penser les concepts qu'il manie, en substituant le calcul au raisonnement, le signe à la chose signifiée[4]. On n'a plus à faire attention au contenu réel des idées et des propositions; il suffit de les combiner et de les transformer suivant des règles algébriques. La déduction se traduit ainsi par un jeu de symboles et de formules; et Leibniz ne craint pas de la réduire à un mécanisme purement formel. En un sens, la Caractéristique réalise par là l'idéal de la Logique *formelle*. Toutes les opérations de l'esprit se trouvant ramenées à des combinaisons toutes formelles de signes dont le sens reste inconnu ou indéterminé, on est bien sûr que les conséquences que l'on tire résultent de

---

1. *Phil.*, VII, 14, 17, 20, 27, 187, 202; cf. 174, et *1re Lettre à Bourguet*, 1709 (*Phil.*, III, 545).
2. *Phil.*, VII, 187; cf. 174.
3. *Phil.*, VII, 17, 20, 27, 32, 187, 202, 205; et *Lettre à Bourguet*, 1709 (*Phil.*, III, 545).
4. Cf. un fragment déjà cité : « Omnia Theoremata non nisi Tachygraphias seu cogitandi compendia esse, ut animus a rebus ipsis distincte cogitandis dispensetur, nec ideo minus omnia recte proveniant.... » (**Phil.**, VII, B II. 53), et *Consilium de Encyclopædia*, juin 1679 : « Quemadmodum enim exercitati Arithmetici invenere sibi varia compendia seu calculandi formas, quæ accurate concludunt..., ita homines in dicendo cogitandoque exercitati multa sibi ratiocinandi atque enuntiandi compendia paravere, quæ non minus concludunt vi formæ quam modi scholarum.... » (**Phil.**, V, 7, f. 3-4.) C'est justement ces conséquences asyllogistiques que la Grammaire rationnelle devait justifier par l'analyse des mots et des particules (v. Chap. III, § 13).

la forme seule des relations logiques, et non de leur matière ou de leur contenu, c'est-à-dire des idées qui en constituent les termes.

Mais, en un autre sens, ne semble-t-il pas que l'esprit paie bien cher les avantages de la rigueur formelle en renonçant à contrôler les calculs par la considération de la matière du raisonnement, et que la raison abdique pour ainsi dire au profit d'un mécanisme aveugle? En fait, Leibniz montre que c'est ce qui se passe dans toute espèce de raisonnement, et qu'il n'y a de déduction un peu longue et compliquée qu'à ce prix. Ni le calculateur, ni le géomètre ne pourraient avancer, s'il leur fallait penser constamment au sens des mots ou des chiffres qu'ils emploient, et substituer partout, suivant le précepte connu, la définition au défini[1]. Au contraire, cela ne pourrait que les gêner et encombrer inutilement leur esprit; cela retarderait énormément leurs déductions ou même les paralyserait complètement. Ils sont obligés de se confier aux associations machinales de mots et de signes (par exemple, à la table de Pythagore apprise par cœur, et à tant d'autres formules uniquement connues par la mémoire). C'est même cet abandon de l'esprit à un mécanisme verbal ou symbolique qui fait, non seulement la rapidité, mais la validité formelle des raisonnements et des calculs, puisqu'alors on est sûr que la considération de la matière ne vient pas suppléer ou masquer l'insuffisante rigueur de la forme logique.

En somme, Leibniz ne fait que généraliser et régulariser ce procédé systématique de l'esprit, en substituant partout aux signes verbaux, dont le sens est vague et les liaisons lâches, des signes algébriques possédant un sens bien défini et soumis à des règles fixes de combinaison[2]. Sans doute, il paraît ainsi réduire toute la Logique et toutes les sciences déductives à un

---

1. *Phil.*, VII, 204 : « Omnis humana ratiocinatio signis quibusdam sive characteribus perficitur. Non tantum enim res ipsæ, sed et rerum ideæ semper animo distincte observari neque possunt neque debent, et itaque compendii causa signa pro ipsis adhibentur. » Voir la suite.

2. *Phil.*, VII, 205 (passage cité p. 97, note 3).

pur *psittacisme*, ou à ce que les psychologues modernes appellent, après lui, la pensée symbolique[1]. Mais il ne recule pas devant cette conséquence apparente de sa théorie. Il reconnaît volontiers qu'*en fait* c'est ainsi que la plupart des hommes pensent et raisonnent, et qu'*en droit*, la pensée symbolique est utile et même indispensable la plupart du temps, et que c'est à elle que les sciences doivent leur développement et leur progrès[2].

11. S'ensuit-il que Leibniz soit nominaliste (au sens moderne du mot), c'est-à-dire qu'il ne voie dans les idées générales que de simples noms, dans les sciences que « des langues bien faites », et dans les vérités scientifiques que des propositions arbitraires dépendant uniquement de conventions de langage et de définitions de mots ? Pas le moins du monde. Il s'est au contraire prononcé très nettement, dès sa jeunesse, contre ce nominalisme radical, qui était celui de Hobbes[3], et il en a fait une critique sommaire, mais décisive, dans un court dialogue daté d'août 1677[4]. Il commence par accorder que la vérité et la fausseté résident uniquement dans nos pensées, et non dans les choses. Mais les nominalistes en concluent à tort qu'elles dépendent de notre volonté. Ils allèguent pour cela deux raisons : d'une part, toutes les vérités rationnelles (en Mathématiques par exemple) découlent des définitions, et comme celles-ci sont arbitraires, elles le sont également. D'autre part, nos raisonnements ne peuvent se passer de mots ou de signes quelconques[5];

1. Voir *Meditationes de Cognitione, veritate et ideis*, 1684 (*Phil.*, IV, 423).
2. Cette thèse est conforme à la doctrine leibnitienne bien connue, suivant laquelle « les hommes, en tant qu'ils sont empiriques, c'est-à-dire dans les trois quarts de leurs actions, n'agissent » et ne pensent « que comme des bêtes », c'est-à-dire mécaniquement. *Principes de la Nature et de la Grace*, § 5 (1714); cf. *Monadologie*, § 28 ; Avant-Propos des *Nouveaux Essais*; et les textes cités Chap. VI, § 37.
3. Voir l'Appendice II sur Leibniz et Hobbes.
4. *Dialogus de connexione inter res et verba, et veritatis realitate* (*Phil.*, VII, 190-193).
5. « B. Cogitationes fieri possunt sine vocabulis. — A. At non sine aliis signis. Tenta quaeso an ullum Arithmeticum calculum instituere possis sine signis numeralibus... Imo si characteres abessent, nunquam quicquam distincte cogitaremus, neque ratiocinaremur. » (*Phil.*, VII, 191.) Ainsi Leibniz est loin de contester la nécessité des signes, non seulement

or le choix de ces signes est arbitraire; donc les conclusions, qui portent sur ces signes et s'appuient sur leur choix, sont aussi arbitraires [1].

A cela Leibniz répond péremptoirement que, si les signes sont arbitraires, les relations entre ces signes, qui expriment ou constituent les propositions, ne sont nullement arbitraires pour cela, et qu'elles sont vraies ou fausses, suivant qu'elles correspondent ou non aux relations des choses signifiées. Ainsi la vérité consiste dans la connexion des signes, en tant qu'elle répond à la connexion réelle et nécessaire des idées ou des objets, laquelle ne dépend pas de nous; ou pour mieux dire, elle consiste dans cette similitude des relations des signes et des relations des choses, qui constitue une *analogie*, au sens propre et mathématique du mot, c'est-à-dire une proportion ou égalité de rapports [2]. Le choix des signes et la définition des mots peuvent donc être arbitraires, sans que la liaison des mots et des signes le soit, et c'est dans cette liaison seule que réside la vérité ou la fausseté. On peut même changer à volonté le système des signes, sans que pour cela la vérité change ni dépende de notre bon plaisir, parce que, quels que soient les symboles choisis, il y aura un arrangement de ces symboles,

---

pour l'expression de la pensée, mais pour la pensée intérieure, comme le calcul mental : « Wir haben Zeichen nöthig, nicht nur unsere Meynung Andern anzudeuten, sondern auch unsern Gedanken selbst zu helfen. » *Unvorgreifliche Gedanken betreffend die Ausübung und Verbesserung der teutschen Sprache* (*Dutens*, VI, II, 7).

1. « Quidam viri docti putant, veritatem oriri ab arbitrio humano, et ex nominibus seu characteribus. » (*Phil.*, VII, 191.) Par ces « savants », qu'il appelle plus loin, au singulier, « ingeniosi admodum scriptoris », Leibniz entend évidemment Hobbes, qu'il qualifie habituellement d' « ingeniosissimus ». Cf. *De cognitione, veritate et ideis*, 1684 (*Phil.*, IV, 425); *De Synthesi et Analysi universali* (*Phil.*, VII, 295); *Nouveaux Essais*, IV, v, § 2; **Phil.**, VII, A 26 verso, et VIII, 3 : *G. Pacidii Plus Ultra*, Cap. 3.

2. « Nam etsi characteres sint arbitrarii, eorum tamen usus et connexio habet quiddam quod non est arbitrarium, scilicet proportionem quandam inter characteres et res, et diversorum characterum easdem res exprimentium relationes inter se. Et hæc proportio sive relatio est fundamentum veritatis. Efficit enim, ut sive hos sive alios characteres adhibeamus, idem semper sive æquivalens seu proportione respondens valeat. » (*Phil.*, VII, 192.)

et un seul, qui sera vrai, c'est-à-dire qui correspondra à l'ordre réel des choses ou des faits. Il y a donc *analogie*, non seulement entre les signes et les objets, mais entre les divers systèmes de signes, en tant qu'ils expriment la même réalité [1].

Cet ordre nécessaire, et non arbitraire, qui existe dans les choses, est le fondement objectif, quoique inconnu, de toute vérité. Une fois adopté tel système de signes arbitraires, ou tel ensemble de définitions conventionnelles, il ne dépend plus de nous que telle combinaison soit vraie et telle autre fausse, ce qui prouve que la vérité, bien que résidant seulement dans notre esprit, a son principe hors de nous et exprime symboliquement quelque réalité [2].

12. Leibniz illustre cette démonstration par des exemples empruntés aux Mathématiques. Il montre que les formules algébriques sont indépendantes des lettres et signes qu'on emploie pour les écrire, parce que leur vérité repose sur des règles générales et formelles de transformation, et non sur la nature « matérielle » des caractères qui y figurent. De même, les

---

1. Comme image de cette analogie, Leibniz cite les mots φώσφορος et *Lucifer*, dont la composition étymologique est la même, bien que dérivée de racines différentes, mais correspondantes, dans les deux langues.

2. Cette thèse se rattache encore aux principes les plus généraux et les plus profonds de la philosophie leibnitienne, à l'idée d'harmonie universelle, que traduit la maxime tant de fois citée par Leibniz : « Σύμπνοα πάντα, tout est conspirant ». A l'*analogie logique* des signes et des idées répond l'*analogie métaphysique* des idées et des choses ; la connaissance ne consiste pas dans l'identité de la pensée et de l'être, mais dans leur correspondance ou leur parallélisme : « Il n'est pas nécessaire que ce que nous concevons des choses hors de nous leur soit parfaitement semblable, mais qu'il les exprime, comme une Ellipse exprime un cercle vu de travers. » *Lettre à Foucher*, 1686 (*Phil.*, I, 383). Dans un fragment intitulé *Quid sit Idea*, qui date probablement de 1678 (v. *Phil.*, VII, 252), Leibniz dit que l'idée *exprime* l'objet ; mais il y a diverses *expressions*, les unes arbitraires, les autres fondées dans la nature des choses ; or il n'est pas nécessaire que ce qui exprime soit semblable à ce qui est exprimé, il suffit qu'il y ait quelque *analogie* ou connexion entre leurs propriétés et leurs relations ; il donne comme exemple la corrélation du cercle et de l'ellipse par perspective, et il conclut : « Etsi itaque idea circuli non sit circulo similis, tamen ex ea veritates duci possunt, quas in vero circulo experientia haud dubio esset confirmatura » (*Phil.*, VII, 263-4).

vérités arithmétiques sont indépendantes des chiffres employés et même du système de numération adopté [1]. Par exemple, entre le nombre *dix* et les chiffres 10 il n'y a qu'un rapport arbitraire, qui dérive du choix tout conventionnel du nombre *dix* pour base de notre numération (décimale) [2]. En conséquence, toute la traduction des nombres en chiffres est arbitraire, et dépend du choix de la base de numération. Cela n'empêche pas que les propriétés des nombres et leurs relations sont absolument indépendantes du système de numération [3]. Bien mieux, les propriétés mêmes des nombres qui sont relatives au système de numération, et qui par suite ont un caractère accidentel, et non essentiel, ne sont nullement arbitraires, et sont des vérités éternelles et nécessaires [4]. Telle est, par exemple, la règle de vérification connue sous le nom de *preuve par* 9. Elle est naturellement relative au système de numération décimal ; mais elle n'en a pas moins une valeur

---

[1]. COURNOT a fort judicieusement distingué les propriétés essentielles des nombres, indépendantes de tout système de numération, des propriétés artificielles, pour ainsi dire, que leur confère leur traduction en chiffres, et il a remarqué qu'elles se mélangent dans l'Arithmétique jusqu'à se confondre, bien qu'elles aient une valeur logique et une importance philosophique très inégales. Par exemple, les *règles* pratiques d'addition et de multiplication reposent sur le système de numération, alors que la somme et le produit de deux nombres en est indépendant. De même, la divisibilité d'un nombre par 9 ne dépend pas du système décimal de numération, bien que le criterium pratique en dépende; et ainsi de suite. Voir *Correspondance entre l'Algèbre et la Géométrie*, chap. , notamment n° 5 (Paris, Hachette, 1847).

2. D'une manière générale, dans tout système de numération, le nombre pris pour base s'écrit 10.

3. « Quemadmodum in numeris apparet, quorum signa et periodi decadicae hominum voluntate constituta sunt, calculi inde deducti significant absolutas veritates, nempe connexionem inter characteres assumtos et formulas inde deductas, quibus et rerum connexiones (quae characteribus quibuscunque assumtis eaedem manent) significantur. » (*Phil.*, VII, 219.) Leibniz avait déjà cette idée en 1670 : *Préface à Nizolius* (*Phil.*, IV, 138) passage cité dans l'Appendice II, § 10.

4. « Quanquam ergo veritates necessario supponant aliquos characteres, imo aliquando de ipsis characteribus loquantur (ut theoremata de abjectione novenarii agentia), non tamen in eo quod in iis est arbitrarium, sed in eo quod est perpetuum, relatione nempe ad res, consistunt, semperque verum est sine ullo arbitrio nostro, quod positis talibus characteribus talis ratiocinatio sit proventura... » (*Phil.*, VII, 193.)

générale et une vérité absolue [1]. En résumé, toute déduction est hypothétique, c'est-à-dire relative à des prémisses qui comprennent des définitions de mots ; mais, quelles que soient ces prémisses, une fois qu'elles sont posées, nous ne sommes plus maîtres des conséquences qui en découlent nécessairement, et nous ne pouvons plus les changer, si ce n'est en changeant les prémisses elles-mêmes. Ainsi, toute hypothétique qu'elle est, la nécessité logique qui lie les conséquences aux prémisses est absolue [2]. On aura beau dire que nous sommes libres de choisir nos prémisses ou nos hypothèses, nos conventions de signes ou nos définitions de mots, et par suite aussi de changer toutes les conséquences qui en découlent. Par le fait même que celles-ci changent en même temps que celles-là, d'une manière corrélative et rigoureusement déterminée, il existe entre les unes et les autres une connexion constante qui ne dépend pas de nous, et qui correspond soit à l'ordre intelligible des idées, soit à l'ordre réel des phénomènes et des objets.

13. On comprend maintenant pourquoi Leibniz attribue une importance si extraordinaire au choix des caractères : ce n'est pas du tout parce qu'ils tiennent lieu des idées, comme le croient les nominalistes, mais bien au contraire, parce qu'ils doivent les traduire et les exprimer de la manière la plus précise et la plus adéquate [3]. Aussi, bien qu'en principe le choix

---

1. (*Phil.*, VII, 295.) Et en effet, la divisibilité des nombres est indépendante du système de numération. D'ailleurs, la même règle est valable dans le système de numération à base n, à la condition de remplacer 9 par $(n-1)$.

2. « Etsi propositiones quaedam pro hominum arbitrio assumantur, ut definitiones terminorum, inde tamen oritur veritas minime arbitraria, saltem enim absolute verum, ex positis istis definitionibus oriri conclusiones, sive, quod idem est, connexio inter conclusiones sive theoremata et definitiones sive hypotheses arbitrarias est absolute vera. » (*Phil.*, VII, 219 ; cf. 295.)

3. Cf. le fragment **Phil.**, V, 6, c, 17 : « *Vocabula.* Die Worth sind wie rechenpfennige bei verständigen und wie geld bey unverständigen. Denn bey verständigen dienen sie vor zeichen, bey unverständigen aber gelten sie als ursachen und vernunftgründe » (*Bodemann*, p. 81), avec cette addition marginale (inédite) : « Sunt nobis signa, sunt vobis fercula digna ». Voir le commentaire de ce passage dans l'Appendice II, § 12.

des signes soit arbitraire, en pratique il doit être guidé par une foule de considérations délicates et complexes. Sans doute, tout symbole est plus ou moins conventionnel ; néanmoins, Leibniz désire qu'on adopte des symboles aussi naturels que possible, c'est-à-dire les mieux appropriés aux notions qu'ils doivent représenter. Aussi, pour les choses sensibles ou imaginables, les meilleurs signes sont-ils selon lui les images [1]. Pour exprimer les idées abstraites, qu'on ne peut évidemment pas figurer, on tâchera du moins d'observer entre le signe et l'idée une sorte de convenance et d'analogie, de telle sorte que le signe sensible offre les mêmes rapports que la notion, et la rappelle en quelque sorte par sa constitution [2]. Loin d'éclipser l'idée et de la faire oublier, le signe la rendra plus présente et plus vivante, parce qu'il en sera le portrait exact et complet [3]. Mais pour cela, il faut que le symbole de chaque idée en exprime la composition, ce qui suppose tous les concepts entièrement analysés et décomposés en idées simples [4]. Ainsi la Caractéristique *réelle*, fondée sur l'analyse des notions et l' « Alphabet des pensées humaines », est aussi la caractéristique *naturelle*, c'est-à-dire celle qui fournit pour les idées complexes les signes les plus simples, les plus clairs et pour ainsi dire les plus transparents, celle qui peint et révèle le mieux leur constitution, leurs propriétés et leurs relations.

Telles sont les règles que Leibniz suit en appliquant sa Carac-

---

1. *Lettre à Tschirnhaus*, fin 1679 : « Opus est tamen signis aliis, sub quibus ego comprehendo imagines et verba. Optima signa sunt imagines ; et verba, ut apta sint, debent imagines accurate repraesentare. » (*Math.*, IV, 481 ; *Briefwechsel*, I, 405.)

2. « Est aliqua relatio sive ordo in characteribus qui in rebus, inprimis si characteres sint bene inventi. » (*Phil.*, VII, 192.)

3. « Nemo autem vereri debet ne characterum contemplatio nos a rebus abducat, imo contra ad intima rerum ducet. Nam hodie ob characteres male ordinatos confusas saepe notitias habemus, tunc autem ope characterum habebimus facile distinctissimas. » *Lettre à Tschirnhaus*, mai 1678 (*Math.*, IV, 461).

4. « Utile autem ad scientias ita assumi characteres, ut ex paucis assumtis multa facile duci possint, quod fit si simplicissimis cogitandi elementis characteres assignentur. » (*Phil.*, VII, 219.) Cf. **Phil.**, VII, B III, 24.

téristique aux sciences mathématiques, qui d'ailleurs lui en ont déjà offert des modèles ou des échantillons. Comme il a remarqué que la traduction des nombres dans un système de numération implique toujours une part d'arbitraire et de convention et masque quelques-unes de leurs propriétés, il rêve une notation plus naturelle, qui mettrait ces propriétés en évidence. Par exemple, les caractères de divisibilité des nombres deviendraient manifestes, si on les exprimait par leur décomposition en facteurs premiers [1]. Cette notation serait du reste, comme on sait, l'analogue exact de celle par laquelle il veut figurer les concepts; seulement elle ne saurait être pratique, car il faudrait une infinité de signes différents pour représenter *tous* les nombres premiers.

Ce n'est donc là qu'une idée en l'air. Mais du moins, si l'on ne peut se passer d'un système de numération, c'est-à-dire, au fond, d'un artifice qui permette de représenter l'infinité des nombres au moyen d'un nombre fini de signes (chiffres), il y aurait avantage, pense Leibniz, à employer le moins de signes possible, afin de réduire l'artifice au maximum de simplicité. Telle est l'origine de son arithmétique binaire (système de numération à base 2) où tous les nombres peuvent s'écrire à l'aide de deux chiffres seulement (0 et 1) [2]. L'idée de ce système est sans doute née du désir de dépouiller les nombres des propriétés artificielles et accidentelles que la numération leur impose, ou tout au moins de réduire ces propriétés à leur plus simple expression. Du reste, la comparaison seule de deux sys-

---

1. « Illud tamen in universum inveni, nos non habere characteres numerorum quales oportet, aliisque ad scientiæ perfectionem indigere, ita nimirum ut 5 + 3 facere 8, et 2 in 8 facere 16, non ex memoria vel tabula depromere opus sit, sed ex ipsis characteribus sequatur... Resolutio numerorum in factores primitivos, et inventio certæ notæ reciprocæ, qua primitivi a derivatis sine tabulis et calculi molestia discerni possint, res est nondum satis a quoquam tractata. » *Lettre à Detlef Clüver*, 18/28 mai 1680 (**Phil.**, VII, 18). La recherche d'une propriété caractéristique des nombres premiers, qui pût leur servir de définition, occupait beaucoup Leibniz vers cette époque (voir Appendice III, § 19).

2. Qu'il cite comme exemple de caractéristique parfaite (**Phil.**, VII, B III, 24). Cf. le § 4 de ce Chapitre, et l'Appendice III.

tèmes de numération différents fait bien voir quelles sont ces propriétés contingentes, et permet de les séparer des autres par abstraction.

C'est encore la recherche d'un symbolisme plus clair et plus expressif qui a conduit Leibniz à inventer sa notation numérique des coefficients algébriques, destinée à perfectionner l'Algèbre au moyen de la Combinatoire, et à permettre de construire des tables pour la résolution des équations algébriques [1].

14. Mais ce n'était encore là que des applications très particulières de la Caractéristique, et il restait à inventer le système général des signes qui devaient figurer toutes les idées simples. Or plus le choix de ces signes était important et de grande conséquence pour les progrès de la science, plus il devait paraître à Leibniz difficile et grave. Il semble avoir longtemps hésité sur le genre et la nature même des signes qu'il convenait d'adopter [2]. Dans le *De Arte combinatoria* (1666), il imaginait ses « caractères » comme des figures géométriques, des dessins ou des hiéroglyphes, qui représenteraient l'objet d'une manière sommaire et schématique, en un mot, comme des signes aussi *naturels* que possible [3].

Plus tard, l'analogie qu'il établissait entre la composition des concepts et celle des nombres (en facteurs premiers) l'ame-

---

1. C'est à ce symbolisme que Leibniz fait allusion dans les *Nouveaux Essais*, IV, vii, § 6 fin : « Et comme Viète a substitué les lettres aux nombres pour avoir plus de généralité, j'ai voulu réintroduire les caractères des nombres, puisqu'ils sont plus propres que les lettres dans la spécieuse même... comme j'ai montré ailleurs, ayant trouvé que la bonne caractéristique est une des plus grandes aides de l'esprit humain. » Sur ce symbolisme, inventé en juin 1678 (au plus tard), voir l'Appendice III et les textes qui y sont cités.

2. Cf. Kvet, § 40.

3. « Commodum autem erit notas quam maxime fieri naturales, v. g. pro uno punctum, pro numeris puncta... Fiet igitur omnis talis scriptura quasi figuris geometricis et velut picturis, uti olim Ægyptii, hodie Sinenses... » n° 90 (*Phil.*, IV, 73; *Math.*, V, 50). On trouve un échantillon curieux et naïf de ces hiéroglyphes dans une lettre adressée probablement à Boineburg, où les richesses sont représentées par un carré, les honneurs par un cercle, et les plaisirs par un triangle (**Phil.**, V, 6, c, 11).

naît à concevoir un symbolisme arithmétique : les idées simples, qui sont les éléments de toutes les autres, seraient représentées par les nombres premiers, et les idées complexes par le produit des nombres premiers correspondant à leurs éléments [1]. L' « Alphabet des idées » se traduirait par la suite des nombres premiers, et cette traduction a cet avantage que, le nombre des idées simples fût-il infini, elles trouveraient dans la suite infinie des nombres premiers des symboles suffisants, pourvu qu'on pût leur assigner un ordre qui les fît correspondre une à une aux nombres premiers [2]. C'est sur ce système de *nombres caractéristiques* que sont fondés les essais de Calcul logique d'avril 1679 [3].

Mais à mesure qu'il le développe, Leibniz s'aperçoit qu'il est très difficile de choisir des symboles convenables pour toutes les idées, attendu que chacune d'elles doit être représentée par deux nombres *premiers entre eux*, et que ces nombres doivent en outre vérifier des conditions de divisibilité assez compliquées par rapport aux nombres caractéristiques des autres idées [4]. De plus, en vertu de l'étroite connexion de toutes les idées entre elles, il est presque impossible d'assigner des nombres à un petit nombre d'idées choisies, de manière à former une Caractéristique partielle, relative à un objet ou à une science spéciale. Aussi Leibniz se décide-t-il à passer outre : il supposera les nombres caractéristiques trouvés, et, en attendant, il établira les règles du Calcul logique sur des nombres hypothétiques [5], ou mieux encore sur des lettres, comme en Algèbre [6]. En tout

---

1. Cf. Chap. II, §§ 6, 7, 12 ; Chap. III, § 7.
2. *De Synthesi et Analysi...* (**Phil.**, VII, 292).
3. **Phil.**, V, 8, a, b, c, d, e, f ; VII, B IV, 18 ; cf. *Lingua generalis*, févr. 1678 (**Phil.**, VII, B III, 3). Voir Chap. VIII, § 2 sqq.
4. *Regulæ quibus observatis de bonitate consequentiarum per numeros judicari potest* (**Phil.**, V, 8 f). Voir Chap. VIII, § 5.
5. *Historia et commendatio linguæ charactericæ* (**Phil.**, VII, 187, 189). Cet opuscule paraît être contemporain des essais logiques de 1679 ; on y voit éclater une confiance absolue dans le pouvoir symbolique des nombres : « nihil est quod numerum non patiatur. Itaque numerus quasi figura metaphysica est, et Arithmetica est quædam Statica Universi, qua rerum potentiæ explorantur. » (**Phil.**, VII, 184.)
6. *Fundamenta Calculi ratiocinatoris* : « Cum autem nondum constituere

cas, ces nombres ne pouvaient évidemment pas être des signes naturels ; et en effet, Leibniz prévoit qu'il faudra élaborer un dictionnaire[1], tandis que la langue rêvée dans le *De Arte combinatoria* devait se comprendre sans lexique[2]. Quoi qu'il en soit, Leibniz ne paraît pas s'être décidé pour l'un des deux systèmes ; il préfère attendre que les progrès mêmes de son Calcul logique lui indiquent l'espèce de signes qui sera la plus commode pour l'application de ce Calcul[3].

Enfin, dans les *Nouveaux Essais* (1704), Leibniz semble revenir au projet de sa jeunesse, quand, après avoir cité les caractères des Chinois, il dit : « On pourrait introduire un caractère universel fort populaire et meilleur que le leur, si on employait de petites figures à la place des mots, qui représentassent les choses visibles par leurs traits, et les invisibles par des visibles qui les accompagnent, y joignant de certaines marques additionnelles, convenables pour faire entendre les flexions et les particules[4]. » La suite montre bien qu'il s'agit ici, non plus d'une langue internationale, mais d'une véritable caractéristique ayant une fin logique et didactique[5]. D'autre part, ce sont si bien des dessins proprement dits qui composeraient cette écriture, que Leibniz s'objecte « que l'art de dessiner n'est point connu de tous », et répond à cette objection qu' « avec le temps tout le monde apprendrait le dessin dès sa jeunesse,

licuerit, quomodo signa formari debeant, interim pro ipsis in futurum formandis, exemplo Mathematicorum, utamur literis Alphabeti aliisve notis arbitrariis quibuscumque, quas progressus aptissimas suppeditabit ». (*Phil.*, VII, 205).

1. *Phil.*, VII, 187.
2. N° 90 (*Phil*, IV, 73 ; *Math.*, V, 50), cité p. 55, note 1.
3. *Phil.*, VII, 205 (cité plus haut).
4. *Nouveaux Essais*, IV, VI, § 2. Ces « marques additionnelles » rappellent celles de Wilkins (Chap. III, § 5, et Note IV).
5. « L'usage de cette manière d'écrire serait d'une grande utilité pour enrichir l'imagination, et pour donner des pensées moins sourdes et moins verbales qu'on n'a maintenant », dit *Théophile* ; et *Philalèthe* répond (§ 3) : « Il semble qu'elle ne serait pas de petite conséquence pour augmenter la perfection de notre esprit et pour rendre nos conceptions plus réelles. » On remarquera la tendance constante de Leibniz à affranchir la pensée du symbolisme et du psittacisme au moyen des signes eux-mêmes.

pour n'être point privé de ce caractère figuré qui parlerait véritablement aux yeux. » Tout ce qu'il en dit montre que ce n'est pas là une idée en l'air, mais un dessein mûri et bien arrêté, et que Leibniz est convaincu de sa possibilité et de son utilité. Cela prouve, d'autre part, qu'il est revenu à l'idée d'employer des signes naturels, ou, comme il dit, « des figures signifiantes par elles-mêmes... au lieu que nos lettres et les caractères chinois ne sont significatifs que par la volonté des hommes. »

15. Dans cette recherche constante de « caractères » appropriés, Leibniz est amené à essayer tour à tour de tous les symboles qu'on peut imaginer[1]. Après les signes algébriques ou à côté d'eux, il emploie les schèmes géométriques pour figurer aux yeux les relations des idées et seconder le raisonnement au moyen de l'intuition[2]. On a vu (Chap. I, § 16) qu'il avait inventé un schématisme très ingénieux pour représenter les syllogismes et les vérifier même au besoin. On sait qu'il avait composé un opuscule (inédit) où il traite en grande partie « *de formæ logicæ comprobatione per linearum ductus* »[3]. C'est à cet opuscule qu'il faisait allusion dans une *Lettre à Koch* sur le principe du syllogisme[4], et encore dans la dernière année de sa vie, en répondant à Lange, qui lui avait soumis un « Carré logique » de son invention[5]. Lui-même avait écrit qu'on pouvait établir toutes les règles du syllogisme au moyen d'une figure

---

1. Dans les *Nouveaux Essais* (III, I, § 1) il indique en passant qu'on pourrait constituer un langage (évidemment conventionnel) au moyen des sons musicaux. Il avait déjà émis cette idée dans le fragment *Lingua universalis* (**Phil.**, VII, B III, 4).
2. Par exemple, il proposait de représenter les multiplications par des lignes menées entre les facteurs (disposés dans un tableau), et, pour distinguer ces lignes, il imaginait qu'elles fussent de couleurs différentes, ou même matérielles et mobiles, de manière à pouvoir s'enlever (**Math.**, IV, 13, c : « Ars examinandi calculos Analyticos »).
3. **Phil.**, VII, B IV, 1-14; cf. VII, B II, 18.
4. *Lettre à Koch*, 2 sept. 1708 : « Potest tamen concipi aliquod lineandi genus, cujus ope deprehendere licet inconsequentias modorum non legitimorum, certis observationibus adhibitis. Est enim in syllogismo quoddam matheseos imitamentum. » (**Phil.**, VII, 479.) V. Chap. I, § 17.
5. *Lettre à Lange*, 1716 (Note XIX). Dans un fragment inédit, contenant des schèmes logiques linéaires, on lit : « Giessæ nuper (1715 hæc scribo) ali [quis?] Triangulum Logicum edidit. » (**Phil.**, VI, 15.)

géométrique, telle qu'un carré, représentant les divisions dichotomiques qu'engendrent plusieurs concepts en se combinant les uns aux autres et en se recoupant mutuellement [1].

D'une manière générale, Leibniz insistait sans cesse sur l'utilité des schèmes géométriques pour illustrer les spéculations abstraites [2]. Sans doute, il ne faut pas raisonner sur la figure, et remplacer la déduction par la simple inspection; il est même bon d'apprendre à raisonner sans aucune figure; mais d'autre part les schèmes (comme les signes en général) sont d'un grand secours à l'entendement, en lui donnant pour appui et pour guide l'imagination. La valeur d'une démonstration ne doit pas dépendre de la figure : mais la figure sert à la rendre sensible par l'*analogie* de sa construction avec les relations intelligibles dont elle peint l'enchaînement [3]. Ainsi, de même que, par le symbolisme des nombres caractéristiques, Leibniz ramenait en quelque sorte la Logique à l'Arithmétique [4], il la ramenait à la Géométrie au moyen du schématisme linéaire, où les

---

1. *Ad Specimen Calculi universalis Addenda*, fragment non édité par Gerhardt (**Phil.**, VII, B II, 21 verso). C'est une figure analogue aux diagrammes de VENN (*Symbolic Logic*, ch. V; 2ᵉ éd. London, Macmillan, 1894).

2. Voir *Nouveaux Essais*, IV, III, §§ 19 et 20, où Leibniz rappelle les figures qu'avait imaginées son maître Erhard WEIGEL d'Iéna pour représenter les choses morales, sous le titre de *Sphæra moralis* (rappelé dans l'*Atlas universalis*, **Phil.**, VII, A, 30). Cf. *Entwurf gewisser Staatstafeln* (*Klopp*, V, 308). Sur WEIGEL, voir **Phil.**, I, 6, et *Foucher de Careil*, B, 146.

3. *Consilium de Encyclopædia nova*... juin 1679 (**Phil.**, V, 7, f. 2 verso). Cf. le fragment **Phil.**, VIII, 79 : « Il faut réduire toutes les sciences en figures et en formules. Car plusieurs choses ne pouvant estre exprimées par figures (sinon analogiquement, ce qui n'est pas scientifique) pourront estre au moins assujetties aux formules, qui tiennent lieu de figures, et servent à arrester l'imagination. Voyez la remarque que j'ay faite ailleurs de l'utilité qu'il y auroit à former des commandemens pour les fonctions de marine, d'artillerie, d'architecture, de voiture, de danse, semblables aux formules et commandemens pour le maniement des armes et les évolutions militaires. » (*Klopp*, V, p. XXXVII; *Bodemann*, p. 117.) Il existe en effet un fragment inédit classé dans les **Militaria**, f. 224-5, et intitulé : « Formules des commandemens dans tous les arts mécaniques à l'exemple des commandemens militaires, touchant le maniement des armes et les évolutions » (*Bodemann*, p. 321-2).

4. *Lingua generalis*, février 1678 (**Phil.**, VII, B III, 3), cité Chap. III, § 17.

déductions se traduisaient par des constructions, « en menant des lignes »[1].

16. Il allait plus loin encore, et rêvait de réduire la Logique à la Mécanique. Cela n'a rien d'étonnant, si l'on se rappelle, d'une part, tous les passages où il compare le raisonnement à un mécanisme ou la Caractéristique à une machine[2], et si l'on considère, d'autre part, qu'il avait inventé dès sa jeunesse une Machine arithmétique pour effectuer les quatre opérations[3] et une Machine algébrique pour résoudre les équations[4]. Il était naturel que, après avoir réduit le raisonnement à un calcul, il voulût le réduire, comme les calculs numériques, à un mécanisme matériel. Son *De Arte combinatoria* avait suggéré à Albert von Holten l'idée de construire une « Grammaire cylindrique » dont on peut deviner la structure, d'après ce qui est dit dans cet opuscule des essais d'Harsdörffer[5]. Cet instrument devait être semblable aux cadenas à secret : les différents tambours qui le composaient devaient porter, l'un les racines, un autre les préfixes, d'autres les divers suffixes et les terminaisons nécessaires aux déclinaisons et conjugaisons. Leibniz émet à cette occasion l'idée qu'on pourrait construire de la même manière un cylindre[6] qui fournirait tous les théo-

---

[1]. Fragment sans date intitulé : « *Characteristica*. Ut lingua philosophica exprimi posset per numeros seu Arithmeticam, ita scriptura philosophica posset etiam exhiberi per linearum ductum seu geometriam, ita ut omnia problemata ac theoremata scientiarum non sint futura nisi theoremata Arithmeticæ aut Geometriæ, quibus alia omnia significari possunt. Quare ut in numeris semper explorari veritas potest per novenarium, ita in lineis per tentamenta. » (*Phil.*, VII, 41.)

[2]. *Lettre à Oldenburg*, 28 décembre 1675 (*Phil.*, VII, 10; *Math.*, I, 85; *Briefwechsel*, I, 145).

[3]. La Machine arithmétique de Leibniz était inventée et même construite en 1673. Voir Chap. VII, § 6.

[4]. La Machine algébrique fut inventée en décembre 1674 à Paris, comme en témoigne un fragment inédit intitulé *Constructor* et contenant une description de l'instrument (**Math.**, III, A, 20; cf. 26 a). Cf. *Lettre de Huygens* (*Math.*, II, 15); *Lettre à Oldenburg*, 12 juin 1675 (*Math.*, I, 73; *Briefwechsel*, I, 126); *Lettre à Arnauld* (*Phil.*, I, 81) et *Math.*, VII, 215.

[5]. *De Arte combinatoria*, n° 95 (*Phil.*, IV, 74; *Math.*, V, 52). Voir Chap. II, § 4.

[6]. Le mot *cista* dont il se sert désigne proprement un panier cylindrique assez profond.

rèmes, c'est-à-dire toutes les relations possibles entre certains termes donnés. Pour cela, il suffirait que ces termes fussent décomposés en éléments simples, au moyen de leurs définitions [1]. On retrouve toujours l'idée maîtresse du *De Arte combinatoria*. Leibniz en déduit aussitôt une langue artificielle en proposant d'assigner à chaque combinaison un nom distinct et unique; et il ajoute qu'on pourrait appliquer cet instrument logique aux questions de droit [2].

De tout cela il ressort que Leibniz admettait pour sa Logique plusieurs symbolismes parallèles et équivalents, où les relations des concepts auraient été traduites respectivement par des calculs, par des équations, par des figures et par des mouvements. Il concevait ainsi la Logique tour à tour sous la forme d'une Arithmétique, d'une Algèbre, d'une Géométrie ou même d'une Mécanique, toutes symboliques d'ailleurs, et constituant autant d'« expressions » concrètes d'une même science abstraite. L'idée de transposer ainsi la Logique et de la revêtir de formes mathématiques, c'est-à-dire imaginatives, était d'ailleurs conforme, d'une part, à son désir constant de rendre les raisonnements sensibles et palpables, et, d'autre part, à ses vues profondes sur l'analogie et l'harmonie de toutes les sciences rationnelles qui, selon son expression favorite, doivent « symboliser » entre elles [3].

---

[1]. *Excerptum ex epistola Leibnitii ad amicum de utilitate Grammaticæ cylindriaceæ Alberti von Holten* (Note XI). Nous avons conjecturé que cette lettre date de 1671 environ; et tous les détails qu'elle contient (notamment la préoccupation des questions de droit) confirment cette conjecture. Il disait d'ailleurs de la période antérieure à 1672, où il était, selon son expression, d'une « superbe ignorance » en Mathématiques : « Ex Mathesi jucundiora libabam, Machinas inprimis cognoscere atque invenire amans; nam et Arithmetica mea Machina illius temporis partus fuit. » *Lettre à Jacques Bernoulli*, avril 1703 (*Math.*, III, 71-72, note). V. p. 120, note 3.

[2]. On sait que plusieurs logiciens modernes ont inventé des machines logiques : STANLEY JEVONS, *On the mechanical performance of logical inference*, ap. *Philosophical Transactions*, 1870, t. CLX; JOHN VENN, *Symbolic Logic*, ch. V (1re éd., 1881 ; 2e éd., 1894); ALLAN MARQUAND, *A machine for producing syllogistic variations*, ap. *Studies in Logic* by members of the Johns Hopkins University (Boston, 1883); *A new logical machine*, ap. *Proceedings of the American Academy of Arts and Sciences* (1885).

[3]. *Præfatio Clavis mathematicæ arcanæ* : « Nunc ergo agemus de Geome-

17. Quoi qu'il en soit, Leibniz paraît avoir hésité et reculé jusqu'à la fin de sa vie devant l'invention d'un symbolisme complet et définitif, car il écrivait, deux ans avant sa mort, au sujet de sa « Spécieuse générale » (ou, comme nous dirions, de son Algèbre universelle) : « Il faudroit que je l'appuyasse par quelque usage palpable, mais pour cet effet il faudroit fabriquer une partie au moins de ma Caractéristique[1]. »

Outre la difficulté intrinsèque d'un si grand travail d'ensemble[2], il y a un autre obstacle qui a dû arrêter Leibniz toutes les fois qu'il s'y est essayé : c'est que l'institution de la Caractéristique présupposait l'élaboration de l'Encyclopédie[3], ou tout au moins, d'un ensemble de définitions logiques de tous les concepts fondamentaux des diverses sciences, ce qui, comme il le remarque lui-même, présupposait « la véritable philosophie »[4]. Or si, de son propre aveu, ce n'est qu'en 1697 qu'il eût osé entreprendre ce travail, cela donne à entendre que l'entreprise eût été téméraire et prématurée vingt ans auparavant, à l'époque où il dressait les premiers plans de l'Encyclopédie. Mais cela n'explique pas que, dans les vingt dernières années de sa vie, alors qu'il était en possession de la

---

triæ elementis... Inde jungendo calculum cum geometria ostendemus primum, quomodo ea quæ per geometriam et ductum linearum sive per motum determinata habentur, *exprimi* possint per calculum; deinde vicissim quomodo ea quæ calculo determinata sunt, *construi* possint per ductum linearum. » (*Math.*, VII, 42.) A rapprocher des textes cités plus haut, § 15.

1. *Lettre à Remond* du 14 mars 1714 (*Phil.*, III, 612). V. Chap. IX, §§ 2 et 3.
2. Signalée par Leibniz lui-même (voir plus haut, § 14).
3. *Historia et commendatio linguæ characteric*æ : « Nihil aliud opus est, ut Characteristica, quam molior..., constituatur..., quam ut condatur cursus Philosophicus et Mathematicus, quem vocant » (c'est-à-dire un manuel didactique). « Nec multo plus laboris exigeret, quam in nonnullos cursus aut nonnullas Encyclopædias, ut loquuntur, jam impensum videmus. » (*Phil.*, VII, 187.)
4. « Il est vray que ces Caractères présupposeroient la véritable philosophie, et ce n'est que presentement que j'oserois entreprendre de les fabriquer. » *Lettre à Burnett* du 24 août 1697 (*Phil.*, III, 216). Toutefois Leibniz soutenait, contre Descartes, que la Langue universelle ne suppose pas l'achèvement de la philosophie et des sciences, mais seulement l'établissement des principes et des définitions ; or c'est là la moitié du travail, surtout en philosophie (**Phil.**, V, 6, c, 8). V. Chap. III, § 4.

« véritable philosophie[1] », il n'ait pas réussi à l'exécuter, ou tout au moins à l'ébaucher[2]. Pour résoudre cette question, il nous faut étudier les divers projets de l'Encyclopédie qu'il a conçus au cours de sa carrière, et les raisons qui ont fait échouer cette vaste entreprise.

1. Il écrivait la même année : « La pluspart de mes sentimens ont esté enfin arrestés après une délibération de vingt ans; car j'ay commencé bien jeune à méditer; et je n'avois pas encor quinze ans quand je me promenois des journées entières dans un bois pour prendre parti entre Aristote et Democrite. » [Cf. *Lettre à Remond* du 10 janvier 1714, *Phil.*, III, 606.] « Cependant j'ay changé et rechangé sur des nouvelles lumieres; et ce n'est que depuis environ douze ans que je me trouve satisfait, et que je suis arrivé à des demonstrations sur ces matieres qui n'en paroissent point capables. » *Lettre à Th. Burnett* du 8/18 mai 1697 (*Phil.*, III, 205). Cette indication chronologique nous reporte à l'année 1686, date du *Discours de Métaphysique*, qui marque la constitution du système (cf. STEIN, *Leibniz und Spinoza*, p. 143, note). Il ajoute : « Cependant, de la maniere que je m'y prends, ces demonstrations peuvent estre sensibles comme celles des nombres, quoyque le sujet passe l'imagination »; ce qui est une allusion manifeste à la Caractéristique. (Cf. *Phil.*, IV, 469.)

2. Il disait encore en mars 1706 : « Il est vray que j'ai projetté autresfois une nouvelle maniere de calculer propre pour les matieres qui n'ont rien de commun avec les Mathematiques, et si cette façon de Logique estoit mise en execution, tout raisonnement, même dans les verisimilitudes, se feroit à la Mathematicienne : au besoin les petits esprits, qui auroient de l'application et de la bonne volonté, pourroient non pas accompagner, mais suivre au moins les plus grands. Car on pourroit toujours dire : comptons, et juger comme il faut par cette voye autant que les *data* et la raison nous en peuvent fournir les moyens. Mais je ne say si je seray jamais en estat d'executer un tel projet qui a besoin de plus d'une main; et il semble même que le genre humain n'est pas encore assez meur pour pretendre aux avantages où cette Methode pourroit mener. » *Lettre à l'Electrice Sophie* (Klopp, IX, 171).

CHAPITRE V

L'ENCYCLOPÉDIE

1. On a vu que la Caractéristique était, dans la pensée de Leibniz, inséparable de l'Encyclopédie; elle la présupposait dans une certaine mesure, ou du moins elle devait se constituer en même temps qu'elle et se développer parallèlement; et inversement, une fois établie, la Caractéristique devait être l'instrument de l'Encyclopédie et la clef de toutes les sciences [1]. Cette Encyclopédie devait être le recueil de toutes les connaissances humaines, tant historiques que scientifiques, disposées dans un ordre logique et suivant une méthode démonstrative, en commençant par les définitions de tous les termes simples et primitifs (qui forment l'Alphabet des pensées humaines). Ce projet a occupé Leibniz pendant toute sa vie; ce devait être sa grande œuvre philosophique et scientifique. Aussi l'histoire de cette entreprise, de ses origines, de ses transformations, de son avortement final, se confond-elle avec l'histoire de la pensée et de l'esprit du philosophe.

Nul n'était assurément mieux préparé que Leibniz à concevoir et à entreprendre une pareille œuvre. Encore enfant, il avait recueilli dans ses lectures, faites au hasard et avec une insatiable curiosité, une érudition très étendue et très variée, dont il faisait preuve, non sans quelque ostentation, dans ses

---

[1]. Voir la fin du Chap. III, la *Lettre à Oldenburg* (*Phil.*, VII, 13; *Briefwechsel*, I, 101) et le *Judicium de scriptis Comenianis* (Note XIII).

essais de jeunesse [1], et dont les œuvres de sa maturité sont encore remplies. D'abord versé dans la littérature et l'histoire anciennes, il s'était ensuite plongé dans la lecture des auteurs scolastiques avec une ardeur qui faisait craindre à ses maîtres qu'il n'en sortît plus [2]. Puis il avait étudié le Droit et la Théologie, et avait brillamment débuté dans la carrière de jurisconsulte, qui devait rester l'emploi officiel de sa vie [3]. Mais aussitôt il avait appliqué à la science du droit son esprit philosophique et critique. Ses premiers essais de juriste portent la marque de préoccupations de logicien [4]; il y traite des difficultés d'ordre logique, et s'efforce de les résoudre par des démonstrations rigoureuses. L'esprit de ces travaux peut être caractérisé par cette pensée que Leibniz exprimait quelques années plus tard, à savoir que la Jurisprudence n'est pas autre chose que la Logique appliquée aux questions morales; de même qu'il y a une Logique théologique, une Logique médicale, une Logique mathématique (c'est-à-dire l'Algèbre), il y a une Logique juridique, de sorte que la Jurisprudence est une véritable dialectique du droit [5].

2. De la casuistique du droit et de l'interprétation des lois positives, Leibniz s'élève peu à peu à la philosophie du droit. Il invente d'abord une « méthode nouvelle pour apprendre et enseigner le droit », où il est naturellement amené à remonter aux principes logiques de l'art didactique, et à marquer les imperfections de la jurisprudence contemporaine [6]. Il conçoit

---

1. La dissertation *De Principio individui*, le *De Arte combinatoria*, la *Préface à Nizolius*, etc.
2. *Vita Leibnitii a se ipso breviter delineata* (Klopp, I, Vorwort, p. XXXVI).
3. Voir *Lettre à Jacques Bernoulli*, avril 1703 : « In hac pene dixerim superba Matheseos ignorantia ego historias et jura circumspiciebam, quod illis studiis me destinassem » (*Math.*, III, 71).
4. *Specimen difficultatis in jure, seu quæstiones philosophicæ amœniores ex jure collectæ* (3 décembre 1664). *Specimen certitudinis seu demonstrationum in jure, exhibitum in doctrina conditionum* (1665). (Voir Note V.) *De casibus perplexis in jure* (5 novembre 1666).
5. *Lettre à Conring*, du 9/19 avril 1670 (*Phil.*, I, 168). Leibniz disait plus tard : « Logicas Juridicas, id est Logicæ ad Jurisprudentiam applicationes, egregias habemus ». *Lettre à Bierling*, 7 juillet 1711 (*Phil.*, VII, 498).
6. *Nova Methodus discendæ docendæque Jurisprudentiæ*, 1667 (voir Note VII).

alors le projet de refondre le Droit civil, d'une part, et le Droit romain, d'autre part, sur un plan systématique[1]; il a même commencé à collaborer avec Lasser, conseiller aulique de l'Électeur de Mayence, à des *Elementa juris Romani*[2]. Par là il est conduit à rechercher les principes du droit naturel pour fonder sur eux l'ensemble des lois positives, et il les formule déjà dans sa *Nova Methodus* comme il le fera 26 ans plus tard dans la préface de son *Codex juris gentium diplomaticus*[3]. Il se propose en conséquence de composer des *Elementa juris naturalis* dont il entretient Arnauld et le duc de Hanovre[4], et que son voyage à Paris dut lui faire abandonner. Il est pourtant revenu plus tard à son projet d'*Elementa perpetui juris*, sans plus de succès[5], et jusqu'à la dernière année de sa vie il a rêvé une refonte du Code civil suivant les principes du droit naturel[6]. De tous ces projets il nous reste de nombreux essais ou ébauches, notamment un fragment intitulé : *Definitio justitiæ universalis*[7]; il contient le germe de plusieurs théories originales, tant en Logique qu'en Morale, qui se rattachent à

---

1. *Ratio corporis juris reconcinnandi*, Moguntini, 1668 (*Dutens*, III, 235) Cf. *Epistola ad amicum de nævis et emendatione jurisprudentiæ Romanæ*, ap. *Acta Eruditorum*, XXIII (*Dutens*, III, 230); *Lettre à Lambeck*, fin 1668 (*Klopp*, I, 34); *Lettre de Boineburg à Conring*, avril 1670 (*Klopp*, I, Vorwort, p. XXII); *Lettre à Conring*, 1670 (*Phil.*, I, 162); *Lettre à Arnauld*, 1671 (*Phil.*, I, 73).

2. *Lettre à Hobbes*, du 13/22 juillet 1670, où il dit que depuis 4 ans il a formé le projet de réduire le droit romain à un petit nombre de principes généraux, ajoutant qu'une bonne moitié du droit romain est du droit naturel (*Phil.*, I, 83). Cf. *Lettre à Arnauld*, 1686 (*Phil.*, II, 60).

3. Voir Note VII. Cf. *Observationes de principio juris*, 1670 (*Dutens*, III, 270).

4. *Lettre à Arnauld*, 1671 (*Phil.*, I, 73); *Lettre au duc de Hanovre* (*Phil.*, I, 60).

5. *Lettre à Jean Bernoulli*, 28 décembre 1696 (*Math.*, III, 347-8).

6. *Lettre à Kestner*, 1er juillet 1716 (voir Note XX). Dans une esquisse de l'Encyclopédie, datée de mai 1681, Leibniz parlait encore « de novo Codice, de corpore juris reconcinnando » (*Phil.*, VII, 72). On trouve dans les manuscrits de Leibniz de nombreux brouillons relatifs à ces divers projets, dont une partie seulement a été publiée par Georg MOLLAT : *Rechtsphilosophisches aus Leibniz' ungedruckten Schriften* (Leipzig, 1885). Nouvelle édition sous le titre : *Mitteilungen aus Leibnizens ungedruckten Schriften* (Leipzig, 1893). En voir l'énumération ap. *Bodemann*, p. 31 sqq.

7. Publiée par TRENDELENBURG. (Voir Note IX.)

l'idée de l'Encyclopédie et qui se retrouveront dans les écrits postérieurs du philosophe.

3. En même temps Leibniz se montre préoccupé d'introduire dans les questions pratiques (de morale et de politique) la rigueur mathématique au moyen de raisonnements en forme. C'est dans cet esprit d'exactitude logique qu'il compose son *Specimen demonstrationum politicarum pro eligendo rege Polonorum* en 1669 [1], et son *Specimen demonstrationis politicæ* (1671) [2] destiné à recommander à Louis XIV la conquête de l'Égypte, pour détourner ses armes de la Hollande [3].

La même préoccupation de rigueur logique, appliquée cette fois à justifier les dogmes théologiques, se manifeste dans la *Confessio naturæ contra Atheistas* (1668) et dans la *Defensio Trinitatis per nova reperta logica* (1669). En résumé, les premiers essais de Leibniz montrent, d'une part, qu'il s'intéressait à tous les ordres de connaissances avec une curiosité vraiment universelle, et d'autre part, qu'il s'efforçait de faire régner dans toutes les sciences, même morales et pratiques, la clarté logique et la force démonstrative dont l'idéal était déjà incarné à ses yeux dans les Mathématiques, bien qu'il ne les connût que très imparfaitement, et qu'il n'eût pas encore été charmé, selon son expression, par ces Sirènes [4].

1. Voir Note VIII.
2. Le titre complet est : « *Specimen demonstrationis politicæ de eo quod Franciæ intersit inpræsentiarum, seu de optimo consilio quod potentissimo Regi dari potest. Concluditur expeditio in Hollandium Orientis seu Ægyptum.* » (Klopp, II, 100-107.) On trouve dans le même volume tous les documents relatifs au projet de l'expédition d'Égypte, notamment le *Consilium Ægyptiacum* et la *De Expeditione Ægyptiaca regi Franciæ proponenda justa dissertatio*, incomplètement publiée par Foucher de Careil, t. V.
3. On sait que ce projet fut l'occasion du voyage de Leibniz à Paris, où il accompagna son protecteur le baron de Boineburg en mission diplomatique. C'est d'ailleurs à l'instigation de celui-ci qu'il avait composé les deux opuscules précités, ainsi que la *Defensio Trinitatis* (1669) et la *Préface à Nizolius* (1670).
4. *Phil.*, VII, 323. Il disait plus tard de son *Hypothesis physica nova*, composée à cette époque (1671) : « C'estoit l'essay d'un jeune homme qui n'avoit pas encore approfondi les mathematiques. » *Lettre à Foucher*, 1693 (*Phil.*, I, 415). Cf. *Lettre à Tschirnhaus*, fin 1679 (*Briefwechsel*, I, 406); *Lettre à Jacques Bernoulli*, avril 1703 (*Math.*, III, 71); *Phil.*, VII, 186.

4. C'est à cette époque que remonte la première idée de l'Encyclopédie; elle paraît d'ailleurs se rattacher au projet du *Corpus juris reconcinnandum*, qui devait être en somme une véritable Encyclopédie du droit[1]. Leibniz avait conçu le projet d'une revue bibliographique qui eût rendu compte de tous les livres nouveaux, et qui eût servi à résumer et à classer les travaux scientifiques de tout genre [2]. A vrai dire, ce projet n'était dans la pensée de Leibniz que la préparation indispensable de l'Encyclopédie[3]. Il se plaignait déjà de l'accumulation des ouvrages inutiles ou mauvais, dont la multitude étouffe les bons livres; déjà il redoutait que la confusion des études ne produisît le dégoût et ne ramenât la barbarie [4]. Les *Semestria literaria* devaient non seulement donner l'analyse sommaire (sans critique) des livres nouveaux de quelque valeur (les autres devaient être passés sous silence), mais encore publier des œuvres inédites, soit anciennes, soit contemporaines; rendre compte des inventions et des découvertes; enfin décrire et expliquer les arts et métiers, et donner tous les renseignements scientifiques et historiques qui ne se trouvent pas dans les livres. On dresserait périodiquement un répertoire très complet du contenu de cette revue, qui servirait d'index bibliographique. Enfin les matériaux ainsi accumulés et classés méthodiquement formeraient peu à peu une Encyclopédie parfaite [5].

Cette Encyclopédie est d'abord conçue comme un simple résumé des connaissances acquises, comme une bibliothèque portative [6] ou un *opus Photianum*, c'est-à-dire un extrait ou une

---

1. Voir *Lettre à Lambeck*, fin 1668, et *Lettre de Boineburg à Lambeck*, 18 nov. 1669 (*Klopp*, I, 34, 100).

2. Voir les deux plans des *Semestria literaria* (1668) dans *Foucher de Careil* (VII, 164, 155), le second seul se trouve dans *Klopp* (I, 39); et le *Nuclei Librarii Semestralis Utilitas imo Necessitas*, 1669 (*Klopp*, I, 86).

3. Voir le *Consilium de Literis instaurandis condendaque Encyclopædia* de la même époque : « finis universi operis : elaboratio Encyclopædiæ » (*Klopp*, I, 48).

4. *Klopp*, I, 40, 45, 48, 53. Cf. *Phil.*, VII, 160; *Foucher de Careil*, A, 286.

5. *Consilium de Literis instaurandis condendaque Encyclopædia* (voir pour plus de détails l'Appendice IV).

6. « Ut aliquot voluminibus portatilis Bibliothecæ contineatur. » (*Ibid.*)

quintessence des livres, à l'exemple du travail que Photius, patriarche de Constantinople, avait fait faire pour les livres réunis dans la basilique de Sainte-Sophie, et détruits depuis par les Turcs¹. Mais elle devait être composée avec plus d'ordre logique, à savoir, suivant la méthode didactique que Leibniz avait inventée et appliquée à l'étude du Droit dans sa *Nova Methodus* de 1667 ². Cette méthode constituera, suivant la métaphore chère à Leibniz, le fil d'Ariane dans le labyrinthe de la littérature ³. L'Encyclopédie ainsi comprise n'est plus seulement le *Trésor public de l'érudition* ⁴, mais un système logique et didactique des sciences.

On voit comment le plan primitif se développe et s'amplifie. Aussi Leibniz est-il amené à concevoir le projet de fonder une société de savants pour effectuer ce travail, qui dépasserait les forces d'un seul homme ⁵. En effet, l'*Opus Magnum* devait comprendre : 1° une *Bibliotheca contracta*, qui serait le résumé des connaissances contenues dans les livres; 2° un *Atlas universalis*, qui réunirait toutes les figures, tableaux, schémas propres à illustrer et à compléter l'Encyclopédie ⁶; 3° un *Cimeliorum literariorum corpus*, c'est-à-dire une collection de documents inédits ou rares; 4° un *Thesaurus experientiæ*, recueil d'observations et d'expériences de toutes sortes (physique, médecine, industrie); 5° enfin, la *Vera Methodus inveniendi ac judicandi*, qui comprend l'Analytique et la Combi-

---

Cf. *Semestria literaria* : « Bibliotheca Universalis Contracta » (*Klopp*, I, 40; *Foucher de Careil*, VII, 157).

1. *Nuclei Librarii Semestralis Utilitas*... (*Klopp*, I, 86).

2. « Didactica sive Docendi discendique Methodus » (*Klopp*, I, 47). Il existe quelques fragments inédits relatifs à cette *Methodus nova didactica* (**Phil.**, VI, 11).

3. *Klopp*, I, 46, 47.

4. « Aerarium publicum eruditionis » (*Klopp*, I, 41; *Foucher de Careil*, VII, 160; cf. *ibid.*, 166). « Aerarium eruditionis publicæ solidum » (*Klopp*, I, 142; *Foucher de Careil*, VII, 80). « Encyclopædiam seu communem Thesaurum » (*Klopp*, I, 45). « Opus Magnum.... pro Aerario publico Humanæ Scientiæ Experientiæque omnis » (*Klopp*, I, 54).

5. Voir Appendice IV, § 3.

6. *Klopp*, I, 42, 52, 54. Cf. *Foucher de Careil*, VII, 140, 163, 592; *Nouveaux Essais*, III, X, § 25. Leibniz dit qu'il a dressé ailleurs le plan de cet Atlas. Il se trouve en effet dans le fragment inédit : **Phil.**, VII, A, 30.

natoire; c'est la Logique telle que la conçoit Leibniz, qui doit servir à ordonner tous les matériaux énumérés suivant l'enchaînement logique des vérités, et à les compléter en en tirant par déduction toutes les conséquences nécessaires [1].

5. C'est sans doute à cette époque que remonte le plus ancien plan d'Encyclopédie que nous ayons : *Encyclopædia ex sequentibus autoribus propriisque meditationibus delineanda* [2]. Comme l'indique ce titre, et plus encore l'énumération des auteurs dont les noms remplissent les diverses rubriques, ce devait être une compilation bien plutôt qu'une œuvre originale et systématique, et c'est pourquoi nous croyons pouvoir la rapprocher du projet des *Semestria literaria*. Ce plan fait une grande place à la Théologie, au Droit, à l'Histoire, aux sciences morales et politiques ; en revanche, la Mathématique et la Médecine n'y occupent qu'un rang inférieur et subordonné, ce qui prouve que ce document date de l'époque où Leibniz, *doctor utriusque juris*, n'avait pas encore étudié les sciences.

A ce plan on peut joindre un projet de corriger et de compléter l'*Encyclopédie* d'ALSTED, qui paraît dater de 1671 environ [3]. Ce devait être encore une compilation où divers auteurs auraient été mis à contribution, mais où Leibniz se réservait cependant de modifier leurs doctrines et peut-être aussi de les concilier. La Physique était empruntée principalement à Hobbes, et complétée à l'aide de Galilée, de Huygens, et même d'Aristote et de Digby. La Géométrie était entièrement d'Euclide. La Logique était celle de Jungius, complétée au moyen de Clauberg, de la *Logique de Port-Royal* et du *De Arte combinatoria*. La philosophie de l'âme était extraite de Descartes, de Digby et de Thomas Barton [4]. La partie la plus personnelle devait

---

1. *Klopp*, I, 54-55.
2. *Phil.*, VII, 37-38. GERHARDT n'a publié que les rubriques de ce plan ; mais chacune d'elles comprend un grand nombre de noms d'auteurs auxquels devait être empruntée la matière du chapitre correspondant. Ce fragment est classé : **Phil.**, VII, A, 16 (voir *Bodemann*, p. 93).
3. *Cogitata quædam de ratione perficiendi et emendandi Encyclopædiam Alstedii* (Note XII). Cf. le *Judicium de Comenianis scriptis* (Note XIII).
4. Voir Note I.

être la Jurisprudence, la Politique et la Théologie ; cela confirme notre conjecture touchant la date de ce plan, qui paraît contemporain de l'*Hypothesis physica nova* (1671) ainsi que des projets des *Elementa juris naturalis* et des *Elementa de mente* [1], et qui est certainement antérieur au voyage à Paris (mars 1672). En tout cas, Leibniz paraît s'être mis à l'ouvrage et avoir entrepris d'extraire des listes de définitions de l'Encyclopédie d'ALSTED [2], ainsi que du *Theatrum vitæ humanæ* de ZWINGER [3].

6. Le voyage et le séjour à Paris (mars 1672-octobre 1676) durent naturellement interrompre les projets de Leibniz, ou du moins en ajourner la réalisation pratique. Pourtant il n'y renonçait pas, et nous en avons la preuve dans un morceau daté de mai 1676 et intitulé : *Methodus physica. Characteristica. Emendanda. Societas sive ordo* [4]. Ce petit mémoire, visiblement destiné à un grand personnage à qui Leibniz promet la gloire dans la dernière phrase, marque une nouvelle étape de son grand projet : la Caractéristique est présentée comme la vraie méthode de raisonnement, comme la Logique universelle. De plus, il s'y

1. *Lettre à Arnauld*, 1671 (*Phil.*, I, 73); *Lettre au duc de Hanovre*, 26 mars 1673 (*Phil.*, I, 67).
2. Johann Friedrich ALSTED, de Herborn (1588-1638), avait publié en 1620 son *Encyclopédie* (4 vol. in fol.). Voir les notes prises par Leibniz sur cet ouvrage dans le fragment inédit **Phil.**, VII, C, 11-12, et le fragment suivant (**Phil.**, VII, C, 13-16) : *Schedæ de distinctionibus seu fundamentis divisionum*, qui commence ainsi : « Non videor male facturus, si ut olim ex Theatro Zwingeri, ita nunc ex Alstedii Encyclopædia fundamenta divisionum seu oppositiones excerpam. Habet enim, ut alibi notavi *, ἡ μεριστικὴ τέχνη (hæc Logicæ pars est) usum insignem ad inveniendum, etsi mihi non æque apta semper ad sciendum videatur » (phrase citée par TRENDELENBURG, III, 42, qui a imprimé *propositiones* au lieu d'*oppositiones*). On sait que les divisions de concepts (en genres et espèces) vont de pair avec les définitions.
3. Théodore ZWINGER de Bâle (1533-1588) avait publié son *Theatrum* à Bâle en 1565. Cet ouvrage paraît être une sorte de « morale en action », d'après ce qu'en dit Leibniz (*Phil.*, VII, 181, et *Nouveaux Essais*, IV, XVI, § 11; XXI, § 4). Il cite à la fois Zwinger et Alsted dans un morceau de mai 1681 (*Phil.*, VII, 67).
4. **Phil.**, V, 6 c, 9-10. Publié par *Klopp* (III, 308) et par *Foucher de Careil* (VII, 101-105) sous le titre : *De fundatione ad scientiam provehendam instituenda*.

* Dans le *De Arte combinatoria*, Usus IX, 48 54.

manifeste un souci tout nouveau des sciences physiques et de la méthode expérimentale (à laquelle, du reste, la Caractéristique est encore applicable, comme on le verra dans le Chap. suivant[1]). Le mémoire conclut à la fondation d'une Société savante qui aurait pour but, non seulement d'enregistrer les connaissances acquises, mais de faire des recherches et des découvertes et de promouvoir toutes les sciences, tant rationnelles qu'expérimentales[2].

Ce projet se développe et se précise dans un autre mémoire plus étendu[3] que Leibniz a dû rédiger peu après son retour en Allemagne, à l'instigation de quelques grands personnages par lesquels il se sent et se dit soutenu[4]. Il propose de fonder une *Société impériale germanique* qui aurait toujours le même objet : le progrès des Sciences naturelles[5]. Le résultat des travaux de la Société constituerait l'Encyclopédie, dont Leibniz indique les règles et la composition : toute proposition devra être postulée ou prouvée. Les *postulats* seront les définitions, les axiomes et les hypothèses. Les propositions seront prouvées par des démonstrations ou par des expériences; à défaut de certitude, on recherchera les conclusions les plus probables : car la probabilité elle-même est susceptible de démonstration[6].

7. Ce projet, qui devait être réalisé sous les auspices de l'empereur, ne rencontra sans doute pas plus de faveur à la cour de Vienne que celui des *Semestria literaria*. Toujours est-il que Leibniz paraît renoncer à invoquer la protection des grands et

---

1. L'unité de la méthode déductive et de la méthode inductive est déjà affirmée dans un fragment *De arte inveniendi Theoremata*, daté de Paris, 7 sept. 1674 (**Phil.**, VI, 12 d). Voir Chap. VI, § 37.
2. Voir Appendice IV, § 6.
3. *Consultatio de Naturæ cognitione ad vitæ usus promovenda, instituendaque in eam rem Societate Germana, quæ scientias artesque maxime utiles vitæ nostræ lingua describat patriæque honorem vindicet* (Klopp, III, 312; Foucher de Careil, VII, 105-126).
4. *Foucher de Careil*, VII, 105 en bas.
5. « Exponendum emendandæ Physicæ desiderium » (*Foucher de Careil*, VII, 120). Voir Appendice IV, § 6.
6. « Nam et probabilitas demonstrari potest » (*Foucher de Careil*, VII, 125). Cf. *Klopp*, I, 42; *Foucher de Careil*, VII, 161.

adresse un appel direct à la bonne volonté des savants. Cette nouvelle attitude se révèle par plusieurs fragments en français[1] et par un mémoire en latin où il développe le plan de l'Encyclopédie future[2]. La première science est la *Grammaire rationnelle* qui est, nous le savons, la préface indispensable de la Logique[3]. La seconde est la *Logique*, dont la syllogistique d'Aristote n'est plus qu'une partie, la plus élémentaire. La troisième est la *Mnémonique*[4]. La quatrième est la *Topique* ou l'Art d'inventer. La cinquième est l'*Art des formules*, c'est-à-dire la Combinatoire. La sixième est la *Logistique* ou Mathématique universelle, c'est-à-dire la Logique de la quantité. La septième est l'*Arithmétique*; la huitième la *Géométrie* (avec ses applications techniques); la neuvième la *Mécanique*. La dixième est la *Pœographie*, science des qualités physiques des corps; la onzième l'*Homœographie*, qui classe les corps en diverses espèces (à peu près comme la Chimie[5]). Les sciences précédentes sont plus ou moins abstraites; suivent les sciences concrètes : la douzième est la *Cosmographie*, qui comprend l'Astronomie, la Géographie physique et la Météorologie; la treizième est l'*Idographie*, science des corps organisés (des *espèces* animales et végétales); la quatorzième est la *Science morale*, c'est-à-dire ce que nous appelons la Psychologie[6]; la quinzième est la *Géopolitique*,

---

1. *Mémoire pour des personnes éclairées et de bonne intention* (Foucher de Careil, A. 274-292; Klopp, X, 7-21). *Discours sur un plan nouveau d'une science certaine pour demander avis et assistance aux plus intelligens* (**Phil.**, VI, 12 f, 29, publié ap. Bodemann, p. 90). *Essay sur un nouveau plan d'une science certaine, sur lequel on demande les avis des plus intelligens* (**Phil.**, VII, B vi, 1-2; voir Bodemann, p. 99).
2. *Consilium de Encyclopædia nova conscribenda methodo inventoria*, 15-25 juin 1679 (**Phil.**, V, 7). Cf. les fragments : **Phil.**, VII, C, 87-88; 156-7; VI, 18.
3. Voir Chap. III, § 15. On se souvient que c'est en 1678 que Leibniz s'est surtout occupé de la Langue rationnelle.
4. Voir au commencement du Chap. VI la place que Leibniz assignait à la Mnémonique dans la Logique.
5. Leibniz distingue ces deux sciences en les considérant respectivement comme *science des attributs* et *science des sujets* (cf. **Phil.**, VIII, 56 verso; Klopp, I, 51).
6. Leibniz connaissait le mot de Psychologie (il l'avait peut-être inventé), mais il l'appliquait à la science rationnelle et métaphysique des âmes et des esprits (voir **Phil.**, VIII, 56 verso).

science des rapports de l'homme avec la terre, qui comprend la Géographie politique et l'Histoire; la seizième est la *Théologie naturelle*, science des substances incorporelles, c'est-à-dire en somme la Métaphysique.

A l'Encyclopédie théorique on devra joindre une *Pratique* contenant les applications scientifiques les plus utiles à la vie et au bonheur des hommes[1]. On remarquera que le projet prend un caractère de plus en plus rationaliste : la Théologie et le Droit, qui y occupaient d'abord la place d'honneur, en ont disparu, et les sciences mathématiques et physiques viennent au premier rang après la Logique, à laquelle elles se rattachent. On peut mesurer le progrès de la pensée de Leibniz en comparant ce plan à celui qui se trouve esquissé à la fin de l'*Analysis linguarum* du 11 septembre 1678[2]. Là aussi, la Grammaire servait d'introduction à la Logique; mais après la Logique venait immédiatement la Métaphysique, comme la science la plus générale, puis la Morale, science des actions et des passions humaines, et seulement ensuite la Mathématique, la Physique, enfin l'Histoire et la Pratique[3].

8. Ces fragments inédits fournissent des données chronologiques qui permettent de dater très approximativement les deux plans d'Encyclopédie publiés par GERHARDT. Il les regarde à tort comme contemporains, car ils offrent une grande différence dans l'ordre des matières. Le plus ancien, et aussi le plus court, portait d'abord le titre : *Dialogi de Rerum Arcanis*; puis Leibniz

---

1. Dans le *Consilium de Literis instaurandis*, Leibniz distinguait déjà ces deux parties et leur assignait deux méthodes opposées : « Encyclopædia Universalis... constabit duabus partibus, Theoretica et Practica. Theoretica procedet ordine Synthetico, Practica Analytico » (Klopp, I, 49). Il les distinguait encore dans un fragment postérieur à 1696 (**Phil.**, VIII, 56-57), où il faisait rentrer dans la Pratique les sciences « normatives » comme la Logique, l'Éthique, la Politique, la Médecine et la Gymnastique.

2. **Phil.**, VII, C, 9-10.

3. C'est précisément l'ordre assigné à ces diverses sciences dans le fragment *Lingua rationalis*, qui doit dater de 1678 (**Phil.**, VII, 29). Il convient de rapprocher de l'*Analysis linguarum* le « Nomenclator... propriorum artis verborum phrasiumque et receptarum formularum atque sententiarum » dont il est question dans la *Consultatio de Naturæ cognitione* (Foucher de Careil, VII, 111).

a biffé *Dialogi* et écrit au-dessus : *Guilielmi Pacidii*[1]. Or, c'est en 1676 que, après avoir lu Platon et résumé le *Phédon* et le *Théétète*[2], il s'est mis à composer, lui aussi, des dialogues, comme le *Pacidius Philalethi*[3]. Il semble donc avoir renoncé à composer cet ouvrage sous forme de dialogue, et cela, à l'époque où il adoptait le pseudonyme de Pacidius, sous lequel il comptait publier le *Plus Ultra*. Or dans ce plan on voit, intercalée entre l'Algèbre et la Géométrie, la Métaphysique tout entière, avec les questions de l'existence de Dieu (n° 4) et de l'immortalité de l'âme (n° 5) et avec les deux fameux *labyrinthes* (celui de la liberté, et celui de l'infini et du continu) (n°s 6 et 7)[4]. On y trouve déjà la mention de la Langue rationnelle, associée aux Arts caractéristique et combinatoire, et d'une nouvelle Analyse qui est sans doute le Calcul infinitésimal[5] (n°s 2 et 3). Mais

---

1. *Phil.*, VII, 51, note.
2. Voir les Abrégés du *Phédon* (mars 1676) et du *Théétète* (*Foucher de Careil*, B, 44, 98).
3. Daté d'octobre 1676 (voir *Archiv für Geschichte der Philosophie*, t. I, 1888). On trouve dans les manuscrits inédits de Leibniz (**Math.**, I, 29) un dialogue sur l'enseignement de l'Arithmétique, imité du *Ménon*, où figure un personnage nommé d'abord *Pacidius*, puis *Charinus* (ce sont les noms de deux personnages du *Pacidius Philalethi*), et où se manifeste une vive admiration pour Platon (cf. la préface du *Plus Ultra*, *Phil.*, VII, 147-8); un *Dialogus Charini et Theophili de sapientia et felicitate* (**Phil.**, IV, 4 k); deux dialogues sur la théologie : *Dialogue entre Théophile et Polidore*, *Dialogue entre Poliandre et Théophile*, le premier composé « avant la mort de feu Monsgr le Duc Jean Friderie », c'est-à-dire avant 1680 (**Theol.**, XX, 61-67, 68-71; *Bodemann*, p. 22); enfin un *Dialogus de religione rustici*, daté de Paris, novembre 1673 (**Theol.**, III, 8 c; *Bodemann*, p. 7). Cf. l'*Entretien de Philarète et d'Eugène sur la question du temps agitée à Nimwègue touchant le droit d'ambassade des électeurs et princes de l'Empire*, 1677 (*Foucher de Careil*, VI), et l'*Entretien de Philarète et d'Ariste*, suite du premier entretien d'Ariste et de Théodore (*Phil.*, VI, 579). Il est vrai que ce dernier dialogue, composé après 1706, est imité des *Entretiens sur la Métaphysique et sur la Religion* de MALEBRANCHE (1688) auxquels il fait suite, comme l'indique son titre.
4. Ce nom de *labyrinthe* avait été suggéré à Leibniz par FROMONDUS (1587-1653), auteur d'un *Labyrinthus de compositione continui* (voir *Nouveaux Essais*, II, XXIII, § 31). Leibniz l'employait dès 1671 : *Lettre à Oldenburg*, 11 mars 1671 (*Briefwechsel*, I, 53). Cf. *Discours de Métaphysique*, 1686 (*Phil.*, IV, 435; cf. 491); *Lettre à Arnauld*, 1687 (*Phil.*, II, 119); enfin la *Théodicée* (1710), Préface, et Discours préliminaire, § 24.
5. Dès 1675, Leibniz parlait de l'imperfection de l'Algèbre : *Lettre à*

les sciences positives y occupent encore peu de place[1], en comparaison des sciences morales, politiques et religieuses[2]. En revanche on y trouve un chapitre consacré à l'Alchimie[3], et des traces d'une imagination utopique et mystique dans les deux derniers chapitres[4], dont on remarquera l'absence dans le plan du *Plus Ultra*. Tous ces rapprochements indiquent que le plan du *De Rerum Arcanis* doit dater de 1678 au plus tard.

9. Le second plan n'est pas seulement plus développé et plus précis ; il marque un progrès manifeste dans la classification des sciences[5]. Après quelques chapitres d'introduction sur lesquels nous reviendrons, il range en premier lieu la Grammaire rationnelle, puis la Logique, avec le Calcul logique, et les deux méthodes, la Synthèse (combinatoire) et l'Analyse ; ensuite la Mathématique générale, l'Arithmétique, l'Algèbre, la Géométrie, les sciences physiques (Optique, Cinématique, Dynamique et Mécanique, Astronomie, Physique du globe et Météorologie), les sciences naturelles (Minéralogie, Botanique, Zoologie) ; la Médecine, la Psychologie, la Politique, l'Economique, enfin la Jurisprudence et la Théologie, qui viennent maintenant au dernier rang. On remarquera l'absence de la Morale proprement dite. L'ouvrage se terminerait par une démonstration de la vérité du christianisme, par un projet de réconciliation des églises chrétiennes[6], et par un projet de société d'amis de Dieu

---

Oldenburg, 28 déc. 1675 (*Phil.*, VII, 10 ; *Briefwechsel*, I, 145). Il venait d'inventer son Calcul infinitésimal pour suppléer à l'insuffisance de l'Analyse cartésienne (Voir Chap. VII, § 5).

1. Le n° 11 rappelle par son titre l'*Hypothesis physica nova* de 1671.

2. Le n° 16 : *De Justitia et novo Codice*, rappelle le projet du *Corpus juris reconcinnatum*.

3. N° 13 : *De Naturæ arcanis et corporum exaltatione et Tinctura* ; cf. le n° 12 : *De abditis rerum causis*, et le titre même : *De Rerum Arcanis*. On sait que Leibniz s'était affilié en 1666 à Nürnberg à la société secrète des Rose-Croix (GUHRAUER, I, 46).

4. « 25 : *Votum, sive fabula de emendatione rerum generali, et Historia seculi sequentis*. — 26 : *Spes, sive carmen de futura vita.* » Le n° 21 : « *De bello sacro* » fait allusion au projet de croisade contre les Turcs. Ces titres poétiques (cf. n° 14 : *De Luce Mentium*) rappellent celui de l'*Aurora*.

5. *Phil.*, VII, 49-51.

6. On sait que Leibniz conçut de bonne heure, sans doute sous l'influence du baron de Boineburg, luthérien converti au catholicisme, le

qui figurait déjà dans le *De Rerum Arcanis* (n° 24)[1]. On voit que par la disposition des matières ce plan ressemble beaucoup à celui de juin 1679, et doit être contemporain ou quelque peu postérieur.

L'examen de la forme confirme la conclusion tirée de l'étude du fond. D'abord le pseudonyme de l'auteur, *Guilielmus Pacidius*, est le même que celui que Leibniz a ajouté après coup au titre du *De Rerum Arcanis*. Ce pseudonyme a un sens transparent qui révèle les intentions de l'auteur : il se présente comme le conciliateur et *pacificateur* des esprits, il veut mettre fin aux disputes et aux controverses, supprimer les sectes philosophiques, et unir tous les savants dans une œuvre commune. S'il adopte un pseudonyme, c'est justement pour ménager l'amour-propre de ses futurs collaborateurs, pour donner à son entreprise un caractère impersonnel, et aussi pour pouvoir en vanter plus librement les avantages et les bienfaits[2]; cela ne l'empêche pas, d'ailleurs, de donner à cette occasion des détails autobiographiques précieux sur ses études et ses projets de jeunesse[3]. Remarquons ensuite le titre : *Plus Ultra*, emprunté à Glanvill[4], et le sous-titre : *Initia et specimina Scientiæ generalis, sive de instauratione et augmentis scientiarum* (réminiscence

---

projet de réunir les protestants et les catholiques, auquel il s'employa activement, mais sans succès, à plusieurs reprises (1679, 1683, 1691-1694) ainsi qu'à la réunion des églises protestantes (luthériennes et réformées) (*Irenica* de 1697-1706). On trouve déjà un projet de réconciliation (en latin) à la suite d'un projet de société savante (en allemand) qui date, selon Klopp, des années 1669-1672 : *Grundriss eines Bedenckens von aufrichtung einer Societät in Teutschland zu aufnehmen der Künste und Wissenschaften* (*Klopp*, I, 130; *Foucher de Careil*, VII, 60). Voir § 22 de ce Chapitre.

1. On trouve dans les manuscrits de Leibniz deux feuilles relatives à ce projet : « Societas sive ordo caritatis (Pacidianorum) »; « Societas Theophilorum ad celebrandas laudes Dei, opponenda gliscenti per orbem Atheismo » (**Theol.**, XX, 99-100; *Bodemann*, p. 22). On sait que Leibniz était effrayé des progrès de l'athéisme (*Lettre à Thomasius*, 20/30 avril 1669, *Phil.*, I, 26). Cf. *Plan zu einer teutschliebenden Genossenschaft*, § 4 (*Foucher de Careil*, VII, 384). Voir Appendice IV, § 8.

2. *Phil.*, VII, 124. Cf. **Phil.**, VIII, 3, et *Consultatio de Naturæ cognitione* (*Foucher de Careil*, VII, 105).

3. *Phil.*, VII, 51-53; cf. 126.

4. Voir p. 56, note 3.

de Bacon[1]) *ac de perficienda mente rerumque inventionibus ad publicam felicitatem*[2]. Il y apparaît une idée nouvelle : celle de la Science générale, qui, d'abord confondue avec celle de l'Encyclopédie[3], se précise et se spécialise pour désigner la méthode générale des sciences, l'art d'inventer et de démontrer, en un mot la vraie Logique, laquelle doit servir de forme à l'Encyclopédie[4]. Un fragment de préface, destiné justement à définir cette méthode, porte un autre titre : *Guilielmi Pacidii Lubentiani* Aurora[5] *seu Initia Scientiæ generalis a Divina Luce ad humanam felicitatem*. Ce morceau, d'un ton poétique, où Leibniz emploie pour décrire sa méthode la métaphore continuelle de la lumière et du feu, paraît antérieur au plan du *Plus Ultra*[6], mais se rapporte au même ouvrage. Enfin d'autres fragments ne portent plus ni le titre *Plus Ultra*, ni le titre *Aurora*, mais le simple et prosaïque sous-titre, ce qui semble indiquer qu'ils sont postérieurs aux deux autres[7].

1. Le *De Augmentis Scientiarum* est cité : *Phil.*, VII, 52-53.
2. Tel est le titre exact (avec deux *sive*) que Leibniz a calligraphié lui-même sur une feuille à part (**Phil.**, VII, A, 1 ; v. *Bodemann*, p. 92). Il existe un autre plan inédit, incomplet, sous le titre : « *Guilielmi Pacidii* Plus Ultra, *seu introductio et specimina Methodi arcanæ de Instauratione et Augmentis Scientiarum ad communem felicitatem* » (**Phil.**, VIII, 3). On remarquera que le mot de *Scientia generalis* s'y trouve remplacé par les mots *Methodus arcana*, qui rappellent l'*Encyclopædia arcana* (**Phil.**, VIII, 1-2).
3. Cf. le titre : *Præcognita ad Encyclopædiam sive Scientiam universalem* (*Phil.*, VII, 43).
4. « *Scientiam generalem intelligo, quæ modum docet omnes alias scientias ex datis sufficientibus inveniendi et demonstrandi* » (*Phil.*, VII, 60).
5. Ce titre paraît inspiré d'un autre ouvrage de GLANVILL : *Lux orientalis*, 1662 (*Phil.*, VII, 6 note).
6. La même métaphore se trouve dans le plan du *De Rerum Arcanis* : « 14. *De Luce Mentium* » (*Phil.*, VII, 51 note).
7. *Guilielmi Pacidii Initia et Specimina Scientiæ Generalis, sive de instauratione et augmentis scientiarum in publicam felicitatem* (*Phil.*, VII, 124-126). Cf. la *Synopsis libri cui titulus erit : Initia et Specimina Scientiæ novæ Generalis pro Instauratione et Augmentis Scientiarum ad publicam felicitatem* (*Phil.*, VII, 64-65), et un fragment inédit intitulé : « *Introductio ad Encyclopædiam arcanam, sive initia et specimina Scientiæ Generalis, de instauratione et augmentis scientiarum, deque perficienda mente, et rerum inventionibus, ad publicam felicitatem* » (**Phil.**, VIII, 1-2), où Leibniz se demande : « *An autor anonymus ?* »

10. Revenons au plan du *Plus Ultra*, pour essayer de classer les divers fragments qui s'y rapportent. Le premier Chapitre devait donner les raisons pour lesquelles l'auteur a entrepris cet ouvrage, et pour lesquelles il a caché son nom. Nous connaissons déjà celles-ci[1]; quant à celles-là, elles se trouvent indiquées au début d'une longue préface évidemment destinée au *Plus Ultra*[2]. Leibniz s'aperçoit de plus en plus que son grand projet dépasse les forces d'un seul homme, et il le communique au public, d'une part, pour trouver des collaborateurs bénévoles, d'autre part, pour empêcher que l'idée de la science générale ne se perde, s'il venait à disparaître avant l'achèvement de l'œuvre[3]. Dans le même Chapitre, il semble se vanter de la familiarité des princes et de leur approbation[4]; il fait évidemment allusion à sa situation à la cour de l'électeur de Hanovre[5], et il compte sur son patronage et sa protection.

Le deuxième Chapitre, intitulé : « Historia literaria », se trouve contenu dans la longue préface déjà citée[6], où Leibniz passe en revue toute l'histoire des lettres, des sciences et de la philosophie. Le troisième Chapitre, intitulé « De statu praesenti eruditionis, seu Reipublicae literariae[7] », devait offrir le tableau de l'état actuel de nos connaissances, après le tableau historique de leurs origines et de leurs progrès[8]. Or ce tableau est

---

1. *Phil.*, VII, 124.
2. *Phil.*, VII, 127-156.
3. « Veretur enim ne illa forte pereat, et ne ipse eam conficere non possit » (*Phil.*, VII, 128). Cf. **Phil.**, VIII, 3.
4. « Magnorum principum familiaritas et cogitationes concordes » (*Phil.*, VII, 49).
5. Il connaissait le duc Jean-Frédéric depuis 1669, et l'entretenait de ses études et de ses projets dès 1671 (voir les *Lettres au duc*, *Phil.*, I, 43). Il fut nommé bibliothécaire à Hanovre en 1676, et conseiller aulique en 1678 (voir ses *Lettres à Galloys*, 1677-78, *Math.*, I, 179, 183; et la *Lettre à Conring*, 1678, *Phil.*, I, 203).
6. *Phil.*, VII, 145-156, à partir de : « De gustu antiquorum ».
7. Cf. la *Synopsis libri* : « Dicendum erit quoque de statu praesenti eruditionis » (*Phil.*, VII, 64).
8. « De ortu et progressu scientiarum, seu de Historia literaria. De statu praesenti Reipublicae literariae. Historia Inventorum. » (**Phil.**, VII, A, 26.) Cf. le plan inédit du *Plus Ultra* : « Partitio operis : Cap. 1. *De Historia Literaria*. Explicatur status humanae scientiae a primis temporibus ad

esquissé dans le fragment qui commence par les mots : « De Republica literaria » et qui est daté de mai 1681[1]. Les Chapitres suivants devaient traiter des maux dont l'humanité souffre par sa faute, des inventions utiles à la vie humaine, et des moyens d'assurer le bonheur des hommes[2]. On peut en retrouver le contenu dans divers brouillons. Et d'abord, l'intention philanthropique de l'œuvre, déjà marquée dans tous les titres que nous avons cités[3], est hautement et éloquemment affirmée dans un projet de préface[4] où Leibniz déclare qu'il se propose de travailler au bonheur de l'humanité, et que rien ne peut contribuer davantage au bien public que la constitution de l'Encyclopédie[5]. On ne voit pas bien, au premier abord, quel rapport il y a entre cette fin morale toute utilitaire et le projet tout spéculatif et scientifique de Leibniz. Mais c'est que, pour lui, la fin du genre humain est la connaissance de l'univers, de sorte que la politique n'a d'autre but, après la vertu, que le progrès des

---

nostra usque... Cap. 2. *De statu præsenti eruditionis*, omnisque cognitionis humanæ. Hic ordine materiarum, in præcedenti ordine temporum. » (**Phil.**, VIII, 3.)

1. *Phil.*, VII, 66. Il porte en outre cette note : « Il y a en françois une petite satyre de la republique des lettres », qui fait probablement allusion au morceau intitulé par Erdmann : *Préceptes pour avancer les sciences* (*Phil.*, VII, 157-173 ; le commencement, jusqu'à : « Quand je considère... » [p. 160] manque dans *Erdmann*).

2. « 4. De malis quibus homines laborant sua culpa. De his quæ utiliter inventa sunt ad vitam humanam sublevandam. — 5. De procuranda hominum felicitate » (*Phil.*, VII, 49). Sur la négligence des hommes, voir *Foucher de Careil*, VII, 101.

3. *Phil.*, VII, 49, 54, 57, 64, 124 ; cf. les *Initia Scientiæ generalis... ad felicitatis humanæ incrementum* (*Erdmann*, 85) ; **Phil.**, VI, 18 ; VIII, 1, 3.

4. *Phil.*, VII, 125 ; cf. p. 45 : « Hinc sequitur, interesse ad felicitatem humani generis, ut condatur Encyclopædia quædam seu ordinata collectio Veritatum », et **Phil.**, VII, A, 26 : « Idea felicitatis cujus capax est genus humanum. »

5. L'intérêt général était réellement le mobile constant de Leibniz et la fin suprême de sa morale. Voir, par exemple, sa curieuse *Lettre à Burnett* (1699) où, à propos de Newton qui ne voulait pas publier « son ouvrage des couleurs », il disait : « Vous sçavez, Monsieur, mes principes, qui sont de préférer le bien public à toutes les autres considérations, même à la gloire et à l'argent. » Plus loin, il dit qu'il a « pris le personnage de Solicitor General du bien public » (*Phil.*, III, 261, 262). Cf. *Phil.*, VII, 53, *Lettre à Basnage*, 1696 (*Phil.*, III, 125), et *Klopp*, IX, 265.

sciences[1]. Ce progrès est d'ailleurs la condition du bonheur des hommes, non seulement parce que les sciences augmentent le bien-être matériel, permettent de satisfaire les besoins et de remédier aux maux de la vie physique[2], mais parce que la science est le principe de toute civilisation et de toute vertu. En effet, la connaissance de l'univers conduit à la connaissance de Dieu, et par suite à l'amour de Dieu, qui est la charité et la source de toutes les vertus[3]. Elle nous fait donc connaître nos devoirs, et en même temps nous dispose à les remplir. Bien mieux, elle nous révèle l'identité de la justice et de la prudence, de l'honnête et de l'utile, c'est-à-dire, en somme, de l'intérêt personnel et de l'intérêt général[4], ce qui est évidemment le meilleur et le plus sûr moyen de nous faire aimer et pratiquer de bon gré la vertu[5].

En résumé, la justice est la charité du sage[6], la sagesse est la science du bonheur[7], et elle suppose la véritable érudition, c'est-à-dire en somme la connaissance de toutes les sciences.

1. *Lettre à Burnett*, 1699 (*Phil.*, III, 261).
2. *Phil.*, VII, 45, 63.
3. *Phil.*, VII, 125.
4. *Phil.*, VII, 47, 55, 62, 125.
5. Leibniz donnait un fondement social à la justice et la définissait par l'utilité publique : « Justum atque injustum est quicquid publice utile vel damnosum est » (*Nova Methodus*, 1667; voir Note VII). Cf. *De la Générosité* : « Le Principe de la justice est le Bien de la Société, ou pour mieux dire le bien général, car nous sommes tous une partie de la Republique universelle dont Dieu est le Monarque... Nous ne sommes donc pas nés pour nous-memes, mais pour le bien de la société, comme les parties sont pour le tout. » (*Phil.*, VII, 106-107.) Par suite, il ne voyait pas d'autre moyen de la rendre obligatoire que d'établir l'identité du juste et de l'utile, ce qui suppose l'existence d'un Dieu rémunérateur et l'immortalité de l'âme : « Ut vero universali demonstratione conficiatur, omne honestum esse utile, et omne turpe damnosum, assumenda est immortalitas animæ, et rector universi Deus. » (Préface du *Codex juris gentium diplomaticus*, 1693, *Phil.*, III, 389.) Cf. *Lettre à Conring*, 1670 (*Phil.*, I, 160); *Initium institutionum juris perpetui* (Mollat, p. 1) ; *De summa juris regula* (Mollat, p. 85) ; *De justitiæ principiis* (Mollat, p. 88); *Axiomes ou principes du droit* (Mollat, p. 95).
6. *Phil.*, VII, 47, 73, 75, etc.; **Phil.**, VIII, 4-5. Voir la *Definitio justitiæ universalis* (Note IX).
7. *Phil.*, VII, 43, 45, 47, 73, etc. Leibniz avait ces idées dès 1671, lorsqu'il méditait ses *Elementa juris naturalis* (*Lettre à Arnauld*, 1671, *Phil.*, I, 73). Cf. *Lettre à l'électrice Sophie*, 1697? (*Phil.*, VII, 549).

Rien ne peut donc servir davantage à rendre les hommes vertueux et heureux que l'Encyclopédie, et la Science générale qui en est la méthode et la clef [1].

Ailleurs, ces motifs utilitaires et humanitaires semblent céder la place à des motifs religieux : mais il est aisé de montrer que ces deux ordres de motifs concordent et même coïncident au fond. L'Encyclopédie paraît avoir pour but et pour couronnement la démonstration de la vérité de la religion [2]. Le véritable « usage de la méditation » est l'étude des questions relatives à Dieu, à l'âme et au vrai bonheur [3]; mais on ne peut être assuré de trouver le bonheur dans la vertu que si l'on acquiert la certitude de l'existence de Dieu et de l'immortalité de l'âme, et c'est à quoi sert précisément la théologie naturelle en démontrant la vérité de la religion. Or cette démonstration ne peut venir qu'après l'étude de toutes les sciences, y compris les Mathématiques et la Physique [4], de sorte qu'elle présuppose toute l'Encyclopédie. Celle-ci paraît avoir pour but, outre le bonheur des hommes, la gloire de Dieu [5]; mais on découvre bientôt que ces deux fins n'en font en réalité qu'une seule [6].

---

1. *Phil.*, VII, 43, 45, 46-7. La science sert encore de fondement à l'amitié, laquelle n'est solide et durable que si elle s'appuie sur la raison (*Phil.*, VII, 47). Or l'amitié est, elle aussi, une source de bonheur, car rien n'est plus utile et plus précieux à l'homme qu'un autre homme (*Phil.*, VII, 62). On remarquera ce curieux mélange d'idées rationalistes et utilitaristes, empruntées à Aristote et à Hobbes.
2. Un des derniers chapitres du *Plus Ultra* est intitulé : « De veritate religionis Christian... » (*Phil.*, VII, 54). « Sed maxima omnium Eruditionis utilitas in eo consistit, ut verae religioni serviat » (*Phil.*, VII, 70).
3. *Phil.*, VII, 79.
4. *Phil.*, VII, 79-80, note.
5. *Phil.*, VII, 53.
6. « In communi bono, vel, quod eodem redit, gloria Dei » (*Mollat*, p. 8). Cf. le *Mémoire pour des personnes éclairées et de bonne intention*, où Leibniz parle de « contribuer à la gloire de Dieu, ou, ce qui est la même chose, au bonheur commun » (*Foucher de Careil*, A, 227). Il dit ailleurs : « Amare bonum publicum et harmoniam universalem, vel quod idem est, gloriam Dei intelligere et quantum in se est facere majorem. » *Grundriss eines Bedenckens...* § 9 (Klopp, I, 114; *Foucher de Careil*, VII, 34. Cf. *Klopp*, X, 42). Il y a plus : l'harmonie universelle n'est pas seulement la gloire de Dieu, elle est Dieu même. Dans le même opuscule (§ 8), Dieu est appelé *ratio ultima rerum* et *harmonia maxima rerum* (*loc. cit.*); et dans

Le meilleur moyen de connaître et d'honorer Dieu, c'est d'étudier l'univers et d'améliorer le sort des hommes. Le plus bel hymne qu'on puisse chanter à Dieu, c'est la découverte d'une loi de la nature ou une invention utile à l'humanité [1].

Ainsi se concilient les tendances en apparence opposées de l'esprit de Leibniz, sa religiosité presque mystique et sa philanthropie positive et pratique, de même que dans sa morale se concilient l'utilitarisme et l'intellectualisme ; c'est que sa religion est au fond essentiellement rationaliste, naturaliste et presque païenne, comme sa morale elle-même [2].

11. Mais, à mesure que le plan de l'*Encyclopédie* s'étend et se complète, Leibniz se rend mieux compte de l'immensité de l'œuvre, et de la nécessité de collaborateurs. Pour attirer ceux-ci et leur donner l'exemple, il se bornera à exposer sa Logique (la Science générale) et à publier quelques chapitres détachés de

---

une *Lettre au duc Jean-Frédéric de Hanovre* (sept. 1671?) on lit : « Ratio ultima rerum seu Harmonia Universalis, id est Deus » (*Phil.*, I, 60). On remarquera que ces textes sont bien antérieurs au système de l'Harmonie préétablie, et peuvent servir à en expliquer l'origine.

1. Cette idée, empruntée à Galien (*Phil.*, VII, 71), se trouve exprimée dans plusieurs opuscules : *Propositio* (*Klopp*, I, 54); *Methodus physica...* mai 1676 (*Foucher de Careil*, VII, 104); *Consultatio de Naturæ cognitione* (*Foucher de Careil*, VII, 107). Leibniz ne craint même pas de considérer les découvertes scientifiques et les inventions industrielles comme des œuvres pies bien supérieures aux prières et cérémonies des prêtres, dans la mesure où les actes sont préférables aux paroles, et de dire qu'une seule d'entre elles vaut mieux que mille discours, poèmes ou sermons (*Grundriss eines Bedenckens....* §§ 13-19 : *Klopp*, I, 116-119; *Foucher de Careil*, VII, 38-44). Cf. un *Mémoire* à l'Électeur de Brandebourg (*Klopp*, X, 23).

2. On peut ajouter qu'il compte sur l'Encyclopédie, comme sur la Caractéristique, pour aider à la propagation de la foi, en démontrant d'une manière évidente et irréfutable les vérités fondamentales de la Théologie naturelle, et en les rendant intelligibles à tous les peuples (*Phil.*, VII, 70, 175, 180). Voir son projet constant de « Propagatio fidei per scientias » (*Foucher de Careil*, VII, 247, 280, 288; *Klopp*, X, 353, 366). Quant au « rationalisme » de Leibniz en matière de religion, il est suffisamment prouvé par le *Discours de la conformité de la foi avec la raison*, qui fait partie de la *Théodicée*. Cf. ce passage curieux de sa *Méditation sur la notion commune de la justice* : «... aux yeux de notre raison ou foi, ce que je prends ici pour une même chose, car la vraie foi est fondée en raison » (*Mollat*, p. 52); *Lettre au duc Jean-Frédéric*, 1679 : « la vraye religion, qui est tousjours la plus raisonnable » (*Klopp*, IV, 445); et *Lettres à l'Électrice Sophie*, 1709, 1713 (*Klopp*, IX, 300, 395-6).

l'Encyclopédie, à titre d'échantillons. C'est à ce projet plus restreint que correspond le titre : *Initia et Specimina Scientiæ generalis*, qui va prendre la place du titre plus ambitieux de *Plus Ultra*. L'ouvrage ainsi conçu devait donc comprendre deux parties : 1° *Initia Scientiæ generalis*, c'est-à-dire les principes de la méthode générale qui servira à l'élaboration de l'Encyclopédie ; 2° *Specimina Scientiæ generalis*, c'est-à-dire le résumé encyclopédique de trois ou quatre sciences seulement, destiné à montrer l'application de la méthode et à prouver par là son utilité et sa fécondité [1]. Il nous reste plusieurs brouillons de ce nouveau projet. La première partie (*Initia*) est à peu près la même dans tous : elle devait comprendre d'abord les *Elementa veritatis æternæ*, c'est-à-dire les fondements de la Logique réduite à une sorte d'Algèbre et rivalisant de rigueur avec les Mathématiques [2] ; venait ensuite l'*Art d'inventer*, qui devait être la Logique de la recherche et de la découverte, comme les *Elementa veritatis æternæ* étaient la Logique du juge-

---

1. « Quoniam plerique homines experimentis potius, id est eventui, quam rationibus credunt, nec se videre putant quæ non nisi oculis mentis vident, ideo Methodum etiam pulcherrimam non æstimabunt nisi ejus usum videant in exemplis. » (**Phil.**, VII, 58.) Cf. **Phil.**, VII, 128 : « Fateor enim in omnibus rebus jungendam quoad licet experientiam rationi... Itaque *Initia* Scientiæ hujus quam generalem dicere audeo, *Specimina* addenda putavi. »

2. Dans le *Plus Ultra* : « 8. Elementa veritatis æternæ, et de arte demonstrandi in omnibus disciplinis ut in Mathesi. » (**Phil.**, VII, 49.) Dans la *Synopsis libri* : « Sequuntur ipsa elementa veritatis æternæ, ubi exponitur modus in omnibus dandi demonstrationes plane rigorosas et Mathematicis pares, imo superiores, quia Mathematici multa supponunt, quæ hic poterunt demonstrari. » (**Phil.**, VII, 64.) Cf. le plan inédit du *Plus Ultra* : « Cap. III. Elementa veritatis... » (**Phil.**, VIII, 3) et **Phil.**, VII, 296. Il s'agit bien du Calcul logique, car on lit aussitôt après, dans le *Plus Ultra* : « 9. De novo quodam Calculo generali, cujus ope tollantur omnes disputationes inter eos qui in ipsum consenserint »; et dans la *Synopsis libri* : « Itaque profertur hic calculus quidam novus et mirificus, qui in omnibus nostris ratiocinationibus locum habet, et qui non minus accurate procedit quam Arithmetica aut Algebra ». (Cf. **Phil.**, VII, 125.) Or c'est en avril 1679 que Leibniz a élaboré son premier système de Calcul logique (**Phil.**, V, 8 a, b, c, d, e, f). Dans la préface des *Elementa veritatis æternæ*, Leibniz devait passer en revue tous les auteurs qui ont essayé de raisonner mathématiquement en philosophie, comme nous l'apprend un brouillon inédit (**Phil.**, VI, 12, f, 27).

ment et de la démonstration [1]. Après quoi Leibniz proposait son projet d'Encyclopédie, et invitait les savants à y collaborer, en se servant de la Science générale précédemment exposée [2].

Il y a plus de diversité entre les différents plans dans le choix des « Spécimens ». Dans le plus sommaire, qui est probablement le plus ancien, ces spécimens comprennent la *Mathesis generalis*, la Mécanique, la Physique, avec une Médecine provisoire; des Éléments de Science morale et politique, puis la Métaphysique et la Théologie rationnelle, enfin une Histoire littéraire qui devait servir de base à la démonstration de la Théologie révélée [3]. Ce plan encore trop vaste se restreint dans

---

1. « Pars I. *Initia Scientiæ generalis* : Lib. I. *Elementa veritatis æternæ*, seu de forma argumentandi qua per modum calculi omnes controversiæ demonstrative tollantur...
« Lib. II. *De arte Inveniendi*, seu filo palpabili regendæ inquisitionis, ejusque artis speciebus Combinatoria et Analytica... » (**Phil.**, VII, 57). Cf. un fragment inédit : « *Initia Scientiæ generalis*, ubi de instauratione et augmentis scientiarum, seu de palpabilibus notis veritatum et filo certo artis inveniendi.... » (**Phil.**, VII, A, 24).

2. « Lib. III. *Consilium de Encyclopædia condenda*, velut Inventario cognitionis humanæ.... » (*Phil.*, VII, 58). Le plan de ce livre constitue une sorte de résumé des *Préceptes pour avancer les sciences* (Phil., VII, 157-173). On peut en rapprocher le fragment inédit **Phil.**, VI, 18, intitulé par Raspe : « Leibnitii elegans meditatio de confusa hominum cognitione, quibusque modis hæc melior reddi possit atque perfectior », et un plan inédit où on lit : « Consilium Autoris in duobus consistit, primo in *Scientia generali* tradenda..... et secundo in *condendo Humanæ cognitionis ærario*.... » (**Phil.**, VII, A, 26). Il est à remarquer que la *Synopsis libri* contient un élément nouveau, à savoir une comparaison de la méthode de Leibniz avec celle de Descartes, et une discussion des objections faites aux *Méditations*, auxquelles Descartes n'avait pas suffisamment répondu. On peut se faire une idée de ce que devait être cette discussion par la *Correspondance avec Eckhard et Molanus* (1677-1679), les *Lettres à Malebranche* (1679) ap. Phil., I; une *Lettre à Molanus* (1677); les *Lettres à Philipp* (1679-80), et une *Lettre à la duchesse Sophie de Hanovre*, ap. Phil., IV. Ce rapprochement avec les premières attaques dirigées par Leibniz contre le cartésianisme détermine approximativement la date de la *Synopsis*.

3. *Synopsis libri....* (*Phil.*, VII, 65). Une note inscrite par Leibniz au dos du plan du *Plus Ultra* marque la transition entre ce projet d'Encyclopédie complète et le projet plus restreint des *Specimina* : « Poterimus partiri ista in generalia et generalium applicationes ad specialia, quorum illa initia, hæc specimina. Specimina sunt : Mathematico-Technica, Physico-Medica, Politico-Juridica, Metaphysico-Theologica » (*Bodemann*, p. 93, note).

les projets suivants. Dans l'un, les spécimens sont au nombre de *quatre* : c'est une Mathématique générale [1], une Géométrie [2], une Mécanique, et un *Tentamen physicum* [3]. Un autre, plus détaillé, ne contient plus que trois essais : une Géométrie et une Mécanique dont la matière paraît être la même que dans le plan précédent, et des Eléments de Jurisprudence universelle, où Leibniz se propose d'expliquer la nature de la justice, de définir le droit pur, et de donner une méthode pour résoudre les questions de droit avec une certitude géométrique [4]. Enfin un fragment inédit se rapproche beaucoup du précédent, car il mentionne comme spécimens la Géométrie (comprenant la Géométrie transcendante inventée par Leibniz), la Mécanique (fondée sur la Géométrie) et « la Logique civile » ou « Logique de la vie », c'est-à-dire la Logique des probabilités, applicable à toutes les questions pratiques (en particulier aux questions de droit [5]). Mais cette dernière science rentrera plus tard dans la Science générale elle-même, et ne fera plus partie de ses applications [6].

1. Pour la conception de cette science, voir Chap. VII.
2. Leibniz promet des « Geometriæ Transcendentis Elementa » qui sont évidemment le Calcul infinitésimal (*Phil.*, VII, 59; cf. p. 58). Mais en même temps il annonce un nouveau Calcul géométrique qu'il n'a pas encore constitué. Il s'agit ici de la *Caractéristique géométrique* dont il a élaboré un essai le 10 août 1679 (voir Chap. IX). Rapprocher ce qu'il dit de l'insuffisance de l'Algèbre cartésienne dans la *Lettre à Molanus*, 1677 (*Phil.*, IV, 277, 280); la *Lettre à Philipp*, janvier 1680 (*ibid.*, 286); la *Lettre à la duchesse Sophie* (*ibid.*, 291); une autre *Lettre à Molanus* (*ibid.*, 301); les *Lettres à Tschirnhaus* de mai 1678 et de fin 1679 (*Math.*, IV, 460, 481; *Briefwechsel*, I, 379, 405); la *Lettre à Galloys* de décembre 1678 (*Math.*, I, 183); les *Lettres à Malebranche*, 13 janvier, 22 juin 1679 (*Phil.*, I, 328, 336); la *Lettre à Huygens* du 8 sept. 1679 (*Math.*, II, 17-18; *Briefwechsel*, I, 567-8).
3. *Phil.*, VII, 59-60.
4. *Phil.*, VII, 58-59.
5. *Phil.*, VII, A, 24. On verra que l'idée de la Logique des probabilités a été suggérée à Leibniz par ses études juridiques (Chap. VI, § 28).
6. Cf. les *Initia Scientiæ generalis, de nova ratione instaurationis et augmentationis scientiarum, ita ut exiguo tempore et negotio, si modo velint homines, magna præstare possint ad felicitatis humanæ incrementum* (*Erdm.*, 85-86), où les *Elementa veritatis* apprennent, non seulement à vérifier les propositions certaines (nécessaires), mais encore à évaluer la probabilité de celles que les données ne suffisent pas à prouver. Ce fragment est par suite postérieur à tous les autres qui portent un titre semblable.

12. A l'époque à laquelle nous sommes arrivé, Leibniz paraît avoir renoncé à fonder une Société nouvelle pour collaborer à son Encyclopédie, et entreprend plutôt (croyant sans doute cette voie plus facile) de convertir à son dessein une des Sociétés savantes récemment instituées pour organiser et centraliser les travaux des chercheurs[1]. Il fait appel tour à tour à la Société Royale de Londres et à l'Académie des Sciences de Paris pour qu'elles adoptent son grand projet et en fassent leur œuvre propre[2]. Il s'adresse d'abord à la Société Royale, dont il avait été élu membre le 9 avril 1673[3]. On l'a déjà vu recommander sa Caractéristique à son compatriote Oldenburg, secrétaire de la Société Royale, dans une lettre qui est un véritable mémoire destiné à la Société[4]. Elle se terminait par une indication précise et bien significative, qui constituait une invitation à peine déguisée, à savoir : qu'il suffirait de dix hommes savants et bien d'accord pour faire faire en peu de temps de grands progrès aux sciences[5].

Mais Oldenburg mourut en 1677, et Leibniz perdit en lui son principal appui dans la Société Royale. Il se tourna alors vers

---

1. Rappelons que la Société Royale fut fondée en 1660, et l'Académie des Sciences en 1666.
2. On sait qu'il leur avait dédié respectivement les deux parties de son *Hypothesis physica nova* (1671).
3. Voir ses lettres à la Société Royale (*Briefwechsel*, I, 80, 99).
4. Il en avait entretenu Boyle et Oldenburg pendant son premier séjour à Londres (janv.-mars 1673), et ils lui avaient demandé un mémoire sur ce sujet, en lui promettant d'en parler à la Société. *Lettre à Haak* (*Phil.*, VII, 17). Cf. *Phil.*, VII, 7, reproduit dans la Note III.
5. « Ita enim judico decem homines lectos et consentientes et necessariis scientiis instructos plus aliquot lustris facturos, quam totum genus humanum sparsis et tumultuariis multorum seculorum molitionibus possit. » (*Phil.*, VII, 15; *Briefwechsel*, I, 104.) Ailleurs, ce n'est pas le nombre des collaborateurs, mais le nombre des années que fixe Leibniz : « Ausim dicere, plus eos uno decennio effecturos, quam alioqui totum genus humanum tumultuariis sparsisque multorum seculorum laboribus possit. » *Methodus physica*, mai 1676 (Foucher de Careil, VII, 105). Ce rapprochement peut servir à dater la *Lettre à Oldenburg*. Cf. le *Mémoire pour des personnes éclairées* (Foucher de Careil, A, 275), et le *Plan zu einer teutschliebenden Genossenschaft* (Foucher de Careil, VII, 388). Plus tard, Leibniz se montre plus prudent : « intra aliquot annos ab aliquot intelligentibus... » (*Phil.*, VII, 199; texte postérieur à 1684).

l'Académie des Sciences, dont il connaissait les principaux membres depuis son séjour à Paris, et où il eût été admis dès cette époque, s'il n'avait été luthérien [1]. Il était resté en correspondance avec Huygens et avec l'abbé Galloys [2]. Il soumit à celui-ci son projet de Caractéristique, en insinuant qu'il avait besoin de collaborateurs : « Mais si j'avois des personnes capables de concourir avec moy, je croy que je n'ai rien dit que nous n'exécuterions; et peut-estre encor quelque autre chose. Car il y a ordinairement un enchaînement dans les découvertes [3]. »

Ce « quelque autre chose » dont Leibniz ne veut pas parler, sans doute de peur d'effrayer l'abbé Galloys, est évidemment l'Encyclopédie, inséparable de la Caractéristique. Et en effet, Leibniz demandait à l'abbé Galloys de lui faire extraire du *Dictionnaire de l'Académie* des définitions de mots [4] : or on sait que le premier travail préparatoire de l'Encyclopédie était l'invention de bonnes définitions, et nous verrons que Leibniz s'est occupé d'en recueillir de tous côtés dans les ouvrages antérieurs (§ 23).

13. Il ne paraît pas avoir réussi à intéresser à son grand projet l'abbé Galloys, homme superficiel et léger, ni par suite l'Académie des Sciences. Aussi se retourne-t-il bientôt vers la Société Royale, où il devait avoir plus d'influence en qualité de membre. Robert HOOK y avait succédé à Oldenburg comme secrétaire; Leibniz essaie d'entrer en relation avec lui par l'in-

1. Il fut élu correspondant de l'Académie des Sciences en 1699 (lors de la division de l'Académie en classes). Voir la *Lettre de L'Hospital* et la réponse de Leibniz du 13/23 mars 1699 (*Math.*, II, 332, 333). Cf. GERHARDT (*Math.*, I, 175).

2. L'abbé Jean GALLOYS (1632-1707), professeur de grec au Collège Royal, éditeur du *Journal des savants* de 1666 à 1675, membre et secrétaire de l'Académie des Sciences depuis 1668, jouissait de la faveur de Colbert. Il combattit plus tard le Calcul infinitésimal de Leibniz, et le fit combattre par Rolle (voir *Lettre à Jean Bernoulli*, 15 avril 1706, *Math.*, III, 789). Leibniz en fait un portrait piquant et peu flatteur, en guise d'oraison funèbre : il le dépeint comme un bouffon de cour (*Lettre à Jean Bernoulli*, 24 juin 1707, *Math.*, III, 816).

3. *Lettre à Galloys*, déc. 1678 (*Math.*, I, 187-188).

4. *Lettres à Galloys*, 1677-78 (*Phil.*, VII, 21, 23; *Math.*, I, 180, 187).

termédiaire de son compatriote Théodore Haak, qui habitait Londres [1]. Il se recommande du souvenir et de l'exemple de WILKINS, et présente sa Caractéristique comme le développement et le perfectionnement de l'idée de la Langue universelle, en insinuant que son application à toutes les sciences ne peut être l'œuvre d'un seul homme [2].

A ces avances Hook répondit par le même intermédiaire, en approuvant en principe le projet de Leibniz, et en reconnaissant que l'œuvre de Wilkins pouvait et devait être perfectionnée et simplifiée. Il allait jusqu'à déclarer que la méthode employée en Algèbre était également valable pour les autres sciences [3]. Leibniz répliqua en émettant des idées beaucoup plus justes et plus profondes qui lui étaient depuis quelque temps familières [4], à savoir que l'Algèbre n'était pas le véritable Art d'inventer, et qu'elle n'était même pas la méthode générale des Mathématiques ; qu'il avait inventé une Analyse toute nouvelle et vraiment universelle, qu'il l'avait appliquée à la Géométrie, et qu'il pourrait l'appliquer même aux objets qui ne sont pas soumis à l'imagination (c'est-à-dire aux idées abstraites, telles que celles de Métaphysique, de Morale et de Droit). Il terminait en adressant un appel explicite à la Société Royale, tout en craignant que l'état politique de l'Angleterre ne fût peu favorable à de telles entreprises [5].

On ne sait pas ce que Hook répondit à cette invitation formelle ; mais il est probable qu'il ne comprit pas l'ampleur et la

---

1. *Phil.*, VII, 16, note.
2. « Sed hoc pro dignitate exsequi, certum est rem non unius hominis esse. Volui tamen cogitata hæc mea sciret Hookius, nam pro excellenti ingenio suo judicare de illis potest, eo magis quo attentius ipse in Wilkinsiano opere versatus videtur. » *Lettre à Haak*, février 1679-80, manifestement destinée à être communiquée à Hook (*Phil.*, VII, 17).
3. *Phil.*, VII, 19-20.
4. Voir *Lettres à Tschirnhaus* de 1678 et 1679 (*Math.*, IV, 459, 481 ; *Briefwechsel*, I, 523). Cf. Chap. VII, § 5.
5. « Sed non is ego sum qui tale quid promittam, majoris ea res momenti est quam ut ab uno homine absolvi possit. Denique eam curam arbitror dignam integra Societate, neque uspiam temere nunc tam profundissimorum Ingeniorum copiam alibi reperies quam ego in Anglia agnosco. » *Lettre à Haak* du 6 janv. 1680/1 (*Phil.*, VII, 20).

portée de la méthode conçue par Leibniz; les éloges que celui-ci décernait d'avance à son invention durent lui paraître pure vantardise et forfanterie, et lui inspirer plutôt de la défiance et de l'aversion pour elle. Il est d'autant plus excusable que Huygens, à qui Leibniz avait du moins communiqué un échantillon de sa Caractéristique géométrique, n'en avait pas conçu une opinion plus favorable [1]. En tout cas, la Société Royale de Londres ne donna aucune suite au projet proposé par Leibniz.

14. Rebuté par les sociétés savantes, celui-ci résolut alors de s'adresser de nouveau aux grands, aux princes et aux rois; il espérait qu'il serait plus facile de convaincre un seul homme que toute une compagnie [2]. Il pensa naturellement à Louis XIV, qui était alors à l'apogée de sa gloire et de sa puissance, et qui assumait le rôle de protecteur des sciences et des arts, non seulement en France, mais dans l'Europe entière. Il se dit que le roi pourrait imposer à l'Académie des Sciences le grand ouvrage que l'abbé Galloys avait sans doute dédaigné de lui proposer. C'est dans cette intention que Leibniz a composé le *Discours touchant la Méthode de la certitude et l'Art d'inventer*, et le mémoire qu'Erdmann intitule : *Préceptes pour avancer les sciences* [3]. Ces deux mémoires, rédigés *en français*, dans un style élégant et soigné, sont manifestement destinés à être présentés au grand roi pour lui recommander le projet d'Encyclopédie et l'engager à le faire exécuter par une société savante. Il rappelle les exemples illustres (bien propres à piquer Louis XIV d'honneur et d'émulation) d'Alexandre le Grand, des « empereurs de Constantinople, Justinien, Basile de Macédoine, Léon le Philosophe et Constantin le Porphyrogennète », enfin d' « Almansor ou Miramolin, grand prince des Arabes », qui firent recueillir les connaissances de leur temps. Il imagine d'abord, dans un avenir indéterminé, « un

---

1. *Lettre à Huygens* du 8 sept. 1679, et *Réponses de Huygens* (*Math.*, II, 17 sqq., 27, 35). Voir Chap. IX, § 2.
2. Un plan inédit d'Encyclopédie porte cette mention amusante : « Dedicatio ad Monarcham qui volet » (**Phil.**, VII, A, 26; voir *Bodemann*, p. 94).
3. *Erdm.*, LIII, LIV; *Phil.*, VII, 157, 174.

grand Prince dégagé d'embarras et curieux ou amateur de gloire, ou plustost éclairé lui-même (et on peut estre éclairé sans avoir esté au pays de l'école[1]) » qui « fera tirer la quintessence des meilleurs livres et y fera joindre les meilleures observations... ce qui serait un monument des plus durables et des plus grands de sa gloire, et une obligation incomparable que luy en auroit tout le genre humain [2]. »

Après cet exorde insinuant, Leibniz dévoile ses visées par un artifice de rhétorique : « Mais qu'ay je besoin de fiction ? pourquoy renvoyer à quelque posterité eloignée ce qui seroit incomparablement plus aisé de nos temps.... Quel siecle y sera plus propre que le nostre, qu'on marquera peut-estre un jour dans l'avenir par le surnom du siecle d'inventions et de merveilles. Et la plus grande merveille qu'on y pourra remarquer, c'est peut-estre ce grand Prince dont nostre temps se glorifie, et que les suivans souhaiteront en vain. » Cet éloge pompeux désigne suffisamment, comme dit Leibniz, le souverain à qui le mémoire est indirectement adressé [3].

Erdmann s'y est pourtant trompé, et a voulu voir dans « ce grand prince »... le roi de Prusse [4] ! Cette méprise n'aurait pas grande importance, si elle n'obligeait à reculer en conséquence la date de ce morceau et des morceaux connexes jusqu'après 1701, ce qui bouleverse la chronologie des écrits

---

1. Cette flatterie rappelle le mot proverbial qui résume la prétention des nobles et des courtisans de ce temps : « Les grands savent tout sans avoir rien appris ».

2. Leibniz ajoute un vœu qu'ont exaucé depuis tant de généreux donateurs : « Peut-être encore que ce grand Prince dont je me fais l'idée fera proposer des prix à ceux qui feront des découvertes, ou qui déterreront des connaissances importantes cachées dans la confusion des hommes ou des auteurs ». (*Phil.*, VII, 163.)

3. Voir les phrases qui suivent : « Je ne touche pas icy à ses louanges d'estat et de guerre, qui ne sont de ce lieu ny de cette plume, ce qu'il a fait pour les sciences suffiroit tout seul à l'immortaliser. On n'a pas besoin de le circonstancier d'avantage, il est trop unique et trop reconnoissable de tous costés. » (*Phil.*, VII, 163.)

4. *Préface* de son édition, p. XXI. Cette conjecture s'applique au *Discours touchant la méthode de la certitude*, mais Erdmann le considère comme contemporain des *Préceptes pour avancer les sciences*.

de Leibniz et rend leur succession inintelligible [1]. Mais la conjecture d'Erdmann ne résiste pas à la lecture de quelques passages caractéristiques des deux mémoires en question, qui font allusion à la paix de Nimègue (1678) : « Tout ce que nous devons souhaiter, c'est... que le ciel continue de le favoriser, que sans estre embarassé du dehors il puisse faire jouir l'Europe de cette paix heureuse, par laquelle il a couronné ses exploits merveilleux. » De même, dans le *Discours touchant la méthode de la certitude*, Leibniz dit : « Enfin je compte pour un des plus grands avantages de nostre siecle, qu'il y a un Monarque, qui par un concert rare et surprenant de merite et de fortune, après avoir triomphé de tous costés et retabli le repos et l'abondance dans son royaume, s'est mis dans un estat non seulement à ne rien craindre, mais encor à pouvoir executer chez luy tout ce qu'il voudra pour le bonheur des peuples... » et il ajoute que « ce grand Monarque, qu'on reconnoist aisement à ce peu que je viens d'en dire », est « arbitre de son sort et de celuy de ses voisins [2] », ce qu'on n'a jamais pu dire du roi de Prusse, du vivant de Leibniz, même avec l'hyperbole obligatoire des compliments de cour [3]. Plus loin, il y a une allusion qui ne

---

1. Ainsi Erdmann place après 1700 l'*Historia et Commendatio* (LII), les *Préceptes* (LIII) et le *Discours* (LIV), tandis qu'il place entre 1684 et 1687 les fragments relatifs à la Science générale, à l'Encyclopédie et au Calcul logique (XI-XXIII), notamment le *Plus Ultra* (XIV-XVII), qui, nous l'avons vu, est de 1679 environ. Les indices qu'Erdmann croit pouvoir tirer de l'écriture des manuscrits de Leibniz pour déterminer leur date sont, de son propre aveu, « ambigus » (*Préf.*, p. XII, XIII), car Leibniz employait en même temps plusieurs écritures : l'une (la plus habituelle dans les lettres et les brouillons) fine et serrée, l'autre (dans les copies) plus large et plus élégante. Voir *Lettre de Foucher* du 30 janvier 1693 : « Quand vous me faites l'honneur de m'écrire, Monsieur, ecrivez je vous prie à vostre maniere ordinaire, car je lis fort bien vostre écriture, laquelle enferme beaucoup en peu d'espace » (*Phil.*, I, 417; cf. *Klopp*, I, Einleitung, p. IV). Aussi, quoi qu'en dise Erdmann, les indices internes (tirés du contenu des écrits) ont plus de valeur et plus de sûreté.

2. *Phil.*, VII, 176.

3. C'est ce que remarque GUHRAUER, qui considère les mémoires en question comme destinés à Louis XIV (I, 335-339) et qui réfute l'opinion d'Erdmann (I, Notes, p. 44 et 49). Cf. ses *Quæstiones criticæ ad Leibnitii opera philosophica pertinentes* (Quæst. II).

peut s'appliquer qu'à la France : « Ce qu'Alexandre fit faire par Aristote n'entreroit point en comparaison, et déja les Memoires de l'Academie et les productions de l'Observatoire le passent infiniment¹. » Enfin un dernier passage est adressé spécialement au personnage de la cour qui devait présenter au roi le mémoire de Leibniz : « Il ne reste donc que d'informer ce grand Prince de tout ce qu'il peut ; ce soin appartient aux illustres qui l'approchent de plus pres, mais comme ils sont tous chargés de grandes occupations, il est du devoir des autres de leur fournir des memoires, et si ce petit papier y pouvoit servir parmy d'autres, il auroit esté assez bien employé ². »

Toutes ces considérations assignent aux deux mémoires français une date tout à fait vraisemblable, vers 1680, soit un peu après les lettres de Leibniz à Galloys ³. Il semble que, n'ayant pas trouvé à l'Académie des Sciences un accueil favorable, il s'adresse au roi pour qu'il patronne son projet et l'impose à la compagnie. C'est ce qu'il laisse entendre dans le passage suivant : « Ce projet, quelque important qu'il soit pour nostre bonheur, demande trop de concourans, pour qu'on le puisse esperer bien tost sans quelque ordre superieur ⁴. » Cela signifie, en somme, que pour trouver des collaborateurs, il ne compte plus sur la bonne volonté et l'entente spontanée

---

1. *Phil.*, VII, 177. Il s'agit évidemment de l'Académie des Sciences de Paris, fondée en 1666, et de l'Observatoire de Paris, construit par Cl. Perrault de 1667 à 1672 ; Dominique Cassini, appelé en France pour le diriger en 1669, commença aussitôt la fameuse méridienne de l'Observatoire, qui devait servir de base aux calculs de Newton, et il s'installa à l'Observatoire en 1671.

2. *Phil.*, VII, 177. On ne peut faire que des conjectures sur le personnage à qui Leibniz adresse ce mémoire. Peut-être est-ce le duc de Chevreuse, qui avait été son protecteur à Paris, et avec qui il était resté en relations. (Voir *Lettres à Galloys*, *Math.*, I, 177, 178, 182, 188; *Lettre à Jean Bernoulli* du 24 juin 1707, *Math.*, III, 816 ; cf. GUHRAUER, I, 147, 365.)

3. Nous avons conjecturé que les *Préceptes pour avancer les sciences* sont la « petite satyre de la république des lettres » dont Leibniz parlait en mai 1681. D'autre part, ils offrent beaucoup de ressemblances avec le *Consilium de Encyclopædia nova* de juin 1679. Ils ont donc probablement été écrits entre ces deux dates.

4. *Phil.*, VII, 182. Cf. *Phil.*, VII, 163-4 (cité p. 162, note 2).

de ses confrères, mais sur un ordre souverain qui les obligerait à concourir au grand œuvre rêvé.

15. Il importe d'analyser ces deux mémoires, pour se rendre compte de l'état du projet vers cette époque. Leibniz compare « nos connoissances à une grande boutique ou magazin ou comptoir sans ordre et sans inventaire : car nous ne sçavons pas nous même ce que nous possedons déja, et ne pouvons pas nous en servir au besoin [1]. » Il déplore le désordre qui règne dans la République des Lettres, et qui fait que « nous sommes pauvres au milieu de l'abondance » [2]. Il est effrayé de « cette horrible masse de livres, qui va tousjours augmentant » [3]; il va jusqu'à craindre qu' « on ne se degoute des sciences, et que par un desespoir fatal les hommes ne retombent dans la barbarie » [4]. D'autre part, il critique le manque d'ordre et de méthode dans les recherches scientifiques, le défaut d'entente et d'union entre les savants, qui font qu'ils gaspillent leur temps et leurs forces, et travaillent un peu au hasard. Sans doute, il rend justice aux progrès merveilleux que la science a faits depuis la Renaissance [5]. Mais l'abondance même des découvertes engendre une confusion où l'esprit a peine à se reconnaître. Cette confusion est encore aggravée par la rivalité des savants, qui prétendent tous inventer des systèmes et se posent en chefs d'école : chacun d'eux s'attache à réfuter ses prédécesseurs et à démolir leur œuvre pour s'élever sur leurs ruines; cette ambition ne produit que des

---

1. *Phil.*, VII, 178; cf. 157, 58; *De Synthesi et Analysi universali* (*Phil.*, VII, 296); *Inventorium mathematicum* (*Math.*, VII, 16); et le début du *Consilium de Encyclopædia*... : « Sæpe mecum cogitavi, homines multo quam sunt feliciores esse posse, si quæ *in potestate* habent, etiam *in numerato* haberent, ut cum opus est uti possent » (**Phil.**, V, 7). Rapprocher de ces deux mémoires le fragment inédit : **Phil.**, VI, 18.

2. *Phil.*, VII, 178, 158-9; cf. *Consilium de Literis instaurandis...* (Klopp, I, 54).

3. *Phil.*, VII, 160; cf. le *Mémoire pour des personnes éclairées et de bonne intention* (Foucher de Careil, A, 286).

4. *Phil.*, VII, 160 (cf. les textes antérieurs cités § 4). Il fait un peu plus loin des réserves sur cette crainte, qu'il considère lui-même comme chimérique (p. 162).

5. *Phil.*, VII, 143, 174.

disputes stériles, où « l'on se contente des discours spécieux », et une multitude de livres où quelques idées justes et quelques vérités nouvelles sont noyées dans un fatras indigeste et encombrant. Aussi Leibniz maudit-il surtout l'esprit de secte et de système, qui perpétue la discorde et l'anarchie du monde savant [1]. En résumé, le titre même du *Discours touchant la Méthode de la certitude et l'Art d'inventer* définit parfaitement la double fin qu'il se propose : 1° « *finir les disputes* », supprimer les écoles et les sectes, et faire collaborer tous les savants à l'œuvre collective; 2° « *faire en peu de temps des grands progrès* », en unissant et coordonnant les efforts des chercheurs, et en leur fournissant une méthode rigoureuse et infaillible qui est la Science générale. C'est l'Encyclopédie qui devait en somme constituer cette « perennis philosophia » dont Leibniz a rêvé toute sa vie, et réconcilier tous les penseurs dans une doctrine commune et impersonnelle susceptible d'un progrès indéfini [2].

16. Pour cela, il faut avant tout recueillir toutes les connaissances déjà acquises, faire l'inventaire ou le bilan de nos richesses scientifiques, qui sont « le plus grand tresor du genre humain » [3]. Leibniz pense qu'il est grand temps de dresser le catalogue des vérités que nous possédons : « Jamais siecle a esté plus propre à *ce grand ouvrage* que le nostre, qui semble faire la recolte pour tous les autres » [4]. Ce tableau systématique des sciences résumerait et remplacerait tous les livres antérieurs, et permettrait de les apprendre d'une manière méthodique et bien plus rapide. Non seulement l'Encyclopédie dis-

---

1. « Et valde improbat ambitionem eorum qui sectam moliuntur et alios contemnunt, tanquam soli res magnas absolvere possint » (*Phil.*, VII, 128; cf. p. 158, 187). On sait que c'est là son principal grief contre Descartes : « Descartes avoit cette vanité de vouloir estre solipse ». *Mémoire...* (*Foucher de Careil*, A, 289).

2. Il en avait emprunté l'idée ou tout au moins le nom au titre d'un ouvrage d'Augustinus Steuchus Jugubinus : Voir *Lettre à Foucher*, 1687 (*Phil.*, II, 395); *Lettre à Burnett*, 1/11 févr. 1697 (*Phil.*, III, 191); *Lettre à Remond*, 26 août 1714 (*Phil.*, III, 625).

3. *Phil.*, VII, 174; cf. 158.

4. *Phil.*, VII, 174; cf. 163.

penserait de lire une foule de livres désormais inutiles, mais à l'avenir elle dispensera même d'en écrire, parce que chaque nouvelle découverte y sera aussitôt consignée à sa place, et viendra s'encadrer entre les vérités déjà connues auxquelles elle se rattache logiquement. Ce serait une grande économie de temps pour les lecteurs, puisqu'ils n'auraient plus à digérer des ouvrages entiers pour s'assimiler quelques vérités nouvelles; et l'amour-propre des auteurs (que Leibniz tient à satisfaire et à ménager) y trouverait encore son compte, car le nom de l'inventeur serait attaché à perpétuité à la vérité qu'il aurait découverte; on s'immortaliserait même plus sûrement par une seule invention que par de gros livres qui tombent tôt ou tard dans l'oubli [1].

Enfin ce répertoire général servirait de guide aux recherches scientifiques, car les vérités y étant classées dans l'ordre de leur dépendance logique, on verrait d'un coup d'œil, comme en un tableau synoptique, quelles sont celles qui manquent encore, quelles sont les premières à découvrir, et par où l'on pourrait y parvenir [2]. Au lieu de rechercher au hasard et par tâtonnement, on ferait des découvertes méthodiquement et à coup sûr, ce qui accélérerait énormément le progrès des sciences. Si l'on appliquait rigoureusement la méthode que préconise Leibniz, les sciences avanceraient plus en dix ans qu'elles n'ont fait depuis plusieurs siècles [3].

---

1. « Il ne s'agit pas tousjours de faire des grands ouvrages; si chacun ne donnoit qu'une seule découverte, nous gagnerions beaucoup en peu de temps. Une seule remarque ou démonstration de conséquence suffit pour s'immortaliser, et pour se faire un mérite auprès de la postérité. Il y a des Géomètres anciens dont nous n'avons point d'ouvrages, comme Nicomede et Dinostrate, dont la réputation s'est conservée par quelques propositions qu'on rapporte d'eux » (*Phil.*, VII, 161). Allusion à la *conchoïde* de NICOMÈDE (IIe siècle av. J.-C.) et à la *quadratrice* de DINOSTRATE (IVe siècle av. J.-C.). Cf. *Phil.*, IV, 312, et la fin du *Consilium de Encyclopædia* (**Phil.**, V, 7, 6 recto).

2. *Phil.*, VII, 158, 58.

3. « Plus decennio proficí posse certa methodo fructuque quam ab aliquot seculis factum est » (*Phil.*, VII, 68). Dans ce fragment, daté de mai 1681, Leibniz paraît regretter que les sociétés savantes n'aient pas apprécié et adopté son projet : « Sane Societates regiæ in Gallia Angliaque præclaros habent viros, et egregia dedere aut dabunt, sed quæ

17. Ce qu'on vient de dire s'applique surtout aux sciences rationnelles, dont la méthode est déductive. En ce qui les concerne, le plan de l'Encyclopédie est tout indiqué : on rangera les propositions dans l'ordre où elles se déduisent les unes des autres, comme dans les traités de Géométrie [1]. Aussi est-ce les *Éléments* d'Euclide qui doivent servir de modèle à « l'Encyclopédie démonstrative » [2], comme c'est la Géométrie qui constitue pour Leibniz l'idéal de la science rationnelle [3]. D'ailleurs toutes les sciences doivent s'organiser tour à tour sur le type déductif : à mesure qu'on découvre des vérités (des lois de la nature, par exemple), elles se rattachent les unes aux autres par des liens multiples; par suite leur enchaînement logique se dégage et se fortifie, et l'on arrive progressivement à les ramener par déduction à un petit nombre de principes (ou hypothèses) [4]. C'est ainsi que, selon une remarque profondément juste et que l'histoire vérifie sans cesse, « les sciences s'abrègent en s'augmentant » [5]. Quand une science est arrivée à se constituer sous la forme rationnelle, toutes ses propositions découlent logiquement de quelques principes, de sorte qu'il suffit de connaître ces principes et de posséder « la vraie Logique » pour retrouver par ordre toutes ces vérités et reconstituer déductivement la science entière dont il s'agit [6]. Ces principes peuvent

---

maxime necessaria ac profutura essent, certas ob causas ne attingere quidem audent. » Il semble ici faire allusion à l'insuccès des propositions qu'il avait faites aux deux sociétés; et il ajoute : « Itaque fit ut curiosa magis et pulchra quam utilia consectari cogantur, majore generis humani damno quam facile credant harum rerum non satis intelligentes. » Cf. le *Mémoire pour des personnes éclairées* (Foucher de Careil, A, 275), le *Plan zu einer teutschliebenden Genossenschaft* (Foucher de Careil, VII, 388) et les textes cités p. 142, note 5.

1. *Phil.*, VII, 180.
2. *Phil.*, VII, 168.
3. *Phil.*, VII, 158.
4. « L'ordre scientifique parfait est celuy, où les propositions sont rangées suivant leurs demonstrations les plus simples, et de la manière qu'elles naissent les unes des autres; mais cet ordre n'est pas connu d'abord, et il se decouvre de plus en plus à mesure que la science se perfectionne » (*Phil.*, VII, 180).
5. *Phil.*, VII, 180.
6. « Aussi plus une science est perfectionnée, et moins a-t-elle besoin

être des vérités de raison ou des vérités d'expérience, ou enfin des propositions empruntées à quelque autre science; dans ce dernier cas, la science en question sera « subalterne », et cette considération détermine naturellement l'ordre de subordination des diverses sciences [1].

On arriverait ainsi peu à peu à composer des « Éléments démonstratifs de toutes les connaissances humaines [2] ». Sans doute, d'après ce qui vient d'être dit, on pourrait à la rigueur s'en passer, car, une fois connus les « principes d'invention » de chaque science, on pourrait en tirer tout le reste au moyen de la Science générale ou de l'Art d'inventer [3]. Mais la Caractéristique, à laquelle Leibniz fait ici allusion, n'est pas encore constituée, et d'ailleurs tout le monde n'a pas la force d'esprit nécessaire pour suivre de longues chaînes de déductions [4]. Toutefois, ce Calcul logique n'est pas indispensable; il perfectionne sans doute la Logique naturelle, mais celle-ci peut néanmoins servir provisoirement à élaborer l'Encyclopédie [5].

de gros volumes, car selon que ses Elemens sont suffisamment establis, on y peut tout trouver par le secours de la science generale ou de l'art d'inventer. » (*Phil.*, VII, 180; cf. 169, 171-72.)

1. Par exemple, la Perspective est subalterne à la Géométrie, et la Musique à l'Arithmétique (*Phil.*, VII, 169-70).
2. *Phil.*, VII, 168; cf. 158, 180.
3. « En examinant chaque science il faut tacher d'en découvrir les principes d'invention, lesquels estant joints à quelque science superieure, ou bien à la science generale ou à l'art d'inventer, peuvent suffire à en déduire tout le reste. » (*Phil.*, VII, 168.)
4. « Il est vray, que si cette Encyclopedie estoit faite comme je la souhaitte, on pourroit donner le moyen de trouver toujours les consequences des verités fondamentales ou des faits donnés par une manière de calcul aussi exact et aussi simple, que celuy de l'Arithmetique et de l'Algebre, dont je puis donner demonstration par avance pour animer les hommes à ce grand ouvrage; mais comme les demonstrations les plus exactes ne touchent pas assez, sans les exemples, je serois bien aise de ne découvrir cet artifice considerable, que lorsque je le pourray autoriser par quelques essais assez achevés, pour ne le pas prostituer à contretemps et sans effect » (*Phil.*, VII, 168-9). « Il est visible que peu de gens sont en estat de se faire un enchainement exact des demonstrations de toutes les verités qu'ils seroient bien aise d'apprendre. » (*Phil.*, VII, 168.)
5. « Cependant quoyqu'on ne puisse pas encor arriver aisement à ce calcul general, qui fait la derniere perfection de l'art d'inventer, toutes fois l'art d'inventer ne laisse pas de subsister, et on en peut donner des preceptes

18. L' « Inventaire General de toutes les connoissances »[1] ne devra pas comprendre seulement les sciences rationnelles et déductives : il comprendra aussi toutes les sciences expérimentales, en attendant qu'elles se ramènent à leur tour au type mathématique et puissent se réduire déductivement à quelques principes. On verra que Leibniz ne craint pas de faire à l'expérience sa part dans la Science générale ; nous savons déjà qu'il admet, comme principes de certaines sciences déductives, des vérités d'expérience[2]. A plus forte raison, dans les sciences encore tout empiriques, importe-t-il de recueillir méthodiquement et par ordre le plus de faits et d'expériences possibles, par exemple en Médecine, où « tout roule sur les observations[3] ». C'est dans ces sciences qu'il convient de dresser des répertoires ou des « livres de practique », c'est-à-dire des recueils de faits et d'observations d'où l'on dégagerait par induction des règles empiriques et provisoires, des lois plus ou moins probables, en attendant que l'on puisse les justifier rationnellement et les établir par déduction. Leibniz remarque que cette méthode conviendrait bien mieux aux Médecins qu'aux Jurisconsultes, qui selon lui en abusent : et en effet, le Droit est une science déductive fondée sur des principes *a priori* qu'il s'agit d'appliquer aux cas particuliers, tandis que la Médecine est une science expérimentale où il faut s'élever des faits aux lois[4]. Il faudrait donc « des Repertoires universels

---

excellens mais peu connus dont on touchera quelque chose dans ce discours, et qu'on verifiera par des exemples de quelques inventions effectives qui ont paru de consequence. » (*Phil.*, VII, 169.) Les derniers mots font sans doute allusion au Calcul infinitésimal. Cf. ce que Leibniz dit de l'imperfection de la « méthode de raisonner » et de l' « art d'inventer » (*Phil.*, VII, 172, 173).

1. *Phil.*, VII, 182.
2. *Phil.*, VII, 169.
3. *Phil.*, VII, 179 ; cf. **Phil.**, VII, C, 81.
4. *Phil.*, VII, 179. Cf. *Nouveaux Essais*, IV, VII, § 19, où Leibniz blâme aussi ces règles empiriques que les juristes appelaient *brocards* ou *brocardiques*, parce que « la jurisprudence est toute fondée en raison » et les oppose aux vrais principes du droit : « *non ex regula jus sumi, sed ex jure quod est regulam fieri* ». Cf. *Méditation sur la notion commune de la justice*, postérieure à 1693 (*Mollat*, p. 47).

tant Alphabetiques que Systematiques », avec des catalogues bibliographiques et des « Renvois » aux auteurs[1]. Les Répertoires alphabétiques seraient surtout destinés à indiquer l'auteur et l'endroit où se trouve telle ou telle vérité; les Répertoires systématiques contiendraient en outre « les raisons ou preuves » de chaque vérité, et prépareraient ainsi leur arrangement et enchaînement en système[2].

19. Mais ce n'est pas tout : « Il y a une infinité de belles pensées et observations utiles, qui se trouvent dans les auteurs, mais il y en a encor bien plus qui se trouvent dispersées parmy les hommes dans la practique de chaque profession[3] », et ces « connoissances non-ecrites... passent de beaucoup, tant à l'egard de la multitude que de l'importance, tout ce qui se trouve marqué dans les livres[4]. » Pour montrer tout le prix de ces connaissances vulgaires et techniques, Leibniz imagine (avant Daniel Defoe) un Robinson jeté dans une île déserte, et demande « de combien de lumieres on auroit besoin » pour se procurer toutes les choses utiles à la vie; il imagine encore « qu'un art fut perdu et qu'il le faudroit retrouver, à quoy souvent toutes nos Bibliotheques ne pourroient suppleer[5] ». Il se plaît ainsi à humilier la science scolastique et orgueilleuse des livres, et à la rabaisser devant l'industrie d'un simple artisan. Ce n'est pas que, comme les empiristes, il subordonne la théorie à la pratique, la raison à l'expérience, mais, au contraire, c'est parce qu'il voit dans la pratique « une autre

---

1. *Phil.*, VII, 179. On retrouve ici le souvenir du projet des *Semestria literaria*, avec l'exemple de Photius, le patriarche de Constantinople, et des « Journaux des Modernes ».

2. *Phil.*, VII, 178-180.

3. *Phil.*, VII, 178.

4. *Phil.*, VII, 181. Leibniz pensait notamment aux remèdes des empiriques, qui réussissaient parfois là où échouait la fausse science des médecins. Aussi il loue Cardan et Campanella d'avoir recueilli les secrets des charlatans, et à Scaliger, qui les blâme, il reproche d'avoir plus fréquenté Aristote et Platon que les herboristes et les jardiniers (*Bedencken*, §§ 20, 21, *Foucher de Careil*, VII, 86-88). Il cite encore Galilée et Harvey pour montrer ce que la théorie doit à la pratique et à l'expérience (*Phil.*, VII, 69).

5. *Phil.*, VII, 181-2.

théorie, plus composée et plus particulière[1] », et dans l'expérience une raison immanente et implicite, qui sert de contrôle à la raison déductive et discursive du savant[2]. C'est pourquoi Leibniz rêve l'union intime de la science et de l'industrie, de la théorie et de la pratique, qui peuvent et doivent se prêter un mutuel secours[3]. Sans la théorie, la pratique est aveugle ; mais sans la pratique, la théorie est souvent insuffisante, et par suite erronée, faute de tenir compte de certains éléments (telle est par exemple la mécanique abstraite qui négligerait la résistance des matériaux)[4]. Si la théorie éclaire la pratique routinière et lui permet de s'appliquer à des cas nouveaux, à des circonstances exceptionnelles et imprévues, la pratique, en revanche, complète la théorie ou l'oblige à se compléter, lui pose des problèmes et lui en suggère la solution[5]. D'ailleurs la théorie et la pratique se pénètrent et se mêlent de telle sorte qu'il est impossible de séparer en réalité le théoricien du praticien, et que dans tout ouvrier intelligent il y a un théoricien qui

1. *Phil.*, VII, 182.
2. « Je tiens qu'il faut se défier de la raison toute seule, et qu'il est important d'avoir de l'expérience, ou de consulter ceux qui en ont. Car l'expérience est à l'égard de la raison ce que les preuves (comme celles du novenaire) sont à l'égard des opérations Arithmétiques. » (*Phil.*, VII, 173.)
3. Dans le *Grundriss eines Bedenckens von aufrichtung einer Societät in Teutschland* (1669-70), Leibniz proposait déjà « Theoricos Empiricis felici connubio zu conjungiren » (*Foucher de Careil*, VII, 50 ; Klopp, I, 111-33). Cf. le *Mémoire pour des personnes éclairées et de bonne intention* (*Foucher de Careil*, A, 287).
4. *Phil.*, VII, 172-3. La question de la résistance des matériaux a beaucoup occupé Leibniz : dans le plan du *Plus Ultra*, on trouve déjà un chapitre : « 23. De Resistentia solidorum » (*Phil.*, VII, 50). Cf. les *Demonstrationes novæ de resistentia solidorum*, ap. *Acta Eruditorum*, 1684 (*Math.*, VI, 106). On peut rapprocher de ces études de mécanique physique le *Schediasma de Resistentia medii et motu projectorum gravium in medio resistente*, ap. *Acta Eruditorum*, 1689 (*Math.*, VI, 135), et la question de la cohésion, traitée dans la *Correspondance avec Hartsoeker*, 1706-1712 (*Phil.*, III). Pour savoir quel rapport ces recherches ont avec la métaphysique de Leibniz, voir la fin du *Specimen inventorum de admirandis naturæ Generalis arcanis*, auquel sont jointes des notes inédites « de firmitate et cohæsione corporum » (*Phil.*, VII, 318 ; Bodemann, p. 86), et le fragment inédit : **Phil.**, VIII, 6-7.
5. De même Descartes voulait qu'on allât par l'expérience au devant de la déduction. La pratique devance la théorie, elle la guide, l'appelle et même la supplée provisoirement.

s'ignore[1]. Aussi l'Encyclopédie, pour être complète, devra consigner tous les procédés des arts et métiers, et recueillir jusqu'aux tours de main des artisans, qui peuvent être l'origine ou l'occasion de découvertes ou d'inventions d'un grand intérêt scientifique[2]. En résumé, l'Encyclopédie devra être, suivant le mot de Leibniz, « un veritable Theatre de la vie humaine tiré de la practique des hommes[3] ».

20. Ce n'est pas tout encore : l' « inventaire general de nostre tresor public » ne sera complet que lorsqu'on aura recueilli et classé, non seulement les lois, expériences et observations, mais aussi les faits historiques de toute sorte, « car ce sont les faits qui ont le plus de besoin des collections,

---

1. « Mais on se trompe souvent en appellant practique ce qui est theorie, et vice versa. Car un ouvrier qui ne sçaura ny du latin ny de l'Euclide, quand il est habile homme et sçait les raisons de ce qu'il fait, aura veritablement la theorie de son art, et sera capable de trouver des expediens dans toute sorte de rencontres. » (*Phil.*, VII, 172.)

2. « Il n'y a point d'art mecanique si petit et si meprisable, qui ne puisse fournir quelques observations ou considerations remarquables, et toutes les professions ou vocations ont certaines adresses ingenieuses dont il n'est pas aisé de s'aviser, et qui neantmoins peuvent servir à des consequences bien plus relevées. » Et plus loin Leibniz dit « que les plus considerables observations et tours d'adresse en toute sorte de mestiers et de professions sont encor non-ecrits » (*Phil.*, VII, 181, 182). Leibniz voulait qu'un dictionnaire comprît tous « les termes techniques des sciences, arts et professions », et il le conseillait aux « entrepreneurs » « d'un Dictionnaire complet de la langue Angloise » qui devait « faire la nique » au Dictionnaire de l'Académie française (*Lettre à Th. Burnett* du 17/27 juil. 1696, *Phil.*, III, 180 ; *Lettre à Nicaise*, 1696, *Phil.*, II, 557). Il ajoute : « Il y a long temps j'ay preché cela aux François ; mais ils n'auroient jamais pris cette resolution dans leur Academie, si feu Mr. l'Abbé Furetiere ne les avoit piqués d'honneur » (*Phil.* III, 181). Furetière avait en effet composé pour le *Dictionnaire de l'Académie* (comprenant 2 volumes) un *Supplément* de deux autres volumes, contenant les termes techniques. De même, dès la fondation de la Société royale des Sciences de Berlin, Leibniz proposait de composer un Lexique des termes techniques (*Lettre à de Volder*, 6 sept. 1700, *Phil.*, II, 210 ; cf. Foucher de Careil, VII, 272). On voit que Leibniz attachait à l'étude des arts et métiers autant d'importance que les auteurs de l'*Encyclopédie* française du XVIIIe siècle.

3. *Phil.*, VII, 181. Leibniz ajoute qu'il serait « bien different de celuy que quelques sçavans hommes nous ont laissé », allusion au titre de l'ouvrage de Théodore Zwinger, déjà cité (§ 5, fin). Ailleurs il emploie le titre de *Theatrum Naturæ et Artis* (Foucher de Careil, VII, 244, 473, 567).

autorités et inventaires »[1]. Leibniz conçoit l'histoire au sens le plus général et le plus philosophique (qui est en même temps le sens étymologique), comme la recherche et la conservation des faits et événements particuliers, tant de la nature que de la société humaine[2]. Déjà dans son projet de refonte de l'*Encyclopédie* d'ALSTED, il divisait l'histoire en *historia rerum*, comprenant les observations sur le corps, l'âme et l'homme (c'est-à-dire les faits physiologiques, psychologiques et sociaux), et *historia locorum et temporum*, comprenant la géographie et l'histoire proprement dite[3]. De même ici, il définit les « observations et vérités historiques » comme « les faits de l'histoire sacrée, civile ou naturelle ». L'histoire naturelle est évidemment la matière des sciences physiques et naturelles[4]. L'histoire civile sert de matière aux sciences morales et politiques; enfin l'histoire sacrée fournit les arguments de fait indispensables à l'apologétique, qui, on le sait, n'est pas la fin la moins importante de l'Encyclopédie[5].

1. *Phil.*, VII, 182.
2. C'est aussi dans ce sens que COURNOT entend l'histoire (*Essai sur les fondements de nos connaissances*).
3. Voir Note XII. Cf. l'*Analysis linguarum*, 11 sept. 1678 : « Conscribendus est liber historiarum, seu propositionum universalium ex singularibus ductarum » (**Phil.**, VII, C, 10). Ici les vérités historiques sont, non les faits singuliers, mais les lois empiriques qu'on en tire par induction.
4. *De Synthesi et Analysi universali* : « Constituta jam et sensuum et testium auctoritate, condenda est Historia phænomenorum, quibus si jungantur veritates abstractæ ab experimentis, hinc scientiæ mixtæ formantur » (*Phil.*, VII, 296). On remarquera que l'histoire des phénomènes repose, elle aussi, sur la critique du témoignage, en particulier, du témoignage des sens. Leibniz vient de dire que la vérité des faits consiste dans l'accord des phénomènes, et qu'il n'y a pas d'autre moyen de distinguer la veille du rêve. Cf. *Consilium de Literis instaurandis* : « Historia Universalis, id est tam naturalis quam civilis ». Suit une critique des données des sens et du témoignage des hommes (*Klopp*, I, 54).
5. Voir la *Lettre à Huet* (1679) où Leibniz fait l'éloge de l'histoire et de la critique : « Unus Historiæ pariter ac Criticæ artis usus necessarius est ad stabiliendam religionis veritatem » (*Phil.*, III, 15). Plus tard il disait : « Si quelqu'un vouloit donner la Theologie revelée d'une maniere demonstrative..., il auroit besoin des Elemens de l'Art Critique préétablis. Car la verité de la Religion revelée est fondée sur des faits de l'ancienne Histoire, lesquels ne peuvent estre mieux prouvés que par les monumens de l'antiquité ». *Lettre à Nicaise*, 30 avril/10 mai 1697 (*Phil.*, II, 567). Cf. *Let-*

D'ailleurs, en dehors de l'utilité de l'histoire pour « la preuve de la religion », Leibniz s'intéresse à l'histoire pour elle-même : avant même d'être devenu un historien de profession, il manifeste pour les vérités historiques une curiosité et un respect qui contrastent vivement avec le dédain que les Cartésiens affichaient pour l'histoire et l'érudition [1]. On sait de quels sarcasmes Malebranche, notamment, criblait les archéologues et les philologues, qu'il considérait comme perdant leur temps à des bagatelles indignes d'un homme sérieux et d'un chrétien; Leibniz avait dû prendre contre lui la défense de l'érudition et de la critique [2].

tres à Burnett, 17/27 juillet 1696, 1/11 février 1697 (*Phil.*, III, 183, 193) et une *Lettre* du 23 janv. 1708 : « L'histoire (qui comprend les antiquités) est utile à la preuve de la religion » (*Bodemann*, p. 25). Cette lettre est destinée à réfuter le P. Poiret qui dans son *De eruditione solida* faisait trop bon marché de l'érudition.

1. *Phil.*, IV, 325. Il disait, à propos de Saumaise : « Les hommes qui se piquent de philosophie et de raisonnement ont coutume de mépriser les recherches de l'antiquité, et les antiquaires à leur tour se moquent de ce qu'ils appellent les reveries des Philosophes ». *Lettre à Burnett*, 1699 (*Phil.*, III, 263, 270). Inutile d'ajouter qu'il blâme également les deux partis, et « rend justice au mérite des uns et des autres », fidèle en cela à sa maxime favorite, qui était de ne rien mépriser (*Lettre à Coste*, 4 juil. 1706, *Phil.*, III, 384; *Lettre à Bourguet*, 3 janv. 1714, *Phil.*, III, 562). Il avait composé un discours intitulé : *Spongia Exprobrationum, seu quod nullum doctrinæ veræ genus sit contemnendum*, précisément pour combattre l'orgueilleux dédain des Cartésiens pour les sciences historiques (**Phil.**, VIII, 7, 43-44).

2. *Lettre à Gabriel Wagner*, 1696 (*Phil.*, VII, 515). Cf. *Nouveaux Essais*, III, IX, § 9 : « Et tout cela fait voir l'utilité et l'étendue de la *critique*, peu considérée par quelques philosophes, très habiles d'ailleurs, qui s'émancipent de parler avec mépris du *rabbinage* et généralement de la *philologie* ». Parmi les applications de la philologie comparée, Leibniz mentionne la recherche des origines des peuples : « Les langues tiendront lieu de livres, et ce sont les plus anciens monuments du genre humain... Sans parler de l'origine des peuples qu'on connaîtra par le moyen des étymologies solides que la comparaison des langues fournira le mieux. » On sait le parti que Fustel de Coulanges et son école ont tiré de cette méthode d'investigation *préhistorique*. Cf. *Lettre au R. P. Verjus* sur l'utilité de la connaissance des langues pour l'histoire (*Dutens*, VI, II, 227). Leibniz publia dans les *Miscellanea Berolinensia* de 1710 une *Brevis designatio meditationum de Originibus Gentium, ductis potissimum ex indicio linguarum* (*Dutens*, IV, II, 186). Cf. *Lettre à Bierling*, 7 juillet 1711 : « De remotissimis gentium originibus aliquod judicium fieri potest ex linguarum

Ce n'est pas que, comme les empiristes, il eût la superstition des faits : il n'attache à la connaissance des faits en eux-mêmes qu'une valeur toute utilitaire et pratique[1]; mais il avait conscience de la connexion et de la compénétration de tous les faits, si futiles ou si dispersés qu'ils soient; et il savait qu'il n'y en a aucun, si insignifiant qu'il paraisse par lui-même, qui ne puisse servir de preuve ou de vérification à une vérité historique ou même scientifique de grande conséquence[2]. Aussi, malgré son éducation littéraire et le goût qu'il avait dans sa jeunesse pour la poésie[3], faisait-il peu de cas des œuvres de littérature et d'imagination, et même de religion et de morale; il recherchait au contraire les livres d'histoire, surtout ceux de première main, comme les mémoires et les voyages[4]. Il voulait que l'on appliquât la Critique des textes, non seulement aux auteurs classiques, comme les humanistes de la Renaissance, mais encore aux documents et monuments historiques, comme le faisaient d'ailleurs les Bénédictins[5]. Enfin il souhaitait que l'on réduisît la méthode critique en principes, qu'on en

---

harmonia » (*Phil.*, VII, 494). Leibniz y prend en général la défense de l'érudition, et en particulier de Saumaise, contre ce que Bierling en disait dans ses *Lineamenta Methodi studiorum*.

1. « La connoissance des faits est à peu près comme celle des rues de Londres, qui est bonne pendant qu'on y demeure. » *Lettre à Burnett*, 17/27 juill. 1696 (*Phil.*, III, 182).

2. « Je ne méprise point qu'on épluche les antiquités jusqu'aux moindres bagatelles; car quelquefois la connoissance que les critiques en tirent peut servir aux choses importantes. » Leibniz cite comme exemple l'histoire du costume, et il ajoute : « Cela pourra peut-être servir à discerner les monuments légitimes de ceux qui ne le sont pas, sans parler de quelques autres usages. » (*Nouveaux Essais*, IV, XVI, § 11.) Cf. le *Mémoire pour des personnes éclairées et de bonne intention* (Foucher de Careil, A, 285).

3. « Certe in studiis humanitatis et re poetica eo usque profeceram, ut vererentur amici, ne dulcedine captus pellacium Musarum seria magis et aspera fastidirem. » *Vita Leibnitii a se ipso breviter delineata* (GUHRAUER, II, Notes, 54; Klopp, I, XXXII sqq.). Cf. *Phil.*, VII, 185.

4. *Lettres à Burnett*, 1699-1700 (*Phil.*, III, 254-5, 266).

5. « La critique des chartes et diplomes est bien plus utile que celle des auteurs classiques latins et grecs. » *Lettre à Conring*, 29 juin 1677 (*Phil.*, I, 176). Voir l'éloge que Leibniz fait de Dom Mabillon dans une *Lettre à Nicaise*, 1700 (II, 592). Cf. *Lettres à Bierling* du 24 oct. 1709 et du 7 juillet 1711 (*Phil.*, VII, 486, 494).

fit un système ou un code complet [1]. Il indique lui-même en passant un des préceptes fondamentaux de cet « Art critique » qu'il rêve : « La meilleure Methode qu'il y a, c'est d'y faire le plus de comparaisons qu'on peut, et des indices les plus exacts, les plus particularisés et le plus diversifiés qu'il est possible » [2]. C'est du reste cette méthode comparative qu'il employait lui-même, soit dans la recherche des étymologies [3], soit dans l'interprétation des auteurs anciens. Il professait notamment que la méthode la plus exacte et la plus sûre pour expliquer un auteur, en particulier un philosophe comme Aristote, est de le commenter par lui-même, et d'éclairer les textes obscurs par leur rapprochement avec des passages analogues [4] ; ce qui l'a fait considérer par un savant contemporain comme le précurseur de l'école moderne des historiens de la philosophie qui emploient la méthode philologique-critique [5].

Tout cela montre que Leibniz était plus « moderne » à bien des égards que la plupart de ses contemporains. En tout cas, on n'aurait pas une idée juste et complète de son génie encyclopédique, si l'on ne remarquait comment au goût de la rigueur logique et des idées claires il savait joindre la curiosité des faits, l'esprit critique et le souci scrupuleux de la vérité historique. Toutefois, comme il nous en avertit lui-même,

---

1. Après avoir dit qu'un ouvrage de numismatique (tel que celui que projette M. Morel) « seroit une partie considerable de l'art critique qui consiste dans l'examen et usage des anciens monumens », Leibniz ajoute : « Si outre la Diplomatique du P. Dom Mabillon on y joignait un jour la science des Manuscrits, des Inscriptions et du reste des Antiquailles, on auroit un art Critique achevé. » *Lettre à Nicaise*, 1697 (*Phil.*, II, 567).

2. *Phil.*, VII, 182.

3. Voir *Lettres à Nicaise* (*Phil.*, II, 547, 564, 570-1) et les *Collectanea etymologica* (Dutens, VI). Toute la Correspondance avec l'abbé Nicaise témoigne de la curiosité de Leibniz pour les recherches d'archéologie et de philologie. Il avait d'ailleurs publié en 1693 son *Codex juris gentium diplomaticus*, recueil de traités et de documents pour servir à l'histoire de l'Empire.

4. *Lettres à Cornelius Dietrich Koch* (1701-1710), publiées par STEIN (voir note suiv.) et par GERHARDT (*Phil.*, VII, 470 sqq.).

5. LUDWIG STEIN, *die in Halle aufgefundenen Leibnitz-Briefe, im Auszug mitgetheilt*, ap. *Archiv für Geschichte der Philosophie*, I, 391 (1888).

« ce n'est pas cette Methode de bien enregistrer les faits » qui est l'objet principal de sa Logique, « mais plustost la Methode de diriger la raison pour profiter tant des faits donnés par les sens ou rapport d'autruy que de la lumière naturelle[1] » et en tirer des vérités générales.

21. Tel est le plan le plus vaste et le plus complet que Leibniz ait conçu pour son Encyclopédie. Mais, comme il doutait, non sans raison, de pouvoir le faire adopter d'emblée par une société savante, même avec la protection d'un souverain, il esquisse en même temps un projet plus modeste, qu'il pourrait exécuter tout seul, et qui donnerait un échantillon du grand travail collectif qu'il médite. D'ailleurs, il avait soin, dans ses divers programmes, de distinguer nettement ce qui, dans son entreprise, dépendait des particuliers, et ce qui exigeait l'intervention de l'autorité[2]. Il est donc naturellement amené à envisager la part de travail qui lui reviendrait et qu'il pourrait accomplir à lui seul. Cette part comprend d'abord la Science générale, c'est-à-dire la méthode universelle des sciences dont il est l'inventeur; il songe ensuite à appliquer celle-ci aux sciences purement rationnelles, à savoir la Métaphysique et la Morale. Mais ce projet, déjà fort restreint, lui paraît encore trop étendu, et il doute de pouvoir le réaliser : « Mais comme l'esprit humain a de la peine à se gêner long temps dans un ouvrage de longue haleine, on ne trouvera pas aisement un homme capable d'achever tout d'un trait un cours demonstratif des sciences independantes de l'imagination, tel que je viens de décrire[3] ». Il propose alors d'élaborer une réduction de l'Encyclopédie : puisque chaque science se ramène à quelques principes dont on peut la déduire tout entière au moyen de la Science générale, on peut se contenter de formuler

---

[1]. *Phil.*, VII, 182.
[2]. *Mémoire pour des personnes éclairées et de bonne intention* (Foucher de Careil, A, 276, 283); *Propositio* (Klopp, I, 53); *Préceptes pour avancer les sciences* : « Mais mettons à part ce qui se rapporte à la conjonction de nos forces qui depend d'une autorité superieure, disons quelque chose de ce qui depend d'un chacun... » (*Phil.*, VII, 163-4.)
[3]. *Phil.*, VII, 168.

les propositions fondamentales et primitives de chaque science pour la posséder virtuellement dans sa totalité. Ces « Éléments » constitueraient un succédané provisoire de l'Encyclopédie [1]; et, même celle-ci élaborée, ils ne seraient pas inutiles à titre de manuel et de memento [2].

Le même projet se révèle dans le fragment que Raspe a intitulé : *Historia et commendatio linguæ charactericæ universalis, quæ simul sit ars inveniendi et judicandi* [3]. Leibniz commence par y retracer l'origine et l'histoire de l'idée de sa Caractéristique; il déclare en même temps qu'il n'a pas encore inventé le système des « Nombres caractéristiques », et qu'il n'en a pas besoin pour exposer les règles *formelles* de son Calcul logique. C'est que la Caractéristique, nous le savons, présuppose l'Encyclopédie, ou tout au moins un « cours de Philosophie et de Mathématique [4] ». C'est ce cours que Leibniz voudrait faire rédiger par quelques hommes choisis, suivant la méthode qu'il a inventée. Il va jusqu'à fixer la durée probable d'un tel travail : cinq ans pour l'ensemble des sciences, deux ans seulement pour la Métaphysique et la Morale [5]. Telle est la forme que prend désormais le projet de Leibniz : son ambition se restreint à composer des Éléments de Philosophie dans un ordre logique et par une méthode démonstrative telle, qu'ils ne le cèdent pas en rigueur aux Éléments d'Euclide.

---

1. « Il faut se servir par provision d'un *succedaneum* de cette grande Méthode » (*Phil.*, VII, 168).

2. « Quand même nous aurions une Encyclopedie demonstrative entièrement achevée, il faudroit avoir recours à cet artifice pour le secours de la memoire » (*Phil.*, VII, 168).

3. GERHARDT croit ce fragment destiné à être publié dans les *Acta Eruditorum* (*Phil.*, VII, 39). Nous y voyons plutôt la préface d'un ouvrage où Leibniz aurait exposé son Calcul logique.

4. « Nihil aliud opus est, ut Characteristica, quam molior,... constituatur,... quam ut condatur cursus Philosophicus et Mathematicus, quem vocant, nova quadam methodo, quam præscribere possum. » (*Phil.*, VII, 187.)

5. « Nec multo plus laboris exigeret, quam in nonnullos cursus aut nonnullas Encyclopædias ut loquuntur jam impensum videmus. Aliquot selectos homines rem intra quinquennium absolvere posse puto; intra biennium autem doctrinas magis in vita frequentatas, id est Moralem et Metaphysicam, irrefragabili calculo exhibebunt. » (*Phil.*, VII, 187.)

22. C'était là d'ailleurs un projet déjà ancien, aussi ancien que celui de l'Encyclopédie elle-même; et il était si bien arrêté dans l'esprit de Leibniz, qu'il le considérait comme un « vœu ». Il remontait à l'époque de ses premiers essais de réconciliation des Églises, inspirés par le duc Jean-Frédéric, qui, né protestant, s'était converti au catholicisme[1]. C'est alors en effet que commencèrent ses relations et sa correspondance avec Bossuet, alors évêque de Condom, et avec Christophe Rojas de Spinola, évêque de Thina[2], qui vint à Hanovre en juin ou juillet 1679[3]. Invité par le duc à rédiger une profession de foi qui pût servir de compromis ou tout au moins de base de discussion entre protestants et catholiques[4], et qui fût la réponse ou la contre-partie de l'*Exposition de la doctrine de l'Église catholique* par Bossuet[5], Leibniz proposait de composer des *Demonstrationes Catholicæ*[6] qu'on soumettrait au pape pour tâcher d'obtenir son approbation, et qui fussent en même temps acceptables par les protestants[7], et il mettait au service du duc son *art des controverses* et sa *méthode de disputer*, dont il avait déjà entretenu l'électeur

---

1. En 1661 : voir sa *Lettre* à sa mère, 12 avril 1662 (*Klopp*, IV, p. XL).
2. Knin, Tnena ou Tnynski, en Dalmatie, sur les confins de la Croatie.
3. GUHRAUER, I, 361. Voir les lettres échangées entre le duc et le pape Innocent XI (20 avril, 5 déc. 1678) et la *Lettre du duc à Spinola* (10/20 juin 1679), ap. *Klopp*, IV, p. XLV sqq. Les deux prélats sont nommés dans le fragment « De Republica literaria » daté de mai 1681 (*Phil.*, VII, 72).
4. « On désire que je traite à fond la question importante des marques de la vraye église. » *Des controverses* (*Klopp*, IV, 429; Foucher de Careil, I, 450).
5. Approuvée par un bref d'Innocent XI du 4 janv. 1679 (*Klopp*, IV, XLVIII); cf. *Lettre à Bossuet* du 1er mai 1679, et *Lettre au duc Jean-Frédéric* (*Klopp*, IV, 454).
6. En voici le plan : 1° *Théologie naturelle* (existence de Dieu, immortalité de l'âme); 2° *Théologie révélée* (possibilité des mystères, preuves morales et historiques de la religion); 3° *De l'Église* (théorie des pouvoirs spirituel et temporel). C'est là l'origine du *Systema theologicum* (1686?), auquel Leibniz n'avait pas donné ce titre, mais celui d'*Examen religionis christianæ* (Bodemann, p. 4).
7. *Klopp*, IV, 441, 446. Leibniz définissait avec une habileté diplomatique l'esprit dans lequel cet ouvrage devait être conçu : « Il faudroit forger un écrit comme fait par un catholique pour convertir un protestant. » *Lettre au duc Jean-Frédéric* (*Klopp*, IV, 455). Cf. les *Lettres au landgrave de Hesse-Rheinfels*, 1684 (Rommel, II, 28, 36).

de Mayence, et qui n'était au fond que sa Caractéristique[1]. Or ces *Demonstrationes Catholicæ* devaient être précédées des « *Elemens demonstrés de la vraye Philosophie* », comprenant la Logique (« car il faut une nouvelle *logique* pour connoistre les degrés de la probabilité »), la Métaphysique, la Morale et la Politique. Mais c'est surtout comme logicien que Leibniz offre ses bons offices : s'il a étudié les Mathématiques en France, c'est pour se perfectionner dans l'art des démonstrations et acquérir une autorité de logicien; ses découvertes mathématiques montreront qu'il possède à fond l'Art d'inventer et de démontrer[2].

---

1. *Des controverses* (*Klopp*, IV, 429; *Foucher de Careil*, I, 459). Leibniz y rapporte une conversation qu'il eut autrefois avec un « grand prince », et où il lui proposa une méthode pour diriger et terminer infailliblement les controverses. Cf. *Lettre au duc Jean-Frédéric* (*Klopp*, IV, 440); *Methodus disputandi usque ad exhaustionem materiæ*, et *Vitia disputationis confusaneæ* (**Phil.**, VII, B VI, 3, 4; *Bodemann*, p. 99). Voir une allusion dans **Phil.**, VII, C, 87-88.

2. « Je veux donc donner auparavant au public mes decouvertes dans l'analyse, dans la geometrie et dans les mecaniques, et j'ose dire d'en avoir qui ne doivent pas ceder à celles que nous ont données Galilei et Des Cartes. Et par là on jugera si je sçay ce que c'est d'inventer et de demonstrer. Je n'ay donc pas estudié les sciences mathematiques pour elles-mêmes, mais à fin d'en faire un jour un bon usage pour me donner du credit, en avançant la pieté. » *Lettre au duc Jean-Frédéric*, 1679 (*Klopp*, IV, 444). Cf. un Fragment autobiographique fort curieux, où Leibniz se dépeint comme une personne dont il aurait fait la connaissance à Paris (à rapprocher de la *Vita Leibnitii*, du *Wilhelmus Pacidius*, etc.) : « Je le surpris un jour en lisant des livres de controverses, je luy tesmoignay mon estonnement, car on me l'avoit fait passer pour un mathematicien de profession, parce qu'il n'avoit presque fait autre chose à Paris. Ce fut alors qu'il me dit qu'on se trompoit fort, qu'il avoit bien d'autres veues, et que ses meditations principales estoient sur la Theologie, qu'il s'estoit appliqué aux mathematiques comme à la scholastique, c'est-à-dire seulement pour la perfection de son esprit, et pour apprendre l'art d'inventer et de demonstrer, qu'il croyoit d'y estre allé à present aussi loin qu'aucun autre. » (*Klopp*, IV, 454.) Dans la même *Lettre*, il ajoute cette indication fort intéressante, vu sa date : « Il y a encore une chose fort considerable dans ma philosophie, qui luy donnera quelque acces chez les Jesuites et autres Theologiens. C'est que je retablis les formes substantielles que les Atomistes et Cartesiens pretendent d'avoir exterminées. » Il expose que le mécanisme ruine les mystères de la foi, que l'identification de la matière et de l'étendue exclut la présence réelle, etc. « La Transsubstantiation implique contradiction, si la Philosophie des modernes » (Cartésiens et Gassendistes) « est veritable. » Et Leibniz ajoute

Et il indique comment il a perfectionné cet art en le réduisant à un calcul : « Enfin pour rendre mes demonstrations absolument incontestables et aussi certaines que ce qui se peut prouver par un calcul arithmétique, je donneray un essay de cette nouvelle ecriture ou caracteristique ou bien langue si l'on veut[1]. »

C'est ce projet qu'il rappelait quand il écrivait à Thomas Burnett en 1697 : « Un théologien habile, qui a esté professeur de Mathematiques, me consulta dernierement si on ne pourrait écrire la théologie *Methodo Mathematica*. Je luy repondis qu'on le pouvoit assurément, et que j'avois moy même fait des echantillons là-dessus; mais qu'un tel ouvrage ne pourroit estre achevé, sans donner auparavant aussi des Elemens de Philosophie... dans un ordre Mathematique. » Et Leibniz expose ses vues « sur la maniere de bien etablir la verité de la Religion Chrestienne[2] ». Avant tout, il faut faire des *Establissemens* : « j'appelle Establissement lorsqu'on determine et acheve au moins certains points, et met certaines theses hors de dispute, pour gagner terrain et pour avoir des fondemens sur lesquels on puisse batir[3] ». Or, après avoir esquissé la théorie des vérités nécessaires et contingentes, sur laquelle nous aurons à revenir, et montré « qu'un tel ouvrage (la démonstration de la vérité de la religion) demande non seulement l'Histoire et la Théologie ordinaire, mais encor la Philosophie, la Mathematique et la Jurisprudence[4] », Leibniz conclut : « Ainsi, avant

---

qu'il a des démonstrations métaphysiques d'où l'on pourrait déduire la possibilité de la Transsubstantiation. *Lettre au landgrave*, 1684 (Rommel, II, 53). Il s'est toujours efforcé de gagner les catholiques et en particulier les Jésuites à son système. Voir *Lettre au landgrave*, 1680 (Rommel, I, 281); *Phil.*, IV, 343-349, et Appendice IV, § 10.

1. *Lettre au duc Jean-Frédéric*, 1679 (Klopp, IV, 445).
2. *Lettre à Burnett*, du 1/11 février 1697 (*Phil.*, III, 190).
3. *Phil.*, III, 192. (Cf. *Lettre à Foucher*, 1679? *Phil.*, I, 374.) C'est justement là ce que Leibniz entendait par la « perennis philosophia. » (Voir § 15, fin.) Il ajoute : « C'est proprement la methode des Mathematiciens, qui separent *certum ab incerto, inventum ab inveniendo.* » Et il déplore le désordre et l'absence de méthode dans les travaux des savants, exactement comme dans les *Préceptes pour avancer les sciences*. Il rappelle le fameux mot de Casaubon sur la Sorbonne (v. p. 97, note 2).
4. *Phil.*, III, 193.

qu'on puisse traiter la Théologie par la méthode des Etablissemens, comme je l'appelle, il faut une Metaphysique, ou Théologie naturelle démonstrative, et il faut aussi une Dialectique morale et une Jurisprudence naturelle, par laquelle on apprenne demonstrativement la manière d'estimer les degrés des preuves[1] ». Et il ajoute ce renseignement précieux pour l'histoire de sa pensée : « Il y a presque trente ans que j'ay fait ces remarques publiquement[2], et depuis ce temps j'ay fait quantité de recherches, pour jetter les fondemens de tels ouvrages; mais mille distractions m'ont empêché de mettre au net ces Elemens Philosophiques, Juridiques et Théologiques que j'avois projettés. Si Dieu me donne encor de la vie et de la santé, j'en feray ma principale affaire[3]. » Il répète la même promesse à la fin du *Post-Scriptum* : « Enfin si Dieu me donne encor pour quelque temps de la santé et de la vie, j'espere qu'il me donnera aussi assez de loisir et de liberté d'esprit pour m'acquitter de mes vœux, faits il y a plus de trente ans, pour contribuer à la pieté et à l'instruction publique sur la matiere la plus importante de toutes[4] ».

En fait, Leibniz n'a jamais cessé, malgré ses nombreuses « distractions[5] », de penser à ce vœu et d'essayer de s'en acquitter. Lorsqu'en 1710 il publia ses *Essais de Théodicée*, nés

---

1. *Phil.*, III, 194. Il s'agit ici de la Logique des probabilités (voir Chap. VI, § 28 sqq.).
2. Allusion au *Specimen demonstrationum politicarum* de 1669, qu'il a rappelé précédemment. (*Ibid.*, p. 190.) Voir Note VIII.
3. Allusion au bruit qui avait couru de la mort de Leibniz, et à propos duquel il écrivait à Th. Burnett: « Si la mort me veut donner tout le temps qu'il faut pour achever les desseins que j'ay deja formés, je luy promettray en echange de n'en commencer point d'autres, et de travailler fort diligemment à ceux que j'ay deja, et neantmoins j'auray par ce contract un grand delay. » Lettre à Burnett, 7/17 mars 1696. (*Phil.*, III, 174-5.)
4. *Phil.*, III, 197. Allusion au but pieux de l'Encyclopédie. (Voir § 10.)
5. Il fait allusion dans la même lettre à la principale de ces distractions : « Vous avés raison Monsieur de dire que les travaux qui serviroient à etablir la vérité de la Religion vaudroient mieux que l'histoire de Bronsvic. Je serois bien faché aussi si je devois estre tousjours occupé à cette histoire. » (*Phil.*, III, 195.) C'est pourtant ce qui lui est arrivé. (Voir Note XV.)

des discussions auxquelles les ouvrages de Bayle avaient donné lieu à la cour de Hanovre et à celle de Berlin[1], il déclarait qu'ils n'étaient dans sa pensée que la préface des Eléments métaphysiques et théologiques qu'il méditait[2], et qui devaient être composés démonstrativement, *more geometrico*[3]. C'est dans cette intention qu'il rédigea en 1714, d'une part les *Principes de la Nature et de la Grace*[4] (à la demande du prince Eugène de Savoie), et d'autre part ce recueil de thèses métaphysiques qu'on a intitulé *Monadologie*[5]. Ces deux opuscules nous tiennent lieu des Eléments projetés, mais ils ne les remplacent pas, car Leibniz exprimait encore le même vœu en 1715[6]. On peut donc dire que, même pour la Métaphysique, Leibniz n'a pas réussi à réaliser le projet restreint qu'il avait conçu comme le succédané de l'Encyclopédie.

23. Cependant il n'avait pas renoncé à son grand projet, ni cessé d'y travailler ou d'y faire travailler. Nous en avons la preuve dans les nombreuses listes de définitions qu'il a élaborées lui-même ou qu'il a fait recueillir à diverses époques.

---

1. Voir *Lettre à Burnett*, 30 octobre 1710 (*Phil.*, III, 321).
2. « Si j'estois debarrassé de mes travaux historiques, je voudrois me mettre à établir ces Elemens de la Philosophie générale et de la Theologie naturelle... Mais ce present ouvrage peut servir d'avant coureur... » (*Ibid.*).
3. Il disait à propos de son système de l'harmonie préétablie : « Utinam hæc omnia redigere vacaret in Euclideas demonstrationes, quemadmodum fieri posse video. » *Lettre à Tolomei*, 17 décembre 1705 (*Phil.*, VII, 468).
4. Publiés en 1718 dans l'*Europe savante*.
5. Publiée par Köhler en 1720 à Francfort, en allemand. Le texte original français a été publié pour la première fois par *Erdmann* (1840).
6. *Lettre au P. des Bosses*, 30 juin 1715 : « Vellem vacaret mihi redigere totam meam Metaphysicen in disciplinæ formam, ad eum modum quo Theodicæam sub finem brevi libello Latino methodice tractavi, quod tum demum rite fit, cum totam tractationis formam in tabula spectandam exhibere licet. » (*Phil.*, II, 499.) Allusion à la *Causa Dei asserta per justitiam ejus*, publiée en appendice à la *Théodicée*, et au double tableau synoptique qui la résume, en figurant la division logique du sujet par une sorte d'arbre généalogique. Cf. la *Lettre à Remond* du 26 août 1714 (*Phil.*, III, 624) et la *Lettre de Remond* du 9 janv. 1715 (*ibid.*, 630-4). Celui-ci engageait Leibniz à donner un second tome à sa *Théodicée* en publiant ses divers opuscules métaphysiques, notamment les *Principes de la Nature et de la Grâce* que Leibniz lui avait communiqués.

On sait, en effet, que le travail préliminaire de l'Encyclopédie consistait à définir exactement tous les concepts pour les décomposer en leurs éléments ; et on se souvient que dès 1678 il priait l'abbé Galloys de lui faire extraire des définitions du *Dictionnaire de l'Académie* (§ 12). Lui-même avait extrait, vers la même époque, des définitions de concepts moraux des œuvres de Descartes[1] et de Spinoza[2]. L'un de ces fragments, le *De vita beata*, a donné lieu à une méprise curieuse : Erdmann avait cru pouvoir en conclure que Leibniz adoptait entièrement la morale cartésienne. Mais Trendelenburg a découvert l'origine de ce recueil de définitions et propositions dans les *Lettres* de Descartes à la reine Christine et à la princesse Élisabeth, et dans son *Traité des passions*, et a montré que ce n'était qu'un résumé analytique et historique de la morale cartésienne[3].

Toute sa vie il s'occupa de trouver ou de recueillir des définitions dans toutes les sciences qu'il étudiait[4] ; nous verrons bientôt l'importance logique qu'il attribuait aux définitions, et le prix qu'il attachait aux bonnes définitions. Il s'était fait, comme il dit, « quantité de définitions », notamment en Logique, en Métaphysique et en Morale[5]. Bien qu'il s'en fût

---

1. *De vita beata* (Erdm., 71). Cf. *De la vie heureuse* (Phil., VII, 81) ; *De vita beata : Von Glückseeligkeit* (Phil., VII, 90).

2. *De affectibus*, 10 avril 1679. (Voir Bodemann, p. 99.) Erdmann et Guhrauer (I, Notes, 15) assignent à ce fragment, et par suite au *De vita beata*, la date du 12 avril 1669. Cette date est évidemment fausse, puisque l'*Ethique* de Spinoza, à laquelle le contenu est emprunté, n'a été publiée qu'en 1677.

3. *Leibnizens Schrift de vita beata, und sein angeblicher Spinozismus oder Cartesianismus* (Trendelenburg, II, 192-232 ; et *Monatsberichte der k. pr. Akademie der Wissenschaften zu Berlin*, octobre 1847). Cf. Gerhardt, Phil., VII, 38, note, et Stein, *Leibniz und Spinoza*, p. 12-13.

4. « Definitionum condendarum cura mihi a puero fuit maxima. Vellemque ipse habere in unam collecta farraginem, quae sæpe in hanc rem tentavi. Sed multa periere. » *Lettre à Pape*, 9 août 1694 (*Klopp*, I, Einleitung, p. xxiv).

5. « Et comme j'ay étudié avec soin non seulement l'Histoire et les Mathematiques, mais aussi la Theologie naturelle, la Jurisprudence et la Philosophie, j'ay fort avancé ce dessein [la Caractéristique], et je m'ay fait quantité de définitions. » *Lettre au duc de Hanovre*, 1690 ? (Phil., VII, 27). Cf. *Lettre à Bourguet*, 22 mars 1714 (Phil., III, 569).

perdu beaucoup, il en reste encore dans ses manuscrits de nombreuses et longues tables, qui d'ailleurs se répètent souvent, mais n'en prouvent pas moins avec quelle persévérance il s'attachait à ce travail, prélude indispensable de son grand dessein. Quelques-unes de ces tables ont été publiées par GERHARDT parmi les fragments relatifs à la Caractéristique[1], et elles se rattachent en effet aux projets de l'Encyclopédie et de la Science générale. Mais il en reste bien d'autres inédites : les unes se rapportent particulièrement au Calcul logique ou à la Caractéristique[2]; d'autres contiennent des listes de catégories logico-métaphysiques[3]; les autres enfin, les plus longues et les plus nombreuses, contiennent des concepts appartenant aux diverses sciences, rangés en général par ordre logique, plus rarement par ordre alphabétique[4].

24. Mais les plus importants et les plus achevés de ces opuscules sont cinq tables de définitions. La première est tout entière de la main de Leibniz[5], et la seconde est une copie de la première par HODANN[6], ce qui permet d'affirmer que cette table

---

1. *Præcognita ad Encyclopædiam sive Scientiam universalem* (*Phil.*, VII, 43-45); VI, B, sur la justice (*ibid.*, 73-77); VI, II, sur la liberté (*ibid.*, 108-111), XIII (*ibid.*, 195-197). On peut y ajouter les développements sur la vie heureuse et sur la sagesse, science du bonheur (*ibid.*, 81, 82, 86, 90 sqq.); sur la générosité et sur la justice (*ibid.*, 104 sqq.), en latin, en français et en allemand. Les définitions morales et juridiques se retrouvent dans la Préface du *Codex juris gentium diplomaticus* de 1693 (extrait dans *Erdm.*, 118, et *Phil.*, III, 386-9; complète dans *Dutens*, IV, III, 287 sqq., 309 sqq., et dans *Klopp*, VI, 457-492).

2. Analogues aux *Definitiones Logicæ* (*Phil.*, VII, 208-10) et aux passages du même genre (*ibid.*, 223, 226-7). Tels sont, d'abord, la fin (inédite) du *Specimen Calculi universalis* (**Phil.**, VII, B, II, 17, 10-11), puis : **Phil.**, VII, B, II, 34-35, 36, 43, 44, 47-48, 49-50, 73, 74; VII, C, 73-74.

3. **Phil.**, VII, B, III, 17-18, 19-20; VII, C, 33-34, 59, 70. Quelques-uns de ces fragments contiennent une table des catégories qui devaient composer l'Alphabet des pensées humaines : tel est notamment le *Catalogus notionum primariarum ex quibus cæteræ pleræque omnes componuntur* (**Phil.**, VII, C, 52). Cf. **Phil.**, VIII, 2 verso.

4. **Phil.**, VII, C, 32, 35-46, 47, 48-49, 71-72, 75-78; VIII, 4-5; VIII, 101 (*Bodemann*, p. 123).

5. **Phil.**, VII, D, II, 1 (38 p. in-fol.).

6. Johann Friedrich HODANN, né le 1er mars 1674, fut secrétaire de Leibniz de 1702 à 1704; sa première lettre à Leibniz est du 10 juillet 1702 (TRENDELENBURG, III, 1-30).

(ainsi que les autres) date des années 1702 à 1704[1]. Elle offre ceci de remarquable, que les définitions y sont rangées exactement suivant l'ordre adopté par DALGARNO dans son *Ars Signorum* et dans son *Lexicon Grammatico-Philosophicum*[2], ce qui prouve l'influence persistante exercée par Dalgarno sur la pensée de Leibniz jusque dans sa maturité. Cette classification repose sur la distinction scolastique des substances (choses et êtres) et des accidents (attributs ou qualités); elle comprend plusieurs divisions dont voici les titres, textuellement empruntés à Dalgarno : RES : *Concretum mathematicum, Concretum physicum, Concretum artefactum, Concretum spirituale*; ACCIDENTIA : *Accidens commune, Accidens mathematicum, accidens physicum generale, Qualitas sensibilis, Accidentia sensitiva, Accidens rationale, Accidens œconomicum, Accidens politicum*. Comme on le voit par ces rubriques, c'est une petite Encyclopédie, où sont définis et classés logiquement les principaux concepts ou objets de toutes les sciences, depuis la Mathématique jusqu'à la Morale et à la Politique, et même les ustensiles domestiques et les instruments de l'industrie humaine[3].

La troisième table porte le titre (de la main de Leibniz) : *Tabula explicata [et aucta]*[4]. Le reste est de la main de Hodann. C'est celle qu'a publiée TRENDELENBURG[5]. Elle comprend 993 définitions analogues à celle de la table précédente, et disposées suivant la classification de DALGARNO. Un certain nombre d'entre elles sont accompagnées de sigles qui indiquent leur provenance et dont nous aurons tout à l'heure l'explication.

La quatrième, encore de la main de Hodann, est la plus

---

1. **Phil.**, VII, D, II, 2 (51 p. in-fol.).
2. **Phil.**, VII, D, I, 1. (Voir Note III.)
3. Leibniz blâme précisément WILKINS d'avoir exclu de sa Caractéristique réelle les objets artificiels (comme toutes les institutions humaines), et soutient qu'ils sont susceptibles de définition logique aussi bien que les objets naturels. (**Phil.**, VII, B, III, 10; cf. **Phil.**, VII, C, 33.)
4. **Phil.**, VII, D, II, 3 (36 p. in-fol.).
5. Ap. *Monatsberichte der k. preuss. Akademie der Wissenschaften zu Berlin*, 1861 (p. 170-219). Cf. TRENDELENBURG, *Ueber das Element der Definition in Leibnizens Philosophie* (III, 48-62).

courte et la moins complète[1]. Enfin la cinquième, toujours de la main de Hodann, est la plus étendue[2] : c'est un lexique où les mots sont rangés par ordre alphabétique. L'origine des définitions est marquée ici encore par des sigles, dont Hodann donne l'explication dans une note (inédite) placée en tête[3], puis dans une note finale, publiée par TRENDELENBURG[4], qui nous donne la date de l'achèvement de ce travail : 28 mai 1704. Ainsi Leibniz, parvenu à l'âge mûr et en pleine possession de son système, ne renonçait pas à son projet d'Encyclopédie, et ne dédaignait pas d'emprunter, dans la préparation de sa grande œuvre, le secours des lexicographes antérieurs.

25. Nous avons de cette préoccupation constante une autre preuve contemporaine, et bien remarquable, dans le dernier chapitre des *Nouveaux Essais* (1704) consacré à la « Division des Sciences ». Leibniz y distingue deux ordres dans lesquels on peut ranger les vérités générales : l'un est l'ordre synthétique et théorique, où les propositions seraient disposées dans leur enchaînement déductif, comme des théorèmes; l'autre est l'ordre analytique ou pratique, où elles seraient disposées dans

---

1. Phil., VII, D, II, 4 (12 p. in-fol.).
2. Phil., VII, D, II, 5 (89 p. in-fol.).
3. « N. B. Per literam P. intelligitur Ausonius Popma de differentiis verborum, per B. vel T. L. Thesaurus Linguæ Romanæ vulgo Forum Romanum, per M. Martinii Lexicon Philologicum, per L. P. Lexicon Philosophicum Micraelii, per D. Dalgarnonis Lexicon Latino-Philosophicum. » Ajoutons que la lettre H désigne les définitions dues à Hodann lui-même (voir la note suivante).
4. « Has definitiones sive mavis descriptiones ex Matthiæ Martinii lexico philologico, thesauro latinæ linguæ, qui vulgo forum romanum vocatur et Burero nonnunquam adscribitur, forte quia corrector fuit, item ex Micraelii lexico philosophico, Auson. Popma de differentiis verborum aliisque, secundum ductum Lexici Latino-Philosophici quod Dalgarno exhibuit in Arte Signorum vulgo Charactere universali et Lingua Philosophica, ad mandatum Illustris atque Excellentissimi G. Gu. Leibnitii collegit propriasque addidit Joh. Frideric. Hodann, S. S. Theol. Candidatus. Finis operi impositus anno 1704 d. 28 Maji. SOLI DEO GLORIA. » (TRENDELENBURG, III, 41-42; *Monatsberichte*, p. 171; *Phil.*, VII, 30. Les 3 derniers mots sont inédits.) On voit que GERHARDT s'est trompé en disant que c'est cette table de définitions que TRENDELENBURG avait publiée en 1801 (*Phil.*, VII, 30 note). Celui-ci avait pourtant indiqué expressément que c'en était « une autre » (*Monatsberichte*, p. 171).

l'ordre inverse, comme des problèmes, c'est-à-dire en remontant des fins aux moyens, des effets aux causes ou des conséquences aux principes [1]. C'est là en somme le plan d'une Encyclopédie, comme Leibniz le déclare lui-même [2]. Elle devrait être complétée par un répertoire des termes, soit systématique (en classant les termes dans leur ordre logique), soit alphabétique [3]. Et Leibniz termine ce chapitre et tout son ouvrage en exprimant le vœu de voir enfin réaliser son rêve par « quelque grand prince », pour le bonheur de l'humanité [4]. Ainsi il est resté fidèle à son grand dessein et conserve toujours l'espoir de le faire exécuter.

26. Aussi, lorsqu'il fut entré en relations avec le tsar Pierre le Grand, s'empressa-t-il de lui suggérer la fondation d'une société savante dont le principal objet serait l'élaboration d'une Encyclopédie [5]. Dans un admirable mémoire sur les moyens de faire progresser les sciences et les arts dans l'empire russe,

---

1. Cf. le *Consilium de Literis instaurandis condendaque Encyclopædia* (*Klopp*, I, 49), cité page 129, note 1, et un fragment postérieur à 1696 où on lit : « Philosophia theoretica exponit rerum naturas, practica exponit rerum usus ad obtinendum bonum malumque evitandum. Ita fit ut eadem bis occurrere possint, tum ratione suae causae efficientis in priore parte, tum ratione finalis in posteriore. » (**Phil.**, VIII, 56.) Ce fragment contient une classification des sciences, c'est-à-dire encore un plan d'Encyclopédie.

2. « Mais en écrivant l'Encyclopédie suivant toutes ces deux dispositions ensemble, on pourrait prendre des mesures de renvoi, pour éviter les répétitions. » (*Nouveaux Essais*, IV, XXI.)

3. « Ce répertoire serait nécessaire pour trouver ensemble toutes les propositions où le terme entre d'une manière assez remarquable; car suivant les deux voies précédentes, où les vérités sont rangées selon leur origine ou selon leur usage, les vérités qui regardent un même terme ne sauraient se trouver ensemble », comme le montre un exemple tiré des *Éléments* d'Euclide. Leibniz ajoute que si de tels répertoires sont utiles en Géométrie, ils le seraient bien plus aux sciences empiriques comme la Médecine (cf. § 18).

4. « Et quand je considère combien les hommes sont avancés en connaissance depuis un siècle ou deux, et combien il leur serait aisé d'aller incomparablement plus loin pour se rendre plus heureux, je ne désespère point qu'on ne vienne à quelque amendement considérable dans un temps plus tranquille sous quelque grand prince que Dieu pourra susciter pour le bien du genre humain. » Cf. les *Préceptes pour avancer les sciences* (analysés dans le § 14).

5. Voir Appendice IV, § 19.

Leibniz, entre autres projets, trace le plan de l'Encyclopédie telle qu'il la concevait à la fin de sa vie. Elle devait être triple, et comprendre une grande, une moyenne et une petite Encyclopédie. La grande devait être un *Atlas universel* contenant toutes les figures relatives aux diverses sciences, sous forme d'un véritable atlas (in-folio) [1]. La moyenne devait être l'Encyclopédie proprement dite [2], systématique, à la fois démonstrative et analytique, comme celle qui est esquissée dans les *Nouveaux Essais*. Elle serait accompagnée de tableaux synoptiques qui montreraient l'ordre et l'enchaînement des diverses sciences, et aussi les lacunes à combler. Enfin la petite Encyclopédie serait une sorte de manuel ou de memento comme on en a pour les Mathématiques. On commencerait par l'Encyclopédie moyenne, qui servirait de base à la grande, et dont la petite serait l'extrait ou le résumé [3].

Le but pratique de ce projet est toujours le même : remédier à la multitude et à la confusion des livres et mettre en ordre les connaissances acquises. Aussi l'Encyclopédie serait-elle le fruit d'un grand travail préparatoire, qui consisterait à extraire la quintessence de tous les ouvrages antérieurs; à cette fin, Leibniz reprend son projet de jeunesse d'une revue bibliographique et analytique qui donnerait naissance à des *inventaires* ou *index*, les uns alphabétiques, les autres systématiques; Leibniz préfère ces derniers, comme plus utiles et plus instructifs : l'index alphabétique servirait simplement à retrouver un concept dans l'index systématique [4]. Ainsi, dans ce

---

1. On retrouve ici l'ancien projet d'*Atlas universalis* (**Phil.**, VII, A, 30). Cf. § 4 et les textes qui y sont cités.

2. A ce propos Leibniz rappelle l'œuvre d'ALSTED, et il en parle encore avec une certaine estime, malgré son ancienneté (voir § 5).

3. *Foucher de Careil*, VII, 591-595. Leibniz cite comme exemple les cours mathématiques d'HÉRIGONE (voir p. 82, note 4), de SCHOTT et surtout de WOLFF, « le meilleur et le plus nouveau » (*Foucher de Careil*, VII, 592). Il s'agit de son plus illustre disciple, à qui il avait fait obtenir en 1706 la chaire de mathématiques à l'Université de Halle. Voir ce que Leibniz dit de Wolff dans sa *Lettre à Hansch*, 25 janv. 1707 (*Dutens*, V, 160) et dans sa *Lettre à Remond*, juil. 1714 (*Phil.*, III, 618-21).

4. *Foucher de Careil*, VII, 584-590.

mémoire qui constitue, suivant le mot de Foucher de Careil [1], son « testament » philosophique, Leibniz est plus que jamais convaincu de l'utilité de l'Encyclopédie démonstrative qu'il avait méditée toute sa vie. Aussi, jusqu'à son dernier jour, il conserva l'espoir de la faire composer; il en parlait à tous ceux qu'il pensait capables de l'entreprendre ou de l'y aider [2]. C'est même de la Caractéristique qu'il entretenait de préférence ses nouveaux correspondants, comme pour les sonder, ce qui indique que c'est le projet qui lui tenait le plus au cœur [3]. C'est ainsi qu'il en parlait encore à Nicolas Remond dans sa première lettre, sur un ton de regret mélancolique que l'on comprend maintenant, après tant de tentatives avortées :

« J'oserois ajouter une chose, c'est que si j'avois été moins distrait, ou si j'etois plus jeune ou assisté par de jeunes gens bien disposés, j'espererois donner une maniere de Specieuse Generale, où toutes les verités de raison seroient reduites à une façon de calcul [4] ».

Comme il l'indique lui-même, deux conditions lui ont fait défaut : d'une part, l'assistance de collaborateurs dociles et dévoués; d'autre part le temps, que consumaient toutes ses « distractions » historiques et politiques. Après avoir médité pendant cinquante ans le grand œuvre dont il avait conçu l'idée dès sa jeunesse, et en avoir tracé d'innombrables esquisses, il est mort sans l'avoir exécuté [5].

1. *Foucher de Careil*, VII, p. xxxvi.
2. Voir sa *Lettre à Lange*, 5 juin 1716 (Note XIX).
3. Par exemple Placcius en 1678, Huygens en 1679, L'Hospital en 1693.
4. *Lettre à Remond*, 10 janv. 1714 (*Phil.*, III, 605). Cf. sa seconde *Lettre à Remond*, 14 mars 1714 (citée Ch. IX, §§ 2 et 3), et *Lettre à Bourguet*, 22 mars 1714 (*Phil.*, III, 569).
5. Cf. Kvet, § 40, p. 40.

CHAPITRE VI

LA SCIENCE GÉNÉRALE

1. On a vu que l'élaboration de l'Encyclopédie présupposait la connaissance de la Science générale, c'est-à-dire d'une méthode universelle applicable à toutes les sciences; et que peu à peu le projet d'Encyclopédie avait fait place au projet plus restreint des *Initia Scientiæ generalis*, où Leibniz aurait exposé les principes de sa méthode. Cette Science générale constituait en somme toute sa Logique [1]; c'est elle que nous avons maintenant à étudier [2].

Leibniz conçoit la Logique, au sens le plus large, comme l' « Art de penser » [3] : elle n'est pas seulement l'Art de juger et de démontrer, comme l'analytique d'Aristote; elle est encore et surtout l'Art d'inventer, comme la méthode cartésienne [4]. A l'origine, Leibniz y faisait même rentrer l'Art de se souvenir ou la Mnémonique, parce que pour bien penser il faut avoir « l'esprit présent » et savoir se rappeler à propos les connaissances déjà acquises pour en déduire d'autres par de nouvelles combinaisons [5].

---

1. « *Logica* est Scientia generalis. » 1683 (**Math.**, I, 26 a.)
2. DESCARTES devait d'abord donner à ses *Essais* de 1637 (comprenant le *Discours de la Méthode*) le titre de *Projet d'une Science universelle* : « En ce projet je découvre une partie de ma méthode. » *Lettre à Mersenne*, mars 1636 (éd. Adam-Tannery, I, 339).
3. Voir *Phil.*, VII, 183 (fin du *Discours touchant la méthode de la certitude...*).
4. Voir *Lettre à G. Wagner*, 1696 (*Phil.*, VII, 516).
5. Voir le fragment *De la Sagesse* (*Phil.*, VII, 84) et la *Nova Methodus discendæ docendæque jurisprudentiæ* (1667), § 22 (Note VII). Cf. la *Lettre*

Mais, en général, la Logique se compose pour lui de deux parties essentielles : la première, qu'il appelle encore la *Méthode de la certitude* [1] ou les *Elementa veritatis æternæ* [2], servira à démontrer les vérités déjà découvertes, et à vérifier les propositions douteuses ou contestées. La seconde servira à découvrir des vérités nouvelles par une méthode sûre et presque infaillible et dans un ordre progressif et systématique, au lieu que jusqu'ici les découvertes se sont faites par tâtonnements, au petit bonheur et presque au hasard. La première devra établir les vérités scientifiques de tout ordre à la manière des théorèmes de Mathématiques, avec la même rigueur et le même enchaînement logique; la seconde enseignera à résoudre les problèmes de toute sorte en ramenant leur solution à des propositions connues, comme en Géométrie. Par exemple, la première apprendra si telle machine donnée produit bien tel effet attendu ou présumé; la seconde permettra au contraire d'inventer une machine pour produire tel effet proposé et désiré [3]. L'une va donc des principes aux conséquences, des causes aux effets; l'autre remonte des conséquences données aux principes cherchés, des effets connus aux causes inconnues [4].

à *Koch*, 1708 (**Phil.**, VII, 476), et le *Consilium de Encyclopædia nova* de juin 1679, où la Mnémonique figure entre la Logique et la Topique (**Phil.**, V, 7, 4 recto). Leibniz a donné en divers endroits quelques préceptes d'art mnémonique. Il se servait surtout des divisions et des classifications (*Lettre à Wagner*, **Phil.**, VII, 516-7). Il ne dédaignait même pas les moyens mnémotechniques les plus artificiels (Voir **Phil.**, VII, B III, 7). Il y a dans ses manuscrits inédits un fascicule relatif à la Mnémonique (**Phil.**, VI, 19).

1. **Phil.**, VII, 183.
2. **Phil.**, VII, 49, 57, 64, 125, 296; *Erdm.*, 85 a.
3. *Erdm.*, 86 a. Cf. le fragment **Phil.**, VI, 12 f, 28 : « Methodus synthetica est illis propria, qui scientias condere volunt; aliis autem inservire potest tabulis atque inventoriis denique conditis. Methodus analytica est ad usum eorum, qui problema aliquod solvere volunt, etsi scientia illa, ad quam problema pertinet, nondum perfecta, imo forte nec scripta habeatur, itaque illis etiam prodesse potest qui scientias non didicere, aut illis studiose admodum vacare non possunt. » (*Bodemann*, p. 90).
4. On sait que pour Leibniz, comme pour les Cartésiens, les termes de *principe* et de *cause* sont synonymes de ceux de *conséquence* et d'*effet* : il conçoit toujours la *cause* et l'*effet* sous leur aspect logique.

Ainsi celle-là suit une marche progressive et synthétique, celle-ci une marche régressive et analytique, de sorte qu'on peut les assimiler à la synthèse et à l'analyse, au sens où les Géomètres entendent ces deux mots.

2. C'est en effet ainsi que Leibniz les conçoit, du moins à l'origine [1]. Mais bientôt il aperçoit que l'Art d'inventer est aussi bien synthétique qu'analytique : car si c'est l'analyse qui sert à résoudre un problème *donné* en remontant de l'effet proposé à la cause inconnue, c'est par la synthèse, c'est-à-dire la combinaison d'idées et de vérités connues, que l'on découvre de nouvelles propositions et que l'on invente de nouveaux problèmes [2]. Aussi, dans la plupart des fragments relatifs à l'Encyclopédie, l'Art d'inventer est-il divisé en deux parties : la Combinatoire, qui est synthétique, et l'Analytique proprement dite [3]. Plus tard, Leibniz a remarqué que l'Art de juger, lui aussi, emploie tour à tour l'analyse et la synthèse : l'analyse, quand il s'agit de vérifier une proposition problématique en

---

1. Dans le *Judicium de Comenianis scriptis* (Note XIII) il conçoit, tout au contraire, l'art d'inventer comme synthétique et combinatoire, et l'art de démontrer comme analytique et résolutoire. Cf. la *Nova Methodus* (1667), où l'*Analytica seu ars judicandi* est opposée à la *Topica* conçue comme l'Art d'inventer (Note VII); nous allons voir pourquoi.

2. Dans la *Consultatio de naturæ cognitione* (1676) on lit : « Forma sive ordo » (Encyclopædia) « consistet in conjunctione duarum maximarum inveniendi artium, Analyticæ et Combinatoriæ. » (Foucher de Careil, VII, 123.) Ainsi l'analyse et la synthèse sont toutes deux des méthodes d'invention. Cf. **Math.**, I, 26 c : « Duæ sunt Methodi, Synthetica seu per artem combinatoriam, et analytica. Utraque ostendere potest inventionis originem, neque ergo hoc est privilegium analyseos. » Ailleurs, Leibniz montre que l'Algèbre même, considérée comme une méthode analytique d'invention, dépend de la synthèse combinatoire (**Math.**, I, 26 d). Cf. le fragment intitulé : « *Synthesis. Analysis. Combinatoria. Algebra* » (**Math.**, I, 27 a), et un fragment intitulé *Combinatoria* : « Algebra et Combinatoria differunt apud me ut Analysis et Synthesis. » ..... « Pleraque hominum inventa sunt potius synthetica quam analytica. »..... « Methodus Combinatoria est a causis ad effectus, seu a mediis ad finem, seu a re ad rei usum, Analytica ab effectu ad causam, a fine ad media. Utraque potest esse scientifica. cum scilicet ad propositum quæsitum dirigitur. » (**Math.**, III, A, 26 c). Pour les rapports de l'Algèbre et de la Combinatoire, voir Chap. VII, § 3.

3. *Phil.*, VII, 49-50, 57; *Math.*, VII, 17; *Erdm.*, 86 a.

la réduisant à des vérités connues ; la synthèse, quand on déduit progressivement de principes donnés une conséquence cherchée et prévue ; de sorte qu'en définitive il reconnaît que, tant dans l'Art de juger que dans l'Art d'inventer, on emploie à la fois l'Analyse et la Synthèse [1]. C'est sans doute pour cela que la distinction des deux parties de la Logique perd progressivement de son importance et disparaît peu à peu dans les fragments relatifs à la Caractéristique. Aussi voit-on souvent Leibniz identifier la Science générale tout entière à l'Art d'inventer [2]. C'est qu'en effet ces deux parties, qui emploient les mêmes méthodes, ne se distinguent que par l'usage qu'on en fait ou plutôt par l'intention qui en dirige l'emploi, et dépend de ce fait purement subjectif que la vérité à démontrer est connue ou inconnue [3].

3. Ainsi la véritable division de la Logique est bien plutôt la distinction de la Synthèse et de l'Analyse, dans le sens où on les entend en Mathématiques [4]. C'est donc une généralisation de la méthode mathématique qui constitue la Science générale, comme elle constituait déjà la méthode de Descartes. Aussi la logique de Leibniz se présente-t-elle tout d'abord comme un prolongement et un perfectionnement de la logique cartésienne. Sans doute Leibniz critique celle-ci de très bonne heure [5], mais on sait ce qu'il lui reproche : ce n'est pas d'être inexacte ou fausse, c'est simplement d'être insuffisante et inefficace, de

---

1. *Lettre à Koch*, 1708 : « Et rursus tam in judicando quam in inveniendo et Analysi et Synthesi uti licet. » (Ici une mention du *De Arte combinatoria*.) « Combinatio ad Synthesin pertinet. » (*Phil.*, VII, 477).
2. *Phil.*, VII, 168, 169, 172, 173. Cf. *Phil.*, IV, 292.
3. « Car les veritez qui ont encor besoin d'estre bien establies, sont de deux sortes, les unes ne sont connues que confusement et imparfaitement, et les autres ne sont point connues du tout. Pour les premieres il faut employer la Methode de la certitude ou l'art de demonstrer, les autres ont besoin de l'art d'inventer. Quoyque ces deux arts ne different pas tant qu'on croit, comme il paroistra dans la suite. » (*Phil.*, VII, 183.)
4. « Est autem methodus analytica, cum quæstio aliqua proposita tamdiu resolvitur in notiones simpliciores, donec ad ejus solutionem perveniatur. Methodus vero synthetica est, cum a simplicioribus notionibus progredimur ad compositas, donec ad propositam deveniamus. » (**Math.**, III, A, 26 c.)
5. Voir Chap. IV, § 6.

consister en conseils si vagues et si généraux qu'on a besoin d'une autre méthode pour les suivre exactement et sûrement [1]. C'est cette autre méthode que Leibniz prétend fournir ; elle est donc destinée à compléter et à corroborer la méthode cartésienne, bien plutôt qu'à la remplacer [2].

Aussi Leibniz commence-t-il par adopter les règles cartésiennes, en leur adjoignant les siennes, dans un fragment *De la Sagesse* qui doit dater de sa première jeunesse, car il y admet la triple division de l'art de penser (ou *sagesse*) en *art de bien raisonner, art d'inventer*, et *art de se souvenir de ce qu'on sçait à point nommé* [3]. « *L'art de bien raisonner* consiste dans les maximes suivantes : » la première est la première règle de Descartes, qui pose le criterium de l'évidence [4] ; la deuxième dit que, « lorsqu'il ne paroist pas moyen de parvenir à cette asseurance, il faut se contenter de la probabilité ». On voit déjà apparaître la divergence entre l'esprit rigide de Descartes [5] et l'esprit plus souple de Leibniz, à qui ses études de Jurisprudence et de Théologie ont appris qu'il faut se contenter de probabilités dans presque toutes les questions d'ordre empirique et pratique [6]. La troisième règle, toute cartésienne, concerne

---

1. C'est la Caractéristique qui fournit aux deux parties de la Science générale des moyens infaillibles : à l'une, les « palpabiles notæ dijudicandæ veritatis », à l'autre, le « filum certum artis inveniendi. » (*Phil.*, VII, 59 ; cf. p. 47 : « *De Arte Inveniendi*, seu filo palpabili regendæ inquisitionis ».)

2. Dans les Définitions qui se trouvent au début du *De Arte combinatoria*, Leibniz nomme Descartes comme l'inventeur de l'Analyse, c'est-à-dire de l'Algèbre (*Phil.*, IV, 35), ce qui prouve que dès 1666 il connaissait et appréciait la méthode cartésienne.

3. *Phil.*, VII, 82-85. On voit combien *Erdmann* (p. xxv) s'est trompé en rangeant chronologiquement, bien qu'avec doute, cet opuscule après la *Théodicée* (1710).

4. Criterium que Leibniz rejette déjà dans sa *Nova Methodus* (1667). Voir Note VII.

5. Qui prescrivait dans les *Regulæ* de n'étudier que les objets dont nous pouvons avoir une connaissance certaine et indubitable (Règle II).

6. Leibniz indique au sujet des probabilités les règles suivantes : 1º « il faut distinguer des degrez dans les probabilitez » ; 2º une conséquence ne peut jamais être plus probable que le principe d'où elle dérive ; 3º si une conséquence est déduite de plusieurs principes probables, elle est moins probable que chacun d'eux.

la déduction, et prescrit d'y observer un enchaînement sans interruption.

Quant à l'*art d'inventer*, il consiste dans les maximes suivantes : « 1° Pour connoistre une chose, il faut considerer tous les requisits de cette chose, c'est-à-dire tout ce qui suffit à la distinguer de toute autre chose. Et c'est ce qu'on appelle Definition, Nature, Proprieté reciproque [1]. » La seconde prescrit d'appliquer la première règle à chaque condition ou requisit qui entre dans la définition trouvée, et de chercher « les requisits de chaque requisit » [2]. La troisième énonce simplement que « quand on a poussé l'analyse à bout,.... on est parvenu à une *connoissance parfaite* de la chose proposée ». Ces trois maximes constituent pour Leibniz les règles de « la vraye *analyse* ou distribution de la difficulté en plusieurs parties, qui n'a pas encore esté expliquée ». C'est là la partie originale de la méthode de Leibniz, qu'il oppose et substitue à l'analyse cartésienne [3].

Les autres maximes de l'art d'inventer sont empruntées à Descartes : telles sont la quatrième, qui recommande « d'avoir cette connoissance parfaite tout à la fois présente à l'esprit », et pour cela prescrit de répéter l'analyse plusieurs fois jusqu'à ce qu'on la voie tout entière « d'un seul coup d'esprit [4] » ; la sixième, qui conseille de commencer les recherches par les choses les plus aisées, c'est-à-dire les plus générales et les plus simples [5] ; la septième, selon laquelle il faut monter par ordre des choses aisées aux difficiles, et tâcher de découvrir quelque

---

1. Pour l'explication de ces mots, voir plus bas, § 7.
2. « *Requisitum* est quod definitionem ingredi potest. » (**Phil.**, VII, B, II, 58).
3. « Car quoyqu'ils ayent dit qu'il faut diviser la difficulté en plusieurs parties, ils n'ont pas donné l'art de le faire, et ils n'ont pas remarqué qu'il y a des distributions qui brouillent plus qu'elles n'éclairent. » (*Phil.*, VII, 83.) Cf. *Lettre à Galloys* (*Phil.*, VII, 21) ; *Phil.*, IV, 330, 331, 347 ; *Erdm.*, 86 b. Il s'agit ici, comme on sait, de la seconde règle du *Discours de la Méthode*.
4. C'est le procédé par lequel la déduction devient progressivement intuition. Cf. Descartes, *Regulæ ad directionem ingenii*, Règles VII, XI.
5. Cette règle correspond à la troisième règle cartésienne. Cf. *Regulæ*, Règles VI, IX.

progression dans l'ordre de nos méditations [1] ; et la huitième, qui prescrit de ne rien omettre dans toutes nos distributions et énumérations (à quoi la dichotomie sert beaucoup) [2]. Enfin la neuvième et la dixième résument ce qui est pour Leibniz la fin suprême de la Science générale : par des analyses nombreuses et variées, on arrivera à dresser « le catalogue des pensées simples », et, une fois qu'on possédera celui-ci, « on sera en estat de recommencer *a priori* et d'expliquer l'origine des choses, prise de leur source » au moyen « d'un ordre parfait et d'une combinaison ou synthèse absolument achevée » [3].

En résumé, l'analyse consiste à décomposer tous les concepts en leurs éléments simples, au moyen de la définition ; et la synthèse consiste à reconstituer tous les concepts en partant de ces éléments, au moyen de l'art des combinaisons. On a la *connaissance parfaite* [4] d'une chose, quand on a complètement analysé son concept ; et dès lors on est en mesure de trouver déductivement et *a priori* toutes ses propriétés : c'est ce que veut dire la 5e règle :

« La marque d'une connoissance parfaite est, lorsqu'il ne s'offre rien de la chose dont il s'agit, dont on ne puisse rendre raison, et qu'il n'y a point de rencontre dont on ne puisse *prédire* l'evenement par avance. »

On le voit, c'est le *De Arte combinatoria* qui contient le germe et le principe de toute cette Logique, et qui fournit la clef de cette double méthode d'analyse et de synthèse.

4. Toutefois, cette méthode n'est pas complètement exposée dans le fragment *De la Sagesse* ; il y manque une distinction fondamentale qui n'y a été introduite qu'après coup sous forme de remarque :

« Il est très difficile de venir à bout de l'analyse des choses,

---

1. Cette règle est comprise dans la troisième règle de Descartes : cf. *Regulæ...*, Règles V, X.
2. C'est la quatrième règle de Descartes (dite de l'énumération). Dans les *Initia scientiæ generalis*, il est fait également allusion à la 2e et à la 4e règle de Descartes, et au perfectionnement que demande la 2e. (*Erdm.*, 86 b)
3. *Phil.*, VII, 84.
4. Leibniz dira plus tard : *l'idée adéquate*.

mais il n'est pas si difficile d'achever l'analyse des verités dont on a besoin. Parce que l'analyse d'une vérité est achevée quand on en a trouvé la démonstration, et il n'est pas toujours necessaire d'achever l'analyse du sujet ou predicat pour trouver la demonstration de la proposition. Le plus souvent le commencement de l'analyse de la chose suffit à l'analyse ou connoissance parfaite de la verité qu'on connoist de la chose [1]. »

Pour comprendre cette remarque, il faut se rappeler que, dans le *De Arte combinatoria*, Leibniz considère les concepts comme des produits d'éléments simples, et que, dans toute proposition vraie, le prédicat doit entrer en facteur dans le sujet. Cela étant, pour s'assurer de la vérité d'une proposition, il n'est pas nécessaire d'analyser complètement le sujet ni le prédicat : il suffit de constater que le sujet contient en facteur le prédicat, ce dont on s'aperçoit généralement dès qu'on commence à le décomposer. Voilà pourquoi l'analyse des vérités n'est pas si longue que l'analyse des idées et ne suppose pas celle-ci complètement achevée.

Cette remarque permet en même temps à Leibniz d'écarter la difficulté soulevée par PASCAL [2], à savoir qu'on ne peut rien démontrer absolument, si l'on doit remonter indéfiniment de principe en principe, sans jamais trouver de principe premier [3]. En effet, la démonstration d'une proposition peut être parfaite et absolue, dès que la résolution partielle du sujet montre qu'il comprend le prédicat, tandis que la définition parfaite de ce même sujet exige que la résolution soit complète [4]. Aussi l'analyse des concepts est-elle plus difficile que celle des vérités [5];

1. N° 5 bis des maximes de l'Art d'inventer, intercalé postérieurement (**Phil.**, VII, 83-84).
2. Dans le traité *De l'Esprit géométrique*, Section I, dont Leibniz avait sans doute eu connaissance à Paris par Arnauld.
3. « De discrimine inter conceptus imperfectos et perfectos, ubi occurritur difficultati Pascalii de Resolutione continuata, et ostenditur ad perfectas demonstrationes veritatum non requiri perfectos conceptus rerum. » Plan d'Encyclopédie inédit, vers 1680 (**Phil.**, VII, A, 26).
4. Voir **Phil.**, VI, 12 f, 23; **Math.**, I, 2 (*Demonstratio axiomatum Euclidis*, 22 févr. 1679).
5. Voir l'*Introductio ad Encyclopædium arcanam* (**Phil.**, VIII, 2 ver, cité p. 190, note 1.)

mais fût-elle impossible (c'est-à-dire infinie), celle-ci n'en resterait pas moins possible et fructueuse.

Ainsi l'analyse s'applique à la fois aux notions et aux propositions; l'analyse des idées consiste dans la définition, l'analyse des vérités consiste dans la démonstration. C'est pourquoi Leibniz propose de remplacer toutes les règles de Descartes par ces deux-ci : « N'admettre aucun mot sans définition, et aucune proposition sans démonstration » [1]. Or la démonstration elle-même, on vient de le voir, s'effectue par la décomposition des termes de la proposition à démontrer, de sorte que l'analyse des vérités se ramène à l'analyse des concepts, c'est-à-dire en somme à la définition. Mais cette analyse peut être finie ou infinie : si elle est finie, elle aboutira à des éléments simples, à des concepts primitifs qui font partie de l'Alphabet des pensées humaines; si elle est infinie, elle fera du moins découvrir sans cesse de nouveaux éléments simples, sans que leur énumération puisse jamais être complète; il y aura toujours un reste complexe à analyser. De même, et par suite, l'analyse des vérités pourra être finie ou infinie : si elle est finie, elle aboutira à quelques principes simples d'où se déduit la proposition considérée; si elle est infinie, elle remontera de proposition en proposition sans jamais rencontrer un principe vraiment simple et primitif.

5. Quelle est la nature de ces principes qui servent de point de départ à la déduction? On vient de voir que toute démonstration repose sur la définition des termes. Leibniz n'admet donc à l'origine comme principes premiers que les définitions [2]. C'est la thèse qu'il soutient dans sa correspondance avec Conring, et il est intéressant d'en suivre le développement. Il commence par affirmer que la démonstration n'est qu'un enchaînement de définitions [3]. Et en effet, toute démonstration s'effectue en

---

1. *Nova Methodus....* (Voir Note VII.) Cette formule rappelle la règle énoncée par PASCAL dans le fragment *De l'Esprit géométrique*.
2. Cette thèse est conforme à la doctrine de HOBBES : « Definitiones solas esse propositiones primas universales. » *De Corpore*, pars I : *Computatio sive Logica*, cap. VI : *de Methodo*, § 13.
3. *Lettre à Conring* (1671?) : « Est enim Demonstratio nil nisi catena

décomposant chaque terme en ses éléments, c'est-à-dire en lui substituant sa définition. L'art de démontrer consiste en deux choses : l'art de définir, qui est l'analyse, et l'art de combiner les définitions, qui est la synthèse [1]. Sans doute, on peut démontrer une proposition en la ramenant à une proposition plus simple, et ainsi de suite; mais cette réduction même ne s'effectue que grâce à une analyse partielle des termes, c'est-à-dire à une définition; de sorte qu'en dernière analyse les seules propositions premières dont dépende toute démonstration sont les définitions.

Mais ici, Conring objecte qu'il existe des propositions indémontrables, à savoir les axiomes. Leibniz le nie : il accorde qu'on puisse, qu'on doive même, pour la commodité et le progrès des sciences, admettre des axiomes ou postulats sans démonstration; mais il soutient que tous les axiomes ainsi admis doivent être démontrables. Et en effet, d'où viendrait leur certitude? Elle ne peut venir de l'expérience, car l'induction ne saurait justifier aucune proposition universelle et nécessaire [2]. Il faut donc qu'elle repose sur le principe d'identité ou de contradiction (le seul principe *a priori* que Leibniz reconnaisse). Et il conclut hardiment que toutes les vérités doivent pouvoir se démontrer, à l'exception des propositions *identiques* (réductibles au principe d'identité) et des propositions *empiriques* (connues par l'expérience) [3].

definitionum » (*Phil.*, I, 174). Cf. le *Judicium de Comenianis scriptis* (1671?) où Leibniz dit que « nihil » est « aliud demonstratio quam combinatio definitionum, ut in arte combinatoria ostendi. » (Voir Note XIII.)

1. « Ego semper putavi, Demonstrationem nihil aliud esse quam catenam definitionum, vel, pro definitionibus, propositionum jam ante ex definitionibus demonstratarum aut certe assumtarum. Analysis autem nihil aliud est quam resolutio definiti in definitionem, aut propositionis in suam demonstrationem... » *Lettre à Conring*, 3 janvier 1678 (*Phil.*, I, 185). Cf. *Lettre à Conring*, 19 mars 1678 : « Definitio autem ideæ alicujus compositæ in partes suas resolutio est, quemadmodum demonstratio nihil aliud quam veritatis in alias veritates jam notas resolutio est. » (*Phil.*, I, 194).

2. *Préface à Nizolius* (1670), *Phil.*, IV, 161; cf. *Phil.*, VI, 490, 495, 504; VII, 553. Voir plus bas, § 37.

3. *Lettre à Conring*, 3 janvier 1678 : « Axiomata non, ut ais, ἀναπόδεικτα, sed tamen plerumque non necessaria demonstratu esse arbitror. Demons-

Pour répondre aux objections de Conring, Leibniz développe la même théorie dans la lettre suivante. Toute démonstration, dit-il, s'appuie sur des définitions, des axiomes ou des postulats, des théorèmes démontrés et des vérités d'expérience. Or les théorèmes démontrés l'ont été par la même méthode, et ne peuvent compter comme vérités primitives ; quant aux axiomes ou postulats, ils doivent tous se ramener à des propositions identiques. Donc toutes les vérités se résolvent en fin de compte en définitions, en propositions identiques et en propositions empiriques [1]. Et comme les vérités rationnelles et purement intelligibles ne peuvent dépendre de l'expérience (pour la raison indiquée plus haut), elles se ramènent finalement aux définitions et au principe d'identité [2].

6. On voit comment la théorie de la démonstration se développe et se complique : la déduction ne repose plus seulement sur des définitions dont la substitution en quelque sorte mécanique suffit à faire apparaître la vérité (l'identité) cachée, mais encore sur des propositions identiques et sur des vérités de fait. Leibniz n'en continue pas moins à soutenir sa thèse initiale : « demonstrationem esse catenam definitionum » [3]. Et il a raison, en un certain sens : car, comme il y insiste dans une dernière réplique, les vérités mathématiques dépendent des définitions, des axiomes et des postulats ; or les axiomes et postulats à leur

---

trabilia vero esse pro certo habeo. Unde enim constat nobis de corum veritate? non, opinor, ex inductione, ita enim omnes scientiae redderentur empiricae.... Omnes ergo propositiones certæ demonstrari possunt, præter identicas et empiricas. » (*Phil.*, I, 188.) *Lettre à Conring*, 19 mars 1678 : « Unde solæ identicæ sunt indemonstrabiles, Axiomata autem omnia.... sunt.... demonstrabilia, vel ideo quia demum terminis intellectis (id est substituendo definitionem in definiti locum) patet ea esse necessaria, seu contrarium implicare in terminis. » (*Phil.*, I, 194.)

1. « Patet denique omnes veritates resolvi in definitiones, propositiones identicas et experimenta. » *Lettre à Conring*, 19 mars 1678 (*Phil.*, I, 194). Antérieurement, Leibniz n'admettait comme propositions premières que les définitions de mots et les expériences : voir *Préface à Nizolius*, 1670 : « adhibitis solis definitionibus et experimentis omnes conclusiones demonstrari possunt » (*Phil.*, IV, 137). Cf. *Judicium de scriptis Comenianis* (1671?), Note XIII.

2. *Lettre à Conring*, 19 mars 1678 (*Phil.*, I, 194).

3. *Lettres à Conring*, 1678 (*Phil.*, I, 194, 205).

tour découlent des définitions, en ce sens qu'ils deviennent évidents dès que l'on en comprend les termes, ce qui se fait en substituant la définition au défini [1].

Mais ici Leibniz semble jouer sur les mots : car les axiomes ne se résolvent pas purement et simplement en définitions, et la preuve en est qu'ils ne sont pas arbitraires, mais nécessaires. Or quel est le fondement de leur nécessité? Leibniz n'en connaît qu'un : c'est le principe de contradiction. Le nécessaire est ce dont le contraire implique contradiction, « qui est verus atque unicus character impossibilitatis [2] ». Donc les seules propositions nécessaires sont les propositions identiques, les seules propositions impossibles ou absurdes sont les propositions contradictoires en soi. En résumé, les axiomes peuvent bien se démontrer *au moyen* des définitions; mais le fondement de leur vérité n'est pas dans les définitions, c'est le principe d'identité [3].

On remarquera combien Leibniz s'éloigne du nominalisme de Hobbes, tout en continuant à soutenir verbalement la même thèse. C'est que, pour Hobbes, toute définition est *nominale* et par conséquent arbitraire; elle consiste à adopter par convention un mot pour représenter et remplacer un groupe de mots; la démonstration consiste à substituer toujours la définition au défini, c'est-à-dire à remplacer des mots par des périphrases; et comme elle n'est qu'une chaîne de définitions, la proposition

---

1. *Lettre à Conring*, 19 mars 1678 (*Phil.*, I, 194).
2. *Lettre à Conring*, 1678 : « Manifestum est in illis scientiis quas puræ mathescos esse dicunt, omnia pendere a definitionibus, axiomatis et postulatis. Axiomata autem et postulata rursus pendent ex definitionibus, id est, patent terminis tantum intellectis.... Nihil aliud est analysis, quam substituere simplicia in locum compositorum, sive principia in locum derivatorum, id est theoremata resolvere in definitiones et axiomata, et, si opus esset, axiomata ipsa denique in definitiones..... Itaque quisquis hæc attente considerat, dubitare non potest demonstrationem, adeoque synthesin et analysin, si non expresse, certe implicite, nihil aliud esse quam catenam definitionum. » (*Phil.*, I, 205).
3. Leibniz opposait plus tard son principe à celui des empiristes (Locke) en ces termes : « Je tiens à la vérité que le principe des principes est en quelque façon le bon usage des idées et des expériences; mais en l'approfondissant on trouvera qu'à l'égard des idées, ce n'est autre chose que de lier les définitions par le moyen des axiomes identiques. » *Nouveaux Essais*, IV, XII, § 6.

démontrée n'a qu'une valeur verbale et arbitraire comme les définitions elles-mêmes.

Au contraire, pour Leibniz, la définition exprime la décomposition *réelle* du concept complexe en concepts simples ; dès lors, la substitution de la définition au défini s'opère, non plus en vertu d'une convention arbitraire, mais en vertu du principe d'identité ; c'est donc ce principe qui constitue le nerf de toute démonstration, et qui fait la vérité des propositions démontrées [1]. Cette vérité n'est plus nominale et subjective comme chez Hobbes, pour qui elle était entièrement relative à des définitions de mots, c'est-à-dire à nos conventions de langage ; elle est réelle et objective, car elle s'appuie, non seulement sur des définitions (qui d'ailleurs, comme on va le voir, ne sont pas arbitraires), mais encore sur des axiomes identiques qui lui donnent un caractère de nécessité [2].

7. Leibniz est ainsi amené à une théorie des concepts et de la définition aussi différente de la doctrine nominaliste que sa théorie des vérités et de la démonstration. Toutes deux sont fondamentales dans son système et en expliquent entièrement la formation. C'est dans sa correspondance avec Tschirnhaus qu'on voit éclore et se développer cette théorie de la définition, en particulier dans une lettre très importante datée de fin mai 1678, sur laquelle Leibniz a écrit la mention suivante, qui en résume le contenu et en montre l'intérêt :

« In hac Epistola explicui jam Tschirnhusio generalem meam methodum investigandi quadraturas, item notam definitionis realis, quæ est possibilitas [3]. »

---

[1]. Dans sa 1re *Lettre à Foucher* (1679 ?) Leibniz parle des vérités nécessaires (telles que celles de l'Arithmétique, de la Géométrie, de la Métaphysique, de la Physique et de la Morale) « dont l'expression commode depend de definitions arbitraires choisies, et dont la verité depend des axiomes que j'ay coustume d'appeler identiques » (*Phil.*, I, 369).

[2]. On comprend maintenant pourquoi Hobbes n'admettait comme propositions premières que les définitions, et pourquoi le nominalisme moderne ne voit dans les principes ou postulats que des définitions déguisées ou de simples conventions verbales. Cf. Chap. IV, § 11.

[3]. *Math.*, IV, 451 ; *Briefwechsel*, I, 372. Voici ce que Leibniz disait de Tschirnhaus en 1687, à propos de la publication de sa *Medicina mentis et corporis* : « Is fuerat initio ex asse Cartesianus. Sed cum Parisiis crebro

Leibniz établit entre les définitions nominales et réelles une différence qui n'est guère conforme à l'usage ni à l'étymologie, mais qui a une importance capitale dans sa théorie de la connaissance. Une définition est *nominale* quand elle indique certains caractères distinctifs de la chose définie, de manière à permettre de la discerner de toute autre; mais une définition n'est *réelle* que si elle manifeste la possibilité ou l'existence de la chose. C'est cette dernière seule que Leibniz considère comme *parfaite* et *adéquate* [1]. Et il en donne la raison : c'est qu'on ne peut rien déduire avec sécurité d'une définition quelconque, si l'on ne sait pas que l'objet défini est possible, c'est-à-dire non contradictoire : car s'il était impossible (contradictoire), on pourrait de sa définition déduire des conséquences contradictoires entre elles [2]. Il en résulte immédiatement que les définitions ne sont pas arbitraires, comme le professait Hobbes. Sans doute, une définition n'est pas une vérité, mais l'explication d'un terme ou plutôt d'une idée; sans doute encore, elle ne peut ni se démontrer ni se réfuter, et l'on est libre d'attribuer à tel mot ou à telle notion des sens différents; mais cette liberté a une

mecum ageret, ostendi meliora quædam fundamenta, in primis discrimen definitionum nominalium et realium, quod in eo consistit, ut ex definitione reali agnoscere possimus, utrum res sit possibilis, necne. » (Suit une critique de l'argument ontologique.) « Neque enim ex definitionibus aliquid concludi tuto potest, nisi constet eas esse reales, sive de re possibili. » *Lettre à Placcius*, 10 mai 1687 (*Dutens*, VI, 1, 44). Cf. *Lettre à Foucher*, 1687 (*Phil.*, I, 392), et *Lettre à Huygens*, 3/13 octobre 1690 (*Math.*, II, 51-2).

1. « Certam habeo notam definitionis perfectæ et adæquatæ, quando scilicet, percepta semel definitione, dubitari amplius non potest, utrum res ea definitione comprehensa sit possibilis vel non. » *Lettre à Tschirnhaus*, fin mai 1678 (*Math.*, IV, 462; *Briefwechsel*, I, 381). Rapprocher de cette lettre le *De Synthesi et Analysi universali, seu de Arte inveniendi et judicandi*. Cet opuscule, extrêmement intéressant, paraît être de la même époque que les *Meditationes* de 1684, qu'il complète, et d'autre part il se rattache aux plans d'Encyclopédie élaborés vers 1680, dont GERHARDT l'a séparé sans raison; car c'est l'ébauche d'un chapitre de l'Encyclopédie, comme son titre seul l'indique. (Voir le plan du *Plus Ultra*, *Phil.*, VII, 49.)

2. « Per *definitiones optimi generis* intelligo eas, ex quibus constat rem definitam esse possibilem, quia alioqui nihil tuto ex definitionibus concludi potest, nam de impossibilibus possunt duo contradictoria simul concludi. » *Lettre à Tschirnhaus*, fin 1679 (*Math.*, IV, 481-2; *Briefwechsel*, I, 405). Cf. *Lettre à Arnauld*, 14 juillet 1686 (*Phil.*, II, 63).

limite, car la définition ne doit pas impliquer de contradiction intrinsèque ; elle ne doit pas faire entrer dans la compréhension du concept des éléments incompatibles. En ce sens, une définition implique toujours un axiome ou un postulat susceptible de démonstration, car avant de pouvoir s'en servir il faut prouver que son objet est possible, c'est-à-dire qu'elle n'est pas contradictoire [1]. Une définition réelle n'est pas arbitraire comme une simple imposition de nom, car elle correspond à une « essence » vraie, à une « nature » possible qui ne dépend pas de notre bon plaisir [2].

La définition réelle ainsi conçue comprend comme cas particulier la définition causale ou par génération : il est clair, en effet, que le meilleur moyen de montrer la possibilité d'une chose est d'indiquer sa cause ou sa construction, quand cela est possible [3].

8. Leibniz déclare lui-même qu'il a emprunté aux Géomètres ce criterium de l'idée vraie [4] ; et en effet, la méthode géomé-

---

1. *Math.*, I, 1 b. Cf. *Lettre à Tschirnhaus*, 1679 : « Hinc patet etiam, quod definitiones non sint arbitrariæ, ut putavit Hobbius. » (*Math.*, IV, 482), et *De Organo sive Arte Magna cogitandi* (**Phil.**, VII, C, 157).

2. *De Synthesi et Analysi universali* : « Unde etiam satisfit difficultati Hobbesianæ : Hobbesius scilicet cum videret omnes veritates posse demonstrari ex definitionibus, omnes autem definitiones esse arbitrarias et nominales crederet, quia in arbitrio est nomina rebus imponere, volebat et veritates in nominibus consistere et arbitrarias esse » (*Phil.*, VII, 294-5). *Meditationes*, 1684 : « Hac ratione satisfit Hobbio, qui veritates volebat esse arbitrarias, quia ex definitionibus nominalibus penderent, non considerans realitatem definitionis in arbitrio non esse, nec quaslibet notiones inter se posse conjungi » (*Phil.*, IV, 425). Cf. *Lettre à Malebranche*, 1679 (*Phil.*, I, 337). Voir p. 196, note 1, et l'Appendice II.

3. « Hujus notæ corollarium est tantum, ut causa efficiens includatur in eorum definitionibus, quæ causam efficientem habent. » (*Math.*, IV, 482.) Cf. les *Meditationes*, 1684 (*Phil.*, IV, 425), le *De Synthesi et Analysi universali* : « Hinc utile est habere definitiones involventes rei generationem vel saltem, si ea caret, constitutionem, hoc est modum quo vel producibilem vel saltem possibilem esse apparet » (*Phil.*, VII, 294), et le *Specimen inventorum* (*Phil.*, VII, 310).

4. C'est ainsi, par exemple, qu'après avoir défini les parallèles : « deux droites situées dans un même plan et qui ne se rencontrent pas », on prouve qu'il existe de telles droites, en invoquant le théorème : « D'un point situé hors d'une droite on ne peut mener qu'une perpendiculaire à cette droite », et on donne en même temps le moyen de construire des parallèles, en élevant des perpendiculaires sur une même droite.

trique exige que l'on démontre la possibilité (l'existence idéale) de chacune des figures que l'on définit, soit en indiquant sa construction, soit autrement; de sorte que toute définition implique ou appelle un théorème [1].

C'est encore l'exemple des Géomètres que Leibniz proposait à son neveu Lœfler, qui avait entrepris de démontrer, entre autres propositions théologiques, le dogme de la Trinité [2]. Et c'est à eux qu'il empruntait cette règle, qu'une définition ne doit contenir rien de plus que ce qui est strictement nécessaire à la démonstration de toutes les propriétés de l'objet défini, et, par suite, ne doit jamais contenir aucune des propriétés qu'on en pourra ensuite déduire [3]. Il en concluait qu'il est inutile de définir Dieu comme esprit, attendu qu'on pourra démontrer que Dieu est esprit en le définissant simplement comme l'Être absolument nécessaire. On voit par là que Leibniz rejette la règle scolastique suivant laquelle on doit définir par le genre prochain et la différence spécifique (car *esprit* est le genre prochain de Dieu); il y substitue une règle qu'on peut formuler mathématiquement comme suit : « La définition doit comprendre les conditions nécessaires et suffisantes pour démontrer toutes les propriétés de l'objet défini. »

1. *Lettre à Burnett* (non envoyée, 1699) : « Il falloit donner cette marque propre à discerner les idées vrayes des fausses; c'est ce que j'ay fait dans la meditation alleguée cy-dessus, suivant ce que j'avois appris des Geometres. » (Allusion aux *Meditationes* de 1684. *Phil.*, III, 257.) Et en effet il dit ailleurs : « Les Geometres, qui sont les veritables maistres dans l'art de raisonner, ont vû que pour que les demonstrations qu'on tire des definitions soyent bonnes, il faut prouver ou postuler au moins que la notion comprise dans la definition est possible » (*Phil.*, IV, 401; cf. 405).
2. *Duæ Epistolæ ad Lœflerum de Trinitate, et definitionibus mathematicis circa Deum, spiritus, etc.* (Dutens, I, 17 sqq.) Voir la note suivante de l'éditeur : « Non incommodum videtur cum Ben. Lect. communicare formulam mathematice tradendi doctrinam Trinitatis, quam Vir Illustr. cognato suo præscripsit, et hæ litteræ respiciunt » (p. 18).
3. « Quoniam voluisti mathematice scribere, cogitandum fuit de definitionibus, quales volunt Mathematici, in quibus nihil poni debet facile quod ex ipsa definitione jam tum potest demonstrari.... Mathematicorum mos est, definitiones ita concipere ut nihil eas ingrediatur, quod dubitationem vel difficultatem recipiat, et sit tamen in illis id omne quod sufficiat ad controversias deinde decidendas. » *Epistola II*, 24 févr. 1695 (*Dutens*, I, 22).

9. Toute cette théorie de la définition procède d'ailleurs des principes de sa Logique, c'est-à-dire de l'Art combinatoire [1]. Ce qui le prouve bien, c'est le problème que Leibniz se pose à cette occasion, et dont il déclare posséder la solution. Toute définition, par cela seul qu'elle convient à tout le défini et au seul défini, en exprime une « propriété réciproque » ou caractéristique [2]. Or toute propriété réciproque doit épuiser l'essence de l'objet, et par suite on doit pouvoir en déduire toutes les autres propriétés de l'objet, même réciproques [3]. Mais toutes les définitions ne sont pas également parfaites, toutes ne mettent pas en évidence la possibilité de l'objet défini. Dès lors, il y a lieu de se poser le problème suivant : Étant donnée une définition quelconque d'un terme, en déduire la définition parfaite [4]. Ce problème, Leibniz se dit en mesure de le résoudre par une « analyse certaine » ou déterminée : or cette analyse n'est pas autre chose que la résolution progressive des concepts en leurs éléments simples [5].

C'est toujours par analogie avec la décomposition des nombres en facteurs que Leibniz conçoit cette analyse des concepts, et c'est cette analogie mathématique qui explique toute sa théorie de la définition [6]. De même qu'un nombre non premier,

---

1. Il rappelle l'origine du *De Arte combinatoria* et y fait remonter l'invention de la « vraie analyse » à la fin de sa *Lettre à Tschirnhaus* de 1679 (*Math.*, IV, 482; *Briefwechsel*, I, 405-6).

2. En termes précis, soit x le terme à définir, et a une de ses propriétés; on peut définir le terme x par la propriété a, si tout x possède la propriété a, et si, *réciproquement*, tout ce qui possède a est x. Cf. la définition de l'*Attributum proprium* dans le *Specimen Calculi universalis* (*Phil.*, VII, 226).

3. *Lettre à Tschirnhaus*, mai 1678 (*Math.*, IV, 462; *Briefw.*, I, 381). Cf. **Phil.**, VII, B, II, 57 verso : « Omnis proprietas reciproca potest esse definitio…. Unaquaeque proprietas reciproca totam subjecti naturam exhaurit, seu ex unaquaque proprietate reciproca duci possunt omnia… Si una ex definitionibus eligatur, caeterae ex ea demonstrabuntur ut proprietates. »

4. « Possum enim hoc problema certa analysi solvere : *Datis omnium terminorum proprietatibus reciprocis seu definitionibus qualibuscunque, invenire definitiones optimi generis.* » *Lettre à Tschirnhaus*, 1679 (*Math.*, IV, 481; *Briefwechsel*, I, 405).

5. « *Resolutio* est substitutio definitionis in locum definiti, *Compositio* est substitutio definiti in locum definitionis » (**Phil.**, VII, B, II, 57).

6. Voir Chap. II, §§ 6 et 7; Chap. III, § 7. Cette analogie est tellement présente à l'esprit de Leibniz, qu'il assimile les nombres premiers aux

une notion complexe peut (en général) se décomposer de plusieurs manières en un produit de facteurs, mais elle ne peut se décomposer que d'une seule manière en un produit de facteurs premiers. En effet, une notion a pour prédicats tous ses diviseurs, et pour prédicats *convertibles* tout produit de ses diviseurs qui lui est égal ou équivalent. Or il y a en général une foule de prédicats convertibles, autant qu'il y a de manières de combiner et de grouper les facteurs premiers de la notion considérée. Chacun de ces prédicats convertibles exprime une propriété *réciproque* ou caractéristique de la notion, et peut lui servir de définition [1].

Mais ce n'est en général qu'une définition *nominale* : il y a en effet des propriétés convertibles que Leibniz appelle *paradoxales*, et qui suffisent à caractériser l'objet défini sans en faire voir la possibilité [2]. Pour obtenir une définition *réelle*, il faut décom-

---

genres suprêmes, et les nombres composés aux espèces qui dérivent des genres suprêmes par multiplication : ainsi 2 sera le genre des multiples de 2, 3 le genre des multiples de 3; le produit des genres 2 et 3 étant l'espèce 6, tout multiple de 6 sera à la fois multiple de 2 et multiple de 3 (*De Synthesi et Analysi universali*, Phil., VII, 292). Chose curieuse, cette idée a reparu de nos jours dans la *Théorie des modules* de M. Dedekind : un *module* est l'ensemble des multiples d'un même nombre; l'ensemble des nombres communs à deux modules (ce que l'on peut appeler leur produit logique) est leur plus petit commun multiple, c'est-à-dire le module du plus petit commun multiple des nombres correspondants. Si ces nombres sont premiers, leur plus petit commun multiple est leur produit. Ainsi ces analogies de l'Arithmétique et de la Logique ne sont pas de simples curiosités; elles sont réelles et ont trouvé une application utile et féconde. Voir DEDEKIND, *Sur la théorie des nombres entiers algébriques*, § I, ap. *Bulletin des Sciences mathématiques*, t. XII (1877), articles réunis et publiés à part chez Gauthier-Villars.

1. « *Ejusdem definiti multæ possunt esse definitiones. Sit enim definitum a, ejusque definitio bcd, sitque bc æqu. l et bd æqu. m et cd æqu. n,* nunc oriuntur tres novæ ipsius *a* definitiones, nempe :

   a æqu. ld, n æqu. mc, a æqu. nb,

cui accedet quarta :   *a æqu. bcd*.

Exempli causa : 24 est 2.3.4. Jam 2.3 est 6, et 2.4 est 8, et 3.4 est 12. Ergo fiet : 24 æqu. 6.4, 24 æqu. 8.3, 24 æqu. 12.2, et denique 24 æqu. 2.3.4. » (**Phil.**, VII, B, II, 57.) Cf. le *De Synthesi et Analysi...* cité Chap. II, § 7.

2. Telle est, par exemple, cette propriété du cercle, qu'un segment est vu sous le même angle de l'un quelconque de ses points : si l'on s'en servait pour le définir, on ne saurait pas *a priori* si une telle courbe est possible. Au contraire, la définition ordinaire du cercle *per generationem* en montre

poser les facteurs de la notion de manière à montrer qu'ils sont compatibles entre eux, c'est-à-dire non contradictoires; et à cette fin, on peut partir de l'une quelconque des définitions nominales, puisque chacune d'elles épuise la compréhension de la notion et en contient toute l'essence; quelle que soit celle qu'on choisira, on aboutira toujours sûrement (quoique plus ou moins directement) à la même décomposition finale [1]. C'est là la définition la plus parfaite, celle qui sert de fondement commun à toutes les autres, et qui en rend raison, car on peut les en déduire toutes en combinant diversement les facteurs simples qu'elle contient. C'est la meilleure des définitions réelles, parce que c'est celle qui montre le mieux la possibilité de la notion en énumérant explicitement tous ses éléments [2].

10. Ainsi le meilleur moyen de prouver qu'une notion est possible, c'est-à-dire non contradictoire, est de l'analyser complètement. En effet, tant que la notion est définie par des notions encore complexes, il peut y avoir entre celles-ci une incompatibilité latente, en ce qu'elles peuvent recéler des éléments contradictoires. Mais quand elle est résolue en ses éléments simples, la moindre contradiction deviendrait flagrante, et détruirait aussitôt la notion; de sorte qu'un concept adéquat est nécessairement vrai. Mais il y a à cela une raison plus profonde : c'est que, pour Leibniz, toutes les idées simples sont compatibles entre elles [3]. Cela tient sans doute à ce que les

---

bien la possibilité (*Phil.*, VII, 294); cf. *Lettre à Foucher*, 1686 (*Phil.*, I, 385). Aussi Leibniz approuvait-il Euclide pour avoir postulé expressément la possibilité de décrire un cercle (*Phil.*, IV, 401).

1. « Ceterum qui Characteristicam seu Analyticam universalem constituere velit, initio quibuscunque uti potest definitionibus, quia omnes continuata resolutione tandem in idem desinunt. » *Lettre à Tschirnhaus*, mai 1678 (*Math.*, IV, 462; *Briefwechsel*, I, 381).

2. « Porro ex definitionibus realibus illæ sunt perfectissimæ, quæ omnibus hypothesibus seu generandi modis communes sunt causamque proximam involvunt, denique ex quibus possibilitas rei immediate patet..., hoc est cum res resolvitur in meras notiones primitivas per se intellectas, qualem cognitionem soleo appellare adæquatam seu intuitivam; ita enim si qua esset repugnatio, statim appareret, quia nulla amplius locum habet resolutio. » *De Synthesi et Analysi universali* (*Phil.*, VII, 295).

3. Voir le fragment intitulé : *Quod Ens perfectissimum existit*, où Leibniz démontre : « *omnes perfectiones esse compatibiles inter se*, sive in eodem esse

idées simples sont toutes, non seulement différentes, mais, selon son expression technique, *disparates* [1], c'est-à-dire ne possédant aucun élément commun (sans quoi elles ne seraient pas simples); elles ne peuvent donc pas se contrarier ou, comme on dit, interférer entre elles et, par suite, la contradiction ne peut se glisser dans aucune de leurs combinaisons [2].

11. C'est en vertu de cette théorie que Leibniz critique l'argument ontologique de Descartes : il lui reproche de n'avoir pas préalablement établi que l'idée de Dieu est possible, c'est-à-dire non contradictoire; et il lui accorde que, cette possibilité une fois établie, on peut conclure de l'idée de Dieu à son existence [3].

posse subjecto » (*Phil.*, VII, 261). Ce fragment date de 1676, puisque Leibniz dit l'avoir soumis à Spinoza à La Haye. (*Ibid.*, 262.) Cf. STEIN, *Leibniz und Spinoza*, p. 258.

1. Voir Chap. VIII, § 20.
2. Pour la portée métaphysique de cette thèse, voir la *Lettre à la duchesse Sophie* (vers 1680?) où Leibniz, après avoir indiqué sommairement le principe et l'utilité de sa Caractéristique, ajoute que son fondement est aussi celui de la démonstration de l'existence de Dieu : « Car les pensées simples sont les elemens de la characteristique, et les formes simples sont la source des choses. Or je soutiens que toutes les formes simples sont compatibles entre elles. C'est une proposition dont je ne sçaurois bien donner la demonstration sans expliquer au long les fondemens de la characteristique. Mais si elle est accordée, il s'ensuit que la nature de Dieu, qui enferme toutes les formes simples absolument prises, est possible. Or nous avons prouvé cy dessus que Dieu est, pourveu qu'il soit possible. Donc il existe, ce qu'il falloit demonstrer. » (*Phil.*, IV, 296.) Cf. *Meditationes* (1684) où les « premiers possibles » ou notions irréductibles sont appelés « les attributs absolus de Dieu », les « causes premières et la dernière raison des choses ». (*Phil.*, IV, 425, cité p. 198, note 5.)
3. « Sed si rigorosa debet esse hoc demonstratio, prædemonstranda est possibilitas. Scilicet non possumus de ulla Notione secure texere demonstrationes, nisi sciamus eam esse possibilem, nam de impossibilibus seu contradictionem involventibus etiam contradictoria possunt demonstrari, quæ est ratio a priori cur ad definitionem realem requiratur possibilitas. » *De Synthesi et Analysi universali...* (*Phil.*, VII, 294.) Cf. les *Meditationes* de 1684 : « Si Deus est possibilis, sequitur quod existat; nam definitionibus non possumus tuto uti ad concludendum, antequam sciamus eas esse reales, aut nullam involvere contradictionem » (*Phil.*, IV, 424), et la *Lettre à Arnauld*, 14 juillet 1686 (*Phil.*, II, 63). La première critique de l'argument ontologique se trouve dans la *Lettre à Oldenburg* du 28 décembre 1675, où Leibniz parle du criterium mécanique et infaillible que lui fournit la Caractéristique (*Math.*, I, 85; *Briefwechsel*, I, 145). Vient ensuite la *Correspondance avec Eckhard et Molanus* (1677), *passim* (*Phil.*, I, 212-272); la *Lettre à Conring* du 3 janv. 1678, où Leibniz fait allusion à

Ainsi cette fameuse critique de l'argument ontologique, de si grande conséquence dans la métaphysique de Leibniz, procède directement de ses théories logiques.

A cette critique se rattache une autre critique plus générale, qui porte sur le criterium même de la vérité. Pour Descartes, toute idée claire et distincte était vraie : mais, objecte Leibniz, à quoi reconnaîtra-t-on l'idée claire et distincte? Combien y a-t-il d'idées fausses, que nous croyons concevoir clairement et distinctement! Combien de choses dont nous parlons, que nous définissons même en termes intelligibles, et qui sont impossibles, c'est-à-dire qui impliquent contradiction (par exemple : le plus rapide de tous les mouvements)! Le criterium de l'évidence est donc insuffisant et fallacieux ; il faut lui substituer ou du moins lui superposer un autre criterium : est possible et vraie toute idée non contradictoire, et pour s'assurer qu'une idée n'enferme aucune contradiction, il suffit de la décomposer en ses éléments simples [1].

Eckhard (*Phil.*, I, 188); les *Lettres à Malebranche*, 1679 (*Phil.*, I, 331-2, 337-9); la *Lettre à la duchesse Sophie* (*Phil.*, IV, 292 sqq.); la *Lettre à Foucher* (1686) où Leibniz renvoie à ses *Meditationes* de 1684 (*Phil.*, I, 384-5); la *Lettre à Placcius* du 10 mai 1687 (*Dutens*, VI, 1, 44); le *Specimen inventorum* (*Phil.*, VII, 310); les *Animadversiones in partem generalem Principiorum Cartesianorum*, 1697 (*Phil.*, IV, 358-9; cf. p. 402, 405); la *Lettre à Burnett* du 20/30 janv. 1699 (*Phil.*, III, 248); enfin la *Lettre à Bierling* du 10 nov. 1710 (*Phil.*, VII, 490). Pour une discussion approfondie de cette critique, voir HANNEQUIN, *La preuve ontologique cartésienne défendue contre la critique de Leibniz*, ap. *Revue de Métaphysique et de Morale*, t. IV, p. 433-458 (juillet 1896).

1. « De discrimine inter conceptus inadæquatos et adæquatos, sive definitionum nominalium et realium, ubi occurrendum Hobbesianæ difficultati de veritate arbitraria, Cartesianæ, de ideis eorum de quibus loquimur. » Plan d'Encyclopédie (**Phil.**, VII, A, 26 verso). Cf. *Lettre à Oldenburg*, 28 décembre 1675 : « Multa videmur nobis cogitare (confuse scilicet) quæ tamen implicant : exempli gratia, Numerus omnium numerorum... Neque fidendum his notionibus, antequam ad illud Criterion exigantur, quod mihi agnoscere videor, et quod velut Mechanica ratione fixam et visibilem et (ut ita dicam) irresistibilem reddit veritatem. » (*Phil.*, VII, 9-10; *Math.*, I, 85.) On sait ce que Leibniz entend par ce fil mécanique et sensible : on voit que c'est la Caractéristique qui lui fournit le criterium infaillible qui manquait à Descartes. Il s'agit ici du criterium de la vérité des idées; nous verrons plus loin ce que Leibniz pense du criterium cartésien appliqué aux propositions.

12. Cette théorie de la définition a une importance capitale dans la philosophie de Leibniz, car c'est elle qui a engendré sa théorie de la connaissance telle qu'elle se trouve exposée dans les *Meditationes de cognitione, veritate et ideis* [1]. Il y distingue d'abord les connaissances *claires* et *obscures* (une idée est claire lorsqu'elle suffit à faire reconnaître la chose représentée), puis les connaissances *distinctes* et *confuses* (une notion *distincte* est celle dont on peut énumérer les éléments) [2]. Il y a des notions claires qui ne sont pas distinctes, par exemple celles que nous avons des diverses couleurs (parce qu'on ne peut pas les définir). Toutefois, on a nécessairement une connaissance distincte d'une notion primitive, et partant indéfinissable. Une notion est *adéquate* quand on a une connaissance distincte, non seulement d'elle-même, mais de tous ses éléments, c'est-à-dire quand l'analyse en est poussée à bout. Enfin il faut distinguer la connaissance *aveugle* ou *symbolique* de la connaissance *intuitive* : la première a lieu quand on substitue aux éléments de la notion des signes ou des noms propres à les rappeler, mais qui dispensent de les penser; la seconde a lieu quand on pense explicitement tous les éléments de la notion. Une notion primitive distincte ne peut être conçue que d'une manière intuitive; mais des notions complexes ne sont en général conçues que d'une manière symbolique [3]. Telle est la notion que nous avons d'un chiliogone, où nous ne pensons assurément pas les mille côtés; telles sont, en général, les

---

1. Publiées dans les *Acta Eruditorum* de 1684. Le brouillon portait primitivement le titre : *De Veritate et Ideis*, puis le titre : *De Cognitione, Veritate et Ideis* (**Phil.**, VIII, 37-38). Cf. le *Discours de Métaphysique* de 1686, § XXIV (*Phil.*, IV, 449-50); la fin de la *Lettre à Arnauld*, 14 juil. 1686 (*Phil.*, II, 63); et le plan d'Encyclopédie déjà cité, où on lit : « Hic ergo (à savoir dans les *Elementa Veritatis æternæ*) dicendum erit de Natura Veritatis, et de Veritatibus absolute primis... De Materia Veritatum sive conceptibus atque ideis, et quomodo conceptus esse genuinos minimeque fictitios cognoscatur. Conceptus vel sunt obscuri vel clari, et clari confusi vel distincti, et distincti plus minusque adæquati... » (**Phil.**, VII, A, 26.)

2. « J'appelle *idée distincte*, lorsque j'en conçois les conditions ou requisits, en un mot, lorsque j'en ay la definition, si elle en a. » *Lettre à Burnett*, 20/30 janvier 1698, où Leibniz rappelle ses *Meditationes* (*Phil.*, III, 247).

3. *Meditationes...* (*Phil.*, IV, 422-3).

notions arithmétiques et géométriques, car un nombre un peu grand, une figure un peu compliquée ne sont pas explicitement représentés dans l'esprit; ils sont remplacés par un symbole, par une définition verbale qui permettrait de les reconstruire idéalement s'il en était besoin [1].

Rapprochons maintenant cette classification des idées de la théorie des définitions. Une idée est distincte quand on en a une définition nominale, puisque celle-ci est l'énumération de ses caractères ou conditions [2]. Mais quand on a une définition réelle, on a une connaissance adéquate, qui implique la possibilité *a priori* : car cela veut dire qu'on a pu pousser l'analyse de la notion jusqu'au bout sans rencontrer de contradiction [3]. En d'autres termes, une idée est adéquate quand elle est entièrement résolue en éléments simples; et alors elle est nécessairement vraie, c'est-à-dire non contradictoire [4].

Ici Leibniz fait une réserve ou émet un doute que nous connaissons déjà, et dont nous verrons bientôt l'importance. Il se demande s'il est possible aux hommes d'achever l'analyse de toutes les idées et de les réduire aux notions simples, qu'il appelle les premiers possibles ou les attributs de Dieu; et il n'ose pas se prononcer [5]. Il paraît même ailleurs se décider pour la négative, quand il dit : « Cependant il ne faut pas s'ima-

---

1. Cf. *Lettre à la princesse Sophie*, 12 juin 1700 : « C'est une pensée sourde, comme dans l'Algèbre où l'on pense aux symboles à la place des choses. » (**Phil.**, VII, 555.) « Sæpe nos conceptus tantum cæcos de rebus habere, per analogiam et characteres... » (**Phil.**, VII, A, 26.)

2. « Sed cum quis conceptum clarum et distinctum habet, tunc habet definitionem Nominalem, quæ nihil aliud est quam aggregatum notarum, quibus rem unam ab alia discernimus. » (**Phil.**, VII, A, 26 verso.)

3. « Conceptus distinctus adæquatus est definitio realis, seu definitio talis ex qua statim patet rem de qua agitur esse possibilem, seu quæ constat omnibus rei requisitis... » (**Phil.**, VII, A, 26 verso.)

4. *Meditationes* (*Phil.*, IV, 423).

5. « An vero unquam ab hominibus perfecta institui possit analysis notionum, sive an ad *prima possibilia* ac notiones irresolubiles, sive (quod eodem redit) ipsa absoluta Attributa Dei, nempe causas primas atque ultimam rerum rationem, cogitationes suas reducere possint, nunc quidem definire non ausim. » (*Phil.*, IV, 425.) Cette objection se trouve dans une *Lettre de Burnett* du 18 févr. 1699 (*Phil.*, III, 254), à laquelle Leibniz répond par la lettre que nous avons souvent citée.

giner que nous puissions toujours pousser l'analyse à bout jusqu'aux premiers possibles, aussi ne l'est-il pas nécessaire pour la science. Il est vray qu'en ce cas elle seroit accomplie [1]. »

Nous verrons plus loin dans quels cas l'analyse complète des concepts est possible, et dans quels cas elle est impossible, c'est-à-dire infinie. Nous savons d'ailleurs que cette analyse est parallèle à l'analyse des vérités. Quoi qu'il en soit, Leibniz reconnaît qu'elle n'est pas nécessaire aux sciences spéciales; celles-ci peuvent et doivent même se constituer sur des notions non complètement analysées et sur des principes non démontrés (hypothèses ou postulats). C'est ainsi qu'ont procédé les Géomètres, qu'il cite toujours comme modèles : ils ont pris pour base de leurs déductions un petit nombre d'axiomes admis comme évidents [2]. Et c'est ainsi que doit procéder toute science pour se fonder et se développer : ce serait perdre son temps que de s'acharner à démontrer les principes qu'elle est obligée de postuler; il faut en déduire progressivement toutes les con-

---

1. *Lettre à Foucher*, 1687 (*Phil.*, I, 392). Cf. *Introductio ad Encyclopædiam arcanam* : « Non videtur satis in potestate humana esse Analysis conceptuum, ut scilicet possimus pervenire ad notiones primitivas, seu ad ea quæ per se concipiuntur; sed magis in potestate humana est analysis veritatum, multas enim veritates possumus absolute demonstrare et reducere ad veritates primitivas indemonstrabiles... » (**Phil.**, VIII, 2 verso.) Voir les textes analogues cités § 4.

2. *Lettre à Foucher*, 1686 (*Phil.*, I, 381) : Le seul moyen d'avancer et de finir les disputes est d'établir beaucoup de choses sur quelque peu de suppositions. C'est ce qu'a fait, par exemple, Archimède (cf. *Phil.*, VII, 165). *Lettre à Jean Bernoulli*, 23 août 1696 : « Idque etiam Veteres viderunt : unde Apollonius (in scriptis deperditis) et Proclus et alii Axiomata ab Euclide assumta demonstrare sunt conati » (*Math.*, III, 321). Enfin, dans les *Animadversiones in partem generalem principiorum Cartesianorum* (1692), Leibniz, après avoir cité Apollonius et Proclus, dit qu'Euclide aurait pu démontrer l'axiome de la ligne droite s'il en avait eu une bonne définition (voir Chap. IX, § 17); mais il loue néanmoins les Géomètres anciens d'avoir passé outre, et d'avoir su tirer beaucoup de peu : « Nam si voluissent differre theorematum aut problematum inventiones, dum omnia axiomata et postulata demonstrata fuissent, fortasse nullam hodie Geometriam haberemus » (*Phil.*, IV, 355). Cf. *Lettres à Foucher*, 1679? (*Phil.*, I, 372) et janv. 1692 (*Phil.*, I, 402). Il suffit de formuler explicitement les principes que l'on postule, afin qu'on sache que les conséquences qu'on en tire n'ont qu'une nécessité hypothétique (*Phil.*, VII, 299). Cf. *Nouveaux Essais*, IV, II, § 8, et XII, § 10; et p. 139, note 2.

séquences, quitte à revenir ensuite aux principes pour les réduire à de plus simples, et, de proche en proche, à des propositions identiques.

13. Il n'en est pas moins vrai que l'analyse intégrale des vérités et des notions est la fin idéale de la science, et qu'elle en serait l'achèvement. C'est par elle seulement que l'on pourrait, d'une part, réaliser l'unité de la science et, d'autre part, fonder et justifier rationnellement les sciences spéciales, jusqu'ici indépendantes et autonomes. Il est donc très utile de démontrer les axiomes (non identiques) en les ramenant à des propositions identiques [1]. Mais la démonstration des axiomes a un but plus important encore, qui est d'achever l'analyse des idées [2], et de faire découvrir les notions vraiment premières qui devront composer l'Alphabet des pensées humaines [3]. En effet, toute proposition nécessaire qui n'est pas démontrée doit forcément contenir un terme non encore défini, c'est-à-dire résolu en ses éléments; si donc on s'efforce de démontrer le prétendu axiome, on trouvera par là même la définition du terme [4] en

---

1. *Lettre à Jean Bernoulli*, 31 juil. 1696 : « Scito apud me omnis Axiomatis adhibendi desiderari demonstrationem, alioqui imperfectam esse scientiam » (*Math.*, III, 312). Cf. *Nouveaux Essais*, I, 1, § 4, II fin, et III fin : « C'est une de mes grandes maximes, qu'il est bon de chercher les démonstrations des axiomes mêmes. » Voir aussi IV, VII, § 1, et XII, § 6.

2. « Et magnum ego usum demonstrationis axiomatum esse scio ad veram analyticen seu artem inveniendi » (*Phil.*, IV, 355). « Et chez moy ce soin de demonstrer les Axiomes est un des plus importans points de l'Art d'inventer » (*Phil.*, VII, 165). Cf. *Lettres à Foucher*, 1679 ? et janv. 1692 (*Phil.*, I, 372, 402).

3. Leibniz disait en 1676 de sa Combinatoire : « Ea vero nihil differt ab Analysi suprema, ad cujus intima, quantum judicare possum, Cartesius non pervenit. Est enim ad eam constituendam opus Alphabeto Cogitationum humanarum, et ad inventionem ejus Alphabeti opus est Analysi Axiomatum. » *Lettre à Oldenburg*, 27 août 1676 (*Phil.*, I, 11; *Briefwechsel*, I, 199). Pour la critique adressée à Descartes, cf. les textes cités p. 94 (notamment *Phil.*, I, 327; IV, 276, 282, 291).

4. « Ainsi il faut tacher de donner cette demonstration; et nous ne la sçaurions donner sans trouver cette definition » (**Phil.**, VI, 12 f, 23). La phrase suivante est citée dans le texte. Cf. **Phil.**, VII, C, 51 : « Optima Methodus perveniendi ad Analysin notionum a posteriori, est quærere demonstrationes propositionum maxime Axiomaticarum, quæ videntur aliis per se notæ. »

question. « Par cette methode, en ne laissant passer aucun axiome sans preuve, excepté les definitions et les identiques, nous viendrons à la resolution des Termes, et aux plus simples idées. »

14. C'est pourquoi Leibniz ne cessait de déclarer qu'il faut démontrer les axiomes, ce qui paraissait paradoxal et même absurde à ceux qui ne connaissaient pas les principes de sa Logique et qui étaient habitués à concevoir les axiomes comme des propositions indémontrables par définition [1]. Ainsi Jean Bernoulli lui objectait que toute vérité est ou un axiome ou un théorème démontré au moyen d'axiomes; il faut donc bien admettre quelques axiomes sans démonstration, d'abord, parce qu'on ne peut pas tout démontrer, ensuite, parce qu'autrement on ne pourrait rien démontrer [2]. Leibniz répondait que ce n'est pas à la légère (« temere ») qu'il avait avancé cette maxime, et rappelait à ce propos ses *Meditationes* de 1684. Il expliquait son paradoxe en distinguant les axiomes identiques, qui sont indémontrables, et les axiomes non identiques, qui peuvent et doivent se démontrer au moyen des précédents. Et comme Bernoulli lui avait demandé s'il révoquait en doute cet axiome : « Le tout est plus grand que la partie », Leibniz saisit cette occasion pour marquer la différence entre son précepte et la règle cartésienne du doute méthodique. Autre chose est douter d'une vérité, autre chose en demander la démonstration; et l'on peut fort bien chercher à démontrer un axiome, lors même qu'on ne saurait le mettre en doute [3]. Aussi le doute cartésien va-t-il tantôt trop loin, et tantôt pas assez : Descartes va trop loin en

---

1. Il approuvait hautement, en toute occasion, les Géomètres anciens et modernes (Apollonius, Proclus, Roberval) qui avaient cru devoir démontrer des axiomes admis par Euclide comme évidents et indubitables (*Phil.*, VII, 165). Sur ROBERVAL en particulier, voir *Lettres à Foucher* (*Phil.*, I, 372, 402); *Nouveaux Essais*, IV, VII, § 1 ; *Phil.*, V, 10 f, 54, et *Math.*, I, 2 (*Demonstratio Axiomatum Euclidis*, 22 févr. 1679).

2. *Lettre de Jean Bernoulli*, 15 août 1696 (*Math.*, III, 316).

3. « Si Cartesius, cum de omnibus dubitandum dixit, hoc tantum voluisset, quod ego desidero, nullo jure reprehenderetur; sed ille dupliciter peccavit, nimis dubitando, et nimis facile a dubitatione discedendo. » *Lettre à Jean Bernoulli*, 23 août 1696 (*Math.*, III, 321).

révoquant en doute les vérités mathématiques et la déduction logique, qui reposent sur le principe de contradiction; et il sort trop facilement de son doute en prenant pour criterium de la vérité l'évidence, c'est-à-dire la clarté et la distinction des idées [1].

En somme, le criterium cartésien de la vérité ne paraît pas à Leibniz plus valable pour les propositions que pour les idées, et pour les mêmes raisons (voir § 11). On dit que tout ce que l'on conçoit clairement et distinctement est vrai; mais à quoi reconnaîtra-t-on une pensée claire et distincte? Telle idée qui paraît claire à l'un paraît obscure à l'autre [2]. Le faux a bien souvent une évidence apparente, sans quoi on ne le prendrait jamais pour le vrai. On a donc besoin, pour appliquer la première règle de Descartes, d'un criterium de l'idée claire et distincte; et ce criterium formel et infaillible est précisément fourni par la théorie leibnitienne des idées et des vérités, par la définition de l'idée adéquate [3].

D'une manière générale, Leibniz montre dans un fragment très remarquable que l'insuffisance des règles cartésiennes consiste en ce qu'elles sont des préceptes psychologiques, et non pas logiques, et qu'elles ont par suite une portée subjective bien plutôt qu'objective. Il ajoute, avec une superbe confiance

---

1. *Lettre à Foucher*, janv. 1692 (*Phil.*, I, 402). Cf. *Phil.*, VII, 164-5; IV, 327-8, 356, 403-4, et **Phil.**, I, 4, i, 42 : « Quod Cartesius de dubitatione jactat, aut falsum est et damnosum, aut huc reducitur : quaerere demonstrationes etiam maxime receptarum veritatum; et hoc demum dubitationis theoreticae genus plane innocens est. At Cartesius, qui dubitationes in principio philosophandi tantopere inculcat (inculcat ?), axiomatum probationes omittens eo ipso veram analysin amisit. » (*Bodemann*, p. 50.) Cf. le fragment : **Phil.**, I, 4 d, 4 (*Bodemann*, p. 52-3). Voir Chap. IV, § 7.

2. Ainsi Malebranche trouvait obscure l'idée de l'âme et de la pensée, qui était une idée claire pour Descartes et ses disciples (*Phil.*, IV, 328).

3. Voir *Lettre à Foucher* (*Phil.*, I, 384); cf. *Phil.*, III, 451-3, notes; IV, 403-4. De même, Leibniz blâmait Arnauld, Malebranche et Locke d'avoir « suivi l'exemple de M. des Cartes, qui meprisoit la definition des termes connus, que tout le monde à son avis entend, et qu'on definit en effet ordinairement *per æque obscurum*. Mais, » ajoute-t-il, « ma maniere de definir est toute autre, et on n'entend communement ces termes que d'une maniere confuse et insuffisante pour raisonner. » *Lettre à Bourguet*, 22 mars 1714 (*Phil.*, III, 569); cf. *Lettre à Coste*, 4 juil. 1706 (*Phil.*, III, 384).

dans le pouvoir souverain de la lumière et de la raison [1], qu'il est inutile de discourir longuement sur les préjugés et les passions, causes psychologiques de nos erreurs, et de préconiser le doute méthodique pour les détruire et les déraciner. Le seul remède à nos erreurs est, selon lui, une bonne Logique, devant laquelle elles s'évanouiront comme les fantômes de la nuit au soleil levant [2].

15. Ainsi, pour savoir si l'on peut et si l'on doit démontrer une proposition, il ne faut pas se demander si elle est évidente et indubitable, ni même si on la conçoit clairement et distinctement, mais si elle est *identique*, c'est-à-dire réductible au principe d'identité. C'est ce que Leibniz montre par l'exemple de cette proposition d'Arithmétique : « Deux et deux font quatre », que certains contemporains considéraient comme un axiome. Il fait voir qu'elle se démontre fort correctement au moyen des définitions des nombres 2, 3 et 4 et de l'axiome de la substitution des équivalents [3]. Il applique la même méthode de démonstration aux axiomes proprement dits, et notamment à

---

1. « Nam aliis omnibus dotibus homines deteriores reddi possunt, sola recta ratio nisi salutaris esse non potest. » (**Phil.**, VII, 187.)

2. « Qui ipsa veritatis elementa recte tradere poterit, eum non puto opus habiturum ad homines persuadendos præceptis quibusdam minime ex natura rei sumtis, aut etiam ambiguis, veluti ut quod debeant dubia semel in dubium vocare, quod debeant ea quæ nondum satis percepere ut falsa rejicere, aliaque id genus, quæ hominum animos turbant, variisque difficultatibus materiam præbent. Nec opus est de præjudiciis nostris et animi passionibus variisque errorum causis prolixe disserere, nam omnia noctis monstra die orta sponte sua evanescunt; et unica revera errorum causa proxima est, quod homines elementis veritatis recte traditis non utuntur. » (Ici le passage cité p. 100, note 2 : « ... Palpabilia igitur veritatis criteria postulo.... ») « itaque illa negligo criteria, quæcunque vel minimum difficultatis habent, ut cum dicunt verum esse quicquid clare et distincte percipitur; opus enim est notis palpabilibus clari et distincti, quoniam sæpe homines de his dissentiunt; eodem modo non probo ratiocinationes ductas ex ideis, cum quis asseverat, se attributum de quo agitur in idea rei invenire, alio enim contrarium asserente, nulla relicta est terminandæ inter eos controversiæ via, ut cum alius ait, alius negat, ideam corporis consistere in extensione. » (**Phil.**, V, 6, f° 19; ap. *Bodemann*, p. 82.)

3. *Phil.*, IV, 403; cf. *Remarques sur les arguments de M. Jaquelot*, 1702 (*Phil.*, III, 448); *Nouveaux Essais*, IV, VII, § 10.

celui que Jean Bernoulli lui avait objecté : « Le tout est plus grand que la partie ». En effet, Leibniz définit le *plus grand* et le *plus petit* de la manière suivante : « A est plus grand que B, et B plus petit que A, si B est égal à une partie de A [1] ». D'autre part, il admet comme axiome identique (indémontrable) : $A = A$, c'est-à-dire : Chaque quantité est égale à elle-même. Cela posé, l'axiome en question se démontre par un syllogisme de la 1re figure :

« Ce qui est égal à une partie du tout est plus petit que le tout » (en vertu de la *définition*).

« Une partie du tout est égale à une partie du tout, c'est-à-dire à elle-même » (en vertu de l'*axiome*).

« Donc une partie du tout est plus petite que le tout. » C. Q. F. D. [2]

On voit ainsi, conclut Leibniz, que toutes les démonstrations reposent sur deux sortes de principes ultimes : des définitions et des propositions identiques [3].

Telle est également la conclusion d'un « petit essai » de « la véritable Analyse des vérités intelligibles », qui se trouve dans une *Lettre à Burnett* de 1699, et où Leibniz démontre, à titre

---

1. Cette définition de l'inégalité, qui se trouve déjà dans le *De Arte combinatoria*, 1666 (Voir Note VI), a été empruntée par Leibniz à Hobbes. En effet, il en fait usage dans son *Specimen demonstrationum politicarum pro eligendo rege Polonorum* (1669), prop. LI, coroll 1, et il ajoute : « Per definitionem Majoris et Minoris apud Thomam Hobbes in Elementis de Corpore » (*Dutens*, IV, III, 575). On lit en effet dans le *De Corpore* (pars II, cap. VIII, § 13) : « *Majus autem est corpus corpore, quando pars illius huic toti est æqualis. Minus autem, quando illud totum parti hujus est æquale.* » Cf. *Characteristica geometrica* (10 août 1679), § 29 (*Math.*, V, 153).

2. La même démonstration est déjà indiquée dans les fragments inédits : *Demonstratio axiomatum Euclidis*, 22 février 1679 (**Math.**, I, 2), et **Phil.**, VIII, 6. Elle se trouve encore dans les passages suivants : *Phil.*, VII, 300 ; *Math.*, VII, 20, 274.

3. *Lettre à Jean Bernoulli*, 23 août 1696 (*Math.*, III, 322 ; citée par *Erdmann*, p. 81, note). Bernoulli objecte que l'on invoque dans cette démonstration le principe du syllogisme, et qu'il n'est pas plus évident que l'axiome à démontrer (*Lettre* du 12 sept. 1696, *Math.*, III, 329-30). Leibniz répond qu'il sait démontrer le principe du syllogisme, et cela indépendamment de l'axiome en question, de sorte qu'il n'y a pas là de cercle vicieux (*Lettre* du 6 oct. 1696, *Math.*, III, 331). Voir Chap. VIII, §§ 14 et 21.

d'exemple, cet axiome d'Euclide : « Si à des quantités égales on ajoute des quantités égales, on obtient des sommes égales », en s'appuyant sur l'*axiome identique* déjà cité et sur la *définition* de l'égalité : « *Æqualia* sunt quæ sibi substitui possunt salva magnitudine ».

En effet, on a, en vertu de l'axiome :

$$a+b=a+b,$$

or, par hypothèse :

$$a=c, \quad b=d.$$

On peut donc, dans le second membre de la 1re égalité, substituer c à a, et d à b, en vertu de la définition de l'égalité; il vient :

$$a+b=c+d, \qquad \text{C. Q. F. D.}^{\text{1}}$$

16. De tout cela il ressort que les principes de toute démonstration sont, non plus les définitions seules, mais les définitions et les axiomes identiques ². Ce sont aussi les principes de toutes les propositions nécessaires, connues *a priori* ³, ou, comme disait Leibniz, les Éléments de la vérité éternelle ⁴. Ainsi toutes

---

1. *Lettre à Burnett*, 1699 (*Phil.*, III, 258-9). La même démonstration est indiquée dans le *Specimen Geometriæ luciferæ* (*Math.*, VII, 274) et dans la *Characteristica geometrica* de 1679, § 39 (*Math.*, V, 156). Leibniz veut montrer par ces démonstrations l'utilité et la fécondité des propositions identiques, que les empiristes regardaient comme de vaines et stériles tautologies : « ... ut appareat, identicas quoque suum usum habere, nullamque veritatem, utcunque tenuis videatur, plane sterilem esse; imo fundamenta cæterarum in his contineri mox apparebit » (*Phil.*, VII, 300). Cf. *Nouveaux Essais*, IV, II, § 1; VII, VIII, passim.

2. « Principia Scientiæ veritatum necessariarum et ab experientia non dependentium (mea sententia) sunt duo : definitiones et axiomata identica. » (*Phil.*, III, 258.)

3. « Hinc patet jam quæ sit ultima Analysis veritatum necessariarum omnium, nempe in definitiones seu ideas, et veritates identicas seu coincidentiam idearum. Et omnes veritates necessariæ sunt virtualiter identicæ. » (*Phil.*, III, 259)

4. « Manifestum est, omnes propositiones necessarias sive æternæ veritatis esse virtualiter identicas, quippe quæ ex solis ideis sive definitionibus (hoc est terminorum resolutione) demonstrari seu ad primas veritates revocari possunt, ita ut appareat, oppositum implicare contradictionem, et cum identica aliqua sive prima veritate pugnare. » (*Phil.*, VII, 300; cf. p. 295-6, cité p. 206, note 1).

les vérités nécessaires sont *identiques*, les unes explicitement, et ce sont les vérités premières ou axiomes, les autres « virtuellement » ou implicitement, et ce sont les théorèmes démontrables. Démontrer ceux-ci, c'est les ramener à des vérités identiques, en analysant leurs termes, c'est-à-dire en les définissant [1]. Toute démonstration consiste à substituer la définition au défini, c'est-à-dire à remplacer un terme (complexe) par un groupe de termes (plus simples) qui lui est équivalent. Ainsi le fondement essentiel de la déduction est le *principe de la substitution des équivalents* [2]. C'est lui qui est le principe suprême et unique de la Logique, et non pas le principe du syllogisme (le *Dictum de omni et nullo* d'Aristote), car celui-ci n'est pas, comme on le croit souvent, un axiome identique, mais un théorème qui se démontre au moyen du principe précédent [3]. En

---

1. « Ex ideis porro istis sive definitionibus omnes veritates demonstrari possunt, exceptis propositionibus identicis, quas patet sua natura indemonstrabiles esse, et vera axiomata dici posse; vulgaria autem axiomata resolutione vel subjecti vel praedicati vel utriusque ad identica revocantur sive demonstrantur... Itaque cujuscunque veritatis reddi potest ratio, connexio enim praedicati cum subjecto aut per se patet, ut in identicis, aut explicanda est, quod fit resolutione terminorum. Atque hoc unicum summumque est veritatis criterium, in abstractis scilicet neque ab experimento pendentibus, ut sit vel identica vel ad identicas revocabilis. Et hinc duci possunt Elementa veritatis aeternae... » *De Synthesi et Analysi universali* (*Phil.*, VII, 295-6). C'est ainsi que Leibniz explique et justifie l'aphorisme scolastique, que les axiomes sont évidents dès qu'on comprend leurs termes (*Phil.*, VII, 295, 300; cf. III, 258).

2. Que STANLEY JEVONS a repris de nos jours pour fondement de la Logique : *The substitution of similars, the true principle of reasoning, derived from a modification of Aristotle's dictum* (London, Macmillan, 1869). C'est par la substitution des équivalents que Leibniz proposait de démontrer les inférences du droit à l'oblique (Voir Chap. III, § 15) : *Lettre à Placcius*, 16 nov. 1686 : « Quanquam enim mihi non alia ibi videatur opus esse demonstratione, quam quae pendet ex mutua aequipollentium substitutione » (Dutens, VI, 1, 32). Cf. *Specimen demonstratae consequentiae a rectis ad obliqua, a Leibnitio Jo. Vagetio missum* (ibid., p. 38), où Leibniz traite l'exemple suivant : « Graphice est ars; ergo qui discit graphicen discit artem. » On trouve dans les manuscrits inédits des discussions sur les difficultés et les sophismes auxquels donnent lieu les inférences obliques, par exemple : Un évêque est un homme; donc qui fait un évêque fait un homme.

3. Voir *Lettre à Foucher*, 1687 (*Phil.*, I, 391), citée Chap. VII, § 9; *De libertate* (Foucher de Careil, B, 181); *Phil.*, VII, B II, 62; *Lettres à Vagetius*, 10 janv. 1687 : « Possumus etiam omnes praedicationes reducere ad aequi-

effet, le principe du syllogisme consiste dans la faculté de substituer au sujet d'une proposition un terme plus petit (en extension) ou qui le contient (en compréhension), ou bien à l'attribut un terme plus grand (en extension) ou qui y est contenu (en compréhension). Il est donc naturellement subordonné au principe qui permet de substituer à un terme un autre terme équivalent, et il doit en dériver logiquement ; car toute substitution permise doit reposer sur quelque identité, totale ou partielle [1]. Dans une proposition simple, le prédicat est contenu dans le sujet (au point de vue de la compréhension) et peut lui être substitué, parce qu'il est identique à une partie du sujet ; dans une proposition réciproque ou convertible, le sujet et le prédicat se contiennent mutuellement, ils sont logiquement équivalents, ils peuvent donc être substitués l'un à l'autre indifféremment [2]. Par suite, toute proposition non identique doit se démontrer par l'analyse des termes et la substitution des équivalents, de manière à mettre en évidence l'identité totale ou partielle de ses deux termes (leur égalité ou leur inclusion) [3].

pollentias, supplendo aliquid ad complendam reciprocationem ; unde rursus apparet propositum » ; et 10 mai 1687 : « Utor simili methodo ad ratiocinationes quibusdam æquationum Algebraicarum imitationibus exprimendas » (*Dutens*, VI, 1, 37, 43). Leibniz avait déjà employé cette méthode de substitution dans son *Specimen demonstrationum politicarum* de 1669, par exemple pour démontrer : « Omne turpe periculosum » (Préface, *Dutens*, IV, III, 524). Pour la démonstration formelle du principe du syllogisme et la réduction des propositions à des équations logiques, voir Chap. VIII, §§ 20 et 21.

1. « Omnis autem substitutio nascitur ex æquipollentia quadam. » (*Phil.*, VII, 31.) Cf. chap. VIII, §§ 9 et 13.

2. *Analysis linguarum*, 11 sept. 1678 : « Porro cum scientiæ omnes, quæ demonstrationibus constant, nihil aliud tradant, quam cogitationum æquipollentias seu substitutiones, ostendunt enim in propositione aliqua necessaria tuto substitui prædicatum in locum subjecti, et in omni convertibili propositione etiam subjectum in locum prædicati substitui posse.... » (**Phil.**, VII, C, 9.) Cf. **Phil.**, VII, B IV, 15-18 ; VII, C, 62-63. On lit dans une table de définitions qui date de 1702-4 : « *Inferre* est propositionem ex alia facere per substitutionem terminorum æquivalentium. » (*Monatsberichte der Akademie der Wissenschaften zu Berlin* 1861, p. 209.) Pour la traduction algébrique de ces deux relations logiques fondamentales (l'égalité et l'inclusion), voir Chap. VIII, § 8.

3. « Nimirum ut Identicæ propositiones omnium prima sunt omnisque

17. Nous avons parlé surtout des vérités rationnelles et nécessaires; mais tout ce qui précède vaut également pour toute espèce de vérités (Leibniz le déclare expressément), car c'est la définition même de la vérité en général, à savoir que dans toute proposition vraie le prédicat est contenu dans le sujet[1]. Par cela même qu'elle est vraie, il doit y avoir une connexion réelle et intelligible entre le sujet et le prédicat, c'est-à-dire une relation d'inclusion logique qu'on peut découvrir par la simple analyse des termes[2].

Cela est vrai même des propositions singulières, c'est-à-dire dont le sujet est individuel, comme sont toutes les vérités his-

---

probationis incapaces atque adeo per se veræ, nihil enim utique reperiri potest, quod medii instar aliquod secum ipso connectat; ita per consequentiam veræ sunt virtualiter identicæ, quæ scilicet per analysin terminorum (si pro primo termino notio vel æquivalens vel inclusa substituatur) ad identicas formales sive expressas reducuntur. » (*Phil.*, VII, 300). Cf. le *De libertate* : « Nam demonstrare nihil aliud est, quam resolvendo terminos propositionis et pro definito definitionem aut ejus partem substituendo, ostendere æquationem quandam seu coincidentiam prædicati cum subjecto in propositione reciproca; in aliis vero saltem inclusionem, ita ut quod in propositione latebat, et virtute quadam continebatur, per demonstrationem evidens et expressum reddatur. » (*Foucher de Careil*, B, 181.) Et Leibniz emploie pour s'expliquer une analogie arithmétique : Tout multiple de 12 est multiple de 2.2.3, et par conséquent multiple de 2.3 ou 6. Cf. *Lingua generalis*, févr. 1678 (**Phil.**, VII, B III, 3) ; **Phil.**, VII, B IV, 15-20, etc.

1. « Semper igitur prædicatum seu consequens inest subjecto seu antecedenti, et in hoc ipso consistit natura veritatis in universum... Hoc autem verum est in omni veritate affirmativa, universali aut singulari, necessaria aut contingente... » (**Phil.**, VIII, 6.) Cf. le *De libertate* : « Videbam autem commune esse omni propositioni veræ affirmativæ, universali et singulari, necessariæ vel contingenti, ut prædicatum insit subjecto, seu ut prædicati notio in notione subjecti aliqua ratione involvatur, idque esse principium infallibilitatis in omni veritatum genere, apud eum qui omnia a priori cognoscit. » (*Foucher de Careil*, B, 179.)

2. *Discours de métaphysique* (1686), § VIII : « Il est constant que toute prédication veritable a quelque fondement dans la nature des choses, et lors qu'une proposition n'est pas identique, c'est-à-dire lors que le predicat n'est pas compris expressement dans le sujet, il faut qu'il y soit compris virtuellement, et c'est ce que les Philosophes appellent *in-esse*, en disant que le predicat *est dans* le sujet. Ainsi il faut que le terme du sujet enferme tousjours celuy du predicat, en sorte que celuy qui entendroit parfaitement la notion du sujet, jugeroit aussi que le predicat lui appartient. » (*Phil.*, IV, 433.)

toriques et de fait. Leibniz va jusqu'à soutenir que « la notion individuelle de chaque personne enferme une fois pour toutes ce qui luy arrivera à jamais », de sorte qu'« on y voit les preuves a priori ou raisons de la verité de chaque evenement [1] ». C'est, on le sait, la thèse capitale sur laquelle porte sa controverse avec Arnauld ; et la raison en est que toute vérité est déterminée par la nature logique de ses termes, qu'elle y est en quelque sorte inscrite d'avance, et qu'il suffit de les analyser à fond pour l'y découvrir [2]. En effet, autant il est vrai que tel individu est présentement ou a été le sujet de tel événement, et que la notion de celui-ci est à tout jamais inhérente à la notion de cet individu, autant il est vrai que la notion de cet individu implique de toute éternité celle de tous les événements encore futurs dont il doit être le sujet, et autant il est certain que ces événements arriveront [3].

[1]. *Lettre au landgrave Ernest de Hesse-Rheinfels*, 4/11 février 1686 (**Phil.**, II, 12 ; cf. p. 15), et *Discours de métaphysique* (1686), § XIII (**Phil.**, IV, 427).

[2]. « Si qua notio sit completa, seu talis sit ut ex ea ratio duci possit omnium prædicatorum ejusdem subjecti cui tribui potest hæc notio, erit notio substantiæ individualis. » (**Phil.**, VII, C, 62-63.) « Notio completa seu perfecta substantiæ singularis involvit omnia ejus prædicata præterita, præsentia ac futura. Utique enim prædicatum futurum esse futurum jam nunc verum est, itaque in rei notione continetur. » (**Phil.**, VIII, 7.) Cf. *Lettre à Arnauld*, 14 juillet 1686 : « puisqu'il est certain que je le feray [ce voyage], il faut bien qu'il y ait quelque connexion entre moy, qui suis le sujet, et l'exécution du voyage, qui est le predicat, *semper enim notio prædicati inest subjecto in propositione vera* », et plus loin : « Enfin j'ay donné une raison decisive, qui à mon avis tient lieu de demonstration, c'est que tousjours, dans toute proposition affirmative veritable, necessaire ou contingente, universelle ou singuliere, la notion du predicat est comprise en quelque façon dans celle du sujet, *prædicatum inest subjecto* ; ou bien je ne sçay ce que c'est que la verité. » (**Phil.**, II, 52, 56.)

[3]. « Disant que la notion individuelle d'Adam enferme tout ce qui luy arrivera à jamais, je ne veux dire autre chose, sinon ce que tous les philosophes entendent en disant *prædicatum inesse subjecto veræ propositionis.* » *Remarques sur la lettre de M. Arnauld*, 1686 (**Phil.**, II, 43). Cette thèse logique est le fondement de toute la métaphysique leibnitienne. En effet, « il s'ensuit que toute substance individuelle exprime l'univers tout entier à sa manière et sous un certain rapport, ou pour ainsi dire suivant le point de veue dont elle le regarde ; et que son estat suivant est une suite... de son estat precedant, comme s'il n'y avoit que Dieu et elle au monde ; ainsi chaque substance individuelle... est comme un monde à part, independant de toute autre chose que de Dieu. » *Lettre à Arnauld*,

En résumé, toute vérité est formellement ou virtuellement identique ou, comme dira Kant, *analytique*, et par conséquent doit pouvoir se démontrer *a priori* au moyen des définitions et du principe d'identité [1].

18. Mais cette conséquence heurte le sens commun : en fait, il y a des vérités qui ne sont pas démontrables, à savoir toutes les vérités d'expérience; et de plus, on est accoutumé à les regarder comme contingentes. Leibniz maintient la distinction des vérités de raison et des vérités de fait, des vérités nécessaires et des vérités contingentes; néanmoins, il les considère toutes comme également analytiques. Mais alors se présente une grave objection, qu'il s'est faite lui-même : Ne rend-on pas ainsi nécessaires même les vérités de fait, et ne détruit-on pas par là la liberté humaine et toute espèce de contingence? La solution de cette difficulté lui a été suggérée, de son propre aveu, par les Mathématiques [2]. En effet, qu'est-ce qui empêche

---

14 juillet 1686 (*Phil.*, II, 57). La suite de cette lettre contient une esquisse de l'harmonie préétablie, qui découle nécessairement des propositions précédentes. Cf. *Lettre à Arnauld*, 23 mars 1690 (*Phil.*, II, 136); *Lettre à Foucher*, 1686 (*Phil.*, I, 383); le *Système nouveau pour expliquer la nature des substances et leur communication entre elles, aussi bien que de l'union de l'âme avec le corps*, 1695 (*Phil.*, IV, 475); enfin le fragment **Phil.**, VIII, 7, où on lit : « *Omnis substantia singularis in perfecta notione sua involvit totum universum, omniaque in eo existentia, praeterita, praesentia et futura.... Imo omnes substantiae singulares creatae sunt diversae expressiones ejusdem universi....* » On le voit, ce sont toutes les thèses fondamentales de la *Monadologie* que Leibniz déduit dès 1686 des principes de sa Logique.

1. « *Generaliter omnis propositio vera (quae identica sive per se vera non est) potest probari a priori ope Axiomatum seu propositionum per se verarum, et ope definitionum seu idearum. Quotiescunque enim praedicatum vere affirmatur de subjecto, utique censetur aliqua esse connexio realis inter praedicatum et subjectum, ita ut in propositione quacunque : A est B (seu B vere praedicatur de A), utique B insit ipsi A, seu notio ejus in notione ipsius A aliquo modo contineatur....* » (*Phil.*, VII, 300.)

2. « *Tandem nova quaedam atque inexpectata lux oborta est unde minime sperabam : ex considerationibus scilicet mathematicis de natura infiniti. Duo sunt nimirum labyrinthi humanae mentis, unus circa compositionem continui, alter circa naturam libertatis, et ex eodem fonte infiniti oriuntur.* » *De libertate* (Foucher de Careil, B, 179-80). Cela explique ce passage de la *Lettre à l'Électrice Sophie* du 4 nov. 1696 : « Mes méditations fondamentales roulent sur deux choses, sçavoir sur l'unité et sur l'infini » (*Phil.*, VII, 542).

de démontrer les vérités de fait? C'est que leur démonstration exigerait une analyse infinie, parce que le concept de toute chose concrète, de tout être individuel, enveloppe une infinité d'éléments ou de conditions (de *réquisits*). En fait, nous n'avons des choses réelles que des concepts imparfaits ou inadéquats, c'est-à-dire incomplètement analysés, et que nous ne savons pas décomposer en leurs éléments simples ; et c'est pourquoi nous ne connaissons ces choses et leurs propriétés que par l'expérience [1]. Seul un entendement infini (comme celui de Dieu) peut effectuer cette analyse infinie, et par suite avoir une idée adéquate des êtres individuels, et une connaissance intuitive des vérités de fait. Dieu seul connaît *a priori* ces vérités, et en voit la « raison », qui est toujours l'inclusion du prédicat dans le sujet [2].

Ici encore, Leibniz emploie une analogie arithmétique qui lui est suggérée par son système de calcul logique. Cette inclusion du prédicat dans le sujet, il la conçoit à l'image de la divisibilité des nombres ; une vérité est analogue à un rapport (ou « proportion ») dont l'antécédent (sujet) est plus grand que le conséquent (prédicat), et par suite le contient. Or il y a des rapports commensurables et des rapports incommensurables.

---

1. « Omnes nostri conceptus de rebus completis sunt imperfecti... Signum conceptus imperfecti est, si plures dantur definitiones ejusdem rei, quarum una per alteram non potest demonstrari, item si qua veritas de re constat per experientiam, cujus demonstrationem dare non possumus.... » Plan d'Encyclopédie (**Phil.**, VII, A, 26 verso). Cf. *Generales Inquisitiones de Analysi Notionum et Veritatum* (1686), § 74 : « Omnes propositiones Existentiales sunt veræ quidem, sed non necessariæ, nam non possunt demonstrari, nisi infinitis adhibitis, seu resolutione usque ad infinita facta, scilicet non nisi ex completa notione individui, quæ infinita existentia involvit. » (**Phil.**, VII, C, 25 verso.)

2. « Sed in veritatibus contingentibus, etsi prædicatum insit subjecto, nunquam tamen de eo potest demonstrari neque unquam ad æquationem seu identitatem revocari potest propositio, sed resolutio procedit in infinitum, Deo solo vidente, non quidem finem resolutionis qui nullus est, sed tamen connexionem [terminorum] seu involutionem prædicati in subjecto, quia ipse videt quidquid seriei inest »…. « Quæ etiam causa est, quod solus Deus veritates contingentes a priori cognoscit, earumque infallibilitatem aliter quam experimento videt. » (*Foucher de Careil*, B, 182, 181.)

Dans le premier cas, on détermine la commune mesure des deux termes au moyen de l'algorithme d'Euclide, qui fournit en même temps l'expression du rapport en une fraction continue limitée qui peut se réduire à une fraction simple. Dans le second cas, l'algorithme d'Euclide se poursuit sans fin, et donne lieu à une fraction continue illimitée dont les réduites successives constituent des valeurs de plus en plus approchées du rapport incommensurable [1]. On voit à quel point cette analogie mathématique est exacte et précise : les vérités de fait ne pourraient se démontrer que par une analyse infinie, de même que les rapports incommensurables ne peuvent s'exprimer que par une série infinie [2]. Ailleurs, Leibniz compare les vérités contingentes aux asymptotes, c'est-à-dire aux droites qui sont tangentes à une courbe à l'infini [3].

Mais ces analogies mathématiques suggèrent aussitôt une objection que l'inventeur du calcul infinitésimal devait se poser tout le premier : nous savons calculer une asymptote, sommer des séries infinies et faire la synthèse d'une infinité d'éléments; pourquoi ne pourrions-nous pas de même épuiser l'ensemble infini des conditions d'une vérité de fait et la démontrer par une sorte d'intégration logique? Leibniz répond, d'une manière quelque peu confuse et embarrassée, que l'analogie n'est pas

---

1. *De libertate* (*Foucher de Careil*, B, 183).
2. « At quemadmodum in surdis rationibus resolutio procedit in infinitum,.... ac series quædam obtinetur, sed interminata, ita eodem pariter processu veritates contingentes infinita analysi indigent, quam solus Deus transire potest. Unde ab ipso solo a priori ac certo cognoscuntur. » (*Phil.*, VII, 200.) Cf. le début du *Specimen inventorum de admirandis naturæ Generalis arcanis* (*Phil.*, VII, 309).
3. *Generales Inquisitiones....* § 135 : « Hinc veritatum necessariarum a contingentibus idem discrimen est, quod Linearum occurrentium et Asymptotarum, vel Numerorum commensurabilium et incommensurabilium. » (**Phil.**, VII, C, 29.) Un fragment inédit est intitulé : « Origo veritatum contingentium ex processu in infinitum, ad exemplum Proportionum inter quantitates incommensurabiles. » (**Theol.**, VI, 2, 11, *Bodemann*, p. 10.) On lit dans un autre : « Contingentiæ radix est infinitum. Veritas contingens est, quæ est indemonstrabilis. » (**Phil.**, VIII, 89, *Bodemann*, p. 121.) Bien entendu, « indémontrable » pour nous hommes : car toute vérité est au contraire démontrable en soi. (Voir les textes : *Phil.*, VII, 301 ; **Phil.**, VIII, 6, cités p. 214, notes 2 et 5.)

complète, et qu'il peut y avoir dans une vérité de fait certains éléments qui ne se découvrent à aucune analyse, si loin qu'elle soit poussée, et qui seuls font la certitude de cette vérité [1]. Sans doute, nous pouvons vérifier une telle proposition avec une approximation de plus en plus grande, à mesure que nous continuons l'analyse ; seulement nous n'avons ainsi qu'une probabilité indéfiniment croissante, mais non la certitude que seule peut donner l'intuition totale et simultanée des éléments [2]. En définitive, nous ne pouvons pas plus obtenir la démonstration complète d'une vérité contingente, que nous ne pouvons voir le point de contact d'une asymptote ou parcourir entièrement une série infinie [3]. Néanmoins, nous en pouvons « rendre raison » d'une manière de plus en plus approchée, et ce processus d'approximation indéfinie nous tient lieu de démonstration [4].

19. Est-ce à dire que les vérités de fait ne soient que probables en elles-mêmes, et ne puissent jamais égaler la certitude des vérités « éternelles » ? Bien au contraire, elles ne sont probables que pour nous, parce que nous n'en avons qu'une connaissance incomplète et seulement approximative ; mais elles sont absolument certaines en elles-mêmes, au même titre et au même degré que les vérités de raison, car elles sont comme elles analytiques ou virtuellement identiques ; comme elles, elles sont évidentes *a priori*, du moins pour un entende-

---

1. *Generales Inquisitiones*.... § 136 (**Phil.**, VII, C, 29).
2. *Generales Inquisitiones*... § 134 : « Propositio vera contingens non potest reduci ad identicas, probatur tamen, ostendendo continuata magis magisque resolutione accedi quidem perpetuo ad identicas, nunquam tamen ad eas perveniri. Unde solius Dei est, qui totum infinitum Mente complectitur, nosse certitudinem omnium contingentium veritatum ».... (**Phil.**, VII, C, 29.)
3. *Generales Inquisitiones*.... § 136 : « At ipsam contingentium rationem plenam reddere non magis possumus quam asymptotas perpetuo persequi et numerorum progressiones infinitas percurrere. » (**Phil.**, VII, C, 29.)
4. Par exemple, Leibniz dit, en parlant du reniement de St Pierre : « ex Petri notione res demonstranda est, at Petri notio est completa, adeoque infinita involvit, ideo nunquam perveniri potest ad perfectam demonstrationem, tamen semper magis magisque acceditur, ut differentia sit minor quavis data ». *Generales Inquisitiones*.... § 74 (**Phil.**, VII, C, 25 verso). On remarquera cette locution toute mathématique, empruntée à la méthode infinitésimale.

ment infini qui peut en embrasser toutes les conditions intégrantes [1]. C'est en cela que consiste proprement le *principe de raison* [2], car il ne signifie rien de plus que ce qui vient d'être dit, à savoir qu'on doit pouvoir « rendre raison » de toute vérité, même contingente, c'est-à-dire la démontrer par la simple analyse de ses termes [3]. Tel est le sens logique exact de ce fameux principe, dont l'énoncé ordinaire : « Rien n'est ou ne se fait sans raison » n'est qu'une formule vulgaire empruntée au sens commun [4]. Ce principe n'est au fond qu'un corollaire de la définition même de la vérité [5]. Il n'est pas, comme on pourrait le croire au premier abord, une conséquence du principe d'identité ou de contradiction : il le complète, il en est le

---

1. *Generales Inquisitiones....* § 131 : « In Deo sola resolutio propriorum requiritur conceptuum, quæ tota fit simul apud ipsum. Unde ille novit etiam contingentium veritates, quarum perfecta demonstratio omnem finitum intellectum transcendit. » (**Phil.**, VII, C, 29.)

2. « Constat ergo omnes veritates etiam maxime contingentes probationem a priori seu rationem aliquam cur sint potius quam non sint habere. Atque hoc ipsum est quod vulgo dicunt, nihil fieri sine causa, seu nihil esse sine ratione. » (*Phil.*, VII, 301.) *Generales Inquisitiones* (1686), § 136 : « Sane ut de asymptotis et incommensurabilibus, ita de contingentibus multa certo perspicere possumus, ex hoc ipso principio quod veritatem omnem oportet probari posse ». (**Phil.**, VII, C, 29.) « Reddere rationem » veut dire *démontrer* (voir p. 182; 206, note 1; et 215, note 2). Aussi le principe de raison s'appelle-t-il à l'origine *principium reddendæ rationis* (voir p. 215, note 1; 216, note 3, et **Phil.**, VIII, 57 verso).

3. Le *principe de raison* se trouve énoncé pour la première fois dans la *Theoria motus abstracti*, 1670 (*Phil.*, IV, 232). Il est invoqué pour démontrer l'existence de Dieu dans la *Conversatio cum D. Episcopo Stenonio de libertate*, 27 nov. 1677 (voir *Bodemann*, p. 73).

4. « Il faut toujours qu'il y ait quelque fondement de la connexion des termes d'une proposition, qui se doit trouver dans leur notions. C'est là mon grand principe,.... dont un des corollaires est cet axiome vulgaire que rien n'arrive sans raison. » *Lettre à Arnauld*, 14 juil. 1686 (*Phil.*, II, 56.)

5. *De libertate* (*Foucher de Careil*, B, 179; cf. p. 255, note 4); **Phil.**, VII, C, 29; 62; **Phil.**, VIII, 2 : « Et quidem nihil omnino fit sine aliqua ratione, seu nulla est propositio præter identicas in qua connexio inter prædicatum et subjectum non possit distincte explicari... »; **Phil.**, VIII, 6 verso : « Statim enim hinc nascitur axioma receptum, *nihil esse sine ratione*, seu *nullum effectum absque causa*. Alioqui veritas daretur, quæ non posset probari a priori, seu quæ non resolveretur in identicis, quod est contra naturam veritatis, quæ semper vel expresse vel implicite identica est. » Cf. p. 260, note 1.

pendant et même la réciproque logique : car le principe d'identité affirme que toute proposition identique est vraie, tandis que le principe de raison affirme, au contraire, que toute proposition vraie est analytique, c'est-à-dire virtuellement identique [1]. Ce principe servira précisément à démontrer les vérités contingentes que nous ne pouvons pas prouver directement : il est pour nous, hommes, le succédané de cette analyse infinie que Dieu seul peut accomplir. Il a d'ailleurs une portée universelle, et il vaut pour toute espèce de vérités, car il ne signifie en définitive rien de plus que ceci : dans toute proposition vraie, la notion du prédicat est comprise dans celle du sujet [2]. Il nous permet donc de connaître, nous aussi, *a priori* les vérités de fait, de même que Dieu les connaît *a priori*, mais autrement, comme on le verra bientôt. Joint au principe de

---

1. « In omni veritate universali affirmativa prædicatum inest subjecto, expresse quidem in veritatibus primis sive identicis, quæ solæ sunt per se notæ; implicite autem in cæteris omnibus, quod analysi terminorum ostenditur, substituendo sibi definita et definitiones.

Itaque duo sunt prima principia omnium ratiocinationum : *Principium* nempe *contradictionis*, quod scilicet omnis propositio identica vera, et contradictoria ejus falsa est; et *principium reddendæ rationis*, quod scilicet omnis propositio vera, quæ per se nota non est, probationem recipit a priori, sive quod omnis veritatis reddi ratio potest, vel, ut vulgo aiunt, quod nihil fit sine causa. » Specimen inventorum.... (*Phil.*, VII, 309.)

2. « *Duobus* utor in demonstrando *principiis*, quorum unum est : falsum esse quod implicat contradictionem; alterum est : omnis veritatis... reddi posse rationem, hoc est notionem prædicati semper notioni sui subjecti vel expresse vel implicite inesse, idque.... non minus in veritatibus contingentibus quam necessariis locum habere. » (*Phil.*, VII, 199-200.) Cf. *Lettre à Foucher* (1686) : « Si donc nous supposions par exemple le principe de contradiction, *item* que dans toute proposition veritable la notion du predicat est enfermée dans celle du sujet, et quelques autres axiomes de cette nature, et si nous en pouvions prouver bien des choses aussi demonstrativement que le font les Geometres, ne trouveriez vous pas que cela seroit de consequence? » (*Phil.*, I, 382); *Lettre à Arnauld*, 14 juil. 1686 : « Et quant à la Metaphysique, je pretends d'y donner des demonstrations Geometriques, ne supposant presque que deux veritez primitives, sçavoir en premier lieu le principe de contradiction,.... et en deuxieme lieu, que rien n'est sans raison, ou que toute verité a sa preuve *a priori*, tirée de la notion des termes, quoyqu'il ne soit pas toujours en nostre pouvoir de parvenir à cette analyse. » (*Phil.*, II, 62.)

contradiction, il suffit à démontrer toutes les vérités, de quelque ordre qu'elles soient.

20. Ici se présente une difficulté [1] : il semble que la pensée de Leibniz ait varié sur la manière dont les deux principes rationnels correspondent aux diverses espèces de vérités. Tantôt le principe de raison s'applique à toutes les vérités, tant nécessaires que contingentes [2]. Tantôt le principe de contradiction règne seul sur les vérités logiques et mathématiques, et les vérités physiques, métaphysiques et morales relèvent seules du principe de raison [3]. Les deux thèses sont énoncées tour à tour dans des écrits à peu près contemporains; on ne peut donc expliquer ce contraste par une variation ou une évolution de la doctrine, et, d'autre part, il est peu probable que Leibniz soit resté jusqu'à la fin de sa vie dans l'incertitude ou dans le doute sur un point aussi important de son système. D'après les explications qui précèdent, le principe de raison vaut essentiellement pour toutes les vérités; mais il y a tout un ordre de vérités pour la démonstration desquelles on *n'a pas besoin* de l'invoquer : ce sont les propositions des sciences abstraites, qui portent sur des essences possibles; tandis qu'on en a besoin pour démontrer les propositions des sciences de la nature, qui portent sur des existences réelles [4]. On comprend dès lors que,

---

1. Signalée par M. BOUTROUX dans son édition de la *Monadologie*, p. 75, et p. 159, note 1 (Paris, Delagrave, 1881).
2. *Théodicée* (1710), *Remarques sur le livre de l'origine du mal* [de M. King], § 14 : « L'un et l'autre Principe doit avoir lieu non seulement dans les vérités nécessaires, mais encor dans les contingentes ». Cf. *Phil.*, VII, 199-200 (cité p. 215, note 2); *Generales Inquisitiones* (1686), § 136, où Leibniz cite les corollaires du principe de raison, « quæ tam in necessariis quam contingentibus vera sunt » (**Phil.**, VII, C, 29), et *Monadologie* (1714), §§ 33-36.
3. *Specimen inventorum....* : « Hoc principio [reddendæ rationis] non indiget Arithmetica et Geometria, sed indiget Physica et Mechanica » (*Phil.*, VII, 300). Cf. *Lettre à Jacques Bernoulli*, 2 déc. 1695 (*Math.*, III, 27); *Lettre à Bourguet*, 11 avril 1710 (citée p. 223, note 1); *Principes de la Nature et de la Grâce* (1714), §§ 7, 11; (v. p. 224, note 1); 2º *Lettre à Clarke*, 1715 (*Phil.*, VII, 355), et une *Lettre* sans date ni adresse, où on lit : « le principe de contradiction est celuy de la necessité, et le principe de la raison à rendre est celuy de la contingence » (*Bodemann*, p. 115).
4. « Adeo ut quicquid non mathematicæ necessitatis est (quemadmodum

bien que toutes les vérités dépendent du principe de contradiction, les vérités de raison soient considérées comme son domaine propre ; de même, bien que toutes les vérités dépendent du principe de raison, on le regarde comme s'appliquant particulièrement aux vérités de fait, qui ne peuvent se justifier sans lui. Mais en réalité ces deux principes sont inséparables, et valent également pour toutes les espèces de vérités, car « l'on peut dire en quelque façon que ces deux principes sont renfermés dans la définition du Vray et du Faux »[1].

21. Ainsi les vérités de fait ne sont pas moins certaines que les vérités de raison, elles ont la même évidence aux yeux de Dieu, et il les connaît *a priori*, de la même manière que les vérités éternelles, puisqu'elles sont également analytiques[2]. Elles sont par suite « infaillibles », comme Leibniz le proclame sans cesse, c'est-à-dire qu'elles ne peuvent pas manquer d'être vérifiées[3].

Mais alors, semble-t-il, elles sont tout aussi nécessaires que les vérités éternelles, et la distinction des vérités nécessaires et contingentes disparaît. Pourtant Leibniz la maintient avec énergie, en partie pour des raisons morales et théologiques que nous n'avons pas à rechercher ici[4]. Ce qui, dit-il, l'a arraché

---

formæ Logicæ et veritates numerorum), id omnino hinc sit petendum » (*Phil.*, VII, 301). Cf. **Phil.**, VIII, 56, où Leibniz distingue les sciences de nécessité logique et les sciences de nécessité physique, suivant qu'elles relèvent de l'un ou de l'autre principe.

1. *Théodicée*, loc. cit.
2. *De Synthesi et Analysi universali....* : « Quo modo omnia intelliguntur a Deo a priori et per modum æternæ veritatis, quia ipse experimento non indiget, et quidem ab illo omnia adæquate, a nobis vix ulla adæquate, pauca a priori, pleraque experimento cognoscuntur, in quibus postremis alia principia aliaque criteria sunt adhibenda » (*Phil.*, VII, 296). On parlera plus loin de ces principes et critères des vérités empiriques (§ 36).
3. *Foucher de Careil*, B, 179-181 ; *Phil.*, VII, 200 ; **Phil.**, VII, C, 29 (voir p. 208, note 1 ; 211, note 2 ; 212, note 2 ; 213, note 2.)
4. On sait comment Leibniz concilie le libre arbitre avec le déterminisme : en le faisant purement et simplement rentrer dans le déterminisme même, en niant la liberté d'indifférence, et en définissant la liberté morale par la détermination interne et rationnelle (ou la *spontanéité intelligente*). Ainsi la contingence est si loin d'exclure le déterminisme qu'elle l'implique plutôt, car le principe de raison exclut toute

au fatalisme spinoziste, à la doctrine de l'universelle nécessité, c'est la considération des possibles qui n'existent pas et qui n'existeront jamais, tandis que Spinoza professait que tout possible existe, et que tout ce qui n'existe pas est impossible [1]. Or les vérités de fait sont bien certaines sans doute, mais elles ne sont pas pour cela nécessaires, car « rien est necessaire dont l'opposé est possible » [2]. En effet, on sait que pour Leibniz

---

indétermination. Tous les événements sont à la fois contingents et déterminés. C'est ce qu'il expose très nettement dans un fragment qui paraît assez ancien, et qui devait être destiné à l'Encyclopédie : « *Omnes substantiarum singularum Actiones sunt contingentes..... Omnes tamen actiones sunt determinatæ et nunquam indifferentes..... Libertas indifferentiæ est impossibilis..... Quo plus substantiæ sunt per se determinatæ et ab indifferentia remotæ, eo sunt perfectiores...... Eo major est libertas, quo magis agitur ex ratione, et eo major est servitus, quo magis agitur ex animi passionibus.* » (Cette dernière formule est entièrement spinoziste.) « *Ut ergo rem in summam contrahamus :* Nulla est in rebus singularibus necessitas, sed omnia sunt contingentia. Vicissim tamen nulla est in rebus indifferentia, sed omnia sunt determinata. » (*Phil.*, VII, 108-9; le même fragment en français, p. 109-111.) Cf. *Lettre à Burnett*, 22 nov. 1695, où Leibniz rappelle « nos discours *de libertate et fato* » (*Phil.*, III, 167-8); *Lettre à Coste*, 19 déc. 1707 (*Phil.*, III, 400), et une *Lettre* sans date ni adresse (**Phil.**, VIII, 23, *Bodemann*, p. 115-7).

1. *De libertate* (*Foucher de Careil*, B, 178-9). Leibniz oppose cette considération à Descartes, qui croyait que la matière prend successivement toutes les formes, configurations et distributions dont elle est capable (*Principia*, III, 47). V. *Lettres à Philippi*, la 2ᵉ de janvier 1680 (*Phil.*, IV, 281, 283). Il rapproche cette théorie de celles de Spinoza et de Hobbes, et dit que « c'est.... le πρῶτον ψεῦδος et le fondement de la Philosophie Athée ». Cf. **Phil.**, VIII, 71 (2 déc. 1676) contre Spinoza. Il soutient que la matière est actuellement divisée à l'infini, mais qu'elle ne présente pourtant pas toutes les divisions possibles (**Phil.**, VIII, 7 verso).

2. *Discours de métaphysique*, § XIII (*Phil.*, IV, 438). « Ce n'est pas pour cela que les evenements soyent necessaires, mais c'est qu'ils sont certains apres le choix que Dieu a fait de cet univers possible, dont la notion contient cette suite de choses. » *Remarques sur la lettre de M. Arnaud*, 1686 (*Phil.*, II, 42). « Je demeure d'accord que la connexion des evenemens, quoyqu'elle soit certaine, n'est pas necessaire, et qu'il m'est libre de faire ou de ne pas faire ce voyage, car quoyqu'il soit enfermé dans ma notion que je le feray, il y est enfermé aussy que je le feray librement...... Si je ne fais pas ce voyage, cela ne combattra aucune verité eternelle ou necessaire. Cependant, puisqu'il est certain que je le feray, il faut bien qu'il y ait quelque connexion entre moy, qui suis le sujet, et l'execution du voyage, qui est le predicat, *semper enim notio prædicati inest subjecto in propositione vera* ». *Lettre à Arnauld*, 14 juil. 1686 (*Phil.*,

il n'y a pas d'autre nécessité que la nécessité logique, ni d'autre impossibilité que la contradiction. Par suite, cela seul est nécessaire dont le contraire implique contradiction ; est possible tout ce qui n'est pas contradictoire en soi [1]. Mais tous les possibles ne peuvent pas être réalisés à la fois, car ils ne sont pas *compossibles*, c'est-à-dire compatibles entre eux [2]. Dès lors, le choix entre les possibles ne dépend pas de l'entendement de Dieu, c'est-à-dire des lois logiques de la vérité éternelle, mais de sa volonté, c'est-à-dire de sa providence et de sa bonté : il peut tout (ce qui n'est pas contradictoire), mais il veut le meilleur (des mondes compossibles) [3]. « Or toute vérité qui est fondée sur ces sortes de decrets est contingente, quoyqu'elle soit certaine, car ces decrets ne changent point la possibilité

II, 52). Cf. *Lettre à de Volder*, 31 déc. 1700 : « Futurorum contingentium determinatio est veritas ex causis, sed est tamen ratio, cur futura illa contingentia non necessaria debeant judicari » (Phil., II, 221-2); et *Lettres à Coste*, 19 déc. 1707, 8 juillet 1711 (Phil., III, 400, 419).

1. « Possibilia sunt, quæ non implicant contradictionem. Actualia nihil aliud sunt, quam possibilium (omnibus comparatis) optima ; itaque quæ sunt minus perfecta, ideo non sunt impossibilia ; distinguendum enim inter ea, quæ Deus potest, et quæ vult : potest omnia, vult optima. » *Lettre à Jean Bernoulli*, 21 févr. 1699 (Math., III, 574).

2. Cette thèse est formulée déjà dans un fragment inédit daté du 2 décembre 1676, évidemment dirigé contre Spinoza, que Leibniz avait entretenu peu auparavant : « De vacuo formarum non inutilis dissertatio, ut ostendatur non omnia possibilia per se existere posse cum cæteris, alioqui multa absurda », et un peu plus loin : « Si omnia possibilia existerent, nulla opus esset existendi ratione, et sufficeret sola possibilitas » (Phil., VIII, 71). Ailleurs, Leibniz emploie un argument théologique : Soutenir que tout possible existe serait ruiner la Providence (Phil., IV, 344). Quant à l'incompatibilité de tous les possibles, il avoue ne pas pouvoir l'expliquer logiquement : « Illud tamen adhuc hominibus ignotum est, unde oriatur incompossibilitas diversorum, seu qui fieri possit ut diversæ essentiæ invicem pugnent, cum omnes termini pure positivi videantur esse compatibiles inter se » (Phil., VII, 195). On sait qu'en effet tous les premiers possibles, étant positifs, sont compatibles et réunis dans l'essence de Dieu (v. § 10). Ce qui manque à Leibniz pour expliquer l'incompatibilité des diverses essences, c'est la considération de la négation, car c'est elle qui introduit entre les notions complexes la contradiction qui ne peut exister entre les concepts simples (par exemple, si de deux notions complexes l'une contient *a* et l'autre non-*a*, *a* étant un concept simple).

3. *Lettre à Jean Bernoulli* citée plus haut.

des choses [1]. » Le principe de contradiction est la loi des possibles ou des essences, qui résident toutes dans l'entendement divin [2]. Mais le principe de raison est la loi des existences, telles qu'elles résultent du choix du créateur. Ainsi les vérités nécessaires reposent seules sur le principe de contradiction ; les vérités contingentes sont fondées sur le principe de raison ou « du meilleur ». Elles « ont des raisons pour estre plustost ainsi qu'autrement », en ce sens qu' « elles ont des preuves *a priori* de leur vérité qui les rendent certaines, et qui montrent que la connexion du sujet et du prédicat a son fondement dans la nature de l'un et de l'autre ; mais... elles n'ont pas des démonstrations de necessité, puisque ces raisons ne sont fondées que sur le principe de la contingence ou de l'existence des choses, c'est-à-dire sur ce qui est ou qui paroist le meilleur parmy plusieurs choses également possibles [3]. » Ou du moins, si elles sont nécessaires, puisqu'elles sont encore analytiques, ce n'est qu'hypothétiquement ou par accident [4], c'est-à-dire une

---

1. *Discours de métaphysique* (*Phil.*, IV, 438). Cf. le passage suivant : « Haec tamen ratio, utcunque fortis (quanquam qualiscunque sufficiat ad majorem in alterutram partem inclinationem) etsi certitudinem in praesciente constituat, necessitatem tamen in re non ponit, neque contingentiam tollit, quia contrarium nihilominus per se possibile permanet nullamque implicat contradictionem, alioqui quod contingens esse supposuimus, necessarium potius seu aeternae veritatis foret » (*Phil.*, VII, 301).

2. *Lettre à Arnauld*, 1686 : « l'entendement divin, qui est pour ainsi dire le pays des réalités possibles » (*Phil.*, II, 55 ; cf. p. 42). Dans le *De rerum originatione radicali* (23 nov. 1697), Dieu est appelé la région des idées, la source des essences et des existences (*Phil.*, VII, 305). Cf. *Monadologie*, § 43.

3. *Discours de métaphysique* (*Phil.*, IV, 438). Cf. le sommaire du *Discours de métaphysique*, § XIII : « Ces verités, quoyque asseurées, ne laissent pas d'estre contingentes, estant fondées sur le libre arbitre de Dieu et des creatures. Il est vray que leur choix a tousjours ses raisons, mais elles inclinent sans necessiter. » (*Phil.*, II, 12 ; cf. p. 56, et VII, 301.) On sait en effet que le libre arbitre de l'homme est analogue à celui de Dieu, et qu'il obéit, lui aussi, à la loi du meilleur. Toute la différence réside dans l'entendement : Dieu, dans sa sagesse, connaît le meilleur et le réalise infailliblement ; tandis que l'homme ne réalise que ce qui *lui paraît* le meilleur, en quoi il se trompe souvent (car c'est se tromper que de pécher). Cela explique ces mots de la phrase citée dans le texte : « ce qui est ou qui paroist le meilleur. »

4. *Discours de metaphysique* (1686), § XIII : « Je dis que la connexion ou consecution est de deux sortes, l'une est absolument necessaire, dont le

fois posé le sujet tel que Dieu l'a choisi (par exemple Jules César [1] ou Sextus Tarquin [2]), mais non absolument, comme si le sujet ne pouvait pas ne pas être posé. En d'autres termes, elle ne procède pas d'« une nécessité métaphysique », c'est-à-dire logique, mais d'une sorte de « nécessité morale », qui consiste en ce que Dieu ne pouvait, dans sa souveraine sagesse et bonté, vouloir et réaliser que le meilleur des mondes possibles [3].

22. En définitive, c'est Dieu qui est la « première » ou la « dernière raison des choses [4] », puisqu'il en est le créateur et la providence; et c'est ainsi que le principe de raison, purement logique à l'origine, revêt un caractère métaphysique et théologique. De même, appliqué à la causalité, il prend un sens cosmologique : tout fait, étant contingent, doit avoir sa raison

---

contraire implique contradiction, et cette déduction a lieu dans les vérités éternelles, comme sont celles de Géométrie; l'autre n'est nécessaire qu'*ex hypothesi*, et pour ainsi dire par accident, et elle est contingente en elle-même, lors que le contraire n'implique point. Et cette connexion est fondée, non pas sur les idées toutes pures et sur le simple entendement de Dieu, mais encor sur ses decrets libres, et sur la suite de l'univers. » (*Phil.*, IV, 437.) Cf. *Lettre à Coste*, 19 déc. 1707 (*Phil.*, III, 400).

1. *Discours de métaphysique* (*Phil.*, IV, 437).
2. Dans le célèbre apologue qui termine la *Théodicée* (§§ 409 sqq.).
3. *De rerum originatione radicali*, 1697 : « Etsi enim Mundus non sit metaphysice necessarius, ita ut contrarium implicet contradictionem seu absurditatem logicam, est tamen necessarius physice, vel determinatus ita ut contrarium implicet imperfectionem seu absurditatem moralem » (*Phil.*, VII, 304). *Tentamen Anagogicum* : « Les determinations Geometriques emportent une necessité absolue, dont le contraire implique contradiction; mais les Architectoniques n'emportent qu'une necessité de choix, dont le contraire emporte imperfection » (*Phil.*, VII, 278). C'est pourquoi Leibniz n'attribue aux vérités de fait qu'une certitude « morale » (en jouant sur les mots), qu'il oppose à la « nécessité métaphysique ». Voir *Lettres à Burnett* (*Phil.*, III, 193, 259). Cette distinction a une valeur objective et absolue, et non pas seulement subjective : « Interim etsi omnia determinatis rationibus fieri credam, non tamen necessitatem eventibus impono, sed contingentiæ sua jura conservo. Multumque interesse censeo ea in re inter Geometricam et Physicam veritatem, non tantum quoad nos, qui causas ignoramus, sed etiam in rebus ipsis. » *Lettre à Jacques Bernoulli*, 2 décembre 1695 (*Math.*, III, 27).
4. *Lettre à Bayle*, 1687 (*Phil.*, III, 54); *Specimen inventorum* (*Phil.*, VII, 310); *Théodicée*, § 7; *Monadologie*, § 38; *Principes de la Nature et de la Grace*, § 8.

d'être dans sa cause physique, c'est-à-dire dans un fait antérieur ; or celui-ci est aussi contingent, et ainsi de suite à l'infini. On obtient ainsi une série infinie régressive (dans l'ordre de la causalité) de faits tous contingents, dont aucun par suite ne contient la *raison* de la série entière. Il faut donc chercher cette raison en dehors de la série, dans un être nécessaire qui la supporte et l'embrasse tout entière dans un acte simultané (ou plutôt intemporel) d'intelligence et de volonté [1].

On découvre aisément le rapport entre cette théorie de la contingence *causale* et *temporelle* et celle de la contingence *logique* que nous venons d'exposer. C'est que, pour Leibniz comme pour les Cartésiens, la *cause* d'un phénomène est proprement le principe logique de la vérité de la proposition qui l'affirme, de sorte que la relation de cause à effet est identique, au fond, à la relation logique de principe à conséquence. Dès lors, expliquer un fait revient à analyser la proposition correspondante, et à en chercher la *raison* dans une autre proposition dont elle soit la conséquence logique : or, quand il s'agit d'un événement temporel, cette autre proposition est l'affirmation d'un fait antérieur. L'infinité des conditions ou réquisits logiques coïncide avec l'infinité des causes physiques, c'est-à-dire des phénomènes antécédents. Ainsi la recherche de la cause d'un phénomène se ramène à l'analyse logique d'une vérité contingente ; et toutes deux entraînent dans une régression infinie de causes ou de conditions logiques, dont l'infinité même tient lieu d'explication, car elle résulte d'une loi éternelle posée par le créateur.

Or ce qu'on a dit des vérités de fait, propositions singulières, est encore vrai des lois naturelles, vérités universelles : ce

---

1. « Etsi enim semper ratio reddi posset status posterioris ex priore : hujus tamen rursus ratio reddi potest, neque adeo ad ultimam rationem in serie pervenitur. Sed ipse progressus in infinitum habet rationis locum, quod, suo quodam modo, extra seriem, in Deo rerum autore, poterat statim ab initio intelligi, a quo priora æque ac posteriora, et magis quam a se invicem, dependent. » (*Phil.*, VII, 200.) On remarquera que c'est là exactement le raisonnement employé par KANT pour démontrer la thèse de la quatrième antinomie.

sont des propositions contingentes qui dépendent du principe de raison et non du principe de contradiction. Elles ne sont ni des décrets arbitraires de Dieu, ni des pensées nécessaires qui s'imposent à son entendement. Leibniz se tient sur ce point à égale distance de Descartes et de Spinoza, et adopte un juste milieu, à savoir, que les lois de la nature procèdent de la volonté divine, c'est-à-dire du choix du meilleur [1]. C'est pourquoi Leibniz professe que les principes de la Mécanique (qui sont les premières lois de la nature) sont d'une nécessité métaphysique, et non géométrique (c'est-à-dire logique) [2], et veut

---

1. « Cartesiani quidam putant, Leges naturæ constitutas esse arbitrio quodam nudo, cui nulla subsit ratio....; aliique sentiunt demonstrari eas posse ex quadam Geometrica necessitate. Neutrum verum est; oriuntur enim ex rationibus quidem, at non necessitatis, sed convenientiæ seu Optimi... Medium inter hæc tenendum est, distinguendæque veritates necessariæ a contingentibus. Necessariæ quales Arithmeticæ, Geometricæ, Logicæ, fundantur in divino intellectu a voluntate independentes; et talis est necessitas trium dimensionum... At veritates contingentes oriuntur a voluntate Dei non mera, sed optimi seu convenientissimi considerationibus, ab intellectu directa. » *Lettre à Bourguet*, 11 avril 1710 (*Phil.*, III, 550). Cf. *Tentamen anagogicum* (*Phil.*, VII, 272). Il est à remarquer que parmi les vérités (logiquement) nécessaires, Leibniz n'hésite pas à ranger le nombre des dimensions de l'espace; on sait en effet qu'il se flattait de le démontrer en invoquant ce fait qu'on ne peut mener par un point plus de trois droites perpendiculaires entre elles, ce qui constitue une pétition de principe. Contre les Cartésiens qui prétendaient que Dieu aurait pu donner plus ou moins de dimensions à l'espace (de même qu'il aurait pu conférer l'existence aux choses contradictoires), il soutenait que les trois dimensions sont nécessaires « d'une nécessité aveugle et Géométrique ». *Lettre à Coste*, 8 juillet 1711 (*Phil.*, III, 419). Cf. *Théodicée*, § 351.

2. *Antibarbarus physicus* : « Omnia quidem in natura fieri mechanice, sed Metaphysica esse principia mechanismi, et constitutas Motuum Naturæque Leges non absoluta quidem necessitate, sed voluntate causæ sapientis, non ex mero arbitrio, sed ex convenientia rerum » (*Phil.*, III, 344). *Discours de métaphysique*, 1686 (*Phil.*, IV, 444). *Lettre à Arnauld*, 14 juillet 1686 : « Je reduis toute la Mecanique à une seule proposition de metaphysique » (*Phil.*, II, 58, 62). *Lettres à de Volder*, 1699 : « Et vero ista non nisi ex lege ordinis supremi demonstrari possunt, neque enim sunt absolutæ necessitatis, ut contrarium implicet contradictionem. Innumerabilibus modis poterat constitui systema rerum, sed prævaluit, quod majore ratione nitebatur. » (*Phil.*, II, 147, 169; cf. p. 195.) *Animadversiones*... 1697 (*Phil.*, IV, 391). *Lettre à des Billettes*, octobre 1697 (*Phil.*, VII, 455). Voir les *Lettres à Hartsoeker* (1711) où Leibniz se sert du principe de raison (et de son corollaire le principe de continuité) pour réfuter l'atomisme (*Phil.*, III,

réhabiliter (contre Bacon, Descartes et les mécanistes) l'usage des causes finales en Physique[1].

23. Mais, avant d'étudier les applications du principe de raison aux sciences physiques, il convient de rechercher en quel sens il peut être appelé *principe de la convenance* ou *du meilleur*, et en quoi consiste au juste cette finalité qu'il fait régner dans la nature. Pour cela, il faut remonter à l'origine de ce principe, et se rappeler qu'il est destiné à régir le choix que Dieu fait entre les divers possibles qui ne peuvent tous coexister. Par opposition au principe spinoziste : « Tout possible existe », le principe de raison se formule comme suit : « Tout ce qui est compossible existe[2]. » En effet, il doit y avoir une raison pour qu'il existe quelque chose plutôt que rien ; donc l'existence est préférable à la non-existence, tous les possibles doivent tendre à exister, et cela, en proportion de leur perfection, c'est-à-dire de leur degré d'essence ou de réalité[3]. Ainsi l'essence de chaque chose est sa raison d'être, sa préten-

---

519, 529, 532, etc.). Cf. *Lettre sur la question : Si l'essence du corps consiste dans l'étendue*, juin 1691 (*Phil.*, IV, 466); *Lettre au P. Bouvet*, 1697 (*Erdm.*, 146); *Lettre à Jean Bernoulli*, 6 mai 1712 (*Math.*, III, 884).

1. « Car j'ay trouvé qu'il y faut recourir aux *causes Finales*, et que ces loix [du mouvement] ne dependent point du *principe de la necessité*, comme les verités Logiques, Arithmetiques et Geometriques, mais du *principe de la convenance*, c'est-à-dire du choix de la sagesse. » *Principes de la Nature et de la Grace*, § 11. Voir *Lettre à Philippi*, 1679 (*Phil.*, IV, 281 ; cf. p. 339, 344, 361, 447); et surtout le *Tentamen Anagogicum* (*Phil.*, VII, 270-9), que GERHARDT (*ibid.*, p. 252) place entre 1690 et 1695, mais qui ne saurait être antérieur à 1696, car il y est fait allusion au problème de la brachistochrone.

2. « Principium autem meum est, quicquid existere potest, et aliis compatibile est, id existere, quia ratio existendi præ omnibus possibilibus non alia ratione limitari debet quam quod non omnia compatibilia. Itaque nulla alia ratio determinandi, quam ut existant potiora, quæ plurimum involvant realitatis. » *Fragment* du 2 décembre 1676 (**Phil.**, VIII, 71). Leibniz applique ce principe à la démonstration de l'immortalité de l'âme.

3. *De rerum originatione radicali*, 1697 : « Omnia possibilia, seu essentiam vel realitatem possibilem exprimentia, pari jure ad existentiam tendere pro quantitate essentiæ seu realitatis, vel pro gradu perfectionis quem involvunt; est enim perfectio nihil aliud quam essentiæ quantitas » (*Phil.*, VII, 303). Cette dernière proposition montre que Leibniz conçoit la « perfection » moins comme qualitative que comme quantitative, et la rend ainsi susceptible d'évaluation mathématique. Cf. *Monadologie*, § 54.

tion ou son droit à l'existence; et inversement, l'existence d'une chose n'est rien de plus que l'exigence de son essence, sans quoi elle serait inexplicable et inintelligible, car elle aurait besoin d'une raison d'être qui ne pourrait se trouver que dans une autre essence [1].

Cela posé, chaque possible doit se réaliser, à moins qu'il ne soit incompatible avec d'autres possibles qui possèdent au moins autant d'essence ou de perfection. Le choix que Dieu fait entre tous les possibles est déterminé rigoureusement par sa sagesse et sa bonté, et peut être calculé mathématiquement. Il peut encore se figurer d'une manière symbolique par une sorte de *lutte pour l'existence* de tous les possibles, chacun étant doué d'une force proportionnelle à sa réalité. Or, en vertu de leurs incompatibilités mutuelles, les possibles élémentaires forment une multitude (infinie) de combinaisons diverses d'où les uns excluent les autres. De toutes ces combinaisons, séparément possibles, celle-là se réalise infailliblement, qui réunit en elle la plus grande somme d'essence; et dans le cas particulièrement simple où tous les possibles ont la même réalité, la combinaison qui se réalise est celle qui en contient le plus grand nombre [2].

Ainsi la lutte de tous les possibles aboutit, en quelque sorte automatiquement, au triomphe, c'est-à-dire à la réalisation de la combinaison qui comprend le plus de *compossibles* [3]. Telle est

---

1. *De Veritatibus primis* : « Nisi in ipsa Essentiæ natura esset quædam ad existendum inclinatio, nihil existeret. »... « Si Existentia esset aliud quiddam quam essentiæ exigentia, sequeretur ipsam habere quamdam essentiam seu aliquid novum superaddere rebus, de quo rursus quæri posset, an hæc essentia existat, et cur ista potius quam alia » (*Phil.*, VII, 194, 195, note). Par là Leibniz répond d'avance à la critique kantienne de l'argument ontologique.

2. Par exemple, soient A, B, C, D quatre possibles également parfaits (donc également *possibles*); supposons que A, B, C soient compatibles entre eux, mais incompatibles avec D, tandis que D est incompatible avec A et B et compatible avec C seulement. La combinaison qui se réalisera est sûrement ABC. En effet, si D existait, il ne pourrait exister que la combinaison CD, qui est moins parfaite que la combinaison ABC, étant moins nombreuse. (*Phil.*, VII, 194.)

3. « Et ut possibilitas est principium Essentiæ, ita perfectio seu Essentiæ

la forme mathématique du principe de raison, comme loi des existences : la détermination de la combinaison qui doit prévaloir se ramène à un de ces problèmes de maximum et de minimum pour lesquels Leibniz avait justement inventé son Calcul infinitésimal. C'est un problème analogue à certains jeux où il s'agit de remplir suivant une loi prescrite le plus de places possible sur un tableau [1], ou encore de couvrir un espace donné avec des jetons de forme donnée, de manière à couvrir le plus de surface possible, ou à faire tenir le plus de jetons possible dans une même aire [2]. Mais ce problème ressemble surtout au problème général de l'équilibre d'un système pesant ; on sait en effet que la position d'équilibre stable d'un tel système, celle par suite où il tend à se fixer, est celle où son centre de gravité est le plus bas possible, c'est-à-dire où la somme des masses ne peut plus descendre [3].

Il y a donc une parfaite analogie entre la Mécanique et la Métaphysique ; c'est même plus qu'une analogie, selon Leibniz, car ce sont les lois du mouvement qui, de son propre aveu, lui ont suggéré cette théorie, et elles ne sont à ses yeux qu'une application particulière du principe métaphysique du meilleur. Ce n'est pas là non plus, d'après lui, une simple comparaison ou une vaine métaphore : car il professe que les essences possibles existent dans l'entendement divin aussi réellement que les choses créées, et y luttent suivant des lois analogues à celles

---

gradus (per quem plurima sunt compossibilia) principium existentiæ » (*Phil.*, VII, 304).

1. Ici Leibniz fait probablement allusion au jeu de solitaire à rebours qu'il avait imaginé (voir § 29 et Note XVII).

2. Sorte de jeu de patience. Si l'on a le choix des formes, on peut, comme on sait, recouvrir complètement une surface plane avec des carrés, des triangles équilatéraux, des hexagones réguliers, des losanges égaux, etc. (problème du carrelage).

3. « ... uti in ipsa Mechanica communi pluribus corporibus gravibus inter se luctantibus talis demum oritur motus, per quem fit maximus descensus in summa. Sicut enim omnia possibilia pari jure ad existendum tendunt pro ratione realitatis, ita omnia pondera pari jure ad descendendum tendunt pro ratione gravitatis, et ut hic prodit motus, quo continetur quam maximus gravium descensus, ita illic prodit mundus, per quem maxima fit possibilium productio. » (*Phil.*, VII, 304.)

de l'équilibre mécanique [1]. C'est là cette « mathématique divine » et ce « mécanisme métaphysique » par où s'exerce et se manifeste la sagesse (encore plus que la bonté) du créateur [2].

24. Mais, pour savoir comment cette mathématique divine se réalise dans la nature, et comment nous pouvons l'y retrouver, il convient d'étudier les axiomes spéciaux par lesquels le principe de raison se traduit et s'applique dans la Physique.

La première forme sous laquelle Leibniz emploie le principe de raison, ou le premier corollaire qu'il en tire, est ce qu'on peut appeler le *principe de symétrie*. C'est en effet sous cette forme qu'il l'a employé dans la *Theoria motus abstracti* (1670) [3]. Pour montrer que le principe de raison est nécessaire dès le début de la Mécanique, Leibniz en cite un cas particulier qui en fait bien comprendre le rôle et la portée : c'est l'*axiome de l'équilibre* ou de la balance, invoqué par Archimède ou par l'auteur du livre *De æquiponderantibus*. Cet axiome consiste à admettre que si deux poids égaux sont semblablement placés par rapport à l'axe d'une balance, d'ailleurs symétrique, celle-ci reste en équilibre; et il se justifie par ce fait, qu'il n'y a pas de raison pour que le fléau s'incline d'un côté plutôt que de l'autre, tout étant symétrique, par hypothèse, de part et d'autre de l'axe de suspension [4].

---

1. Voir un curieux fragment où Leibniz veut prouver que les possibles existent dans l'entendement divin, par la considération d'un liquide pressé qui tend à sortir de toutes parts, et « choisit » pour sortir la voie la plus commode : ce choix suppose en effet la présence de tous les autres possibles à l'état de tendances (*Bodemann*, p. 74).

2. « Ex his jam mirifice intelligitur, quomodo in ipsa originatione rerum - Mathesis quædam Divina seu Mechanismus Metaphysicus exerceatur, et maximi determinatio habeat locum. » (*Phil.*, VII, 304.) On verra plus loin qu'il s'agit encore moins de trouver le maximum ou le minimum que le plus *déterminé*. C'est ici le lieu de rappeler, en la complétant, la phrase qui sert d'épigraphe à notre Ouvrage : « Cum Deus calculat et cogitationem exercet, fit mundus » (*Phil.*, VII, 191, note).

3. *Phil.*, IV, 232. (Il s'agit du choc de deux corps de masses égales.)

4. *Phil.*, VII, 301; cf. p. 309, et 2° *Lettre à Clarke* (1715), *Phil.*, VII, 356; **Phil.**, VII, C, 62-63; VIII, 2 recto; 6 verso. Voici comment Leibniz formule le principe de symétrie dans les *Generales Inquisitiones* de 1686, § 136 :

On voit pourquoi nous donnons à cette forme du *principe de raison* le nom de *principe de symétrie* : c'est qu'il sera applicable partout où il y aura symétrie ou parité de forme. Aussi ce principe trouve-t-il son application dans l'Algèbre, ou plutôt dans la Combinatoire ou théorie des formes ; il engendre alors ce que Leibniz appelle par métaphore la *loi de justice*, et ce que les mathématiciens modernes nomment le principe de symétrie [1].

Le principe de symétrie a une grande affinité avec le fameux *principe des indiscernables*, qui dérive, lui aussi, du principe de raison. Celui-ci affirme qu'il ne peut exister dans la nature deux choses (concrètes et individuelles) absolument semblables, et ne différant qu'en position ou, comme on dit, en nombre : car il faut qu'il y ait une raison pour qu'elles soient diverses, ou qu'elles soient deux [2]. Ce principe lui-même se

---

« Si omnia utrobique se habeant eodem modo in Hypothesibus, nulla potest esse differentia in conclusionibus » (**Phil.**, VII, C, 29). A rapprocher de la formule du principe de continuité (v. p. 235, note 1 ; p. 236, note 1). Le principe de symétrie est invoqué au début du *De incerti æstimatione*, 1678 (**Math.**, III, A, 12), esquisse d'une théorie des probabilités.

1. *Mathesis universalis* : « principium similitudinis seu ejusdem relationis » (*Math.*, VII, 66). Leibniz la rattache expressément au principe de raison dans le *Tentamen anagogicum* (*Phil.*, VII, 278) et au *principe de continuité* dans les *Initia rerum mathematicarum metaphysica*, 1714 (*Math.*, VII, 25). On peut remarquer que c'est par le principe de similitude ou de même raison qu'il expliquait l'infini (*Nouveaux Essais*, II, XVII, § 4), et inversement, il dira du principe de continuité qu'« il a son origine de l'infini ». (V. *Lettre à Bayle*, 1687, citée p. 236.)

2. « Sequitur etiam hinc *non dari posse in natura duas res singulares solo numero differentes* : utique enim oportet rationem reddi posse cur sint diversæ, quæ ex aliqua in ipsis differentia petenda est » (**Phil.**, VIII, 6 recto). On connaît l'anecdote rapportée dans les *Nouveaux Essais* (II, XXVII, § 3) : « Je me souviens qu'une grande princesse, qui est d'un esprit sublime, dit un jour en se promenant dans son jardin qu'elle ne croyait pas qu'il y avait deux feuilles parfaitement semblables. Un gentilhomme d'esprit, qui était de la promenade, crut qu'il serait facile d'en trouver ; mais quoiqu'il en cherchât beaucoup, il fut convaincu par ses yeux qu'on pouvait toujours y remarquer de la différence. » Cette « grande princesse » était l'Électrice Sophie, le « gentilhomme d'esprit » était M. d'Alvensleben, et le jardin était celui du château d'Herrenhausen (*Lettre à l'Électrice Sophie*, 31 octobre 1705, *Phil.*, VII, 559). L'anecdote est d'autant plus piquante que c'est un jardin français, imité de Versailles, et qui affecte

rattache à un autre, qui n'a pas reçu de nom spécial, et qui s'énonce ainsi : Il ne peut y avoir de dénominations purement extrinsèques, qui n'aient aucun fondement dans la chose dénommée ; et cela, parce que la notion du sujet doit envelopper celles de tous ses prédicats [1]. On voit que c'est toujours la formule logique du principe de raison qui rend compte de ces axiomes dérivés.

25. Mais ce ne sont là que des formes négatives du principe de raison ; un autre corollaire, plus positif et plus général, partant plus fécond, est le *principe de la simplicité des lois de la nature*, ou encore le *principe d'économie* [2]. « Par exemple, cette maxime, que la nature agit par les plus courtes voies, ou du moins par les plus déterminées, suffit seule pour rendre raison presque de toute l'Optique, Catoptrique et Dioptrique, c'est-à-dire de ce qui se passe hors de nous dans les actions de la lumière, comme je l'ai montré autrefois, et M. Molineux l'a fort approuvé dans sa Dioptrique, qui est un très bon livre [3]. »

Leibniz fait ici allusion au mémoire sur l'Optique qu'il avait publié en 1682 dans les *Acta Eruditorum* [4], et où il avait déduit toutes les lois de la réflexion et de la réfraction de ce principe unique : « Lumen a puncto radiante ad punctum illustrandum pervenit via omnium facillima [5]. » Ainsi l'on peut ignorer la

---

partout une régularité et une symétrie géométriques. Elle a servi de sujet à une gravure de l'ouvrage d'EBERHARD : *Characteristik des Freiherrn von Leibnitz*, p. 150. (Pantheon der Deutschen, Leipzig, 1795.)

1. « Sequitur etiam *nullas dari denominationes pure extrinsecas*, quae nullum prorsus habeant fundamentum in ipsa re denominata. Oportet enim ut notio subjecti denominati involvat notionem praedicati. » (**Phil.**, VIII, 6 verso.)

2. « Semper scilicet est in rebus principium determinationis quod a Maximo Minimove petendum est, ut nempe maximus praestetur effectus minimo ut sic dicam sumtu. » *De rerum originatione radicali* (*Phil.*, VII, 303).

3. *Nouveaux Essais*, IV, VII, § 15.

4. *Unicum opticæ, catoptricæ et dioptricæ principium* (Dutens, III, 145). Cf. *Tentamen anagogicum* (*Phil.*, VII, 275-278).

5. On sait que la loi de la réfraction (loi des sinus) a été découverte par le Hollandais SNELLIUS, puis par FERMAT et DESCARTES. Leibniz reproche à Descartes de ne s'être pas servi de la considération de la finalité comme Snellius et Fermat (*Phil.*, IV, 318-9, 448; VII, 274; cf. **Math.**, I, 27 c).

cause efficiente de la réflexion et de la réfraction, et néanmoins en calculer exactement tous les effets au moyen de la cause finale, c'est-à-dire en supposant que la lumière suit toujours le chemin le plus facile [1]; tant il est faux que la recherche des causes finales soit inutile en Physique, comme le soutenait Descartes. Aussi cet exemple des lois de l'Optique est-il l'argument favori de Leibniz dans sa lutte contre les Cartésiens. On voit par là comment il entendait la finalité dans la nature : c'est en ce sens que Dieu (ou la nature) agit toujours « par les voyes les plus aisées et les plus déterminées [2] ». Cette finalité consiste moins dans la bonté ou convenance morale (comme on pourrait le croire d'après les formules théologiques du principe de raison) que dans la *détermination logique* des lois de la nature. C'est ce qui ressort du *Tentamen anagogicum*, qui est précisément destiné à montrer l'utilité de la recherche des causes finales en Physique :

« Ce qui me paroist le plus beau dans cette consideration est que ce principe de la perfection, au lieu de se borner seulement au general, descend aussi dans le particulier des choses et des phenomenes, et qu'il en est à peu pres comme dans la Methode

---

Fermat admettait en effet que la vitesse de la lumière dans un milieu est inversement proportionnelle à l'indice de réfraction de ce milieu, d'où il résultait que le rayon lumineux réfracté suit le chemin le plus court en durée; or Descartes ne pouvait pas admettre cette hypothèse (pas plus que Newton), parce que dans la théorie de l'émission la vitesse doit être au contraire plus grande dans un milieu plus dense (plus réfringent). La loi de finalité n'avait donc pas de sens pour lui. Leibniz retrouva cette finalité en admettant que les milieux offrent une *résistance* proportionnelle à leur indice de réfraction, de sorte que la vitesse de la lumière est en raison inverse de cette résistance, et par suite de cet indice.

1. *Phil.*, IV, 340. (Même référence à Molineux.) Cf. p. 361, 448; VII, 273, et *Lettre à Foucher*, 1693 (*Phil.*, I, 414).

2. *Phil.*, IV, 447. Cf. le fragment **Phil.**, VI, 12 f, 15 : « Omnia in tota natura demonstrari possunt tum per causas finales, tum per causas efficientes. Natura nihil facit frustra, natura agit per vias brevissimas, modo sint regulares. » (*Bodemann*, p. 89.) MALEBRANCHE professait déjà une maxime toute pareille, à savoir que Dieu agit toujours par les voies les plus simples et les plus courtes (*Recherche de la Vérité*, Éclaircissement sur le chap. IV de la 2ᵉ partie de la Méthode). Mais entre ce principe et celui de Leibniz il y a toute la distance qui sépare un aphorisme théologique d'un axiome mathématique.

de Formis optimis, c'est-à-dire *maximum aut minimum præstantibus*, que nous avons introduite dans la Geometrie au delà de l'ancienne methode *de maximis et minimis quantitatibus*. Car ce meilleur de ces formes ou figures ne se trouve pas seulement dans le tout, mais encor dans chaque partie, et même il ne seroit pas d'assez dans le tout sans cela. Par exemple, si dans la ligne de la plus courte descente entre deux points donnés, nous prenons deux autres points à discretion, la portion de cette ligne interceptée entre eux est encor necessairement la ligne de la plus courte descente à leur égard. C'est ainsi que les moindres parties de l'univers sont reglées suivant l'ordre de la plus grande perfection; autrement le tout ne le seroit pas [1]. »

Ce passage est intéressant, d'abord en ce qu'il révèle l'origine logico-mathématique de l'optimisme leibnitien; et ensuite, parce qu'il montre que ce *meilleur* ou cette *perfection* consiste encore, en définitive, en un maximum ou un minimum quantitatif; car les formes qu'on appelle « les meilleures » sont celles qui « fournissent un maximum ou un minimum ». C'est ce qui ressort de l'exemple du *principe de la moindre action*, dont on a longtemps attribué la découverte à Maupertuis, mais qui a été en réalité inventé par Leibniz [2]. En effet, Leibniz avait formulé ce principe comme suit : Dans un mouvement libre, l'action des corps en mouvement est « ordinairement un *maximum* ou un *minimum* ». Or, que ce fût un maximum ou un minimum, le cas était le même, au point de vue mathématique; mais ce n'était pas du tout indifférent au point de vue finaliste et théologique, car on ne pouvait plus parler de la sagesse et de l'« économie » du créateur, puisqu'il dépensait parfois le maximum au lieu du minimum [3]. Mais ce qui prouve bien que ce maximum ou minimum n'a aucun caractère qualitatif et moral, c'est que Leibniz invoque plus loin « un autre principe, qui succède au

---

1. *Phil.*, VII, 272-3.
2. Voir la Note XVI : *Sur le principe de la moindre action.*
3. C'est justement en cela que MAUPERTUIS se trompa plus tard, en affirmant que l'action était toujours minimum; assertion d'où il tirait argument en faveur de la Providence.

precedent[1], et qui porte qu'au defaut du moindre il faut se tenir au *plus determiné*, qui pourra estre *le plus simple*, lors même qu'il est le plus grand[2] ». Déjà, dans l'espèce de sommaire qui précède le *Tentamen*[3], Leibniz avait annoncé qu'il montrerait « comment dans la voye des finales comme dans le calcul des différences[4] on ne regarde pas seulement au plus grand ou au plus petit, mais generalement au plus déterminé ou au plus simple[5] ». Et en effet, qu'est-ce que Leibniz trouve « le plus beau » dans la considération des causes finales ou des « formes les meilleures » ? C'est que ces formes sont aussi les plus déterminées, et qu'elles sont absolument déterminées, non seulement dans leur ensemble, mais jusque dans leurs plus petites parties. La *perfection* que leur attribue Leibniz, et qu'il assigne pour but à la nature ou au créateur, est donc une perfection purement logique, intellectuelle et non pas morale : c'est en un mot la *détermination* ; et c'est pourquoi il a parfois donné à son grand principe le nom de *principe de raison déterminante*. En tout cas, si ce principe prouve l'existence de Dieu, comme il le croit[6], c'est plutôt comme « cause intelligente » que comme cause bienveillante et bienfaisante.

Aussi revient-il dans certaines applications à peu près au

---

1. C'est-à-dire : qui le supplée, qui en est un *succédané*.
2. *Phil.*, VII, 274.
3. Ce sommaire a été ajouté après coup au titre, qu'il entoure sur le manuscrit ; et le texte du *Tentamen* commence par la phrase : « J'ay marqué en plusieurs occasions.... » (**Math.**, VII, 5 ; cf. *Phil.*, VII, 270.)
4. On remarquera ce nouveau rapprochement entre la considération de la finalité et le Calcul différentiel, qui en est la véritable source et l'explication.
5. *Phil.*, VII, 270 ; et quelques lignes plus haut : « dans la recherche des finales il y a des cas où il faut avoir egard au plus simple ou plus determiné, sans distinguer si c'est le plus grand ou le plus petit. » La phrase suivante montre que cette idée capitale dérive du « calcul des différences ». On sait en effet que c'est le même procédé qui donne à la fois les maxima et les minima, et qu'il faut de l'attention pour distinguer les uns des autres, attendu qu'ils sont « déterminés » en général par la même équation, et qu'ils ont ce caractère commun d'être « uniques » ou « singuliers », comme le dit Leibniz (*Phil.*, VII, 275).
6. *Phil.*, VII, 301, 303, 310. *Principes de la Nature et de la Grace* (1714), § 11 (*Phil.*, VI, 603).

principe de symétrie défini plus haut. Par exemple, « supposons le cas que la nature fut obligée generalement de construire un triangle, et que pour cet effet la seule peripherie ou somme de costés fut donnée et rien de plus, elle construiroit un triangle equilateral[1] ». C'est en effet la forme la plus symétrique d'un triangle, et c'est aussi celle qui pour un périmètre donné a l'aire la plus grande. Mais c'est surtout la plus déterminée, et par suite celle que préférera forcément le sage, qui ne fait rien sans raison[2]. Du reste, ce n'est pas seulement le sage, mais l'âne de Buridan qui ne fait rien sans raison déterminante, puisque la liberté d'indifférence est une chimère[3].

26. Un autre corollaire du *principe de raison* est le célèbre *principe de continuité* qui joue un si grand rôle dans la métaphysique de Leibniz et dans sa polémique contre les Cartésiens. C'est en 1687 qu'il le formule pour la première fois comme suit[4] :

---

1. *Phil.*, VII, 278; cf. p. 304.
2. « Hinc etiam determinata praeferuntur indeterminatis, in quibus ratio electionis nulla intelligi potest. Itaque si sapiens decreverit tria assignare puncta in aliquo spatio, nec ulla sit ratio pro una potius quam alia specie trianguli, eligetur aequilaterum, in quo puncta tria similiter se habent. » *Specimen inventorum* (*Phil.*, VII, 310 note). Cf. **Phil.**, IV, 3 c, 17. (Bodemann, p. 73).
3. *Phil.*, VII, 111.
4. Il est intéressant de rappeler à quelle occasion Leibniz avait publié en 1686 dans les *Acta Eruditorum* de Leipzig sa *Brevis demonstratio erroris memorabilis Cartesii et aliorum circa legem naturalem, secundum quam volunt a Deo eandem semper quantitatem motus conservari, qua et in re mechanica abutuntur*, où il soutenait que ce qui se conserve dans le choc de deux corps n'est pas la quantité de mouvement (mv), mais la quantité de force vive (mv^2). Voir la même critique dans le *Discours de métaphysique* de 1686, § XVII (*Phil.*, IV, 442-3). L'abbé Catelan, cartésien et ami de Malebranche, traduisit ce mémoire et y répondit dans les *Nouvelles de la République des Lettres* (sept. 1686) sous le titre : *Courte remarque de M. l'abbé C. où l'on montre à M. G. G. L. le paralogisme contenu dans l'objection précédente* (*Phil.*, III, 40-42). Leibniz répondit dans le même recueil (Voir *Lettre à Bayle*, *Phil.*, III, 42-49) en mettant en cause « le célèbre auteur de la *Recherche de la Vérité* » (MALEBRANCHE, qu'il avait connu à Paris et avec qui il était resté en correspondance) qui avait essayé de corriger les lois du choc de Descartes, mais qui n'y avait pas entièrement réussi. Jusqu'ici il n'était pas fait mention du principe de continuité; le seul principe métaphysique invoqué par Leibniz était cette « *Loy de la Nature* » tenue pour

« Lorsque la différence de deux cas peut être diminuée au-dessous de toute grandeur donnée *in datis* ou dans ce qui est posé, il faut qu'elle se puisse trouver aussi diminuée au-dessous de toute grandeur donnée *in quæsitis* ou dans ce qui en résulte;

« la plus universelle et la plus inviolable, sçavoir qu'*il y a tousjours une parfaite Équation entre la cause pleine et l'effect entier* » (*Phil.*, III, 45-46). Malebranche ayant répondu dans les *Nouvelles* de 1687 aux critiques de Leibniz, celui-ci s'aperçut que les règles de Malebranche comme celles de Descartes péchaient contre le principe de continuité, ainsi qu'il l'écrivait à Arnauld; et il ajoutait : « Si je replique au R. P. Malebranche, ce sera principalement pour faire connoitre ledit principe » (*Lettre* du 1er août 1687, *Phil.*, II, 104-5. Cf. *Lettre à Arnauld* du 14 janv. 1688, *Phil.*, II, 133-4; et *Lettre à Foucher*, janv. 1692, *Phil.*, I, 403). C'est en effet ce qu'il fit dans la *Lettre de M. L. sur un principe general utile à l'explication des loix de la nature par la consideration de la sagesse divine, pour servir de replique à la réponse du R. P. D. Malebranche* (*Phil.*, III, 51-55) que nous citons ici. Malebranche s'efforça de tenir compte des critiques de Leibniz dans son *Traité des loix de la communication des mouvemens* (1692); mais il y laissa encore subsister quelques erreurs. Leibniz les releva dans des *Remarques* qu'il communiqua à Malebranche (Voir *Lettre de Malebranche* du 8 déc. 1692, *Phil.*, I, 343) et où, après avoir dit : « Je veux faire ici des remarques *a posteriori* en employant mon *principe de l'harmonie ou de la convenance*, que j'avois expliqué dans les Nouvelles de la République des Lettres », il invoque « la grande règle de l'ordre, qui veut *datis ordinatis etiam quæsita esse ordinata et consentanea* » (*Phil.*, I, 346-7), et il termine en disant qu'il s'est servi, « pour mettre des regles ou theorèmes à l'épreuve *a posteriori* », des « principes de la *Logique reelle* ou d'une certaine *analyse generale* indépendante de l'Algebre » (*Ibid.*, p. 349), ce qui montre bien que dans sa pensée le principe de continuité se rattachait à sa Logique générale.

Dans sa réponse à Malebranche, Leibniz indique qu'« on pourroit rendre palpable » la « loi de continuité » « par une délinéation, comme » il a « fait dans certaines remarques sur une partie des Principes de M. des Cartes » (*Phil.*, I, 350). Et en effet, dans les *Animadversiones in partem generalem Principiorum Cartesianorum* (1692), à l'art. 53 de la 2e partie, on trouve sous le titre : *Representatio Regularum Motus in casu æqualitatis corporum concurrentium* deux graphiques qui parlent vraiment aux yeux, et qui représentent les lois du choc : 1° *Secundum Cartesium* (*Delineatio monstrosa*); 2° *Secundum veritatem* (*Delineatio concinna*); celui-ci offre des lignes parfaitement continues, tandis que le premier présente des discontinuités bizarres et choquantes (*Phil.*, IV, 382-3). Ces remarques passèrent 5 ans entre les mains de Basnage de Beauval (1692-7) et restèrent finalement inédites (*Phil.*, IV, 271-2); mais d'autres articles de Leibniz sur la Mécanique (notamment le *Specimen dynamicum pro admirandis naturæ legibus circa corporum vires et mutuas actiones detegendis et ad suas causas revocandis*, publié dans les *Acta Eruditorum* de 1695 : *Math.*, VI, 249 sqq.;

ou pour parler plus familierement : Lorsque les cas (ou ce qui
est donné) s'approchent continuellement et se perdent enfin
l'un dans l'autre, il faut que les suites ou evenemens (ou ce
qui est demandé) le fassent aussi [1]. Ce qui depend encor d'un

cf. *Phil.*, IV, 399, fragment daté de mai 1702), finirent par convaincre Malebranche, qui corrigea en 1698 son *Traité des loix de la communication des mouvemens* (*Phil.*, I, 319).

D'autre part, Leibniz avait répliqué brièvement à l'abbé Catelan (*Réponse de M. L. à la remarque de M. l'abbé D. C. contenue dans l'Article 1 de ces Nouvelles, mois de juin 1687*, où il prétend soutenir une *Loi de la Nature avancée par M. Descartes* (*Phil.*, III, 49), et il terminait cette réponse en proposant le problème de la courbe *isochrone* (« Trouver une ligne de descente, dans laquelle le corps pesant descende uniformément, et s'approche également de l'horison en tems égaux »), et en ajoutant ce défi ironique : « L'Analyse de Messieurs les Cartésiens le donnera peut-être aisément ». (*Phil.*, III, 51.) Leibniz voulait par là montrer la supériorité de son Analyse sur celle de Descartes (Voir sa *Lettre à Malebranche* du 13 janv. 1679, *Phil.*, I, 327-8), et il y réussit en effet; or le principe de continuité était précisément le fondement de cette analyse supérieure à l'Algèbre qu'il avait inventée. Ainsi s'explique cette prétention, à première vue paradoxale et exorbitante, de prouver par la solution d'un problème mathématique la supériorité de sa philosophie (et surtout de sa Logique) sur celle de Descartes, et de battre en brèche le cartésianisme à l'aide du Calcul infinitésimal. « J'ay appris que le succès de mes autres decouvertes a osté à quelques uns l'envie de me faire des objections, puisque on est obligé d'avouer que mesme dans les Mathematiques, qui estoient le fort de M. Descartes, ma Methode va bien loin au delà de la sienne : c'est ce que M. le Marquis de l'Hospital vient de reconnoistre dans un ouvrage considerable imprimé depuis peu. » *Lettre à la princesse Sophie*, 4 nov. 1696 (*Phil.*, VII, 542). Allusion à l'*Analyse des infiniment petits pour l'intelligence des lignes courbes* (Paris, 1696) de son disciple et ami L'Hospital, le défenseur et le propagateur du Calcul infinitésimal en France. Cf. *Lettre au duc Jean-Frédéric*, 1679 (Klopp, IV, 440); *Lettre à Nicaise*, 5 juin 1692 (*Phil.*, II, 535); *Lettre à Bayle*, 1687 (*Phil.*, III, 49); *Lettre à Arnauld*, 14 juillet 1686 (*Phil.*, II, 62); *Lettre à Burnett*, 1697 (*Phil.*, III, 193). Voir *Phil.*, IV, 276, 282, 291, 301-2, 347.

1. On remarquera le caractère tout mathématique de cet énoncé, qui repose sur la distinction des données et des inconnues, familière dans les problèmes d'Algèbre. Il est évident que ce principe a été suggéré à Leibniz par ses travaux sur le Calcul infinitésimal, dont le premier postulat est qu'on ait affaire à des fonctions *continues* et ayant des dérivées, de telle sorte que l'accroissement de la fonction tende vers zéro avec l'accroissement de la variable. Cette formule est analogue à celle du principe de symétrie citée plus haut : dans un cas, la différence entre les données est rigoureusement nulle; dans l'autre, elle est infiniment petite (V. p. 227, note 4).

principe plus general, sçavoir : *Datis ordinatis etiam quæsita sunt ordinata*[1]. »

Ainsi Leibniz lui-même présente le principe de continuité comme un simple corollaire de ce qu'il appelle plus haut le *Principe de l'ordre general*, dont il dit : « Il a son origine de l'*infini*; il est absolument necessaire dans la Geometrie[2], mais il reussit encor dans la Physique, pour ce que la souveraine sagesse, qui est la source de toutes choses, agit en parfait geometre[3], et suivant une harmonie à laquelle rien ne peut adjouter[4] ».

Or cette harmonie, cette convenance et cette perfection con-

1. Cette dernière formule se trouve dans un fragment inédit (**Math.**, I, 9, b) intitulé *Combinatoria* : ce qui montre que Leibniz rapporte le principe de continuité à la Combinatoire, c'est-à-dire à la science de l'ordre (Voir Chap. VII, § 3). Ailleurs Leibniz donne du principe de symétrie (*Lex justitiæ*) une formule tout à fait semblable : « ut quæ eodem modo se habent in datis vel assumtis, etiam eodem modo se habeant in quæsitis vel provenientibus.... et generaliter judicandum est, datis ordinate procedentibus etiam quæsita procedere ordinate », et il énonce aussitôt après la *Lex continuitatis* (*Initia rerum mathematicarum metaphysica*, Math., VII, 25).

2. Aussi est-ce un exemple géométrique que Leibniz en donne aussitôt, à savoir, celui de l'ellipse qui tend vers la parabole quand l'un des foyers s'éloigne indéfiniment de l'autre : l'ellipse pouvant différer de la parabole aussi peu qu'on voudra, « tous les theorèmes Geometriques qui se verifient de l'Ellipse en general pourront estre appliqués à la parabole, en considerant celle-cy comme une Ellipse dont un des foyers est infiniment eloigné, ou (pour éviter cette expression) comme une figure qui diffère de quelque Ellipse moins que d'aucune difference donnée. »

3. Voir le *Specimen inventorum*, où, après avoir dit que Dieu veut le meilleur, et choisit le monde qui contient le plus de réalité ou de perfection, Leibniz ajoute : « et Deus agit instar summi Geometræ, qui optimas problematum constructiones præfert. » (*Phil.*, VII, 310, note); *Lettre à Arnauld* du 1er août 1687 : « Et c'est une chose etrange de voir que presque toutes les regles du mouvement de M. des Cartes choquent ce principe, que je tiens pour aussi infaillible en physique qu'il l'est en géométrie, parce que l'auteur des choses agit en parfait geometre ». (*Phil.*, II, 105.) Cf. les *Animadversiones in principia Cartesiana* (1697), sur l'art. 45 de la 2e partie, où la « loi de continuité » est présentée comme un « criterium général » et comme une « pierre de touche » (*lapis Lydius*) propre à éprouver les lois cartésiennes du mouvement (*Phil.*, IV, 375-6; cf. p. 399, et VII, 279) et la *Réponse aux réflexions contenues dans la seconde Édition du Dictionaire Critique de M. Bayle*, art. *Rorarius*, sur le systeme de l'*Harmonie préétablie* (1702), fin, citée p. 238 (*Phil.*, IV, 571).

4. *Phil.*, III, 52.

sistent essentiellement dans un ordre intelligible qui concilie la simplicité des principes avec la richesse et la variété des conséquences :

« Dieu a choisi celuy [des mondes possibles] qui est le plus parfait, c'est-à-dire celuy qui est en même temps le plus simple en hypothèses et le plus riche en phenomenes, comme pourroit estre une ligne de Geometrie dont la construction seroit aisée et les propriétés et effets seroient fort admirables et d'une grande étendue [1]. »

Ainsi la perfection du monde a (du moins à l'origine) un caractère purement intellectuel et rationnel : Dieu est conçu moins comme une Providence pleine de justice et de bonté que comme le « parfait Géomètre » [2]. Peut-être cette genèse toute intellectualiste et mathématique de l'optimisme leibnitien est-elle propre à expliquer ce que ses conséquences peuvent avoir de choquant pour le sentiment moral. C'est que ce Dieu de Leibniz est avant tout le grand calculateur et l'éternel logicien [3].

27. Telles sont les principales formes du principe de raison, que Leibniz appelle quelquefois la « loi de l'ordre suprême [4] », de même qu'il considère les « lois de l'ordre général » comme les « decrets libres primitifs » ou encore les « desseins principaux ou fins de Dieu » [5]. Sans doute Leibniz oppose souvent

---

1. *Discours de métaphysique*, 1686, § VI (*Phil.*, IV, 431).
2. *Animadversiones*, 1692 : « Natura, cujus sapientissimus Auctor perfectissimam Geometriam exercet.... » (*Phil.*, IV, 375.)
3. L' « Architecte de la Nature », mai 1702 (*Phil.*, IV, 499). Au début de l'*Historia et commendatio linguæ charactericæ*, Leibniz rappelle la sentence biblique : « Vetus verbum est, Deum omnia pondere, mensura, numero fecisse », en faisant ressortir la portée universelle du nombre. (*Phil.*, VII, 184, cité p. 111, note 5.)
4. Toujours à propos des lois du mouvement, il dit : « Et vero ista non nisi ex lege ordinis supremi demonstrari possunt, neque enim sunt absolutæ necessitatis, ut contrarium implicet contradictionem. Innumerabilibus modis poterat constitui systema rerum, sed prævaluit, quod majore ratione nitebatur. » *Lettre à de Volder*, mars-avril 1699 (*Phil.*, II, 147, 169).
5. *Lettre à Arnauld*, 14 juil. 1686 (*Phil.*, II, 51). Cf. la *Lettre à Hartsoeker* du 7 déc. 1711, où le principe du « pourquoy suffisant » ou de la raison déterminante se trouve rapproché du principe d'ordre et du principe de continuité (*Phil.*, III, 529-30).

ce principe métaphysique aux principes mathématiques, et ces « raisons architectoniques » aux « déterminations géométriques »[1]. Mais il faut se rendre un compte exact de ce qu'il veut dire quand il considère les lois mathématiques et mécaniques comme insuffisantes pour expliquer l'univers. Les principes métaphysiques ne s'opposent ni ne se juxtaposent aux lois mathématiques : ils s'y superposent. Les lois de la Mécanique suffisent à rendre raison de tous les phénomènes de la nature ; mais c'est pour rendre raison de ces lois mêmes qu'on est obligé de faire appel aux principes métaphysiques[2].

Leibniz semble, il est vrai, subordonner la conception géométrique et mathématique du monde et la déclarer incomplète ou insuffisante, quand il écrit : « M. Bayle a raison de dire avec les Anciens, que Dieu exerce la Geometrie, et que les Mathematiques font une partie du monde intellectuel, et sont les plus propres pour y donner entrée. Mais je crois moy-même que son interieur est quelque chose de plus. » Mais lisons la suite, pour savoir ce qu'est ce « quelque chose de plus » : « J'ay insinué ailleurs qu'il y a un calcul plus important que ceux de l'Arithmetique et de la Geometrie, et qui depend de l'Analyse des idées. Ce seroit une Caracteristique universelle, dont la formation me paroist une des plus importantes choses qu'on pourroit entreprendre[3]. »

Cette phrase ne paraît pas, au premier abord, se relier à la précédente, et semblerait plutôt la contredire ; mais la suite des idées s'explique aisément comme suit (et ne peut, croyons-nous, s'expliquer autrement). Si Leibniz déclare les Mathématiques insuffisantes à pénétrer l'intérieur du monde intelligible, c'est en tant qu'elles sont uniquement appliquées au nombre et à la grandeur, c'est-à-dire aux objets de l'imagination. Mais

---

1. *Tentamen Anagogicum* (*Phil.*, VII, 278-9).
2. Voir *Discours de métaphysique* (1686), § XVIII (*Phil.*, IV, 444) ; *Animadversiones* sur l'art. 64 de la 2ᵉ partie des *Principes* de Descartes, 1692 (*Phil.*, IV, 390-1) ; *Principes de la Nature et de la Grâce* (1714), § 11 ; *Lettre à Remond*, 10 janv. 1714 (*Phil.*, III, 606). Cf. *Antibarbarus physicus* (passage cité p. 223 ; note 2).
3. *Réponse aux réflexions... de M. Bayle* (1702), fin (*Phil.*, IV, 571).

il a découvert que la méthode mathématique peut s'appliquer aussi aux objets de l'entendement pur, c'est-à-dire aux notions abstraites et métaphysiques : c'est là la véritable Logique, c'est là le Calcul qu'il attribue à Dieu même, et qui doit servir à expliquer l'univers, puisqu'il a servi à le créer. C'est en ce sens seulement que le monde dépasse la portée des Mathématiques vulgaires, mais pour tomber sous les prises d'une Mathématique plus sublime, qui est précisément la Caractéristique universelle. Il ne faut donc pas croire que, dans ce passage, Leibniz renonce à ses convictions intellectualistes; il y affirme au contraire plus énergiquement que jamais l'intelligibilité parfaite et absolue de l'univers.

28. Mais si la création se réduit, comme nous l'avons vu, à un problème de Mécanique, c'est-à-dire, au fond, d'Analyse, la Mathématique divine devient accessible à l'homme, et nous pouvons, imitant l'éternel Géomètre, déterminer et calculer à notre tour quelles sont les combinaisons « les meilleures », celles qui doivent se réaliser. Pour cela, il suffit d'employer deux méthodes : 1° la Combinatoire d'abord, qui enseignera à former toutes les combinaisons imaginables des divers possibles, et à discerner celles qui sont vraiment possibles, c'est-à-dire composées d'éléments compossibles : car ce sont les seules combinaisons « utiles », c'est-à-dire les seules qui doivent entrer en balance [1]; 2° le Calcul des probabilités, qui permettra, connaissant la probabilité des possibles élémentaires, de calculer la probabilité de chaque combinaison. Cela fait, on n'aura plus qu'à déterminer (au moyen du Calcul infinitésimal, s'il y a lieu) la combinaison de probabilité maximum, pour savoir à coup sûr celle qui se réalisera. Tel est le plan de la Logique des probabilités que Leibniz veut constituer. Cette nouvelle Logique, analogue à la Mécanique, sera la science du réel,

---

1. *De Synthesi et Analysi universali* (*Phil.*, VII, 203). Il est vrai que « souvent ce serait la mer à boire »; mais là où la synthèse, c'est-à-dire l'art de former des combinaisons, ne suffit pas, on peut employer l'analyse, que nous définirons plus loin, qui « nous donne un fil dans ce labyrinthe » et qui fournit des « abrégés » (*Nouveaux Essais*, IV, II, § 7).

comme l'ancienne Logique, analogue à la Géométrie, est la science des possibles; tandis que celle-ci repose sur le principe de contradiction, loi des essences, et est la science des vérités éternelles et nécessaires (la *Méthode de la certitude*), celle-là reposera sur le principe de raison, loi des existences, elle sera la science des vérités temporelles et contingentes, car les vérités de fait ne peuvent être pour nous que probables [1]. La nouvelle Logique sera sans doute beaucoup plus difficile et compliquée que l'ancienne, mais elle sera aussi beaucoup plus utile, puisqu'elle s'appliquera à la réalité et aux questions pratiques qui portent sur des réalités (morales, politiques et sociales), et nous permettra, soit de prévoir l'avenir comme si nous avions assisté aux conseils de Dieu et surpris le secret de la création, soit de diriger sûrement notre conduite dans toutes les conjonctures.

L'idée d'une Logique des probabilités avait été suggérée de bonne heure à Leibniz par ses études juridiques et théologiques [2]. Il citait souvent avec éloge les distinctions subtiles que les Jurisconsultes avaient établies entre les « degrés des probations » [3]. Il avait déjà esquissé une théorie des probabilités dans son *De Conditionibus* (1665) [4], et entrepris un ouvrage

---

1. Par là Leibniz se flatte d'expliquer comment la nécessité physique naît de la nécessité métaphysique (*Phil.*, VII, 304) ou : « quomodo ex veritatibus æternis sive essentialibus vel metaphysicis oriantur veritates temporales, contingentes sive physicæ » (*Phil.*, VII, 303).

2. En apprenant que Jacques Bernoulli préparait son *Ars conjectandi*, il écrivait : « Ego quoque talia jam olim sum meditatus, præsertim in usum Jurisprudentiæ et Politicæ. Voco Doctrinam de gradibus probabilitatis. » *Lettre à Jean Bernoulli*, 3 mars 1697 (*Math.*, III, 377). Cf. *Lettre à Gabriel Wagner*, 1696 (*Phil.*, VII, 521).

3. Voir l'énumération des divers degrés de preuves et d'indices juridiques dans les *Nouveaux Essais*, IV, XVI, § 9. Cf. *Lettre à Jean Bernoulli*, 6 juin 1710 : « Ego jam a puero hoc argumentum versavi, tunc imprimis cum juri darem operam, et de conjecturis, indiciis, præsumptionibus, et gradibus probationum minus plenarum, semi-plenarum, plenarum similibusque agerem. Nemo enim hoc argumentum melius excoluit, quam ipsi Jurisconsulti; sed illi non satis ad certa principia methodumve revocarunt. » (*Math.*, III, 850.) Cf. *Lettre à Burnett*, 1697 (*Phil.*, III, 193); *Lettre à Koch*, 2 sept. 1788 (*Phil.*, VII, 477); *Lettre à Eler*, 10 mai 1716 (Note XVIII).

4. Voir Note V; cf. *Phil.*, VII, 198.

intitulé *Ad Stateram juris, de gradibus probationum et probabilitatum*, dont il ne nous reste qu'une belle préface inédite, où il propose les jurisconsultes comme des modèles de Logique dans les questions contingentes [1]. Puis, quand il fut devenu mathématicien, cette idée première se précisa et se confirma dans son esprit par l'étude des travaux de Fermat, de Pascal [2] et de Huygens [3] sur les jeux de hasard, et de ceux de Hudde [4] et de Jan de Witt, pensionnaire de Hollande [5], sur les rentes viagères [6]. Il écrivait en septembre 1678 un mémoire (inédit) *De incerti æstimatione* [7], où il exposait les principes du Calcul des probabilités, et il appliquait aussitôt ces principes à divers jeux de hasard à la mode [8]. Dans le projet d'un nouveau *De*

---

1. « Ut Mathematicos in necessariis, sic Jurisconsultos in contingentibus Logicam, hoc est rationis artem, præ cæteris mortalibus optime exercuisse » (**Phil.**, VI, 17). Cf. *Phil.*, VII, 167, p. 93, note 3, et p. 277, note 1.

2. Leibniz avait appris à Paris que le chevalier de Méré avait amené Pascal à s'occuper de ces problèmes (*Phil.*, III, 570; *Nouveaux Essais*, IV, XVI, § 9). Son attention semble avoir été attirée sur ces problèmes par le duc de Roannez, ami de Pascal, comme l'indiquent plusieurs fragments inédits, notamment : *De numero jactuum in tesseris*, janv. 1676; avec cette note : « proposuit mihi dux Roannesius » (**Math.**, III, B, 14).

3. *De Ratiociniis in ludo aleæ*, 14 p. (1657). Cf. *Leibnitiana*, § CXIII : « Christiani *Hugenii* ratiocinia *de usu aleæ*... sunt elegans specimen ratiocinationis de gradibus probabilitatis » (*Dutens*, VI, 1, 318).

4. Dans un fragment inédit datant de 1680, Leibniz, traçant le plan d'un nouveau *De Arte combinatoria*, notait les recherches de Hudde sur les rentes viagères, fondées sur les tables de mortalité de la ville d'Amsterdam pendant 80 ans (**Math.**, I, 27, c). Il rattachait ainsi la Logique des probabilités à la Combinatoire.

5. *Waerdye van lyfrenten nar proportie van los-renten* (Évaluation des rentes viagères en proportion des rentes ordinaires), publié en 1671, réédité en 1879. Voir le mémoire de Leibniz *De Reditibus ad vitam* (*Math.*, VII, 133-7), qui doit dater de 1682 environ, car il est annoncé dans la *Meditatio juridico-mathematica de intérusurio simplice*, publiée dans les *Acta Eruditorum* de 1682 (*Math.*, VII, 132).

6. *Préceptes pour avancer les sciences* (*Phil.*, VII, 167); *Lettre à Arnauld*, 14 janv. 1688 (*Phil.*, II, 134); *Lettre à Jean Bernoulli*, 6 sept. 1709 (*Math.*, III, 844); cf. *Lettre de Jean Bernoulli*, 16 févr. 1697 (*Math.*, III, 367); *Réponse aux réflexions de Bayle*, 1702 (*Phil.*, IV, 570); *Nouveaux Essais*, IV, XVI, § 8; *Lettre à Bourguet*, 22 mars 1714 (*Phil.*, III, 570).

7. **Math.**, III, A, 12.

8. *Du jeu de Quinquenove*, octobr. 1678; *Du jeu de la Bassette*; *Du jeu de l'Hombre* (**Math.**, III, A, 8, 9, 11). La *bassette* était un jeu de cartes italien,

Arte combinatoria (vers 1680), il se proposait de traiter « de variis ludorum generibus ». Il se vantait même d'avoir amené Jacques Bernoulli à cultiver cette science [1], en quoi il se trompait d'ailleurs [2].

29. Il ne paraît pas davantage lui avoir suggéré l'idée d'appliquer le Calcul des probabilités aux jeux de hasard, car Jacques Bernoulli lui apprenait qu'il avait déjà appliqué son *Ars conjectandi* à certains jeux de hasard (comme les dés) et aussi au jeu de paume [3], mais non aux jeux de cartes et de dames, qu'il trouvait trop compliqués [4]. Leibniz lui répondit que, soit dans les jeux de raison (comme les échecs et les dames), soit dans les jeux de demi-hasard (comme les cartes), soit dans les jeux de pur hasard (comme les dés), on doit pouvoir toujours déterminer le parti le plus avantageux, sinon calculer exactement la valeur de sa probabilité, puisqu'aussi

---

analogue au lansquenet, qui avait été importé en France en 1678 par un ambassadeur vénitien. Joseph SAUVEUR, mathématicien français (1653-1716), en fit la théorie, ainsi que d'autres jeux de cartes, à la demande du fameux courtisan Dangeau (Voir FONTENELLE, *Éloge de Sauveur*). Il publia un article sur la *bassette* dans le *Journal des Savants* du 13 février 1679. C'est à propos de Sauveur que Leibniz fut amené plus tard à parler de la théorie des jeux à Jean Bernoulli (*Lettres à Jean Bernoulli*, 29 janv., 5 mars 1697 : *Math.*, III, 363, 377).

1. *Lettre à Bourguet*, 22 mars 1714 (*Phil.*, III, 570).
2. Jean Bernoulli répondit en effet à Leibniz que son frère Jacques préparait depuis des années un *Ars conjecturandi*, qu'il en avait achevé la plus grande partie, et qu'il n'y manquait que les applications aux problèmes moraux, politiques et économiques, composant le Chap. IV et dernier (*Lettre de Jean Bernoulli*, 16 févr. 1697 : *Math.*, III, 367). Jacques Bernoulli travailla en effet plus de 20 ans à son *Ars conjectandi*, qu'il laissa inachevé à sa mort (1705), et qui ne fut publié qu'en 1713 par son neveu Nicolas, qui avait lui-même composé une dissertation *De usu artis conjectandi in jure*. Voir la correspondance avec *Jacques Bernoulli*, avril 1703, 3 oct. 1703 (*Math.*, III, 71, 77) et avec *Jean Bernoulli*, 15 avril, 2 juillet, 6 sept., 1ᵉʳ oct. 1709; 26 avril, 6 juin 1710; 9 sept., 6 déc. 1713; 23 mai 1714 (*Math.*, III, 842, 844, 845, 846; 847, 850; 922, 925; 931). Cf. M. CANTOR, III, 327. Jacques Bernoulli demanda à plusieurs reprises à Leibniz de lui procurer le mémoire de Jan de Witt sur les rentes viagères, et sa propre dissertation *de Conditionibus* (*Math.*, III, 78, 89, 91, 93).
3. Et en effet, Nicolas Bernoulli publia, avec l'*Ars conjectandi*, une lettre de son oncle sous le titre : *Epistola Gallice scripta de Ludo pilæ reticularis*.
4. *Lettre de Jacques Bernoulli*, 2 août 1704 (*Math.*, III, 91).

bien c'est ce que les joueurs habiles font par expérience et par flair [1].

En général, Leibniz désirait vivement qu'on fît la théorie mathématique de tous les jeux, « ce qui, disait-il, seroit d'un grand usage pour perfectionner l'Art d'inventer, l'esprit humain paroissant mieux dans les jeux que dans les matières plus serieuses [2] ». Il traçait même le plan d'un tel ouvrage en répondant à Remond de Montmort, qui lui avait envoyé son *Essay d'Analyse sur les Jeux de hasard* [3] :

« Je souhaiterois que vous achevassiés tous les jeux qui dependent des nombres..... Après les jeux qui dependent uniquement des nombres, viennent les jeux où entre encor la situation, comme dans le Trictrac, dans les Dames, et surtout dans les Echecs. Le jeu nommé *le Solitaire* me plut assez [4]..... Mais à quoi bon cela? dira-t-on. Je reponds : à per-

---

1. *Lettre à Jacques Bernoulli*, 28 nov. 1704 (*Math.*, III, 94).
2. *Nouveaux Essais*, IV, XVI, § 9 fin. Cf. *Lettre à Jean Bernoulli*, 29 janv. 1697 : « Dici non potest, quam multa ad Artem inveniendi utilia lateant in ludis. Cujus rei ratio est, quod homines in jocosis ingeniosiores quam in seriis esse solent, cum magis nobis succedant, quae cum delectatione peragimus. » (*Math.*, III, 363.) *Réponse aux réflexions de Bayle*, 1702 (*Phil.*, IV, 570); *Lettre à Hermann*, 10 mars 1705 (*Math.*, IV, 270); *Lettre à Burnett* (14 déc. 1705) à propos du comte de Sunderland, qui avait fait un livre latin sur le jeu d'échecs où il était passé maître (*Phil.*, III, 304); *Lettre au baron de Spanheim*, 13 déc. 1705 (Klopp, IX, 185); *Lettre à Nicolas Remond*, juillet 1714 (*Phil.*, III, 621); *Lettre à Remond de Montmort*, 17 janv. 1716 (*Phil.*, III, 667).
3. Pierre Remond de Montmort, frère de Nicolas Remond (chef des conseils du duc d'Orléans et platonicien, correspondant et admirateur de Leibniz), avait envoyé à Leibniz la 1re édition de son livre (1708) qui s'était égarée avec sa lettre, puis la seconde (1713) (Voir sa *Lettre à Leibniz*, 10 févr. 1714, *Phil.*, III, 666). Cf. *Lettre à Jean Bernoulli*, 27 juin 1708 (*Math.*, III, 836; cf. p. 837); *Lettres de Jean Bernoulli*, 15 avril 1709 (*ibid.*, 842); 1er oct. 1709, 26 avril 1710 (*ibid.*, 846, 847); *Lettre de Nicolas Bernoulli*, qui avait passé quelques semaines chez Remond de Montmort, à Montmort en Champagne (7 avril 1713, *Math.*, III, 982), et *Lettre à Nicolas Bernoulli*, 28 juin 1713 (*ibid.*, 987); *Lettre de Remond*, 5 mai 1714 (*Phil.*, III, 618; cf. 621).
4. Il y a en effet dans les manuscrits inédits de Leibniz un mémoire sur *Le jeu du Solitaire* (**Math.**, III, A, 16) qui date probablement de 1678, et où Leibniz imagine de pratiquer ce jeu à rebours, comme dans son mémoire des *Miscellanea Berolinensia* (Voir Note XVII : *Sur la théorie mathématique des jeux*).

fectionner l'art d'inventer, car il faudroit avoir des methodes pour venir à bout de tout ce qui se peut trouver par raison. Après les jeux où n'entrent que le nombre et la situation, viendront les jeux où entre le mouvement, comme dans le jeu du billard, et dans le jeu de paume..... Enfin il seroit à souhaiter qu'on eut un cours entier des jeux, traités mathématiquement [1]..... »

30. Mais si Leibniz n'a suggéré aucune idée nouvelle sur le Calcul des probabilités aux mathématiciens ses amis, si même il n'a contribué au progrès de cette science par aucune invention notable [2], du moins en avait-il une conception toute personnelle qui ne devait rien à ses prédécesseurs, car il en possédait déjà les éléments essentiels avant de connaître les mathématiciens et même les Mathématiques. Les idées fondamentales de sa théorie se trouvent, d'abord dans le *De Conditionibus* de 1665 [3]; ensuite, dans le *Specimen demonstrationum politicarum pro eligendo rege Polonorum* (1669), composé à la demande du baron de Boineburg, et qu'il rappelait volontiers plus tard, sans doute parce qu'il prouvait l'ancienneté et l'originalité de ces idées [4]; enfin, dans sa première *Lettre à Arnauld* (1671 ou 1672) et dans sa *Definitio justitiæ universalis*, qui date manifestement de la même époque [5]. Il avait dès sa jeunesse

---

1. *Lettre à Remond de Montmort*, 17 janv. 1716 (*Phil.*, III, 667-9). On remarquera que Leibniz classe les jeux tour à tour suivant deux principes différents : tantôt suivant les sciences dont ils dépendent, c'est-à-dire les catégories auxquelles ils se rattachent; tantôt suivant la part de l'adresse et du hasard, c'est-à-dire suivant le degré de probabilité des prévisions auxquelles ils donnent lieu.
2. M. CANTOR, III, 342.
3. Voir Note V.
4. « Il y a presque trente ans que j'ay fait ces remarques publiquement », disait-il en rappelant les principes de sa théorie; ce qui se réfère à ces lignes de la même lettre : « Et moy-même, dans un petit livre imprimé l'an 1669, sans mon nom, sur l'élection d'un Roy de Pologne,... je fis voir qu'il y a une espece de Mathematique dans l'estime des raisons, et tantost il les faut ajouter, tantost les multiplier ensemble pour avoir la somme. Ce qui n'a pas esté remarqué des Logiciens. » *Lettre à Burnett*, 1/11 févr. 1697 (*Phil.*, III, 194, 190). Voir p. 247, note 1, et Note VIII.
5. Voir Note IX.

le dessein de composer un traité « des degrés de probabilité » auquel il fait souvent allusion [1].

La première de ces idées est que les probabilités sont à la certitude comme les parties sont au tout, ou comme les fractions propres à l'unité [2]. Et en effet, la probabilité d'un événement étant définie le rapport du nombre des cas favorables au nombre de tous les cas possibles, ne peut être qu'une fraction propre, et quand celle-ci est égale à l'unité, la probabilité devient une certitude [3]. Pour cela, il faut que tous les cas ainsi dénombrés soient également possibles ou faisables (*faciles*) [4]. Mais il y a des problèmes où les diverses alternatives ne sont pas également probables, et il faut alors évaluer au préalable la probabilité respective de chacune d'elles. Pour cela, on les décompose en un certain nombre de cas simples qui devront, par hypothèse, être tous également possibles; chacun de ces cas étant pour ainsi dire la commune mesure de toutes ces alternatives, la probabilité de chacune d'elles sera mesurée par le nombre des cas correspondants [5]. C'est ce que Leibniz explique par l'exemple des dés : étant donnés 2 dés, la probabilité d'amener 7 est à la probabilité d'amener 9 comme 3 est à 2, attendu qu'il y a 3 combinaisons (jets) qui donnent le point 7 [6], et 2 seulement qui donnent le point 9 [7], en supposant que toutes

---

1. « Habebam olim in animo componere aliquid de gradibus probabilitatis æstimandis, quam Logicæ partem maxime practicam et in usu versantem mirabar negligi. » *Lettre à Placcius*, janv. 1687 (*Dutens*, VI, 1, 36).
2. « Considero autem, mathematicorum imitatione, certitudinem seu veritatem ut totum, et probabilitates ut partes, ita ut sese habeant probabilitates ad veritatem, quemadmodum anguli acuti ad rectum. » (*Ibid.*) Cf. *Phil.*, IV, 363; *Mollat*, p. 81.
3. Voir *De incerti æstimatione* (sept. 1678), règles 1 et 2 (**Math.**, III, A, 12).
4. C'est ce que veut dire la phrase suivante des *Préceptes pour avancer les sciences* : « Elle [la vraisemblance] se donne au rabais des suppositions, mais pour en juger, il faut que les suppositions mêmes reçoivent quelque estimation et se réduisent à une homogénéité de comparaison » (*Phil.*, VII, 167).
5. « Mais quand les suppositions sont inégales, on les compare entre elles. » *Nouveaux Essais*, IV, XVI, § 9.
6. A savoir : 1 et 6, 2 et 5, 3 et 4.
7. A savoir : 3 et 6, 4 et 5.

les combinaisons de faces des deux dés soient également probables [1].

Plus généralement, lorsqu'un événement a des probabilités différentes dans diverses hypothèses (d'ailleurs également probables), sa probabilité est la moyenne de ces diverses probabilités. C'est ce que Leibniz appelle la *prosthaphérèse* [2], c'est-à-dire simplement la moyenne arithmétique [3]. En somme, c'est la règle de la *probabilité totale*, en vertu de laquelle celle-ci est égale à la somme des probabilités simples [4].

Mais il y a d'autres questions plus complexes où les raisons ne doivent pas seulement être comptées, mais pesées [5], ou plus

---

1. *De numero jactuum in tesseris*, janv. 1676 (**Math.**, III, B, 14); *Nouveaux Essais*, IV, XVI, § 9; *Lettre à Bourguet*, 22 mars 1714 (*Phil.*, III, 569-70). Leibniz fait de cette règle une application assez paradoxale à la Jurisprudence : si deux plaideurs A et B prétendent avoir droit à une même somme d'argent, et si le droit de A est deux fois aussi probable que celui de B, on devra partager la somme entre A et B dans le rapport de 2 à 1. (*Lettre à Placcius* déjà citée.)

2. La *prosthaphérèse* (mot barbare composé de πρόσθεσις, addition, et d'ἀφαίρεσις, soustraction) est une opération inventée par Johann WERNER (1468-1528) pour remplacer la multiplication par l'addition et la soustraction, au moyen des deux formules trigonométriques :

$$2 \sin \alpha . \sin \beta = \cos (\alpha - \beta) - \cos (\alpha + \beta)$$
$$2 \cos \alpha . \cos \beta = \cos (\alpha - \beta) + \cos (\alpha + \beta)$$

(M. CANTOR, II, 454, 597.)

3. C'est ce que Leibniz appelle ailleurs le « rabais des suppositions » (*Phil.*, VII, 167). Leibniz cite une application assez curieuse de cette règle, en usage de son temps : pour estimer une propriété, on formait « trois bandes d'estimateurs », dont chacune donnait son estimation indépendamment des autres; et l'on prenait la moyenne des trois estimations comme valeur probable de la propriété. (*Nouveaux Essais*, IV, XVI, § 9.) Cf. *Essay de quelques raisonnemens nouveaux sur la vie humaine et le nombre des hommes* : « Règle pour trouver les moyennes apparences, auxquelles il se faut arrester dans l'incertitude ». (*Klopp*, V, 327.)

4. Cf. *De incerti aestimatione* (sept. 1678), la règle : « Si omnes eventus sint aeque faciles.... » (**Math.**, III, A, 12, p. 4.)

5. « On dit souvent avec justice, que les raisons ne doivent pas être comptées, mais pesées : cependant personne ne nous a donné encore cette balance qui doit servir à peser la force des raisons. » *Lettre à Burnett*, 1/11 févr. 1697 (*Phil.*, III, 194). « Omnes in ore habent, argumenta non numero, sed pondere esse aestimanda; sed quis stateram dedit, qua argumenta atque judicia inter se mutuo pugnantia ponderentur, ut eligamus, quod ex datis maxime probabile est ? » *Lettre à Placcius* déjà citée. La même idée se retrouve dans les *Initia Scientiae generalis* (*Erdm.*, 85 b);

exactement, où elles se composent entre elles, non par addition, mais par multiplication[1]. En effet, lorsque les raisons sont indépendantes et hétérogènes, chacune d'elles renforce et pour ainsi dire multiplie chaque partie de l'autre, de sorte que l'effet total est proportionnel, non à leur somme, mais à leur produit. C'est ainsi, par exemple, que le bonheur sera mesuré par le produit du bien-être (c'est-à-dire de son intensité) et de sa durée[2].

Pour revenir aux probabilités, l'avantage ou l'espérance d'un profit aléatoire doit être mesuré par le produit de la grandeur de ce profit et de la probabilité qu'on a de l'obtenir, attendu qu'il est proportionnel à la fois et séparément à la grandeur du profit et à sa probabilité[3]. De là Leibniz déduisait une règle plus complexe pour le cas où à diverses hypothèses inégalement probables correspondent des profits inégaux (ou des probabilités inégales d'un même gain). Cette règle est une combinaison des règles d'addition et de multiplication : on doit d'abord multiplier chaque gain éventuel par sa probabilité, puis

---

dans l'*Historia et commendatio linguae characterica* (*Phil.*, VII, 188), et dans la *Lettre à Gabriel Wagner*, 1696 (*Phil.*, VII, 521). Dans ce dernier texte, Leibniz prévoit une application des probabilités à la Médecine : il compare les raisons pour et contre aux *indications* et *contre-indications* des médecins (cf. *Nouveaux Essais*, IV, XVI, § 9). La métaphore de la balance se trouve très souvent chez Leibniz (*Phil.*, VII, 125-6; 188; 201). Cf. le titre de l'opuscule inédit : *Ad stateram juris...* (**Phil.**, VI, 17.)

1. « Saepe monui [Jacobum Bernoulli] deesse nobis partem Logicae de gradibus verisimilitudinis; aestimandos autem censeo ex gradibus possibilitatis, seu ex multitudine aequalium possibilitatum. Ostendi olim in schediasmate quodam politico, Principis jussu edito, quasdam aestimationes fieri per additionem, quasdam per multiplicationem. » *Lettre à Jean Bernoulli*, 6 sept. 1709, P. S. (*Math.*, III, 845; cf. *Lettre à Burnett* citée p. 244, note 4). C'est encore une allusion au *Specimen demonstrationum politicarum* de 1669. (Voir Note VIII.)

2. *Phil.*, VII, 115 (Voir Notes VIII et IX).

3. « Bona malave aestimanda sunt separatim tum ex magnitudine sua, tum ex probabilitate per praecedentia. Et si aequalia sunt, erunt in ratione probabilitatis; si aeque probabilia, in ratione magnitudinis. Et si inaequalia et inaequaliter probabilia sunt, erunt in ratione composita magnitudinis et probabilitatis. » (*Mollat*, p. 92; avec une figure explicative.) Ce sont ces deux facteurs moraux que Leibniz appelle ailleurs, d'après les moralistes, « la grandeur de la conséquence » et « la grandeur du conséquent » et qu'il compare aux deux dimensions d'un rectangle (*Nouveaux Essais*, II, XXI, § 66).

faire la somme de tous ces produits, pour avoir l'avantage total, c'est-à-dire le profit total que l'on peut espérer [1].

En résumé, Leibniz avait découvert de lui-même les règles de la *probabilité totale* et de la *probabilité composée*, qui font partie des principes du Calcul des probabilités [2]; et il avait remarqué de très bonne heure que ces deux modes de composition des probabilités sont analogues à l'addition et à la multiplication arithmétiques et se traduisent par elles [3].

31. Mais, s'il ne devait rien aux mathématiciens contemporains qui avaient inventé et cultivé le Calcul des probabilités, on peut se demander pourquoi il semblait méconnaître leurs travaux, en persistant à demander la constitution d'une Logique des probabilités et à en déplorer l'absence [4]. C'est que, pour

---

1. *De incerti æstimatione* (sept. 1678), règle : « Si ex omnibus eventibus.... » (**Math.**, III, A, 12, p. 5.) Leibniz écrivait plus tard : « Plusieurs arguments probables joints ensemble font quelquefois une certitude morale, et quelquefois non ». *Lettre à Burnett*, 1/11 févr. 1697 (*Phil.*, III, 194). En effet, si leurs probabilités s'ajoutent, leur somme peut devenir égale à l'unité (mesure de la certitude); mais si elles se multiplient entre elles, leur produit devient inférieur à chacune d'elles (puisque ce sont des fractions propres) et ne peut donc devenir égal à 1. V. p. 180, note 6.

2. Voici comment on les énonce aujourd'hui : « La probabilité totale d'un événement qui doit arriver dans plusieurs hypothèses indépendantes et exclusives les unes des autres est la *somme* des probabilités de toutes les hypothèses favorables à l'événement ». — « La probabilité d'un événement composé de plusieurs événements indépendants les uns des autres est le *produit* de leurs probabilités. » Principes II et III de LAPLACE (*Théorie analytique des probabilités*, 1812, Introduction : *Essai philosophique sur les probabilités*); principes I et IV de COURNOT (*Exposition de la théorie des chances et des probabilités*, Paris, Hachette, 1843). La règle générale formulée par Leibniz en sept. 1678 est une combinaison de ces deux règles, et chacune de celles-ci s'en déduit inversement comme cas particulier.

3. Cette observation est d'autant plus intéressante que le Calcul des probabilités a une étroite affinité avec le Calcul logique : en effet, la probabilité totale correspond à une *alternative* d'événements, et la probabilité composée à une *conjonction* d'événements; de là vient l'analogie de l'addition et de la multiplication arithmétiques et des opérations logiques de même nom.

4. Voir *Lettre à Kestner*, 30 janv. 1711 : « Ea vero pars Logicæ, quæ scilicet gradus verisimilitudinis et argumentorum pondera constituuntur, nuspiam hactenus reperitur tradita. Ego juvenis aliquando aggressus sum, sed per varia dissipatus, fere intra voluntatem steti. *Topica* ARISTO-

les mathématiciens, la théorie des probabilités n'était qu'une occasion de poser et de résoudre des problèmes purement mathématiques[1], tandis que pour Leibniz, c'était vraiment une « partie de la Logique », jusqu'alors ignorée ou méconnue, qui avait ses règles et ses principes propres, et qui devait avoir aussi son symbolisme et son algorithme spécial. Il regrettait que cette Logique, la plus importante et la plus utile, fût négligée par les logiciens, qui ne connaissaient, à l'exemple d'Aristote, que la logique du nécessaire (la Méthode de la certitude)[2]; et qu'elle n'existât que sous une forme implicite et quasi inconsciente dans les théories des juristes. Ce devait être, selon lui, la véritable Topique ou Dialectique[3], c'est-à-dire la logique du vraisemblable; il l'opposait et la préférait de beaucoup à la Topique d'Aristote (théorie des lieux communs), laquelle ne sert tout au plus qu'à trouver des arguments de rhéteur pour plaider n'importe quelle cause, mais nullement à en éprouver la valeur et à en mesurer la force probante ou le « poids », c'est-à-dire la probabilité[4]. D'autre part, il l'opposait également au *probabilisme* des théologiens et des casuistes

---

TELIS scopo meo non respondet. Congerit regulas, quæ occasionem aliquam præbere possunt de argumentis cogitandi, sed quæ non possunt docere, quantum cuique argumento aut judicio ponderis insit. » (*Dutens*, IV, III, 264.) Cf. *Phil.*, IV, 363; KEHN, § III; et *Lettre à Ebr*, 10 mai 1716. (Note XVIII.)

1. De même, le célèbre traité de LAPLACE n'est guère (à part l'*Essai philosophique* qui lui sert d'introduction) qu'un recueil de problèmes de haute Analyse.

2. *Animadversiones in Cartesium*, art. 75, part. I : « Quæ in Logica sua præscripsit Aristoteles, etsi non sufficiant ad inveniendum, sufficiunt tamen fere ad judicandum, ubi de necessariis saltem consequentiis agitur; magnaque res est, consequentias humanæ mentis velut mathematicis quibusdam regulis stabilitas haberi » (*Phil.*, IV, 366). Cf. *Nouveaux Essais*, IV, II, § 14; *Théodicée*, Discours préliminaire, §§ 28 et 31.

3. Dans la *Nova Methodus* de 1667, et dans le *Consilium de Encyclopædia* de juin 1679 (**Phil.**, V, 7), la Topique est identifiée à l'art d'inventer, tandis que dans la *Théodicée* (1710), § 31, elle en paraît distincte. Cette légère disparate s'explique aisément par la diversité des temps. V. p. 277, note 1.

4. *Lettre à Kestner* déjà citée; *Discours touchant la méthode de la certitude*, fin (*Phil.*, VII, 183); *Nouveaux Essais*, IV, II, § 14; XVI, § 9; *Lettre à Koch*, 2 sept. 1708 (*Phil.*, VII, 477).

(en particulier des Jésuites)[1]. Il reprochait à l'une et à l'autre théorie de reposer uniquement sur l'autorité, de ne tenir compte que des opinions subjectives, et non des raisons objectives et intrinsèques qui rendent un jugement plus ou moins vraisemblable ou probable[2].

32. La Logique des probabilités était pour Leibniz le complément naturel de la Logique de la certitude, surtout dans le domaine de l'Art d'inventer. En effet, il conçoit toute « invention », toute question comme analogue à un problème d'Algèbre ou de Géométrie. Or dans tout problème de ce genre deux cas peuvent se présenter : ou bien les données sont suffisantes pour déterminer la solution, et alors celle-ci est une conséquence nécessaire de celles-là, et l'on peut l'en déduire par une analyse certaine[3]. Ou bien les données sont insuffisantes, et alors elles ne déterminent pas complètement la solution, elles ne font que circonscrire son indétermination, de sorte qu'il y a une infinité de solutions possibles. Reste alors à savoir si elles sont également possibles, ou s'il y en a de plus probables les unes que les autres. Dans ce dernier cas, il y a lieu de chercher laquelle ou lesquelles sont les plus probables, et il doit toujours être possible de les trouver, attendu que leur probabilité est déterminée par les données mêmes que l'on possède déjà[4].

---

1. La préface *Ad Stateram juris* contient une vive critique de la morale relâchée des Jésuites, qui paraît être un écho des *Provinciales* (**Phil.**, VI, 17).
2. « Je ne parle pas icy de la probabilité des Casuistes, qui est fondée sur le nombre et sur la reputation des Docteurs, mais de celle qui se tire de la nature des choses à proportion de ce qu'on en connoist, et qu'on peut appeler la vraisemblance. » (*Phil.*, VII, 167.) Cf. *Lettre à Burnett*, 1699 (*Phil.*, III, 259); *Lettre à Koch* (*Phil.*, VII, 477), et *Nouveaux Essais*, II, XXI, § 66; IV, II, § 14.
3. Voir la définition des « données suffisantes » dans un fragment sur la Science générale (*Phil.*, VII, 60-61).
4. « Et quando ex datis conclusio vel solutio non habetur, debet saltem determinari posse gradus probabilitatis ex datis. » *Lettre au baron de Bodenhausen* (*Math.*, VII, 355). « Lors même qu'il ne s'agit que de probabilités, on peut toujours déterminer ce qui est le plus vraisemblable *ex datis*... Ainsi lorsqu'on n'a pas assez de conditions données pour démontrer la certitude, la matière n'estant que probable, on peut tou-

C'est ce que Leibniz démontre *a priori* en invoquant le principe de raison déterminante [1]. Tout est déterminé, dans la nature comme dans l'esprit, et par les mêmes lois, qui sont celles de la Logique « réelle » et « divine » [2] ; la liaison physique des effets aux causes n'est que la traduction concrète de la liaison logique des conséquences aux principes [3]. Or toute liaison logique doit être intelligible, du moins pour un entendement infini [4]. Si une proposition catégorique est vraie, les conditions (réquisits) du prédicat doivent être contenues dans celles du sujet ; si une proposition hypothétique est vraie, les conditions de l'effet (conséquent) doivent être contenues dans celles de la cause (antécédent) ; de telle sorte qu'on puisse les

---

jours donner au moins des démonstrations touchant la probabilité même » (**Phil.**, VII, 167), car, comme Leibniz le remarque souvent, les lois du Calcul des probabilités sont certaines d'une nécessité mathématique : « On pourroit dire avec Cardan que la logique des probables a d'autres conséquences que la logique des vérités nécessaires ; mais la probabilité même de ces conséquences doit être démontrée par les conséquences de la logique des nécessaires » (*Nouveaux Essais*, IV, XVII, § 6). Cf. *Lettre à Burnett*, 1699 : « Ipsa praecepta certitudinis moralis, imo etiam simplicis probabilitatis, posse geometrica vel metaphysica accuratione demonstrari ». (**Phil.**, III, 259.) « Nam etiam probabilitates calculo ac demonstrationi subjiciuntur, cum aestimari semper possit, quodnam ex datis circumstantiis probabilius sit futurum » (**Phil.**, VII, 188). Cf. *Lettre à Conring*, 3 janv. 1678 (**Phil.**, I, 187) ; *Lettre à Arnauld*, 14 janv. 1688 (**Phil.**, II, 134) ; *Lettre au duc de Hanovre*, vers 1690 (**Phil.**, VII, 26) ; *Initia et Specimina Scientiae generalis* (**Phil.**, VII, 125).

1. **Phil.**, VII, 61-62.
2. « Constat non tantum omnes Veritates in rerum natura et mente Autoris DEI omnium conscii esse determinatas, sed etiam *determinatum esse quid a nobis ex notitiis quas jam habemus colligi possit*, sive absoluta certitudine, sive maxima quae ex datis haberi possit probabilitate » (**Phil.**, VII, C, 87). Cf. le fragment **Phil.**, VI, 12 f, 14 (ap. Bodemann, p. 88).
3. *De modo perveniendi ad veram Corporum Analysin et rerum naturalium causas* (mai 1677) : « Ante omnia pro certo sumo, *omnia fieri per causas quasdam intelligibiles, sive quae a nobis possent percipi, si quis angelus eas nobis vellet revelare* ». De ce principe Leibniz déduit aussitôt la conception mécaniste de la nature (**Phil.**, VII, 265).
4. « Dico igitur, si qua veritas aut si quod artificium etiam ab Angelo nobis possit demonstrari ex illis solis principiis quae jam habemus, idem invenire nos potuisse per nos ipsos ope hujus Scientiae Generalis... » (**Phil.**, VII, 62). Cf. *Lettre à Clüver*, août 1680 (**Phil.**, VII, 19), citée p. 100, note 4.

vérifier par une simple analyse, dût-elle être infinie[1]. En un mot, toute détermination est intelligible, et toute vérité est analytique. Seulement, dans le cas où l'analyse des conditions d'une vérité est infinie (ce qui a lieu pour toutes les vérités de fait), il se présente deux alternatives[2] : si les données sont suffisantes, l'analyse peut se poursuivre indéfiniment, et cette analyse indéfinie nous tient lieu de démonstration; si les données sont insuffisantes, la vérité n'est pas entièrement déterminée *pour nous*, et nous ne pouvons la connaître qu'avec probabilité (encore qu'elle soit certaine en elle-même et pour Dieu, qui en voit toutes les conditions[3]).

33. Pour comprendre le rôle essentiel que le Calcul des probabilités joue dans l'Art d'inventer, il importe de préciser et de compléter l'analogie tirée de l'Algèbre; car celle-ci offre tous les cas et tous les degrés de détermination et d'indétermination qui peuvent se présenter dans les problèmes de tout genre, et en fournit des définitions et des types précis. Quand on a autant d'équations (indépendantes) que d'inconnues à trouver, le problème est *déterminé*, et comporte une ou plusieurs solutions. Quand on a moins d'équations que d'inconnues, le problème devient *indéterminé*, et comporte une infinité de solutions. Enfin, quand il y a plus d'équations que d'inconnues, il faut que ces équations soient compatibles entre elles,

---

[1] « Cujus rei ratio brevis est, quod de re aliqua nihil nobis demonstrari potest, ne ab Angelo quidem, nisi quatenus requisita ejus rei intelligimus. Jam in omni veritate omnia requisita praedicati continentur in requisitis subjecti, et requisita effectus qui quaeritur continent artificia necessaria ad eum producendum. » (*Phil.*, VII, 62.) Cf. **Phil.**, VII, C, 73. On sait que la liaison de l'effet à la cause se traduit par un jugement hypothétique. Les termes de *cause* et d'*effet* sont encore employés dans le Calcul des probabilités pour signifier *prémisse* et *conséquence*, comme chez les Cartésiens.

[2] Cette alternative d'une *approximation indéfinie* ou d'une *probabilité déterminée* est fort nettement indiquée dans le *De Scientia universali* (*Phil.*, VII, 201).

[3] « Car toute vérité nécessaire dont on comprend la nécessité peut estre reduite en demonstration sans distinction de Mathematiques ou d'autres sciences, et si elle n'est que vraisemblable, il est bon de demonstrer cela mesme et d'estimer en quelque façon le degré de l'apparence » (*Phil.*, IV, 345).

sinon le problème devient *impossible*; et s'il est possible, on peut le résoudre de plusieurs manières différentes qui doivent conduire à la même solution, et qui par suite peuvent servir à se contrôler les unes les autres [1].

Il en est de même en Géométrie, comme Leibniz le montre par un exemple élémentaire [2]. Pour déterminer une circonférence, *trois* de ses points (non en ligne droite) sont nécessaires et suffisants. On sait comment on construit une circonférence quand on en connaît *trois* points A,B,C : on mène une perpendiculaire au milieu de AB, une perpendiculaire au milieu de AC ; ces deux perpendiculaires se coupent (en vertu de l'hypothèse) en un point O qui est le centre de la circonférence cherchée (*Fig. 28*). Si l'on ne connaît que *deux* points A,B de la circonférence, son centre est en partie déterminé, et en partie indéterminé; on sait seulement qu'il est sur la perpendiculaire au milieu de AB. Mais si l'on connaît *quatre* points A,B,C,D de la circonférence, on pourra déterminer son centre, soit au moyen de A,B,C, soit au moyen de A,B,D, soit au moyen de A,C,D, soit au moyen de B,C,D, et les quatre points ainsi obtenus devront coïncider, s'il est vrai que A,B,C,D appartiennent à une même circonférence. C'est là une condition de possibilité du problème, qui constitue en même temps une relation entre les quatre points donnés A,B,C,D, et cette relation représente précisément la donnée superflue ou l'équation surnuméraire [3]. Ce cas est tout à fait analogue à celui où l'on a *quatre*

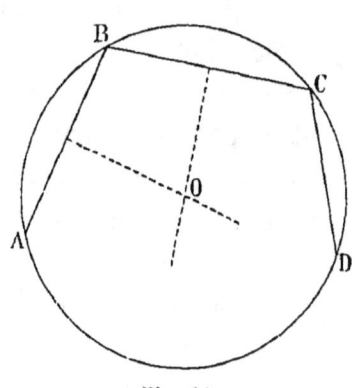

Fig. 28.

---

[1]. Soit n le nombre des inconnues, $n + k$ le nombre des équations. Toute combinaison de n équations fournit une solution déterminée ; or le nombre de ces combinaisons est $\frac{(n+k)!}{n!\,k!}$. On a autant de solutions distinctes qui doivent coïncider.

[2]. *Phil.*, VII, 61.

[3]. Cette condition s'exprime géométriquement par ce fait que le

équations à *trois* inconnues : pour qu'un tel système soit résoluble, il faut et il suffit que les coefficients vérifient une certaine équation qu'on obtient en éliminant les trois inconnues du système. Cette analogie remarquable entre les problèmes indéterminés, déterminés et ultra-déterminés des diverses sciences rationnelles avait dû vivement frapper l'esprit de Leibniz et lui suggérer de bonne heure l'idée d'une Logique commune à toutes ces sciences.

34. La même distinction se retrouve encore dans un problème qui relève essentiellement de l'Art d'inventer, à savoir dans le déchiffrement d'un cryptogramme [1]. Si le cryptogramme est très court, il ne contient pas assez de données (de lettres ou de chiffres) pour déterminer la clef, de sorte qu'il admet une multitude (finie ou infinie) de clefs et par suite d'interprétations différentes (plus ou moins probables). S'il a une certaine longueur (qui dépend de la longueur de la clef ou de la complication du chiffre), il fournira juste les données nécessaires et suffisantes pour déterminer la clef. Enfin, s'il dépasse cette longueur minimum, les données seront surabondantes (plus que suffisantes), et elles permettront de déterminer la clef de plusieurs manières différentes qui serviront à se vérifier mutuellement (comme les *preuves* en Arithmétique). Le seul fait que la clef déterminée au moyen d'une partie du cryptogramme fournit une traduction plausible du reste est déjà une vérification fort probable, et généralement suffisante.

Aussi l'Art cryptographique n'est pas seulement une partie de l'Art d'inventer, déjà fort intéressante par elle-même [2], il

---

4ᵉ point doit se trouver sur la circonférence déjà déterminée par les 3 premiers; ou bien que le point O construit au moyen de A, B, C doit être aussi sur la perpendiculaire au milieu de AD (ou de BD, ou de CD).

1. *Phil.*, VII, 64.
2. *Lettre à Tschirnhaus*, fin mai 1678 : « Hujus scientiæ [la Combinatoire] etiam portio est Cryptographia... Nam quod radix est in Algebra, id clavis in Cryptographia divinatoria. » (*Math.*, IV, 460.) Cf. le *De ortu, progressu et natura Algebræ*, où l'art de déchiffrer est, avec l'*ars ludendi latrunculis*, rattaché à la Combinatoire (*Math.*, VII, 206); *De Synthesi et Analysi universali*, fin (*Phil.*, VII, 298).

en est le symbole exact et complet. Leibniz ne se contente pas d'assimiler la résolution des équations algébriques à l'invention de la clef d'un cryptogramme; il n'y voit qu'un cas particulier de l'invention d'une chose enveloppée, c'est-à-dire implicitement donnée dans des relations ou combinaisons complexes, et qu'il s'agit d'extraire et d'isoler sous une forme explicite[1]. On comprend alors l'importance qu'il attachait aux progrès de cet art en apparence secondaire et d'une portée toute pratique, sinon frivole[2], et l'intérêt qu'il prenait aux recherches de Wallis dans ce domaine[3].

35. Ainsi la Logique des probabilités sert déjà dans les sciences mathématiques et rationnelles; mais c'est surtout dans les sciences naturelles et expérimentales qu'elle trouve son application : elle est même leur méthode propre, comme on va le voir. Mais auparavant, il faut montrer quel est le rôle exact que joue l'expérience dans la Science générale; car il semblerait qu'elle n'eût aucune place dans cette méthode toute rationnelle, déductive et *a priori*.

Les sciences de la nature ont pour objet des vérités de fait, et nous savons que les lois naturelles elles-mêmes sont des vérités contingentes. Or nous avons deux moyens de connaître les vérités contingentes et de fait : l'un est *a priori*, et c'est la déduction fondée sur le principe de raison, comme on l'a vu précédemment; l'autre est *a posteriori*, et c'est l'expérience ou la perception distincte des faits[4]. Et ce second moyen est en

---

1. « Resolutio æquationis species est tantum artis inveniendi clavem rei involutæ. » Plan d'un *De Arte combinatoria*, 1680. (**Math.**, I, 27 c.)

2. A propos de l'*Ars conjectandi* de Jacques Bernoulli, Leibniz demandait si celui-ci traite aussi de l'art de déchiffrer (*Lettre à Jean Bernoulli*, 5 mars 1697 : *Math.*, III, 377).

3. Il priait sans cesse Wallis de publier un traité de l'art de déchiffrer les cryptogrammes (*Cryptolytica ars*) (*Math.*, IV, 14, 18, 27, 39, 42, 44, 55, 60, 65, 73, 76, 82). Il faisait allusion à ces instances dans sa *Lettre à Burnett* du 1/11 févr. 1697, et il ajoutait : « On m'a dit qu'il y a un autre personnage en Angleterre qui excelle encore fort dans le déchiffrement. Je voudrois en sçavoir le nom et les particularités; car c'est une matière encor demy mathematique. » (*Phil.*, III, 190.)

4. « Nobis autem duæ sunt viæ relictæ veritates contingentes cognoscendi, una experientia, alia rationis : experientiæ quidem, quando sen-

réalité le premier et le plus facile ; on constate d'abord les faits par expérience, et c'est ensuite qu'on tâche de les expliquer déductivement, d'en trouver la « raison ».

L'expérience remplace pour nous, hommes, l'analyse interminable qu'il faudrait accomplir pour « rendre raison » de la moindre vérité de fait, et nous livre en bloc et sous une forme brute le résultat d'une synthèse infinie, d'une intégration logique que Dieu seul peut effectuer. La nature est le produit d'une logique divine, de ce calcul immense qui est la création ; elle est pour nous une admirable machine à calculer, car elle nous fournit, tout faits, les résultats de calculs qui dépassent la portée de notre entendement. Ou, si nous pouvons dans une certaine mesure suppléer ou reconstituer ce calcul au moyen du principe de raison, la nature nous donne le moyen de vérifier nos déductions rationnelles, comme la preuve par 9 permet de vérifier les calculs numériques [1]. Ainsi l'expérience va au-devant de notre raison imparfaite, elle la confirme, la contrôle et la guide. Entre elle et la raison il existe un accord parfait, une véritable « harmonie préétablie », car l'expérience est encore de la raison, une raison latente et confuse, mais infinie ; c'est une logique immanente aux faits, qui les rend d'avance intelligibles à la raison humaine, explicite et discursive [2].

Ainsi s'explique que l'expérience puisse prouver *a posteriori* la possibilité d'une idée : sans doute, si une chose existe, c'est

---

sibus rem satis distincte percepimus ; rationis autem, ex hoc ipso principio generali, quod nihil fit sine ratione, *seu quod semper prædicatum aliqua ratione subjecto inest.* » (Les italiques sont de nous.) *De libertate* (Foucher de Careil, B, 182).

1. « Car l'expérience est à l'égard de la raison ce que les preuves (comme celles du novenaire) sont à l'égard des opérations Arithmétiques » (*Phil.*, VII, 173 ; déjà cité p. 156, note 2).

2. On sait que pour Leibniz la perception sensible enveloppe un véritable calcul implicite et inconscient : « Musica est exercitium arithmeticæ occultum nescientis se numerare animi ». *Lettre à Goldbach*, 17 avril 1712 (*Dutens*, III, 437) ; cf. *Principes de la Nature et de la Grâce*, § 17, et *Réponse aux réflexions de Bayle*, 1702 (*Phil.*, IV, 550-1). Aussi la Musique est-elle une science subalterne à l'Arithmétique (*Phil.*, VII, 170). Rien ne montre mieux à quel point Leibniz, selon le mot de Kant, *intellectualise* la sensation.

qu'elle doit être possible ; mais pourquoi cette raison brutale est-elle décisive ? C'est que la nature est pénétrée de Logique, ou mieux, qu'elle est une Logique vivante ; de sorte qu'elle ne peut rien réaliser qui soit contradictoire ou inintelligible. Lors donc que nous ne pouvons nous assurer *a priori* de la possibilité d'une idée en l'analysant complètement, nous pouvons nous fier au criterium de l'expérience : les synthèses de la nature sont soumises au principe de contradiction, et nous tiennent lieu de l'analyse infinie que nous ne pouvons effectuer [1].

36. Aussi Leibniz n'hésite-t-il pas à admettre, à côté des *vérités absolument premières* qui sont les principes rationnels et *a priori*, des *vérités premières pour nous*, qui sont les expériences fondamentales, les données primitives de la conscience ; et cela, sans faire la moindre concession à l'empirisme, simplement parce que les vérités empiriques doivent avoir leurs raisons et pouvoir être démontrées *a priori*, au moins par un entendement infini [2].

Cette théorie, qui semble destinée à corriger et à compléter celle de Descartes, paraît, au premier abord, inconciliable avec la théorie des deux principes rationnels (de contradiction et de raison) qui suffisent à rendre compte de toutes les vérités. Les expériences premières sont au nombre de deux : 1° « Je pense » (c'est le *Cogito* de Descartes) ; 2° « Je pense des choses différentes » [3]. De la première, Leibniz conclut (comme Descartes) que « Je suis » ; de la seconde, qu'il considère comme aussi pri-

---

1. Voir les *Meditationes de cognitione*, 1684 (*Phil.*, IV, 425) ; *Lettre à Arnauld*, 14 juil. 1686 (*Phil.*, II, 63 ; cf. 43) ; *Lettre à Burnett*, 1699 (*Phil.*, III, 257).
2. « Duorum ergo generum sunt propositiones per se certæ, aliæ scilicet ratione constant sive ex terminis patent, quas per se notas vel etiam identicas appello ; aliæ sunt facti, et nobis notæ fiunt experimentis indubitabilibus, et talia sunt ipsa testimonia conscientiæ præsentis. Quanquam autem et quæ facti sunt rationes suas habeant, adeoque sua natura resolvi possint, non tamen a nobis a priori per suas causas sciri possunt nisi cognita tota serie rerum, quod humani ingenii vim superat, itaque a posteriori discuntur experimentis. » *Præcognita ad Encyclopædiam* (*Phil.*, VII, 44).
3. *De Synthesi et Analysi universali* (*Phil.*, VII, 296). Cf. *Animadversiones ad art. 7, part. I, Principiorum Cartesianorum*, 1692 (*Phil.*, IV, 357), et le fragment **Phil.**, VI, 12 f, 19 : « *De principiis*. Duo illa prima principia : unum rationis, alterum experientiæ, quod varia a me percipiuntur... » (*Bodemann*, p. 89).

mitive et fondamentale, et qu'il reproche à Descartes d'avoir
négligée, il conclut qu'il existe d'autres êtres que moi, qui produisent en moi cette variété de pensées ou de sensations, en
un mot, que le monde extérieur est réel[1]. Or, comme les vérités
de fait ne sont jamais que probables, la réalité du monde extérieur n'a elle-même qu'une « certitude morale », c'est-à-dire
une très haute probabilité, et non une certitude métaphysique,
c'est-à-dire une nécessité logique[2]. Elle repose en effet sur l'accord des phénomènes entre eux, accord qui ne peut être fortuit
et doit avoir une cause[3]. C'est aussi cet accord des phénomènes
qui permet, selon Leibniz, d'affirmer la vérité des sensations, de
distinguer la veille du rêve; c'est encore lui qui sert de fondement à l'induction empirique, ainsi qu'au témoignage des
hommes et à l'autorité[4]. Mais toutes ces conclusions tirées de

1. *Première lettre à Foucher* (1679?) : « Ainsi il y a deux veritez generales absolues, c'est-à-dire qui parlent de l'existence actuelle des choses, l'une que nous pensons, l'autre qu'il y a une grande varieté dans nos pensées. De la premiere il s'ensuit que nous sommes, de l'autre il s'ensuit qu'il y a autre chose que nous. » (*Phil.*, I, 370.) Cf. un fragment contre Descartes (1690?) : « Prima experimenta nostra... non tantum me esse qui cogito, sed et *varietatem* esse in meis cogitationibus (quae duo a se invicem independentia et aeque originaria judico)... Ut experimenta interna sunt fundamentum omnium veritatum facti, ita principium contradictionis est principium omnium veritatum rationis, eoque sublato omnis tollitur ratiocinatio. » (*Phil.*, IV, 327; 329.) Cf. *Nouveaux Essais*, IV, II, § 1 fin; IX, § 2; ce qui prouve que ce n'est pas là une théorie de jeunesse que Leibniz aurait abandonnée pour l'autre théorie (celle qui repose sur le principe de raison). — C'est par une déduction analogue que M. HANNEQUIN, dans un ouvrage d'inspiration leibnitienne, a essayé de démontrer l'existence du monde extérieur (*Essai critique sur l'hypothèse des atomes*, 2ᵉ Partie, Chap. II, § II. Paris, Alcan, 1895). N'est-ce pas d'ailleurs la raison pour laquelle KANT a cru devoir admettre l'existence des choses en soi comme causes transcendantes de nos perceptions?
2. *De modo distinguendi phaenomena realia ab imaginariis* (*Phil.*, VII, 320). Leibniz oppose cette méthode à l'argument cartésien qui fonde la réalité du monde extérieur sur la véracité divine, et qu'il considère comme sans valeur (*Phil.*, VII, 321).
3. « In talibus quae non sunt metaphysicae necessitatis, pro veritate habendus est nobis consensus phaenomenorum inter se, qui temere non fiet, sed causam habebit. » *De Synthesi et Analysi* (*Phil.*, VII, 296). Cf. *Nouveaux Essais*, IV, IV, § 5.
4. *Phil.*, VII, 296, 320 (Voir p. 158, note 4). C'est sur des considérations analogues qu'est fondé le probabilisme rationnel de COURNOT.

l'accord des phénomènes ne sont jamais que probables, car il n'est pas impossible que cet accord soit fortuit et sans cause : seulement c'est infiniment peu probable, de sorte que le contraire est « moralement » certain. C'est par ces arguments tirés des probabilités que Leibniz prétendait réfuter les Sceptiques qui révoquent en doute la réalité du monde extérieur, les vérités historiques et les témoignages humains, sous prétexte que ces vérités ne sont pas certaines et d'une nécessité métaphysique, c'est-à-dire telles que le contraire implique contradiction [1].

Mais qu'est-ce que des vérités dont le contraire est logiquement possible ? Ce sont des vérités contingentes, qui relèvent du principe de raison. Et c'est en effet le principe de raison qui fait, au fond, la valeur probante de cet accord des phénomènes : c'est en vertu de ce principe que cet accord ne peut être dû au pur hasard, mais doit avoir une « cause » ou plutôt une raison d'être, qui consiste justement dans l'existence d'objets correspondants à ces phénomènes, *analogues*, sinon *semblables* à eux [2]. C'est lui qui en particulier permet de conclure de l'ordre et de la variété de nos perceptions à l'existence d'un monde extérieur. Cette théorie a des conséquences bien connues, tant dans la théorie de la connaissance : « Nos perceptions sont des rêves bien liés » que dans la Métaphysique : « Les corps ne sont que des phénomènes, mais des phénomènes bien fondés [3] ».

Ainsi c'est le principe de raison qui est le fondement de ces principes empiriques que Leibniz prend (provisoirement) pour vérités premières [4]. Les *expériences internes immédiates* ne sont des *vérités premières* que *pour nous*, hommes ; mais les *vérités*

---

1. *Phil.*, VII, 296, 320 ; cf. *Phil.*, VIII, 3, plan du *Plus Ultra* : « Cap. 3. *Elementa veritatis* contra Scepticos ». *Phil.*, VIII, 2 verso : « Hic disputandum contra Scepticos ». C'est à cette occasion qu'il rappelait le *De utilitate credendi* de St AUGUSTIN (*Phil.*, VII, 296 ; *Lettre à Burnett*, 11 févr. 1697, *Phil.*, III, 193 ; *Nouveaux Essais*, IV, XX, § 17).

2. Voir Chap. IV, § 41.

3. Voir *Antibarbarus physicus* (*Phil.*, VII, 344). Cf. *Phil.*, VIII, 7 verso : « Extensio et motus et ipsa corpora... non sunt substantiae, sed phaenomena vera, ut irides et parhelia. »

4. La table la plus complète de ces principes se trouve à la fin d'un

absolument premières sont, d'une part, les propositions identiques (qui se réduisent au principe de contradiction), et, d'autre part, le principe de raison, « par lequel on peut démontrer *a priori* toutes les expériences », et que Leibniz formule ainsi : « Tout possible exige l'existence [1] ».

Encore une fois, l'expérience n'est que le substitut ou le succédané de la raison, et les principes empiriques ne font que suppléer le principe de raison. Néanmoins, Leibniz n'a jamais méconnu l'utilité de l'expérience dans les sciences de la nature; il lui attribue même un rôle, non seulement provisoire et secondaire, mais essentiel et permanent, attendu que l'expérience remplace des synthèses infinies que nous ne pouvons et ne pourrons jamais achever [2].

fragment inédit très intéressant d'ailleurs : *Introductio ad Encyclopædiam arcanam, sive initia et specimina scientiæ generalis...* :

« Principia certitudinis metaphysicæ.

Principia prima a priori :

Nihil potest simul esse et non esse, sed quodlibet est vel non est.
Nihil est sine ratione.

Principia prima cognitionis a posteriori seu certitudinis logicæ :

Omnis perceptio cogitationis meæ præsentis est vera.

Principium certitudinis moralis :

Omne quod multis indiciis confirmatur, quæ vix concurrere possunt nisi in vero, est moraliter certum, seu incomparabiliter probabilius opposito.

Principium certitudinis physicæ :

Omne quod semper experti sunt homines, multis modis, adhuc fiet, ut ferrum in aqua mergi.

Principia cognitionis topicæ :

Unumquodque præsumitur manere in statu in quo est.
Probabilius est quod pauciora habet requisita, seu quod est facilius. » (**Phil.**, VIII, 2 verso.)

1. *Veritates absolute primæ* sunt inter veritates rationis *identicæ*, et inter veritates facti hæc, ex qua *a priori* demonstrari possunt omnia experimenta, nempe *Omne possibile exigit existere... Veritates secundum nos primæ* sunt experimenta... Omnis veritas aut demonstrari potest ex absolute primis..., aut ipsa est absolute prima. Et hoc est quod dici solet, nihil debere asseri sine ratione, imo nihil fieri sine ratione. » (*Phil.*, VII, 194-5.)

2. *Lettre à Clüver*, août 1680 : « Pansophiam ab ulla characteristica

37. L'expérience sert d'abord de base à l'induction; mais ce n'est pas là, suivant Leibniz, l'œuvre propre et essentielle de la science. La généralisation de l'observation et de l'expérience n'est pas un procédé « scientifique » (au sens propre du mot) parce qu'elle n'a aucune valeur logique. Leibniz distingue et oppose en effet les *consécutions empiriques*, qui nous sont communes avec les bêtes, et les *consécutions rationnelles*, c'est-à-dire les raisonnements déductifs [1]. Les premières s'expliquent mécaniquement par l'association des idées, et donnent lieu à des inductions qui réussissent quelquefois, mais qui trompent souvent. Mais la science consiste dans la connaissance rationnelle et déductive des « raisons » des phénomènes, lesquelles sont universelles et nécessaires; or aucune induction ne peut fonder une proposition universelle et nécessaire. En un mot, Leibniz condamne absolument l'induction, telle que

expectare ridiculum est (utique fuerit!); quemadmodum et ab analysi ulla, nam multa experimentis tantum cognoscuntur » (*Phil.*, VII, 19). Dans sa *Lettre à Oldenburg* du 28 déc. 1675, après avoir parlé de sa Caractéristique comme de la méthode générale des sciences rationnelles, il disait : « exhaustisque his studiis... ad solam homines redibunt naturæ indagationem, quæ nunquam in potestate futura est; nam in Experimentis Ingenii et Industriæ Fortuna miscetur. Boyliano itaque more semper philosophabuntur homines » (*mos Boylianus* désigne la méthode expérimentale), « nostrum [c'est-à-dire la Caractéristique] aliquando ad finem perducent, nisi quatenus ipsa Natura rerum, in quantum cognita est, calculis subjici potest, et novis detectis et ad Mechanismum redactis qualitatibus, novam applicandi materiam Geometris dabit. » (*Phil.*, VII, 10; *Math.*, I, 86; *Briefwechsel*, I, 145.) Ainsi Leibniz avait de bonne heure conçu très nettement les rapports de la Mathématique et de la Physique, et les conditions de l'application de la première à la seconde : il fallait réduire les qualités sensibles au mécanisme, afin de pouvoir les soumettre au calcul. C'est par le mécanisme que la nature devient intelligible, et fournit une matière toujours nouvelle aux déductions mathématiques. Cf. *Consilium de Encyclopædia nova*, juin 1679 (**Phil.**, V, 7, 5 recto); **Phil.**, VI, 12 f. 26 (*Bodemann*, p. 90); et *Math.*, II, 21; **Math.**, I, 5, b (textes cités Chap. IX, § 1).

1. « Sciendum est, duplices esse consecutiones toto cælo diversas, empiricas et rationales. Consecutiones empiricæ nobis sunt communes cum brutis... » (*Phil.*, VII, 331). Cf. *Lettre à Tolomei*, 6 janv. 1705 : « Et homines ipsi quatenus non nisi Empirici sunt, animalium tantum more procedunt. Sed veritates æternæ et necessariæ, quæ solæ universalitatis perpetuæ nos certos reddunt, adeoque etiam rationes et scientiæ in bruta non cadunt » (*Phil.*, VII, 464). Voir p. 103, note 2.

l'entendent les empiristes, comme insuffisante et même comme trompeuse [1].

C'est ce qu'il fait comprendre par un exemple emprunté aux Mathématiques; car l'induction et la généralisation empiriques ont aussi leur place dans les sciences rationnelles. Soit la suite naturelle des nombres :

0 1 2 3 4 5 6 7 8 9 10

et la suite de leurs carrés :

0 1 4 9 16 25 36 49 64 81 100

Si l'on forme la suite des différences des carrés consécutifs :

1 3 5 7 9 11 13 15 17 19

on remarque que c'est la suite des nombres impairs.

Généraliser cette remarque, c'est faire une induction : mais une telle induction n'a aucune valeur probante, donc aucune certitude. Pour établir la vérité de la loi présumée, il faut la démontrer *a priori* par des raisons universelles et nécessaires [2].

Ce n'est pas là, d'ailleurs, une simple analogie : car même

---

1. « At homo, quatenus non empirice sed rationaliter agit, non solis fidit experimentis, aut inductionibus particularium a posteriori, sed procedit a priori per rationes... tale est discrimen inter Empiricum et Rationalem, inter consecutionem bestiarum et ratiocinationem humanam... Itaque bruta... non cognoscunt universalitatem propositionum, quia non cognoscunt rationem necessitatis. Et licet aliquando Empirici per inductiones ducantur ad propositiones vere universales, id tamen per accidens tantum, non vi consecutionis contingit » (*Phil.*, VII, 331-2). Cf. la *Préface à Nizolius*, 1670 (*Phil.*, VI, 161-2) et la *Lettre à la princesse Sophie*, 12 juin 1700 : « Lorsqu'on a appris quelque verité par experience..., on ne sera jamais assuré de la nécessité de la chose sans appeler à son secours les raisonnemens demonstratifs, fondés sur la lumiere interne independante des sens ». Et Leibniz ajoute cette remarque, qui révèle bien l'origine de toute sa Logique : « C'est ce que peu de personnes remarquent, mesme parmy les philosophes, parce qu'on est rarement philosophe et mathematicien en mesme temps, et les demonstrations ne se voyent presque que dans les Mathematiques. » (*Phil.*, VII, 553).

2. *Lettre à la princesse Sophie* (*Phil.*, VII, 553). Cf. le *Consilium de Encyclopædia nova*, juin 1679 (**Phil.**, V, 7, 1 verso); la *Lettre à G. Wagner*, 1696 (*Phil.*, VII, 524), et les *Lettres à la reine Sophie-Charlotte de Prusse* vers 1702 (*Phil.*, VI, 490, 495, 504).

l'induction empirique doit revêtir, selon Leibniz, une forme mathématique. Elle consiste à prolonger une série de données numériques, en conjecturant d'après les premiers termes leur loi générale de formation. Elle consiste aussi à compléter la série, à combler ses lacunes par « interpolation », comme on dit aujourd'hui, et cela, en vertu du principe de continuité qui permet de présumer que la loi hypothétique vérifiée (approximativement) par une suite de phénomènes discontinus est encore vérifiée par tous les phénomènes intermédiaires. L'induction ainsi comprise trouve un auxiliaire presque indispensable dans les Tables numériques qui résument une série d'expériences sous une forme synoptique : car le rapprochement des données expérimentales fait ressortir leurs « analogies » et leurs « harmonies » et suggère la loi, c'est-à-dire la fonction mathématique qui les unit [1].

1. Dans le *De Arte inveniendi Theoremata* (7 sept. 1674), après avoir parlé de l'analogie comme d'une méthode pour trouver des théorèmes nouveaux, Leibniz traite de l'induction, et la ramène aussitôt à l'analogie : « et in eo consistit tota ars experimentorum », car on cherche de nouvelles expériences « ope jam cognitorum experimentorum, per analogiam. Analogia autem in eo fundatur, ut quae in multis conveniunt aut opposita sunt, ea in datis quoque vicinis ad priora convenire aut opposita esse suspicemur » (**Phil.**, VI, 12 d, 2). On voit que c'est le principe de continuité qui est le fondement des raisonnements par analogie. Voir *Consilium de Encyclopædia nova* (juin 1679) : « Nam quemadmodum in numerorum progressionibus tabula quadam condita aliquousque apparere solet modus eam sine ullo labore continuandi » (ici l'exemple mathématique cité plus haut). « Eodem modo inventis in quolibet genere rerum velut in Tabula recte ordinatis, patebit modus inventa continuandi, id est inveniendi nova.... » (**Phil.**, V, 7, 1 verso.) « Unde multa nova exurgent, de quibus alioqui non cogitassemus, et harmonicae quaedam apparebunt series, quarum filum sequendo ad majora aditus patebit » (*Ibid.*, 2 verso). De même, dans le *De Arte inveniendi Theoremata*, Leibniz propose de former des « Tabulae » d'expériences, puis des « Tabularum collationes », « ad harmonias quasdam sive analogias constabiliendas » (*loc. cit.*). Cf. les plans d'un nouveau *De Arte combinatoria* où on lit : « De arte observandi aliquid curiosum ex oblatis Tabulis » (**Math.**, I, 27 b, c). « De Tabulis ita condendis ex cognitis, ut ex interpretatione vel continuatione seriei divinentur incognita. » Et Leibniz rapproche de ces tables d'induction les tables de mortalité de Hudde, et les tables de déclinaison magnétique qu'il voudrait voir dresser, « unde homo aliquis ingenio praeditus aliquam struat hypothesin » (**Math.**, I, 27 c; date probable : 1680). C'est bien là en

38. Mais l'induction, même sous cette forme mathématique, ne sert tout au plus qu'à suggérer la loi et à la faire « présumer »; il reste à la démontrer, et c'est là l'œuvre de la déduction. Tant qu'elle n'est pas démontrée, la loi empiriquement induite s'appelle simplement une « observation » ou « expérience », sans doute parce qu'elle ne fait que traduire ou résumer les phénomènes et qu'elle n'a pas d'autre portée[1]. Mais en quoi consiste la démonstration d'une vérité de fait, d'une loi empirique? Elle consiste à la déduire d'une loi hypothétique plus générale qui puisse servir de principe à d'autres lois empiriques, et à remonter ainsi progressivement de lois en lois de plus en plus générales, de manière à faire dépendre toutes les lois empiriques du plus petit nombre possible de principes ou d'hypothèses[2].

Ainsi les sciences de la nature doivent se constituer sur le même type déductif que les sciences rationnelles[3]; elles en diffèrent d'ailleurs beaucoup moins qu'il ne semble, car celles-ci sont aussi fondées sur des hypothèses générales non démontrées, qu'on nomme axiomes ou postulats[4], et elles emploient

---

effet le procédé inductif des sciences physiques : voir BOUASSE, *De l'application des sciences mathématiques aux sciences expérimentales* (Revue de Métaphysique et de Morale, t. VII, p. 1-25), et COURNOT, *passim*.

1. « *Phænomena* sunt propositiones quæ per experientiam probantur... Observationes fiunt per solam inductionem ex phænomenis. » *Consilium de Encyclopædia*... (**Phil.**, V, 7, 2 recto). Cf. p. 158, note 3.

2. « *Hypotheses* sunt propositiones quæ magnum habent usum successumque, ac conformitate conclusionum aliunde notarum ex ipsis pendentium firmantur, nondum tamen a nobis demonstrari satis exacte possunt, ideoque interim assumuntur. » (*Ibid.*)

3. Leibniz écrivait à Jean Bernoulli (15 oct. 1710) : « *Physica more Mathematico conscripta res est magna et expetenda* » (*Math.*, III, 856), et il l'engageait à appliquer la méthode mathématique à la Médecine, pour expliquer les phénomènes autant que possible mécaniquement (*Lettre* du 6 mai 1712, *Math.*, III, 884). Cf. *Lettre à Conring*, 24 août 1677 : « *Optarim ego delineari aliqua Medicinæ elementa a viro artis apodicticæ perito, in quibus certa ab incertis separentur, et saltem ea quæ ex datis certo asseri possunt, demonstrentur.* » (*Phil.*, I, 182.)

4. *Nouveaux Essais*, IV, XII, § 10 : « Je demeure d'accord que la physique entière ne sera jamais une science parfaite parmi nous... Nous ne devons pas espérer de rendre raison de toutes les expériences, comme même les géomètres n'ont pas encore prouvé tous leurs axiomes; mais de même

aussi l'expérience, c'est-à-dire l'observation des *faits* mathématiques dont on cherche les lois [1]. Leibniz assimile donc la méthode des sciences physiques à celle des Mathématiques; car l'une et l'autre sont essentiellement déductives. Toute la différence consiste en ce que l'une est progressive ou synthétique, et l'autre régressive ou analytique. Encore faut-il remarquer que cette dernière est celle qu'on emploie pour résoudre les problèmes mathématiques, de sorte que la recherche des lois de la nature se fait suivant la même méthode que la recherche de la solution d'un problème de Géométrie [2].

39. On connaît cette méthode, que Pappus a nommée *analyse*, c'est-à-dire solution à rebours. On suppose le problème résolu, et de la solution hypothétique on déduit toutes les conséquences nécessaires, jusqu'à ce qu'on arrive à une vérité déjà connue ou à une construction qu'on sait effectuer. Cela fait, on repasse en sens inverse la chaîne des raisonnements, de manière à déduire de la vérité connue la vérité nouvelle, ou de la construction connue la solution cherchée. En un mot, l'analyse de Pappus est une déduction à rebours, qui remonte de la conséquence au

---

qu'ils se sont contentés de déduire un grand nombre de théorèmes d'un petit nombre de principes de la raison, c'est assez aussi que les physiciens, par le moyen de quelques principes d'expérience, rendent raison de quantité de phénomènes et peuvent même les prévoir dans la pratique. » Cf. § 12 de ce Chapitre (p. 199.)

1. « Sunt Experimenta quædam, quæ potius Observationes nominantur, quæ considerari tantum, non produci opus. Talia sunt experimenta quæ numeros consideranti offerunt sese; item observationes cælestes, item de ventis, æstu... » *De Arte inveniendi Theoremata*, 7 sept. 1674 (**Phil.**, VI, 12 d, 2).

2. « Ex his sequitur facile nobis fore, ex non admodum multis experimentis intimam eorum corporum derivare naturam. Nam si simplex est hæc natura, experimenta ex ea facile sequi debent; et si experimenta ex ea facile sequuntur, debet vicissim etiam ipsa facile sequi per regressum ex sufficienti experimentorum numero. Talis regressus fit in Algebra, et in omnibus aliis fieri posset quodam calculi mathematici genere, si modo homines veram ratiocinandi artem tenerent. Vera ratiocinandi ars in rebus difficilibus et nonnihil abstrusis quales sunt physicæ frustra speratur, quamdiu non habetur ars characteristica sive lingua rationalis, quæ mirifice in compendium contrahit operationes mentis, et sola præstare potest in Physicis, quod Algebra in Mathematicis. » *Methodus physica...* mai 1676 (**Phil.**, V, 6 c; *Foucher de Careil*, VII, 203).

principe. Les conditions auxquelles ce procédé est valable ont été étudiées et précisées par Leibniz. Pour que la chaîne déductive puisse être ainsi parcourue dans les deux sens, il faut que toutes les propositions qui la composent soient réciproques ou convertibles, et par suite que le sujet et l'attribut de chacune d'elles aient la même extension. Mais il faut en outre, ajoute Leibniz, qu'ils aient la même extension d'une proposition à l'autre, sans quoi la déduction ne serait possible que dans un sens : car on ne peut conclure d'un terme étroit à un terme plus large. Autrement dit, il ne faut employer que des *équations* logiques, c'est-à-dire des propositions convertibles (dont la réciproque est vraie) et ne passer de l'une à l'autre qu'en remplaçant un terme par un terme égal en extension (en vertu du principe de la substitution des équivalents)[1].

40. Telle est la méthode que doit employer la Physique pour démontrer les lois trouvées par induction; car il s'agit, comme

---

1. C'est ainsi que Leibniz justifiait l'analyse contre les critiques de Conring, qui ne comprenait pas qu'on pût valablement remonter de la conséquence au principe : « Quando ex aliquo assumto, quod verum necne sit incertum est, incidimus tandem in veritates jam notas, non possumus inde colligere id, quod assumsimus, esse verum,... nisi inter ratiocinandum utamur meris aequationibus seu propositionibus convertibilibus et aeque late patentibus, id est, cavendo non tantum ut praedicatum aeque late pateat ac subjectum vel contra (quod in propositionibus reciprocis contingit), sed et ut subjectum vel praedicatum unius propositionis aeque late pateat ac subjectum vel praedicatum alterius cujuscunque propositionis in eadem demonstratione occurrentis. » *Lettre à Conring*, 19 mars 1678 (*Phil.*, I, 195). Et Leibniz ajoute : « Porro aequationes hujusmodi non tantum in Mathematicis, sed et omni alia ratiocinatione locum habent, ubicunque scilicet locum habent definitiones ». Et en effet, une définition est une égalité logique où l'on pose un terme comme équivalent à une combinaison d'autres termes qui constitue sa *formule* (suivant le mot de Leibniz lui-même). Ainsi il avait dès 1678 une idée très nette de ce qu'on appelle une *égalité logique*, et cela grâce au Calcul logique qu'il méditait à cette époque. Longtemps après, il rappelait cette discussion avec Conring dans les *Nouveaux Essais* : « Mais je lui fis connaître par après que l'analyse se sert des définitions et autres propositions réciproques, qui donnent le moyen de faire le retour et de trouver des démonstrations synthétiques » (IV, XII, § 6). « Il faut que les propositions soient réciproques, afin que la démonstration synthétique puisse repasser à rebours par les traces de l'analyse » (IV. XVII. § 6).

dans un problème de Géométrie, de remonter de la conséquence connue au principe inconnu, de l'*effet* (logique) à la *cause* (logique)[1]. Cette cause, c'est une loi hypothétique dont on pourra déduire la loi observée, avec plusieurs autres : car elle sera ordinairement plus générale. Or on sait à quelle condition la loi hypothétique sera la *vraie*, c'est-à-dire l'unique principe d'explication possible : c'est qu'on puisse, inversement, la déduire de sa conséquence, de telle sorte que toutes deux s'impliquent mutuellement (soient logiquement équivalentes). C'est à cette condition seule qu'une hypothèse est démontrée en Géométrie; mais « dans les hypothèses astronomiques et physiques, le retour n'a point lieu : ... aussi le succès ne démontre pas la vérité de l'hypothèse [2] », attendu que, comme l'objectait Conring, de prémisses fausses on peut déduire une conclusion vraie [3].

D'ailleurs, faute de cette déduction inverse, on peut toujours admettre que d'autres hypothèses pourraient aussi bien servir de principes d'explication; et, en fait, on trouve souvent qu'un même phénomène (ou loi empirique) peut également se déduire de plusieurs hypothèses différentes. Une telle hypothèse ne sera donc jamais certaine, mais elle sera probable; et s'il y a d'autres hypothèses admissibles, elles seront, elles aussi, plus ou moins probables, puisqu'elles ne peuvent être toutes vraies à la fois.

Maintenant, à quelles conditions une hypothèse sera-t-elle

---

[1]. C'est toujours dans ce sens que Leibniz emploie les termes de cause et d'effet. Et ce sens est le seul conforme à la pratique des sciences expérimentales, qui ne cherchent jamais les *causes* proprement dites, mais seulement les *lois* des phénomènes.

[2]. *Nouveaux Essais*, IV, xvii, § 6. Cf. la *Lettre à Conring*, 19 mars 1678 : « Sed illi qui Hypothesi quadam Physica, sine demonstratione assumta, phænomena nota deducunt, non possunt inde demonstrare suam hypothesin esse veram, nisi conditionem paulo ante positam observent » (*Phil.*, I, 195).

[3]. L'induction des empiristes n'a aucune valeur logique, non pas tant parce qu'elle conclut du particulier au général, de *quelques* cas à *tous* (ce que le principe de continuité permet de faire), que parce qu'elle conclut de la vérité de la conséquence à celle du principe, ce qui est un sophisme pur et simple.

probable, et à quoi mesurera-t-on sa probabilité? Une hypothèse est d'autant plus probable, selon Leibniz : 1° qu'elle est plus simple; 2° qu'elle explique un plus grand nombre de phénomènes par un plus petit nombre de postulats; 3° qu'elle permet de prévoir de nouveaux phénomènes ou d'expliquer de nouvelles expériences. Dans ce dernier cas surtout, l'hypothèse équivaudra à la « vérité », elle aura une certitude « physique » ou « morale », c'est-à-dire une extrême probabilité, comme est celle d'une clef présumée qui permet de déchiffrer entièrement un long cryptogramme en lui donnant un sens intelligible et suivi [1].

Cette comparaison de la méthode des sciences physiques à l'art de déchiffrer n'est ni fortuite ni paradoxale : elle repose sur l'analogie réelle des deux méthodes [2]. De même qu'un cryptogramme court peut comporter plusieurs clefs, tandis qu'un cryptogramme plus long n'en admet plus qu'une seule, de même, un petit nombre de phénomènes peut s'expliquer par une foule de « causes », c'est-à-dire se déduire de plusieurs hypothèses différentes; mais des phénomènes plus nombreux et surtout plus variés restreindront le choix entre les diverses hypothèses, sans que jamais peut-être (à la différence des cryptogrammes) on réussisse à les éliminer toutes, sauf une (qui serait alors certaine), parce que jamais on ne possédera des données suffisantes pour permettre d'effectuer le « retour », c'est-à-dire de déduire des faits leur loi.

Ce rapprochement est d'ailleurs conforme à l'idée essentiel-

---

1. « Illud tamen fatendum est, hypothesin tanto fieri probabiliorem quanto intellectu simplicior, virtute autem ac potestate amplior, id est, quo plura phænomena et quo paucioribus assumtis solvi possunt... Maxima autem (post veritatem) laus est hypotheseos, si ejus ope institui possint prædictiones, etiam de phænomenis seu experimentis nondum tentatis; tunc enim in praxi hypothesis ejusmodi pro veritate adhiberi potest. Et contingere potest ut hypothesis aliqua haberi possit pro physice certa, quando scilicet omnibus omnino phænomenis occurrentibus satisfacit, quemadmodum clavis in cryptographicis. » *Lettre à Conring*, 19 mars 1678 (*Phil.*, I, 195-6).

2. « L'art de découvrir les causes des phénomènes, ou les hypothèses véritables, est comme l'art de déchiffrer, où souvent une conjecture ingénieuse abrège beaucoup le chemin. » *Nouveaux Essais*, IV, XII, § 13.

lement leibnitienne de l'harmonie, de la corrélation ou de la
« conspiration » de toutes choses. On sait que pour Leibniz la
vérité ne consiste pas dans la conformité des idées aux choses,
mais dans leur *analogie* ou proportion; de même, les lois physiques sont vraies, lorsque *tout se passe comme si* la nature leur
obéissait. Une loi physique est une fonction mathématique,
donc une expression symbolique des processus naturels; et
Leibniz sait bien que le même processus est susceptible d'une
multitude d'expressions différentes, mais équivalentes[1]; il suffit
d'en connaître une seule (la plus simple possible)[2] pour avoir la
clef des phénomènes, et être en mesure de les calculer et de les
prévoir, ce qui est la fin de la science. Le monde des phénomènes est un immense cryptogramme, dont les *clefs* sont les
lois de la nature; plus une clef permet de déchiffrer un grand
nombre de mots et de phrases, plus elle acquiert une haute probabilité. Cette métaphore est d'autant plus juste, que le monde
phénoménal n'est en effet que l'image ou le symbole du monde
intelligible (des monades), de sorte que les lois de la causalité
efficiente et mécanique expriment et figurent les lois métaphysiques de la finalité et de l'activité des esprits.

41. Cette analogie de l'art cryptographique en suggère et en
entraîne une autre, à savoir celle de l'Algèbre, puisque l'invention d'une clef est analogue à celle d'une racine. Et en effet, en
quoi consistent les données fournies par l'expérience? Chaque
expérience (ou série d'expériences, résumée dans une table)
fournit une nouvelle relation entre les grandeurs physiques
dont on cherche la loi, c'est-à-dire une nouvelle *équation* du
problème, une nouvelle liaison logique entre les inconnues[3]. Or

---

1. Voir sa théorie de l' « équivalence des hypothèses » en Mécanique
dans sa *Dynamica* (*Math.*, VI, 484, 507, etc.).
2. Cela explique et justifie le précepte qui recommande de préférer
l'hypothèse la plus simple, non parce qu'elle est la plus vraie, mais parce
qu'elle est la plus commode et la plus intelligible. Ainsi compris, le principe de la simplicité des lois de la nature a une véritable valeur scientifique, mais subjective, et non objective; il n'est pas constitutif, mais
régulateur (dans le langage de Kant).
3. Au point de vue logique, une expérience se traduit, non par un juge-

plus on a d'équations indépendantes, plus le problème devient déterminé, plus l'ensemble des solutions possibles se restreint. Ainsi l'Algèbre est, pour Leibniz, non seulement une image, mais un échantillon et une application de l'Art d'inventer [1].

Toutes ces analogies font mieux comprendre la forme mathématique sous laquelle Leibniz conçoit son Art d'inventer. Il y a en Mathématiques deux sortes d'opérations, les unes synthétiques (addition, multiplication, élévation aux puissances), les autres analytiques, inverses des premières (soustraction, division, extraction des racines et des logarithmes). Leibniz généralise cette distinction : l'opération synthétique la plus générale consiste dans la construction d'une série ou d'une table au moyen d'une formule ou loi de formation connue; et l'opération analytique la plus générale consiste, inversement, étant donnée une telle table ou série, à en trouver la *clef*, la genèse ou la construction, c'est-à-dire la loi de formation (par exemple la *raison* d'une progression [2]). Or l'Art d'inventer des théorèmes (ou de découvrir les lois de la nature, c'est tout un) n'est pas autre chose que cette seconde méthode, car il consiste également à trouver la clef ou la loi d'une table de données numériques (fournies par l'expérience). Aussi l'art de faire des hypothèses se confond-il avec l'art de déchiffrer les cryptogrammes et avec l'art de conjecturer [3].

---

ment catégorique, mais par un jugement hypothétique qui exprime une corrélation entre les données et les inconnues; par conséquent, aucune expérience ne permet de déterminer séparément et absolument l'une quelconque des inconnues; mais toutes les expériences réunies concourent à les déterminer par un « système d'équations simultanées ».

1. D'ailleurs l'Algèbre est l'incarnation de la méthode analytique : « Est enim Algebra methodus ex ignotis deducere nota, ut æquatione ductorum ex ignotis cum datis notis facta etiam ignota fiant nota. » *Methodus physica*, mai 1676 (*Foucher de Careil*, VII, 103).

2. *Elementa Nova Mathescos Universalis* (**Phil.**, VII, B vi, 11). Ces deux procédés comprennent respectivement la sommation et la différentiation d'une série; on y reconnaît les méthodes fondamentales du Calcul différentiel et du Calcul intégral.

3. *De Arte inveniendi Theoremata* (Paris, 7 sept. 1674) : « Ars faciendi Hypotheses, sive Ars conjectandi diversi generis est » : (Leibniz vient de parler de l'induction et de l'analogie : voir p. 263, note 1) « huc pertinet

Ainsi les sciences expérimentales n'ont pas d'autre méthode que les sciences rationnelles, à savoir la synthèse et l'analyse, en un mot la déduction, directe ou inverse. Leibniz a trop conscience de l'unité de l'esprit humain et de l'unité de la science pour séparer et opposer, comme les logiciens empiristes, les sciences déductives et les sciences inductives, comme s'il y avait deux méthodes distinctes et contraires pour découvrir et démontrer la vérité[1]. Il n'y a en définitive qu'une seule méthode, parce qu'il n'y a qu'un seul sens dans lequel on puisse conclure légitimement d'une vérité à une autre : l'induction, ou plutôt l'invention des lois naturelles, se ramène à l'analyse, c'est-à-dire à la déduction à rebours; mais on ne raisonne jamais que par déduction[2]. La Physique a la même méthode que les sciences mathématiques, ou plutôt, sa méthode consiste dans l'application des Mathématiques à la nature, où la raison et l'expérience, marchant l'une au devant de l'autre, se rencontrent, s'unissent et collaborent à la recherche de la vérité[3]. En somme, la Mathématique abstraite est la véritable Logique des sciences naturelles; et l'on peut dire sans paradoxe que la seule méthode expérimentale est la déduction[4].

---

ars explicandi Cryptographemata, quae pro maximo haberi debet specimine artis conjectandi purae... » (**Phil.**, VI, 12 d, 2.)

1. Au fond, les logiciens empiristes n'admettent la déduction que pour la forme, ou par respect pour la tradition; car en réalité ils lui dénient toute valeur scientifique, la considèrent comme une tautologie ou un cercle vicieux, ou la ramènent à l'induction, seule méthode utile et féconde selon eux, parce qu'elle est synthétique. Aussi le reproche de « duplicité » s'adresse-t-il moins à l'empirisme qu'à l'éclectisme bâtard qui règne encore dans nos manuels et dans nos cours de philosophie.

2. « C'est toujours tirer des conséquences. » *Nouveaux Essais*, IV, XVII, § 6. « Omnia quae certo cognoscimus, vel *demonstrationibus* vel *experimentis* constant. Et in utroque dominatur ratio. Nam ipsa *ars instituendi experimenta* iisque utendi certis rationibus nititur, quatenus scilicet a casu sive fortuna non pendet. » (*Phil.*, VII, 198.)

3. Cf. Chap. V, § 19.

4. On nous permettra d'ajouter que telle est bien, en fait, la vraie méthode des sciences expérimentales, et non pas la méthode d'induction empirique de Bacon et de Stuart Mill, avec leurs trop fameuses *tables*, qui n'ont jamais servi dans un laboratoire et n'ont jamais fait découvrir quoi que ce soit.

42. Les sciences expérimentales emploient en effet la déduction sous ses deux formes : la Logique du certain et la Logique du probable; ou, comme l'une et l'autre doivent se traduire en symboles et en algorithmes, la Caractéristique et le Calcul des probabilités. La Caractéristique, d'abord, permettra de déduire des données de l'expérience toutes les conséquences logiques qui en découlent *nécessairement*. Par là, elle économisera les expériences, et conséquemment le temps et les peines de l'expérimentateur. Mais ensuite, et surtout, elle le guidera dans ses recherches ultérieures, en lui montrant exactement quelles données lui manquent, et en lui suggérant les expériences qui pourront les lui fournir [1]. Elle lui permettra même de prévoir dans une certaine mesure le résultat des expériences, en lui indiquant dans quel sens il devra chercher et trouver l'inconnue, et en restreignant autant que possible le champ d'indétermination où celle-ci se meut [2]. Cette méthode est proprement

---

1. Au moyen de la Caractéristique « on tireroit *ex datis experimentis* tout ce qui s'en peut tirer, tout de même qu'en Algebre ». *Lettre à la duchesse Sophie*, vers 1680 (*Phil.*, IV, 296). Cf. *Lettre à Galloys*, déc. 1678 : « Cependant on approchera par cette voye, autant qu'il est possible *ex datis experimentis aut in potestate existentibus*. On jugera même souvent quelles experiences sont encor necessaires pour remplir le vuide » (*Phil.*, VII, 23; *Math.*, I, 187); *Initia et Specimina Scientiæ generalis* : « De Methodo Experimenta instituendi, ut serviant ad supplenda quæ datis desunt » (*Phil.*, VII, 57; cf. p. 63, 201); *Lettre à G. Wagner* (1696) où, comme exemple de la Logique parfaite qui permet de tirer des données toutes les conséquences possibles, Leibniz cite son Calcul infinitésimal, qui lui avait fourni en effet la solution de problèmes qui, bien que déterminés en soi, dépassaient la portée de l'Algèbre de Descartes (*Phil.*, VII, 526).

2. « Ars characteristica ostendet non tantum quomodo experimentis sit utendum, sed et quænam experimenta sint sumenda et ad determinandam rei subjectæ naturam sufficientia. Quemadmodum in vulgaribus illis artificiis per quæ divinari solet numerus quem aliquis sibi tacite proposuit, facile ab algebræ perito dijudicari potest an ea, quæ sibi ab alio dicta sunt de occulto illo numero, sint ad eum eruendum sufficientia. » *Methodus physica*, mai 1676 (*Foucher de Careil*, VII, 103). On remarquera l'assimilation constante des problèmes expérimentaux aux problèmes d'Algèbre. Les problèmes d'Arithmétique étaient fort à la mode en ce temps; on en trouve de nombreux échantillons dans BACHET DE MÉZIRIAC : *Problèmes plaisans et délectables qui se font par les nombres* (1re éd., 1612; 4e éd., Paris, Gauthier-Villars, 1879).

l'Art d'inventer ou plutôt l'Art de chercher ; elle ne s'applique pas seulement à la recherche des lois de la nature, mais à toute investigation ou « question ». Elle comprend l'*Art d'interroger*, d'obtenir méthodiquement des témoignages, et de les contrôler les uns par les autres, lequel ne sert pas seulement en justice, mais aussi en histoire et même en voyage [1] ; l'art de deviner les énigmes, en posant habilement les questions, en combinant les données utiles, et en excluant les données fallacieuses ou superflues faites uniquement pour dérouter ; enfin, on l'a vu, l'art de déchiffrer les cryptogrammes, et aussi les inscriptions, soit dans une langue inconnue, soit dans une langue connue, mais fragmentaires et mutilées. D'ailleurs, l'art d'expérimenter n'est lui-même que l'art d'interroger la nature, et, selon le mot de Bacon, de la mettre à la question pour lui arracher ses secrets [2]. Ainsi l'Art d'inventer engendre cet « Art Critique général » que Leibniz réclamait, et qui devait comprendre la critique des témoignages, des textes et des documents de toute sorte [3].

43. D'autre part, l'Art d'inventer fait nécessairement appel au Calcul des probabilités : car l'analyse, avons-nous vu, consiste à remonter des effets aux causes, c'est-à-dire des conséquences aux principes, des phénomènes observés aux lois hypothétiques. Or on sait que cette régression, inverse de l'ordre déductif direct, n'est que probable, lorsque « le retour n'a pas lieu » ; il s'agit alors d'évaluer le degré de probabilité de l'hypothèse ainsi établie, et c'est précisément là l'office du Calcul *inverse* des probabilités, qui consiste à estimer ce qu'on appelle la *probabilité des causes* qui peuvent produire un effet donné et connu par expérience [4]. De même que la Caractéristique

---

1. *Lettre à Gabriel Wagner*, 1696 (*Phil.*, VII, 518).
2. *Initia et Specimina Scientiæ generalis* : « Ad artem inveniendi pertinet nosse formare quæstiones, vel quod eodem redit, nosse instituere observationes, nosse sumere experimenta » (*Phil.*, VII, 126).
3. Voir Chap. V, § 20.
4. Le Calcul direct des probabilités apprend à évaluer la probabilité d'un *effet* (d'un événement), étant données les probabilités de ses causes ou conditions. Le Calcul inverse (plus difficile) apprend à évaluer la probabilité de la *cause* (ou du principe), étant donné que l'effet a réellement lieu (ou que la conséquence est vraie). Il est à remarquer que le sens

incarne la méthode déductive, la vraie méthode inductive est le Calcul des probabilités.

Dans le Calcul direct des probabilités, les données, qui sont les probabilités des causes, peuvent être connues et calculées *a priori*; mais dans le Calcul inverse, les données sont les probabilités des effets, et, comme elles ne peuvent pas se déduire des probabilités des causes (qui sont justement les inconnues), elles ne peuvent être connues qu'*a posteriori*. Leibniz n'a admis qu'assez tard cette idée. En effet, dans son *Essay de quelques raisonnemens nouveaux sur la vie humaine et sur le nombre des hommes*[1], composé peu après 1682[2], et où il rappelait son travail antérieur sur les Rentes à vie[3], il partait de cette « Supposition fondamentale, que 81 enfans nouvellement nés mourront uniformément, c'est-à-dire un par année dans les 81 ans suivans », ou, en d'autres termes, que toutes les années de la vie d'un homme sont également fatales; d'où il tirait la « démonstration exacte que la moyenne longueur de la vie humaine est de quarante ans »; la « règle pour trouver la vie moyenne et présomtive qu'une personne d'un certain aage a encore a vivre probablement »; la « proportion des hommes qui meurent de chaque aage »; la « proportion raisonnable des nombres de personnes vivantes de chaque aage »; enfin, la « conséquence qu'il meurt presque autant de personnes d'un aage que d'un autre ». Or la supposition qui servait de principe à toutes ces déductions était une hypothèse absolument gratuite, sinon fausse, et toutes les probabilités *a priori* qui en découlaient n'avaient pas plus de valeur. Elles en auraient eu bien davantage, si elles avaient été calculées *a posteriori*, d'après les tables de mortalité d'un pays ou d'une ville, qui montrent quel est, en fait, le nombre des personnes de chaque âge qui meurent chaque année. Cepen-

---

cartésien (purement logique) des mots *cause* et *effet* s'est conservé par tradition dans le Calcul des probabilités.

1. *Klopp*, V, 326-337.
2. A propos de l'*Essay on political Arithmetik, concerning the growth of the city of London, with the measures, periods, causes and consequences thereof*, de Sir William PETTY, F. R. S. (1682.) (*Klopp*, V, p. XXXVIII.)
3. *De Redilibus ad vitam* (*Math.*, VII, 133-137).

dant, Leibniz ne dédaignait pas les enseignements de la statistique, comme le prouve une liste de 56 questions concernant la plupart ce qu'on nomme à présent la *démographie*, et qui devaient probablement servir de base à l'évaluation empirique des probabilités relatives à la vie humaine [1].

Quoi qu'il en soit, lorsque Jacques Bernoulli lui exposait sa théorie des probabilités *a posteriori*, c'est-à-dire déterminées par l'expérience et tirées des statistiques, il lui faisait certaines objections, fondées sur la contingence essentielle des données empiriques [2]. Bernoulli lui répondait que la probabilité d'une loi empirique augmente avec le nombre des expériences, et qu'on peut calculer le nombre d'expériences nécessaire pour que la loi ait tel degré de probabilité qu'on veut [3]. Il assimilait complètement les probabilités *a posteriori* aux probabilités *a priori*, et comparait les valeurs approchées qu'on en obtient par des statistiques à l'approximation indéfinie dont est susceptible le nombre de Ludolph (le nombre π) [4]. Il s'agissait au fond, dans cette discussion, de la question de savoir si la contingence fait échec au déterminisme, ou si la loi des grands nombres soumet à un déterminisme apparent des phénomènes individuellement contingents. Leibniz avait d'autant moins de raison pour ne pas adopter cette dernière thèse, qu'il professait lui-même que la contingence n'exclut nullement le déterminisme, et l'implique même. En tout cas, il paraît avoir été converti à l'idée des probabilités *a posteriori*, car il l'exprimait plus tard pour son propre compte [5]. On voit que sur ce point il avait emprunté à Jacques Bernoulli bien plutôt qu'il ne lui avait prêté [6].

---

1. *Quæstiones calculi politici circa hominum vitam, et cognata* (Klopp, V, 337-40).
2. *Lettre à Jacques Bernoulli*, 3 déc. 1703 (*Math.*, III, 83-4).
3. Il ajoutait qu'il avait soumis la démonstration de ce théorème douze ans auparavant à son frère Jean : *Lettre de Jacques Bernoulli*, 20 avril 1704 (*Math.*, III, 88).
4. *Lettre de Jacques Bernoulli*, 2 août 1704 (*Math.*, III, 91).
5. *Lettre à Bourguet*, 22 mars 1714 (*Phil.*, III, 570).
6. Voir § 28.

44. Nous avons vu l'usage de l'Art d'inventer dans les sciences théoriques expérimentales. L'Art d'inventer doit encore servir, dans les sciences appliquées, à résoudre les problèmes techniques, par exemple à construire une machine ou un appareil capable de produire tel effet voulu [1]; en un mot, il servira aux « inventions » proprement dites, scientifiques et industrielles. Il enseignera à trouver par une méthode régulière et infaillible, qui mène droit au but, tout ce qui est susceptible de détermination rationnelle, et permettra de conduire sûrement à bonne fin toutes les recherches qui jusqu'ici ne relevaient que de la divination ou du tâtonnement, du hasard ou du flair.

Enfin l'Art d'inventer sera très utile dans les sciences dites morales, non pas dans la partie théorique de ces sciences, qui procède rationnellement et *a priori*, mais dans leur application à la pratique, qui dépend des données de l'expérience [2]. C'est qu'ici encore c'est l'analyse, et non plus la synthèse qu'il faut employer. Les théorèmes moraux sont établis par la méthode déductive en partant de principes *a priori*; mais les problèmes moraux se posent sous forme de cas particuliers et en termes d'expérience; on doit les résoudre, comme les problèmes mathématiques, en les ramenant à des théorèmes connus, et en déduisant de ceux-ci la solution cherchée ou présumée. C'est donc toujours la même méthode qu'on devra employer, et, là comme ailleurs, le Calcul des probabilités interviendra généra-

---

1. *Initia scientiæ generalis* (Erdm., 86 a).
2. Voir *Lettre à Burnett*, 17/27 juillet 1696 : « Je suis de votre sentiment, que la morale et la politique pourroient estre établies d'une manière solide et incontestable; mais pour l'appliquer à l'usage, il faudroit une nouvelle espece de logique toute differente de celles qu'on a jusqu'ici; c'est ce qui manque principalement dans ces sciences de pratique » (*Phil.*, III, 183). Dès 1677 Leibniz écrivait à *Galloys* : « Si nous avions des caracteres tels que je les conçois en metaphysique et en morale et ce qui en depend, nous pourrions faire en ces matieres des propositions très assurées et très importantes; nous pourrions mettre les avantages et desavantages en ligne de conte, lors qu'il s'agit d'une deliberation, et nous pourrions estimer les degrez de probabilité, à peu près comme les angles d'un triangle. Mais il est presque impossible d'en venir à bout sans cette characteristique. » (*Phil.*, VII, 22; *Math.*, I, 181.)

lement[1]. En effet, il est bien rare qu'une question pratique tant soit peu complexe puisse se décider par un principe unique et absolu; le plus souvent, elle dépend de plusieurs principes divers, sinon opposés, qui donnent lieu à autant de solutions différentes. Il n'y a que le Calcul des probabilités qui puisse nous tirer d'incertitude en déterminant la solution la plus probable, c'est-à-dire la plus raisonnable[2], la plus juste ou la plus avantageuse suivant les cas.

D'autre part, dans la solution des problèmes pratiques on a souvent à tenir compte d'une infinité de raisons ou de motifs, parce que la réalité, qui leur donne naissance, enveloppe partout l'infini et le continu. C'est pourquoi ces sortes de questions donnent lieu à des discussions interminables, où les partis contraires peuvent invoquer tour à tour une multitude de raisons plus ou moins spécieuses, dont l'énumération serait sans fin, et dont la récapitulation paraît impossible. Aussi Leibniz compare-t-il ceux qui discutent de cette manière à des marchands qui, pour régler leurs comptes, se rappelleraient mutuellement et au hasard leurs innombrables dettes, sans jamais en venir à l'addition ni par suite à la comparaison finale qui seule trancherait le débat[3]. Mais comment peut-on venir à bout d'une sommation d'éléments infiniment petits et en nombre infini? C'est le Calcul intégral qui en fournira le moyen, et qui

---

1. « Car la Philosophie a deux parties, la théorique et la pratique. La Philosophie théorique est fondée sur la véritable analyse dont les Mathématiciens donnent des échantillons, mais qu'on doit appliquer aussi à la Métaphysique et à la Théologie naturelle, en donnant de bonnes définitions et des axiomes solides. Mais la Philosophie pratique est fondée sur a véritable Topique ou Dialectique, c'est-à-dire, sur l'art d'estimer les degrés des probations, qui ne se trouve pas encor dans les auteurs Logiciens, mais dont les seuls Jurisconsultes ont donné des échantillons qui ne sont pas à mépriser, et peuvent servir de commencement pour former la science des preuves, propre à vérifier les faits historiques, et pour donner le sens des textes. » *Lettre à Burnett*, 1/11 févr. 1697 (*Phil.*, III, 193-4). Plus loin, Leibniz appelle la Logique des probabilités une « Dialectique morale » ou une « Jurisprudence naturelle ».

2. Cf. *Nouveaux Essais*, II, XXI, § 66.

3. *Historia et commendatio*.... (*Phil.*, VII, 188.) Leibniz compare aussi l'évaluation des probabilités à la tenue des livres par Doit et Avoir (*Ibid.*; et *Nouveaux Essais*, II, XXI, § 67).

permettra d'évaluer la probabilité totale de chaque parti en tenant compte de tous les petits motifs qui militent pour ou contre lui en variant par degrés continus. Ainsi le Calcul infinitésimal appliqué aux probabilités remplacera les délibérations et discussions vagues et confuses où règne le sentiment et où triomphe la rhétorique [1], et dictera les décisions à prendre avec une rigueur et une précision mathématiques.

Il y a plus : ce même Calcul permettra de déterminer exactement, non seulement le parti le plus probable, mais encore le plus sûr, c'est-à-dire celui qui offre le moins de risques ou d'incertitude [2], et cela, de la même manière qu'il permet de déterminer en Géométrie, non seulement les formes maxima et minima, mais les formes *les meilleures* sous un certain rapport ou en vue d'une certaine fin [3], c'est-à-dire en tenant compte, non seulement de la quantité absolue, mais encore de telle ou telle qualité considérée comme désirable ou préférable. On pourra calculer quelle est l'alternative qui présente la plus grande somme de telle qualité ou de tel avantage, aussi facilement que l'on calcule la courbe brachistochrone [4]. On voit aisément combien d'applications importantes et variées un tel calcul trouverait dans la casuistique morale, la pratique judiciaire, la politique, la diplomatie, l'art militaire, partout enfin où l'on a à peser des témoignages ou des opinions et où l'on est obligé de se décider pour des raisons plus ou moins probables, mais jamais nécessaires et péremptoires.

45. Tel devait être cet Art d'inventer qui constituait aux

---

1. *Discours touchant la méthode de la certitude...*, fin (*Phil.*, VII, 183).

2. « Et hoc ipsum judicabimus quod non tantum verisimilius sed et *tutius* sit, et quatenus conveniat spem pretio emere periculove. » *De Scientia universali* (*Phil.*, VII, 201); cf. *Nouveaux Essais*, IV, II, § 14. Cette distinction est empruntée aux casuistes, qui professaient, soit le *probabilisme*, soit le *tutiorisme*. Voir *Lettre au duc Jean-Frédéric*, 1679 (Klopp, IV, 427).

3. *Tentamen Anagogicum* (*Phil.*, VII, 272). Voir § 25.

4. Ce sont des considérations de ce genre que Daniel Bernoulli a introduites dans le Calcul des probabilités en définissant l'*espérance morale* et la *fortune morale* (d'un joueur, par exemple). Voir *Commentarii Academiæ Petropolitanæ* (1730 et 1731); et LAPLACE, *Essai philosophique sur les probabilités*, Principes IX et X.

yeux de Leibniz sa plus grande et sa plus précieuse découverte, attendu qu'il était le moyen infaillible d'en faire une infinité d'autres [1]. Cet Art, il l'avait cultivé dès l'enfance, dit-il, et l'on sait en effet qu'il identifiait sa Combinatoire à l'Art d'inventer. C'est pour en pénétrer les secrets qu'il avait étudié les Mathématiques, parce que ces sciences étaient jusqu'alors les seules où cet Art fût connu et appliqué [2]; et c'est en cherchant à le perfectionner qu'il avait fait toutes ses découvertes mathématiques [3]. Ainsi s'explique, d'une part, la connexion intime qui existe entre la Logique de Leibniz et les Mathématiques; et, d'autre part, l'analogie et presque l'identité parfaite de sa Métaphysique et de sa Logique « réelle » [4].

1. *Lettre au duc Ernest-Auguste* : « Je ne fais pas grand cas des découvertes particulières, et ce que je desire le plus, c'est de perfectionner l'Art d'inventer, et de donner plustost des Methodes que des solutions des problemes, puisque une seule methode comprend une infinité de solutions. » (*Phil.*, VII, 25.) *Lettre à Oldenburg*, 27 août 1676 : « Sed ego ita sum comparatus, ut plerumque, Methodis Generalibus detectis, rem in potestate habere contentus, reliqua libenter aliis relinquam. Neque enim ista omnia magnopere æstimanda sunt, nisi quod artem inveniendi perficiunt mentemque excolunt. » (*Math.*, I, 119.) Cf. *Lettre à Conring* (1678), où Leibniz dit qu'il s'est exercé dès l'enfance à l'Art d'inventer, qu'il estime plus utile et plus précieux que tout (*Phil.*, I, 203); *Lettre à Placcius*, 1678 (*Dutens*, VI, I, 22); *Lettre à Burnett*, 1/11 févr. 1697 (*Phil.*, III, 194, 196); et surtout *De Solutionibus problematis catenarii vel funicularis in Actis Junii 1691 aliisque a Dn. Jac. Bernoullio propositis*, ap. *Acta Eruditorum*, 1692. où Leibniz dit de son Calcul infinitésimal : « Ejus elementa aliquot abhinc annis publicavi, consulens potius utilitati publicæ, quam gloriæ meæ, cui fortasse magis velificari potuissem methodo suppressa. Sed mihi jucundius est, ex sparsis a me seminibus natos in aliorum quoque hortis fructus videre. Nam nec mihi ipsi integrum erat hæc satis excolere, nec deerant alia, in quibus aditus novos aperirem, quod ego semper palmarium judicavi, ac methodos potius quam specialia, licet vulgo plausibiliora, æstimavi. » (*Math.*, V, 258.) Cf. *Lettre à l'éditeur du Journal des Savants* (*Math.*, V, 89), citée p. 295, note 2.

2. Voir l'importante *Lettre au duc Jean-Frédéric* et un curieux *Fragment* autobiographique, 1679 (Klopp, IV, 444, 454), cités p. 165, note 2.

3. Il écrivait au landgrave, en le priant de communiquer à Arnauld ses inventions en Géométrie : « J'avoue cependant tres volontiers que ces sortes de curiosités n'ont point de meilleur usage que celuy de perfectionner l'art d'inventer et de raisonner juste. » *Lettre au landgrave Ernest de Hesse-Rheinfels*, 4/14 août 1683 (*Phil.*, II, 6).

4. *Lettre à la duchesse Sophie* : « Mais pour moy je ne cherissois les

On comprend enfin pourquoi Leibniz cherchait à donner à la Métaphysique, et plus généralement à la Philosophie (conçue comme l'ensemble des sciences théoriques) [1] la forme mathématique, comme la seule démonstrative [2]. La méthode des Géomètres lui paraissait toujours la méthode idéale et universelle, la meilleure garantie de rectitude logique; et il reprochait à Descartes et à Spinoza, non pas de l'avoir employée en dehors des Mathématiques, mais de l'avoir mal employée [3]. Nous savons qu'il

Mathematiques que parce que j'y trouvois les traces de *l'art d'inventer en general....* Je viens à la Metaphysique, et je puis dire que c'est pour l'amour d'elle que j'ay passé par tous ces degrés; car j'ay reconnu que la vraye Metaphysique n'est guères differente de la vraye Logique, c'est-à-dire de l'art d'inventer en general. » (*Phil.*, IV, 291, 292.) C'est que Leibniz considérait la Logique comme une science *réelle*, et non pas simplement *formelle* : « Logicam veram non tantum instrumentum esse, sed et quodam modo principia ac veram philosophandi rationem continere, quia generales illas regulas tradit, ex quibus vera falsaque dijudicari... possunt. » *Préface à Nizolius*, 1670 (*Phil.*, IV, 137). On se rappelle que Leibniz nomme *Logique réelle* cette « analyse générale » à laquelle il emprunte le principe de continuité (*Phil.*, I, 349). Voir p. 234, note.

1. « Philosophia est complexus Doctrinarum universalium; opponitur Historiae, quae est singularium. » (**Phil.**, VIII, 56.)

2. « Je n'écris jamais rien en philosophie que je ne le traite par definitions et par axiomes, quoyque je ne luy donne pas tousjours cet air mathematique qui rebute les gens. » *Lettre à Burnett*, 10 déc. 1705 (*Phil.*, III, 302). « Si quelqu'un vouloit écrire en mathematicien dans la métaphysique ou dans la morale, rien ne l'empêcheroit de le faire avec rigueur. » *Nouveaux Essais*, II, XXIX, § 12. « Metaphysica non minus evidentia sunt quam mathematica, si recte tractentur. » *Lettre à Jacques Bernoulli*, 3 déc. 1703 (*Math.*, III, 83). Cf. *Lettre à Arnauld*, 14 juil. 1686 : « Et quant à la Métaphysique, je pretends d'y donner des demonstrations Geometriques.... » (*Phil.*, II, 62); l'*Historia et commendatio....*, où il dit que sa Caractéristique rendrait la philosophie rationnelle aussi claire, certaine et irréfragable que l'Arithmétique (*Phil.*, VII, 187, en haut et en bas); *Lettre à Foucher*, 1686 (*Phil.*, I, 381); *Lettre à Burnett*, 1/11 févr. 1690 (*Phil.*, III, 190); *Lettres à Tolomei*, 6 janv. 1705, fin du P. S., et 17 déc. 1705 (*Phil.*, VII, 466, 468); *Lettre au P. des Bosses*, 30 juin 1715 (*Phil.*, II, 499); *Lettre à Dangicourt*, 1716 : « Je suis ravi qu'un esprit aussi Mathématicien que le vôtre s'applique aussi à des recherches philosophiques. Cela aidera à mon dessein de rendre la Philosophie demonstrative. » (*Erdm.*, 745.) Cf. Chap. IV, § 5, p. 92-93.

3. *Nouveaux Essais*, II, XXIX, § 12 (suite du texte cité note 2) : « Quelques-uns en ont fait profession, et nous ont promis des demonstrations mathematiques hors des mathematiques; mais il est fort rare qu'on y ait reussi. » *Remarques sur la 6ᵉ Lettre philosophique imprimée à Trévoux*,

se flattait d'y réussir mieux qu'eux, grâce à sa Caractéristique universelle, qui devait donner à toutes les sciences la rigueur et la précision des Mathématiques. C'est pourquoi il allait jusqu'à dire : « Ma Metaphysique est toute mathematique, pour

juil. 1712 : « On est louable de vouloir appliquer la méthode des Geometres aux matieres metaphysiques; mais il faut avouer qu'on y a rarement reussi jusqu'ici, et Mr. Descartes luy-meme, avec toute cette très-grande habileté qu'on ne peut luy refuser, n'a peut-etre jamais eu moins de succès, que lorsqu'il l'a entrepris dans une de ses reponses aux objections. » (*Phil.*, VI, 349, note.) Allusion à l'essai de démonstration géométrique par lequel Descartes avait résumé ses *Méditations* à la fin des *Réponses aux secondes Objections* (v. p. 94). Cf. *Lettre à Conring*, 24 août 1677 (*Phil.*, I, 188); *Lettre à Malebranche*, 1679 (*Phil.*, I, 337); *Lettre à Burnett*, 1699 (*Phil.*, III, 259); et *Phil.*, IV, 320, 326, 469; VII, 64, 123, 324. — Sur Spinoza, voir *Lettre à Galloys*, 1677 : « Il n'est pas si aisé qu'on pense, de donner des veritables demonstrations en metaphysique. Cependant il y en a, et de tres belles. On n'en sçauroit avoir avant que d'avoir establi de bonnes definitions, qui sont rares » (*Math.*, I, 179); *Lettre à Arnauld*, 14 janv. 1688 : « Ce Spinoza est plein de reveries bien embarrassées, et ses pretendues demonstrations *de Deo* n'en ont pas seulement le semblant. » (*Phil.*, II, 133.) Cf. les notes critiques de Leibniz sur l'*Ethique* (*Phil.*, I, 139-152) et sur des lettres de Spinoza à Oldenburg et à Schuller (*Phil.*, I, 123-138, notes). Voir STEIN, *Leibniz und Spinoza* (Berlin, 1890) et les pièces inédites contenues dans ce livre, notamment la correspondance de Leibniz et de Schuller, 1677-8 (Appendice III). — On trouve une critique semblable de Descartes et de Spinoza dans le fragment **Phil.**, VI, 12 f, 27, où Leibniz passe en revue (pour la préface des *Elementa veritatis æternæ*) les auteurs qui ont essayé d'appliquer la méthode mathématique en dehors des Mathématiques, notamment à la philosophie (cf. le fragment **Phil.**, VI, 19 c, 13). Parmi ces auteurs, il cite souvent Abdias TREU, professeur de mathématiques à l'Université d'Altdorf (près Nürnberg), qui avait rédigé la *Physique* d'ARISTOTE sous la forme des *Eléments* d'EUCLIDE, pour rivaliser avec les Cartésiens : « ne soli Cartesiani de mathematica methodo gloriarentur. » *Lettre à Thomasius*, 19/26 déc. 1670 (*Phil.*, I, 34; cf. p. 21); *Lettre à Conring*, 3 janv. 1678 (*Phil.*, I, 187); *Lettre à Honoré Fabri*, 1676 (*Phil.*, IV, 247; *Math.*, VI, 84). Il cite en même temps que lui Thomas BARTON, auteur d'un *Euclide métaphysique* (voir Note 1) et le P. Honoré FABRY : « Le P. Fabry a pretendu d'habiller toute la Philosophie à la Geometrie. » (*Phil.*, VII, 166.) Cf. *Lettre à Jean Bernoulli*, 15 oct. 1710 (*Math.*, III, 856). — Encore une fois, ce qu'il blâme chez ces auteurs, ce n'est pas le principe de leur méthode, mais la mauvaise application qu'ils en font. On en a une preuve, ou une contre-épreuve, dans le jugement qu'il portait sur LOCKE. On sait qu'il ne l'estimait guère comme logicien : « Lockii in hoc genere mediocris apud me est opinio, etsi enim sit satis ingeniosus, non tamen satis est solidus aut profundus. » *Lettre à Koch*, 2 sept. 1708 (*Phil.*, VII, 478 note). A propos de la Logique

dire ainsi, ou la pourroit devenir[1]. » Mais, pour étendre ainsi à toutes les sciences la méthode mathématique, il fallait qu'il eût une conception originale de sa valeur et de sa portée, et qu'il eût généralisé l'idée même des Mathématiques. C'est cette conception de la Mathématique universelle que nous avons à étudier maintenant, avant de passer aux applications spéciales et techniques de la Caractéristique.

---

classique, il dit : « Lockius aliique qui spernunt, non intelligunt. » *Lettre à Koch*, 15 juil. 1715, P.-S. (*Phil.*, VII, 481). Enfin il dit tout crûment de Locke : « L'art de demonstrer n'estoit pas son fait. » *Lettre à Burnett*, 26 mai 1706 (*Phil.*, III, 307). Or quelle est la raison de ces jugements sévères? Leibniz l'indique ailleurs : « M. Locke avoit de la subtilité et de l'adresse, et quelque espèce de Metaphysique superficielle qu'il savoit relever; mais il ignoroit la methode des Mathematiciens. » *Lettre à Remond*, 14 mars 1714 (*Phil.*, III, 612).

1. *Lettre au marquis de L'Hospital*, 27 déc. 1694 (*Math.*, II, 258). Leibniz parle aussitôt après de sa *Characteristica situs* (Voir Chap. IX, § 3).

CHAPITRE VII

LA MATHÉMATIQUE UNIVERSELLE

1. Avant d'étudier comment Leibniz a essayé de revêtir sa Logique d'une forme mathématique et de la réduire à un calcul, il importe de savoir quelle idée il se faisait de la Mathématique en général. Il est évident, en effet, que sa conception de la Logique a dû réagir sur celle de la Mathématique, et que, pour faire rentrer en quelque sorte la Logique dans le cadre des sciences mathématiques, il a été amené à attribuer à celles-ci une portée et une extension nouvelles. Il ne sera pas inutile non plus de savoir comment Leibniz concevait la classification et la hiérarchie des sciences mathématiques, car on verra qu'il y assigne une place importante et privilégiée à la Combinatoire ou à la Caractéristique. Enfin, étant donné et suffisamment établi déjà que c'est les Mathématiques qui ont inspiré toute la Logique de Leibniz et lui ont servi de modèle, il convient de définir exactement le rapport qui existait dans son esprit entre la Logique et les Mathématiques [1].

Tout d'abord, il constate une analogie formelle entre la Logique et la Mathématique. On sait que la division classique de la Logique correspond aux trois espèces d'objets qu'elle étudie : les concepts (ou termes), les jugements (ou propositions) et les raisonne-

---

1. Voir *Idea libri cui titulus erit : Elementa Nova Matheseos Universalis* (**Phil.**, VII, B vi, 9-12), où Leibniz fait rentrer dans sa Mathématique universelle la Synthèse et l'Analyse, c'est-à-dire la Combinatoire et l'Algèbre, et dit qu'elle doit s'appliquer à l'art de déchiffrer, au jeu d'échecs, etc. En un mot, il la conçoit comme la « Logique de l'imagination ». (V. § 4.)

ments. Leibniz retrouve la même distinction en Mathématiques, particulièrement en Algèbre : les termes simples sont les lettres, les termes complexes sont les *formules*, combinaisons de lettres au moyen des signes d'opérations (sommes, produits, etc.). Les propositions sont les égalités (ou équations), les inégalités et les proportions; en un mot, les relations qu'on affirme entre deux « formules ». Enfin les raisonnements ou « conséquences » sont les opérations ou transformations par lesquelles on déduit une relation d'une ou plusieurs autres [1]. Inversement, en vertu de la même analogie, les concepts simples seront désignés, en Logique, par des lettres, les concepts complexes par des formules, les propositions par des relations (équipollences, etc.), et enfin les raisonnements par des calculs ou transformations de formules; de sorte que si l'Algèbre est une Logique [2], la

---

1. *Lettre à Vagetius*, 1696 : « Ego soleo *scientiam de magnitudine*, quam quidam vocant *Logisticam*, concipere instar *Logicæ mathematicæ*. Habet enim terminos simplices, enunciationes, consequentias et methodum. » (*Dutens*, III, 339.) « In Logica autem sunt Notiones, Propositiones, Argumentationes, Methodi. Idem est in Analysi Mathematica, ubi sunt quantitates, veritates de quantitatibus enuntiatæ (æquationes, majoritates, minoritates, analogiæ, etc.) argumentationes (nempe operationes calculi) et denique methodi seu processus quibus utimur ad quæsitum investigandum. » C'est pourquoi Leibniz appelle l'Analyse une *Logique mathématique* : « Et quemadmodum multi Logicam illustrare tentaverunt similitudine computi, ipseque Aristoteles mathematico more locutus est, ita vicissim et multo quidem rectius Mathesis præsertim universalis, adeoque Arithmetica et Algebra tractari possunt per modum Logicæ, tanquam si esset Logica mathematica, ut ita in effectu coincidat Mathesis universalis sive Logistica et Logica mathematicorum; unde et Logistica nostra nomine *Analyscos mathematicæ* passim venit. » (*Mathesis universalis*, I, 7. 6, *Math.*, VII, 54.)

2. Voir *Fundamenta Calculi ratiocinatoris* : « Compositum ex pluribus characteribus vocetur *Formula*. Si formula quædam æquivaleat characteri, ita ut sibi mutuo substitui possint, ea formula dicetur *Valor* characteris. Valor primigenius characteris, qui scilicet pro arbitrio ei assignatur nec probatione opus habet, est ejus *Significatio*. » (C'est la définition.) « Inter ea quorum unum alteri substitui potest salvis calculi legibus dicetur esse *æquipollentiam*. Præter Æquipollentias dantur aliæ *relationes* complures, quas res ipsa monstrabit, v. g. inclusiones, similitudines, determinationes, de quibus suo loco. » (Voir § 9 sqq.) « Et proinde relationes sunt ad characteres atque formulas, ut enuntiationes se habent ad notiones, sive secunda mentis operatio ad primam. *Calculus* vel ope-

Logique à son tour est une sorte d'Algèbre, comme on le verra dans le Chapitre suivant.

2. Mais ce n'est là qu'un rapport extérieur et formel. Pour découvrir la relation profonde entre la Logique et la Mathématique, il faut déterminer l'objet de celle-ci. Or toutes les sciences spéciales qu'on nomme *Mathématiques* (l'Arithmétique, la Géométrie, la Mécanique et les sciences *mixtes* ou appliquées qui dépendent de celles-là) ne sont que des branches de la Mathématique universelle telle que Descartes l'avait conçue, c'est-à-dire de la science générale des grandeurs [1]. Cette science s'appelle encore la *Logistique*, parce qu'elle est l'art de calculer les quantités les unes au moyen des autres (les inconnues au moyen des connues). L'Algèbre en fait par conséquent partie : d'ailleurs, elle est un prolongement ou une généralisation de l'Arithmétique : car c'est la science des nombres indéterminés [2]. C'est, en somme, la Logistique spécieuse (c'est-à-dire littérale) de Viète, opposée et superposée à la Logistique numérique [3].

Mais l'Algèbre de Viète et de Descartes n'est pas une science autonome : car elle dépend, pour la plupart de ses théorèmes

---

ratio consistit in relationum productione facta per transmutationes formularum, secundum leges quasdam praescriptas factas.... Patet igitur, formulas (sub quibus tanquam simplicissimas licet comprehendere ipsos characteres), relationes et operationes se habere ut notiones, enuntiationes et syllogismos. » (*Phil.*, VII, 206.) Cf. *Phil.*, VII, B iv, 21; VII, B ii, 74; et p. 317, note 4.

1. « Quemadmodum autem Logistica vel generalis de magnitudine scientia (cujus pars Algebra est) Speciosae generali et ipsi postremo Logicae subordinata est, ita vicissim sub se habet Arithmeticam et Geometriam et Mechanicam et Scientias quae mistae Matheseos appellantur. » *Mathesis universalis*, Praefatio (*Math.*, VII, 51).

2. « *Mathematica generalis*, de Magnitudine seu Quantitate, et Similitudine sive Qualitate determinandis, qua Numerorum tam certorum, quos Arithmetica tradit, quam incertorum, quibus Algebra occupatur, calculus omnis novis artibus perficitur. » *Initia et Specimina Scientiae generalis* (*Phil.*, VII, 59). On remarquera quelque incertitude ou quelque confusion dans ce passage, qui date de 1676-9 environ. Cf. *Lettre à Vagetius*, 1696 (Dutens, III, 338), citée p. 291, note 3.

3. « Logistice numerosa est quae per numeros, speciosa, quae per species seu rerum formas exhibetur, utpote per alphabetica elementa. » Viète, *Isagoge*, p. 8 (1635).

et pour ses principes mêmes, de la Combinatoire[1]. On sait déjà qu'aux yeux de Leibniz l'Algèbre n'était qu'une branche ou une application de sa Caractéristique universelle ou de sa Combinatoire, ce qui était tout un pour lui[2]. Lorsqu'il projetait de construire des Tables algébriques pour la résolution des équations, il disait que ce travail relevait de l'Art Combinatoire[3]. Mais c'est surtout dans sa correspondance avec Tschirnhaus qu'il développe et justifie cette thèse essentielle de sa philosophie des Mathématiques. Tschirnhaus lui avait écrit (faisant sans doute allusion aux conversations qu'ils avaient eues ensemble à Paris) :

« Multi admodum falso credunt, Artem Combinatoriam esse separatam scientiam et ante Algebram et alias scientias addiscendam; imo sunt qui credunt Artem Combinatoriam plura in se continere quam artem vulgo Algebram dictam, hoc est filiam plus scire quam matrem; nam revera, si nulla alia re,

---

1. « Certum est enim ad ipsam algebram perficiendam artibus quibusdam ex combinatoria scientia ductis opus esse, quam ego alio quam tu sensu accipio, mihi etenim nihil minus est quam empirica et tabularis. » *Lettre à Cluver*, 18/28 mai 1680 (*Phil.*, VII, 18). Leibniz cite alors comme exemple sa notation symbolique des coefficients (v. Appendice III). « La perfection de l'Algèbre depend de l'art des Combinaisons, qui est proprement la Spécieuse generale. » *Lettre à L'Hospital*, 28 avril 1693 (*Math.*, II, 241); cf. *Math.*, VII, 17, 24, 61, 159; *Lettre à Jacques Bernoulli*, 24 sept. 1690 (*Math.*, III, 20); et les *Lettres à Tschirnhaus* citées plus loin.

2. « Hæc Algebra, quam tanti facimus merito, generalis illius artificii non nisi pars est.... Ego vero agnosco, quicquid in genere probet Algebra, non nisi superioris scientiæ beneficium esse, quam nunc Combinatoriam Characteristicam appellare soleo. » *Lettre à Oldenburg*, 28 déc. 1675 (*Phil.*, VII, 10; *Math.*, I, 86; *Briefwechsel*, I, 145). *De la Methode de l'Universalité* (1674), § 4 : « L'Algebre n'est qu'une branche de la Caracteristique. » (*Phil.*, V, 10.) Cf. *Nova Algebræ promotio* : « *Speciosa* autem *generalis* ipsa est Ars *characteristica*, in unam cum Combinatoria disciplinam confusa, per quam rerum relationes apte characteribus repræsentantur. » (*Math.*, VII, 159.)

3. « Pendet negotium ex re longe majore, Arte scilicet Combinatoria generali ac vera, cujus vim et potestatem nescio an quisquam hactenus sit consequutus. » *Lettre à Oldenburg*, 27 août 1676 (*Phil.*, VII, 11; *Math.*, I, 121; *Briefw.*, I, 199). Cf. *Lettre à Galloys*, déc. 1678 (*Math.*, I, 184); *Lettres à Huygens*, 1679 (*Math.*, II, 18, 31); *Nova Algebræ promotio* (*Math.*, VII, 159); *De condendis Tabulis algebraicis* (*Math.*, VII, 189).

id vel ex sola potestatum compositione patet, Artem Combinatoriam ex Algebra addisci [1]. »

Leibniz se sentit visé, d'autant mieux que, comme il le dit, ces *multi* que critique Tschirnhaus étaient en réalité *pauci*. Il répondit que, si l'on faisait consister la Combinatoire dans la recherche du *nombre* des combinaisons, elle était naturellement subordonnée à l'Arithmétique et à l'Algèbre ; mais qu'il la faisait consister bien plutôt dans l'art de former ou de trouver toutes les combinaisons, et que cet art n'avait point pour objet des grandeurs ni des nombres, mais des *formes* semblables ou dissemblables [2].

Ce n'est pas seulement pour des formules auxiliaires, comme celle du binome, que l'Algèbre dépend de la Combinatoire, mais pour la résolution même des équations, qui est son objet propre et son problème essentiel. C'est de la Combinatoire que relève en effet l'artifice employé par Cardan et par Viète pour résoudre les équations, et qui consiste à les ramener à des équations semblables ou de même forme [3]. D'ailleurs, la relation même qui unit les coefficients d'une équation à ses racines procède d'une loi de combinaison qui est aussi le fondement

---

[1]. *Math.*, IV, 459. L'exemple allégué par Tschirnhaus se retourne contre lui : c'est la formule du binome, qui est précisément un exemple de l'application de la Combinatoire à l'Algèbre. Sans doute, c'est l'Algèbre qui a donné occasion d'inventer cette formule ; mais ce n'en est pas moins essentiellement une formule combinatoire, indépendante de la nature des objets combinés (nombres ou grandeurs). Voir Appendice III.

[2]. « Nam si Combinatoriam habes pro Scientia inveniendi numeros variationum, fatebor Tibi lubens eam scientiae numerorum esse subordinatam, et per consequens Algebrae, quia et scientia numerorum Algebrae subordinata est.... Verum mihi aliud longe est Ars combinatoria, scilicet scientia de formis seu de simili et dissimili, quemadmodum Algebra est scientia de magnitudine seu de aequali et inaequali ; imo Combinatoria parum differre videtur a Scientia Characteristica generali, cujus ope characteres apti ad Algebram, ad Musicam imo et ad Logicam excogitati sunt aut excogitari possunt. » *Lettre à Tschirnhaus*, fin mai 1678 (*Math.*, IV, 459-60). Cf. un brouillon de cette lettre : « Nam ego Combinatoria subordinatam puto Algebram, quia combinatoriam non habeo pro arte inquirendi numeros possibiles variationum, sed pro arte formarum seu pro scientia generali de Simili et Dissimili, cujus regulas Algebra ad magnitudines in universum, Geometria ad figuras applicat. » (*Briefwechsel*, I, 523.)

[3]. *Lettre à Tschirnhaus* (*Math.*, IV, 460).

de la formule du binome, à savoir, la loi de formation du produit de n binomes [1] :

$$(x+a)\ (x+b)\ldots\ (x+k)$$

C'est encore la Combinatoire qui a suggéré à Leibniz le procédé qu'il propose à Tschirnhaus pour résoudre un système d'équations, et qui consiste à remplacer les inconnues par d'autres (leurs fonctions symétriques) qui entrent symétriquement dans le problème, et par suite à les réduire à une seule, dont les racines seront les valeurs des diverses inconnues du problème [2].

3. Qu'est-ce donc, en définitive, que cette Combinatoire à laquelle Leibniz subordonne si complètement l'Algèbre? C'est la science générale des formes et des formules [3]. Or les formules de combinaisons ont une valeur générale et purement « formelle »; elles ne s'appliquent pas seulement aux nombres et aux grandeurs, mais à tout objet d'intuition susceptible d'ordre et d'arrangement distinct [4]. Sans doute, c'est à l'Algèbre ou à

---

[1]. *Synthesis. Analysis. Combinatoria. Algebra*: « Pleraque difficiliora non per Algebram, sed per Combinatoriam inventa sunt, imo ipsa fundamenta Algebrae per Combinatoriam sunt constituta. » (**Math.**, I, 27 a.)

[2]. C'est même là un des principaux objets de la *Lettre à Tschirnhaus*, mai 1678 (*Math.*, IV, 453). Cf. *Lettre à Jacques Bernoulli* (24 sept. 1690), où, après avoir fait allusion à son Analyse géométrique (Voir Chap. IX), Leibniz indique comment la Combinatoire peut servir à résoudre les équations de degré supérieur au 4° : « De ipsa Algebra Speciosa per artem combinatoriam perficienda spero dare quiddam, ejusque ope explicare radices aequationum altiorum, nam aliae viae vel non procedunt, vel sunt nimis prolixae; combinationibus autem Algebraicae expressiones mire contrahuntur. » (*Math.*, III, 20); et **Math.**, I, 26 d. Voir Appendice III.

[3]. Dans le *Consilium de Encyclopædia nova* (juin 1679), la Combinatoire est ainsi définie : « *Ars formularia*, quae agit de eodem et diverso, simili ac dissimili, id est de formis rerum, abstrahendo tamen animum a magnitudine, situ, actione. » (**Phil.**, V, 7, 4 recto.) Ailleurs on lit : « *Combinatoria de formis, variationibus, simili et dissimili, ordinato et perturbato, inverso, reciproco; unico seu determinato. De seriebus seu Tabulis* » (**Math.**, I, 9 b); « Combinatoria agit de calculo in universum, seu de notis sive characteribus universalibus. » (**Math.**, I, 26 a.) C'est pourquoi elle se confond avec la Caractéristique. Cf. p. 286, note 2, et p. 287, note 2.

[4]. « Ars etiam quaerendi progressiones et condendi tabulas formularum est pure Combinatoria, neque enim tantum in formulis magnitudines exprimentibus, sed et aliis omnibus locum habet. » (*Math.*, IV, 460.) La

l'Arithmétique que cet art a été surtout appliqué, et c'est là qu'on en trouve les plus beaux spécimens[1]. Mais il a une portée universelle, bien plus étendue que celle de l'Algèbre, puisque c'est la Caractéristique même, applicable à tous les domaines de la Logique, à tous les raisonnements déductifs et formels. Dans les Mathématiques, la Combinatoire prête son secours et ses formules à la Géométrie, en tant qu'elle étudie la forme et la situation, puisqu'elle-même est la science de l'ordre et de la similitude, qui dépassent le domaine de la Géométrie aussi bien que celui de l'Algèbre ou de la Logistique (science des grandeurs[2]). L'Algèbre n'est donc, à vrai dire, qu'une application de

phrase suivante indique que ces formules seront applicables à la situation, c'est-à-dire à la Géométrie (Voir Chap. IX).

1. « Fateor interim nusquam pulchriora, quam in Algebra, Artis Combinatoriae sive Characteristicae generalis specimina edita esse. » (*Math.*, IV, 460.) Le plus bel exemple de l'application de la Combinatoire à l'Algèbre, et la meilleure preuve de la subordination de celle-ci à celle-là, sont fournis par la théorie de GALOIS (1830) qui fait dépendre la résolution des équations de la considération des *groupes* correspondants. (Voir notre article *Sur les rapports du nombre et de la grandeur*, ap. Revue de Métaphysique et de Morale, VI, 436 sqq.; sept. 1898.) Rappelons que COURNOT a beaucoup insisté sur l'importance philosophique de la science de l'ordre et des combinaisons (qu'il appelle *Syntactique*) et sur les services qu'elle rend aux autres sciences mathématiques. (*De l'origine et des limites de la Correspondance entre l'Algèbre et la Géométrie*, chapitre IV et chapitre XVI, n°s 140, 149.) Cf. POINSOT, *Réflexions sur les principes fondamentaux de la théorie des nombres* (Journal de Liouville, t. X; 1845).

2. « Itaque Algebra subordinatur Combinatoriae, ejusque regulis continue utitur, quae tamen longe generaliores sunt, nec in Algebra tantum, sed et in arte deciphratoria, in variis ludorum generibus, in ipsa Geometria lineariter ad veterum morem tractata, denique in omnibus ubi similitudinis ratio habetur, locum habent. » *De Synthesi et Analysi universali*, fin (*Phil.*, VII, 298). Cf. *De ortu, progressu et natura Algebrae* : « Sane ars deciphrandi, ars ludendi latrunculis similiaque, quae ad Mathesin pertinere judicantur, magis Combinatoria quam Algebra indigent, et ipsa Algebra, quatenus quantitates certis formulis exprimit,.... arti combinatoriae subordinatur et per eam promoveri potest, ut suo loco ostendam » (*Math.*, VII, 205). Cf. *Elementa Nova Matheseos universalis* : « Elementa Matheseos universalis talia esse debent, ut prodesse possint etiam ad Cryptographemata interpretanda, ad ludum Schaccorum ludendum, et alia id genus. » (**Phil.**, VII, B VI, 9.) Sur la Cryptographie, voir Chap. VI, § 34; sur la théorie des jeux, voir Chap. VI, § 29, et Note XVII; sur la Géométrie *linéaire* des anciens, voir Chap. IX, §§ 7 et 10.

la Combinatoire, de l'art des formules, au cas où les symboles représentent des grandeurs ou des nombres indéterminés [1]. En fin de compte, ce n'est pas seulement l'Algèbre, mais la Logistique tout entière, qui dépend de la Combinatoire, comme science du calcul [2], de sorte que la science générale des grandeurs se trouve subordonnée à la science générale des formes, c'est-à-dire à la Spécieuse générale ou à la Caractéristique [3].

4. Ainsi la Mathématique universelle de Descartes est dépassée et enveloppée par la Mathématique universelle de Leibniz. Voici, en résumé, comment il comprend et divise celle-ci. La Mathématique n'a pas pour matière seulement le nombre et la grandeur, mais tout ce qui, dans le domaine de l'intuition sensible, est susceptible de détermination exacte et précise; c'est,

---

1. *Lettre à Jacques Bernoulli*, 24 sept. 1690 : « Et omnino Algebra est scientia ipsi combinatoriæ (nempe scientiæ de formulis in universum tractanti) subordinata, ejusque regulas applicat ad casum, quo per literas vel notas numeri indefiniti significantur. » (*Math.*, III, 20.) Cf. *Initia rerum mathematicarum metaphysica* (1714) : « Notandum est etiam, totam doctrinam Algebraicam esse applicationem ad quantitates Artis Combinatoriæ, seu doctrinæ de Formis abstractæ animo, quæ est Characteristica in universum, et ad Metaphysicam pertinet. » (*Math.*, VII, 24.)

2. A propos de théorèmes généraux communs à la Logique et à la Géométrie (voir § 9), Leibniz dit : « Et in his versatur pars scientiæ Combinatoriæ generalis de formulis universe acceptis, cui non Geometriam tantum, sed et Logisticam seu Mathesin universalem de magnitudinibus et rationibus in genere tractantem subordinari alias ostensum est. » *Specimen Geometriæ luciferæ* (*Math.*, VII, 261). Voir **Math.**, I, 26 a (cité p. 288, note 3).

3. « Hinc etiam prodit ignorata hactenus vel neglecta subordinatio Algebræ ad artem Combinatoriam, seu Algebræ Speciosæ ad Speciosam generalem, seu scientiæ de formulis quantitatem significantibus ad doctrinam de formulis seu ordinis, similitudinis, relationis, etc., expressionibus in universum, vel scientiæ generalis de quantitate ad scientiam generalem de qualitate, ut adeo speciosa nostra Mathematica nihil aliud sit quam specimen illustre Artis Combinatoriæ seu Speciosæ generalis. » *Mathesis universalis* (*Math.*, VII, 61). Ailleurs, à propos de son projet de Tables pour la résolution littérale des équations algébriques, Leibniz dit : « Reperietur autem hoc attentaturis, nihil aliud esse Calculum circa magnitudines Analyticum, quam exercitium *artis Combinatoriæ* sive Speciosæ generalioris, *formas* seu quantitates.... et *relationes* harumque similitudines tractantis per notas, quam Algebra literalis a Vieta introducta applicat ad habitudines quantitatum, atque adeo Arti Combinatorie subordinata est. » *Nova Algebræ promotio* (*Math.*, VII, 159).

selon son expression, la *Logique de l'imagination* [1]. Or l'imagination a pour objets la quantité et la qualité, ou la grandeur et la forme : suivant l'une, les choses sont égales ou inégales ; suivant l'autre, semblables ou dissemblables [2]. La considération de la similitude est donc aussi générale et fondamentale que celle de l'égalité, et appartient essentiellement comme elle à la Mathématique universelle. Par conséquent, celle-ci doit se diviser en deux branches principales : la science des grandeurs, ou de l'égalité, des rapports et des proportions, qui est la Mathématique traditionnelle, et qui se résume dans la Logistique ; et la science des formes ou de la similitude, de l'ordre et de la disposition, qui est la Combinatoire [3].

En élargissant ainsi le cadre de la Mathématique, Leibniz était fidèle, plus qu'il ne le croyait sans doute, à l'esprit, sinon

---

1. *Elementa Nova Matheseos Universalis* : « Mathesis universalis tradere debet Methodum aliquid exacte determinandi per ea quæ sub imaginationem cadunt, sive, ut ita dicam, Logicam imaginationis. » (**Phil.**, VII, B VI, 9.) Cf. **Math.**, I, 26 a : « *Mathesis* est scientia rerum imaginabilium. *Metaphysica* est scientia rerum intellectualium. »

2. « Imaginatio generaliter circa duo versatur, Qualitatem et Quantitatem, sive magnitudinem et formam ; secundum quæ res dicuntur similes aut dissimiles, æquales aut inæquales. » (**Phil.**, VII, B VI, 9.)

3. *De ortu, progressu et natura Algebræ* : « Interim Algebra cum Mathesi universali non videtur confundenda. Equidem si Mathesis de sola quantitate ageret, sive de æquali et inæquali, ratione et proportione, Algebram (quæ tractat quantitatem in universum) pro parte ejus generali haberi nihil prohiberet. Verum Mathesi subesse videtur quicquid imaginationi subest, quatenus distincte concipitur, et proinde non tantum de quantitate, sed et de dispositione rerum in ea tractari. Itaque duæ, ni fallor, sunt partes Matheseos generalis, *Ars combinatoria* de rerum varietate ac formis sive qualitatibus in universum, quatenus distinctæ ratiocinationi subjiciantur, deque simili ac dissimili ; et *Logistica* sive *Algebra*, de quantitate in universum » (**Math.**, VII, 205). Il ne faut pas s'étonner de voir ici l'Algèbre identifiée à la Logistique ; de même qu'ailleurs elle se trouve identifiée à la Mathématique universelle, conçue uniquement comme science de la quantité : Leibniz désirait un « compendium Arithmeticum in quo παραλλήλως tractentur *Algebra* et *Arithmetica* : sunt enim revera eadem scientia, nec differunt, nisi quod Arithmetica agit de numero certo, Algebra de incerto. Unde etiam fit ut Algebra vel Arithmetica sit ipsa Mathesis universalis, seu doctrina de quantitate in genere, quia nihil aliud est magnitudo quam multitudo partium. » *Lettre à Vagetius*, 1696 (Dutens, III, 338-9). Ailleurs encore la Logistique est identifiée à la Mathématique universelle, toujours conçue au sens restreint (**Math.**, VII, 54, 261).

à la lettre de la méthode cartésienne : car Descartes assignait pour objet aux Mathématiques « la recherche de l'ordre et de la mesure », et il recommandait de « parcourir avec méthode même les arts les plus communs, surtout ceux qui expliquent l'ordre ou le supposent », comme le tissage, la tapisserie, la broderie et la dentelle, qu'il ne craignait pas de rapprocher de l'Arithmétique [1]. Mais, d'un autre côté, Leibniz n'avait pas tort de critiquer la méthode cartésienne, telle du moins qu'elle était pratiquée en fait par Descartes et par ses disciples, car elle se réduisait en somme à l'Algèbre et à la Géométrie analytique [2]. Il était donc amené à combattre les Cartésiens, qui identifiaient l'Algèbre à l'Analyse tout entière, et y voyaient même la méthode générale de l'invention [3], et il était obligé de rabaisser l'Algèbre, d'en réduire la portée à sa juste valeur, afin de revendiquer pour la Combinatoire ou Caractéristique la place et le rôle qui lui appartenaient [4].

1. *Regulæ ad directionem ingenii*, Règles IV et X.
2. L'étroitesse et l'intransigeance des Cartésiens faisaient dire à Leibniz : « Cartesianos præjudicia vetera novis mutasse dubium non est. » *Lettre à Schulenburg*, 17 mai 1698 (*Math.*, VII, 242). Il leur reprochait sans cesse leur « esprit de secte », et trouvait qu'ils ne différaient guère de ces Scolastiques tant honnis.
3. « Quidam etiam Algebram cum Analysi, aut Analysin cum arte inveniendi confundunt, quorum utrumque erroneum est ».... « Multo magis aberrant, qui Algebram pro arte inveniendi habent et tanquam omnium scientiarum humanarum principem venerantur.... Tantumque abest ut cum Algebra coincidat illa Logicæ pars præstantissima, ut potius videamus ipsam hactenus Algebram hærere in suismet præceptis inveniendis, et superioris artis auxilio indigere. » *De ortu, progressu et natura Algebræ* (*Math.*, VII, 206). « Plerique enim omnes Algebram pro vera arte inveniendi mathematica habent, et quamdiu hoc præjudicio laborabunt, nunquam veros scientiarum reliquarum characteres invenient. » *Lettre à Haak*, 6 janv. 1680/1 (*Phil.*, VII, 20). Cf. *Lettre à Gabriel Wagner*, 1696 (*Phil.*, VII, 524), et *Nouveaux Essais*, IV, XVII, § 13.
4. Voir ce qu'il dit de Malebranche dans sa *Lettre à Tschirnhaus*, 1684 : « Il y a quantité de jolies pensées dans la *Recherche de la vérité*, mais il s'en faut beaucoup que l'auteur ait pénétré bien avant dans l'analyse et généralement dans l'art d'inventer, et je ne pouvois m'empêcher de rire, quand je voyois qu'il croit l'Algèbre la première et la plus sublime des sciences, et que la vérité n'est qu'un rapport d'égalité et d'inégalité, que l'Arithmétique et l'Algèbre sont les seules sciences qui donnent à l'esprit toute la perfection et toute l'étendue dont il est capable, enfin que l'Arith-

5. Non seulement l'Algèbre n'était pas l'art d'inventer, mais elle n'était même pas la méthode universelle des Mathématiques, des sciences du nombre et de la grandeur [1]. En Arithmétique, elle était impuissante à résoudre les problèmes de DIOPHANTE, et Descartes lui-même avait reconnu qu'ils échappaient à sa méthode [2]. En Géométrie, outre qu'elle ne fournissait pas une analyse adéquate et vraiment appropriée des figures et des relations géométriques, comme la situation [3], elle ne suffisait même pas à la Géométrie analytique (métrique),

métique et l'Algebre sont ensemble la veritable Logique. Et cependant je ne voy pas que luy même ait grande connoissance de l'Algebre. Les louanges qu'il donne à l'Algebre se devroient donner à la Symbolique en general, dont l'Algebre n'est qu'un echantillon assés particulier et assés borné. » (*Math.*, IV, 465.) On remarquera le nom de *Symbolique* donné ici à la Caractéristique. Cf. un fragment de 1680 : « Algebra non est res magna; hic indignabuntur, qui eam pro mysterio aliis venditant. » (**Math.**, I, 27 c, verso.)

1. *Remarques sur l'abrégé de la vie de M. Des Cartes* : « Ceux qui s'imaginent que toutes les Methodes mathematiques dependent de l'Algebre sont mal informés » (*Phil.*, IV, 319).

2. *Ibid.*; *Lettre à Malebranche*, 13 janv. 1679 (*Phil.*, I, 328); *Lettres à Huygens*, 1679 (*Math.*, II, 17, 31); *Lettre à Philipp*, janv. 1680 (*Phil.*, IV, 286); *Lettre à la duchesse Sophie* (*Phil.*, IV, 291); *Lettre à Molanus* (*Phil.*, IV, 301). DIOPHANTE avait été édité par Bachet de Méziriac à Paris en 1621, puis par le fils de Fermat, avec les annotations de son père, à Toulouse en 1670. Leibniz avait inventé en 1678 une méthode générale pour résoudre les problèmes de l'Arithmétique de Diophante : il écrivait à Tschirnhaus en mai 1678 : « Nam aliquot abhinc septimanas viam et facillimam et generalissimam reperisse videor, omnia haec problemata resolvendi » (*Math.*, IV, 459; *Briefwechsel*, I, 378); et à *Galloys*, en décembre 1678 : « Pour la Science des Nombres, j'ay enfin obtenu le moyen... de resoudre les problemes de l'Arithmetique figurée, ou de Diophante, par une voye seure et analytique... » (voir la suite : *Math.*, I, 185). Cette méthode dépassait non seulement l'analyse cartésienne, mais aussi la *méthode d'exclusion* que FRENICLE avait inventée pour traiter ce genre de problèmes, et qui ne procédait que par essais et tâtonnements (*Phil.*, IV, 319; VI, 574). On trouve dans les manuscrits de Leibniz de nombreux brouillons relatifs à l'Arithmétique : *Diophantea seu Arithmetica figurata absoluta methodo dyadica* (**Math.**, III, A, 16); *Problema Freniclianum*, juillet 1679 (**Math.**, IV, 4 b); *Arithmetica figurata seu Diophantea*, 10 déc. 1678 (**Math.**, XII, e) et *Methodus generalissima solvendi problemata numerorum in integris...* « Inveni 10mo Septembris 1674 Parisiis » (**Math.**, IV, 1 a). Sur les secours multiples que la Combinatoire prête à l'Arithmétique, voir Appendice III, §§ 4 et 19.

3. Voir Chap. IX, § 6.

attendu qu'il y avait une infinité de problèmes *transcendants* qui dépassaient sa portée [1]. C'est justement pour résoudre certains de ces problèmes que Leibniz avait inventé son algorithme infinitésimal, notamment le problème des quadratures et le problème inverse des tangentes (qui ont donné naissance au Calcul intégral) [2]. Même en Analyse, il y a des équations transcendantes, qui ne sont d'aucun degré fini ou déterminé [3], et des fonctions transcendantes, qui ne peuvent s'exprimer sous forme purement algébrique (comme les fonctions exponentielles, logarithmiques et trigonométriques) [4]. Si donc quelqu'un avait le droit de dénoncer l'insuffisance de l'Algèbre cartésienne, c'était assurément Leibniz, qui l'avait perfectionnée, ou plutôt qui avait inventé une méthode toute nouvelle, bien plus puissante et plus féconde [5].

6. Ainsi l'Algèbre ne suffisait même pas aux besoins de la Logistique, tant s'en fallait qu'elle fût une méthode générale

---

1. « In ipsa Geometria sciendum est problemata innumera occurrere, quae quia supra Algebram assurgunt, a me Transcendentia appellantur, neque enim ad Algebraicas aequationes revocari possunt, cum sint nullius gradus... aut certe omnium simul. » *Lettre à Clüver*, 18-28 mai 1680 (*Phil.*, VII, 18-19). Cf. *Elementa Nova Matheseos Universalis* : « Ostendetur hic Methodus Calculum Geometricum ad illa quoque problemata porrigendi, quae Algebram (hactenus receptam) transcendunt ». (**Phil.**, VII, B, VI, 9.) Il est encore fait mention de la Géométrie transcendante dans les *Initia et Specimina Scientiæ Generalis* (*Phil.*, VII, 59). Voir *Lettre à la duchesse Sophie* (*Phil.*, IV, 291 ; cf. p. 347) ; *Nouveaux Essais*, IV, XVII, § 13 ; et une critique de la Géométrie analytique cartésienne (**Math.**, IV, 13 g).

2. Voir *Lettre à Malebranche* déjà citée (*Phil.*, I, 328) ; cf. *Phil.*, IV, 292, 301, 347.

3. Par exemple l'équation $x^x + x = 30$, où le degré lui-même est inconnu (3 est racine) et que Leibniz cite fréquemment. Cf. la *Lettre à Huygens* du 8 sept. 1679 (*Math.*, II, 18) ; le mémoire sur la Quadrature arithmétique : *De vera proportione circuli ad quadratum circumscriptum in numeris rationalibus expressa*, ap. *Acta Eruditorum*, 1682 (*Math.*, V, 120) ; et le *De ortu... Algebræ* (*Math.*, VII, 215).

4. Ces fonctions s'expriment par des intégrales ou par des séries infinies, et relèvent du Calcul intégral. Inversement, on sait que le Calcul intégral donne naissance à une foule de fonctions transcendantes nouvelles.

5. Aussi ne cessait-il d'invoquer la supériorité de sa méthode mathématique sur celle de Descartes, dans ses controverses avec les Cartésiens. Voir p. 165, note 2, et p. 235, note.

d'invention. Au contraire, c'est la Combinatoire qui constituait selon Leibniz le véritable Art d'inventer. C'est à elle qu'il rapportait ses principales inventions mathématiques, notamment celle du Calcul infinitésimal [1] et celle de sa Quadrature arithmétique du cercle, qui en avait été le prélude [2]. Il lui rapportait même des inventions d'ordre technique et mécanique : telle est, d'abord, sa Machine arithmétique, imaginée et même construite avant 1673, puisqu'il la montra aux membres de la Société Royale à son premier voyage en Angleterre [3], mais à laquelle il travailla à diverses reprises pendant sa vie pour la perfectionner [4]. Tel est encore son système d'horloges ou de

---

1. *Lettre au baron de Bodenhausen*, sur un théorème relatif aux quadratures : « Hoc certe theorema quomodo ex mea *Characteristica* derivetur, annotare placet » (*Math.*, V, 114 ; cf. p. 86). Voir Chap. IV, § 2.

2. Il s'agit de l'expression de π au moyen d'une série infinie :
$$\frac{\pi}{4} = \frac{1}{1} - \frac{1}{3} + \frac{1}{5} - \frac{1}{7} + \frac{1}{9} - \ldots$$

Ce fut la première de ses découvertes mathématiques, et la source des suivantes. Voir *Lettre de Huygens*, 6 nov. 1674 (*Math.*, II, 16), et *Lettres à Huygens* (*Math.*, II, 17, 31). Cf. M. Cantor, III, 75. Or il disait qu'il y était arrivé en faisant le « dénombrement de quantité de Métamorphoses, et les ayant essayées par une combinaison très aisée » ; et il ajoutait que cela justifiait ce qu'il avait « dit autresfois de l'utilité des combinaisons pour trouver des choses que l'Algebre, et, si vous voulez, l'Analyse même telle que nous l'avons ne sçauroit donner. Or le moyen que les combinaisons m'ont offert sert à trouver un nombre infini de figures commensurables à une figure donnée. » *Lettre à l'éditeur du Journal des Savants* sur l'origine de sa Quadrature arithmétique (*Math.*, V, 89). C'est à cet endroit et à ce propos que Leibniz émet cette pensée que nous avons déjà trouvée ailleurs (voir Chap. VI, § 45) : « Il n'y a rien de si important que de voir les origines des inventions, qui valent mieux à mon avis que les inventions mêmes, à cause de leur fécondité et par ce qu'elles contiennent en elles la source d'une infinité d'autres qu'on en pourra tirer par une certaine combinaison (comme j'ay coutume de l'appeler) ou application à d'autres sujets ». On voit le sens original et très étendu que Leibniz donne à la Combinatoire. Il avait laissé à Paris le manuscrit de son *De quadratura arithmetica circuli, ellipseos et hyperbolæ, cujus corollarium est trigonometria sine tabulis*, pour qu'on l'imprimât ; mais les circonstances en empêchèrent la publication. Voir *Lettre à Galloys*, déc. 1678 (*Math.*, I, 182, 186) et la *Quadratura Arithmetica*, ap. *Acta Eruditorum*, 1691 (*Math.*, V, 128).

3. Voir *Briefwechsel*, I, 73, 81, 92, 96, 104, notamment la *Lettre à Oldenburg* du 8 mars 1673.

4. *Lettre au duc Jean-Frédéric* (1671?) : « In *Mathematicis* und *Mechanicis*

montres absolument isochrones, fondé sur ce principe, qu'un ressort (parfait) également tendu se détend toujours dans le même temps[1]. Ce principe, qui n'est qu'un corollaire du prin-

habe ich vermittelst *artis combinatoriæ* einige dinge gefunden..., und erstlich in *Arithmeticis* eine *Machine...* » (*Phil.*, I, 58). Dans un fragment inédit intitulé *Combinatoria*, Leibniz révèle l'origine de cette invention : elle lui fut suggérée par un instrument à compter les pas, du moins pour ce qui est de l'addition et de la soustraction (**Math.**, III, A, 26 c), car elle permettait d'effectuer aussi les multiplications et divisions, en tournant une manivelle. Il faisait ressortir qu'elle était bien supérieure à celle de Pascal, qui n'effectuait directement que les additions et soustractions, et qu'elle n'avait rien de commun avec la *Rhabdologie* de Neper, ou avec les machines inventées par Morland, Petit, Grillet, etc., qui étaient en général des combinaisons de la machine de Pascal, pour les additions, avec les bâtons (ou cylindres) de Neper, pour les multiplications (Sur la machine de Grillet, voir *Journal des Savants*, 25 avril 1678). Il en possédait 2 exemplaires en 1677, et en faisait construire un 3e sous la direction de Rudolf Christian Wagner, professeur à Helmstädt. Il proposait au tsar de l'envoyer à l'empereur de Chine pour lui inspirer une haute idée de la science et de l'industrie européennes (voir Appendice IV, § 19). La Bibliothèque Royale de Hanovre conserve une de ces machines : elle a la même disposition générale que les machines à calculer modernes, qui n'en sont, paraît-il, que des perfectionnements. Voir sur ce sujet : *Lettre à Galloys*, déc. 1678 (*Math.*, I, 186); *Lettre à Conring*, 1678 (*Phil.*, I, 202); *Lettre à la duchesse Sophie* (*Phil.*, IV, 291); *Lettre à Placcius*, 5 sept. 1695 (*Dutens*, VI, 1, 59; *Phil.*, IV, 413 note); *Lettre à des Billettes*, 4/14 déc. 1696 (*Phil.*, VII, 454); *Lettre à Burnett*, 1697 (*Phil.*, III, 196); *Lettres à Jean Bernoulli*, 26 mai, 15 juin 1697, 15 oct. 1710 (*Math.*, III, 405, 421, 856); *Lettres à Jacques Bernoulli* (*Math.*, III, 57, 68, 71); *Lettre à Hermann*, 6 sept. 1708 (*Math.*, IV, 335); *Brevis descriptio machinæ arithmeticæ*, ap. *Miscellanea Berolinensia*, 1710; *De ortu... Algebræ* (*Math.*, VII, 215). Cf. *Correspondance avec R. Ch. Wagner* (*Phil.*, VII, 528) et L. Stein, *die in Halle aufgefundenen Leibnitz-Briefe*, ap. *Archiv für Geschichte der Philosophie*, t. I, p. 78 (1888).

1. Dans sa *Lettre à l'auteur du Journal des Savants touchant le principe de justesse des horloges portatives de son invention* (1er mars 1675), Leibniz, comparant son principe à celui sur lequel Huygens avait établi les horloges à pendule (savoir : l'isochronisme approximatif des petites oscillations), dit : « Celui-là depend d'une observation physique; au lieu que le mien n'est fondé que sur une *reflexion purement mechanique* assez aisée, et dont la raison et démonstration même est manifeste à nos sens; à laquelle on n'a pas pris garde, faute de l'*art des combinaisons*, dont l'usage est bien plus general que celui de l'Algèbre » (*Dutens*, III, 135). Cf. *Lettre à Oldenburg*, 30 mars 1675 (*Briefwechsel*, I, 110, 112-3; cf. 123-4). Leibniz parle de son « Horologium æquabile » dans le fragment *Combinatoria* (**Math.**, III, A, 26 c). On trouve dans ses mss. inédits : *De horologio absoluto sive de motu æquabili pure mechanico demonstratio geometrica* (**Math.**, XI, 13; Bodemann, p. 304).

cipe de raison, Leibniz prétendait l'avoir tiré de l'art des combinaisons. C'est qu'en effet pour lui la Combinatoire était la science du semblable et du dissemblable, et par suite avait pour fondement le principe de similitude ou « de même raison ». C'est à elle qu'il rapportait aussi le principe d'ordre et de continuité [1].

7. D'ailleurs, Leibniz voyait dans la Combinatoire la méthode synthétique en général [2]. C'était pour lui l'art de rapprocher et de combiner par ordre les vérités déjà connues pour en tirer des vérités nouvelles [3]. Par exemple, pour découvrir des théorèmes nouveaux, il conseillait de combiner entre elles des équations déjà trouvées par addition et soustraction, par multiplication et division [4]. Plus les vérités combinées sont hétérogènes et éloignées, plus leur rapprochement est inattendu, plus

---

1. Dans un fragment intitulé *Combinatoria*, on lit : « Axiomata varia egregiæ utilitatis : Quæ similiter determinantur similia sunt. Datis ordinatis etiam quæsita sunt ordinata. Sive si ordo est in determinantibus, erit et in determinatis. Si determinantia coeunt, etiam determinata respondentia coibunt. » (**Math.**, I, 9, b.) Cf. p. 227, note 4; 235, note 1; 236, note 1.

2. Un autre fragment intitulé *Combinatoria* commence ainsi : « Algebra et Combinatoria differunt apud me, ut Analysis et Synthesis » (**Math.**, III, A, 26 c). Cf. le fragment intitulé : « *Synthesis. Analysis. Combinatoria. Algebra* » (**Math.**, I, 27 a; cf. I, 26 c.) Dans le Plan du *Plus Ultra*, on lit :
« 11. De Synthesi seu Arte combinatoria.
12. De Analysi.
13. De Combinatoria speciali, seu scientia formarum sive qualitatum in genere (De Characterismis) sive de simili et dissimili.
14. De Analysi speciali seu scientia quantitatum in genere, seu de magno et parvo.
15. De Mathesi generali ex duabus præcedentibus composita » (*Phil.*, VII, 49-50).

3. « Est enim hoc proprium combinatoriæ artis, ut ex dissitarum plane rerum collatione novas quasdam utilitates producat, quæ illis qui pauca respiciunt in mentem venire non possunt. » Mai 1681 (*Phil.*, VII, 69).

4. *De arte inveniendi Theoremata*, Paris, 7 sept. 1674 (**Phil.**, VI, 12 d, 2). Il conseillait aussi de chercher la solution de quelque problème difficile, ou même impossible, ce qui conduit à découvrir des théorèmes curieux et imprévus (*ibid.*); ou bien encore de chercher à trouver une même solution par plusieurs méthodes différentes, ce qui amenait un rapprochement ou une comparaison de deux méthodes (de deux enchaînements logiques); procédé analogue à celui par lequel on obtient une équation algébrique, en égalant deux expressions d'une même quantité obtenues par des voies différentes (**Math.**, I, 27 c).

aussi il est fécond, et plus l'invention est élégante. C'est pourquoi Leibniz recommandait de rechercher en chaque genre les extrêmes [1]. Cette règle de méthode, qu'il s'était imposée de bonne heure, servait à découvrir les cas de maximum et de minimum; or ceux-ci sont particulièrement instructifs, d'une part, parce qu'ils sont exceptionnels, d'autre part, parce qu'ils manifestent souvent à un degré remarquable les propriétés des cas ordinaires et moyens auxquels ils se relient par continuité [2]. C'est encore là une application du principe de continuité, qui consiste à pousser les choses ou les relations à l'extrême dans un sens ou dans l'autre, pour voir ce qu'elles deviennent « à la limite [3] ».

Aussi Leibniz avait-il conçu, vers 1680, le projet d'écrire un nouveau *De Arte combinatoria* où il eût exposé sa conception nouvelle des Mathématiques, et dont il n'a laissé que des plans [4]. Il y faisait rentrer non seulement le Calcul des probabilités, la théorie des jeux de hasard et l'art de déchiffrer; mais aussi l'art de raisonner par analogie, et celui de deviner la loi de formation d'une table ou d'une série, en quoi consiste, comme on sait, toute la méthode inductive [5]. Il signalait en particulier le procédé logique des recoupements (analogue au

---

1. « Id enim in omnibus rebus faciendum esse docuerat eum Ars Combinatoria quam fecerat ipse sibi, inter cujus principia erat, investigandum esse in unoquoque genere summum. » Fragment autobiographique de *Wilhelmus Pacidius* (*Phil.*, VII, 53). Plus haut, il dit que les savants ne savaient pas tirer parti de leurs expériences, « quod arte combinatoria mediorum ac finium caruerunt »; il cite comme exemples de son art combinatoire ces trois règles de méthode : « *Die cur hic*; *Cui bono*; *Respice finem* »; et il les rattache à ces deux axiomes généraux qui sont respectivement les fondements de l'Art de juger et de l'Art d'inventer : « quaerere semper in verbis caeterisque animi signis claritatem, in rebus usum » (*Phil.*, VII, 52).

2. Rappelons que le Calcul infinitésimal a été inventé en partie pour résoudre les problèmes de maxima et minima : *Nova Methodus pro Maximis et Minimis*, c'est sous ce titre que Leibniz publia en 1684 les premiers éléments de son calcul.

3. Cf. **Math.**, I, 27 c : « Data re aliam invenire valde similem aut valde dissimilem magis Combinatorium ».

4. **Math.**, I, 27 b, c.

5. Voir Chap. VI, § 41.

procédé géométrique des intersections), qui consiste à enfermer la chose inconnue dans deux ou plusieurs séries indépendantes qui se croisent mutuellement, et qui la déterminent ainsi par leur intersection [1]. On comprend maintenant comment il pouvait identifier la Combinatoire à l'art d'inventer.

En définitive, la Mathématique proprement dite, c'est-à-dire la Logistique, est subordonnée à la Combinatoire, et celle-ci à la Logique elle-même [2]. La Combinatoire paraît même faire partie de la Logique [3]; en tout cas, l'une et l'autre réunies composent la *science des formes* [4]. Et par là il faut entendre, non seulement les formules mathématiques et les « formes » algébriques, mais toutes les formes de la pensée, c'est-à-dire les lois générales de l'esprit. La Combinatoire ainsi conçue est la partie générale et formelle des Mathématiques; elle étudie toutes

---

1. **Math.**, I, 9, b; I, 26 a. Ce procédé se traduit dans le Calcul logique par la multiplication.

2. *Initia rerum mathematicarum metaphysica* : « Esse artem quandam Analyticam Mathematica ampliorem, ex qua Mathematica scientia pulcherrimas quasque suas Methodos mutuatur » (*Math.*, VII, 17).

3. La Logique semble différer de la Combinatoire en ce que ses objets (les concepts) sont idéaux et abstraits, tandis que ceux de la Combinatoire sont intuitifs. Mais comme la Logique pure fait appel à l'imagination au moyen de la Caractéristique, elle rentre dans le domaine de la Combinatoire; et inversement, comme celle-ci fait abstraction de la nature concrète des termes à combiner pour ne considérer que leurs relations, elle enveloppe la Logique pure. Voir p. 285, note 1.

4. « Doctrina Formarum continet *Logicam et Combinatoriam* », est-il dit dans une classification des sciences postérieure à 1696 (**Phil.**, VIII, 56). Cf. *De Synthesi et Analysi universali* : « Ars Combinatoria speciatim mihi illa est scientia (quae etiam generaliter characteristica sive *speciosa* dici posset) in qua tractatur de rerum formis sive formulis in universum, hoc est de *qualitate* in genere sive de simili et dissimili, prout aliae atque aliae formulae ex ipsis a, b, c, etc. (sive quantitates sive aliud quoddam repraesentent) inter se combinatis oriuntur, et distinguitur ab Algebra, quae agit de formulis ad *quantitatem* applicatis, sive de aequali et inaequali » (*Phil.*, VII, 297-8). La légère fluctuation qu'on remarque au sujet de la vraie place de la Combinatoire s'explique comme suit : on a vu que, dans le Plan du *Plus Ultra* (v. p. 297, note 2), Leibniz distingue une Combinatoire générale et une Combinatoire spéciale. La première se confond avec la méthode synthétique, elle fait partie de la Logique et relève même de la Métaphysique (voir *Math.*, VII, 24); la seconde fait partie des Mathématiques, elle est l'application de la première aux relations mathématiques et aux objets de l'imagination. Cf. § 3 de ce Chapitre.

les relations qui peuvent exister entre des objets quelconques, et leur enchaînement nécessaire et formel. En un mot, c'est la science générale des relations abstraites.

8. Les Mathématiques classiques n'étudient que les relations d'égalité, d'inégalité et de proportion, en un mot, les relations de grandeur. Mais, même dans ce domaine spécial et circonscrit, elles restreignent à l'excès le champ de leur étude; car il y a bien d'autres relations quantitatives que celles-là. Les « raisons » ou rapports, et les proportions, tant arithmétiques que géométriques, ne sont qu'une espèce très particulière de relation, et la plus simple de toutes [1]. Leibniz remarque que le rapport ne consiste pas dans la simple similitude; car, par exemple, dans deux figures semblables, le rapport des aires n'est pas le même que celui des côtés ou lignes homologues; et inversement, deux figures peuvent avoir entre leurs aires le même rapport qu'entre certains de leurs côtés sans être semblables. Le rapport est donc la relation qui existe entre deux grandeurs homogènes, lorsque l'une est déterminée par l'autre sans l'intervention d'une troisième grandeur homogène aux deux premières [2]. C'est pourquoi il s'exprime par le nombre qui mesure la première en fonction de la seconde prise pour unité. C'est là un théorème d' « Analyse métaphysique » que Leibniz formule ainsi : Si l'on donne entre deux grandeurs homogènes une relation où n'entre aucune autre grandeur homogène aux deux premières, le rapport de celles-ci est donné par là même; autrement dit, cette relation est celle de proportionnalité [3].

---

1. *Initia rerum mathematicarum metaphysica* : « Omnium Relationum simplicissima est, quae dicitur *Ratio* vel *Proportio* » (*Math.*, VII, 23). Cf. *Phil.*, VII, B VI, 10 : « Est autem Ratio relatio simplicissima. »
2. *Math.*, III, B, 18 b.
3. *Math.*, I, 9 f. Leibniz déduit ailleurs de ce théorème une proposition d'Algèbre qui en a peut-être été l'origine; à savoir, qu'une équation homogène par rapport aux variables x, y définit une ou plusieurs droites (issues de l'origine). En effet, prenons par exemple l'équation :

$$x^2 - bxy + ay^2 = 0$$

citée par Leibniz. On peut prendre pour inconnue unique le rapport des

Mais, encore une fois, il y a une infinité de relations de grandeur autres que la proportionnalité[1]. Leibniz veut les soumettre à une étude absolument générale; pour cela, il adopte un signe qui représentera une relation indéterminée; et il emploie le même signe pour indiquer la similitude (l'identité formelle) de deux relations[2]. Par exemple, la relation du rayon r au sinus s et au sinus-verse[3] v sera représentée par :

$$r \; ; \; s \; ; \; v$$

et si les quantités m, n, p ont entre elles la même relation (dans le même ordre), on écrira :

$$r \; ; \; s \; ; \; r \backsim m \; ; \; n \; ; \; p$$

deux variables x et y, en posant : $z = \dfrac{x}{y}$, et en divisant les deux membres de l'équation par y^2; il vient :

$$z^2 - bz + a = 0$$

équation du second degré qui détermine z. On sait que c'est là une propriété générale des équations homogènes : elles déterminent simplement les rapports des variables. De ce théorème Leibniz déduit *a priori* certaines lois mécaniques, fondées en définitive sur le principe de raison : par exemple, que lorsqu'un corps en mouvement en choque d'autres au repos, la perte de vitesse qu'il éprouve est proportionnelle à sa vitesse propre (*ibid.*), ou encore, que si un même corps parcourt le même espace d'un mouvement uniforme avec des vitesses différentes, son *action* est proportionnelle à sa vitesse (*De relationibus*, **Math.**, I, 9 h). Voir des considérations analogues dans la *Dynamica de Potentia et Legibus Naturæ corporeæ* (*Math.*, VI, 295, 352 sqq.). Cf. la Note XVI sur le principe de la moindre action.

1. Ce sont, en style moderne, d'autres *fonctions*. On sait que Leibniz a beaucoup contribué à généraliser l'idée de *fonction*, qui signifiait d'abord *puissance*.

2. *Mathesis universalis* : « Præter notationem proportionis et rationis adhibeo etiam interdum notam relationis in genere. Est enim proportio tantum relationis species, eaque simplicissima »... « Unde præter notam æqualitatis habeo et notam *similitudinis* $\backsim$ .... Sic, si sit :

$$a^2 - b^2 = c^2 \quad \text{et} \quad l^2 - m^2 = n^2,$$

tunc dico esse :

$$a \; ; \; b \; ; \; c \backsim l \; ; \; m \; ; \; n$$

seu relationem inter a, b, c eandem esse respective (seu eodem ordine servato) cum relatione inter l, m, n. » (*Math.*, VII, 57.) Cf. **Phil.**, VII, B II, 74.

3. Le sinus-verse de l'arc x est $(1 - \cos x)$.

ce qui signifie que la relation entre r, s, v est *semblable* à la relation entre m, n, p [1].

Leibniz est ainsi amené à étudier les relations au point de vue de la similitude. Par exemple, il distingue des modes de liaison (ou opérations) semblables, c'est-à-dire symétriques (telles sont l'addition et la multiplication arithmétiques) et des opérations dissemblables, c'est-à-dire dissymétriques (telles sont la soustraction, la division et l'élévation aux puissances). Les premières jouiront de la propriété commutative, c'est-à-dire qu'on peut en intervertir les termes sans changer le résultat; mais les secondes ne sont pas commutatives [2]. Plus généralement, une combinaison de signes (une formule) pourra être symétrique ou non-symétrique; dans le premier cas, elle devra toujours obéir, dans toutes ses transformations, à la *loi*

---

1. L'emploi du signe ∞ est équivoque, puisqu'il désigne à la fois chacune des relations et la similitude des deux relations. Il vaudrait mieux le réserver pour ce dernier sens, et considérer le point-virgule (;) comme signe de relation. Ailleurs, Leibniz emploie la notation :

$$a; b; c \infty l; m; n$$

pour exprimer la *proportionnalité* des quantités a, b, c, d'une part, et l, m, n, d'autre part; et au contraire la notation :

$$a; b; c :: l; m; n$$

pour exprimer que la relation de a, b, c est la même que celle de l, m, n; par exemple, si l'on a :

$$a^2 + ab = c^2, \qquad l^2 + lm = n^2.$$

(*Monitum de Characteribus Algebraicis*, ap. *Miscellanea Berolinensia*, 1710 : *Math.*, VII, 222.) On sait que Leibniz a remplacé l'ancienne notation des proportions :

$$a . b :: c . d$$

par la notation moderne, fondée sur l'analogie des rapports et des quotients (ou fractions) (*Ibid.*) :

$$a : b = c : d \qquad \text{ou} \qquad \frac{a}{b} = \frac{c}{d}.$$

D'une manière générale, il a beaucoup contribué à perfectionner et à fixer le symbolisme mathématique, conformément à ses vues sur la Caractéristique. Cf. *Lettres à Jean Bernoulli*, 8/18 mars 1696, 29 juil. 1698 (*Math.*, III, 262, 526; voir aussi pages 273, 276 pour la notation des fractions); *Lettre à Guido Grandi*, 11 juil. 1705 (*Math.*, IV, 211); *Mathesis universalis* (*Math.*, VII, 56), et *Nova Algebrae promotio* (*Math.*, VII, 168).

2. *Phil.*, VII, 31.

de justice (ou de symétrie), c'est-à-dire rester la même quand on y permute les différentes lettres [1].

Leibniz va plus loin encore : il conçoit l'analogie ou plutôt l'identité formelle de relations et d'opérations réellement différentes, et la possibilité de les remplacer l'une par l'autre dans le calcul. Il en est ainsi, notamment, quand deux opérations symétriques sont superposées, comme l'addition et la multiplication; on peut les intervertir sans changer le résultat du calcul. Par exemple la somme de produits :

$$ab + cd$$

équivaut pour la forme au produit de sommes :

$$(a + b)(c + d)$$

puisque l'on peut considérer $+$ comme le signe de la multiplication, et $\times$ (remplacé par les parenthèses) comme le signe de l'addition [2].

On voit que Leibniz avait ébauché une théorie générale des opérations, considérées dans leurs propriétés et leurs relations formelles, et qu'il avait déjà cette idée, toute moderne, de considérer les signes algébriques eux-mêmes comme des symboles d'opérations indéterminées. On comprend aussi pourquoi cette Logique des relations était à la fois une Combinatoire et une Caractéristique : c'est que les relations des objets s'expriment par des combinaisons toutes formelles des signes qui représentent ces objets, et que ces relations elles-mêmes, étudiées dans leur forme, sont figurées par des symboles de sens variable ou indéterminé [3].

9. Cette théorie générale des relations ne comprend pas seulement les relations de grandeur qu'étudie l'Analyse mathéma-

---

1. *Mathesis universalis.* Ainsi a^2b n'est pas symétrique, mais $(a^2b + ab^2)$ l'est. (*Math.*, VII, 64.)

2. *Phil.*, VII, 31.

3. Leibniz peut donc être considéré comme le précurseur, non seulement de la Logique algorithmique, mais encore de la Logique des relations entrevue par DE MORGAN, fondée par CH. S. PEIRCE et développée par SCHRÖDER (*Algebra und Logik der Relative*; Leipzig, Teubner, 1895).

tique ou Logistique, mais toutes les relations que l'on peut avoir à considérer dans la Mathématique conçue au sens le plus général. C'est au début du *Specimen Geometriæ luciferæ* que se trouve l'énumération la plus complète des espèces de relations qu'étudie la Géométrie, c'est-à-dire, en somme, la liste des « catégories » mathématiques [1]. Ce sont : l'identité ou la coïncidence, l'inclusion ou relation de contenant à contenu, la détermination, la congruence, la similitude, la relation de tout à partie, l'égalité et l'inégalité, la continuité, le changement, enfin la situation et l'extension [2]. Leibniz étudie tour à tour les

---

1. *Math.*, VII, 260. C'est sans doute à cet ouvrage que Leibniz faisait allusion dans sa *Lettre à Foucher*, 1687 : « Je fis autrefois un essai des demonstrations *de continente et contento*, où je demonstray par caracteres (à peu pres de la façon de l'Algebre et des nombres) des propositions dont les regles des syllogismes et quelques propositions de mathematique ne sont que des corollaires. J'en pourrois donner non seulement sur la grandeur, mais encor sur la qualité, forme et relation bien d'autres.... Les plus importantes seroient sur la cause, l'effect, le changement, l'action, le temps... » (*Phil.*, I, 391); et dans sa *Lettre à Arnauld*, 14 janv. 1688 : « Si je trouve un jour assez de loisir, je veux achever mes meditations sur la Caracteristique generale ou maniere de calcul universel, qui doit servir dans les autres sciences comme dans les Mathematiques. J'en ay déjà de beaux essais. j'ay des definitions, axiomes, theoremes et problemes fort remarquables de la coïncidence, de la determination (ou *de Unico*), de la similitude, de la relation en general, de la puissance ou cause, de la substance, et partout je procede par lettres d'une maniere precise et rigoureuse, comme dans l'Algebre. » (*Phil.*, II, 134.) Ces textes montrent que cette Caractéristique s'appliquait non seulement aux Mathématiques pures, mais à la Mécanique ou Dynamique, et jusqu'à la Métaphysique. Cf. *Lettre à Arnauld* du 14 juil. 1686 (*Phil.*, II, 62) et la note suivante.

2. Cf. le *De Calculo Situum* (**Math.**, I, 15), cité Chap. IX, § 10, et le *De Scientia universali* : « Loco *axiomatum* et *theorematum* Euclidæorum de magnitudine et proportione inveni ego alia multo majoris momenti ususque generalioris, de *coincidentibus, congruis, similibus, determinatis,* de *causa et effectu* sive *de potentia,* de *relationibus in universum,* de *continente et contento,* de eo quod per se et per accidens fit, de generali natura substantiæ, deque perfecta *spontaneitate* et *ingenerabilitate* et *incorruptibilitate* substantiarum, deque *unione rerum* et conspiratione substantiarum inter se. Unde et arcanum *unionis inter animam et corpus* intercedentis in lucem prodit, modusque quo operantur substantiæ, et *concursus* Dei, et causa mali et libertas conciliata providentiæ certitudinique seu determinatæ contingentium veritati, et *metamorphosis* pro metempsychosi. » (*Phil.*, VII, 199.) Cet intéressant passage montre à quel point la Mathématique et la Métaphysique se pénètrent et se mêlent dans l'esprit de Leibniz : on

lois et les propriétés formelles de chacune de ces relations, qui constituent les principes ou axiomes des sciences correspondantes, et qui servent de fondements à autant de calculs spéciaux.

On remarquera que les plus générales de ces relations dépassent le domaine de la Géométrie et même des Mathématiques classiques. Par exemple, la théorie de la coïncidence et celle de l'inclusion trouvent leur application en Logique, dans la théorie du syllogisme. Comme Leibniz le fait observer lui-même, la théorie de l'inclusion a été en partie traitée dans les *Premiers Analytiques* : en effet, ARISTOTE y considère le prédicat comme contenu dans le sujet (au point de vue de la compréhension); et Leibniz ajoute qu'on peut, inversement, regarder le sujet comme contenu dans le prédicat (au point de vue de l'extension [1]). Il en conclut que la théorie du contenant et du contenu a une portée universelle, qu'elle est également applicable à la Logique et à la Géométrie, et qu'elle fait partie de la Science générale des combinaisons [2]. Il est impossible de concevoir plus nettement la Logique algorithmique des modernes, qui est proprement une théorie des ensembles au point de vue de leur inclusion et de leur exclusion mutuelles, et qui par suite s'applique également aux concepts et aux propositions, d'une part, aux domaines géométriques, d'autre part, de telle sorte que ceux-ci peuvent servir de schèmes pour figurer les relations de ceux-là [3].

Leibniz distingue la relation de contenant à contenu de celle

---

y voit pour ainsi dire toutes ses thèses métaphysiques découler de sa Logique ou de sa Mathématique universelle.

1. *Math.*, VII, 261. Cf. Chap. I, § 14 et Chap. VIII, § 19.

2. « Et plura adhuc demonstrari possint universalia de continente et contento seu inexistente, utilia futura tam in Logicis quam in Geometricis. » (*Math.*, VII, 261.) Cf. l'*Analysis geometrica propria* : « Hoc ita calculo exprimemus, per quem Geometria ad Logicam refertur » (*Math.*, V, 173), et *Nouveaux Essais*, IV, XVII, § 8 (voir plus bas). Voir dans le Chapitre VIII le rôle que jouent en Logique les relations d'identité et d'inclusion.

3. Voir SCHRÖDER, *Algebra der Logik*, § 3 (Leipzig, Teubner, 1890).

du tout à la partie, pour deux raisons : d'abord, la partie doit être, par définition, homogène au tout, et cette homogénéité est définie par l'axiome d'Archimède : « Deux grandeurs sont homogènes, quand la plus petite, multipliée un nombre fini de fois, peut surpasser la plus grande [1]. » Ensuite, la partie ne peut pas être égale au tout, tandis que le contenu peut être égal (identique) au contenant [2]. Par conséquent, toute partie est un contenu (homogène, mais non égal au contenant), mais tout contenu n'est pas une partie : le point est contenu dans la ligne, mais il n'en est pas une partie.

Ainsi Leibniz avait déjà l'idée, toute moderne, des lignes et des figures conçues comme des *ensembles de points*; et cette idée était si nette dans son esprit, qu'il regardait les figures comme définies *à un point près*. Une figure (par exemple, un cercle) contient des éléments (par exemple, le centre ou le diamètre) qui n'en sont pas des parties intégrantes, qui n'en composent pas la grandeur. Si l'on supprime le centre ou le diamètre d'un cercle ou d'une sphère, on n'en altère pas la grandeur; mais on change l'ensemble de points que constituent ces figures, et l'on définit un autre ensemble. Par exemple, le lieu des points (intérieurs au cercle) dont la distance à la circonférence est inférieure au rayon ne diffère du cercle que par un *seul* point, le centre [3]. On voit par là avec quelle précision Leibniz conçoit ce qu'on appelle aujourd'hui la *théorie des ensembles*, et leurs relations d'égalité et d'inclusion, indépen-

---

1. « Inesse dicimus.... partem in toto, imo et indivisibilem in continuo, ut punctum in linea, licet punctum pars lineæ non sit. » (*Phil.*, VII, 244.) « Si ea quæ insunt homogenea sint ei quo continentur, appellantur partes, et continens appellatur totum. » (*Phil.*, VII, 245.) Cf. le *Specimen Geometricæ luciferæ* : « Pars debet esse homogenea toti. » (*Math.*, VII, 274.)

2. *Nouveaux Essais*, IV, xvii, § 8 : « Aussi peut-on dire véritablement que toute la doctrine syllogistique pourrait être démontrée par celle *de continente et contento*, du comprenant et du compris, qui est différente de celle du tout et de la partie; car le tout excède toujours la partie, mais le comprenant et le compris sont quelquefois égaux, comme il arrive dans les propositions réciproques. » Cf. *Characteristica geometrica*, § 25 (*Math.*, V, 151); *Initia rerum mathematicarum metaphysica* (*Math.*, VII, 19).

3. *Phil.*, VII, 229. Cf. Chap. VIII, § 20.

damment de toute notion de grandeur; par où il anticipe sur les spéculations les plus subtiles des Mathématiques modernes [1].

La relation d'identité ou de coïncidence est caractérisée par les deux axiomes suivants : « Deux choses qui coïncident avec une même troisième coïncident entre elles. Si de deux choses qui coïncident entre elles l'une ne coïncide pas avec une troisième, l'autre ne coïncide pas non plus avec cette troisième [2]. » Cela signifie, en somme, que la relation d'identité est *transitive* et de plus *symétrique* [3]. La relation d'inclusion est aussi transitive, mais elle n'est pas symétrique. Sa transitivité s'exprime par le principe du syllogisme (*Barbara*) [4]. Leibniz adopte un signe spécial pour l'identité ou la coïncidence, et avec raison, car la relation d'identité est bien différente de la simple égalité mathématique [5].

10. Vient ensuite la relation de *détermination* ou la catégorie de l'*Unique*, comme dit Leibniz, ce qui montre qu'il s'agit de

---

1. On sait qu'en Analyse on est conduit à distinguer un cercle qui comprend toute sa circonférence d'un cercle qui ne la comprend pas, ou même qui la comprend tout entière, à *l'exception d'un point*.
2. *Math.*, VII, 261.
3. On dit qu'une relation est *symétrique*, si, lorsqu'elle existe entre A et B, elle existe aussi nécessairement entre B et A. On dit qu'elle est *transitive*, si, lorsqu'elle existe entre A et B et entre B et C, elle existe aussi nécessairement entre A et C. L'égalité mathématique est symétrique et transitive; l'inégalité est seulement transitive.
4. A savoir : Si A contient B et si B contient C, A contient C. De là vient l'analogie formelle entre la relation d'inclusion logique et celle d'inégalité mathématique.
5. « Habeo et notam coincidentiæ ∞ seu identitatis. » (*Math.*, VII, 57.) Par exemple, deux polynomes quelconques sont *égaux*, dès qu'ils ont la même valeur numérique pour certaines valeurs attribuées aux variables. Mais pour qu'ils soient *équivalents*, c'est-à-dire égaux pour toutes les valeurs attribuées aux variables, il faut qu'ils soient identiques, c'est-à-dire que leurs coefficients soient égaux chacun à chacun. Ainsi l'identité algébrique :
$$a^2 x^2 + 2abx + b^2 \infty lx^2 + mx + n$$
implique les égalités numériques suivantes :
$$a^2 = l, \quad 2ab = m, \quad b^2 = n.$$
C'est là ce que Leibniz appelle la « comparaison des équations », laquelle relève de la théorie des formes ou Combinatoire (**Phil.**, VII, B VI, 10).

la détermination univoque (à sens unique) [1]. Cette catégorie donne lieu à plusieurs axiomes très importants et très utiles en Mathématiques. D'abord, par le fait même qu'une détermination est univoque, si les déterminants coïncident, les déterminés doivent aussi coïncider [2]. Un second axiome peut s'énoncer comme suit : « Si A détermine B et si B détermine C, A détermine C (toujours à sens unique). » En d'autres termes, la détermination univoque est transitive. De cet axiome il résulte qu'on peut substituer le déterminant A au déterminé B dans la détermination de C [3].

Outre la détermination univoque, Leibniz distingue la semi-détermination, ou détermination plurivoque, qui donne lieu à des ambiguïtés. Telles sont, par exemple, en Géométrie, la détermination d'un point par ses distances à deux points donnés dans le plan ou à trois points donnés dans l'espace; et en Algèbre, la détermination d'une quantité par une équation de degré supérieur au 1er (puisqu'il y a en général autant de racines que d'unités dans le degré de l'équation). Telle est encore, plus simplement, l'ambiguïté des racines carrées, qui comportent deux valeurs symétriques; car $\sqrt{4}$ est aussi bien -2 que $+2$ [4]. Leibniz a senti que ces ambiguïtés faisaient échec à la rigueur des déterminations mathématiques, et pouvaient donner lieu à des paralogismes, ou tout au moins à des irrégularités et à des incorrections de forme. En effet, si l'on écrit, comme d'habitude :

$$\sqrt{4} = +2, \qquad \sqrt{4} = -2,$$

on peut être conduit à en conclure l'égalité absurde :

$$+2 = -2.$$

---

1. *De Calculo Situum* : « Determinatum enim est, cui aliquid, iisdem positis conditionibus, coincidere debet. » (**Math.**, I, 15.) V. p. 311, note 3.
2. « Si determinantia coeunt, etiam determinata respondentia coibunt. » (**Math.**, I, 9 b.) Cet axiome est rapproché du principe de continuité, en vertu duquel à des déterminants voisins correspondent des déterminés voisins.
3. *Math.*, VII, 262.
4. *Math.*, VII, 271. Leibniz croit pouvoir expliquer par cette ambiguïté de signes les quantités incommensurables et imaginaires.

La notation usuelle :
$$\sqrt{4} = \pm 2$$
ne remédie pas à cet inconvénient : car qu'est-ce qu'une quantité qui est égale à la fois à deux quantités inégales? Aussi Leibniz a-t-il éprouvé le besoin d'inventer un signe d'alternative, v (initiale de *vel*), pour exprimer ces sortes d'ambiguïtés. Par exemple, les racines de l'équation du second degré :
$$x^2 - 6x + 5 = 0$$
sont, écrites à la manière usuelle :
$$x = 3 \pm \sqrt{4} = 3 \pm 2,$$
c'est-à-dire :
$$x' = 5, \qquad x'' = 1.$$
Leibniz propose d'écrire la solution comme suit :
$$x = 5 \, v \, 1,$$
c'est-à-dire : « x est égal à 5 *ou* à 1 [1]. » Ainsi est mise en évidence l'ambiguïté de la solution, de manière à éviter toute confusion et toute erreur. On voit par là qu'il est amené par son légitime souci de la rigueur à introduire en Algèbre des signes de Logique [2].

Cette même préoccupation d'éliminer autant que possible les ambiguïtés du calcul algébrique lui avait suggéré dès 1674 l'invention de signes ou « caractères ambigus » destinés à condenser en une seule plusieurs équations qui ne différaient que par les signes $+$ et $-$, et à obtenir ainsi des formules absolument universelles et sans équivoque [3]. Ces signes étaient d'abord des lettres grecques qui remplaçaient plusieurs signes $+$ et $-$ et représentaient une alternative [4]. Puis ce furent des signes composés des signes $+$ et $-$ diversement combinés, et

---

1. *Math.*, VII, 57. Leibniz oppose ce signe d'alternative (qui correspond à *ou*) au signe conjonctif ou cumulatif $+$ (qui correspond à *et*).
2. Cf. Peano, *Formulaire de Mathématiques* (t. I, 1895; t. II, n° 1, 1897; n° 2, 1898; n° 3, 1899; t. III, 1901).
3. *De la Méthode de l'Universalité*, § 52 (**Phil.**, V, 10).
4. *Math.*, V, 136-7.

soumis à des règles spéciales de calcul. Leibniz appliquait cette *Méthode de l'Universalité* aux équations du second degré et à la théorie des coniques, dont il voulait avoir une définition analytique générale [1]. Il paraît avoir abandonné cette méthode peu commode et peu fructueuse pour le Calcul géométrique qu'il inventa un peu plus tard [2].

11. Après les catégories précédentes viennent les relations plus spécialement mathématiques de *congruence*, d'*égalité* et de *similitude*, dont Leibniz étudie longuement les caractères et les propriétés. On verra plus tard comment il les applique à la Géométrie ; à présent, il suffit de remarquer la forme générale et abstraite sous laquelle il les définit, d'une manière purement logique [3].

La congruence se ramène à l'indiscernabilité [4] ; l'égalité consiste dans l'identité de grandeur, et la similitude dans l'identité de forme ou de qualité [5]. Mais qu'est-ce que la *grandeur ?* C'est ce qui dans une chose ne peut être connu que par sa compa-

---

1. *De la Méthode de l'Universalité*, § 53 (**Phil.**, V, 10).
2. Voir Chap. IX. Dans la *Mathesis universalis*, la différence absolue de a et de b s'écrit :

$$\pm a \mp b$$

et la somme ou la différence absolue de a et de b :

$$\pm a \pm b$$

les signes du même rang devant être pris ensemble (*Math.*, VII, 56).

3. « Et vero similitudinis considerationem pertinere ad Mathesin generalem non minus quam æqualitatis, ex eo patet quod Mathesis specialis, qualis est Geometria, sæpe investigat figurarum similitudines. » *Elementa Nova Matheseos Universalis* (**Phil.**, VII, B vi, 9). La considération de la similitude se retrouve dans toutes les branches des Mathématiques : en Arithmétique, dans la théorie des rapports d'Euclide ; en Algèbre, dans la théorie des équations (ou polynomes) équivalents. En effet, deux polynomes équivalents ne sont pas simplement *égaux* : ils sont *congruents*, c'est-à-dire qu'ils coïncident pour toutes les valeurs des variables : ce qui entraîne l'égalité de tous leurs coefficients chacun à chacun (*Op. cit.*, **Phil.**, VII, B vi, 10). V. p. 307, note 5.

4. Deux choses congruentes ne diffèrent que par la position, c'est-à-dire par leurs relations extrinsèques (*Math.*, VII, 29, 263) ; elles peuvent donc être amenées à coïncider.

5. « *Æqualia* sunt ejusdem quantitatis. *Similia* sunt ejusdem qualitatis. » *Initia rerum mathematicarum metaphysica* (*Math.*, VII, 19).

raison avec d'autres au moyen d'une perception simultanée [1]. Et qu'est-ce que la *qualité?* C'est au contraire ce qui peut être connu dans une chose considérée séparément [2]. Il s'ensuit que deux objets semblables, ne différant que par la grandeur, sont indiscernables tant qu'on les observe séparément, et ne peuvent être distingués que par la présence et la perception simultanées; ce qui fournit une nouvelle définition de la similitude [3]. On peut encore dire que les choses semblables sont celles qui ont la même définition : car la définition épuise les qualités intrinsèques de l'objet, mais laisse nécessairement échapper la grandeur, puisque celle-ci ne peut se définir (ou plutôt se mesurer) que par rapport à une autre grandeur de même espèce prise pour unité.

La relation de congruence peut être considérée comme la réunion des relations de similitude et d'égalité : car deux objets congruents sont à la fois semblables et égaux [4]. Deux objets sont semblables, quand ils sont indiscernables séparément; ils sont congruents, quand ils sont indiscernables même conjointement, c'est-à-dire ne diffèrent que par la position (*solo numero*) [5]. La congruence est en quelque sorte la plus grande

---

1. « *Quantitas* seu *Magnitudo* est quod in rebus sola compraesentia (seu perceptione simultanea) cognosci potest » (*Math.*, VII, 18; cf. V, 154).

2. « *Qualitas* autem est, quod in rebus cognosci potest, cum singulatim observantur » (*Math.*, VII, 19; cf. V, 153).

3. *Characteristica geometrica*, § 31 (*Math.*, V, 153); *De Analysi situs* (*Math.*, V, 180); *Specimen Geometriæ luciferæ* (*Math.*, VII, 276). Leibniz trouve aussi une relation entre la détermination, la congruence et l'identité : « Determinatio enim resolvi potest ope congruitatis in coincidentiam hoc modo : ABL un., id est si situs ABL congruat cum situ ABY, coincident L et Y ». *Specimen...* (*Math.*, VII, 263). La formule : « ABL un. » signifie que la figure ABL est unique, ou que L est complètement déterminé par A et B. Il s'ensuit que si ABL et ABY sont congruents, ils coïncident nécessairement. On verra plus loin le sens et l'application géométriques de cette proposition (Chap. IX, § 16).

4. *Specimen....* (*Math.*, VII, 275); *Characteristica geometrica*, §§ 32, 33 (*Math.*, V, 154); *De Analysi situs* (*Math.*, V, 179); *De Calculo situum* (**Math.**, I, 15). Aussi Leibniz emploie-t-il parfois un signe de congruence ∽ qui est la réunion des signes de la similitude ∽ et de l'égalité = (*Math.*, V, 172, 185; cf. VII, 266, 277).

5. *Math.*, VII, 265.

relation qui puisse exister entre deux objets, après la coïncidence, c'est-à-dire l'identité pure et simple.

Aussi Leibniz essaie-t-il de définir inversement les relations d'égalité et de similitude par la congruence. Sont égaux, dit-il, les objets qui sont congruents ou qui peuvent être rendus congruents par une transformation [1]. Cette transformation consiste à décomposer les deux objets en parties congruentes chacune à chacune, de telle sorte qu'il suffise d'arranger autrement les parties de l'un pour le rendre congruent à l'autre. Mais il faut sous-entendre que cette décomposition peut aller à l'infini, et résoudre l'objet en éléments infiniment petits, sans quoi la définition précédente de l'égalité ne comprendrait pas tous les cas possibles [2]. Leibniz définit de même l'homogénéité par rapport à la similitude. Sont homogènes, selon lui, les objets qui sont semblables ou qui peuvent être rendus semblables par une transformation, qui consiste à les décomposer en parties semblables chacune à chacune [3]. Enfin il ramène la similitude (géométrique) à la congruence en disant que les figures semblables sont celles qui ont tous leurs angles congruents. Mais cette définition de la similitude est spéciale à la Géométrie [4].

12. Pour rester dans la théorie générale des relations, étudions les divers axiomes qui, selon Leibniz, caractérisent respectivement la congruence, l'égalité et la similitude. En premier lieu, ces trois relations sont transitives et symétriques comme la coïncidence ou identité, dont elles sont des formes

---

[1]. « Ex congruis oriuntur æqualia. Nempe quæ congrua sunt, aut transformatione si opus sit congrua reddi possunt, ea dicuntur æqualia » (*Math.*, VII, 266).

[2]. *Characteristica geometrica*, § 24 (*Math.*, V, 150).

[3]. « Homogenea sunt, quæ vel sunt similia..., vel saltem transformando possunt reddi similia », d'où il conclut : « Homogenea esse inter se quæ ipsa sunt similia, vel quibus æqualia saltem sunt similia » (*Math.*, VII, 282, 283). La relation d'homogénéité est ainsi composée des relations de similitude et d'égalité, mais dans un autre sens que la relation de congruence : *congruent* est à la fois *semblable et égal*; tandis que *homogène* est *semblable à égal*, ou *égal à semblable*. (Dans la Logique des relations, *congruent* serait le « produit absolu », et *homogène* le « produit relatif » de *semblable* et *d'égal*.)

[4]. *Math.*, VII, 281. Voir Chap. IX, § 11.

partielles [1]. C'est ce qu'expriment pour chacune d'elles les deux axiomes suivants :

« Deux objets congruents (égaux, semblables) à un troisième sont congruents (égaux, semblables) entre eux. Si, de deux objets congruents (égaux, semblables) entre eux, l'un n'est pas congruent (égal, semblable) à un troisième, l'autre ne l'est pas non plus à ce troisième [2]. » Ces axiomes sont d'ailleurs des corollaires des axiomes analogues relatifs à la coïncidence.

A ces axiomes on peut en joindre un autre qui porte à la fois sur ces catégories et sur la relation de détermination, et qui se formule comme suit : Si les déterminants sont congruents (égaux, semblables), les déterminés sont aussi congruents (égaux, semblables) [3]. Cet axiome est analogue à celui qui résulte de l'application de la relation de détermination à la catégorie de coïncidence, et il dérive comme lui de la notion même de détermination univoque. Mais pour que l'axiome inverse soit vrai, il faut que la détermination univoque soit réciproque, c'est-à-dire que les déterminants correspondent aux déterminés d'une manière univoque. Aussi Leibniz a la précaution d'énoncer cet axiome inverse seulement pour les déterminants les plus simples, parce que, si les déterminants immédiats ou prochains sont différents, ils doivent, en dernière analyse, se réduire aux mêmes éléments simples (comme un produit décomposé en facteurs premiers).

Cet axiome, appliqué à la congruence, est particulièrement utile en Géométrie : si deux systèmes de données congruentes

---

1. *Characteristica geometrica*, § 35 (**Math.**, V, 155); *Specimen Geometriæ luciferæ* (**Math.**, VII, 265).
2. **Math.**, VII, 265.
3. *De Calculo Situum* : « Si Similitudo, Congruentia, Coincidentia sint in Determinantibus, esse etiam in Determinatis; et vicissim, si ea sint in Determinatis, erunt quoque in Determinantibus simplicissimis » (**Math.**, I, 15). Si Leibniz ne mentionne pas l'égalité (de grandeur), c'est qu'il énonce cet axiome comme propre au *Calculus Situum* opposé au *Calculus Magnitudinum*. Cf. **Math.**, I, 3 b : « Congruere enim oportet, quæ ex iisdem eodem modo determinantur »; **Math.**, I, 9, b : « Quæ similiter determinantur similia sunt »; et les *Elementa Nova Matheseos Universalis* (**Phil.**, VII, B VI, 9).

déterminent de la même manière deux objets respectifs, ceux-ci sont aussi congruents [1]. Leibniz en donne comme exemple les « cas d'égalité des triangles ». Un triangle est déterminé par un angle et deux côtés; donc deux triangles seront congruents (géométriquement *égaux*) s'ils ont un angle congruent et deux côtés congruents chacun à chacun [2].

13. Si les trois relations de congruence, d'égalité et de similitude sont analogues à certains égards, elles se distinguent à d'autres égards par des propriétés tout à fait différentes. Les égalités peuvent s'ajouter membre à membre, comme les coïncidences et les inclusions; tandis que les congruences et les similitudes ne le peuvent pas. En d'autres termes (pour parler comme Euclide), égal ajouté à égal donne égal; mais ni congruent ajouté à congruent ne donne congruent, ni semblable ajouté à semblable ne donne semblable [3]. Si l'on ajoute séparément des objets congruents chacun à chacun, les résultats seront simplement égaux; ils ne seront eux-mêmes congruents que si les parties congruentes sont semblablement disposées [4].

Ainsi d'une congruence totale (de deux figures) on peut toujours déduire une congruence partielle (de deux parties homologues de ces figures); mais de plusieurs congruences partielles on ne peut pas toujours conclure une congruence

---

1. *Analysis geometrica propria*, § 3 : « Si determinantia sint congrua, talia erunt etiam determinata, posito scilicet eodem determinandi modo » (*Math.*, V, 172).

2. *Specimen Geometriæ luciferæ* : « Et ex hoc ipso exemplo insigne hoc Axioma magnique usus illustrari potest : quæ ex congruis eodem modo determinantur, ea sunt congrua » (*Math.*, VII, 265). On remarquera combien l'emploi du mot *égalité* en Géométrie dans le sens de *congruence* (possibilité de coïncidence) est équivoque et malencontreux : il devrait être réservé à l'égalité de *grandeur*.

3. « Discimus ex his insigne discrimen congruitatum a coincidentiis et inexistentiis seu comprehensionibus » (*Math.*, VII, 264). Cf. *Characteristica geometrica*, § 36 (*Math.*, V, 155). Par exemple, tous les points, pris isolément, sont congruents, et partant égaux et semblables; mais il ne s'ensuit pas que deux couples de points quelconques soient congruents, ni que leurs distances soient égales, ni que deux figures de trois points soient semblables.

4. *Characteristica geometrica*, §§ 36, 37 (*Math.*, V, 156).

totale. Leibniz s'attache à déterminer dans quels cas cela est possible. Par exemple, la congruence à *trois* termes :

$$ABC \equiv A'B'C'$$

entraîne les *trois* congruences à *deux* termes :

$$AB \equiv A'B', \quad BC \equiv B'C', \quad AC \equiv A'C',$$

et inversement, l'ensemble de ces trois congruences entraîne la congruence totale précédente [1]. Il faut donc *trois* congruences à *deux* termes pour produire *une* congruence à *trois* termes. De même, il faut *trois* congruences à *trois* termes pour produire *une* congruence à *quatre* termes [2]. Il en faut *cinq* pour produire une congruence à *cinq* termes; il en faut *sept* pour produire une congruence à *six* termes, et ainsi de suite [3].

---

1. *Characteristica geometrica*, §§ 45, 46 (*Math.*, V, 157); *Analysis geometrica propria*, § 4 (*Math.*, V, 173). C'est un des « cas d'égalité des triangles » : deux triangles sont congruents quand ils ont leurs trois côtés congruents chacun à chacun.

2. Par exemple, deux tétraèdres sont égaux (ou symétriques) quand ils ont trois faces (triangles) égales chacune à chacune; car l'égalité de la quatrième face s'ensuit nécessairement.

3. *Specimen Geometriæ luciferæ* (*Math.*, VII, 260). Cette loi s'explique aisément : un point est déterminé par ses relations (distances) à trois points donnés A,B,C; donc, pour déterminer une congruence à 4 termes (c'est-à-dire la position relative de 4 points), il faut un tétraèdre; pour 5 points, il en faut 2, pour 6 points, il en faut 3, etc. Cela posé, chaque tétraèdre est déterminé quand on donne trois de ses faces; or une des faces de chaque tétraèdre est le triangle ABC, donné une fois pour toutes. Donc il suffit de donner *deux* autres faces pour chaque tétraèdre nouveau, ce qui fait :

```
3 faces (triangles) pour 1 tétraèdre ou 4 points;
5    —            —     2     —      5   —
7    —            —     3     —      6   —
```

et ainsi de suite, c. q. f. d.

Seulement, il faut observer que toutes ces déterminations ne sont pas univoques, attendu qu'un point n'est pas déterminé d'une manière univoque par ses distances à trois autres points : il y a deux points qui répondent à ces données, et par suite deux tétraèdres symétriques. En conséquence, ou bien l'on devra admettre la symétrie comme un cas de congruence; ou bien l'on devra invoquer la restriction formulée par Leibniz : « eodem determinandi modo », en l'entendant en ce sens, que les faces congruentes de deux tétraèdres doivent être disposées dans le même ordre, pour qu'ils soient eux-mêmes congruents; ce qui exclut les tétraèdres symétriques. Cf. p. 428, note 2.

Leibniz établit la même loi pour la relation de similitude, du moins pour les similitudes à *trois* termes au moins. Car il remarque que les similitudes diffèrent des congruences, en ce qu'on ne peut associer plusieurs similitudes à *deux* termes pour en composer une similitude à trois termes. En effet, les trois côtés de deux triangles sont toujours semblables (comme deux segments de droites quelconques), sans que les triangles eux-mêmes soient pour cela semblables[1]. Cette différence s'explique par l'observation suivante, que fait Leibniz lui-même : une congruence implique toujours une similitude (identité de forme) ; elle a donc cela de commun avec une similitude, qu'elle détermine la forme de la figure. Mais elle détermine en outre la grandeur de la figure, ce qui implique *une* donnée de plus : car, quand on connaît la forme d'une figure, il suffit de donner *une* de ses dimensions pour connaître la grandeur absolue de tous ses éléments[2]. Seulement les déterminations intrinsèques (grandeurs relatives ou proportions) de la figure sont les mêmes dans une congruence que dans une similitude, et de là vient leur analogie formelle.

Il est vrai que les propositions précédentes sont relatives au nombre des dimensions de l'espace, c'est-à-dire, en somme, au nombre des objets nécessaires pour déterminer un nouvel objet. Mais il serait aisé de les étendre au cas d'une multiplicité à n dimensions, ce qui prouve qu'elles ont une portée générale qui dépasse la Géométrie pure. Ce ne sont donc pas là, malgré l'apparence, des vérités spéciales à la Géométrie, car elles n'impliquent encore aucun élément spatial ou intuitif : ce sont des théorèmes de la science générale des relations et des déterminations. Il en est de même pour le théorème fondamental de l'Algèbre, à savoir qu'une équation détermine en général *une* inconnue, et une seule, de sorte que, pour déterminer n inconnues, il faut et il suffit qu'on ait n équations indépendantes : pour peu qu'on y réfléchisse, on s'aperçoit

---

1. *Specimen Geometriæ luciferæ* (*Math.*, VII, 277, 280).
2. Par exemple, l'*échelle* pour une carte géographique.

que ce n'est pas là une vérité proprement algébrique, c'est-à-dire spéciale aux nombres ou même aux relations de grandeur, mais une proposition générale de Logique, à savoir, qu'il faut autant de données ou de conditions qu'il y a d'inconnues à déterminer. De même que certaines propositions de Géométrie ne sont que des théorèmes d'Arithmétique ou de Combinatoire [1], de même certaines propositions mathématiques ne sont au fond que des théorèmes de Logique appliqués aux nombres, aux grandeurs ou aux figures [2].

14. En somme, Leibniz a eu le mérite d'apercevoir (bien avant les découvertes et les progrès modernes qui ont rendu cette vérité manifeste) qu'il y a une Mathématique universelle dont toutes les sciences mathématiques relèvent pour leurs principes et leurs théorèmes les plus généraux, et que cette Mathématique se confond avec la Logique elle-même, ou du moins en est une partie intégrante [3]. Il n'y a plus seulement entre la Logique et la Mathématique une analogie formelle, une sorte de parallélisme [4], mais une identité au moins partielle. C'est que, d'une part, la Mathématique universelle constitue, comme on l'a vu, la science générale des relations. Or chaque relation

---

1. Par exemple, la théorie des polygones et polyèdres étoilés, qui repose sur la divisibilité des nombres entiers, ou encore le théorème de Gauss sur la possibilité d'inscrire au cercle un polygone régulier de n côtés, qui dépend des propriétés arithmétiques du nombre n (POINSOT, *Réflexions sur les principes fondamentaux de la théorie des nombres*).

2. On a vu d'ailleurs que les relations géométriques de congruence, d'égalité et de similitude se définissent d'une manière abstraite et formelle, et se ramènent à des *espèces* de l'égalité logique, c'est-à-dire de l'identité (identités de grandeur, de forme, etc.). Comparer, par exemple, les définitions de l'identité et de l'égalité : « *Eadem* sunt, quorum unum in alterius locum substitui potest salva veritate ». *Specimen Calculi universalis* (*Phil.*, VII, 219, 228, 236). « *Æqualia* sunt, quae sunt magnitudine eadem, seu quae sibi mutuo substitui possunt salva magnitudine » (*Math.*, VII, 274). Cf. *Characteristica geometrica*, § 39 (*Math.*, V, 156); *Lettre à Burnett*, 1699 (*Phil.*, III, 258); et *Phil.*, VII, 237.

3. Voir p. 299, note 2. On se souvient que Leibniz appelle la Logique telle qu'il la conçoit « une mathématique universelle » (*Nouveaux Essais*, IV, XVII, §§ 4, 9; voir Chap. I, § 1, et Chap. II, § 1).

4. « Est enim in syllogismo quoddam matheseos imitamentum. » *Lettre à Koch*, 2 sept. 1708 (*Phil.*, VII, 479). Voir § 1.

étant caractérisée par un certain nombre de propriétés formelles, donne lieu à une théorie spéciale qui a ses axiomes propres et ses théorèmes, et finalement à un *calcul* dont ces axiomes constituent les règles opératoires[1], bref à une Algèbre. A côté de l'Algèbre classique, qui n'est que la Logique du nombre et de la quantité, fondée sur la seule relation d'égalité, Leibniz fait place à d'autres Algèbres fondées sur les relations de congruence, de la similitude, etc., et à l'Algèbre de l'identité et de l'inclusion, qui embrasse et développe la Logique classique. Et comme toutes ces Algèbres reposent sur les propriétés *formelles* des formules et des combinaisons, la Mathématique universelle devient une véritable Logique formelle, la science des lois et des formes générales de la pensée.

15. D'autre part, la Logique formelle s'étend jusqu'à coïncidence avec la Mathématique. En effet, c'est le caractère *formel* des raisonnements qui garantit la valeur universelle et nécessaire de la déduction. Aussi Leibniz recommande-t-il sans cesse de faire des raisonnements *en forme*; mais il ajoute aussitôt que les formes logiquement probantes ne se réduisent pas aux formes syllogistiques[2]. Il entend par là toute déduction rigoureuse et explicite où l'on passe des prémisses aux conclusions en vertu de règles générales et formelles établies d'avance, et indépendantes du contenu des relations considérées[3]. Et il

---

1. Par exemple, on a vu comment et dans quels cas plusieurs relations réunies peuvent en engendrer une nouvelle.

2. *Lettre à la duchesse Sophie* : « Les arguments *in forma* ne sont pas toujours marqués au coin de *Barbara, Celarent* » (*Phil.*, IV, 295). Cf. ce qui est dit des conséquences asyllogistiques, Chap. IV, § 10.

3. A propos de sa discussion avec PAPIN, en 1691 (voir Chap. I, § 1), il disait : « Ut igitur res in clara luce collocaretur, recurrendum putavi ad *formam logicam*. Nam nihil aliud est Forma a Logicis praescripta, quam plena et ordinata expositio argumentationis. » (*Math.*, VI, 211.) D'autre part, quand il voulait qu'on écrivît partout mathématiquement, voici comment il l'entendait : « Sunt qui mathematicum rigorem extra ipsas scientias quas vulgo mathematicas appellamus locum habere non putant. Sed illi ignorant, idem esse mathematice scribere, quod in forma, ut Logici vocant, ratiocinari. » *De vera methodo Philosophiæ et Theologiæ* (*Phil.*, VII, 324). Cf. *Lettre à G. Wagner*, 1696 (*Phil.*, VII, 519); *Nouveaux Essais*, IV, xvii, § 4.

cite comme exemples de raisonnements en forme : « un compte de receveur, un calcul d'analyse », les quatre opérations arithmétiques, les règles du calcul des proportions (établies par Euclide), et même les formes judiciaires, car elles aussi garantissent la vérité du fond, c'est-à-dire la justice des décisions à prendre [1]. On voit que la Mathématique rentre à ce titre tout entière dans la Logique *formelle*.

Mais elle fait plus encore : car c'est elle qui prête à la Logique les *formes* rigoureuses et précises qui doivent la rendre infaillible. En effet, pour observer exactement cette « formalité constante » [2], le meilleur et le plus sûr moyen est de réduire le raisonnement au calcul, c'est-à-dire, en somme, de vider les relations logiques de leur contenu réel pour ne considérer que leur enchaînement formel et leurs consécutions nécessaires. C'est ce qu'on fait en remplaçant les termes significatifs par des symboles de sens indéterminé, en marquant leurs liaisons par des signes conventionnels, et en opérant sur les expressions ainsi obtenues suivant des règles formelles de combinaison et de transformation [3]. En un mot, c'est la Caractéristique qui réalise l'idéal de la Logique formelle; c'est en elle que la Logique et la Mathématique s'unissent, s'entr'aident et se confondent [4].

16. Ainsi Leibniz concevait sa Logique comme une Mathématique de la pensée, plus exactement, et suivant son expression, comme une « Algèbre universelle » [5], s'appliquant à tous

---

1. *Lettre à la duchesse Sophie*, déjà citée: *Animadversiones in principia Cartesiana* (*Phil.*, IV, 363, 366); *Meditationes*, 1684 (*Phil.*, IV, 426).
2. *Lettre à la duchesse Sophie* (*Phil.*, IV, 295).
3. Au début des *Ad Specimen calculi universalis Addenda*, Leibniz définit très nettement la valeur formelle et universelle d'une formule; par exemple : « ab est a » est toujours et nécessairement vraie, quels que soient les termes *a* et *b* (*Phil.*, VII, 221).
4. « Mais pour déterminer cette forme, qui ne feroit pas moins en métaphysique, en physique et en morale, que le calcul ne fait en Mathématiques, et qui monstreroit même les degrés de probabilité, lorsqu'on ne peut raisonner que vraisemblablement, il faudroit rapporter icy les méditations que j'ay sur une nouvelle charactéristique » (*Phil.*, IV, 295).
5. *Lettre à Lange*, 5 juin 1716 (Note XIX). L'idée de cette science a été retrouvée et développée de nos jours, grâce aux progrès des Mathémati-

les objets susceptibles de déterminations précises, et comprenant autant d'Algèbres spéciales qu'il y a de genres de relations à considérer entre ces objets. On l'a déjà vu esquisser tour à tour l'*algorithme* de la congruence, celui de la similitude, celui de l'égalité, etc., et ébaucher une théorie générale des opérations. Par exemple, il classait les combinaisons en semblables et en dissemblables, suivant que leur résultat ne dépend pas ou dépend de l'ordre des termes combinés [1]. Il distinguait aussi les opérations suivant que la répétition d'un même terme change ou ne change pas le résultat, et par suite il admettait des Algèbres spéciales où l'on pouvait avoir :

$$aa = a \; (^2)$$

D'une manière générale, il concevait tout algorithme comme consistant en deux choses : la formation des formules, c'est-à-dire des combinaisons de signes, et le passage d'une formule à l'autre, c'est-à-dire la transformation des expressions par des opérations et des substitutions permises, c'est-à-dire conformes

---

ques, par M. WHITEHEAD dans son *Treatise on Universal Algebra* (t. I, Cambridge, 1898). Cf. notre article *Sur l'Algèbre universelle de M. Whitehead*, ap. *Revue de Métaphysique et de Morale*, t. VIII, p. 323 (mai 1900).

1. « Est autem combinatio vel ab ordine absoluta, vel ordinem respiciens; est item vel similaris inter characteres quorum quisque tractatur eodem modo, vel dissimilaris » (*Phil.*, VII, 31). Ce que Leibniz appelait une combinaison *semblable* s'appelle aujourd'hui une opération *symétrique* ou *commutative*. Dans les *Fundamenta Calculi ratiocinatoris*, il distingue les lettres suivant qu'elles entrent dans une formule d'une manière *directe* ou *oblique*, ou dans une combinaison *uniforme* ou *difforme* (*æquiformis* vel *disquiformis*), et il emploie un signe spécial (non symétrique) pour indiquer cette dernière (c'est-à-dire une opération non commutative) (*Phil.*, VII, 206-7). Cf. **Phil.**, VII, B II, 74; VII, B IV, 21.

2. « Item vel in ea ejusdem characteris repetitio vel variat aliquid vel non variat, quae est specialis combinatio, cum AA ∝ A. » (*Phil.*, VII, 31.) C'est là justement la formule caractéristique du Calcul logique. « Calculus de continentibus et contentis est species quædam calculi de combinationibus, quando scilicet nec ordinis rerum, nec repetitionis ratio habetur » (**Phil.**, VII, B II, 52). Cela veut dire, en style moderne, que le Calcul logique est caractérisé par la loi commutative et par la loi de tautologie, comme BOOLE l'a découvert. Cf. *Specimen Calculi universalis* (*Phil.*, VII, 224), cité Chap. VIII, § 9, et le texte cité p. 321, note 3.

aux règles formelles du calcul [1]. Il avait donc l'idée très nette d'une infinité d'algorithmes possibles, caractérisés par leurs lois fondamentales [2]. Et comme toutes les formules de chacun d'eux sont des conséquences nécessaires et formelles de ses lois fondamentales, partout où ces lois seront vérifiées, ce calcul sera applicable avec toutes ses règles et formules [3]. Il est impossible de définir plus clairement la valeur formelle et *hypothétiquement nécessaire* de toute Algèbre.

De toutes ces Algèbres théoriquement possibles, il n'y en a que deux que Leibniz ait essayé d'élaborer, parce que ce sont les seules dont il ait éprouvé l'utilité et prévu l'application. C'est, d'une part, le Calcul logique, qui consiste dans la théorie de l'identité et de l'inclusion, et qui s'applique à la fois à la Logique et à la Géométrie; d'autre part, un Calcul géométrique directement adapté et approprié à l'étude des figures et des relations spatiales, et qui comprend principalement les théories de la congruence et de la similitude. Tous deux procèdent de l'idée de la Caractéristique, et n'en sont que deux applications particulières; tous deux font partie de la Mathématique universelle, et en offrent des essais ou des échantillons. Ce sont ces

---

1. *Phil.*, VII, B IV, 21.

2. « Non omnes formulæ significant quantitatem, et infiniti modi calculandi excogitari possunt » (**Math.**, I, 26 a). Et dans ce même fragment Leibniz ébauche un Calcul des alternatives (Voir Chap. VIII, § 12). Cf. *De ortu, progressu et natura Algebræ* : « Sed et Calculus in universum et ars characterum longissime distat ab Algebra; imo certum est, ne omnem quidem calculum Mathematicum ab Algebra et a Numeris pendere. Dantur enim Calculi quidam ab hactenus usitatis plane diversi, ubi notæ sive characteres non quantitates sive numeros definitos vel indefinitos, sed alias plane res, v. gr. puncta, qualitates, respectus significant. » (*Math.*, VII, 207.) Leibniz fait ensuite allusion à son Calcul géométrique (voir Chap. IX, § 8).

3. « Cum speciosa generalis nihil aliud sit quam combinationum per notas repræsentatio atque tractatio, variæque sint combinandi leges excogitabiles, hinc fit ut varii oriantur modi computandi. Hoc loco autem (en Logique) nulla habetur ratio variationis quæ in sola ordinis mutatione consistit, idemque nobis est AB quod BA (loi commutative). Deinde hoc loco nulla habetur ratio repetitionis, seu AA idem nobis est quod A (loi de tautologie). Itaque ubicunque istæ leges servantur, applicari potest præsens calculus. » (*Phil.*, VII, 243.)

deux branches de la Logique générale de Leibniz que nous allons étudier successivement [1].

1. Leibniz paraît faire allusion à ce double calcul dans sa *Lettre à Haak*, 6 janv. 1680/1 (après avoir dit que l'Algèbre n'est pas la vraie caractéristique de la Géométrie) : « Habeo ego ejus novæ Analyseos mathematicæ specimina quædam, eaque arbitror plane diversa ab omni eo quod veteribus vel recentioribus in hoc genere in mentem venit. Atque huic fundamento character meus saltem pro parte inædificabitur[*], nam illa pars, quæ de rebus tractat imaginationi per se non subjacentibus, diverso nonnihil characterum genere (generi?) adhibito subjicienda est. » (*Phil.*, VII, 20.) La même distinction des objets soumis ou non soumis à l'imagination se trouve dans la *Lettre à Huygens*, 8 sept. 1679, *Appendice*, fin (*Math.*, II, 25; *Briefwechsel*, I, 575), citée p. 390.

[*] Gerhardt imprime : « modificabitur ».

CHAPITRE VIII

LE CALCUL LOGIQUE

Leibniz n'a pas construit *un* système de Calcul logique ; il en a ébauché plusieurs successivement, sans en adopter définitivement aucun pour le développer et l'achever. Les essais qu'ERDMANN et GERHARDT ont si parcimonieusement publiés en contiennent déjà deux bien distincts ; mais les manuscrits inédits nous en ont révélé un troisième, qui est le premier en date, et qu'on pouvait tout au plus deviner et entrevoir d'après certains textes déjà connus [1]. D'autre part, de nombreux fragments *datés*, que les éditeurs paraissent avoir systématiquement négligés, nous ont permis de fixer exactement la date de ces systèmes successifs, et ont entièrement confirmé les conjectures chronologiques que nous avions tirées de l'examen du contenu des fragments déjà publiés, de certains rapprochements plus ou moins vagues, et de quelques allusions contenues dans la Correspondance. Nous avions discerné trois époques où Leibniz s'était principalement occupé du Calcul logique ; or nous avons trouvé des opuscules datés précisément de ces trois époques (1679, 1686, 1690), et l'ordre qu'ils assignent aux divers systèmes est bien celui que leur étude intrinsèque et comparative nous avait conduit à leur assigner.

1. On a déjà vu [2] que Leibniz a conçu tout d'abord la com-

---

1. Notamment le commencement du *De Synthesi et Analysi universali*, fragment de l'Encyclopédie, qui doit dater de 1679 environ, comme l'indique ce rapprochement même. Cf. **Phil.**, VII, B II, 57-59 ; *Lingua generalis*, février 1678 (**Phil.**, VII, B III, 3) ; *Lingua universalis* (**Phil.**, VII, B III, 4), et la fin inédite du *Specimen Calculi universalis* (**Phil.**, VII, B II, 10 [12]).

2. Chap. II, § 6 ; Chap. III, § 7 ; Chap. IV, § 14.

position des concepts comme analogue à la multiplication arithmétique, et la décomposition des concepts en éléments simples comme analogue à la décomposition des nombres en facteurs premiers. Mais à cette conception il prévoit qu'on peut faire une objection : la multiplication arithmétique est *commutative* (le produit est indépendant de l'ordre des facteurs), tandis que la composition des concepts n'est pas commutative : quand on définit une espèce en ajoutant au genre une différence spécifique, celle-ci présuppose la notion du genre et ne peut que se superposer à elle, et non la précéder. Leibniz répond à cette objection que l'on doit pouvoir permuter les facteurs en Logique comme en Arithmétique; si on ne le peut pas, c'est que la décomposition est fausse ou incomplète, et que les genres suprêmes n'ont pas été atteints. La différence spécifique présuppose le genre, parce qu'elle l'implique; mais si elle était analysée complètement, elle en deviendrait indépendante. Toutes les notions complexes doivent pouvoir être obtenues en combinant entre eux de toutes manières les genres suprêmes, c'est-à-dire les concepts primitifs et simples; et dans ces combinaisons, chaque genre, étant indépendant de tous les autres, peut jouer le rôle de différence spécifique par rapport à eux, sans pour cela leur être subordonné [1]. De même, par exemple, qu'on définit l'homme *un animal raisonnable*, on doit pouvoir le définir aussi : *un raisonnable animal*, en prenant *raisonnable* pour substantif et *animal* pour adjectif [2]. Les concepts mathématiques, plus abstraits et plus purs, ont justement sur les concepts vulgaires l'avantage d'être permutables, de sorte que l'on peut définir indifféremment le carré *un quadrilatère régulier*

---

1. *De Synthesi et Analysi universali* (*Phil.*, VII, 292). Cf. *Lettre à Gabriel Wagner*, 1696 (*Phil.*, VII, 525).

2. *Ibid.* En réalité, la distinction du substantif et de l'adjectif n'est pas essentielle : le substantif est un adjectif joint à l'idée d'être : Animal = Ens animale; et de même on peut dire : Ens rationale = Rational. Comme Leibniz le remarque en note, ce sont là des distinctions scolastiques et toutes verbales : « Hæ definitiones usui scholæ sunt accommodatæ, sed in characteribus necesse non est differentiam nominis substantivi atque adjectivi apparere, neque illa vero usum habet ullum » (*Phil.*, VII, 227). Cf. p. 70, et note 4.

ou bien un *polygone régulier à quatre côtés*[1]. En somme, Leibniz pose en principe que la combinaison des concepts est commutative comme la multiplication des nombres, ce qui établit entre ces deux opérations une analogie formelle et une identité de propriétés.

Ce principe se manifeste sous une autre forme et par d'autres conséquences, dans la théorie des divisions et classifications. Leibniz commence par professer l'opinion classique, que l'on peut obtenir tous les genres et espèces au moyen de la dichotomie. Mais il s'aperçoit que, si cela est vrai des espèces infimes, cela n'est pas vrai des espèces intermédiaires ou des genres subalternes. En effet, il professe d'autre part qu'une collection quelconque d'espèces (et même de choses) a un *genre propre*, c'est-à-dire correspond à une idée générique qui convient à toutes ces espèces, et à elles seules[2]. Or, soient par exemple quatre espèces infimes a, b, c, d, composant le genre e : on pourra les obtenir en partant de e par la dichotomie suivante :

$$e \begin{cases} f \begin{cases} g \begin{cases} a \\ b \end{cases} \\ \ldots\ c \end{cases} \\ \ldots\ldots\ d \end{cases}$$

qui fournit les genres subalternes $ab = g$, $abc = f$; mais on n'obtiendra pas ainsi les genres subalternes ac, ad, bc, bd, cd ; abd, acd, bcd. On en trouvera d'autres par une autre dichotomie, comme celle-ci :

$$e \begin{cases} h \begin{cases} i \begin{cases} a \\ d \end{cases} \\ \ldots\ b \end{cases} \\ \ldots\ldots\ c \end{cases}$$

qui fournit $ad = i$, $adb = h$. Il faudrait donc plusieurs autres

---

1. *Nouveaux Essais*, III, III, § 10.
2. *De Arte combinatoria*, n° 53 : « Nam profecto tam est in abstrahendo fecundus animus noster, ut datis quotcunque rebus, Genus earum, id est conceptum singulis communem et extra ipsas nulli, invenire possit. » (*Phil.*, IV, 61 ; *Math.*, V, 39.)

dichotomies pour trouver tous les genres subalternes, que l'on obtient au contraire aisément et sûrement par la Combinatoire [1].

Ainsi tous les genres possibles s'obtiennent par la combinaison des espèces et, inversement, toutes les espèces possibles s'obtiennent par la combinaison des genres entre eux; les espèces ne proviennent pas de la division et subdivision des genres, mais de leurs intersections ou de leurs recoupements, et c'est pourquoi ils se servent mutuellement de différences spécifiques [2].

2. Leibniz fut naturellement amené par ces considérations à représenter la composition logique par la multiplication arithmétique, à figurer les concepts simples par les nombres premiers, et les concepts complexes par les nombres composés. Tel est le principe du système qu'il a élaboré dans une série d'essais datés d'avril 1679 [3]. La règle de composition des caractères est la suivante : un terme composé de plusieurs termes simples sera représenté par le produit des nombres premiers qui correspondent à ses termes simples [4]. Par exemple, l'homme

---

1. *Tabulæ. Divisiones. Methodus. Genera et Species subalternæ*, nov. 1678 (**Phil.**, VII, C, 64). Cf. le fragment *De la Sagesse*, cité Chap. VI, § 3 (p. 182). Aussi Leibniz substitue les combinaisons aux dichotomies comme méthode de classification des êtres organisés : *Consilium de Encyclopædia nova...* juin 1679 (**Phil.**, V, 7, f. 3 verso).

2. Dans l'*Ad Specimen Calculi universalis addenda* (partie inédite), Leibniz paraît hésiter entre deux sortes de schèmes, un schème par accolades (semblable à un arbre généalogique) et un schème géométrique (carré recoupé en quarts, en seizièmes, en 64es). Celui-ci est évidemment bien préférable à l'autre (**Phil.**, VII, B II, 21 verso). Cf. p. 114, note 1.

3. *Elementa Characteristicæ universalis* (**Phil.**, V, 8 a); *Elementa Calculi* (**Phil.**, V, 8 b); *Calculi universalis Elementa* (**Phil.**, V, 8 c); *Calculi universalis investigationes* (**Phil.**, V, 8 d); *Modus examinandi consequentias per numeros* (**Phil.**, V, 8 e); *Regulæ ex quibus de bonitate consequentiarum formisque et modis syllogismorum categoricorum judicari potest per numeros* (**Phil.**, V, 8 f). A ces fragments datés et numérotés par Leibniz il faut évidemment joindre le *Calculus consequentiarum*, les *Regulæ quibus observatis de bonitate consequentiarum per numeros judicari potest* (**Phil.**, V, 8 f) et le fragment : **Phil.**, VII, B II, 14.

4. « Lex expressionum hæc est : ut ex quarum rerum ideis componitur rei exprimendæ idea, ex illarum rerum characteribus componatur rei expressio. » **Phil.**, V, 6, f. 16 (*Bodemann*, p. 80-81).

est un animal raisonnable : soit $h =$ homme, $a =$ animal, $r =$ raisonnable, on posera :

$$h = ar,$$

h, a et r représentant des nombres. Supposons que $a = 2$ et $r = 3$, on aura $h = 6$, et l'égalité précédente deviendra l'égalité arithmétique :

$$6 = 2.3,$$

qui traduit la définition du concept *homme*.

Ainsi chaque terme aura son *nombre caractéristique*, et chaque terme simple sera représenté par un nombre premier. La décomposition d'un nombre caractéristique en ses facteurs premiers donnera la définition du terme correspondant. On sait que cette décomposition ne peut s'effectuer que d'une seule manière. Un nombre caractéristique n'est divisible par un nombre premier que si celui-ci figure parmi ses facteurs premiers; et il n'est divisible par un nombre quelconque que s'il contient tous les facteurs premiers de celui-ci (en vertu de la loi de tautologie : $aa = a$, les facteurs premiers n'entrent qu'à la première puissance dans tous les produits).

3. Cela posé, on sait qu'un concept quelconque a pour prédicats tous ses diviseurs, c'est-à-dire tous ses facteurs premiers et toutes leurs combinaisons multiplicatives. Par conséquent, une proposition *universelle affirmative* est vraie, si le sujet *contient* le prédicat, c'est-à-dire *est divisible* par lui (le contient *en facteur*). En vertu de la règle des contradictoires, la proposition *particulière négative* est vraie quand l'U. A. est fausse, et par suite quand le sujet *n'est pas divisible* par le prédicat. La proposition *particulière affirmative* est vraie, lorsque le sujet est divisible par le prédicat, ou le prédicat par le sujet. Et, par la règle des contradictoires, la proposition *universelle négative* est vraie dans le cas contraire, c'est-à-dire quand ni le sujet n'est divisible par le prédicat, ni le prédicat par le sujet [1].

Ces deux dernières règles sont fausses, car elles identifient la

---

1. **Phil.**, V, 8 a.

P. A. : « Quelque S est P » à l'alternative des deux U. A. : « Tout S est P » et « tout P est S ». Leibniz s'en est aperçu, car dans le brouillon suivant il se corrige comme suit : Pour que la P. A. soit vraie, il suffit que le prédicat soit contenu dans une espèce du sujet (quelque S)[1]. Elle se ramène ainsi à l'U. A. en particularisant son propre sujet. Tout revient donc à la traduction algébrique de l'U. A.

Comment exprimer l'U. A., c'est-à-dire le fait que le sujet est divisible par le prédicat? En écrivant que leur quotient est égal à un nombre entier :

$$\frac{S}{P} = y,$$

ou que le sujet est égal au produit du prédicat par ce même nombre entier :

$$S = Py.$$

Or qu'est-ce que représente logiquement Py? C'est le produit de P par un autre terme qui le détermine et le particularise; c'est donc une *espèce* de P; et l'égalité précédente signifie que le sujet S est égal (identique) à une espèce de P, ou que « Tout S égale *quelque* P »[2].

De là résulte la traduction de la P. A. : car « quelque S » équivaut à « une espèce de S » et pourra se présenter par Sx, x étant un terme indéterminé. D'autre part, cette espèce de S devra être égale (identique) à une espèce de P; on écrira donc :

$$Sx = Py.$$

En somme, la traduction de l'U. A. ne diffère de celle de la P. A. qu'en ce que le coefficient x du sujet s'y réduit à 1. C'est ce qu'on peut exprimer autrement, en écrivant :

$$\text{U. A.} : \frac{S}{P} = y \qquad \text{P. A.} : \frac{S}{P} = \frac{y}{x}.$$

Dans le premier cas, le quotient du sujet par le prédicat est un

---

1. Phil., V, 8 b, § 18.
2. On remarquera que c'est précisément la notation adoptée par BOOLE pour l'U. A.

nombre entier ; dans le second, il est une fraction *irréductible*. On peut en conclure la règle suivante : On établit entre S et P une égalité numérique de la forme :

$$Sx = Py$$

au moyen de coefficients x, y convenablement choisis ; puis on réduit la fraction x/y à sa plus simple expression ; si x se réduit à 1, la proposition est universelle ; sinon, elle est particulière.

Il s'agit maintenant d'exprimer de la même manière les propositions négatives ; or elles sont respectivement la négation des propositions affirmatives. On pourra donc les représenter par les *non-égalités* suivantes :

U. N. : $Sx \neq Py$ P. N. : $S \neq Py$.

Mais une telle traduction ne signifie pas grand chose et n'apprend rien du tout. Car x et y sont ici des coefficients indéterminés, et les *non-égalités* doivent avoir lieu quelles que soient les valeurs attribuées à ces coefficients, de sorte que pour les vérifier il faudrait essayer toutes les valeurs numériques possibles de x et de y.

4. Aussi Leibniz essaie-t-il d'une autre méthode, qui consiste à ramener l'U. N. à une U. A. à prédicat négatif : « Nul cuivre n'est or » équivaut en effet à : « Tout cuivre est non-or »[1]. On ramènerait de même la P. N. à une P. A. à prédicat négatif. De là vient la nécessité d'introduire des termes *négatifs* contradictoires des termes positifs ou affirmatifs. Cette nécessité se manifeste encore autrement. Pour qu'une P. A. soit vraie, avons-nous vu, il suffit que son sujet, *multiplié par un nombre quelconque*, soit divisible par son prédicat. Or il est toujours possible de trouver un tel multiplicateur, de sorte que n'im-

---

[1]. Tandis que : « Tout métal *n'est pas* or » (la négation portant sur la copule) est la contradictoire de l'U. A. : « Tout métal est or », et par conséquent équivaut à la P. N : « Quelque métal n'est pas or » (**Phil.**, V, 8 e). Cette distinction est parfaitement juste : en réalité, les propositions dites *négatives* sont des propositions affirmatives à prédicat *négatif*, et ne doivent pas être confondues avec les propositions vraiment négatives (à copule négative). Cf. **Phil.**, VII, B II, 72. Voir Schröder, *Algebra der Logik*, § 15.

porte quelle proposition P. A. serait vraie (quelque homme serait pierre), ce qui est absurde. Donc, s'il n'y avait que des termes affirmatifs, ils seraient *tous* compatibles entre eux, et aucune exclusion, c'est-à-dire aucune proposition négative, ne serait possible. Il faut donc admettre des termes négatifs directement opposés aux termes affirmatifs, qui non seulement seront incompatibles avec eux, mais rendront incompatibles les termes composés qui contiendront respectivement deux éléments contradictoires (comme A et non-A)[1]. Ainsi les termes négatifs sont non seulement utiles à l'interprétation des propositions négatives, mais indispensables à leur existence même[2].

Mais alors il faut trouver une expression des termes négatifs en fonction des termes affirmatifs, c'est-à-dire une traduction algébrique de la négation. Leibniz pense tout naturellement au signe — (*moins*) qui distingue les nombres négatifs des nombres positifs. Il y trouve d'abord quelques difficultés, à savoir que le signe — attaché à un facteur affecte tout un produit (le rend négatif), et que deux signes — équivalent à un signe + (deux facteurs négatifs ont un produit positif). Mais d'autre part, le signe — a une analogie essentielle avec la négation : c'est que deux signes — superposés se détruisent, de même que Non-non-A $= A$[3].

5. Quoi qu'il en soit, Leibniz paraît s'être décidé dans les essais suivants à adopter le signe — comme signe de négation, et les nombres négatifs comme symboles des termes négatifs. En effet, sa notation logique se complique : chaque terme sera représenté, non plus par *un*, mais par *deux* nombres caractéristiques, l'un positif, l'autre négatif[4]. Ces deux nombres sont soumis à une condition : ils doivent être *premiers entre eux*. Et cela se comprend : car s'ils n'étaient pas premiers entre eux, ils auraient un facteur commun qui entrerait positivement dans l'un, négativement dans l'autre, de sorte que le terme

---

1. Voir p. 219, note 2.
2. **Phil.**, V, 8 d.
3. **Phil.**, V, 8 d.
4. **Phil.**, V, 8 e.

en question contiendrait deux éléments contradictoires, et serait lui-même contradictoire [1].

Dans ce nouveau système, la condition de la validité de la proposition U. A. reste la même, seulement elle est doublée : les nombres du sujet doivent être divisibles respectivement par les nombres correspondants du prédicat. Ainsi la proposition : « Tout sage est pieux » sera vraie, si par exemple *sage* est traduit par $+70-33$, et *pieux* par $+10-3$, parce que 70 est divisible par 10, et 33 par 3. Inversement, la proposition P. N. sera vraie, si sa contradictoire U. A. est fausse, c'est-à-dire si l'un des nombres du sujet n'est pas divisible par le nombre correspondant du prédicat.

Voici maintenant la traduction de la proposition U. N. dans le nouveau système (laquelle en constitue le progrès essentiel) : une proposition U. N. sera vraie, si deux nombres de signes contraires appartenant respectivement aux deux termes ont un facteur commun. Ainsi la proposition : « Nul pieux n'est malheureux » sera vraie, si *pieux* est représenté par $+10-3$, et *malheureux* par $+5-14$, parce que 10 et 14 ont le facteur commun 2. La raison de cette règle est facile à découvrir : la proposition U. N. affirme l'exclusion complète ou l'incompatibilité de ses deux termes. Or cette incompatibilité ne peut venir, on l'a vu, que de ce que ces deux termes contiennent respectivement deux éléments contradictoires entre eux, comme $+2$ et -2. Ces deux éléments constituent un facteur commun à deux nombres de signes contraires pris dans chacun des termes de la proposition.

Inversement, la proposition P. A. sera vraie quand sa contradictoire U. N. sera fausse, c'est-à-dire si les nombres de signes contraires des deux termes n'ont aucun facteur commun (sont premiers entre eux). Cette condition est double : elle s'applique aux deux couples de nombres pris pour ainsi dire

---

[1]. Cela suppose que le nombre positif se compose de tous les facteurs positifs, et le nombre négatif de tous les facteurs négatifs. Leibniz a trouvé ainsi le moyen de remédier aux inconvénients signalés dans l'essai précédent.

en croix. Ainsi la proposition : « Quelque riche est malheureux » est vraie, si *riche* est traduit par $+11 -9$, et *malheureux* par $+5 -14$; parce que 11 et 14 d'une part, 9 et 5 d'autre part sont premiers entre eux [1].

6. Du fait que les conditions de validité de l'U. N. et de la P. A. sont symétriques (c'est-à-dire sont encore remplies si l'on permute le sujet et le prédicat), Leibniz conclut immédiatement que ces propositions sont convertibles *simplement*. Il démontre la *subalternation* de l'affirmative comme suit. Soit la proposition U. A. :

Tout sage est pieux.
$(+70 -33)$ $(+10 -3)$

Les nombres 70 et 33 du sujet sont par hypothèse premiers entre eux; or 70 est divisible par 10, et 33 par 3; donc 70 ne peut avoir aucun facteur commun avec 3, ni 33 avec 10. Or ce sont les conditions pour que la proposition P. A. soit vraie :

Quelque sage est pieux.

Une fois la subalternation établie, la *conversion partielle* de l'U. A. s'en déduit aisément, au moyen de la conversion simple de la P. A. subalterne.

Enfin Leibniz démontre la *conversion par contraposition* de l'U. A. comme suit :

Tout sage est pieux.
$(+20 -21)$ $(+10 -3)$

Donc : Nul non-pieux n'est sage.
$(+3 -10)$ $(+20 -21)$

On voit que la négation d'un terme s'effectue en intervertissant ses deux nombres, c'est-à-dire en changeant son signe (comme si on l'avait affecté du signe —). Or, puisque par hypothèse 20 est divisible par 10 et 21 par 3, *a fortiori* 3 et 21,

---

[1]. Il en résulte que les deux termes ne s'excluent pas, ne sont pas incompatibles (c'est-à-dire contradictoires).

10 et 20 ont des facteurs communs, c'est-à-dire que la condition de validité de l'U. N. est doublement remplie.

Leibniz essaie de réduire de nouveau les négatives aux affirmatives par le même procédé. En effet, dire que « Nul pieux n'est malheureux », c'est dire que « Tout pieux est non-malheureux (heureux). » Soit *pieux* $= +10-3$, *malheureux* $= +5-14$; *heureux* doit être représenté par $+14-5$, négation du terme précédent. Mais si les termes $(+10-3)$ et $(+5-14)$ remplissent les conditions de validité de l'U. N., les termes $(+10-3)$ et $(+14-5)$ ne remplissent pas les conditions de validité de l'U. A. équivalente. C'est là un défaut capital de ce système de notation.

7. Il présente d'ailleurs de graves inconvénients. Pour vérifier un raisonnement (un syllogisme, par exemple), il faut assigner à chaque terme deux nombres caractéristiques qui remplissent toutes les conditions de validité des diverses prémisses où ils entrent, ce qui est fort compliqué et parfois difficile : car les nombres de chaque terme ne doivent pas cesser d'être premiers entre eux. Par exemple, si *animal* $= +13-5$, on pourra poser : *raisonnable* $= +8-7$, et alors on aura : *homme* $= +13.8 - 5.7 = +104 - 35$, expression admissible. Mais si l'on avait posé : *raisonnable* $= +10-7$, on aurait eu : *homme* $= +13.10 - 5.7 = +130 - 35$, ce qui constitue un terme contradictoire, car les deux nombres 130 et 35 ont un facteur commun 5, qui figure deux éléments contradictoires $+5$ et -5[1]. On voit quelles complications entraîne la traduction d'un raisonnement en nombres, et par suite sa vérification.

Voici un ou deux exemples de vérification de syllogismes au moyen des nombres caractéristiques. Soit le syllogisme :

Tout sage est pieux.
Quelque sage est riche.
Donc quelque riche est pieux.

---

1. *Raisonnable* contenant en facteur $+5$, et *animal* -5, on devrait avoir, d'après la règle formelle de validité de l'U. N. : « Nul animal n'est raisonnable. »

Posons : $sage = + 70 - 33,$
$pieux = + 10 - 3,$
$riche = + 8 - 11.$

Ces trois termes vérifient les conditions de validité des prémisses ; ils vérifient aussi celles de la conclusion. Donc le syllogisme est valide. Et, en effet, il est du mode *Datisi* (3ᵉ figure).

Soit maintenant le syllogisme :

Tout pieux est heureux.
Quelque pieux n'est pas riche.
Donc quelque riche n'est pas heureux.

En posant *pieux* et *riche* comme ci-dessus, et :

$heureux = + 5 - 1,$

ces trois termes vérifient les conditions de validité des prémisses, ainsi que celles de la conclusion [1]. Et pourtant le syllogisme n'est pas valide : en effet, il est de la 3ᵉ figure, et du mode AOO ; or ce mode n'existe pas dans la 3ᵉ figure [2]. Ainsi ce système de notation n'est pas valable [3].

Nous n'insisterons donc pas davantage sur ce premier système, que Leibniz paraît avoir abandonné, sans doute à cause de ses défauts et aussi de sa complication [4]. Nous remarquerons seulement qu'il est fondé expressément sur la considération

---

1. En effet, 11 est divisible par 1, mais 8 n'est pas divisible par 5, ce qui suffit à vérifier la P. N.
2. **Phil.**, VII, B II, 14 [16]. Voir Chap. I, § 6, p. 10.
3. Aussi Leibniz a-t-il barré ce second syllogisme, en s'apercevant que sa méthode ne réussissait pas à en démontrer l'invalidité.
4. Dans la traduction algébrique, chaque proposition est représentée, non plus par *une* égalité, mais par *deux*. Ainsi, soient $+ s - \sigma$ les nombres caractéristiques du sujet, $+ p - \pi$ ceux du prédicat; on cherchera 4 nombres l, λ, m, μ tels qu'on ait l'égalité *complexe* :

$$+ ls - \lambda\sigma = + mp - \mu\pi$$

équivalente au système de deux égalités :

$$ls = mp, \qquad \lambda\sigma = \mu\pi.$$

Dans une proposition U. A., les coefficients du sujet doivent se réduire à l'unité : $l = \lambda = 1$, puisque le sujet doit être divisible par le prédicat.

de la compréhension. Leibniz déclare en propres termes qu'il considère le genre comme contenu dans l'espèce, tout en reconnaissant qu'au point de vue de l'extension (habituel dans les écoles), c'est l'espèce qui est contenue dans le genre [1]. Il considère même la notion du genre comme une *partie* de celle de l'espèce, et par suite comme *plus petite* [2].

8. On comprend aisément, dès lors, qu'il ait eu, vers la même époque, l'idée de représenter la copule *est* par le signe d'inégalité qui signifie : « plus grand que » [3]. La proposition U. A. : « Tout *a* est *b* » s'écrit donc :

$$a \geqslant b.$$

Leibniz pose en principe (comme définition du signe $\geqslant$ ou de la copule *est*) que l'on peut substituer le prédicat au sujet. Il en déduit aussitôt le principe du syllogisme :

$$\text{Si} \quad a \geqslant b \quad \text{et si} \quad b \geqslant c, \quad \text{on a :} \quad a \geqslant c.$$

En effet, si l'on substitue c à b dans la première inégalité, en vertu de la seconde, on obtient la troisième.

De même, Leibniz définit l'égalité de deux termes par la possibilité de substituer *indifféremment* l'un à l'autre. Il en résulte que, si $a = b$, on a à la fois : $a \geqslant b$ et $b \geqslant a$, et réciproquement, si $a \geqslant b$ et $b \geqslant a$, on a : $a = b$.

Le signe $\geqslant$ implique la possibilité de l'égalité des deux termes qu'il unit. Leibniz emploie un autre signe ($>$) pour

---

1. **Phil.**, V, 8 b, § 12; **Phil.**, V, 8 f : « Considero genus ut partem speciei, quia notio speciei ex notione generis et differentiae conflatur. Et huic principio hanc calculandi rationem inaedificavi, quia non individua sed ideas spectavi. »

2. « Notio auri est major notione metalli. »…. « Itaque dico aurum majus metallo… » (**Phil.**, V, 8 b, §§ 11, 12.) On se rappelle qu'il définissait ainsi l'inégalité : A est *plus petit* que B, si A est égal à une partie de B. (Voir Chap. VI, § 15.)

3. **Phil.**, VII, B, IV, 15-20. Ces feuillets doivent se rapporter à la même époque (1679) que les essais précédents, parce que la composition des concepts y est assimilée à la multiplication arithmétique et représentée par celle-ci. De plus, les signes d'égalité et d'inégalité sont ceux que Leibniz employait vers cette époque (cf. la *Characteristica geometrica* du 10 août 1679, § 20 : *Math.*, V, 153). Nous les remplaçons par les signes modernes équivalents.

indiquer une inégalité proprement dite, exclusive de l'égalité. Ainsi $c > d$ signifie qu'on peut substituer d à c, mais non pas c à d. Par suite, si $c > d$, on a : $c \geqslant d$, mais non : $d \geqslant c$.

Leibniz découvre une autre relation entre les trois copules $=, \geqslant, >$, ou plutôt entre leurs négations [1] :

$$\text{Si } c \neq d \text{ et si } c \not> d, \text{ on a : } c \geqslant | d \text{ [2]}.$$

Leibniz définit encore *d'une manière formelle* le produit de deux termes comme suit : bc signifie que, si $a = bc$, on a :

$$a > b \quad \text{et} \quad a > c.$$

Par suite, si $d \geqslant bc$, on a aussi :

$$d > b \quad \text{et} \quad d > c.$$

Enfin il pose l'équivalence suivante, qui permet de transformer une inégalité en égalité :

$$\text{Si} \quad a > b, \quad \text{on a :} \quad a = by,$$

y étant un coefficient indéterminé, qui a pour effet de particulariser b. C'est là, en effet, la relation fondamentale qui unit entre elles les deux copules de la Logique. Nous la retrouverons dans les essais ultérieurs [3].

9. A ces essais fragmentaires paraît succéder un projet plus cohérent et plus développé, qui se trouve exposé notamment dans le *Specimen Calculi universalis* et les *Ad Specimen Calculi universalis addenda*, incomplètement publiés par ERDMANN et GERHARDT [4]. Leibniz renonce, au moins pour le moment, à assi-

---

1. Nous représentons la négation par une barre verticale, comme Leibniz lui-même l'a fait en plusieurs endroits (**Phil.**, VII, B, II, 39; **Math.**, XII, a).

2. Cette proposition équivaut par contraposition à celle-ci : « Si $c \geqslant d$, on a, ou bien : $c = d$, ou bien $c > d$ », qui ne fait qu'exprimer l'alternative contenue dans le signe $\geqslant$.

3. Ces principes de Logique offrent la plus grande analogie avec les principes du système de M. SCHRÖDER (*Algebra der Logik*, t. I, p. 133, 170, 196, 270).

4. Voir **Phil.**, VII, B II, 16-17, 20-21. Ces essais sont caractérisés par l'emploi des *minuscules* pour représenter les termes, et par l'absence du signe d'égalité.

gner aux concepts simples des nombres caractéristiques, en raison de la difficulté de les choisir; et il les remplace par des lettres, sur lesquelles il établira les lois du Calcul logique [1]. Par là même, celui-ci n'est plus une Arithmétique, il devient une Algèbre. D'autre part, Leibniz abandonne les vues systématiques et trop *a priori* qui avaient guidé ses premiers essais [2]. Il emploie une méthode plus empirique, qui consiste à analyser les formes de jugements les plus usuelles; aussi se rapproche-t-il de la logique verbale et par suite de la logique d'Aristote [3]. Il en résulte que, dans cette période, il n'emploie plus aucune copule mathématique, mais seulement la copule verbale *est*. Enfin, pour la même raison, il donne pour préface et pour base à sa nouvelle théorie un dénombrement des formes de propositions qui se présentent dans le discours [4].

Dans cette série d'essais, il n'est question que des propositions universelles affirmatives, de la forme :

$$a \text{ est } b,$$

c'est-à-dire : Tout *a* est *b*. Parmi les principes du calcul, Leibniz range la *loi commutative* et la *loi de tautologie* [5]. Ces deux lois caractérisent en effet le Calcul logique (ou du moins la *multiplication* logique).

Il pose d'autre part deux axiomes (*propositiones per se veræ*) :
1° Le *principe d'identité* :

$$a \text{ est } a;$$

---

1. Voir la fin de l'*Historia et commendatio*.... (*Phil.*, VII, 189).
2. Exactement comme pour la Langue universelle, et à peu près à la même époque. C'est à ce moment que la Langue universelle et la Caractéristique, primitivement confondues, se séparent nettement. (Voir Chap. III, §§ 8 et 17).
3. Cette influence scolastique se révèle par les définitions des termes de la Logique traditionnelle (grammaticale) dont Leibniz reconnaît lui-même l'inutilité (*Phil.*, VII, 226-227). Voir la note citée p. 324, note 2.
4. Voir *Specimen Calculi universalis* (*Phil.*, VII, 220); *De Varietatibus Enuntiationum*.... (*Phil.*, VII, B II, 5-6).
5. « *Transpositio literarum* in eodem termino nihil mutat, ut *ab* coincidit cum *ba*, seu animal rationale, et rationale animal. — *Repetitio ejusdem literæ* in eodem termino est inutilis, ut *b* est *aa*, vel *bb* est *a*... » (*Phil.*, VII, 224; cf. p. 222). C'est ce qu'il appelle ailleurs le principe de la répétition inutile et celui de l'ordre indifférent. Cf. p. 320, note 2; p. 321, note 3.

2° Le *principe de simplification*[1] :

ab est a ou : ab est b.

« Tout animal raisonnable est un animal ».

Il admet comme troisième axiome (*consequentia per se vera*) le *principe du syllogisme* :

« Si a est b et si b est c, a est c ».

Il définit ensuite l'*identité* (égalité logique) de deux termes par la possibilité de les substituer l'un à l'autre sans altérer la vérité[2]. Mais il s'aperçoit que cette définition est surabondante, et par suite cache une obreption (une pétition de principe) : car si l'on peut substituer *partout* le terme b au terme a, on peut inversement substituer partout a à b[3]. En effet, soit la proposition (vraie par hypothèse) : « b est c ». Si l'on ne pouvait y substituer a à b, c'est qu'il serait faux de dire « a est c ». Mais alors dans cette proposition vraie : « Il est faux que a soit c », on peut substituer b à a, et dire : « Il est faux que b soit c », ce qui contredit l'hypothèse[4]. Ailleurs, Leibniz démontre ce « théorème » plus simplement encore. Il admet comme axiome (identique) que « b peut être substitué à b n'importe où ». Or, par hypothèse, on peut substituer a à b n'importe où. On peut donc substituer a au second b de cet axiome, et dire avec vérité : « b peut être substitué à a n'importe où [5] ».

Enfin Leibniz établit une relation très importante entre les deux copules logiques, l'*identité* et l'*inclusion* (celle-ci exprimée par le verbe être) :

« Si a est b et si b est a, a et b sont identiques ».

(c'est-à-dire peuvent se substituer partout l'un à l'autre).

---

1. Comme l'appelle M. Peano. Ce principe n'est pas, comme on pourrait le croire, un corollaire du principe d'identité.
2. « *Eadem sunt, quorum unum in alterius locum substitui potest salva veritate* » (*Phil.*, VII, 219; cf. p. 228, 236).
3. Cf. **Math.**, I, 9, i.
4. *Phil.*, VII, 219.
5. **Phil.**, VII, B II, 42; cf. **Phil.**, VII, B IV, 11.

Pour la démontrer, il ramène à trois types toutes les propositions U. A. où peut figurer a, à savoir [1] :

a est c, $\qquad$ ad est e, $\qquad$ c est a.

Puis il prouve que ces trois propositions peuvent être remplacées respectivement par les suivantes :

b est c, $\qquad$ bd est e, $\qquad$ c est b.

En effet : 1° Puisque b est a, et a est c, on a (en vertu du principe du syllogisme) :

b est c.

2° Comme b est a, on a :

bd est ad [2].

Or ad est e ; donc :

bd est e.

3° Puisque c est a, et a est b, on a :

c est b.

Ainsi l'on peut substituer partout b à a. On démontrerait de même qu'on peut substituer partout a à b ; mais cela est inutile, par raison de symétrie [3].

Dans les *Addenda*, Leibniz intervertit l'ordre et le rôle des deux propositions précédentes. Il prend pour définition de l'identité la seconde : « Si a est b et b est a, tunc a et b dicuntur esse idem » ; et pour un théorème la possibilité de substituer l'un à l'autre deux termes identiques, qui leur servait auparavant de définition [4].

10. Dans le même opuscule, Leibniz complète et développe

---

1. La première et la dernière sont bien des propositions U. A., où le terme considéré a est respectivement sujet et prédicat. Mais la seconde est *particulière* par rapport à a, car ad (d étant quelconque) peut se traduire par : « Quelque a ».
2. En vertu d'un théorème démontré plus loin.
3. *Phil.*, VII, 221. Il faut remarquer que ce « partout » ne comprend que les propositions affirmatives.
4. « Hinc facile demonstratur alterum in alterius locum ubique substitui posse salva veritate » (*Phil.*, VII, 225).

son Calcul logique en posant d'autres lois importantes qui concernent la composition et la décomposition des propositions.

On peut réunir en un seul plusieurs prédicats (du même sujet)[1]; par exemple, si a est b, et a est c, on peut dire que : a est bc. L'homme est animal, l'homme est raisonnable, donc l'homme est un animal raisonnable.

Inversement, on peut décomposer un prédicat complexe en ses éléments (facteurs)[2]. Par exemple de « a est bc » on déduira : « a est b », et « a est c ». Si l'on admet cette règle de décomposition comme un axiome, Leibniz croit pouvoir en déduire la règle de composition précédente[3].

Il n'en va pas de même pour le sujet : on peut composer (multiplier) les sujets d'un même prédicat, mais non les décomposer (les séparer)[4]. Si a est c, ou[5] si b est c, on peut affirmer que :
$$ab \text{ est } c.$$

Cela se démontre par le principe du syllogisme :
$$ab \text{ est } a, \text{ et } a \text{ est } c, \text{ donc } ab \text{ est } c.$$

Ou bien :
$$ab \text{ est } b, \text{ et } b \text{ est } c, \text{ donc } ab \text{ est } c.$$

Leibniz établit ensuite un théorème qui pourrait s'énoncer comme suit : On peut multiplier les deux termes d'une proposition par un même facteur. Autrement dit, si a est b, on peut dire :
$$ac \text{ est } bc.$$

En effet, ac est a, et a est b, donc ac est b; d'autre part : ac est c; donc :
$$ac \text{ est } bc,$$
en vertu de la règle de composition des prédicats[6].

1. « Diversa praedicata in unum conjungi possunt.... » (*Phil.*, VII, 222).
2. « Vicissim unum praedicatum compositum in plura divelli potest. » (*Ibid.*)
3. « Haec divisio cum sit per se nota, poterit ex ea demonstrari compositio. » (*Ibid.*)
4. « In subjecto procedit compositio, non procedit divisio. » (*Ibid.*)
5. Leibniz dit à tort : *et*.
6. *Phil.*, VII, 222.

De ce théorème en découle un autre, très remarquable (« *præclarum theorema* »), qu'on peut énoncer comme suit : On peut multiplier plusieurs propositions terme à terme, c'est-à-dire en composer une seule qui ait pour sujet le produit de leurs sujets, et pour prédicat le produit de leurs prédicats [1]. Autrement dit (pour se borner à deux propositions) :

Si a est b, et c est d, on a : ac est bd.

En effet, en vertu du théorème précédent :

Si a est b, ac est bc.
Si c est d, bc est bd.

Ainsi : ac est bc, bc est bd, donc :

ac est bd, c. q. f. d.

Toutes ces règles de composition et de décomposition s'étendent aisément à un nombre quelconque de termes ou de propositions.

On peut, on l'a vu, multiplier les deux termes d'une proposition par un même facteur; mais on ne peut pas les diviser par un même terme, ou (ce qui revient au même) y supprimer un facteur commun. Autrement dit, de « ac est bc » on ne peut pas conclure : « a est b ». En effet, il se peut que quelque a seulement soit b, et que néanmoins tout ac soit bc. C'est ce qui arrive, par exemple, si l'on suppose que ad est b[2], et que c est cd[3]. En effet, si c est cd, ac est acd; mais si ad est b, acd est bc; d'où l'on déduit : ac est bc.

Ainsi l'on ne peut pas, en général, inférer : « a est b » de « ac est bc ». On ne le peut, dit Leibniz, que dans le cas particulier où b et c n'ont aucun élément commun [4].

11. Dans des notes marginales du même opuscule, qui en

---

1. « Ex quotcunque propositionibus fieri potest una, additis omnibus subjectis in unum subjectum et omnibus prædicatis in unum prædicatum » (*Phil.*, VII, 224).
2. On sait que ad particularise a.
3. C'est-à-dire que c est d (car « c est c » est une identité).
4. *Phil.*, VII, 223. C'est là une erreur. Pour que de la proposition : « ac est bc », qui équivaut à l'inclusion : $ac < b$, c'est-à-dire à l'égalité :

sont plutôt un complément qu'un résumé, Leibniz ajoute aux axiomes déjà cités quelques autres qui sont relatifs à la négation, et qui sont des formules diverses des *principes de contradiction* et *du tiers exclu* :

1° a n'est pas non-a;

2° Non-a n'est pas a,

3° Ce qui n'est pas a est non-a,

4° Ce qui n'est pas non-a est a[1].

Il est assez remarquable que dans le corps de l'essai Leibniz n'ait fait aucun usage de ces principes, non plus que de l'idée de négation.

Il ajoute encore un *postulat* et un *principe*. Le postulat demande la permission de poser une lettre comme équivalente (par définition) à une autre ou à une combinaison de plusieurs autres. Le *principe du calcul* consiste à affirmer que tout ce qui aura été démontré de certaines lettres indéterminées vaudra pour toutes les lettres qui rempliront les mêmes conditions, c'est-à-dire qui soutiendront entre elles les mêmes relations. Ce principe fait ressortir, en somme, le caractère *formel* du calcul, et la valeur purement *formelle* de toutes les déductions qu'on effectue grâce à lui[2].

Les *Addenda* contiennent encore des recherches fort intéressantes, qui se trouvent déjà dans la fin inédite du *Specimen calculi universalis*[3]. Elles ont pour but une définition *logique* des nombres cardinaux. Voici d'abord comment Leibniz définit le nombre *un* :

Si a est m, et b est m, et si a est b et b est a[4], m est *un*.

$ab'c = 0$, on puisse déduire : « a est b », qui équivaut à : $ab' = 0$, il faut lui adjoindre l'hypothèse : $ab'c' = 0$, ou $a < b + c$, c'est-à-dire que tout a soit b ou c. Si à cette condition on adjoint celle de Leibniz : « b et c n'ont aucun élément commun » ($bc = 0$), alors, par hypothèse, on a aussi : $ac = 0$, et de : $a < b + c$ on peut déduire : $a < b$, car :
$$(a < b + c) = (a = ab + ac) = (a = ab) = (a < b).$$
La condition indiquée par Leibniz n'est donc ni nécessaire, ni suffisante.

1. **Phil.**, VII, 224.
2. **Phil.**, VII, 224; cf. le début des *Addenda*, p. 221.
3. **Phil.**, VII, B, II, 17 (nunc 11) verso; cf. **Phil.**, VII, C, 48; **Phil.**, VII, 225.
4. C'est-à-dire : si a et b sont *identiques*.

Ainsi l'idée d'*un* se trouve définie au moyen de la seule copule *est*, c'est-à-dire de l'idée d'inclusion logique.

L'idée de *plusieurs* est définie d'une manière contraire :

Si *a* est *m* et *b* est *m*, et si *a* n'est pas *b* et *b* n'est pas *a*[1], il y a plusieurs *m*.

Voici maintenant comment Leibniz essaie de définir les nombres entiers successifs :

Si *a* est *m*, et *b* est *m*, et si *a* et *b* sont disparates, il y a « deux » *m*;

Si *a* est *m*, *b* est *m*, *c* est *m*, et si *a*, *b*, *c* sont disparates, il y a « trois » *m*;

et ainsi de suite[2].

12. On remarquera que dans tous les essais précédents la multiplication représente la jonction des concepts, c'est-à-dire l'*addition* de leurs compréhensions[3]. *Une seule fois*, Leibniz a eu l'idée de représenter par la multiplication ce que les modernes appellent l'*addition logique*, c'est-à-dire l'*alternative* de plusieurs concepts. Il a esquissé, dans un fragment inédit[4], un *Calcul alternatif* dont voici les éléments :

« *x* est *abc* » signifiera : « *x* est *a* ou *b* ou *c*. »

La composition des propositions s'effectuera suivant les mêmes règles que ci-dessus : par exemple, si l'on a en même temps :

« *x* est *abc* » et « *y* est *ade* »,

on aura :

xy est *abcde*,

---

1. On dit dans ce cas que *a* et *b* sont *disparates*.
2. Exactement il faudrait dire : il y a *au moins* deux, trois,... *m*. M. SCHRÖDER a proposé récemment une définition tout à fait analogue des premiers nombres cardinaux : *Ueber die Selbständige Definition der Mächtigkeiten 0, 1, 2, 3, und die explizite Gleichzahligkeitsbedingung*, ap. *Abhandlungen der Kaiserl. Leop.-Carol. Akademie der Naturforscher*, t. LXXI, n° 7 (Halle, 1898). Cf. notre article *Sur une définition logique du nombre*, ap. *Revue de Métaphysique et de Morale*, t. VIII, p. 23 (janv. 1900).
3. Aussi Leibniz emploie-t-il parfois le terme d'*addition* pour désigner cette opération qu'on appelle aujourd'hui la *multiplication logique* (*Phil.* VII, 223 sqq.).
4. Qui date de 1683 (**Math.**, I, 26 a).

en multipliant entre eux les sujets et les prédicats. Cette multiplication obéit encore à la *loi de tautologie*, c'est-à-dire que *aa* équivaut à *a*[1]. Mais si l'on a simultanément :

« *x* est *abcd* »   et   « *x* est *cefg* »,

on pourra en conclure : « *x* est *c* », c'est-à-dire prendre pour prédicat la partie commune aux deux prédicats. En effet, on sait, d'une part, que *x* est *a* ou *b* ou *c* ou *d*; d'autre part, qu'il est *c* ou *e* ou *f* ou *g*; il ne peut donc être que *c*. Leibniz remarque que ce procédé logique est employé par les géomètres pour déterminer un point, par exemple, comme intersection de deux ou plusieurs courbes qui en sont chacune le lieu[2]; ou encore par les devineurs, pour trouver un objet qui doit être contenu à la fois dans plusieurs groupes d'objets. Mais il n'a pu développer ce *Calcul alternatif*, justement parce qu'il avait représenté l'addition logique par la multiplication, ce qui l'empêchait de combiner l'addition logique avec la multiplication logique, comme il eût fallu pour constituer ce Calcul[3].

13. Nous arrivons à une autre série d'essais, dont le principal, daté de 1686, et intitulé : *Generales Inquisitiones de Analysi Notionum et Veritatum*[4], complète à merveille le *Discours*

---

1. On peut donc dire que Leibniz a formulé la loi de tautologie, non seulement pour la *multiplication* logique (comme BOOLE), mais encore pour l'*addition* logique (comme JEVONS).
2. On en a un exemple dans le Chap. VI, § 33, et *Fig. 28*.
3. Par exemple, les alternatives précédentes s'écrivent :
$$x < a+b+c+d, \qquad x < c+e+f+g,$$
d'où, en *multipliant* membre à membre, on conclut :
$$x < (a+b+c+d)(c+e+f+g)$$
Or si, par hypothèse, *a, b, c, d, e, f, g* sont sans connexion (n'ont aucune partie commune), tous les produits partiels *ac, bc, dc..., ce, cf, cg...,* s'annulent, et il reste :
$$x < c.$$
4. Il y a dans cet opuscule un ressouvenir remarquable du système d'avril 1679, dans les §§ 124-129, où il est fait allusion à une « representatio propositionum per numeros », et où les propositions sont définies par des relations de divisibilité numérique. La négation y est représentée par la division : non-B s'écrit $\frac{1}{B}$.

de *Métaphysique* et en contient les fondements logiques[1]. Cette série est caractérisée, matériellement, par l'emploi des majuscules, et formellement par l'usage prépondérant de la copule d'égalité[2].

Les deux relations fondamentales (identité et inclusion) sont encore définies par l'idée de substitution : deux termes sont *identiques*, si l'on peut les substituer mutuellement l'un à l'autre. Deux termes sont dans le rapport de *sujet* à *prédicat*, si l'on peut substituer le second au premier, c'est-à-dire si le second est contenu dans le premier (en compréhension)[3]. Aussi la copule *est* est-elle parfois remplacée par *continet*[4].

De ces définitions il résulte immédiatement que l'égalité équivaut à deux inclusions inverses simultanées, c'est-à-dire que « A = B » équivaut aux deux propositions réunies : « A est B », et « B est A »[5].

La relation d'inclusion est immédiatement subordonnée et même réduite à la relation d'identité (égalité logique). D'abord, « A est B » se ramène à la forme :

$$A = BY$$

où Y est un coefficient indéterminé qui particularise B de manière à le faire rentrer dans la compréhension de A[6]. Mais Leibniz remarque qu'on peut se débarrasser de ce terme étranger et inconnu, et écrire :

$$A = AB$$

qui revient au même : car dire que A est identique à AB, c'est

---

1. *Phil.*, VII, C, 20-31 (24 pages in-folio, 200 paragraphes). Les éditeurs sont d'autant plus inexcusables d'avoir négligé cet ouvrage capital, qu'il porte cette mention de la main même de Leibniz : « Hic egregie progressus sum ».

2. Cette copule n'est plus celle des essais de 1679, mais le 8 couché de Descartes : ∞. Nous la remplaçons par $=$.

3. *Phil.*, VII, C, 21 verso.

4. *Principia Calculi rationalis* (*Phil.*, VII, B II, 1). Cf. *Phil.*, VII, C, 73-74; et *Phil.*, VII, B, II, 63, § 8 : « A est B idem est quod A continet B.... »

5. Cf. *Phil.*, VII, B IV, 18 (cité § 8).

6. *Phil.*, VII, C, 22 verso; *Phil.*, VII, B II, 62, 63, 74). On a déjà vu ce mode de réduction dans les essais d'avril 1679 (voir § 3).

dire que B n'ajoute rien à la compréhension de A, donc qu'il y est déjà contenu[1]. Telle est la traduction de l'U. A. en égalité logique.

Mais quel est le sens de la multiplication logique qu'on vient d'employer? Leibniz en donne de nouveau une définition purement formelle :

« Si A est B et A est C, cela équivaut à : A est BC »[2].

De même il définit *formellement* la négation comme suit :

$$\text{Non-non-A} = A,$$

c'est-à-dire que deux négations superposées se détruisent et s'annulent[3].

Voici maintenant les axiomes de ce nouveau calcul :

1° Le *principe d'identité* :

$$A \text{ est } A;$$

2° Le *principe de tautologie* :

$$A = AA;$$

3° Le *principe de simplification* :

$$AB \text{ est } A,$$

que Leibniz considère, soit comme une identité (AB contient A), soit plutôt comme une définition; c'est pour lui la définition ou

---

1. **Phil.**, VII, C, 22 verso; **Phil.**, VII, B II, 1, 62. Leibniz démontre formellement cette équivalence comme suit : De

$$A = YB$$

on peut déduire, en vertu de la loi de tautologie :

$$A = YBB$$

Dans cette seconde égalité, remplaçons YB par sa valeur A tirée de la première; il vient :
$$A = AB \qquad \text{c. q. f. d.}$$
(**Phil.**, VII, B, II, 63.)

2. **Phil.**, VII, C, 27 (§ 102). Cf. **Phil.**, VII, B, II, 32 : « Si A est B et idem A est C, etiam idem A est BC. Est ipsa definitio seu significatio formulae BC »; et **Phil.**, VII, B, IV, 18 (cité § 8). C'est précisément la définition de Peirce et de Schröder.

3. *Principia Calculi rationalis* : « *Axiom. 3*. Non geminatus semet tollit : Non non A est A. (Est potius definitio seu usus signi *non*.) » (**Phil.**, VII, B, II, 1; voir aussi la note en tête.) « Non non A ∞ A. Hic est usus τοῦ *non* » (**Phil.**, VII, B, II, 62, § 4). Cf. **Phil.**, VII, B, II, 32, 74.

le type de la *proposition vraie* : toute proposition vraie est analytique, c'est-à-dire affirme d'un sujet un prédicat qui y est déjà contenu (implicitement ou explicitement).

14. Ces principes posés, Leibniz démontre le *principe du syllogisme* (qu'il admettait auparavant [§ 9] comme un axiome)[1] de la manière suivante.

Les prémisses sont : « A est B, B est C », c'est-à-dire :

$$A = AB, \quad B = BC.$$

Dans la première remplaçons B par BC en vertu de la seconde, il vient :

$$A = ABC.$$

Dans cette égalité remplaçons AB par A en vertu de la première prémisse; il vient :

$$A = AC,$$

c'est-à-dire : « A est C », la conclusion à démontrer[2].

Ainsi se trouve démontré le mode *Barbara* :

« B est C, A est B, donc A est C. »

Le mode *Celarent* est démontré par la même formule, car il ne diffère de *Barbara* qu'en ce que le grand terme est négatif :

« B est non-C, A est B, donc A est non-C. »

Ainsi Leibniz ramène les propositions *dites négatives* à des

---

1. Il se conforme en cela à son précepte constant, qu'il faut démontrer les axiomes (voir Chap. VI, § 15). On se rappelle qu'il se vantait d'avoir démontré le principe du syllogisme en le réduisant à des axiomes plus simples et plus évidents (p. 204, note 3). Cf. la *Lettre à Foucher* (1687), où il dit que les règles des syllogismes ne sont que des corollaires des théorèmes *de continente et contento* (citée p. 304, note 1).

2. **Phil.**, VII, B, II, 1. Ailleurs, Leibniz considère le principe du syllogisme comme une propriété de la copule *est* pouvant lui servir de définition : « Propositionis Universalis Affirmativae haec definitio seu natura est, ut praedicatum praedicati sit praedicatum subjecti.... Omne B est C significat : si A est B, etiam A est C; hinc consequentia : Si A est B, et Omne B est C, etiam A est C » (**Phil.**, VII, B, II, 32). « A est B, idem est ac dicere, si L est A, sequitur quod L est B. » Ce qui n'empêche pas Leibniz de démontrer aussitôt après le principe du syllogisme comme dans le texte (**Phil.**, VII, B, II, 62, § 15).

propositions affirmatives à *prédicat négatif*, et traite les prédicats négatifs comme des termes positifs (cf. §§ 4 et 6).

Les modes *Darii* et *Ferio* se démontrent encore de même, car ils ne diffèrent des deux modes précédents qu'en ce que le petit terme est particulier. Il suffit de remplacer dans les formules précédentes A par QA :

« B est C, QA est B, donc QA est C. »
« B est non-C, QA est B, donc QA est non-C. »

On sait que Leibniz déduit de ces modes principaux les deux modes secondaires de la 1re figure : *Barbari, Celaro*, au moyen de la subalternation, et la subalternation elle-même au moyen des modes *Darii, Ferio*, et de la proposition « QA est A » qu'il regarde comme identique. C'est ce qu'il essaie de démontrer comme suit :

QA est A, ou QA contient A;

en effet :
$$QA = \overline{QAA}$$

en vertu de la loi de tautologie; or cette égalité équivaut à l'inclusion :

QA contient A[1].

Leibniz essaie ensuite de démontrer les règles des oppositions (des contradictoires et des contraires); mais ces démonstrations sont fautives, parce qu'elles impliquent la *portée existentielle* des sujets particuliers QA, QB..... En effet, ce sont des démonstrations *par l'absurde*, qui aboutissent à prouver que QA ou QB est absurde ou contradictoire, c'est-à-dire égal à un terme de la forme : C non-C[2].

---

1. **Phil.**, VII, B, II, 1. Cette déduction est légitime, à la condition qu'on n'attribue à QA aucune *portée existentielle*, c'est-à-dire qu'on n'affirme pas *qu'il existe quelque* A. Mais alors on ne peut plus démontrer les modes *Darapti, Felapton, Bramantip* et *Fesapo* (voir Chap. I, § 6).

2. **Phil.**, VII, B, II, 1; cf. **Phil.**, VII, B, II, 36 : « Impossibile est, quod involvit contradictionem, ut : A ∞ B... $\overline{C \text{ non } C}$ »; **Phil.**, VII, B, II, 62; VII, C, 23 recto; VII, C, 97. C'est là la définition de *l'impossible*, ou du *néant* (*Nihil*) qu'on appelle aujourd'hui le *zéro logique*. Ailleurs, Leibniz

C'est que, d'une manière générale, Leibniz attribue une portée existentielle même aux termes universels : pour lui, *Terminus* et *Ens* sont le plus souvent synonymes [1]; par suite, les propositions universelles elles-mêmes impliquent l'existence de leur sujet [2].

Mais, d'autre part, il définit l'*impossible*, comme on vient de le voir, par le *contradictoire*, et l'*être* (*Ens*) par le *possible* ou le non-contradictoire. En conséquence, il distingue des termes possibles et impossibles; il admet donc qu'un terme puisse être impossible, c'est-à-dire impliquer une contradiction formelle comme C non-C [3]. Par suite, il ne peut pas poser en règle générale que tout terme général *existe* ou est possible. Quoi qu'il en soit, il y a là une difficulté contre laquelle Leibniz aura sans cesse à lutter, et sur laquelle ses essais échoueront finalement.

15. Conformément à sa méthode, Leibniz cherche à traduire les propositions particulières par des égalités logiques. Il a déjà trouvé une telle traduction, et c'est la première qui lui vient à l'esprit. On a vu que « Quelque A » peut se représenter par AX, X étant un coefficient indéterminé qui particularise le terme A. La P. A. : « Quelque A est B » signifie (au point de vue de la compréhension) : « Quelque A contient B » ou « AX contient B ». Or cette proposition U. A. se traduit, comme on sait, par :

$$AX = BY,$$

en donne une autre définition : « *Esto N non est A, item N non est B, item N non est C, et ita porro, tunc dici poterit N est Nihil. Huc pertinet quod vulgo dicunt, non-Entis nulla esse Attributa.* » (**Phil.**, VII, B, II, 32.) Mais cette définition, inspirée, comme on voit, de la tradition scolastique, n'a aucune valeur. Tout au contraire, on définit à présent le zéro logique comme le terme qui est contenu dans tous les autres (en extension), comme le sujet de tous les prédicats possibles. M. Schröder le définit formellement comme suit : *Zéro* est le terme qui vérifie l'inclusion :

$$0 < x$$

quel que soit x.

1. Voir notamment **Phil.**, VII, B, IV, 15-20. Cf. *Generales Inquisitiones*, § 154.

2. « *Esto A est B, tunc A dici potest Aliquid* » (**Phil.**, VII, B, II, 32).

3. Voir notamment **Phil.**, VII, B, II, 62.

Y étant un autre coefficient indéterminé [1]. Quant à la P. N., elle se traduira de même, avec cette différence qu'elle aura un prédicat négatif [2].

Mais Leibniz va plus loin : dans des paragraphes ultérieurs, il entreprend de transformer les propositions *tertii adjecti* en propositions *secundi adjecti* [3], c'est-à-dire les jugements de prédication en jugements d'existence. Il commence par la P. A. : « Quelque A est B », qui signifie qu'il existe des choses qui sont à la fois A et B, c'est-à-dire des AB. Elle se traduira donc par : « AB est ».

De même, la P. N. : « Quelque A n'est pas B » se ramène à la P. A. : « Quelque A est non-B » et se traduit suivant la règle précédente par : « A non-B est ».

Restent les propositions universelles. Elles s'exprimeront comme négations des propositions particulières, tandis qu'auparavant c'étaient celles-ci qui s'exprimaient comme négations de celles-là. Ainsi l'U. N. se traduira par la négation de la P. A. : « AB non est », et l'U. A. par la négation de la P. N. : « A non-B non est » [4].

Leibniz a ainsi découvert la traduction véritable et définitive des quatre propositions classiques dans l'Algèbre de la Logique, celle qui est la plus claire, la plus symétrique et la plus commode pour les calculs.

Malheureusement, il ne s'en est pas tenu là : et s'il ne s'est pas contenté de cette notation si simple et si élégante, c'est

---

1. C'est la traduction (d'ailleurs défectueuse) que Boole a donnée de la P. A.

2. Leibniz esquisse ici quelques schèmes linéaires des quatre propositions classiques : *Generales Inquisitiones*, §§ 113-121 (**Phil.**, VII, C, 28).

3. Ces noms viennent de ce que l'*adjectif* (prédicat) est le *troisième* dans les unes (A est B) et le *second* dans les autres (AB est).

4. *Generales Inquisitiones*, §§ 144-151. (Dans ce dernier §, qui résume les autres, Leibniz dit « est res » et « non est res ».) Cf. **Phil.**, VII, B, IV, 3 verso. Pour montrer la valeur et l'importance de cette traduction algébrique des propositions particulières, il suffira de dire que Boole et Jevons ne l'ont pas trouvée, et qu'elle n'a été découverte que par M. Mac Coll (*The Calculus of Equivalent Statements*, ap. *Proceedings of the London Mathematical Society*, t. IX : 13 juin 1878). M. Venn (*Symbolic Logic*, 1re éd., 1881) adoptait la notation primitive de Boole : $xy = v$ (où $v \neq 0$).

parce qu'elle ne lui permettait pas de démontrer la subalternation et la conversion partielle, qu'il tenait à justifier. C'est ce que montre l'opuscule « de Formæ logicæ comprobatione per linearum ductus », où l'on voit Leibniz essayer tour à tour divers systèmes de notation algébrique, et passer de l'un à l'autre à mesure qu'il les trouve insuffisants ou défectueux [1].

Il avait d'abord essayé de généraliser l'emploi des égalités logiques, ou identités. On sait déjà que l'U. A. : « Tout homme est animal » signifie : « Homo idem est quod animal tale » [2] et se traduira donc par l'égalité :

$$A = BX.$$

La P. N. : « Quelque homme n'est pas sage » signifie : « Homo non idem est quod sapiens talis », et se traduira par la négation de l'U. A. :

$$A \neq BX \ ([3]).$$

L'U. N. : « Nul homme n'est pierre » signifie, en faisant porter la négation sur le prédicat : « Tout homme est non-pierre », c'est-à-dire : « Homo est idem quod non-lapis talis », ce qui se traduit par :

$$A = X \text{ non-B}.$$

Enfin la P. A. : « Quelque homme est sage » s'exprime par la négation de l'U. N. contradictoire : « Nul homme n'est sage », c'est-à-dire : « Homo non idem est quod non-sapiens talis », ce qui se traduit par :

$$A \neq X \text{ non-B}.$$

Ainsi toutes les propositions s'expriment au moyen de l'U. A. en niant, soit la copule (propositions particulières), soit le prédicat (propositions négatives). Cette traduction est parfaitement correcte : elle est moins simple que la précédente, mais

---

1. **Phil.**, VII, B, IV, 1-14. Cf. **Phil.**, VII, B, II, 3 (1ᵉʳ août 1690).
2. Voir Chap. I, § 18, et *Fig. 21*.
3. Pour plus de clarté, nous traduisons « non = » par le signe moderne de l'inégalité logique.

elle lui est équivalente, et peut s'en déduire par des transformations de calcul[1].

Mais cette notation présentait certaines difficultés à Leibniz, justement parce qu'il ne connaissait pas ces procédés de transformation ; et il ne réussissait pas à démontrer par ce moyen *Darii* et *Ferio*. Il essayait alors de tout traduire en égalités, les particulières comme les universelles, en particularisant leur sujet. L'U. A. s'exprimait encore par :

$$A = BY,$$

et l'U. N. par :

$$A = Y \text{ non-}B,$$

mais la P. A. s'exprimait, comme autrefois[2], par :

$$AX = BY,$$

et la P. N. par :

$$AX = Y \text{ non-}B.$$

Ce système permet bien de démontrer, comme le désirait Leibniz, la subalternation et la conversion partielle, mais non pas la conversion simple ni les oppositions[3]. Et en effet, cette notation n'exprime pas que la P. N. est contradictoire de l'U. A., ni la P. A de l'U. N. Pour cela, Leibniz essaie de nouveau de traduire les particulières par des non-égalités, en niant simplement les égalités qui traduisent les universelles : ainsi la P. A. s'exprimera par :

$$A \neq Y \text{ non-}B$$

et la P. N. par :

$$AX \neq YB.$$

Mais la traduction défectueuse des particulières donne lieu à de nouvelles difficultés[4]. Leibniz change encore une fois de

---

1. Leibniz a fort nettement distingué les deux sens de la négation, suivant qu'elle porte sur la copule ou sur le prédicat : « Aliud ergo est negari propositionem, aliud negari praedicatum... Non praemissum propositioni significat contradictoriam, praemissum copulae negat praedicatum. » (**Phil.**, VII, B, II, 72.) Cf. §§ 4, 6 et 14.
2. Voir § 3.
3. **Phil.**, VII, B, IV, 3 verso-4; **Phil.**, VII, B, II, 3 (1er août 1690).
4. **Phil.**, VII, B, IV, 4.

système : conservant la même notation pour l'U. A. et la P. N., il traduit la P. A. par l'égalité :

$$AB = BA$$

et l'U. N. par la non-égalité correspondante :

$$AB \neq BA\,(^1).$$

Dans les *Generales Inquisitiones* (§ 152), il pousse à bout ce système en l'appliquant aussi à l'U. A. et à la P. N. La P. N. est traduite par :

$$A\text{ non-}B = A\text{ non-}B$$

et l'U. A., sa contradictoire, par :

$$A\text{ non-}B \neq A\text{ non-}B.$$

En somme, ce système consiste à poser en général :

$$x = x \qquad \text{ou} \qquad x \neq x$$

suivant qu'on affirme ou qu'on nie l'existence de x (x est res, x non est res).

Le vice de ce système est manifeste, et Leibniz s'en aperçoit bientôt : car il admet (§§ 154-155) qu'on puisse écrire :

$$A = A,$$

dans tous les cas, que A existe ou n'existe pas[2].

D'ailleurs, la traduction de la P. A. ne signifie rien : elle ne fait qu'exprimer la loi commutative[3]; ou si l'on veut qu'elle

---

1. **Phil.**, VII, B, IV, 4 verso-5.
2. De même, dans les *Difficultates Logicæ*, après avoir traduit la P. A. et l'U. N. par les formules correctes :

$$AB \text{ est Ens}, \qquad AB \text{ est non Ens},$$

Leibniz s'avise de les traduire par : « AB et AB Ens æquivalent », « non æquivalent AB et AB Ens » (*Phil.*, VII, 213, 215). Cette transformation est en apparence légitime, car de « AB est Ens » on déduit régulièrement, semble-t-il :

$$AB = AB \text{ Ens}.$$

Mais en réalité elle n'a pas de sens, car, comme Leibniz le remarque ailleurs, *Ens* ou *Verum* joue dans la multiplication logique le rôle de 1 dans la multiplication arithmétique, c'est-à-dire ne change rien au produit; de sorte que l'égalité : « AB = AB Ens » est insignifiante, et que l'inégalité : « AB ≠ AB Ens » est absurde. (*Generales Inquisitiones*, § 108 : « Verum seu Unitas » : **Phil.**, VII, C, 27).
3. Voir **Phil.**, VIII, C, 97 (2 août 1690).

signifie quelque chose, la loi commutative ne sera plus valable universellement, ce qui ruine le Calcul logique. De plus, on ne peut plus multiplier les deux membres d'une égalité par le même terme ou par des termes égaux : il faut savoir si les facteurs sont compatibles, car autrement leur produit serait impossible (contradictoire). On voit combien Leibniz est gêné par la portée existentielle qu'il attribue habituellement à tous les termes.

Après tant d'essais infructueux, il revient encore par deux fois à la véritable traduction des propositions (par des jugements d'existence)[1], mais sans pouvoir s'y arrêter, sans doute parce qu'elle ne permet pas de démontrer la subalternation et la conversion partielle, qu'il veut justifier à tout prix. S'il avait été moins attaché à la tradition scolastique, il aurait eu moins de respect pour ces modes de raisonnement erronés, et l'Algèbre de la Logique eût été constituée deux cents ans plus tôt sur des bases solides et définitives.

16. Les *Generales Inquisitiones* de 1686 contiennent encore une idée capitale, qui, retrouvée par BOOLE, constitue peut-être sa plus belle découverte : c'est l'analogie parfaite des propositions catégoriques et des propositions hypothétiques[2], ou, comme dit Leibniz, des termes incomplexes et des termes complexes, c'est-à-dire des concepts et des propositions[3].

Cette idée vient du parallélisme établi par Leibniz entre l'analyse des notions et celle des vérités. Définir une notion (un terme incomplexe), c'est la résoudre en notions simples : de même, démontrer une proposition (un terme complexe), c'est la ramener à des propositions plus simples, et finalement à des axiomes; c'est l'analyser[4]. De même que, dans une proposition catégorique, le sujet *contient* le prédicat, de même, dans une proposition hypothétique, l'antécédent *contient* le

---

1. *Generales Inquisitiones*, §§ 169, 199-200.
2. BOOLE disait : des propositions « primaires » et des propositions « secondaires ».
3. *Generales Inquisitiones*, § 75.
4. *Generales Inquisitiones* (**Phil.**, VII, C, 24).

conséquent [1], de sorte que la copule *continet* peut servir indifféremment pour les deux : dans un cas, elle signifie *est*, dans l'autre : *infert* ou *sequitur* [2]. Par exemple, la proposition hypothétique : « Si A est B, C est D » se traduira ainsi :

« (A est B) est (C est D) »

ou encore :

« (A continet B) continet (C continet D) » [3].

L'analogie subsiste dans toutes les formes de raisonnement et de calcul : de même que l'on peut substituer le prédicat à son sujet, on peut substituer le conséquent à l'antécédent (la thèse à l'hypothèse, la conclusion aux prémisses) [4]. Ainsi, la proposition : « A continet B » est vraie, si A non-B est contradictoire; donc la proposition : « A continere B continet C continere D » sera vraie, si l'ensemble des deux propositions « A continere B » et « C non continere D » est contradictoire [5]. En un mot, les propositions hypothétiques sont entièrement analogues aux propositions catégoriques et obéissent aux mêmes lois : en particulier, les syllogismes hypothétiques ont les mêmes formes et les mêmes modes que les syllogismes catégoriques [6].

1. *Notationes generales* (**Phil.**, VII, C, 103-104); cf. **Phil.**, VIII, 6.
2. « A *infert* B, vel B *sequitur* ex A » (**Phil.**, VII, C, 73). « Et cum dico A est B, et A et B sunt propositiones, intelligo ex A sequi B... Itaque cum dicimus : Ex A est B sequitur E est F, idem est ac si diceremus : A esse B est E esse F » (**Phil.**, VII, B, II, 62, § 16).
3. **Phil.**, VII, B, II, 62; *Generales Inquisitiones*, §§ 25, 138; **Phil.**, VII, C, 73-74. C'est exactement là le double sens de la copule d'inclusion employée par MM. Schröder et Peano.
4. *Analysis linguarum*, 11 sept. 1678 (**Phil.**, VII, C, 9). Cf. **Phil.**, VII, B, II, 62 : « *Sequitur* vel *infertur* A ex B, si A substitui potest pro B... Per A aut B hic intelligo terminum vel enuntiationem. »
5. **Phil.**, VII, C, 73.
6. « Quomodo et veritates absolutæ et hypotheticæ unas easdemque habeant leges, iisdemque generalibus theorematibus contineantur, ita ut omnes syllogismi fiant categorici. » *Generales Inquisitiones*, § 137 (**Phil.**, VII, C, 29 verso). Leibniz établit l'équivalence des propositions hypothétiques et catégoriques comme suit : De « A est B » on peut inférer : « Si L est A, L est B »; et inversement, de l'hypothétique : « Si L est A, L est B » (quel que soit L) on peut inférer : « (Tout) A est B ». Donc, si l'on dé-

De même, les propositions sont susceptibles de multiplication comme les concepts (termes incomplexes). Soit la proposition :
$$A \text{ est } B.$$
Supposons que le prédicat B soit composé, et qu'on ait :
$$B = CD.$$
On aura en conséquence :
$$A \text{ est } C, \quad A \text{ est } D.$$
Posons donc :
$$A \text{ esse } B = L,$$
$$A \text{ esse } C = M,$$
$$A \text{ esse } D = N,$$
la première proposition est égale au *produit* des deux autres, et l'on aura entre ces trois propositions la relation :
$$L = MN,$$
analogue à la relation entre leurs prédicats :
$$B = CD\text{ [1]}.$$
Soit encore la proposition hypothétique :
« Si A est B, C est D. »

Représentons l'état où « A est B » par L, l'état où « C est D » par M, on aura : « L est M », ou, sous forme d'égalité :
$$L = LM.$$
Ainsi les propositions hypothétiques se ramènent, elles aussi, à des égalités.

De même que l'égalité (identité) de deux concepts équivaut à deux inclusions inverses, de même l'équivalence de deux propositions équivaut à deux inférences inverses : en d'autres termes, deux propositions A et B sont équivalentes, quand elles se déduisent l'une de l'autre ou s'impliquent mutuellement [2].

signe par C l'affirmation : « L est A » et par D l'affirmation : « L est B », la proposition catégorique « A est B » équivaut à l'hypothétique « C est D ». (**Phil.**, VII, B, II, 62.) Cf. p. 347, note 2.

1. *Generales Inquisitiones* (**Phil.**, VII, C, 24.)
2. *Generales Inquisitiones* : « *Coincidere* dico enuntiationes, si una alteri substitui potest salva veritate, seu quæ se reciproce inferunt » (**Phil.**, VII, C, 22). *Fundamenta Calculi logici*, § 11, 2 août 1690 (**Phil.**, VII, C, 97).

La négation s'applique également aux concepts et aux propositions. De même que la proposition directe (primaire) A équivaut à la proposition réflexive (secondaire) : « A est vraie »[1], de même la proposition niée « non-A » équivaut à la proposition secondaire : « A est fausse »[2]. De sorte que l'inférence :

« A est B,   donc   non-B est non-A »

est susceptible de deux interprétations : la première, quand A et B sont des concepts, est manifeste ; la seconde, quand A et B sont des propositions, signifie que la proposition hypothétique : « Si A est vraie, B est vraie », entraîne la suivante : « Si B est fausse, A est fausse »[3].

Enfin le *néant* lui-même joue le même rôle dans les deux ordres d'idées, et reçoit ainsi deux sens différents : dans les concepts, il signifie le non-être ; dans les propositions, il signifie le faux ou l'absurde[4]. On voit que Leibniz avait une idée très nette de la double interprétation dont le Calcul logique est susceptible.

---

1. *Generales Inquisitiones*, § 1 (**Phil.**, VII, C, 22).
2. « Si A sit propositio vel enuntiatio, per non A intelligo propositionem A esse falsam » (**Phil.**, VII, B, II, 62, § 16). *Primaria Calculi logici fundamenta* (1ᵉʳ août 1690) : « A ∝ B idem est quod A ∝ B est vera. A non ∝ B idem est quod A ∝ B est falsa » (**Phil.**, VII, B, II, 3). Cf. *Fundamenta Calculi logici*, 2 août 1690 (**Phil.**, VII, C, 97). Quant à la définition du *faux*, elle se trouve dans les *Principia Calculi rationalis* : « *Axiom. 4* : Non verum est falsum (Est itidem definitio falsi) » (**Phil.**, VII, B, II, 1 ; voir la note en tête de ce fragment). « Dicere : A est B falsa est, idem est quod dicere A non est B. Pertinet ad usum τοῦ *non* » (**Phil.**, VII, B, II, 62, § 6). Auparavant, Leibniz définissait au contraire *non* en fonction du *vrai* et du *faux* (**Phil.**, VII, B, IV, 17). Voir p. 346, note 3.
3. **Phil.**, VII, B, II, 62, § 17. Leibniz applique même la négation à la copule des propositions secondaires (hypothétiques) ; exemple : « Si A est B, non sequitur quod C est D » (**Phil.**, VII, B, II, 62, § 7). C'est ainsi qu'il exprime les conjonctions *etsi* et *tamen* : « A est vraie, quoique B soit vraie » se traduit par : « De ce que B est vraie, il ne s'ensuit pas que A soit fausse » (**Phil.**, VII, B, II, 5-6).
4. « Impossibile in incomplexis est non-Ens, in complexis est Falsum. » *Generales Inquisitiones*, § 32, marge (**Phil.**, VII, C, 23). De même, l'*unité* représente *Ens* dans les concepts, et *Verum* dans les propositions (*Ibid.*, § 108 : **Phil.**, VII, C, 27). Voir p. 353, note 2.

17. Le même système se poursuit et se développe dans deux fragments datés de 1690, que nous avons déjà eu l'occasion de citer [1]. On y voit dominer les deux méthodes de traduction que nous avons reconnues les meilleures; la première consiste à ramener toutes les propositions à des jugements d'existence affirmatifs ou négatifs, c'est-à-dire à la forme moderne :

$$\text{U. A. :} \quad A \text{ non-}B = 0 \qquad \text{P. A. :} \quad AB \neq 0$$
$$\text{U. N. :} \quad AB = 0 \qquad \text{P. N. :} \quad A \text{ non-}B \neq 0$$

La seconde consiste à réduire les propositions à des égalités ou équipollences [2], sous la forme suivante :

$$\text{U. A. :} \quad A = AB \qquad \text{P. A. :} \quad A \neq A \text{ non-}B$$
$$\text{U. N. :} \quad A = A \text{ non-}B \qquad \text{P. N. :} \quad A \neq AB$$

On remarque dans ces deux fragments que Leibniz a fait un progrès : il a découvert l'équivalence de ces deux méthodes, et il démontre les deux égalités suivantes :

$$(AB \neq 0) = (A \neq A \text{ non-}B)$$
$$(AB = 0) = (A = A \text{ non-}B)$$

Il est vrai qu'il les démontre au moyen d'un postulat, à savoir que deux facteurs dont le produit est nul (*non-Ens*) doivent contenir respectivement deux termes contradictoires, comme C et non-C. Ce postulat découle de la conception du *zéro* (néant) défini comme le produit logique de C par non-C.

18. Mais ce système donne lieu à des difficultés qui embarrassent fort Leibniz, parce qu'il persiste à attribuer une portée existentielle aux propositions particulières; ces difficultés sont examinées dans le fragment qu'Erdmann a intitulé *Difficultates Logicæ* [3], et qui est certainement postérieur aux précé-

---

1. *Primaria Calculi Logici fundamenta*, 1er août 1690 (**Phil.**, VII, B, II, 3); *Fundamenta Calculi Logici*, 2 août 1690 (**Phil.**, VII, C, 97).
2. « Sic ergo melius reducendo omnia ad æquipollentiam seu quasi æquationem » (**Phil.**, VII, B, II, 3). « Ita omnes propositiones logicas categoricas reduximus ad calculum æquipollentiarum » (**Phil.**, VII, 214).
3. *Phil.*, VII, 211-217.

dents ; car Leibniz y parle de son « ancienne réduction » des propositions à des égalités[1].

La principale de ces difficultés consiste dans la *conversion partielle*, qui ne paraît pas toujours juste. Par exemple, de l'U. A. : « Tout rieur est homme » on déduit par conversion la P. A. : « Quelque homme est rieur. » Or la conséquence dépasse la prémisse : « Tout rieur est homme » veut dire qu'il n'y a que les hommes qui puissent rire, mais non pas qu'il y ait des rieurs actuels ; tandis que : « Quelque homme est rieur » implique qu'il y a actuellement quelque homme qui rit[2]. On voit que la P. A. a une portée existentielle que ne possède pas l'U. A.

Leibniz croit d'abord se tirer d'affaire par la distinction scolastique du possible et de l'actuel, en disant que le mot « rieur » est équivoque : il désigne tantôt ceux qui rient actuellement, tantôt les rieurs possibles ou virtuels, ceux qui ont la faculté de rire[3]. Mais il s'aperçoit bientôt que c'est là une échappatoire particulière à l'exemple considéré, à cause de l'ambiguïté propre au mot *rieur*[4], alors que la difficulté est générale : « Tout A est B » n'implique pas l'existence d'un seul A, tandis que : « Quelque A est B » l'implique. En effet, Leibniz a reconnu que les propositions particulières impliquent l'*être*, tandis que les propositions universelles ne l'impliquent pas. Par exemple, la P. A. : « Quelque A est B », qui se traduit par : « AB est Ens » implique à la fois l'existence de A et de B ; mais l'U. A. : « Tout A est B », qu'elle se traduise par

$$A = AB \quad \text{ou} \quad A \text{ non-}B = 0,$$

---

1. « Reductio mea vetus talis fuit » (*Phil.*, VII, 212)
2. « Omnis ridens est homo, ergo quidam homo est ridens ; nam prior vera est etiam si nullus homo rideat ; at posterior vera non est, nisi aliquis homo actu rideat » (*Phil.*, VII, 211).
3. « Prior loquitur de possibilibus, posterior de actualibus » (*Phil.*, VII, 211). « Itaque patet in tali objectione propositionem universalem intelligi solere de supposito ridente, particularem de actuali ridente » (*Phil.*, VII, 216).
4. « Neque *quidam homo est ridens* significat actu aliquem hominem ridere. Verba ergo linguae ambigua sunt ; ambiguitatem vero reductio nostra tollit. » (*Phil.*, VII, 214.)

n'implique nullement l'existence de A, car elle est encore vraie quand
$$A = 0.$$

On conclurait aisément de là l'illégitimité de la conversion partielle ainsi que de la subalternation, qui lui est équivalente. Mais Leibniz, par respect pour la tradition, tient à justifier ces deux inférences; et pour cela, il est obligé d'attribuer une portée existentielle à l'U. A. elle-même, et par conséquent à toutes les propositions, tant universelles que particulières [1].

Pourtant il se fait aussitôt une objection assez forte : S'il n'y a aucun rieur actuel, la proposition « Tout rieur est homme » sera donc fausse, puisqu'elle implique l'existence de rieurs? A cela il paraît répondre (car le texte est obscur et altéré) : Elle reste vraie, parce qu'elle n'a qu'une valeur hypothétique : « Tout A est B » signifie : « S'il y a des A, ils sont des B » [2]. Mais alors, dira-t-on, elle n'a pas la portée existentielle que Leibniz lui attribue, et pour la convertir il faudra lui adjoindre ce jugement *catégorique* d'existence : « Il y a des A. »

Et en effet, voici comment il démontre la subalternation : « Tout A est B; or il y a des A; donc quelque A est B », ou, sous une forme mathématique qui rend la déduction évidente :

$$A = AB$$
$$\text{Or : } A \neq 0$$
$$\text{Donc : } AB \neq 0 \, ([3]).$$

La conversion partielle se déduit immédiatement de la subalternation par la conversion simple de la conclusion. D'ailleurs la forme symétrique de celle-ci rend la conversion simple inu-

---

1. « In omnibus tamen tacite assumitur Terminum ingredientem esse Ens » (*Phil.*, VII, 214).

2. « Semper enim assumendum est terminum esse verum Ens: at Actu nunc ridens ne quidem Ens erit, si falsum sit aliquem actu ridere, est impossibilitas hypothetica quae (mot illisible) sufficit » (*Phil.*, VII, 217).

3. « Demonstratio sic procedit : omne A est B, id est AB aequivalet ipsi A. Sed A est Ens (ex hypothesi). Ergo AB est Ens, id est quoddam A est B. Sed quia pari jure etiam poterat dici BA est Ens, seu quoddam B est A, hinc habemus jam conversionem per accidens seu talem collectionem : omne A est B, ergo quoddam B est A. » (*Phil.*, VII, 213.)

tile; car elle peut se lire indifféremment : « Quelque A est B » ou « Quelque B est A ».

Seulement la subalternation et la conversion partielle ne sont plus alors des inférences immédiates; ce sont des inférences médiates, analogues au syllogisme [1], puisqu'on a dû formuler explicitement la prémisse existentielle : « Il y a des A » impliquée dans l'U. A., prémisse complémentaire sans laquelle la déduction précédente serait impossible [2]. En somme, si Leibniz avait été moins attaché à la tradition scolastique, il aurait découvert l'invalidité de la subalternation et de la conversion partielle, il ne leur aurait pas sacrifié son meilleur système de traduction, et il aurait peut-être édifié l'Algèbre de la Logique sur des fondements inébranlables.

19. En tout cas, Leibniz a entrevu les véritables principes de la Logique algorithmique, et il a été bien près de les formuler. Comme nous le montrerons ailleurs, cette Logique ne peut se constituer qu'au point de vue de l'extension. Or on a vu que Leibniz se plaçait d'abord au point de vue de la compréhension, qui était celui d'Aristote [3], et le préférait au point de vue de l'extension, adopté par les scolastiques [4]; mais peu à peu les considérations d'extension se font jour dans ses essais. Dans les *Generales Inquisitiones* de 1686 (§ 122), après avoir regardé le genre comme faisant partie de l'espèce (en tant que notion), il reconnaît qu'on peut inversement regarder l'espèce comme faisant partie du genre (en tant qu'ensemble d'individus). Et comme il essaie de figurer les propositions par des schèmes

---

1. On sait que Leibniz essaie de démontrer la conversion partielle par un syllogisme en *Darapti* (**Phil.**, VII, 212, 216) et la subalternation par un syllogisme en *Darii* (**Phil.**, VII, 300). Voir Chap. I, § 6.
2. Il est vrai que cette prémisse existentielle est souvent impliquée dans l'U. A. par l'usage de la langue et le bon sens; mais la Logique formelle n'a pas à tenir compte de ces implications, qui proviennent de l'immixtion des considérations « matérielles », et elle doit les formuler explicitement.
3. Voir *Generales Inquisitiones*, §§ 16 et 132, où Leibniz met sur le compte d'Aristote la formule : « prædicatum inest subjecto. » (**Phil.**, VII, C, 22 verso, 29.) Cf. **Phil.**, VIII, 6.
4. *Elementa Calculi*, avril 1679, § 12 (**Phil.**, V, 8 b, 10).

géométriques (linéaires), il remarque que pour passer d'un point de vue à l'autre il suffit de renverser les figures [1], ce qui, nous le savons, n'est pas exact [2].

Leibniz s'est-il aperçu de la supériorité du point de vue de l'extension à cet égard? Toujours est-il que dans le « De Formæ Logicæ comprobatione per linearum ductus », où il développe et perfectionne son schématisme, il fait reposer toute la théorie des syllogismes sur la considération de l'extension [3]. Mais ensuite il revient au point de vue de la compréhension, sans réussir à en tirer un système de notation commode et conséquent; il est même étonnant qu'il ne se soit pas aperçu que les schèmes géométriques n'avaient plus de valeur à ce point de vue. D'autant plus qu'il revient à la fin à ce schématisme, en formulant les *axiomes* ou principes du syllogisme, dont le second s'énonce ainsi : « Quicquid inest excluso, id ipsum exclusum est » [4]. Or on sait que cette formule n'est valable qu'au point de vue de l'extension [5]. Enfin les deux points de vue sont très nettement définis et opposés l'un à l'autre dans le fragment du 1er août 1690, où Leibniz énonce même la loi suivant laquelle l'extension varie en sens inverse de la compréhension [6].

On a vu Leibniz employer deux des trois opérations de la Logique algorithmique, la *multiplication* et la *négation*. Il a eu aussi l'idée de l'*addition* logique, mais d'une manière passagère, précisément parce qu'elle ne se conçoit bien qu'au point de vue de l'extension. C'est à ce point de vue qu'elle se présente dans le « De Formæ Logicæ comprobatione per linearum ductus » et dans un autre fragment. Si l'on considère les *individus*, l'U. A. : « Tout homme est animal » signifie que

1. *Generales Inquisitiones*, § 123.
2. Voir Chap. I, § 19.
3. **Phil.**, VII, B, IV, 1-3.
4. **Phil.**, VII, B, IV, 11.
5. Voir Chap. I, §§ 7 et 12.
6. « Nempe augendo conditiones, minuitur numerus » (**Phil.**, VII, B, II, 3). Mais, dans le fragment du 2 août 1690, Leibniz entend le rapport de contenance au point de vue de la compréhension (**Phil.**, VII, C, 97).

la classe des hommes est contenue dans la classe des animaux, c'est-à-dire que celle-ci est égale à la classe des hommes *plus* d'autres classes (ou individus). Soit donc H = homme, A = animal; la proposition précédente s'écrira :

$$A = H + X,$$

X étant un terme (une classe) indéterminé [1]. Mieux encore : dire que la classe A est contenue dans la classe B, c'est dire que la classe B est égale à la somme de A et de B, ou que l'addition de A n'ajoute rien à B; ainsi « Tout A est B » s'écrira [2] :

$$B = A + B.$$

La P. N. : « Quelque A n'est pas B », étant la contradictoire de l'U. A., se traduira par la négation de l'égalité précédente :

$$B \neq A + B.$$

Quant à l'U. N. : « Nul A n'est B », elle équivaut à une U. A. à prédicat négatif : « Tout A est non-B », et se traduira par conséquent de même :

$$\text{non-B} = A + \text{non-B}.$$

Et la P. A., étant la contradictoire de l'U. N., se traduira par la négation de cette égalité [3].

Malheureusement, Leibniz n'a pas poursuivi ce système de

---

[1]. **Phil.**, VII, B, II, 70-71 : « hoc est individua hominum sunt pars individuorum animalium. »

[2]. **Phil.**, VII, B, IV, 6 verso. Leibniz avait écrit d'abord un produit, il a ajouté après coup le signe +.

[3]. *Ibid.* Dans le fragment déjà cité, Leibniz mêle malencontreusement la multiplication à l'addition : ainsi il traduit : « Quelque homme (H) est animal (A) » par :

$$YH + X = A$$

« Nul homme n'est pierre (L) » par :

$$YH + X = \text{non-L}$$

et « Quelque homme n'est pas pierre » par :

$$H + X = \text{non-L}$$

(il eût fallu au moins intervertir ces deux dernières égalités). Aussi devient-il aussitôt au point de vue de la compréhension (**Phil.**, VII, B, II, 70-71).

traduction parfaitement exact, parce qu'il ne permettait pas de démontrer la conversion simple : en effet, il donne à l'U. N. et à la P. A. une forme asymétrique moins commode que la forme multiplicative :

$$AB = 0, \quad AB \neq 0.$$

20. Nous arrivons à un système tout différent du précédent, qui ne peut par conséquent en être contemporain, et qui lui est certainement postérieur. Il est caractérisé par ce fait que la multiplication logique y est figurée par le signe $+$ de l'addition arithmétique [1]. Il se trouve exposé, lui aussi, dans d'assez nombreux essais et fragments, dont deux seulement, les plus importants, sont publiés : c'est le *Non inelegans Specimen demonstrandi in abstractis*, édité par Erdmann [2], et le fragment que Gerhardt a édité à la suite de celui-là [3].

La relation d'égalité logique domine presque exclusivement dans cette série d'essais. Aussi commencent-ils en général par la définir comme suit :

« *Eadem* seu *Coincidentia* sunt quorum alterutrum ubilibet potest substitui alteri salva veritate [4]. »

Deux termes qui ne sont pas égaux sont appelés *divers*.

La relation d'inclusion est définie ensuite au moyen de la relation d'égalité :

« Si plura simul sumta coincidant uni, plurium quodlibet

---

[1]. Leibniz remarque lui-même, dans un fragment où il emploie le signe $+$: « Pro A $+$ B posset simpliciter poni AB » (**Phil.**, VII, B, II, 52). Inversement, nous l'avons vu déjà écrire A $+$ B à la place de AB, mais pour indiquer l'*addition* logique (voir p. 363, note 2).

[2]. Ce titre écrit par Leibniz a été ensuite biffé par lui-même, comme peu modeste sans doute; mais nous trouvons commode de le conserver pour désigner le fragment qui porte le n° XIX dans *Phil.*, VII, p. 228-235.

[3]. *Phil.*, VII, n° XX, p. 236-247. Ce fragment ne diffère du précédent qu'en ce que le signe d'addition $+$ y est entouré d'un cercle, probablement pour le distinguer du signe d'addition arithmétique. Cette particularité se retrouve dans des fragments inédits. A part cela, les notations et les schèmes sont les mêmes : les termes sont représentés par des majuscules, et le signe d'égalité logique est ∞, signe d'égalité mathématique.

[4]. *Phil.*, VII, 236; cf. 228; **Phil.**, VII, B, II, 64.

dicitur *inesse* vel *contineri* in uno isto, ipsum autem Unum dicitur *continens* [1]. »

Cette définition implique et présuppose l'idée d'addition (« simul sumta ») que Leibniz ne définit pas. Ainsi, dire que :

$$A + B = L,$$

c'est dire que A (ou B) est contenu dans L; et inversement, on exprimera que A est contenu dans C en écrivant :

$$A + X = C,$$

X étant un terme indéterminé [2].

Un Scholie nous apprend aussitôt que cette addition n'est pas *disjonctive*, mais *conjonctive*, c'est-à-dire qu'elle ne suppose nullement que les termes à sommer n'aient rien de commun. Seulement, s'ils ont une partie commune, elle ne figure qu'une fois dans leur somme. Cela concorde du reste avec l'axiome (loi de tautologie) [3] :

$$A + A = A.$$

Leibniz justifie cet axiome par des considérations de bon sens, en distinguant cette addition logique de l'addition arithmétique pour laquelle on a :

$$A + A = 2\,A.$$

En Mathématiques, on désigne par A des choses *égales*, mais *différentes*, tandis qu'en Logique A désigne des choses *identiques*. Deux écus et deux *autres* écus font *quatre* écus; mais deux écus et les deux *mêmes* écus ne font jamais que deux écus [4]. Au fond, cela tient à la différence même des deux

---

1. *Phil.*, VII, 228.
2. *Phil.*, VII, 229; **Phil.**, VII, B, II, 64.
3. « Axioma 1. Si idem secum ipso sumatur, nihil constituitur novum, seu A + A ∝ A » (*Phil.*, VII, 230). Cf. Axiome 2 (*Phil.*, VII, 237).
4. *Phil.*, VII, 230, 237. Autrement on pourrait faire *six* œufs avec *trois*, en comptant d'abord les *trois*, puis *deux* d'entre eux et enfin *un* d'entre eux (*Phil.*, VII, 230, 246). Cf. **Phil.**, VII, B, II, 6, où Leibniz définit ainsi la différence des deux additions : A + A = A signifie que A est unique ou déterminé; X + X ≠ X signifie que X est plusieurs ou indéterminé (c'est-à-dire un terme générique). Aussi ne faut-il pas dire qu'on additionne deux grandeurs ou nombres égaux, mais deux choses égales (ayant la *même* grandeur), puisque la somme est une *nouvelle* grandeur.

copules : l'égalité mathématique désigne une égalité de *grandeur*, tandis que l'égalité logique désigne l'*identité* absolue [1].

De cette conception de l'addition il résulte que la relation de contenance n'exclut pas du tout celle d'identité. Ainsi, dans l'égalité :

$$A + B = L,$$

A peut être *égal* à L, et B aussi, sans cesser d'être *contenu* dans L [2].

L'addition est soumise à un second axiome qui est la *loi commutative* [3] :

$$A + B = B + A.$$

Enfin elle donne lieu à un postulat, qui porte qu'on peut additionner deux ou plusieurs termes quelconques; autrement dit, que leur somme existe, ou que l'addition est toujours possible [4].

La relation de contenance donne lieu à quelques définitions : On appelle *subalternes* deux termes dont l'un est contenu dans l'autre; et *disparates* deux termes dont aucun n'est contenu dans l'autre. Si un même terme est contenu dans deux autres, ceux-ci sont dits *communiquants*; si au contraire deux termes ne contiennent aucun élément commun, ils sont dits *sans communication*. Enfin Leibniz ajoute un autre postulat, à savoir que, étant donné un terme quelconque, on peut trouver un terme *divers*, et même *disparate* [5].

---

1. Cf. *Nouveaux Essais* (IV, VII, § 10), où Leibniz remarque que l'axiome : « Le tout est égal à la somme de ses parties » n'est pas universellement vrai comme l'axiome : « Le tout est plus grand que sa partie » (Cf. Chap. VI, § 15), qui n'a pas non plus, d'ailleurs, une valeur universelle (voir *De l'Infini mathématique*, 2ᵉ partie, liv. III, chap. I, § 8 : p. 452).

2. *Phil.*, VII, 228. On sait que c'est là une des propriétés qui distinguent le *contenu* de la *partie* (Chap. VII, § 9).

3. Axiome 1 (*Phil.*, VII, 237).

4. Postulatum 1 (*Phil.*, VII, 230); Postulatum 2 (*Phil.*, VII, 237). Cf. **Phil.**, VII, B, II, 64-65, § 25.

5. Postulatum 1 (*Phil.*, VII, 237). Ce postulat est illégitime dans sa seconde partie, car si l'on considère l'« univers du discours », qui contient tous les termes possibles, on ne peut trouver aucun terme qui lui soit *disparate*.

Dans les opuscules de la série que nous étudions, Leibniz emploie pour représenter les diverses relations des termes une figuration géométrique. Il représente les différents termes par des segments d'une *même* droite. Deux termes égaux sont figurés par des segments coïncidants; deux termes subalternes, par deux segments contenus l'un dans l'autre; deux termes communiquants, par deux segments qui ont une partie commune; et deux termes sans communication, par deux segments qui n'ont aucune partie commune. La somme de deux segments est l'ensemble des points qu'ils contiennent, de sorte que s'ils ont une partie commune, celle-ci ne figure qu'une fois dans la somme. Ainsi, soient les points A, B, C, D marqués dans cet ordre sur une droite : la somme logique des segments AC et BD sera simplement AD (et non AD + BC, qui serait leur somme géométrique, c'est-à-dire la somme de leurs longueurs). En résumé, les segments ne sont pas considérés comme des *grandeurs*, mais comme des *ensembles de points* [1].

21. Nous allons maintenant exposer le système établi sur ces principes, en fondant ensemble les deux opuscules XIX et XX de Gerhardt, et en les complétant par les fragments inédits qui appartiennent à la même série [2].

Nous nous bornerons à énoncer les premières propositions, relatives à l'égalité :

(XX, 1)   Si $A = B$, on a aussi : $B = A$.
(XX, 2)   Si $A \neq B$, on a aussi : $B \neq A$.

Ces deux théorèmes expriment simplement le caractère *symétrique* des relations d'égalité et d'inégalité. Ils se déduisent de la définition de l'égalité, qui permet de substituer l'un à l'autre deux termes égaux, et par suite de les permuter.

(XIX, 1; XX, 3)   Si $A = B$ et $B = C$, on a : $A = C$.
(XIX, 2; XX, 4)   Si $A = B$ et $B \neq C$, on a : $A \neq C$.

---

1. *Phil.*, VII, 229. Cf. Chap. VII, § 9.
2. Nous indiquerons pour chaque proposition les numéros d'ordre qu'elle porte dans les deux fragments XIX et XX de Gerhardt.

Ces deux théorèmes se déduisent aussi de la définition de l'égalité, en substituant A à B dans la seconde prémisse, en vertu de la première.

Viennent ensuite des propositions qui concernent à la fois les relations d'égalité et d'inclusion. Leibniz exprime celle-ci par la copule *est in*; pour plus de clarté et de brièveté, nous la traduirons par le signe < [1], qu'on pourra lire : « est dans ».

(XX, 5)   Si $A = B$ et $B < C$, on a : $A < C$.
(XX, 6)   Si $A = B$ et $C < B$, on a : $C < A$.

Ces deux théorèmes se démontrent encore en substituant A à B dans la seconde prémisse, en vertu de l'égalité qui constitue la première.

De ces théorèmes découlent deux propositions qui sont des expressions du principe d'identité :

(XX, 7) $A < A$ (car $A < A + A$, et $A + A = A$).
(XX, 8)   Si $A = B$, on a aussi : $A < B$,
(car de $A < A$, $A = B$, on déduit : $A < B$).

Les théorèmes suivants dérivent encore de la définition de l'égalité, par exemple, en substituant B à son égal A dans l'identité :
$$A + C = A + C.$$
(XIX, 3; XX, 9)   Si $A = B$, on a : $A + C = B + C$.
(XX, 10)   Si $A = B$ et $C = D$, on a : $A + C = B + D$.
(XX, 11)   Si $A = B$, $C = D$, $E = F$, on a :
$$A + C + E = B + D + F,$$

et ainsi de suite; ce qu'on peut résumer ainsi : Étant donné un nombre quelconque d'égalités, on peut les ajouter membre à membre.

La relation d'inclusion possède des propriétés analogues :

(XX, 12)   Si $A < B$, on a : $A + C < B + C$.

En effet, dire que $A < B$, c'est dire qu'il y a un terme D, tel que :
$$A + D = B.$$

---

1. Suivant le propre exemple de Leibniz (voir § 8).

Substituons à B cette expression dans la thèse à démontrer, elle devient :
$$A + C < (A + D) + C$$
ou :
$$A + C < A + C + D,$$
ce qui est évident. Le théorème est donc vérifié [1].

Leibniz remarque que les quatre théorèmes précédents ne sont pas convertibles (que leur réciproque n'est pas vraie). Nous verrons plus loin dans quelles conditions ils sont convertibles.

Il établit ensuite deux théorèmes inverses qui constituent une relation entre les deux copules ($=$ et $<$).

(XX, 13) Si $A + B = A$, on a : $B < A$.

En effet, on a toujours : $B < A + B$; or si $A + B = A$, on en conclut : $B < A$.

(XX, 14) Réciproquement, si $B < A$, on a : $A + B = A$.

En effet, dire que $B < A$, c'est dire que :
$$B + C = A.$$
Ajoutons B aux deux membres de cette égalité ; il vient :
$$B + C + B = A + B$$
Or [2] : $\qquad B + C + B = B + B + C = B + C = A.$
Donc : $\qquad A + B = A.$ \hfill c. q. f. d.

Des deux théorèmes précédents, réunis, on conclut l'*équivalence* des deux relations [3] :
$$B < A \quad \text{et} \quad A + B = A.$$
Cela permet de transformer à volonté une inclusion en une égalité, ou inversement [4].

---

1. Cette démonstration suppose la *loi associative* de l'addition, en outre de la *loi commutative*, seule formulée par Leibniz.
2. Même remarque que pour le théorème XX, 12 (note précédente).
3. Comparer avec l'équivalence établie dans le système précédent entre « A est B » et « A = AB » (voir § 13).
4. Leibniz remarque qu'on peut ainsi obtenir une infinité d'expressions différentes d'un même terme : Si l'on pose : $A + B = C$, on aura :
$$A = A + C = A + B + C.$$
Si l'on pose $A + C = D$, on aura :
$$A = A + D = A + C + D = A + B + C + D,$$

Leibniz démontre ensuite le *principe du syllogisme* :

(XIX, 4; XX, 15)   Si $A < B$ et $B < C$, il en résulte : $A < C$.

En effet, dire que $A < B$, c'est dire que :
$$A + D = B,$$
et dire que $B < C$, c'est dire que :
$$B + E = C.$$

Dans cette dernière égalité remplaçons B par $A + D$, en vertu de la première; il vient :
$$A + D + E = C,$$
ce qui signifie que $A < C$. c. q. f. d. [1]

Le principe du syllogisme peut s'étendre à un nombre quelconque d'inclusions simples formant une chaîne :

(XX, 16)   Si $A < B$, $B < C$, et $C < D$, on a : $A < D$;

et ainsi de suite.

Il devient alors le *principe du sorite*.

---

et ainsi de suite (**Phil.**, VII, B, II, 30). Cela lui suggère un problème assez curieux : Trouver un ensemble de termes tels que toutes leurs combinaisons additives ne fassent que les reproduire, sans jamais en donner un nouveau* (XX, 24). En voici une solution : Soient A, B, C, D des termes divers; on forme :
$$A + B = M, \quad M + C = N, \quad N + D = P,$$
les termes A, B, M, N, P répondent à la question. En effet, par construction, A et B sont dans M, M dans N, N dans P. Donc :
$$A + M = B + M = M, \; M + N = N, \; N + P = P, \text{ etc.}$$
(**Phil.**, VII, 243-4). Cf. le fragment **Phil.**, VII, B, II, 55-56 : « Componendo nihil novi fieri potest... » Ce même problème se trouve indiqué dans le *Specimen Geometriæ luciferæ* comme exemple de la « doctrina de eo quod inest alteri » (**Math.**, VII, 261).

1. Cf. **Phil.**, VII, B, II, 64-65, § 24. Ce théorème aurait pu être démontré dès le début, attendu qu'il ne s'appuie que sur la définition de l'inclusion (et sur la *loi associative* de l'addition). Il peut à présent se démontrer de

---

* On dirait, dans le style des Mathématiques modernes : « Trouver un ensemble de termes qui forment un *groupe* par rapport à l'addition. »

22. Du principe du syllogisme Leibniz déduit une relation capitale entre les deux copules :

(XX, 17) $\qquad$ Si $A < B$ et $B < A$, on a : $A = B$.

En effet, $A < B$ équivaut à l'égalité :
$$A + C = B.$$

Or : $B < A$; donc $A + C < A$, et comme : $C < A + C$, on a finalement :
$$C < A$$
qui équivaut à : $\qquad A + C = A,$
d'où l'on conclut : $\qquad A = B,$ $\hfill$ c. q. f. d. [1]

Leibniz établit ensuite ce qu'on peut appeler les *règles de composition* des égalités et des inclusions.

(XIX, 5 ; XX, 18) $\qquad$ Si $A < C$ et $B < C$, on a : $A + B < C$.

En effet, les deux hypothèses équivalent aux égalités :
$$A + D = C, \quad B + E = C.$$

Si on les ajoute membre à membre (XX, 10), on trouve :
$$A + D + B + E = C + C,$$
ou [2] :
$$(A + B) + (D + E) = C,$$
ce qui signifie que : $\qquad A + B < C.$ $\hfill$ c. q. f. d.

la même manière que dans le système précédent (§ 14), au moyen des théorèmes XX, 13 et 14. En effet, les prémisses peuvent s'écrire :
$$A + B = B, \qquad B + C = C,$$
d'où :
$$A + B + C = C$$
ce qui prouve la conclusion :
$$A < C,$$

1. Ce théorème aurait pu être démontré plus tôt, sans le secours du principe du syllogisme, en invoquant seulement les théorèmes XX, 13. 14. En effet, d'après ces théorèmes :

$\qquad A < B \qquad$ équivaut à $\qquad A + B = B,$
$\qquad B < A \qquad$ équivaut à $\qquad A + B = A,$

d'où l'on conclut immédiatement : $A = B$. Cf. les §§ 8 et 13.

2. Même remarque que pour le théorème XX, 12 (p. 369, note 1).

Ce théorème peut s'étendre à trois ou plusieurs inclusions ayant le même conséquent :

(XX, 19) Si $A < D, B < D, C < D$, on a : $A + B + C < D$,

et ainsi de suite.

Ainsi l'on peut réunir deux ou plusieurs inclusions de même conséquent en une seule qui a le même conséquent, et pour antécédent la somme de leurs antécédents.

La réciproque est vraie : Si $A + B < C$, on a : $A < C$ et $B < C$, en vertu du principe du syllogisme appliqué aux inclusions formellement vraies :

$$A < A + B, \quad B < A + B.$$

Voici maintenant un théorème plus général :

(XX, 20) Si $A < B$ et $C < D$, on a : $A + C < B + D$.

En effet : $A < B$ et $B < B + D$; donc :

$$A < B + D.$$

De même : $C < D$ et $D < B + D$; donc :

$$C < B + D.$$

En ajoutant ces deux inclusions de même conséquent (en vertu du théorème précédent) on obtient :

$$A + C < B + D. \qquad \text{c. q. f. d.}$$

Ce théorème peut s'étendre aussi à un nombre quelconque d'inclusions :

(XX, 21) Si $A < B, C < D, E < F$, on a :
$$A + C + E < B + D + F,$$

et ainsi de suite. Ainsi l'on peut additionner *membre à membre* plusieurs inclusions.

Les théorèmes 18 et 19 rentrent comme corollaires dans les théorèmes 20 et 21 ; ils correspondent au cas particulier où toutes les inclusions ont même conséquent (attendu que $A = A + A = A + A + A =$ etc.). On pourrait de même déduire des théorèmes 20 et 21 un autre corollaire, correspondant au cas particulier où toutes les inclusions ont même antécédent :

On peut réunir plusieurs inclusions de même antécédent en une seule qui a le même antécédent, et pour conséquent la somme de leurs conséquents.

Mais, à la différence des théorèmes 18 et 19, les théorèmes 20 et 21 ne sont pas convertibles (leur réciproque n'est pas vraie). Ainsi l'on peut décomposer une inclusion en plusieurs inclusions de même conséquent, mais non pas en plusieurs inclusions de même antécédent. Par exemple, de l'inclusion unique :

$$A < B + C + D$$

on ne peut pas déduire les inclusions simples :

$$A < B, \quad A < C, \quad A < D.$$

23. Cette dissymétrie essentielle de la relation d'inclusion en détermine la signification. En effet, on sait que, si l'on peut composer et décomposer les prédicats d'un même sujet, on peut bien composer les sujets d'un même prédicat, mais non pas les décomposer [1]. Donc l'antécédent d'une inclusion *ne peut être que* le prédicat, et le conséquent *ne peut être que* le sujet de la proposition qu'elle traduit. Or c'est seulement au point de vue de la compréhension que le prédicat est considéré comme contenu dans le sujet. Par conséquent, toutes les propriétés de l'inclusion énoncées et démontrées ci-dessus sont formulées au point de vue de la compréhension, et ne valent qu'à ce point de vue.

En fait, c'est bien à ce point de vue que Leibniz se place constamment dans les essais que nous analysons. Il dit par exemple (XX, 12) : « Æquilaterum inest seu tribuitur regulari » [2], et plus loin (XX, 13, 15) il pose les inclusions suivantes :

$$\text{Quadrilatère} < \text{Parallélogramme} < \text{Rectangle}\,[3]$$

qui ne sont vraies qu'au point de vue de la compréhension.

---

1. *Specimen Calculi universalis* (voir § 10).
2. *Phil.*, VII, 239.
3. « Quadrilaterum esse inest parallelogrammo, et parallelogrammum esse inest rectangulo.... Ergo quadrilaterum esse inest rectangulo. (*Phil.*, VII, 240.)

Il est vrai qu'il conçoit en même temps la possibilité de se placer aussi au point de vue de l'extension; il croit qu'on peut passer de la considération des notions à celle des individus, en renversant simplement le sens des inclusions, par exemple en posant :

Rectangle < Parallélogramme < Quadrilatère [1].

Ainsi la relation d'inclusion serait réversible, c'est-à-dire qu'on pourrait aussi bien considérer le sujet comme contenant le prédicat que comme contenu par lui. Autrement dit, il serait indifférent de regarder, dans une inclusion, l'antécédent comme le sujet, et non plus comme le prédicat, et le conséquent comme le prédicat, et non plus comme le sujet; et toutes les propositions établies resteraient valables au point de vue de l'extension comme au point de vue de la compréhension [2].

Or c'est là une erreur complète, comme on vient de le voir.

---

1. « Inverti haec possunt, si pro notionibus per se consideratis spectemus singularia sub notione comprehensa, et fieri potest A rectangulum, B parallelogrammum, C quadrilaterum », à savoir dans la double inclusion : $A < B < C$ (*Phil.*, VII, 240).

2. « *Scholium* ad def. 3, 4, 5, 6. *Inesse* dicimus notionem generis in notione speciei, individua speciei in individuis generis.... Sic notio affectionis seu praedicati inest in notione subjecti.... Nec refert hoc loco ad notionem istam generalem, quomodo ea quae insunt sese invicem aut ad continens habeant. Ita demonstrationes nostrae etiam de his locum habent, quae aliquid distributive componunt, ut omnes species simul componunt genus. » (*Phil.*, VII, 224.) On voit que Leibniz a pourtant conscience de la différence qu'il y a entre la manière dont les genres composent l'espèce (en compréhension) et la manière dont les espèces composent le genre (en extension). Il disait déjà dans les *Ad Specimen Calculi universalis addenda* : « subjectum esse ut continens, praedicatum ut contentum simultaneum seu conjunctivum, vel contra : subjectum esse ut contentum, praedicatum ut continens alternativum seu disjunctivum » (*Phil.*, VII, 223). Il semble ici reconnaître la différence que nous avons signalée entre la fonction du sujet et celle du prédicat. Dans la Logique moderne, le sujet joue par rapport à l'addition le même rôle que le prédicat par rapport à la multiplication, de sorte qu'il y a une parfaite symétrie ou *dualité* entre les formules. De même qu'on peut composer les sujets d'un même prédicat, mais non les décomposer *par multiplication*, on peut composer les prédicats d'un même sujet, mais non les décomposer *par addition*. Or la multiplication exprime l'affirmation simultanée ou conjonctive, et l'addition exprime l'affirmation alternative ou disjonc-

Nous avons déjà montré[1] que l'inclusion en extension n'a pas les mêmes propriétés que l'inclusion en compréhension, notamment par rapport à la relation d'exclusion ; de sorte que les formules des syllogismes valables au point de vue de la compréhension ne sont pas valables au point de vue de l'extension, et inversement[2]. L'erreur susdite provient de ce qu'en réalité Leibniz se plaçait d'habitude au point de vue de la compréhension, et de ce qu'il n'a jamais essayé de développer tout son calcul au seul point de vue de l'extension ; sans quoi il se serait aperçu du défaut de symétrie des formules relatives à l'inclusion et à l'exclusion[3].

24. Le sens de l'inclusion détermine à son tour le sens de l'addition, en vertu de l'équivalence des deux relations :

$$A < B \quad \text{et} \quad A + B = B.$$

En effet, si A est contenu dans B en *compréhension*, la somme de A et de B représente la réunion *de leurs compréhensions*[4]. L'addition figure donc ici la même opération logique qui était figurée dans les systèmes antérieurs par la multiplication, à savoir ce qu'on nomme à présent la *multiplication logique*[5].

---

tive. On croirait donc que Leibniz, dans la remarque précédente, a entrevu la *dualité* des formules de la Logique, découverte de nos jours par SCHRÖDER (1877).

1. Chap. I, §§ 12, 13, 18, 19.
2. Leibniz paraît s'en être aperçu dans les *Difficultates Logicæ*, où il se demande, avec doute, si l'on peut justifier les principes du syllogisme par l'interprétation *inductive* ou *collective* (c'est-à-dire en considérant les concepts comme des collections d'individus), qu'il oppose à la méthode *idéale* d'Aristote, c'est-à-dire à la considération de la compréhension des notions (*Phil.*, VII, 215). Voir p. 364, note 3.
3. En général il pose en principe « praedicatum in subjecto contineri » (*Phil.*, VII, 44 ; cf. les textes cités Chap. I, § 14 ; Chap. VI, §§ 16 et 17).
4. La même équivalence formelle est valable dans la Logique moderne au point de vue de l'extension, parce que, d'une part, A est contenu dans B *en extension*, et que, d'autre part, (A + B) représente la somme des extensions (des *classes* A et B).
5. Comme l'a remarqué M. VENN, *Symbolic Logic*, p. XXX note, 54 note (2° éd. London, Macmillan, 1894). Leibniz dit lui-même qu'il ne considère pas + comme un signe d'addition, mais simplement comme le signe d'une combinaison uniforme et homogène (symétrique), et qu'il pourrait écrire aussi bien AB que A + B (*Phil.*, VII, B, II, 27). Cf. p. 364, note 1.

C'est d'ailleurs ce que confirment tous les exemples cités par Leibniz[1]. Pour n'en citer qu'un, si l'on pose :

$$A = \textit{triangle}, \quad B = \textit{équilatéral},$$

(A + B) représente le concept de *triangle équilatéral*.

Or le fait même qu'il employait l'addition pour désigner la multiplication logique empêchait Leibniz d'introduire simultanément dans son Calcul l'idée de l'addition logique, qu'il avait pourtant entrevue ailleurs (§ 12). C'est donc parce qu'il se plaçait systématiquement au point de vue de la compréhension qu'il n'a pas réussi à constituer l'Algèbre de la Logique avec ses deux opérations fondamentales et pour ainsi dire symétriques, dont il a eu séparément et successivement la notion.

25. Cette interprétation pourrait être confirmée, s'il en était besoin, par l'étude de la théorie de la soustraction. Nous avons négligé cette théorie dans l'exposé précédent, parce qu'elle n'est nullement une partie essentielle du système, et pouvait sans inconvénient être laissée de côté. D'ailleurs, elle se trouve formulée dans le *Non inelegans Specimen* et non dans le fragment XX, de sorte que Leibniz semble y avoir renoncé dans la suite, pour des raisons que nous découvrirons en analysant cette théorie.

Il commence par définir la soustraction, ou plutôt la différence de deux concepts, au moyen des notions antérieures de l'inclusion et de l'addition (dont la soustraction devra être l'opération inverse).

(XIX, déf. 5) Si B est dans A, et si C contient tout ce qui est dans A, à l'exception de tout ce qui est dans B, on a par définition :

$$A - B = C.$$

On dira qu'on a *retranché* ou *soustrait* B de A, et que le *reste* ou

---

[1]. Fragment XX, prop. 9, 10, 12, 13, 18, 20, 22. On remarquera qu'il n'en cite aucun (sauf dans une note) dans le fragment XIX (*Non inelegans Specimen...*), de sorte que celui-ci ne détermine ni le sens de l'inclusion ni celui de l'addition. Leibniz lui-même a constaté cette absence d'exemples, et se proposait d'y remédier, ce qu'il a fait dans le fragment XX (*Phil.*, VII, 232, note).

résidu est C'. De cette définition résultent deux corollaires évidents :

(XIX, 10) Le retranché (B) et le résidu (C) sont sans communication [2]. En outre, toute égalité semblable à la précédente implique que A contient à la fois B et C, et que B et C réunis constituent A. En d'autres termes, elle équivaut à l'égalité [3] :

$$A = B + C.$$

(XIX, 11) Si deux termes sont communiquants, leur partie commune et leurs restes respectifs sont sans communication.

En effet, soient A et B les deux termes, et C leur partie commune. Posons :

$$D = A - C, \quad E = B - C.$$

D'abord, C et D sont sans communication, en vertu du théorème 10 ; de même C et E. Enfin, D et E sont sans communication, car s'ils avaient quelque élément commun, cet élément serait commun à A et à B, donc il ferait partie de C, ce qui contredit l'hypothèse.

26. La soustraction donne lieu à un nouvel axiome et à un nouveau postulat. L'axiome est plutôt une nouvelle définition du *zéro* logique :

(XIX, axiome 2) : $\qquad A - A = 0$ (Nihil).

Rien est le résultat qu'on obtient en retranchant un terme de lui-même [4]. En vertu de la loi de tautologie, on peut d'ailleurs ajouter ou retrancher A autant de fois qu'on veut : pourvu qu'on finisse par le retrancher, le résultat sera toujours nul.

Cet axiome se trouve énoncé ailleurs sous une forme différente, mais équivalente :

$$A + 0 = A,$$

1. *Phil.*, VII, 229.
2. *Phil.*, VII, 234.
3. Cf. **Phil.**, VII, B, II, 27.
4. Ailleurs, c'est au contraire le signe — qui est défini au moyen du zéro, de la manière suivante : Le signe + désignant une combinaison symétrique, si l'ensemble des deux opérations : + A — A équivaut au Néant (c'est-à-dire si elles se détruisent mutuellement), le signe — sera celui de la soustraction (**Phil.**, VII, B, II, 27).

d'où l'on déduit immédiatement, en vertu de la définition de la soustraction, la formule précédente [1].

Cette définition de *zéro* ne coïncide pas avec celle que Leibniz avait donnée auparavant, et qui reposait sur l'idée de négation (§ 4) :

$$A.\text{non-}A = 0,$$

et cela d'autant moins qu'il distingue la soustraction de la négation. La soustraction représente en effet l'opération inverse de l'addition : de même que l'addition correspond à la multiplication logique, la soustraction correspond à la *division logique* des modernes, c'est-à-dire à l'abstraction [2]. Par exemple, puisqu'on a :

$$Homo = Animal + Rationale,$$

on aura inversement, par soustraction :

$$Homo - Rationale = Animal.$$

Retranchez au concept *homme* l'attribut *raisonnable* : il reste le concept d'*animal*. On voit par là que la soustraction est conçue, comme l'addition, au point de vue de la compréhension.

Or cela montre bien la différence de la soustraction et de la négation, puisqu'on a d'une part :

« Homo — rationalis = Brutum »

et d'autre part :

« Homo non-rationalis est impossibile [3] ».

Ailleurs Leibniz essaie de préciser cette opposition en disant :

« A — A est *Nihilum*. Sed A non-A est *Absurdum*. »

Mais il oublie que le néant (non-Ens) n'est pas autre chose que

---

1. « Nihilum sive ponatur sive non, nihil refert, seu $A + Nih. \infty A$ » (Phil., VII, B, II, 64, §§ 28, 30).
2. Voir VENN, *Symbolic Logic*, p. 56, n. 1, et p. 499-500 (2ᵉ éd. London, Macmillan, 1894). D'après cet auteur (page 461, note 1), le signe — aurait été employé dans le même sens par Jacques BERNOULLI dans son *Parallelismus ratiocinii logici et algebraici* (1685).
3. *Non inelegans Specimen* (Phil., VII, 233, note).

ce qu'il appelle l'absurde ou l'impossible, c'est-à-dire le contradictoire [1].

Voici maintenant le postulat relatif à la soustraction :

(XIX, postulat 2) On peut toujours retrancher un terme B d'un autre terme A *qui le contient*, c'est-à-dire tel que :

$$A = B + C.$$

Il importe de remarquer que la différence (A — B), dont ce postulat affirme l'existence, n'est pas nécessairement égale à C : elle ne l'est que si B et C sont sans communication.

La différence (A — B) implique, par définition, que B est (entièrement) contenu dans A. Quel sens a-t-elle lorsque B n'est pas contenu dans A? Leibniz se pose ailleurs cette question, et y répond : La différence A — B est alors un terme *semi-privatif* (analogue aux nombres *négatifs*); c'est pour ainsi dire une expectative de soustraction, puisque ajouter (A — B) signifie : ajouter A, puis retrancher B. Posons par exemple : A — B = C, et supposons qu'on ait à l'ajouter à D. On aura :

$$D + C = D + A - B,$$

et si B n'est pas contenu dans A, il pourra être contenu dans D + A, et par suite s'en retrancher. Le reste sera alors un terme *positif* E. Dans le cas contraire, ce sera encore une différence symbolique [2].

La soustraction telle qu'elle a été définie est *univoque*, c'est-à-dire donne un résultat unique. C'est ce qu'exprime le théorème suivant :

---

1. Voir un fragment où il conçoit la soustraction comme l'opération inverse de la multiplication : « *Detractivus....* ut ∵ B, seu demto B, sive minus B. Scilicet A ∵ B seu A demto B significat B esse omittendum sive rejiciendum, si cum ipso B reperiatur, sive B ∵ B se mutuo tollere, ita ut C.B ∵ B seu B.C ∵ B sit ∝ C. Itaque si A ∝ B.C, erit A ∵ B ∝ C, nam A ∵ B ∝ B.C ∵ B ∝ C. » ..... « *Scholium*. Differunt *Non* seu negatio a ∵ sive *Minus* seu detractione, quod *non* repetitum tollit se ipsum, at vero detractio repetita non seipsam tollit, sed terminum cui praefigitur. Sic non-non-B est B, sed ∵ ∵ B idem est quod Nihilum. Verbi gratia, A non-non-B est A.B, sed A ∵ ∵ B est A. » (**Phil.**, VII, B, II, 74.)

2. **Phil.**, VII, B, II, 64-65, § 31.

(XIX, 8) Si de termes égaux on retranche des termes égaux, les restes sont égaux [1].

En effet, on a, en vertu du principe d'identité :

$$A - B = A - B.$$

Supposons que $A = C$, et $B = D$. En vertu de la définition de l'égalité, on peut remplacer A et B par C et D ; il vient :

$$A - B = C - D, \qquad \text{c. q. f. d.} [2]$$

Leibniz applique la soustraction à la solution d'un petit problème : Étant donnés deux termes A et B, savoir s'ils ont une partie commune, et la trouver, s'il y a lieu.

Voici la solution : On forme la somme $A + B$, et on en retranche A ; si le reste est égal à B, les deux termes sont sans communication. Sinon, on retranchera ce reste de B : le résultat sera la partie commune à A et à B.

En effet, soit C cette partie commune; posons :

$$D = A - C, \quad E = B - C,$$

C, D, E, sont sans communication (XIX, 11), et l'on a :

$$A = C + D, \quad B = C + E,$$
$$A + B = C + D + E = S.$$

Si l'on retranche A de S, il vient :

$$S - A = C + D + E - (C + D) = E.$$

Et si l'on retranche E de B, il vient :

$$B - E = C, \qquad \text{ce qu'il fallait trouver.}$$

---

1. *Phil.*, VII, 232. Ce théorème manque dans l'édition *Erdmann*.
2. Cette démonstration est un exemple des pétitions de principe qui peuvent se glisser dans l'application du principe d'identité. En effet, l'*univocité* de la soustraction est déjà impliquée dans l'égalité :

$$A - B = A - B$$

qui est en apparence une identité; elle n'est réellement une identité que si la différence $A - B$ est *unique*.

Dans le cas particulier où A et B n'ont rien de commun, C = 0, et par suite B = E [1].

27. Leibniz étudie ensuite les *compensations*, c'est-à-dire les résultats qu'on obtient quand on ajoute et retranche le même terme à une somme. Il s'agit de savoir dans quels cas il y a *destruction*, c'est-à-dire dans quelles conditions les deux termes respectivement ajouté et retranché se détruisent mutuellement [2].

Leibniz distingue divers cas de compensation.

(XIX, 9) Le *1er cas* doit être plutôt considéré comme un lemme :

$$A + B - C - B = A - C$$

si A, B, C sont sans communication (deux à deux). En effet, le terme $- B$ qu'on retranche ne peut alors être soustrait qu'au terme $+ B$, et l'annule entièrement, sans rien changer aux autres termes [3]. Ce lemme permet de résoudre les deux autres cas, en réduisant tous les termes à des termes sans communication : car alors un même terme ajouté et retranché disparaît entièrement.

2e cas. Si la partie commune à A et à B est égale à la partie commune à B et à C, on a :

$$A + B - B - C = A - C.$$

3e cas. Si la partie commune à A et à B n'est pas égale à la partie commune à B et à C, on a au contraire :

$$A + B - B - C \neq A - C.$$

---

1. **Phil.**, VII, B, II, 27. Autre solution, plus élégante, parce qu'elle est symétrique :

$$S - A = C + D + E - (C + D) = E$$
$$S - B = C + D + E - (C + E) = D$$
$$S - (D + E) = C + D + E - (D + E) = C$$

(**Phil.**, VII, B, II, 31). Seulement, dans ce dernier fragment, l'addition est conçue en extension ; car l'exemple traité est celui-ci : un prince a 1000 sujets et 100 soldats ; trouver ceux de ses sujets qui sont soldats. Cela prouve que Leibniz n'a pas nettement opté entre les deux interprétations de l'addition et de la soustraction, et les considérait (à tort) comme équivalentes.

2. Cf. **Phil.**, VII, B, II, 51-52.

3. On remarquera que, dans cette hypothèse, la soustraction $A + B - C$ est impossible, et donne lieu à une différence symbolique ; de sorte que la véritable soustraction est la suivante : $A + B - (C + B)$.

Pour exposer la démonstration de ce théorème, convenons de représenter par AB la partie commune à A et à B, et ainsi de suite. Posons, conformément à l'hypothèse du 2° cas :

$$AB = BC = D,$$
$$AC = D + E,$$

de sorte qu'on ait :

$$A = D + E + F,$$
$$B = D + G,$$
$$C = D + E + H,$$

les termes D, E, F, G, H étant sans communication. On aura en conséquence :

$$A + B - B - C = D + E + F + G$$
$$- D - E \quad - G - H$$
$$= F - H.$$

D'autre part, on a :

$$A - C = D + E + F - D - E - H$$
$$= F - H.$$

L'égalité du 2° cas est donc démontrée.

Dans le 3° cas, on a par hypothèse :

$$AB \neq BC.$$

Posons donc :

$$AB = D,$$
$$BC = E,$$
$$AC = F,$$

de sorte qu'on ait :

$$A = D + F + G,$$
$$B = D + E + H,$$
$$C = E + F + K,$$

les termes D, E, F, G, H, K étant sans communication. On aura par suite :

$$A + B - B - C = D + E + F + G + H$$
$$- D - E - F \quad - H - K$$
$$= G - K,$$

tandis que d'autre part on a :

$$A - C = D + F + G - E - F - K$$
$$= D + G - E - K.$$

Les deux résultats sont en général différents. Ils ne sont égaux que si l'on a :
$$D = E,$$
c'est-à-dire :
$$AB = BC,$$
ce qui est contraire à l'hypothèse. Le théorème est donc démontré pour le 3ᵉ cas [1].

28. On voit que, pour établir les propositions relatives à la soustraction (aux compensations), on est obligé de réduire tous les termes à des sommes *disjointes*, c'est-à-dire composées d'éléments sans communication. Aussi Leibniz étudie-t-il les propriétés spéciales de ces sommes.

(XIX, 12) Si l'on a :
$$A + B = C + D,$$
et si :
$$A = C,$$
on peut en conclure :
$$B = D,$$
à la condition que A et B, d'une part, et C et D, d'autre part, soient sans communication.

---

[1]. Leibniz dit que le théorème est encore vrai quand A et C sont communiquants. C'est ce que nous avons supposé; dans le cas contraire, il suffirait d'annuler $AC = F$. On remarquera que la condition : $AB = BC$ n'a un sens et un rôle que si l'on considère l'expression $(A + B - B - C)$ comme signifiant :
$$(A + B) - (B + C),$$
car si l'on devait effectuer les opérations successivement dans l'ordre indiqué, on aurait d'abord :
$$(A + B) - B = D + E + F + G + H$$
$$ - D - E - H$$
$$= F + G,$$
puis :
$$(A + B - B) - C = F + G - E - F - K$$
$$= G - E - K.$$

Pour que ce résultat soit égal à la différence $(A - C)$, il faut et il suffit que $D = 0$, c'est-à-dire que A et B soient sans communication. Or, dans ce cas, on a déjà :
$$A + B - B = A,$$
égalité où C ne figure pas. Donc la condition de la *destruction* de B est alors indépendante de C, ce qui était d'ailleurs évident *a priori*.

En effet, en vertu de la définition de l'égalité

$$A + B - C = A + B - A$$
$$A + B - C = C + D - C$$

Or :
$$A + B - A = B,$$
$$C + D - C = D,$$

en vertu de la condition énoncée. Donc :

$$B = D, \qquad \text{c. q. f. d.}$$

Ce théorème détermine à quelle condition on peut supprimer un même terme dans les deux membres d'une égalité [1]. Il faut qu'il n'ait aucune partie commune avec les autres termes de ces deux membres.

(XIX, 13) Si en ajoutant à des termes égaux des termes différents, les résultats sont égaux, ces termes différents sont communiquants. Ainsi, si :

$$A + B = A + C,$$

B et C sont communiquants [2].

1er cas : Si A et B d'une part, A et C d'autre part sont sans communication, on a, en vertu du théorème précédent :

$$B = C.$$

2e cas : Si A et B sont sans communication, et si A et C sont communiquants, posons :

$$A = N + P,$$
$$C = N + Q.$$

On a :
$$A + B = N + P + B,$$
$$A + C = N + P + Q,$$

et ces deux sommes sont égales par hypothèse.

Les termes N, P, B, Q étant sans communication, on a, en vertu du théorème précédent :

$$B = Q, \text{ et par suite : } B < C.$$

---

[1]. Le théorème XIX, 8 (p. 380), montre qu'on peut toujours *soustraire* un même terme des deux membres d'une égalité; mais *soustraire* n'est pas *supprimer*.

[2]. Voir **Phil.**, VII, B, II, 27.

On raisonnerait évidemment de même si A et B étaient communiquants, et au contraire A et C sans communication; la conclusion serait : $C < B$.

3e cas : Si A et B, d'une part, A et C d'autre part sont communiquants, posons :
$$A = M + N + P$$
$$B = M + Q$$
$$C = N + R$$
$$A + B = M + N + P + Q$$
$$A + C = M + N + P + R.$$

Ces deux sommes sont égales, et leurs termes sont, par hypothèse, sans communication. On doit donc avoir, en vertu du théorème précédent :
$$Q = R,$$
or ce terme identique constitue une partie commune à B et à C, c. q. f. d. [1]

En somme, tout cela montre que, pour que la soustraction soit possible sans restriction, et donne des résultats bien déterminés, il faut que l'addition soit *disjonctive*, c'est-à-dire qu'on n'ajoute que des termes sans communication [2]. C'est à cette condition que l'on peut manier les sommes logiques comme des sommes arithmétiques, et les soumettre aux mêmes règles de calcul. Or, tout au contraire, Leibniz admettait [3] l'addition conjonctive, et par suite la soustraction devait donner lieu à des difficultés et complications presque inextricables. C'est sans doute pour cela qu'il paraît y avoir renoncé, et qu'il n'en fait plus mention dans le fragment XX.

29. En résumé, Leibniz a eu l'idée (plus ou moins précise, plus ou moins fugitive) de toutes les opérations de la Logique, non seulement de la multiplication, de l'addition et de la néga-

---

1. Il faut remarquer que cette démonstration n'est valable qu'autant que les termes Q et R ne sont pas nuls, autrement dit, que B et C ne sont pas contenus dans A. Car, dans le cas contraire, on a évidemment :
$$A + B = A = A + C,$$
ce qui ne prouve rien touchant la relation de B et de C.

2. C'est ainsi que BOOLE concevait l'addition logique.

3. Comme JEVONS, MAC COLL, PEIRCE, SCHRÖDER, etc.

tion, mais même de la soustraction et de la division. Il a connu les relations fondamentales des deux copules, à savoir [1] :

$$(a < b) = (a = ab) = (ab' = 0).$$

Il a trouvé la véritable traduction algébrique des *quatre* propositions classiques, et cela sous ses deux formes principales :

U. A. : Tout a est b : $a = ab, \quad ab' = 0.$
U. N. : Nul a n'est b : $a = ab', \quad ab = 0.$
P. A. : Quelque a est b : $a \neq ab', \quad ab \neq 0.$
P. N. : Quelque a n'est pas b : $a \neq ab, \quad ab' \neq 0.$

Il a découvert les principales lois du Calcul logique, notamment les règles de composition et de décomposition. Enfin, il a très nettement conçu la double interprétation dont ce calcul est susceptible, suivant que les termes représentent des concepts ou des propositions, et le parallélisme remarquable qui en résulte entre les propositions primaires et secondaires. En un mot, il possédait presque tous les principes de la Logique de Boole et de Schröder, et sur certains points il était plus avancé que Boole lui-même.

Comment se fait-il alors qu'il n'ait pas réussi à constituer définitivement la Logique algorithmique, comme Boole l'a fait un siècle et demi après lui? C'est qu'entre tant d'essais et de projets divers, il n'a pas su discerner le meilleur, l'adopter et le développer systématiquement. Et il y a à cela plusieurs raisons. D'abord, par un respect excessif pour la tradition, il tenait à justifier la subalternation et la conversion partielle, et par elles les modes du syllogisme dont la Logique moderne a établi l'illégitimité. Ensuite, par égard pour l'usage de la langue, il n'a pas su définir avec précision la *portée existentielle* des propositions particulières et universelles. Enfin et surtout, il n'a pas eu l'idée de juxtaposer et de combiner entre elles l'addition et la multiplication logiques, et de les traiter simultanément. Or cela vient de ce qu'il se plaçait de préférence au point de vue de la compréhension; par suite, il ne considérait qu'un seul

---

[1]. Nous représentons l'*inclusion* par le signe $<$, et la *négation* de a par a'.

mode de combinaison des concepts : l'addition de leurs compréhensions, et négligeait l'autre mode : l'addition de leurs extensions. C'est ce qui l'a empêché de découvrir la symétrie ou la réciprocité de ces deux opérations, qui se manifeste par les formules de DE MORGAN [1], et de développer le calcul de la négation, qui repose sur ces formules. C'est aussi ce qui l'a amené à croire (à tort) que les relations d'extension obéissent aux mêmes lois que les relations de compréhension, et à les considérer comme réversibles, en changeant simplement le sens de l'inclusion [2]. L'échec final de son système est donc extrêmement instructif, car il prouve que la Logique algorithmique (c'est-à-dire en somme la Logique exacte et rigoureuse) ne peut pas être fondée sur la considération confuse et vague de la compréhension; elle n'a réussi à se constituer qu'avec Boole, parce qu'il l'a fait reposer sur la considération exclusive de l'extension, seule susceptible d'un traitement mathématique [3].

1. $(a+b)' = a'b', \quad (ab)' = a'+b'.$

2. En réalité, en vertu du *principe de dualité*, on peut renverser le signe d'inclusion (ou bien en changer le sens), mais à la condition de remplacer partout les signes de l'addition et de la multiplication l'un par l'autre (ou de permuter leurs significations). Mais il n'est pas permis de changer le sens des inclusions sans changer en même temps celui des deux opérations, et c'est justement ce que Leibniz croyait possible.

3. On remarquera que, dans tous ces essais de Calcul logique, Leibniz est resté confiné dans le domaine de la Logique classique, qui est celui des jugements de prédication, de la forme : « A est B. » Mais il convient de rappeler ici qu'il a eu tout au moins l'idée d'une Logique plus générale, qui étudierait d'autres relations entre les concepts que la relation d'inclusion (ou, au point de vue grammatical, d'autres copules que le verbe *être*). D'une part, sous l'influence de JUNGIUS, il avait entrevu des formes de raisonnement *asyllogistiques*, comme les inférences du droit à l'oblique, et l'inversion des relations (Chap. III, § 15). D'autre part, comme mathématicien, il avait aperçu qu'il y a entre les objets de la pensée bien d'autres relations que celle d'inclusion, et il se proposait de construire des algorithmes appropriés à chacune d'elles (Chap. VII, § 8). Mais tout cela semble être resté à l'état de rêve ou d'ébauche. Ce n'est qu'au XIXe siècle que s'est constituée une Logique vraiment universelle, la Logique des relations (dans laquelle rentre la Logique classique, même généralisée sous sa forme algorithmique) par les travaux de DE MORGAN, de PEIRCE et de SCHRÖDER.

CHAPITRE IX

LE CALCUL GÉOMÉTRIQUE

1. Au début de l'opuscule qu'Erdmann a intitulé : *De scientia universali seu Calculo philosophico*, Leibniz, résumant ses vues sur l'importance d'une bonne Caractéristique, indique que l'Algèbre n'est pas la vraie Caractéristique de la Géométrie, fait allusion à une « analyse plus sublime » qui serait propre à la Géométrie, et déclare en avoir des échantillons [1]. Quelle est cette analyse proprement géométrique, toute différente de l'Algèbre ? Comment peut-on représenter les faits géométriques directement, sans l'intermédiaire des nombres ? Quels sont enfin les échantillons de cette nouvelle méthode que Leibniz a laissés ? C'est à ces questions que le présent Chapitre essaiera de répondre [2].

---

1. « Progressus artis inventoriae rationalis pro magna parte pendet a perfectione artis characteristicae. Causa cur non nisi in solis numeris et lineis, et rebus quae his repraesentantur, demonstrationes quaeri ab hominibus soleant, nulla alia est, quam quod *characteres tractabiles notionibus respondentes* extra numeros non habentur. Quae causa est etiam, cur ne Geometria quidem hactenus analytice tractata sit, nisi quatenus ad numeros revocatur per analysin speciosam, in qua numeri generales literis designantur. Datur tamen alia *analysis geometrix sublimior* per proprios characteres, qua multa pulchrius breviusque quam per Algebram praestantur, cujus et specimina habeo » (*Phil.*, VII, 198). Cet opuscule est postérieur à 1686.

2. Que cette analyse géométrique soit tout autre chose que le Calcul infinitésimal, avec lequel on a pu la confondre, c'est ce qui ressortira dans ce Chapitre de tous les textes où Leibniz affirme qu'elle ne repose

Un « essai » de cette analyse géométrique se trouve annexé à la *Lettre à Huygens* du 8 septembre 1679, qu'il accompagnait. Dans cette lettre, Leibniz énumère ses diverses recherches sur les quadratures, sur la méthode inverse des tangentes, sur les racines irrationnelles des équations, et sur les problèmes arithmétiques de Diophante [1]; et il se flatte d'avoir perfectionné l'Algèbre par ses découvertes (dont la principale était le Calcul infinitésimal) [2]. Puis il ajoute :

« Mais apres tous les progres que j'ay faits en ces matieres, je ne suis pas encore content de l'Algebre, en ce qu'elle ne donne ny les plus courtes voyes, ni les plus belles constructions de Geometrie. C'est pour quoy... je croy qu'il nous faut encor une autre analyse proprement géométrique linéaire, qui nous exprime directement *situm*, comme l'Algebre exprime *magnitudinem*. Et je croy d'en avoir le moyen, et qu'on pourroit representer des figures et mesme des machines et mouvemens en caracteres, comme l'Algebre represente les nombres ou grandeurs; et je vous envoye un *essay* qui me paroist considerable [3]. »

Dans cet essai, Leibniz développe et précise l'idée de « cette analyse véritablement géometrique » :

« J'ai trouvé quelques éléments d'une nouvelle caracteris-

---

pas sur l'idée de nombre, et qu'elle n'a rien de commun avec l'Algèbre, c'est-à-dire avec la Géométrie analytique, dont la Géométrie infinitésimale est le prolongement. Au surplus, on voit que, dans les *Initia et Specimina Scientiæ generalis*, Leibniz possédait déjà la Géométrie infinitésimale, mais n'avait pas encore élaboré son Calcul géométrique (ce qui permet de fixer la date de cet opuscule entre 1675 et 1679): « Geometriæ Transcendentis elementa hic tradentur, ut nunc primum asseri possit omne problema Geometricum esse in potestate » (allusion à l'insuffisance de la Géométrie analytique de Descartes : voir Chap. VII, § 4). « Modum tamen optimas semper constructiones inveniendi autor hic non promittit. Postulat enim ea res novum quendam calculum Geometricum, ab hactenus recepto penitus differentem, cui constituendo aliud tempus destinatur. » (*Phil.*, VII, 59.)

1. Voir Chap. VII, § 5, et Appendice III, § 4.
2. « Je ne crains pas de dire qu'il y a moyen d'avancer l'Algebre au delà de ce que Viète et Mr. des-Cartes nous ont laissé, autant que Viète et des-Cartes ont passé les anciens » (*Math.*, II, 17; *Briefwechsel*, I, 567).
3. *Math.*, II, 18-19; *Briefwechsel*, I, 568-569.

tique, tout à fait différente de l'Algèbre, et qui aura des grands avantages pour representer à l'esprit exactement et au naturel, quoyque sans figures, tout ce qui dépend de l'imagination[1]. »

Cette caractéristique permettrait de décrire avec les lettres de l'alphabet, non seulement les figures géométriques, mais les machines les plus compliquées, et même les choses naturelles, comme les plantes et la structure des animaux. De telles descriptions, rigoureusement précises, seraient bien préférables, soit aux figures géométriques, soit aux définitions ou descriptions verbales; léguées à la postérité, elles permettraient de reconstruire exactement une machine.

« Mais l'utilité principale consiste dans les conséquences et raisonnemens, qui ne se sçauroient exprimer par des figures... sans les trop multiplier, ou sans les brouiller par un trop grand nombre de points et de lignes, d'autant qu'on seroit obligé de faire une infinité de tentatives inutiles; au lieu que cette méthode meneroit surement et sans peine. Je croy qu'on pourroit manier par ce moyen la mécanique presque comme la Géometrie, et qu'on pourroit mesme venir jusqu'à examiner les qualités des matériaux, parce que cela dépend ordinairement de certaines figures de leurs parties sensibles. Enfin je n'espère pas qu'on puisse aller assez loin en Physique avant que d'avoir trouvé un tel abrégé pour soulager l'imagination[2]. »

Leibniz termine cet Essai en indiquant la connexion de son Calcul géométrique avec son Calcul logique, qui procède de la même idée et fait partie du même dessein général : « Je crois qu'il est possible d'étendre la caractéristique jusqu'aux choses,

---

1. Cf. *Lettre à Haak*, 6 janv. 1680/1 (*Phil.*, VII, 20), et *Lettre à Bodenhausen* (*Math.*, VII, 355).

2. *Math.*, II, 21; *Briefwechsel*, I, 571. On reconnaît là les idées principales de Descartes : l'idée de la méthode, qui apprend à ménager les forces de l'esprit et à soulager l'imagination, en représentant les idées par des signes sensibles; et l'idée du mécanisme universel, qui réduit les qualités physiques à la figure et au mouvement, et soumet ainsi la Physique à la Mathématique : « Quo vix quicquam in inquisitionibus physicis et mechanicis utilius præstari posset ad mentem sublevandam, ac rerum naturam, quæ mathematice operatur, in penitissimas usque latebras prosequendam » (**Math.**, I, 5, b).

qui ne sont pas sujettes à l'imagination ; mais cela est trop important et va trop loin pour que je me puisse expliquer là-dessus en peu de paroles »[1]. Il fait évidemment allusion aux applications logiques et métaphysiques de sa Caractéristique.

2. Il semble que Huygens n'ait pas beaucoup apprécié ce grand projet, car Leibniz revient à la charge dans la lettre suivante (du 10/20 octobre 1679), et le met en demeure de lui en donner son avis, en lui vantant de nouveau les avantages de sa Caractéristique. Huygens s'exécute alors dans sa réponse du 22 novembre :

« J'ay examiné attentivement ce que vous me mandez touchant vostre nouvelle Characteristique, mais, pour vous l'avouer franchement, je ne conçois pas, par ce que vous m'en estalez, que vous y puissiez fonder de si grandes esperances. Car vos exemples des Lieux ne regardent que des veritez qui nous estoient desia fort connues... »

Il fait ici allusion aux définitions de la sphère, de la circonférence, du plan et de la droite comme lieux de points, que Leibniz avait exposées dans son *Essai* pour donner une idée de ses principes. Cette objection est peu juste, car il fallait bien que Leibniz, pour fonder son Calcul géométrique, partît des éléments et par suite de vérités déjà connues. C'est d'ailleurs des objections de ce genre qu'on a toujours faites à toutes les inventions et à toutes les méthodes nouvelles, et notamment au Calcul infinitésimal [2].

---

1. *Math.*, II. 25 ; *Briefwechsel*, I. 575. Cf. p. 322, note 1, et une *Lettre à Bodenhausen*, où, après avoir dit de son Calcul géométrique : « Von dieser Analysi dependirct alles, was imaginationi distincte unterworffen ». Leibniz ajoute : « Ich hoffe ferner gradum ad ea zu promoviren, quae imaginationi non subsunt, ut omnis humana ratio genus quoddam calculi seu characteristicae expressivae accurate subeat. Et quando ex datis conclusio vel solutio non habetur, debet saltem determinari gradus probabilitatis ex datis. » (*Math.*, VII, 355.) Il rattache ainsi expressément son Calcul géométrique à la Science générale, divisée, comme on sait, en deux parties : Logique de la certitude et Logique de la probabilité.

2. Huygens ne reconnut la supériorité du Calcul infinitésimal que lorsque Leibniz et Bernoulli eurent découvert par son moyen des propriétés de la chaînette que Huygens n'avait pas trouvées, ni même cherchées (voir *Math.*, t. II, pp. 7, 45, 47, 98, 102, 109, 161-2). Voir *Lettre à Remond*,

392 CHAPITRE IX

Quoi qu'il en soit, Huygens témoigne discrètement le peu de cas qu'il fait du Calcul géométrique en invitant Leibniz à poursuivre plutôt ses recherches sur la quadrature arithmétique et les racines des équations de degré supérieur au 3°. Mais il est manifeste qu'il n'a pas compris le dessein de Leibniz, car il lui fait cette objection :

« Je ne vois point de quel biais vous pourriez appliquer vostre characteristique à toutes ces choses différentes qu'il semble que vous y voulez réduire, comme les quadratures, l'invention des courbes par la propriété des tangentes, les racines irrationelles des Equations, les problèmes de Diophante, les plus courtes et plus belles constructions des problèmes géométriques ; et, ce qui me paroit encore le plus etrange, l'invention et l'explication des machines[1]. »

Il a évidemment confondu les divers sujets dont Leibniz l'entretenait dans sa première lettre[2], et c'est ce que celui-ci lui fait entendre dans sa réponse :

« Les racines irrationelles et la méthode de Diophante n'ont rien de commun avec cette caractéristique de la situation ; aussi n'est-ce pas par là que j'y prétends. »

Et il s'applique à réfuter les objections de Huygens :

« *Premièrement*, je puis exprimer parfaitement par ce calcul toute la nature et définition de la figure (ce que l'Algèbre ne fait jamais)[3].... Et je le puis en toutes les figures, puisqu'elles se peuvent expliquer toutes par des sphériques, plans, circulaires et droites, dans lesquelles je l'ay fait... Or toutes les machines

---

14 mars 1714 : « Si j'ay reussi à animer des excellents hommes à cultiver le Calcul des infinitésimales, c'est que j'ay pu donner quelques échantillons considerables de son usage. M. Hugens en ayant sçu quelque chose par mes lettres, le meprisa, et ne crut point qu'il y avoit là dedans quelque mystere, jusqu'à ce qu'il en vit des usages surprenans, qui le portèrent à l'étudier un peu avant sa mort... » (*Phil.*, III, 614). Leibniz compare ici tacitement le sort de son Calcul infinitésimal, à celui de sa Caractéristique, dont il parle dans la suite (citée p. 395, note 3).

1. *Math.*, II, 27-28 ; *Briefwechsel*, I, 577.
2. Voir p. 389. Ce sont les mêmes dont il parlait déjà dans sa *Lettre à Galloys*, déc. 1678 (*Math.*, I, 183).
3. Ici Leibniz donne un exemple que nous citerons plus loin (§ 5).

ne sont que certaines figures, donc je les puis décrire par ces caracteres, et je puis expliquer le changement de situation qui s'y peut faire, c'est-à-dire leur mouvement. *Secondement*, lorsqu'on peut exprimer parfaitement la définition de quelque chose, on peut aussi trouver toutes ses propriétés [1]. »

Huygens n'est pourtant pas encore converti, car il répond :

« Pour ce qui est des effects de vostre characteristique, je vois que vous persistez à en être persuadé, mais, comme vous dites vous mesme, les exemples toucheraient plus que les raisonnements. C'est pourquoy je vous en demande des plus simples, mais propres à convaincre mon incrédulité, car celuy des lieux, je l'avoue, ne me paroit pas de cette sorte [2]. »

Cette exigence de Huygens a dû paraitre excessive à Leibniz, et non sans raison : car que pouvait-il désirer de plus simple que les définitions élémentaires de la droite et du plan, du cercle et de la sphère? Aussi répond-il assez sèchement, comme quelqu'un qui regrette de n'être pas compris et qui désespère de se faire comprendre :

« Pour donner un essay de ma caractéristique, j'avois choisi les lieux, parce que tout le reste je détermine par leurs intersections, et parce que la generation de tous les autres lieux dépend des plus simples que j'ay donnés. Ainsi je croy d'avoir jetté les véritables fondemens [3]. »

C'est la dernière mention qu'on trouve de ce projet dans la correspondance de Leibniz et de Huygens. On devine aisément, à ce silence, que Leibniz a renoncé à convertir son maître [4], et préférait l'entretenir d'autres questions, sur lesquelles ils s'en-

---

1. *Math.*, II, 30; *Briefwechsel*, I, 580. On reconnaît ici le postulat de l'universelle intelligibilité, c'est-à-dire le principe de raison : toutes les propriétés d'une chose dérivent logiquement de son essence, et doivent pouvoir se déduire analytiquement de sa définition.
2. *Lettre* du 11 janvier 1680 (*Math.*, II, 35; *Briefwechsel*, I, 584).
3. *Lettre* du 26 janvier 1680 (*Math.*, II, 36; *Briefweschel*, I, 585).
4. Comme GERHARDT (*Math.*, II, 5) l'a remarqué, après bien d'autres, Leibniz, avec son tact de diplomate, n'insistait jamais sur les idées ou les projets que ses correspondants ne comprenaient ou ne goûtaient pas; il disait avec Xénocrate : « Non habet hujus rei ansas ». Cf. KÖNIG, *Appel au public*, p. 87 (voir Note XVI).

tendaient mieux. D'ailleurs, il avait assez d'autres sujets de recherches et d'études, qui ont pu le détourner de poursuivre son projet.

3. Il ne l'avait pourtant pas abandonné, car il en parlait treize ans après au marquis de L'Hospital, dans l'espoir de trouver dans son disciple un esprit plus ouvert et plus docile, et un auxiliaire capable de développer les nombreuses méthodes dont il avait l'idée[1] :

« J'ay même le projet d'une Analyse géométrique toute nouvelle, entièrement différente de l'Algèbre, qui sert *pro situ exprimendo* comme l'Algèbre est *pro magnitudine exprimenda*; et les calculs y sont des véritables représentations de la figure, et donnent directement les constructions[2]. »

Cette phrase, et celles qui suivent, montrent suffisamment qu'il s'agit du même projet que dans les lettres à Huygens. On y retrouve la même allusion au Calcul logique :

« Je ne vous diray rien icy des essais que j'ay pour raisonner mathématiquement sur des matières qui sont entièrement éloignées des mathématiques. »

Le marquis de L'Hospital ne paraît pas avoir compris son

---

1. Cf. *Lettre à L'Hospital* du 28 avril 1693 : « Si j'estois aussi capable d'achever des Methodes que je suis disposé à en projetter, nous irions sans doute bien loin... » (*Math.*, II, 236).

2. *Math.*, II, 228 (1693). Cf. *Lettre à Arnauld* du 23 mars 1690, où Leibniz, après avoir résumé sa philosophie, ajoute : « Et je ne parleray pas non plus d'une analyse toute nouvelle, propre à la géométrie, et différente entièrement de l'algebre » (*Phil.*, II, 137); *Lettre à Jacques Bernoulli* du 24 sept. 1690 (on remarquera que dès sa première lettre Leibniz s'empresse de faire part à Bernoulli de son projet) : « Est mihi in mente Analysis quaedam Geometriæ propria, toto cælo ab Algebra diversa, quæ non procedit per æquationes, et suos usus habebit insignes. Nam Speciosa hactenus usitata propria magnitudinis est seu numerorum, non situs seu figurarum: etsi situs obtorto collo ad eam revocetur » (*Math.*, III, 20); *Lettre à Placcius* du 5 sept. 1695, où Leibniz, énumérant toutes ses occupations (voir Note XV), dit : « Adde his novam, quam molior, characteristicam situs, et alia multo adhuc generaliora de arte inveniendi » (*Dutens*, VI, 1, 60). On peut conclure de ces textes que Leibniz s'était remis, de 1690 à 1695, à élaborer la caractéristique géométrique esquissée dès 1679; c'est en effet à cette époque qu'appartient l'*Analysis geometrica propria*, qui présente de notables différences avec la *Characteristica geometrica*.

projet beaucoup mieux que Huygens ; comme celui-ci, il fait une réponse à la S¹ Thomas, en demandant des preuves palpables :

« Ce que vous me mandez de vostre analyse geometrique reveille beaucoup ma curiosité, mais je ne puis m'en former d'idée juste que je n'en ay veu auparavant quelques essais ».[1]

Leibniz lui-même reconnaît implicitement la légitimité de ces réserves, car il écrivait un peu plus tard :

« Je n'ose encor publier mes projets de *characteristica situs*, car sans que je la rende croyable par des exemples de quelque consequence, elle passeroit pour une vision. Cependant je voy par avance qu'elle ne sçauroit manquer[2]. »

Mais comme, d'une part, Leibniz n'avait pas le loisir d'élaborer ces essais ou exemples qui devaient prouver la valeur de son projet, et que, d'autre part, le marquis de L'Hospital s'intéressait davantage aux autres sujets, plus techniques, dont Leibniz l'entretenait (notamment au Calcul infinitésimal dont il devait bientôt publier le premier traité), le Calcul géométrique est de nouveau négligé, et il n'en est plus guère question[3].

---

1. *Math.*, II, 234.
2. *Lettre à L'Hospital*, 27 déc. 1694 (*Math.*, II, 258). Cf. la *Lettre à Remond* du 14 mars 1714 (citée dans la note suivante).
3. Toutefois, il en est encore fait mention plus tard dans deux passages que nous voulons citer, parce qu'ils donnent des indications intéressantes sur la biographie et la psychologie de Leibniz : « M. l'abbé Le Torel me mande que vous avés parlé de mon calcul Geometral. C'est apparemment ce que j'appelle *Calculum Situs*. Je suis fâché moy-même que je n'ay pas encore pû pousser à mon gré une pensée qui me paroist de quelque conséquence. Mais rien n'est plus rebutant, que des travaux sans compagnon et dont on ne peut parler avec personne. Cette communication de vive voix, entre ceux qui se plaisent à la même recherche, est un des meilleurs assaisonnemens des meditations seches en elles-memes. Mais je n'y voy point d'apparence, à moins de trouver un jour quelque jeune homme propre à entrer dans mes vues ». *Lettre à L'Hospital*, 13-23 mars 1699 (*Math.*, II, 334). Deux ans plus tard, après avoir parlé de son Arithmétique binaire (voir Appendice III) : « Mon *Analyse de la situation* paroist bien plus curieuse encore... Il faut que je m'attache un jour à en commencer des Elemens. Un très habile homme de mes amis, Geometre insigne d'ailleurs, y estoit entré, mais sa mort nous a privé de ce qu'il auroit pu faire. Il me faudroit l'assistance de quelqu'un comme lui, qui estoit profond, avoit de l'ardeur pour la verité, et estoit d'une humeur tres douce et tres raisonnable. Mais l'alliage de ces qualités est rare. » *Lettre à L'Hospital*,

4. Heureusement, nous en possédons des « échantillons » [1] qui nous permettent d'en avoir une idée plus juste et plus complète que celle que L'Hospital et même Huygens avaient pu s'en former d'après les lettres citées ci-dessus. Ces brouillons semblent appartenir à deux périodes principales bien distinctes : le plus important, intitulé *Characteristica geometrica*, est daté du 10 août 1679 [2], ce qui montre que Leibniz avait soumis son projet à Huygens aussitôt après l'avoir élaboré ; et en fait, l'*Essai* qu'il lui avait envoyé avec sa lettre du 8 septembre n'est qu'un extrait de ce mémoire.

A cet opuscule il convient de rattacher le *De Analysi situs* [3] qui s'en rapproche par le contenu ; on y retrouve l'idée des

---

26 sept. 1701 (*Math.*, II, 342). Vers la fin de sa vie, malade et fatigué, Leibniz écrivait ces lignes attristées : « J'ay parlé de ma Specieuse generale à Mr. le Marquis de L'Hospital, et à d'autres ; mais ils n'y ont point donné plus d'attention que si je leur avois conté un songe. Il faudroit que je l'appuyasse par quelque usage palpable, mais pour cet effect il faudroit fabriquer une partie au moins de ma Caracteristique, ce qui n'est pas aisé, sur tout dans l'état où je suis, et sans la conversation de personnes qui me puissent animer et assister dans des travaux de cette nature. » *Lettre à Remond*, 14 mars 1714 (*Phil.*, III, 612). Cf. la première *Lettre à Remond*, du 10 janv. 1714 (citée à la fin du Chap. IV). On voit que Leibniz ne cesse de rattacher son Calcul géométrique à sa Caractéristique universelle, et qu'il n'est jamais parvenu à l'élaborer définitivement, faute de ces auxiliaires intelligents et dociles qu'il désirait toujours et trouvait si rarement. (Voir Chap. V, § 24, et la Note XV.)

1. « J'en ay des échantillons qui serviront à fin que cette veue ne se perde pas, si je suis empêché de l'exécuter » (*Lettre à L'Hospital*, *Math.*, II, 229). Il avait déjà dit dans son *Essai* de 1679 : « Mais comme je ne remarque pas que quelque autre ait jamais eu la même pensée, ce qui me fait craindre qu'elle ne se perde, si je n'ay pas le tems de l'achever, j'adjouteray ici un essay, qui me paroist considerable, et qui suffira au moins à rendre mon dessein plus croyable et plus aisé à concevoir, afin que, si quelque hazard en empeche la perfection à présent, cecy serve de monument à la posterité, et donne lieu à quelque autre d'en venir à bout » (*Math.*, II, 22).

2. *Math.*, V, 141-171. Le même titre se trouve sur des brouillons inédits dont l'un est daté de janvier 1677 (*Bodemann*, p. 286). On voit que c'est à l'époque même où Leibniz essayait d'édifier sa Caractéristique universelle, sa Langue rationnelle et son Calcul logique. Cf. le *Linguæ philosophicæ specimen in Geometria edendum*, janvier 1680 (**Phil.**, VI, 10 b).

3. *Math.*, V, 178-183. C'est sans doute à Leibniz que RIEMANN a emprunté le titre de son *Analysis situs* (*Gesammelte Werke*, p. 448, Leipzig, Teubner,

applications à la Mécanique; de plus, le Calcul géométrique y est présenté comme une invention nouvelle; enfin, il repose sur la définition de la similitude, que Leibniz communiquait à Galloys en 1677 comme une découverte récente [1]. L'*In Euclidis πρῶτα* [2], analyse critique des définitions, axiomes et postulats du Ier Livre d'Euclide, paraît être un travail préparatoire de la *Characteristica geometrica* : en effet, on verra (on le sait déjà) que l'analyse des axiomes et des définitions est le préliminaire indispensable de l'élaboration d'une caractéristique. D'ailleurs, Leibniz déclare lui-même que pour constituer son *Calculus situs* il analysera les démonstrations d'Euclide [3], et l'on trouve en effet dans ses papiers un fragment intitulé *Demonstratio Axiomatum Euclidis*, et daté du 22 février 1679 [4]. L'*In Euclidis πρῶτα* est donc vraisemblablement de la même époque.

Il n'en est pas de même du mémoire consacré à l'*Analysis geometrica propria* et au *Calculus situs* [5]; il a dû être composé en 1697 ou 1698, car le brouillon en a été envoyé au baron de Bodenhausen en janvier 1698 [6]. Il semble que Leibniz ait repris vers cette époque ses projets de Caractéristique géométrique, à la demande de Bodenhausen [7].

1876), par où il désigne d'ailleurs une science un peu différente de ce que Leibniz entendait par là.

1. Voir p. 412, note 1.
2. *Math.*, V, 183-211.
3. « Demonstrationes Euclideas, ut a Clavio exhibentur, revocabimus, quoad opus et ratio est, ad calculum situs, quo melius talis calculi elementa constituamus » (**Math.**, I, 3; *Bodemann*, p. 285). Cf. **Math.**, I, 3 c; I, 12; I, 14 d.
4. **Math.**, I, 2. Cf. *Prima Geometriæ principia* (**Math.**, I, 5), et *Primariæ Propositiones Elementorum* (**Math.**, IV, 13 d).
5. *Math.*, V, 171-178. Les signes et notations diffèrent d'ailleurs de ceux qui sont employés dans les autres mémoires.
6. « Haec scheda Januarii 1698 Florentiam ad Dominum Baron. Bodenhausium missa » (*Bodemann*, p. 286; cf. *Math.*, V, 140).
7. Il lui écrivait en effet : « Ein *specimen* meiner *Analyseos novæ situs* zu geben, ist mir anjetzo ein bissgen schwehr, weil ich gantz von forn darüber meditiren muss; doch werde ich mich einmahl daran geben », et le 6 déc. 1697 : « Was meinen *Calculum situs* betrifft, so kan er von mir ja nicht ediret werden, so lange er auch nur in Idea bestehet, und nicht appliciret worden » (*Math.*, VII, 362, 393).

Enfin, il importe de rapprocher des opuscules précédents, réunis par Gerhardt dans le volume *Math.*, V, un certain nombre d'autres qu'il a relégués dans le volume *Math.*, VII : le *De Constructione*, le *Specimen Geometriæ luciferæ* [1], la *Præfatio Clavis mathematicæ arcanæ*, l'*Inventorium mathematicum* (qui paraît destiné à l'Encyclopédie) [2], la *Mathesis universalis*, la *Nova Algebræ promotio*, le *De ortu, progressu et natura Algebræ*, les *Initia mathematica*, et surtout les *Initia rerum mathematicarum metaphysica*, qui, postérieurs à 1714 [3], contiennent la pensée définitive de Leibniz sur la philosophie des Mathématiques. Nous pouvons y joindre deux fragments inédits : la *Mathesis generalis* [4], et l'*Idea libri cui titulus erit : Elementa nova Matheseos universalis* [5]. De cet ensemble d'opuscules et de brouillons on peut dégager, malgré des incohérences dues à la diversité des temps, les idées maîtresses qui ont inspiré le projet de Caractéristique géométrique et en ont dirigé le développement.

5. En premier lieu, Leibniz est convaincu de l'insuffisance et de l'imperfection de l'Algèbre comme instrument logique de la Géométrie [6]. Il écrivait déjà en décembre 1678 : « Je ne cherche presque plus rien en Geometrie, que l'art de trouver d'abord les belles constructions. Je voy de plus en plus que l'Algebre n'est pas la voye naturelle pour y arriver, et qu'il y a moyen de faire une autre caracteristique propre aux lignes, et naturelle pour les solutions lineaires : au lieu que l'Algebre est commune à toutes les grandeurs [7]. » C'est qu'en effet,

---

1. Cet opuscule serait antérieur à 1687, si c'est celui auquel font allusion les *Lettres à Foucher* et à *Arnauld* citées p. 304, note 1.
2. Cf. le fragment inédit **Math.**, I, 26 b, qui paraît être une autre préface de l'*Inventorium mathematicum*.
3. En effet, il y est fait allusion, au début, à un article paru dans les *Acta Eruditorum* de 1714 (*Math.*, VII, 17).
4. **Math.**, I, 9 a.
5. **Phil.**, VII, B, VI, 9-12.
6. Voir Chap. VII, § 5.
7. *Lettre à Galloys* (*Math.*, I, 183). Cf. *Lettre à Tschirnhaus*, fin 1679 (après leur entrevue à Hanovre) : « Algebra non est vera characteristica geometrica, sed mea, quam tibi monstravi, propius accedit » (*Briefwechsel*, I,

l'Algèbre n'est qu'une branche de la Caractéristique, c'est la Caractéristique des grandeurs ou des nombres indéterminés [1]; aussi n'exprime-t elle pas « directement la situation, les angles et le mouvement [2] ». Elle est obligée de traduire les relations de situation par des relations de grandeur; il en résulte que la Géométrie analytique n'exprime les faits géométriques que d'une manière détournée et compliquée : c'est ainsi que pour représenter *un* point, c'est-à-dire *un* élément de situation, elle emploie *deux* ou *trois* grandeurs (les coordonnées du point) [3]. Elle ne donne des figures qu'une définition indirecte et artificielle : par exemple, quand on dit « que $x^2 + y^2 = a^2$ est l'équation du cercle, il faut expliquer ce que c'est que ce x et y » [4]. Cela prouve, au fond, que la définition analytique d'une figure est nécessairement relative au système de coordonnées adopté, et, qui plus est, au choix des axes ou des éléments de référence: il s'ensuit que l'équation d'une même figure peut varier à l'infini; aussi renferme-t-elle des constantes arbitraires qui dépendent précisément du choix des axes et de l'origine, et qui la compliquent inutilement, de sorte qu'on est obligé, pour l'obtenir sous une forme simple et claire, de

---

413); autre *Lettre à Tschirnhaus* (même date), après avoir dit que les meilleurs signes sont les images : « Quod cum in Geometricis non faciat Algebra, ideo illi meum calculum geometricum praefero, quem tibi ostendi » (*Math.*, IV, 481; *Briefwechsel*, I, 405); *Lettre à Haak*, 6 janv. 1680/1 : « Ego plus etiam addo, ipsam Algebram non esse veram characteristicam Geometriae, sed longe aliam inveniri debere, quam certus sum ad usus Geometriae in mechanicis disciplinis fore Algebra ipsa utiliorem » (*Phil.*, VII, 20). « Si quid ego judicare possum, vera Geometriae Analysis nondum tradita est, et Calculus qui habetur potius numericus est quam Geometricus, literis enim inter calculandum denotari solent non puncta, quemadmodum opus esset in calculo Geometrico, sed magnitudines, hoc est numeri indefiniti. Itaque magnitudo directe calculo illo repraesentatur, situs vero sive figura tantum indirecte et per circuitus. » (**Math.**, I, 5 b.)

1. Voir Chap. VII, § 2. De *Analysi Situs* : « Quae vulgo celebratur *Analysis Mathematica*, est *magnitudinis*, non *situs*; atque adeo directe quidem et immediate ad Arithmeticam pertinet, ad Geometriam autem per circuitum quendam applicatur » (*Math.*, V, 178).

2. *Appendice* de la *Lettre à Huygens* du 8 sept. 1679 (*Math.*, II, 20; *Briefwechsel*, I, 570).

3. **Math.**, III, B, 18 a.

4. *Lettre à Huygens* (*Math.*, II, 30; *Briefwechsel*, I, 580).

choisir des axes particuliers et d'assigner à la figure une situation exceptionnelle. Les formules de la Géométrie analytique ne sont pas intrinsèques, mais extrinsèques, c'est-à-dire qu'elles définissent une figure, non par ses relations internes, mais par ses relations avec un système de repères arbitrairement choisis. De là vient que l'Algèbre ne traduit pas la construction géométrique des figures données, et ne fournit pas non plus pour les figures cherchées les constructions « les plus belles », c'est-à-dire les plus simples et les plus naturelles [1] : elle y fait toujours intervenir des grandeurs auxiliaires, étrangères à la figure, qui n'ont d'autre rôle que de la rattacher au système de coordonnées ; c'est comme un échafaudage encombrant qui les dissimule et les complique inutilement.

Enfin, la réduction des relations de situation aux relations de grandeur présuppose les théorèmes fondamentaux de la Géométrie élémentaire, notamment les théorèmes de Thalès et de Pythagore [2]. Par suite, la Géométrie analytique dépend de la Géométrie synthétique ; elle ne pousse pas à bout l'analyse des concepts géométriques, et ne repose pas sur les axiomes vraiment primordiaux : elle fait encore appel à l'intuition ou à l'imagination ; en un mot, elle n'est pas autonome, et ne possède pas la perfection logique qui convient à une science purement rationnelle [3].

---

1. « Quae res facit ut ex brevibus delineationibus Geometricis prolixissimi saepe exurgant calculi Algebraici, et contra ut difficile sit ex calculo Algebraico eruere commodas constructiones » (**Math.**, I, 5 b).

2. *Characteristica geometrica*, § 5 (*Math.*, V, 143) ; *De Analysi Situs* (*Math.*, V, 179). Cf. *Nouveaux Essais*, IV, vii, § 19 ; *Primariæ propositiones Elementorum* (**Math.**, VI, 13 d). Le théorème de Thalès, sur les triangles semblables, ramène la similitude (identité de forme) à la proportionnalité des côtés (relation de grandeur). Le théorème de Pythagore donne l'expression de l'hypoténuse d'un triangle rectangle en fonction des deux autres côtés ; il fournit ainsi, d'une part, la mesure linéaire de l'angle droit, c'est-à-dire la réduction des angles aux longueurs ; d'autre part, la formule de l'élément linéaire, c'est-à-dire l'expression d'une longueur en fonction de ses projections sur les axes de coordonnées. Cf. COURNOT, *De l'origine et des limites de la correspondance entre l'Algèbre et la Géométrie*, Chap. VIII, § 78 (Paris, Hachette, 1847).

3. *Lettre à Bodenhausen* (postérieure à 1690) : « Ich bin bedacht, meinen

6. D'autre part, Leibniz n'ignore pas la faiblesse et les défauts de la méthode synthétique en Géométrie. Les définitions ou descriptions intuitives manquent de précision, et les raisonnements fondés sur l'intuition manquent de rigueur. La preuve en est que la Géométrie synthétique elle-même est obligée, pour pouvoir raisonner sur les figures, de tenir compte des relations abstraites de grandeur qui déterminent leur forme. Par exemple, pour exprimer le fait que trois points A, B, C sont en ligne droite, on écrira l'égalité [1] :

$$AB + BC = AC.$$

D'ailleurs, on ne raisonne pas, à vrai dire, sur les figures imparfaites et inexactes que la craie trace sur le tableau, mais sur les figures idéales dont celles-là ne sont que l'image grossière ; or qu'est-ce qui fait la précision absolue de celles-ci, sinon les relations abstraites que le Géomètre y découvre ou y introduit par la pensée? En réalité, même quand on semble faire appel à l'intuition, ce n'est pas la figure sensible qu'on invoque, mais ces relations intelligibles qu'on y incarne ou qu'on y sous-entend en vertu des hypothèses ; on sait combien il est périlleux de se fier à l'intuition dans les démonstrations géométriques; dans tous les cas, ce n'est pas à elle que celles-ci doivent leur valeur et leur force probante [2].

calculum situs in form zu bringen, weilen wir bisher nur *calculum magnitudinis* gehabt, und daher unsere *Analysis* nicht *perfecta, sed ab elementis Geometriæ dependens* gewesen. » (*Math.*, VII, 355.) « Manifestum etiam est calculum Algebraicum non exprimere totum id quod considerandum est, sed pleraque ex elementaribus propositionibus aut inspectione figuræ supponere, unde fit, ut analysis in medio itinere quasi abrupta obhaerescat nec ad finem usque perducatur, ac proinde nec omnium transformationum sit capax, quas natura rei suppeditat » (**Math.**, I, 5 b).

1. *Characteristica geometrica*, § 4 (*Math.*, V, 142). Chose curieuse, c'est la généralisation de cette formule qui a donné naissance au Calcul géométrique moderne : Möbius a commencé par l'étendre à trois points situés *dans un ordre quelconque* sur une droite; puis Grassmann a cherché à l'étendre à trois points quelconques du plan ou de l'espace, en la dépouillant bien entendu de son sens quantitatif ou *métrique*. (Préface de son *Ausdehnungslehre* de 1844.) Voir Appendice V, § 1.

2. Voir *Nouveaux Essais*, IV, 1, § 9 : « Ce ne sont pas les figures qui donnent la preuve chez les Géomètres.... La force de la démonstration est

Aussi Leibniz reconnaît-il à la Géométrie analytique au moins un avantage sur la Géométrie synthétique : c'est que celle-ci emploie presque uniquement l'imagination pour résoudre les problèmes, ce qui n'est pas, à vrai dire, une méthode, ou du moins une méthode générale et sûre : il y faut de la divination et une sorte de flair tout empirique et individuel; de plus on ne trouve la solution (quand on y arrive) qu'après une série d'essais et de tâtonnements faits plus ou moins au hasard qui fatiguent l'imagination et embrouillent la figure [1]; enfin, la solution obtenue est le plus souvent particulière, elle dépend d'un détail accidentel de construction ou d'un heureux artifice qui ne réussit que dans un cas spécial, de sorte qu'il faudra dans les autres cas faire de nouveaux frais d'imagination, renouveler les mêmes efforts, et se mettre en quête d'une autre construction. L'Analyse, au contraire, procède par des voies longues et détournées, mais déterminées [2]; elle mène sûrement, d'une manière mécanique et pour ainsi dire fatale, à la solution; car c'est elle le fil d'Ariane qui permet de se retrouver dans le labyrinthe de l'intuition [3]. Seulement, les procédés généraux de l'Analyse ne sont pas toujours les plus simples et les plus naturels, ils sont souvent artificiels et inutilement compliqués. C'est pourquoi Leibniz rêve d'une méthode qui réunirait les avantages des deux autres sans en avoir les inconvénients [4].

---

indépendante de la figure tracée... » (contre l'empirisme de Locke). Cf. *Nouveaux Essais*, IV, xii, § 6 (cité § 17 de ce Chap.).

1. *Math.*, II, 21 (cité p. 390), et **Math.**, I, 55 (cité p. 404, note 1).
2. « Par une analyse, c'est-à-dire par des voyes déterminées. » *Lettre à Huygens* (*Math.*, II, 21). Voir p. 406, note 1.
3. Cf. Chap. IV, § 5.
4. *Lettre à Bodenhausen* : « Es ist gewiss, dass die *Algebra*, indem sie alles *a situ ad solam magnitudinem* reduciret, dadurch offt die Natur der sache sehr verwickele Sie hat zwar den vortheil, dass sie allemahl (*in Geometria ordinaria*) zum ende kommen kann, hingegen gehet sie bissweilen durch grosse umwege; ist eben als wenn einer alle *problemata ejusdem gradus per eundem datum circulum vel eandem constantem parabolam solviren wollte, so* [*] zwar allzeit thunlich, aber nicht allzeit am besten. » (*Math.*, VII, 362.)

[*] *So* est employé à la place du relatif *welches* ou *was* (qui, ce qui).

7. Or il y a, on l'a vu, au fond de la méthode synthétique elle-même, une sorte d'analyse naturelle et spontanée, presque inconsciente, qui repose sur les relations abstraites des figures et sur leur enchaînement logique nécessaire. Leibniz conjecture que les Géomètres anciens possédaient une analyse de ce genre, qui leur servait de méthode d'invention et de démonstration, et qui remplaçait pour eux la Géométrie analytique, en leur permettant de résoudre des problèmes que nous ne pouvons résoudre que par l'Algèbre [1]. Pour constituer la Caractéristique de la Géométrie, il suffit de formuler et de systématiser cette analyse naturelle, et de la traduire par des symboles appropriés.

Avant tout, on devra pousser à bout l'analyse des éléments de cette science, de manière à en obtenir les concepts simples et les principes premiers. Cela fait, on exprimera ces concepts par des signes et ces principes par des formules, de sorte que l'on aura réduit en symboles la science entière, à partir de ses éléments. Dès lors, au lieu de venir s'appliquer après coup et du dehors à la Géométrie toute faite et déjà construite, cette Ana-

---

[1]. Il en cite comme exemples les *Data* d'Euclide, les lieux linéaires, plans et solides d'Apollonius et de Pappus (*De Analysi situs*, *Math.*, V, 179). Cf. *De Constructione* : « Ex quo intelligi potest, Geometriam, quanquam calculo algebraico subordinata sit scientia, suam tamen quandam peculiarem analysin habere, qua theoremata ipsi propria demonstrentur, et constructiones ultimae, calculo quantum licet contracto, tandem in lineis efficiantur. Hanc Analysin Geometriæ propriam videntur agnovisse ac tenuisse Veteres, cum in eorum scriptis agnoscere mihi videor vestigia quaedam, Algebræ præterquam ubi de numeris agebatur nulla. » (*Math.*, VII, 254.) *Lettre à Bodenhausen* : « Ich bin selbst der meynung, dass in problematibus Geometriæ communis die Methodus Veterum, et Analysis cujus vestigia quaedam extant apud Pappum, einige gewisse avantagen habe supra Analysin Algebraicam; daher ich auch glaube gegen M. H. Hrn [*] erwehnt zu haben, dass noch eine Analysis geometriæ propria übrig, toto cælo ab Algebra diversa et in multis longe Algebra compendiosior utiliorque. » (*Math.*, VII, 358-9.) *Lettre à Foucher*, 1687 : « Je vous diray encor que les anciens avoient une certaine Analyse Géometrique toute différente de l'Algèbre.... Elle a de tout autres usages que l'Algèbre, et comme elle luy cede en certaines choses, elle la surpasse en d'autres. » (*Phil.*, I, 395.) Cf. *Nouveaux Essais*, IV, XVII, § 13; **Math.**, IV, 13 g, et *Phil.*, VII, 298 (cité p. 289, note 2).

[*] *Meinen Hochgeehrten Herrn* (son correspondant).

lyse naîtra pour ainsi dire et se développera avec elle, elle lui restera intimement unie, et traduira toutes les propositions d'une manière directe et adéquate. Elle permettra donc de démontrer toutes les vérités géométriques, y compris les axiomes et en commençant par eux [1]. En Géométrie comme dans toute autre science, en effet, l'analyse des concepts et la démonstration des axiomes se prêtent un mutuel concours, et servent ensemble à trouver les fondements de la Caractéristique. Cette analyse rendra les éléments de la Géométrie indépendants à la fois de la science des grandeurs et de l'intuition ; par conséquent, elle affranchira les démonstrations géométriques du calcul, d'une part, et des figures, d'autre part. Elle les transformera en de purs raisonnements logiques, qui pourront se traduire par des simples déductions verbales. C'est pourquoi, lorsque Leibniz projetait, en janvier 1680, de donner un spécimen de sa langue philosophique, c'est à la Géométrie qu'il pensait l'appliquer tout d'abord [2].

1. « L'Algèbre est obligée de supposer les elemens de Geometrie, au lieu que cette caracteristique pousse l'analyse jusqu'au bout » (*Math.*, II, 21). « On trouve ainsi par une espece de calcul tout ce que la Geometrie enseigne, jusqu'aux elemens, d'une maniere analytique et déterminée. Car l'Algebre qui suppose les elemens ne pousse pas l'analyse à bout, comme fait cette nouvelle caractéristique. » (*Math.*, II, 26.) « Tandem multis resectis ad simplicissima me pervenisse agnovi, cum nihil aliunde supponerem, sed ex propriis characteribus omnia ipse demonstrare possem. » *Characteristica geometrica*, § 8 (*Math.*, V, 144). Cf. *Lettre à Bodenhausen* : « Mir aber müssen die *Elementa* selbst *per calculum* herauskommen » (*Math.*, VII, 355). « Quodsi vero Analysis ad situm directe exprimendum accommodetur et ad prima principia usque perducatur, unde ipsa Geometriæ Elementa demonstrantur, omnia per eam delineari atque mœniri directe poterunt, quodam calculi combinationumque genere, quæ nunc vix magno figurarum apparatu et imaginationis fatigatione reperiuntur. » (**Math.**, I, 5 b.)

2. *Linguæ philosophicæ specimen in Geometria edendum* : « Hac ratione ubi primum Elementa explicuero, gradus ad cætera omnia non difficilis erit. Nihil autem calculi hic miscebo, imo nec de magnitudinibus, summis, differentiis, rationibus rationumque compositionibus, aut potentiis aut summis *, cæterisque quæ communia sunt Arithmeticæ et Geometriæ, sed solis punctis, rectis, angulis, intersectionibus, contactibus, motibus sum locuturus, ostendamque quomodo expressiones calculares vel mixtæ

* Les *sommes* dont il est ici question sont les *intégrales*.

8. C'est surtout dans la solution des problèmes que la Caractéristique projetée sera supérieure à la Géométrie analytique. En effet, celle-ci exige une double traduction, d'abord des données géométriques en équations, ensuite, de la solution algébrique en termes géométriques, et cette double traduction est souvent difficile ou délicate[1]. En outre, la déduction algébrique, par laquelle on tire des données les inconnues, est en général toute différente des raisonnements et des constructions géométriques par où l'on obtiendrait directement la solution, de sorte que le calcul ne traduit pas du tout la marche naturelle et logique de la pensée. C'est ce que Leibniz montre dans un Appendice de sa *Characteristica geometrica*, en traitant tour à tour par l'Algèbre et par la Géométrie pure le même problème : Construire un triangle, connaissant la base, la hauteur et l'angle au sommet[2]. Cet exemple montre d'une manière frappante que la construction fournie par l'Algèbre est toute différente de la construction obtenue par la synthèse, qu'elle est bien plus compliquée, enfin, qu'elle est artificielle et détournée, et ne correspond nullement à l'enchaînement naturel des idées et aux propriétés intuitives de la figure. Ce que Leibniz veut, au contraire, c'est une Analyse qui ne perde pas les figures de vue, qui suive pas à pas le raisonnement géométrique, et qui traduise sans cesse fidèlement les constructions que suggère la méthode intuitive et synthé-

---

ad lineares revocentur. Fructus autem erit maximus, quoniam hac ratione licebit geometricas ratiocinationes maxime subtiles sine charta, sine pulvere, sine calculo, sola imaginationis et memoriae vi peragere. » **(Phil.**, VI, 10 b.) Dans ce fragment, Leibniz définit ce qu'on appelle la Géométrie *projective* par opposition à la Géométrie *métrique*. Il dit plus haut : « Revocabo omnia ad rectarum ductus. » C'est exactement ce qu'a fait STAUDT dans sa *Geometrie der Lage* (1847), où tous les raisonnements s'expriment sous la forme verbale, sans aucun emploi de calcul ou de figures.

1. « La traduction des problèmes de Géométrie à l'Algèbre, *revocando situm ad magnitudinem*, est souvent quelque chose de forcé : tellement qu'il faut de la façon pour mettre le problème en calcul, et encore plus de façon après le calcul fini pour en tirer une construction. » *Lettre à L'Hospital*, 1693 (*Math.*, II, 228). Cf. la *Lettre à Jacques Bernoulli* du 24 sept. 1690 (citée p. 394, note 2) et **Math.**, I, 5 b (cité p. 400, note 1).

2. *Math.*, V, 168-171. Dans ce fragment Leibniz fait usage des signes ambigus de la *Méthode de l'Universalité* (**Phil.**, V, 10). Voir Chap. VII, § 10.

tique : « Dans ce nouveau calcul, la simple enontiation du problème seroit son calcul, et le dernier calcul seroit l'expression de la construction [1] ».

Or à quoi tient la discordance de l'Algèbre et de la Géométrie, et par suite l'imperfection et l'inutile complication de la Géométrie analytique, et le divorce entre le calcul et la construction? A ce que l'Algèbre, étant la science (ou plutôt la Logique) des grandeurs, ne peut traduire la situation qu'en la ramenant de force [2] à la grandeur. Dès lors, il est évident que pour constituer une Caractéristique proprement géométrique, il faut inventer une Analyse de la situation (*Analysis situs*) qui exprime directement les relations de position, et par suite les configurations et les constructions. A cela, Leibniz ne voit aucun obstacle théorique, car si l'Algèbre n'est pas autre chose qu'une application de la Caractéristique universelle aux nombres et aux grandeurs, rien n'empêche d'appliquer la même Caractéristique à la Géométrie, et d'employer des lettres et des signes analogues à ceux de l'Algèbre pour figurer les points, les rapports de lieu et même les qualités [3].

---

1. *Lettre à L'Hospital*, 1693 (*Math.*, II, 229). *Lettre à Huygens* : « Cette nouvelle caractéristique, suivant les figures de vue, ne peut manquer de donner en même temps la solution et la construction et la démonstration géométrique, le tout d'une manière naturelle et par une analyse. » (*Math.*, II, 20-21.) Et ailleurs : « Cette caractéristique servira beaucoup à trouver de belles constructions, parce que le calcul et la construction s'y trouvent tout à la fois. » (*Ibid.*, 30-31.) *Lettre à Tschirnhaus*, mai 1678 : « Possunt enim etiam formulæ excogitari* exprimentes situm atque ductum linearum et angulorum, magnitudinibus licet non consideratis, cujus ope facilius utique elegantiores constructiones reperientur, quam per calculum magnitudinum. » (*Math.*, IV, 460; *Briefwechsel*, I, 379-80.) « Nam calculus magnitudinem tractat, Geometria et magnitudinem et situm; situs autem consideratio propria habet compendia quæ per solam magnitudinis considerationem non nisi vi adhibita exprimi possunt. Itaque constructionum causa superesse ajo quærendam quamdam Analysin Geometriæ propriam longe ab Algebra diversam. » (**Math.**, IV, 13 g.)

2. « Obtorto collo. » *Lettre à Jacques Bernoulli* (citée p. 394, note 2).

3. *De ortu, progressu et natura Algebræ* : « Dantur enim Calculi quidam, ab hactenus usitatis plane diversi, ubi notæ sive characteres non quantitates sive numeros definitos vel indefinitos, sed alias plane res, v. gr.

* Conjecture; Gerhardt imprime : « exceptari ».

9. Leibniz a essayé à plusieurs reprises d'analyser philosophiquement la notion de *situation*. La *position* est ce qui distingue les objets qui n'offrent aucune distinction intrinsèque; et la *situation* est la position dans l'espace (c'est-à-dire dans l'ordre de la coexistence) comme les instants sont des positions dans le temps [1]. Mais cette définition n'est pas satisfaisante : car elle risque de confondre la position avec la grandeur [2]. Ailleurs, Leibniz remarque que la situation est une relation telle, que toutes les choses qui ont une situation par rapport à une même chose ont par là même une situation entre elles [3]. Approfondissant cette idée, il trouve, d'abord, que la situation implique un ordre, mais un ordre tout relatif et même réversible, par exemple entre les points d'une ligne, qu'on peut faire commencer à une extrémité ou à l'autre [4]; ensuite, que la situation ou l'extension implique la perception simultanée d'une pluralité d'objets. Mais cela ne suffit pas : il faut qu'on aperçoive entre ces objets une certaine relation, et cette relation doit être uniforme (c'est-à-dire homogène); elle doit être identique ou du moins semblable entre tous les objets perçus ensemble, quelle que soit leur diversité qualitative et sensible. D'autre part, elle implique aussi une certaine distinction, même entre les choses les plus semblables, comme les parties d'un corps homogène. Enfin, elle est indépendante du lieu ou de la position absolue, puisque les mêmes objets peuvent avoir la même situation relative ici que là [5]. Tous ces caractères de

puncta, qualitates, respectus significant. Ex. gr. (ut taceam calculum figurarum et modorum Logicae, ubi literæ significant propositionum quantitates et qualitates), datur analysis quædam peculiaris calculusque sui generis Geometriæ proprius a me excogitatus, ab omni hactenus recepto toto cælo diversus, non quantitates sed situs directe exprimens, cum calculus Algebraicus situm ad magnitudinem detorqueat, adeoque in ambages abducat. » (*Math.*, VII, 207.) Cf. *Characteristica geometrica*, § 7 (*Math.*, V, 144).

1. **Math.**, I, 3 c. Cette définition repose implicitement sur le principe des indiscernables.
2. Voir Chap. VII, § 11.
3. *Prima Geometriæ principia* (**Math.**, I, 5 a).
4. **Math.**, I, 9 c.
5. **Math.**, I, 5 c.

la relation de situation rendent assez difficile l'analyse logique de cette notion, et Leibniz ne semble pas avoir réussi à en trouver la définition.

A défaut de la situation, il a défini le *point*, qui est la situation élémentaire et simple. C'est le lieu dont aucun autre lieu ne peut faire partie, autrement dit, un lieu X tel qu'un autre lieu Y ne peut y être contenu sans coïncider avec lui, sans lui être identique [1]. Cette définition, comme toutes les définitions, exprime une propriété réciproque : c'est-à-dire que, si un lieu X est tel que tout lieu Y qu'il contient coïncide nécessairement avec lui, ce lieu X ne peut être qu'un point [2]. On remarquera le caractère abstrait et purement logique de cette définition : elle est analogue à celle que Leibniz a donnée de l'*individu* ou du nombre *un*[3]. La définition de l'espace en est en quelque sorte la contre-partie : l'espace est le lieu total ou complet, c'est le lieu qui contient tous les autres lieux ; en particulier, c'est le lieu de tous les points : de sorte que si l'on désigne le lieu du point X par $\overline{X}$, l'espace sera le lieu du point quelconque P, soit $\overline{P}$ (c'est-à-dire l'*ensemble* de tous les points [4]).

Leibniz essaie alors de définir la situation d'un point : c'est le mode de détermination de ses distances à d'autres points dont les distances mutuelles (et par suite la situation relative) sont

---

1. « *Punctum* est locus simplex, seu in quo nullus alius est locus. Itaque si sit B in A, erit A ∞ B. » (**Math.**, I, 3, a.) Cf. **Phil.**, VII, C, 179 ; et les *Initia rerum mathematicarum metaphysica* : « *Punctum* est locus simplicissimus, seu locus nullius alterius loci » (*Math.*, VII, 21).

2. « Si posito B in A eo ipso intelligitur coincidere A et B, vocabitur A *punctum*.

Itaque si sit B in A et ideo sit A ∞ B, erit A punctum.

Et si sit B in A et sit A punctum, erit A ∞ B. » (**Math.**, I, 5, d.) Cf. l'*Analysis geometrica propria*, § 9, 1698 (*Math.*, V, 173-4).

3. Voir Chap. VIII, § 11. C'est exactement la définition que PEIRCE a donnée de l'*individu* ou du *point* (logique). Voir SCHRÖDER, *Algebra der Logik*, t. II, § 47 (Leipzig, Teubner, 1891).

4. « *Spatium absolutum* est locus plenissimus, seu locus omnium locorum » (*Math.*, VII, 21). « *Spatium* est locus omnium punctorum, sit quodvis punctum P, erit spatium $\overline{P}$ » (**Math.**, I, 5, a). C'est précisément la conception de M. PEANO, pour qui l'espace est la classe des points, de sorte que le terme *point* (au sens générique) est synonyme d'*espace* (au sens collectif).

déterminées [1]. En particulier, dans le plan, la situation d'un point est déterminée par ses distances à trois points fixes (non dans un même plan). Mais ces considérations reposent sur des idées trop dérivées, à savoir les idées de grandeur (distance), de droite et de plan.

10. De même que l'espace, toutes les figures sont conçues comme des ensembles de points. D'une part, pour déterminer la position d'une figure (solide) dans l'espace (pour la fixer, comme on dit), il faut et il suffit qu'on en donne trois points (non en ligne droite) [2]. D'autre part, la forme d'une figure est déterminée par les relations entre ses différents points, et est donnée quand on donne certains points remarquables qui servent de base à sa construction. En particulier, toute ligne (algébrique) est déterminée quand on connaît un certain nombre (fini) de ses points (égal à son degré). On peut donc considérer toutes les figures et constructions comme des *combinaisons* de points, ou encore comme des assemblages de lignes. Or la ligne la plus simple est la *droite*, déterminée par deux points seulement; aussi, dans la Géométrie projective que Leibniz entrevoit, toutes les constructions se réduisent à mener des lignes droites. Ces constructions *linéaires* devront se traduire par une *Analyse linéaire* qui représente directement les rapports de situation, indépendamment de toute idée *métrique* (de nombre ou de grandeur) et de tout calcul algébrique [3]. Ce serait vraiment là une Géométrie *descriptive* (au sens propre du mot) qui exprimerait la construction des figures et par suite toutes leurs propriétés par des relations *intrinsèques* entre leurs points, sans faire appel à aucun système de coordonnées. En somme, dans le Calcul géométrique, les lettres ou symboles quelconques ne représen-

---

1. « *Situs Puncti* est modus determinandi distantiam ejus ab aliis quibuslibet, quorum distantia inter se determinata est » (**Math.**, I, 8; cf. IV, 13 c).

2. **Math.**, IV, 13 e. Leibniz croit qu'il faut 4 points pour fixer une surface et 5 points pour fixer un solide. C'est une erreur : il n'en faut pas plus que pour fixer une simple ligne. Il a d'ailleurs noté sur ce brouillon : « *Haec accuratius examinanda* ».

3. *Characteristica geometrica*, § 6 (*Math.*, V, 143). Cf. **Math.**, IV, 13 g.

teront plus des grandeurs ni des nombres (comme en Algèbre), mais des points et des combinaisons de points [1].

Les figures étant ainsi définies, tous les raisonnements que la Géométrie synthétique effectue sur elles se traduiraient en formules, et donneraient lieu à un *Calculus situum* que Leibniz oppose au *Calculus magnitudinum*, et dont il énumère les principales opérations et relations : on construirait les figures par des sections et des mouvements [2]; puis on étudierait en elles, outre la grandeur (trop exclusivement considérée par la Géométrie classique) et l'égalité (de grandeur), la similitude, la congruence, la coïncidence et la détermination [3]. En un mot, la Caractéristique géométrique se fondera en appliquant aux figures géométriques les catégories de la Mathématique universelle, dont chacune fait l'objet d'un calcul spécial, d'un algorithme différent [4].

11. Or on sait que Leibniz distingue constamment, dans la Mathématique universelle, la quantité et la qualité, la grandeur et la forme [5]; et l'on vient de voir qu'il oppose, en Géométrie, la grandeur à la situation, distinction qui coïncide avec la précédente. Pour analyser complètement les figures géométriques, il faut donc tenir compte à la fois de ces deux éléments; et c'est

---

1. « At in calculo vero Geometrico per puncta, ipsa formula calculo designata vel reperta debet esse ipsius delineationis et constructionis expressio » (**Math.**, I, 5 b). Cf. le passage du même fragment cité p. 398, note 7; **Math.**, III, B, 18 a.
2. Si à l'idée de *mouvement* on substitue l'idée plus générale de *projection*, on retrouve les deux opérations fondamentales de la Géométrie projective.
3. *De Calculo Situum* : « Ut in Calculo Magnitudinum cum ipsas Magnitudines formamus dum addimus, multiplicamus, in se ducimus* et horum reciproca peragimus, tum etiam conferimus per rationes aliasve relationes, progressiones, ac denique Majoritates, Minoritates et Æquationes. Ita in Situ formamus Extensa per Sectiones et Motus, deinde conferimus, spectamusque in eis præter Magnitudines Similitudinem, Congruentiam (ubi concurrunt Æqualitas et Similitudo), Coincidentiam, adeoque Determinationem. » (**Math.**, I, 15.) Cf. Chap. VII, §§ 9 et 10.
4. Voir Chap. VII, §§ 14 et 16.
5. Voir Chap. VII, § 4.

* « Multiplicamus » désigne la multiplication d'une grandeur par un nombre; « in se ducimus », la multiplication d'une grandeur par une autre.

justement pourquoi l'Algèbre se trouve en défaut, car elle ne considère que la grandeur, mesurée en nombres, et ne peut exprimer la forme, qui est l'élément proprement géométrique, qu'en la traduisant par des relations de grandeurs. Or deux figures qui ont la même grandeur sont égales ; mais deux figures qui ont la même forme sont *semblables* [1]. Le Calcul géométrique doit donc considérer, non seulement l'égalité des figures, mais encore et surtout leur similitude ; la théorie de la similitude est par suite le fondement de la véritable Analyse de la situation [2].

Cette théorie de la similitude, conçue comme une relation primordiale ou une *catégorie* de la Géométrie, est entièrement à faire. La raison pour laquelle les Géomètres ont négligé la relation de similitude, ou l'ont subordonnée à la relation d'égalité, est qu'ils manquaient d'une définition claire et précise de cette notion. On ne peut dire que la similitude consiste dans l'identité de forme, car ce serait définir *obscurum per obscurius*, à la manière des scolastiques [3]. Au contraire, on ne se fera une idée nette de la *forme* que lorsqu'on aura défini les figures *semblables* [4]. Sont semblables, selon Leibniz, les choses qui sont indiscernables quand on les considère chacune séparément [5]. Des objets semblables ne peuvent plus différer que par la grandeur ; par suite, la grandeur est ce qui distingue les choses semblables, et ne peut être discerné que par leur « compercep-

---

1. Voir Chap. VII, § 11.
2. *De Analysi situs* (*Math.*, V, 179). Dans les *Initia et Specimina Scientiæ generalis*, le plan de la Géométrie est déjà indiqué en ces termes : « Geometria, in qua Magnitudo et Similitudo situs applicantur » (**Phil.**, VII, 59). On va voir comment Leibniz applique en effet à la Géométrie ces deux catégories mathématiques abstraites : « Æqualitatem ad congruentiam revocabimus, rationem ad similitudinem » (**Phil.**, VI, 10 b).
3. *De Analysi situs* (*Math.*, V, 180).
4. Cette méthode est tout à fait conforme à la tendance des mathématiciens modernes, qui définissent les entités mathématiques au moyen de leurs conditions d'égalité. C'est ce que M. BURALI-FORTI appelle des *définitions par abstraction*. (Voir son mémoire dans la *Bibliothèque du Congrès international de Philosophie*, t. III.)
5. « Itaque, si duo sint similia, ea per se sigillatim discerni non possunt. » *Specimen Geometriæ luciferæ* (*Math.*, VII, 276).

tion », c'est-à-dire par leur comparaison intuitive [1]. Cette comparaison peut d'ailleurs être immédiate ou médiate : dans le premier cas, les deux objets à comparer doivent être présents simultanément ; dans le second, ils sont comparés à un même troisième qui sert d'étalon de mesure [2]. Mais, en définitive, la comparaison médiate se ramène toujours à la comparaison immédiate, à la comperception.

C'est faute d'avoir cette idée générale et philosophique de la similitude que les Géomètres l'ont définie par l'égalité des angles, ou par la proportionnalité des lignes homologues, qui ne sont que des propriétés spéciales et dérivées, et en tout cas des propriétés *métriques*, qui interprètent la forme en termes de grandeur [3]. Mais une définition encore plus vicieuse est celle qu'on donne des triangles semblables, en disant qu'ils ont les angles égaux et les côtés proportionnels : car elle est surabondante, et implique un théorème. Au contraire, de sa définition générale

---

1. *Lettre à Galloys*, 1677 : « Par exemple, il n'y a personne qui ait bien défini ce que c'est que *semblable*... Après avoir bien cherché, j'ay trouvé que deux choses sont parfaitement semblables lorsqu'on ne les sçauroit discerner que *per compræsentiam*... » (Suit un exemple) « *non per memoriam sed per compræsentiam..., car on ne sçauroit retenir les grandeurs*. Car si toutes les choses du monde qui nous regardent estoient diminuées en même proportion, il est manifeste que pas un ne pourroit remarquer de changement. » (*Math.*, I, 180.) Dans ces dernières lignes, Leibniz pose et résout le problème de *l'indiscernabilité des mondes semblables*, qui a été discuté de nos jours, et résolu en des sens divers, par MM. RENOUVIER, DELBOEUF et LECHALAS. Voir l'*Étude sur l'Espace et le Temps* de ce dernier.

2. *Specimen Geometriæ luciferæ* (*Math.*, VII, 276). Cf. *Characteristica geometrica* (1679), § 31 (*Math.*, V, 153-4) ; *Initia rerum mathematicarum metaphysica* (*Math.*, VII, 18-19).

3. « Similitudines interdum cognosci possunt per Magnitudines : ita similes sunt figuræ, cum anguli respondentes sunt æquales ; item, cum latera respondentia sunt proportionalia... Contra Magnitudines vicissim inveniuntur per Similitudines, ut Magnitudines Angulorum per similitudines figurarum, magnitudines numerorum per identitates rationum. Et interdum evenit, ut quod prolixa indiget demonstratione secundum viam magnitudinis, facillime demonstretur secundum viam similitudinis, exempli causa, Triangula æquiangula habere latera Homologa, item circulos esse ut quadrata diametrorum. » *Elementa Nova Mathescos Universalis* (**Phil.**, VII, B, VI, 9-10).

de la similitude Leibniz déduit immédiatement : 1° que deux triangles qui ont les angles égaux sont semblables; 2° réciproquement, que deux triangles semblables ont leurs angles égaux; 3° que deux triangles semblables ont les côtés proportionnels; et 4°, réciproquement, que deux triangles qui ont les côtés proportionnels sont semblables. D'où il conclut enfin le théorème impliqué dans la définition classique : Les triangles qui ont les angles égaux ont les côtés proportionnels, et réciproquement [1].

La même définition permet à Leibniz d'établir d'emblée, et presque intuitivement, les propriétés fondamentales des figures semblables : les cercles sont proportionnels aux carrés de leurs diamètres, et les sphères aux cubes de leurs diamètres. Plus généralement, dans les figures semblables, les lignes, les surfaces, les volumes sont proportionnels respectivement aux première, deuxième et troisième puissances des côtés (ou dimensions) homologues [2].

12. C'est sur cette considération de la similitude que reposent les définitions des figures fondamentales de la Géométrie,

---

1. *De Analysi situs* (*Math.*, V, 181-2); *Specimen Geometriæ luciferæ* (*Math.*, VII, 281); *Initia rerum mathematicarum metaphysica* : « Hinc patet, duo triangula æquiangula habere latera proportionalia, vel vicissim » (*Math.*, VII, 19). Cf. *Lettre à Tschirnhaus*, mai 1678 : « Quod Triangulorum eosdem angulos habentium latera sint proportionalia, hoc demonstrari potest ope theorematum Combinatoriorum (seu de simili et dissimili) longe naturalius, quam fecit Euclides » (*Math.*, IV, 460; *Briefwechsel*, I, 380), et *Lettre à Arnauld*, 14 juil. 1686 : « J'ay plusieurs propositions considerables et geometriformes touchant les causes et effects, item touchant la similitude, dont je donne une definition par laquelle je demonstre aisement plusieurs veritez qu'Euclide donne par des detours. » (*Phil.*, II, 62.) Ces considérations offrent une analogie frappante avec celles qu'on trouve dans les *Prolégomènes philosophiques de la Géométrie* de DELBŒUF, qui ne connaissait certainement pas les essais de Leibniz.

2. « Et generaliter hinc patet, superficies similes esse ut quadrata homologarum rectarum, et corpora similia ut cubos homologarum rectarum. Hinc et Archimedes assumsit, centra gravitatis similium figurarum similiter sita esse. » (*Math.*, VII, 276); cf. *De Analysi situs* (*Math.*, V, 182); *Initia rerum mathematicarum metaphysica* (*Math.*, VII, 24). On voit l'analogie de ce postulat d'Archimède avec celui de la balance (Chap. VI, § 24); tous les deux dérivent, au fond, du principe de raison.

données dans le fragment *In Euclidis* πρῶτα. Telles sont celle de la droite : « Recta est linea, cujus pars quævis est similis toti »; et celle du plan : « superficies, in qua pars similis toti[1]. » Leibniz remarque en outre que le solide, le plan et la droite sont uniformes à l'intérieur (nous dirions : homogènes), de sorte que deux solides, deux plans ou deux droites qui ont mêmes extrémités (mêmes limites) coïncident entièrement. Il précise même davantage cette notion, en remarquant que le cercle et l'hélice sont aussi des lignes uniformes, et la sphère et le cylindre des surfaces uniformes (c'est-à-dire que toutes leurs parties sont égales). Mais il ajoute que leurs parties ne sont pas *semblables*, comme celles de la droite et du plan, de sorte que cette propriété suffirait à caractériser ceux-ci[2].

On trouve dans le même opuscule des définitions qui procèdent d'un autre ordre d'idées, et qui conduiraient à un système différent. Elles reposent, non plus sur l'idée de similitude, mais sur l'idée de symétrie. Un plan est une section d'un solide qui se trouve dans le même rapport à l'égard des deux côtés; une droite est une section d'un plan qui se trouve dans le même rapport à l'égard des deux côtés[3]. C'est ce qu'on exprime en disant que la droite est une ligne *retournable* (dans le plan) et le plan une surface *retournable* (dans l'espace); on entend par là que l'une et l'autre coïncident avec elles-mêmes après retournement. Ce sont encore là des idées que les géomètres modernes

---

1. *Math.*, V, 185, 188. « Duæ lineæ similes se continere non possunt, nisi sint rectæ, sic arcus circuli non potest esse pars alterius arcus similis. Etiam duæ superficies similes continere se non possunt, nisi sint planæ. » (**Phil.**, VII, B, II, 54.) Leibniz ajoute que, à la différence des lignes et des surfaces, deux solides peuvent se contenir l'un l'autre, qu'ils soient semblables ou dissemblables.

2. C'est exactement là les idées que DELBŒUF a retrouvées de nos jours, et qu'il exprimait par les épithètes d'*isogène* et d'*homogène*, en définissant la droite comme la seule ligne homogène, et le plan comme la seule surface homogène (le cercle et la sphère n'étant qu'isogènes).

3. *Analysis geometrica propria*, §§ 11 et 13 (*Math.*, V, 174). Cf. *In Euclidis* πρῶτα, IV, 4; VII, 6 : « Recta est sectio plani utrinque se habens eodem modo. *Planum* est sectio solidi utrinque se habens eodem modo. » (*Math.*, V, 185, 189.)

ont retrouvées en discutant les principes de la Géométrie [1]. Mais elles ne sont pas suffisamment primitives, car elles impliquent les notions (métriques) de congruence et de mouvement.

13. Quoi qu'il en soit, Leibniz n'a pas persévéré dans l'analyse des relations de similitude [2]; il paraît avoir renoncé à cette méthode, et avoir tenté de donner pour base à sa Géométrie nouvelle les relations de congruence et d'inclusion, sur lesquelles il avait déjà fondé son Calcul logique, et qui, on l'a vu, sont communes à la Logique et à la Géométrie. C'est du moins l'intention qu'il annonce dans un fragment inédit, et qu'il a commencé à réaliser [3]. Il a même essayé de définir le continu au moyen de la seule idée d'inclusion, sans faire appel, ni à l'idée de similitude, ni aux idées métriques ou de mouvement [4]. Cette définition du continu est d'ailleurs analogue à celle d'Aristote : elle consiste à dire qu'un objet A est continu, si, toutes les fois qu'on le décompose en deux objets B et C qui réunis le constituent [5], ceux-ci ont quelque élément commun (non pas une *partie*, mais une *frontière* commune) [6].

---

1. Voir par exemple CALINON, *Études sur la sphère, la ligne droite et le plan*, Chap. III, § 2, n°s 53-55 (Nancy-Paris, Berger-Levrault, 1888).
2. C'est pourtant cette étude qui, de son propre aveu, lui avait suggéré l'idée de son Calcul géométrique : « Porro hæc consideratio, quæ tantam præbet facilitatem demonstrandi veritates alia ratione difficulter demonstrandas, etiam novum calculi genus nobis aperuit, a calculo algebraico toto cælo diversum, notisque pariter et usu notarum operationibusve novum ». De *Analysi situs*, fin (*Math.*, V, 182.)
3. « Et possum sane condere *Geometriam novi generis*, ex solo principio inexistentiæ, seu ex solis *Epharmosliis*, ut congruentia, non adhibita similitudine seu *Morphicis* » (**Math.**, I, 14 r).
4. « Hic memorabilia nactus sum : continui notionem et partis; adeoque homogenei, non supponendo similitudinem, vel transformationem seu motum » (*Ibid.*).
5. C'est-à-dire tels que :
$$A = B + C.$$
6. « *Continuum* est A in quo utcunque sumta bina exhaurientia B et C, aliquid habent commune D, seu utrique tam B quam C inexistens. » (*Ibid.*) Cf. *Specimen Geometriæ luciferæ* : « Si sint continua tria X, Y, Z, et omne X sit vel Y vel Z, et quoddam X sit Y, et quoddam X sit Z: tunc quoddam X erit simul Y et Z » (*Math.*, VII, 285). On remarquera cette traduction logique des rapports d'inclusion.

C'est dans le même ordre d'idées que Leibniz a essayé de définir les figures au moyen de l'idée de *section*, qui est au fond l'idée d'un élément commun à deux figures, et qui paraît indépendante de toute notion de grandeur et de mouvement [1]. Par exemple, la ligne serait une figure telle, que toute section menée par un de ses points coïncide avec ce point même [2]. Mais cette définition n'est ni générale ni exacte : car une section d'une ligne peut comprendre une infinité d'autres points que le point considéré, et même un segment continu de la ligne. Leibniz remarque d'ailleurs que la considération de la section équivaut à celle du mouvement, dont la section n'est que la trace [3].

Aussi revient-il bientôt à la considération du mouvement, et il définit la ligne, la surface et le solide comme engendrés respectivement par un point, une ligne et une surface qui se déplacent. Cette définition repose sur l'idée de *chemin* ou de *trajectoire* (*tractus*), que Leibniz définit : *un lieu continu successif* [4]. Elle implique par suite l'idée de temps [5], et, qui plus est, l'idée

---

1. « *Sectio* magnitudinis est quicquid est commune duabus Magnitudinis partibus partem communem non habentibus. » *In Euclidis* πρῶτα, I, 3 (*Math.*, V, 184). On voit que cette définition, comme celle du continu, repose sur la distinction essentielle du contenu (*inexistens*) et de la partie (voir Chap. VII, § 9).

2. « Hic generalis notio lineae sine consideratione motus et superficiei, item notio latitudinis et profunditatis... *Linea* est extensio cujus sectio quaevis per idem punctum est id punctum. » (**Math.**, I, 14 a.)

3. « Videamus an non commodius sit Motum adhibere, quam sectiones; cum revera Sectiones sint moti * generantis vestigia. Et ita poterimus nihilominus abstinere a consideratione similitudinis, adhibita sola consideratione congruentiae... *Linea* est extensum quod describitur motu puncti... » (**Math.**, I, 14 b.) Cf. *Generalia de descriptionibus linearum per motum* (**Math.**, I, 18).

4. *Characteristica geometrica*, §§ 12 et 13 (*Math.*, V, 145); *Initia rerum mathematicarum metaphysica* (*Math.*, VII, 20-21).

5. Leibniz observe qu'on peut définir la ligne par le temps et le mouvement, comme le lieu d'un point coordonné aux instants successifs (*In Euclidis* πρῶτα, I, 2 : *Math.*, V, 183). Mais il importe de remarquer que cette définition n'entraîne nullement la continuité de la ligne : celle-ci ne résulte pas plus de la continuité du temps, que la continuité d'une fonction ne résulte de la continuité de la variable indépendante.

* *Moti*, génitif de *motum* (le corps mû).

assez complexe de la déformation continue d'une figure pendant son déplacement, ce qui présuppose la notion de congruence. Ainsi la considération du mouvement revient au fond à celle de la congruence.

14. C'est donc sur la notion de congruence que Leibniz fonde de préférence les définitions fondamentales de la Géométrie, en excluant la similitude et le mouvement [1]. La congruence (ou égalité géométrique, c'est-à-dire possibilité de coïncidence) est, comme on sait, l'union des relations de similitude et d'égalité (équivalence quantitative) [2]. Or tous les points sont essentiellement égaux et semblables, donc congruents [3]. Par le fait seul qu'ils font partie d'un même espace, deux points quelconques ont entre eux une certaine relation de situation qui est leur distance ou leur écartement [4]. Cette relation doit pouvoir rester constante quand on déplace ensemble les deux points. Pour figurer ce déplacement en bloc, Leibniz imagine que les deux points font partie d'un continu quelconque qui se déplace tout d'une pièce [5]. En somme, il postule l'*axiome de congruence* ou *de libre mobilité*, sans lequel il n'y a évidemment pas de coïncidence ni partant de mesure possible [6]. On remarquera que

---

1. « Nunc autem ad explicandam rem situs non nisi *congruentia* utemur, sepositis in alium locum *similitudine* et *motu*. » *Analysis Geometrica propria* (Math., V, 172).

2. Leibniz a employé différents signes de congruence, suivant les époques (voir p. 311, note 4). Nous emploierons constamment le signe moderne de la congruence *arithmétique* (≡).

3. *Characteristica geometrica*, §§ 9 et 10 (Math., V, 144); *Analysis Geometrica propria*, § 9 (Math., V, 173-4); **Math., I,** 5 d.

4. *Characteristica geometrica*, § 11 (Math., V, 144-5).

5. « Puncti ad punctum situs datus est, si detur continuum in cujus duo data puncta cadere illa possent » (**Math., I,** 3 c). Cf. *Characteristica geometrica*, § 77 (Math., V, 164).

6. Voir RUSSELL, *Essai sur les Fondements de la Géométrie*, trad. Cadenat (Paris, Gauthier-Villars, 1901). Dans la *Characteristica geometrica* (§§ 78-82) se trouvent plusieurs postulats qui ne sont que des formes ou des cas particuliers de l'axiome de libre mobilité, à savoir : 1º que toute figure peut se mouvoir dans l'espace; 2º que de deux figures, l'une peut se mouvoir et l'autre rester en repos; 3º que tout *chemin* peut se mouvoir de manière qu'un de ses points vienne coïncider avec tel point donné, ou 4º de manière qu'un de ses points reste fixe (Math., V, 164). Cf. d'autres postu-

cette notion de la « distance » constante de deux points est indépendante de la notion de droite et antérieure à elle.

Deux couples de points sont toujours semblables, puisqu'ils sont indiscernables, pris séparément [1]. Mais ils ne sont pas toujours congruents. Pour qu'ils soient congruents, il faut que (en supposant chacun d'eux supporté par un continu solide) ils puissent être amenés à coïncider entre eux, ou encore à coïncider avec un couple de points fixes [2]. C'est au moyen de congruences semblables (et de leurs combinaisons) que Leibniz essaie de définir toutes les figures élémentaires.

15. On désignera, dans ce qui suit, les points donnés ou fixes par les premières lettres de l'alphabet, et par les dernières les points inconnus ou variables. Une congruence où figure un point variable détermine en général un lieu, à savoir l'ensemble des points qui, substitués au point variable, vérifient cette congruence. Ainsi la congruence la plus simple :

$$A \equiv X$$

peut être considérée comme définissant l'espace, puisque, d'après ce qui a été dit, tout point de l'espace est congruent au point donné A [3].

---

lats, §§ 60-67 (*Math.*, V, 161). De même, Leibniz y définit la droite par l'idée du mouvement, soit (§ 15) comme l'ensemble des points fixes d'un solide qui tourne autour de deux points fixes, soit (§ 83) comme un *chemin* qui ne peut se mouvoir dès que deux de ses points sont fixes (*Math.*, V, 147, 164). On va voir qu'on obtient la même définition au moyen de l'idée de congruence, de sorte que celle-ci remplace complètement l'idée de mouvement.

1. **Math.**, I, 3 d.

2. « Puncta duo (A et B) eundem inter se situm habent quam duo alia puncta C et D, si priora aeque ac posteriora in duo ejusdem continui puncta L M cadere possunt... Hinc dico situm punctorum A et B congruum esse situi punctorum C et D. » (**Math.**, I, 3 e.) Et Leibniz ajoute que, si l'on a dès maintenant la *congruence* :

$$A.B \equiv C.D,$$

ce n'est que plus tard, quand on aura défini la droite et sa longueur, qu'on pourra écrire l'*égalité* (de grandeur) :

$$AB = CD.$$

3. *Lettre à Huygens* (*Math.*, II, 22; *Briefwechsel*, I, 572); *Characteristica geometrica*, §§ 68, 89, 90 (*Math.*, V, 161, 166).

Quand les deux membres d'une congruence sont composés de plusieurs points, cette congruence signifie qu'on peut faire coïncider les deux figures formées par ces points en faisant coïncider simultanément les points correspondants (c'est-à-dire de même rang). Ainsi la congruence :

$$AB \equiv CD$$

signifie qu'on peut faire coïncider *à la fois* A avec C et B avec D ; c'est-à-dire que les deux couples de points AB, CD sont congruents, ou encore ont la même distance. De même la congruence :

$$ABC \equiv DEF$$

signifie qu'on peut faire coïncider *à la fois* A avec D, B avec E, C avec F. Elle implique par suite les trois congruences suivantes :

$$AB \equiv DE, \quad BC \equiv EF, \quad AC \equiv DF.$$

Réciproquement, ces trois congruences simultanées entraînent la congruence précédente, de sorte qu'elle est équivalente à leur ensemble [1].

Cela posé, la congruence :

$$AB \equiv AX$$

définit le lieu des points dont la distance au point A est la même que celle du point B, c'est-à-dire une sphère de centre A et, si l'on peut dire, de rayon AB (en entendant par *rayon*, non la droite AB, mais la distance des deux points A et B liés invariablement l'un à l'autre) [2].

La congruence :

$$ABC \equiv ABX$$

définit le lieu des points dont les distances aux points A et B sont les mêmes que celles du point C. Ce lieu est *en général* la

---

[1]. *Lettre à Huygens* (*Math.*, II, 22, 24; *Briefwechsel*, I, 572, 575); *Characteristica geometrica*, § 43 (*Math.*, V, 157); *Analysis geometrica propria*, § 4 (*Math.*, V, 173).

[2]. *Lettre à Huygens* (*Math.*, II, 23; *Briefwechsel*, I, 573); *Characteristica geometrica*, §§ 88, 91, 92, 94 (*Math.*, V, 165, 166).

circonférence d'un cercle dont le centre est sur la droite AB et dont le plan est normal à cette droite (cela dit par anticipation, pour plus de clarté). On peut donc prendre cette congruence pour définition du cercle [1]. Elle a ceci de très remarquable, qu'elle n'implique pas l'idée de ligne droite ni même celle de plan, et qu'elle ne suppose pas non plus le centre donné ou connu [2].

16. Ce lieu est *en général* une courbe, avons-nous dit ; il y a en effet un cas exceptionnel où il se réduit à un point, c'est-à-dire au point C. Dans ce cas, le point C sera, par définition, *sur la direction* AB ; il sera, comme dit Leibniz, *unique de sa situation* avec AB. On définira par conséquent la droite comme le lieu des points qui sont uniques de situation avec deux points fixes donnés [3]. On voit que le mouvement n'est nullement nécessaire à cette définition, et ne sert qu'à la rendre plus intuitive : la droite est alors le lieu des points qui restent immobiles quand on fait tourner un solide (ou même l'espace entier) autour de deux points fixes.

Cette définition implique évidemment un postulat, à savoir qu'il existe de tels points. Leibniz s'en est bien aperçu, et il a essayé de démontrer que, étant donnés deux points, on peut toujours en trouver un troisième situé sur leur direction ; mais ses démonstrations ne paraissent pas probantes, et le fait même qu'il en propose plusieurs semble indiquer qu'il ne les trouvait pas très solides [4].

---

1. *Lettre à Huygens* (*Math.*, II, 23 ; *Briefwechsel*, I, 573) ; *Characteristica geometrica*, § 73 (*Math.*, V, 162) ; cf. §§ 84, 96 (*ibid.*, 165, 166). Dans le plan, le cercle sera défini par la congruence plus simple :

$$AB = AX$$

(*Analysis geometrica propria*, § 25 : *Math.*, V, 176).

2. *Lettre à Huygens* (*Math.*, II, 24 ; *Briefwechsel*, I, 574).

3. « *Rectam... locum omnium punctorum ad duo puncta sui situs unicorum.* » *In Euclidis* πρῶτα (*Math.*, V, 183). Dans un fragment inédit (**Math.**, I, 1 a), Leibniz dit, avec moins de précision : « La droite est unique de son espèce entre ses deux extrémités. » Il y fait aussi allusion à une définition de JUNGIUS.

4. *Characteristica geometrica*, § 51 (*Math.*, V, 159). Dans la *Demonstratio Axiomatum Euclidis*, 22 février 1679 (**Math.**, I, 2), Leibniz définit la droite

Mais admettons ce point ; de la définition précédente il résulte que, si trois points A, B, C sont en ligne droite, la congruence :

$$ABC \equiv ABX$$

implique l'identité (coïncidence) des points C et X. Et réciproquement, si la congruence susdite entraîne nécessairement l'identité des deux points, il s'ensuit que les trois points A, B, C sont en ligne droite.

17. Le meilleur commentaire de cette définition consiste dans la critique que Leibniz fait à diverses reprises de la définition classique d'Euclide [1]. Vitale Giordano avait publié en 1686 un *Euclide restituto*, où à la définition d'Euclide il avait substitué la définition de Héron (plus claire, selon lui, pour les commençants), qui définit la droite comme le plus court chemin entre deux de ses points [2]. Leibniz lui objecta que la plupart des théorèmes relatifs à la droite n'invoquent ni cette définition ni celle d'Euclide, ce qui indique qu'elles sont inutiles et même mauvaises ; car qu'est-ce qu'une définition qui ne sert pas dans les démonstrations ? On ne sait alors de quelle ligne on parle, ni si les théorèmes s'appliquent bien à la même ligne que la définition [3]. Leibniz proposait ensuite de définir la droite comme le lieu des points immobiles dans la rotation d'un corps ; ou bien encore, comme la ligne

---

comme la ligne déterminée uniquement et entièrement par deux points. Puis il se demande s'il existe une telle ligne, et croit pouvoir le démontrer en invoquant cet axiome remarquable : « quod ex duobus quibuslibet simul sumtis semper aliquid novi determinatur, plus enim est ea simul ponere, quam ea ponere singulatim ». Cf. *Characteristica geometrica*, 10 août 1679, § 11 (*Math.*, V, 144). C'est par des considérations tout à fait analogues que M. Russell essaie d'établir l'axiome de la ligne droite (*Essai sur les Fondements de la Géométrie*, § 138).

1. On sait que cette définition, qui s'énonce littéralement ainsi : « La ligne droite est la ligne qui repose également sur ses points (ἥτις ἐξ ἴσου κεῖται ἐφ'ἑαυτῆς σημείοις) », a donné lieu par son obscurité à de nombreuses interprétations diverses. Voir le commentaire qu'en donne Leibniz dans sa *Characteristica geometrica*, § 75 (*Math.*, V, 164 ; cf. p. 425, note 1).

2. *Lettre de Giordano* (*Math.*, IV, 198).

3. *Lettres à Vitale Giordano*, 1689-90 (*Math.*, IV, 196, 199). Cf. *In Euclidis πρῶτα*, IV, 1 (*Math.*, V, 185).

qui partage le plan en deux parties congruentes (et de même, le plan comme la surface qui partage l'espace en deux parties congruentes) [1]. Giordano lui objecta que ces définitions de la droite supposaient les notions de corps (solide) et de plan. Leibniz répondit que les notions de corps et de plan étaient en effet pour lui antérieures à celle de droite, et que les définitions les plus simples et primitives du plan et de la droite étaient celles qui les présentent comme des *sections* ou des *intersections* [2].

La même critique d'Euclide se retrouve dans les *Nouveaux Essais* [3] : « La définition d'Euclide est obscure, et ne lui sert point dans les démonstrations…. Faute d'une idée distinctement exprimée, c'est-à-dire d'une définition de la droite », Euclide a été obligé d'employer deux axiomes : 1° Deux droites n'ont point de partie commune; 2° Deux droites ne comprennent point d'espace [4]. Au sujet de ce dernier axiome, purement intuitif selon lui, Leibniz émet ces réflexions importantes sur la méthode géométrique :

« L'imagination, prise de l'expérience des sens, ne nous permet pas de nous figurer plus d'une rencontre de deux droites; mais ce n'est pas sur quoi la science doit être fondée. » Il ne faut pas croire « que cette imagination donne la liaison des idées distinctes…. Ces sortes d'images ne sont qu'idées confuses, et celui qui ne connaît la ligne droite que par ce moyen ne sera pas capable d'en rien démontrer [5]. » Ainsi, en Géométrie comme partout, Leibniz veut (et croit pouvoir) remonter aux idées claires et distinctes, seules primitives et

---

1. Cf. § 12 de ce Chapitre.
2. *Math.*, IV, 198, 199.
3. IV, XII, § 6; et auparavant dans les *Animadversiones in Principia Cartesiana* (1692), où Leibniz dit qu'Euclide aurait pu démontrer l'axiome de la ligne droite s'il avait eu une bonne définition de celle-ci (*Phil.*, IV, 355). Cf. p. 199, note 2.
4. Cf. *De Analysi situs* (*Math.*, V, 179).
5. Leibniz critique aussi Archimède, qui « a donné une manière de définition de la droite, en disant que c'est la plus courte ligne entre deux points ». C'est la définition de Héron, adoptée par Giordano.

simples, et démontrer tous les axiomes suggérés par l'intuition en les ramenant aux véritables définitions [1].

C'est ce qu'il réussit en tout cas à faire pour la notion de ligne droite (en admettant le postulat d'existence indiqué plus haut). De ce qu'une droite est déterminée par deux de ses points, il déduit immédiatement que deux droites ne peuvent avoir plus d'un point commun, qu'elles ne peuvent avoir un segment commun sans coïncider entièrement, qu'elles ne peuvent enfermer un espace; bref, toutes les propriétés attribuées à la droite par Euclide et qui constituaient pour lui autant d'axiomes [2].

18. Reste à définir le plan. Leibniz le définit comme le lieu des points équidistants de deux points donnés (dans l'espace). Soient A, B ces deux points; le plan sera représenté par la congruence :

$$AX \equiv BX.$$

On sait, par la Géométrie classique, que ce plan est le plan perpendiculaire à la droite AB en son milieu; mais cette notion n'a rien à faire dans la définition précédente. En somme, on a défini la droite, le plan, le cercle et la sphère par des congruences qui n'impliquent que la notion de distance (invariable) de deux points, et toutes ces définitions sont indépendantes les unes des autres. C'est là un grand avantage, en un sens : mais c'est aussi un grave inconvénient, car il va falloir maintenant rétablir les relations de situation entre ces figures fondamentales, ce qui ne sera pas toujours facile. Pour y arriver, Leibniz s'efforce de déterminer les intersections de ces diverses figures prises deux à deux.

On a déjà prouvé que deux droites ne peuvent avoir qu'un point commun, de sorte que leur intersection (si elle existe) est

---

1. Cf. Chap. VI, §§ 12 et 13. Dans la *Demonstratio Axiomatum Euclidis* (22 févr. 1679), il soutient que le Calcul géométrique doit être fondé sur les notions, et non sur les sens et l'imagination (**Math.**, I, 2). Aussi était-il d'avis qu'on pouvait et devait exposer les Éléments de la Géométrie autrement qu'Euclide (*Lettre à Hermann*, 11 mai 1708 : **Math.**, IV, 328).

2. *Analysis geometrica propria*, §§ 20-23 (*Math.*, V, 176).

un point. On peut démontrer que deux sphères, ou bien une sphère et un plan, ont pour intersection une circonférence[1]. On établit par là même que la circonférence est située sur une sphère et dans un plan. Toutefois, cette dernière propriété n'est prouvée que pour les circonférences dont les points sont équidistants de leurs deux pôles (A et B), mais non pour une circonférence quelconque : $ABC \equiv ABX$. Cette lacune a été remarquée par Leibniz lui-même[2].

19. Il reste à prouver que l'intersection de deux plans est une droite, et qu'une droite est contenue tout entière dans un plan. Pour cela, Leibniz fait appel à une autre définition de la droite que voici. Étant donnés trois points A, B, C, non en ligne droite[3], le lieu des points équidistants de ces trois points est une droite. Celle-ci est donc définie par la double congruence :

$$AX \equiv BX \equiv CX.$$

---

1. Voici comment. Soient A et B les centres des deux sphères, C un point commun (on suppose qu'elles ont un point commun). Elles seront représentées par les deux congruences : $AC \equiv AX$, $BC \equiv BY$. Cherchons le lieu des points communs aux deux sphères, en remplaçant Y par X; il vient : $AC \equiv AX$, $BC \equiv BX$,
donc : $ABC \equiv ABX$,
congruence qui représente une circonférence.
D'autre part, soient le plan représenté par la congruence :
$$AX \equiv BX,$$
et la sphère représentée par la congruence :
$$AC \equiv AY.$$
Le lieu de leurs points communs est défini par la réunion des deux congruences :
$$AX \equiv BX \equiv AC.$$
Supposons que le point C soit commun à la sphère et au plan; il vient :
$$AC \equiv BC.$$
On a donc : $BC \equiv BX$,
et d'autre part : $AC \equiv AX$.
Il en résulte : $ABC \equiv ABX$,
congruence qui représente une circonférence. *Lettre à Huygens* (*Math.*, II, 24; *Briefwechsel*, I, 574-5); *Characteristica geometrica*, § 103 (*Math.*, V, 168).

2. *Characteristica geometrica*, § 86 (*Math.*, V, 165).

3. Cette restriction constituerait un cercle vicieux, si elle ne présupposait pas l'autre définition de la droite.

On sait que c'est la droite perpendiculaire au plan ABC au centre du cercle circonscrit au triangle ABC [1].

Quelle est la relation de cette définition avec la première, et comment Leibniz déduit-il l'une de l'autre? C'est ce qu'il n'indique nulle part. Dans la *Characteristica geometrica* (§ 75), il essaie de montrer que les points X ainsi définis forment une ligne, et sont situés en direction. Il commente même à ce sujet la définition d'Euclide [2], qui semblerait plutôt se rapprocher de la première définition. En tout cas, il n'a pas prouvé l'équivalence de ses deux définitions; il s'embarrasse à ce propos dans des considérations confuses, dont il paraît n'avoir pu sortir qu'en reprenant à nouveau les principes, comme s'il se corrigeait [3], et en revenant bientôt (§ 83) à sa première définition de la droite.

Quoi qu'il en soit, si l'on admet la seconde définition, il est aisé de démontrer que l'intersection de deux plans est une droite. Soient en effet les deux plans définis par les congruences :

$$AX \equiv BX, \quad BY \equiv CY.$$

Pour trouver leur intersection, identifions X et Y; il vient :

$$AX \equiv BX, \quad BX \equiv CX,$$

---

[1]. Cette définition est seule donnée dans la *Lettre à Huygens* (*Math.*, II, 24; *Briefwechsel*, I, 574). Elle se trouve encore dans la *Characteristica geometrica*, subordonnée à la première, §§ 75, 87, 97 (*Math.*, V, 163, 165, 167). Leibniz introduit ici une condition supplémentaire : $AB \equiv BC \equiv AC$, qui n'est nullement nécessaire, mais qui lui a été suggérée par la construction moins simple du § 74, où figure un cercle. Dans l'*Analysis geometrica propria*, où Leibniz se restreint au plan à partir du § 16, il définit la droite : le lieu des points qui ont la même relation avec deux autres points (c'est-à-dire qui sont à égale distance de ces deux points). On sait que ce lieu est la droite perpendiculaire au milieu du segment qui joint ces deux points (§ 26, *Math.*, V, 176). La droite est alors représentée par la congruence :

$$AX \equiv BX$$

de même forme que celle qui représente un plan dans l'espace. Elle est en réalité l'intersection du plan considéré par le plan : $AX \equiv BX$ (§ 28, *Math.*, V, 177).

[2]. « Atque ita apparet, quid velit Euclides, cum ait, Lineam rectam ex æquo sua interjacere puncta, id est non subsultare in ullam partem, seu non aliter ad punctum A quam B vel C durante motu se habere » (*Math.*, V, 164).

[3]. « Resumamus aliqua. » *Ibid.*, § 76 (*Math.*, V, 164).

c'est-à-dire deux congruences qui, réunies, définissent une droite.

On démontre de même que l'intersection de deux droites est un point. Soient les deux droites :
$$AX \equiv BX \equiv CX, \quad BY \equiv CY \equiv DY,$$
identifions X et Y pour avoir leur intersection ; il vient :
$$AX \equiv BX \equiv CX \equiv DX.$$
Or il n'y a qu'un seul point qui soit équidistant de quatre points donnés. Le lieu se réduit donc à un point [1].

La même incertitude ou la même ambiguïté se retrouve en Géométrie plane. Tantôt Leibniz définit la droite comme le lieu des points qui ont une relation unique avec deux points donnés [2], tantôt il la définit comme le lieu des points qui ont la même relation avec deux points donnés, c'est-à-dire qui en sont à égale distance [3]. La première définition lui sert à établir les propriétés caractéristiques de la droite (§§ 20-23). La seconde lui sert à démontrer que deux cercles ne se coupent qu'en deux points, attendu qu'une droite ne peut avoir la même relation avec trois points du plan. Il en résulte qu'une droite et un cercle ne peuvent avoir que deux points communs, et qu'un cercle est déterminé par trois points. Mais il subsiste toujours une incohérence entre les deux définitions de la droite qu'on invoque tour à tour.

Leibniz a bien essayé de les ramener à l'unité, en énonçant la proposition suivante. Si l'on a :
$$DABC \equiv EABC \equiv FABC,$$
D, E, F étant différents, les trois points A, B, C sont en ligne droite [4]. Mais il semble la poser comme une définition [5], alors

---

1. On lit au § 99 de la *Characteristica geometrica* : « Si sit : $AY \equiv BY \equiv CY$, locus Y erit *punctum*, sive Y satisfaciens non erit nisi unicum... Haec propositio demonstranda est. » Il y a là une contradiction apparente avec le § 97 où il est dit : « Si sit $AY \equiv BY \equiv CY$, tunc locus omnium Y dicetur *recta* » (*Math.*, V, 167). Elle s'explique en supposant qu'à cet endroit Leibniz se restreint au plan sans le dire.

2. *Analysis geometrica propria*, §§ 18-19.

3. *Ibid.*, § 26.

4. *Characteristica geometrica*, § 57. Leibniz ajoute que les trois points D, E, F sont dans un même plan et sur un même cercle, ce qui est évident.

5. « Dicentur puncta quotcunque A, B, C sita esse in directum.... » (*Math.*, V, 166).

qu'il a déjà défini autrement la *direction* (§ 50). Ce serait donc plutôt un théorème, mais il ne le démontre pas, de sorte que cela constitue une troisième définition de la droite, indépendante des deux premières, ou une forme plus compliquée de la seconde [1]. En résumé, Leibniz s'est engagé dans des difficultés et dans des inconséquences dont il ne paraît pas être venu à bout; il n'a pas réussi à édifier son Calcul géométrique sur des principes clairs et consistants.

20. Il est instructif de rechercher les raisons de son échec, non pas les raisons accidentelles que nous venons d'indiquer, mais les raisons profondes et générales qui résident dans les principes du système. Pour cela, il n'y a qu'à se demander si Leibniz a bien fait ce qu'il voulait faire, c'est-à-dire s'il a affranchi la Géométrie de la considération de la grandeur, et s'il est parvenu à exprimer directement la situation.

La réponse à cette question ne peut être que négative. En effet, on a vu Leibniz négliger les relations de similitude pour étudier presque exclusivement la relation de congruence, la moins générale et la plus complexe de toutes les relations géométriques. De plus, cette relation ne fait nullement abstraction de la grandeur, puisqu'elle implique, avec la relation de similitude, celle d'égalité quantitative. Enfin, la méthode employée par Leibniz ne donne pas des définitions *intrinsèques* des figures, comme il le faudrait pour qu'elle pût l'emporter sur la Géométrie analytique en simplicité et en clarté intuitive. Car elle a besoin, elle aussi, d'éléments de référence extérieurs aux

---

[1]. Il y aurait encore à établir qu'une droite est entièrement contenue dans tout plan qui contient deux de ses points. C'est ce que Leibniz n'a pas fait, et ce qui ne serait pas facile avec les définitions précédentes. En revanche, cela est aisé quand on donne du plan une définition analogue à celle de la droite : « locus omnium punctorum sui ad tria puncta in meande rectam non cadentia situs unicorum » (*In Euclidis* πρῶτα, VII, 4 : *Math.*, V, 189). Cela est encore possible avec les deux définitions corrélatives du plan comme surface retournable, et de la droite comme ligne retournable, ou comme section symétrique du plan. Mais il aurait fallu opter définitivement pour un système de définitions, tandis que Leibniz est resté indécis et flottant entre les divers systèmes qu'il propose tour à tour.

figures, et de relations auxiliaires et étrangères, c'est-à-dire, en somme, d'un système de coordonnées [1].

Et en fait, le Calcul géométrique de Leibniz rentre dans la Géométrie analytique : car il n'est pas autre chose, au fond, que le système des coordonnées (*bipolaires* dans le plan, *tripolaires* dans l'espace), où un point est défini par ses distances à *deux* ou *trois* points de repère fixes. Or, non seulement c'est un système analytique qui, comme le système cartésien, traduit la situation par des relations de grandeur, mais c'est un système plus incommode et plus défectueux, en raison de l'ambiguïté des déterminations [2].

Pour réussir à constituer le Calcul proprement géométrique qu'il rêvait, Leibniz aurait dû, tout au contraire, séparer les relations de situation des relations de grandeur, et faire abstraction de toute considération *métrique*. Il n'aurait pas suffi de substituer la similitude à la congruence comme relation

---

[1]. Par exemple, le plan est défini au moyen de deux points extérieurs et arbitraires; à quoi reconnaîtra-t-on l'identité d'un plan défini par deux couples de points? De même pour le cercle, et pour la droite, du moins si on la définit comme le lieu des points équidistants de trois points donnés. Quant à la première définition, elle est bien *intrinsèque*, sans doute, mais elle ne constitue pas une formule générale ou une équation de la droite, et ne fournit pas, comme l'autre, un moyen de la construire.

[2]. En effet, à chaque ensemble de coordonnées polaires correspondent *deux* points, symétriques par rapport à la droite ou au plan qui contient les points de référence (ou pôles). Leibniz a été dupe de cette ambiguïté; en effet, il confond, dans ses calculs, les tétraèdres symétriques avec les tétraèdres congruents; il écrit, par exemple :

$$ABCY \equiv ABDY$$

pour exprimer le fait que les points C et D sont symétriques par rapport au plan ABY, parce qu'on a séparément :

$$AC \equiv AD, \quad BC \equiv BD, \quad CY \equiv DY$$

(*Characteristica geometrica*, § 98). On voit par là que sa notation ne lui permet pas de distinguer les figures congruentes des figures symétriques, dont les parties homologues sont seules congruentes. Et cela montre bien qu'elle ne tient pas compte de la *situation* relative de ces parties, et est incapable de l'exprimer. Pour cela, il aurait fallu attribuer un sens et partant un signe (positif ou négatif) au segment, au triangle et au tétraèdre; tandis que Leibniz, ne considérant que la grandeur, pose au contraire comme axiome que : $AB \equiv BA$ (*Ibid.*, § 42). Cf. p. 315, note 3.

fondamentale : car, comme il l'a montré[1], la similitude implique encore une relation de grandeur, à savoir la proportionalité. Il eût fallu pousser à bout l'analyse de la situation, et réduire les figures à leurs propriétés et relations projectives[2]. Or à ce point de vue, la seule relation primitive entre plusieurs points consiste à faire partie d'une même droite ou d'un même plan : car c'est là, comme Leibniz l'a remarqué, une situation exceptionnelle entre ces points, une détermination de chacun d'eux par rapport aux autres. Les opérations projectives fondamentales sont la *projection* et la *section*. Deux figures sont projectivement équivalentes, quand on peut les mettre en perspective, ou quand on peut les transformer l'une dans l'autre par une suite de projections et de sections (d'alignements et de recoupements). Si Leibniz avait poursuivi cette voie, il eût fondé la véritable Géométrie de position, que Staudt a constituée au xix° siècle comme système complet et indépendant[3].

D'autre part, pour inventer un Calcul géométrique qui, comme il le voulait, prît pour éléments, non des grandeurs, mais des points, il suffisait d'observer que deux points déterminent une droite, que trois points déterminent un plan, et par suite de considérer la droite et le plan comme les *produits* des points qui les déterminent. Inversement, la droite

---

[1]. Voir p. 412, note 3.

[2]. Pour montrer les divers degrés de généralité des trois idées de congruence, de similitude et de projectivité, il suffira de dire que, au point de vue de la Géométrie métrique, deux couples de points peuvent différer par leurs distances respectives, et ne sont égaux que si leurs distances sont égales. Au point de vue de la similitude, deux couples de points sont semblables, mais deux systèmes de trois points en ligne droite peuvent être ou n'être pas semblables, suivant que leurs distances sont proportionnelles ou non. Enfin, au point de vue de la Géométrie projective, deux systèmes de trois points en ligne droite sont équivalents (projectifs), car ils peuvent toujours être mis en perspective, et seuls les systèmes de quatre points (au moins) peuvent se distinguer les uns des autres, suivant qu'ils sont projectifs ou non.

[3]. G. K. Christian von Staudt, *Geometrie der Lage* (Nürnberg, 1847). Il convient de rappeler que les idées fondamentales de la Géométrie projective se trouvent déjà implicitement chez Desargues (1593-1662).

d'intersection de deux pians et le point d'intersection de deux droites ou de trois plans peuvent être considérés comme les produits des plans ou droites qui les déterminent. On traduirait ainsi les opérations de projection et de section par une sorte de multiplication qui aurait des propriétés et des lois différentes de celles de la multiplication arithmétique, et qui servirait de base à une nouvelle Algèbre.

Or ce sont là précisément les principes du *Calcul de l'extension* inventé par Grassmann [1]. On peut donc le considérer comme le développement de l'Analyse géométrique ébauchée par Leibniz, et cela d'autant mieux que Grassmann, qui n'avait aucune connaissance de celle-ci lorsqu'il inventa son Calcul, fut amené peu après à le présenter comme la réalisation du projet de Leibniz [2]. Cette rencontre merveilleuse fait sans doute honneur au génie de Grassmann; mais elle fait encore plus d'honneur peut-être à celui de Leibniz, car elle prouve que son idée du Calcul géométrique n'était ni chimérique ni stérile, comme l'ont cru tant de philosophes et de mathématiciens. Comme Boole, Grassmann a retrouvé ou ressuscité une partie de la *Caractéristique universelle*; tous deux, ils ont justifié les conceptions les plus hardies de Leibniz, en montrant que ce n'était pas des rêves, mais des intuitions prophétiques qui anticipaient de près de deux siècles sur le progrès des sciences et de l'esprit humain [3].

---

1. Hermann Grassmann, *die Ausdehnungslehre* (1844), ap. *Gesammelte Werke*, t. I, 1re partie (Leipzig, Teubner, 1894).
2. Voir l'Appendice V.
3. Cf. la conclusion de notre article sur *L'Algèbre universelle de M. Whitehead*, ap. *Revue de Métaphysique et de Morale*, t. VIII, p. 362 (mai 1900).

CONCLUSION

Dans le cours de ce travail purement historique, nous nous sommes abstenu de tout jugement sur les théories que nous avions à analyser ou à reconstituer; et si nous nous sommes permis quelques observations critiques, c'est uniquement pour faire ressortir leurs différences, montrer pourquoi Leibniz les a corrigées ou abandonnées, enfin pour en expliquer l'avortement ou l'échec. Il ne saurait donc être question ici d'une critique extrinsèque qui jugerait la doctrine de Leibniz au nom d'une autre doctrine, mais seulement d'une critique intrinsèque qui consiste à confronter les conséquences avec les prémisses, les résultats avec les principes, et à rechercher si l'exécution répond bien au plan de l'auteur. C'est dans cet esprit que nous voulons présenter quelques réflexions finales, pour expliquer en quoi la Logique de Leibniz est insuffisante et incomplète.

On se rappelle quels étaient les principes ou les postulats de la Logique de Leibniz; ils se réduisent à *deux*[1] : 1° Toutes nos idées sont composées d'un très petit nombre d'idées simples, dont l'ensemble forme l'*Alphabet des pensées humaines*; 2° Les idées complexes procèdent de ces idées simples par une combinaison uniforme et symétrique analogue à la multiplication arithmétique.

Sur le premier postulat, il suffira de dire que le nombre des idées simples est beaucoup plus grand que ne le croyait Leibniz.

1. Voir Chap. II, § 12.

Mais, si cette remarque suffit, par exemple, à retirer aux projets de langue universelle philosophique toute valeur pratique (l'alphabet des pensées humaines devant comprendre des centaines, peut-être des milliers de lettres ou caractères) [1], elle n'a pas grand intérêt théorique. Ce qui importe, c'est moins le nombre des idées simples que leur nature et surtout leur mode de combinaison.

Or, sur ce point, le second postulat est manifestement faux. Tout d'abord, la *multiplication* logique n'est pas la seule opération dont soient susceptibles les concepts : la Logique a aussi à considérer l'*addition* logique (qui exprime l'alternative, et se traduit par la conjonction *ou*) et surtout la *négation*. On a vu [2] que, faute d'avoir tenu compte de la négation, Leibniz était incapable d'expliquer comment des idées simples, toutes compatibles entre elles, peuvent engendrer par leurs combinaisons des idées complexes contradictoires ou exclusives les unes des autres.

Ce n'est pas tout. Leibniz a entrevu, au moins en passant, le rôle indispensable de la négation, et même la notion de l'addition logique [3]. Il avait donc tous les éléments nécessaires pour constituer l'Algèbre de la Logique classique. Mais, lors même qu'il y eût réussi, il serait encore resté confiné dans le domaine de la Logique classique elle-même (de la théorie du syllogisme). Or ce domaine est extrêmement restreint. De toutes les idées de l'esprit humain, il ne comprend que les concepts génériques ou concepts de *classes* (idées générales et abstraites) [4], et de toutes les relations qu'on peut concevoir entre les idées, la Logique classique n'en étudie qu'une : la relation d'inclusion (la relation d'égalité pouvant se définir au moyen de celle-là). Elle se réduit donc, au point de vue logique, à l'étude des jugements de prédication, qui consistent à attribuer un prédicat à un

---

1. Voir dans notre brochure *Pour la langue internationale* le paragraphe intitulé : *Les langues philosophiques*.
2. Page 219, note 2.
3. Voir Chap. VIII, §§ 4, 12 et 19.
4. Qu'on appelle *termes absolus*, par opposition aux *termes relatifs*.

sujet; et, au point de vue mathématique, à la théorie des ensembles considérés sous le rapport de l'inclusion et de l'exclusion.

Au point de vue grammatical, son domaine peut se définir comme suit : elle n'étudie que les propositions dont la copule est le verbe *être*, et elle n'admet comme termes de ces propositions que des concepts simplement juxtaposés (multipliés l'un par l'autre), de manière à restreindre leur extension par leur mutuelle intersection. Elle exclut du discours tous les cas obliques, toutes les prépositions et tous les relatifs. Elle peut traduire cette proposition : « Le cheval est blanc », ou encore : « Le cheval blanc est jeune, vigoureux, agile, etc. », mais elle ne peut pas traduire celle-ci : « Le cheval du cocher est blanc comme neige », et encore moins celle-ci : « Le cheval du cocher mange l'avoine que lui a donnée son maître. » Pourquoi? Parce qu'elle néglige et ignore toutes les relations exprimées par les mots *de, comme, manger, que, donner, lui, son*.

Or, si imparfait et si fallacieux que soit le langage comme instrument logique de la pensée, il en est encore l'expression la plus complète et la plus variée. Leibniz ne l'ignorait pas, lui qui regardait l'analyse du langage comme la préface indispensable de la Logique. Si l'on considère d'abord les verbes (actifs), ils expriment et affirment (ou nient) une certaine relation spéciale entre leur sujet et leur complément. Sans doute, une prétendue *analyse logique* essaie de les réduire tous au verbe substantif *être*, en faisant de la relation un prédicat du sujet [1]. Mais cette analyse ne fait que reculer et déguiser la difficulté : « Paris aime Hélène » se transforme en « Paris est l'amant d'Hélène ». Le verbe *aimer* est remplacé par un génitif également intraduisible [2]. De même, le génitif : « l'épée

---

1. Cette analyse ne réussit vraiment que pour les verbes neutres ou les verbes actifs pris intransitivement, parce qu'ils expriment un état plutôt qu'une action : « Paris aime » devient : « Paris est amoureux »; « Ego valde poto » devient : « Ego sum magnus potator » (Chap. III, § 12). Mais dès qu'on veut indiquer *qui* Paris aime, ou *ce que* je bois, l'analyse « logique » échoue, justement parce qu'il s'agit d'une relation entre deux « sujets », et non plus de la qualification d'un seul sujet.

2. De même : « Ego laudo Titium » devient : « Ego sum laudator Titii » (Chap. III, § 11).

d'Évandre » peut se transformer en un relatif : « l'épée que possède Évandre », qui est tout aussi intraduisible. Ainsi le verbe actif, le génitif et le relatif sont trois manières différentes d'exprimer une même relation.

Bien plus : le verbe *être* lui-même concourt à exprimer une foule de relations autres que la relation de prédication : A est égal à B ; A est semblable à B ; A est plus grand que B ; A est le père de B ; etc. Dans toutes ces propositions, la copule réelle n'est pas *est*, mais la relation affirmée entre A et B. Et la preuve en est que, si l'on veut convertir ces propositions, on ne prendra pas pour nouveau sujet le prétendu attribut : « égal à B », « semblable à B », etc., mais bien B. Suivant que la relation exprimée par la véritable copule est symétrique ou non, la relation convertie aura le même nom ou un autre nom. Si A est le frère de B, B est le frère de A ; mais si A est le père de B, B est le fils de A.

Leibniz connaissait toutes ces difficultés et complications, puisque ce sont ses propres exemples que nous venons de citer. Dès 1666, dans son *De Arte combinatoria*, il se voyait obligé, pour traduire en symboles les concepts géométriques les plus simples, d'employer des articles, des prépositions, des relatifs et même des verbes [1]. Plus tard, il apprenait de Jungius qu'il y a des conséquences logiques qui ne peuvent se réduire au syllogisme, en particulier l'*inversion des relations* et les inférences du droit à l'oblique [2]. Il attachait avec raison une grande importance aux flexions et aux particules, c'est-à-dire précisément aux formes grammaticales qui traduisent les relations des concepts, et qui constituent, selon son expression, la *forme du discours*. Enfin, quand il jetait les bases de sa Caractéristique ou de son Calcul logique, il admettait *a priori* des combinaisons de concepts dissymétriques (non commutatives) [3]. Il concevait qu'un terme pût entrer dans une formule de diverses manières, directes ou obliques ; il imaginait même un signe

---

1. Voir Note VI, fin.
2. Voir Chap. III, § 15 ; Chap. VI, § 16.
3. *Phil.*, VII, 31 ; VII, 207.

\ (⊢) pour figurer une opération dissymétrique, analogue à la soustraction, à la division, ou à l'élévation aux puissances. Enfin il reconnaissait expressément l'existence de relations diverses qui devaient donner lieu à des algorithmes différents [1]. On a vu d'ailleurs comment il classait les relations mathématiques fondamentales, et les caractérisait par leurs propriétés combinatoires, qui constituaient les règles du calcul correspondant à chacune d'elles [2]. Or chacune de ces relations se traduit dans le langage par un de ces *termes relatifs* (*égal à, semblable à, plus grand que*, etc.) qui, nous venons de le montrer, échappent aux prises de la Logique classique.

Des manuscrits inédits témoignent des recherches faites par Leibniz (probablement sous l'inspiration de Jungius) pour inventer une Caractéristique appropriée à ces relations [3]. Si

---

[1]. « Dantur varia relationum genera, ut characteribus diverso modo utamur. Dantur relationes quaedam et significationes in infinitum replicabiles et reflexae. » (**Phil.**, VII, B, II, 74.) Cette dernière phrase est une divination merveilleuse des travaux des mathématiciens et logiciens modernes sur l'itération des fonctions, sur les relations d'ordre infini, sur la théorie des chaînes (DEDEKIND), etc. Voir SCHRÖDER. *Algebra der Logik*, t. III, §§ 13, 22, 23, 24 (Leipzig, Teubner, 1895).

[2]. Chap. VII, § 9 sqq.

[3]. *Analysis Didactica* (**Phil.**, VII, C, 139-143). Le principe de cette Caractéristique consistait à affecter les termes (représentés par des majuscules) de différents indices marquant leurs diverses relations mutuelles. Ainsi, soient les termes :

$$A = \text{angulus}$$
$$B = \text{triangulum}$$
$$C = \text{acutus}$$
$$L = \text{rectus}$$
$$M = \text{communis}$$
$$Q = \text{quadrangulum}$$
$$R = \text{rectangulum}$$

« Angulus trianguli rectus » s'écrit : $A^{sr} B^{ri} L^s$. « Angulus trianguli rectanguli acutus » : $A^{sr} B^{ri} R^{ri} C^s$. « Angulus triangulo et quadrangulo communis » : $A^s M^{sr} B^{rb} Q^{re}$ ou $A^{sc} B^{cb} Q^{cc}$, ou, en employant des indices numériques :

$$A^2 M^{23} B^{34} Q^{35} \quad \text{ou} \quad A^{20} B^{67} Q^{68}.$$

Plus loin, Leibniz figure l'inversion de relation par le renversement de la lettre qui figure la relation. Par exemple : « Triangulum minus quadrato » s'écrit : « $T^n C^{nc} Q^{rc}$ »; « Triangulum quo majus est quadratum » s'écrit : « $T^n (T^{ri} \mathcal{D}^{dr} Q^{db})$ »; et « Quadratum majus triangulo »

infructueuses qu'aient été ces recherches et ces tentatives, elles montrent du moins que Leibniz n'ignorait pas la multiplicité et la complexité des idées et des relations qu'une Caractéristique complète devrait représenter. Seulement, il semble avoir gardé l'espoir de les exprimer par les seuls moyens de la Logique classique, c'est-à-dire en somme par la relation d'inclusion. On en a une preuve curieuse dans un fragment inédit où il a essayé de représenter sa définition du juste par un schème géométrique composé de cercles[1]. La justice est la charité du sage[2]; donc : « Justus est charitativus similis sapienti », et Leibniz croit traduire cette définition par la figure ci-contre (*Fig. 29*). Or il est évident que *similis*, étant un terme relatif, et non un concept, ne fait pas partie de la compréhension de *Justus* au même titre que *Charitativus*, et qu'il ne sert qu'à relier *Justus* ou *Charitativus* à *Sapiens*. C'est

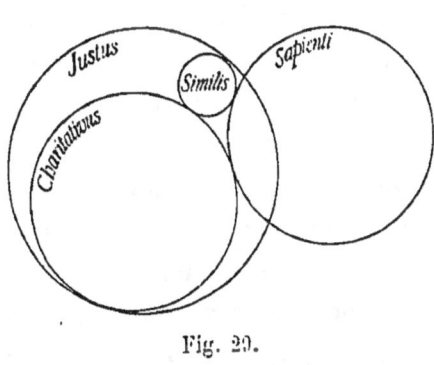

Fig. 29.

d'ailleurs ce que Leibniz a voulu figurer par le contact des cercles correspondants. Mais il a dû s'apercevoir que ce contact exprimait bien mal la relation de ces concepts, car, quand il entreprend ensuite de représenter la même définition sous forme d'arbre généalogique (ce qui est, comme on sait, une autre manière de figurer les rapports d'inclusion), il se voit obligé de faire entrer dans la compréhension de *Justus*, à côté de *Charitativus*, un terme *quasi-sapiens*, et il aboutit ainsi à la nouvelle définition : « Justus est charitativus sapientiformis. » Or cela signifie, en somme, qu'il a renoncé à exprimer directement la relation de similitude, et qu'il l'a enveloppée dans un attribut qu'il pût simplement juxtaposer à l'autre (*charitativus*) et faire

---

s'écrit : « Q^r ꝺ^rf T^r. » Il est inutile de faire ressortir l'insuffisance de ce système de notations. Mais il prouve tout au moins que le problème de la représentation symbolique des relations a préoccupé Leibniz.

1. **Phil.**, VII, B, v, 12.
2. Voir Note IX.

rentrer dans la compréhension de *justus*; en un mot, il a remplacé le terme relatif par un terme absolu [1].

D'une manière analogue, Leibniz a essayé de traduire chaque jugement de relation par deux jugements de prédication : « Paris aime Hélène » devient : « Paris est amant en tant qu'Hélène est aimée. » De même : « Cette épée appartient à Évandre » devient : « Cette épée est possédée en tant qu'Évandre est possesseur. » Ou encore : « Titius est plus grand que Caius » devient : « Titius est grand en tant que Caius est petit »; et ainsi de suite [2]. Mais on voit aisément que c'est là un subterfuge, qui tourne la difficulté sans la résoudre. On dédouble le terme relatif en deux termes absolus; mais en même temps on rétablit la relation entre ces deux termes au moyen d'une conjonction « en tant que ». Qu'est-ce à dire, sinon que ni Titius n'est grand ni Caius n'est petit *absolument*, mais seulement *l'un par rapport à l'autre*? La conjonction n'exprime donc pas une simple simultanéité entre deux jugements indépendants et absolus (« Titius est grand » et « Caius est petit »), mais une corrélation et une dépendance mutuelle qui constitue au fond la relation même qu'il s'agit de traduire.

En résumé, Leibniz avait tous les éléments, ou du moins les matériaux d'une Logique des relations infiniment plus vaste et plus compréhensive que la Logique classique et même que son Calcul logique. Mais il les a systématiquement négligés, ou plutôt, il les a exclus de la Logique pure et les a renvoyés à la Grammaire, ce qui privait la Logique de sa matière propre et de son plus riche contenu. Et pourtant, il reconnaissait que l'analyse exacte et complète des formes du discours était le meilleur moyen de pénétrer le mécanisme de l'esprit, et de découvrir « les diverses formes » et « opérations de l'entendement » [3]. D'où vient cette négligence et cette exclu-

---

1. Cela revient à remplacer le jugement de relation : « [A] est semblable à [B] », par le jugement de prédication : « [A] est [semblable à B]. »

2. Voir Chap. III, § 14.

3. *Nouveaux Essais*, III, VII, §§ 3 et 6 (cités p. 71, note 3, et p. 74, note 1).

sion étrange? Elle paraît ne pouvoir s'expliquer que par un respect presque inconscient pour la tradition scolastique et pour l'autorité d'Aristote. Il semblait qu'Aristote eût fixé à jamais les principes et les bornes de la Logique par sa théorie du syllogisme, et plutôt que de reculer ces bornes consacrées par la tradition, Leibniz préférait, instinctivement, exclure de la Logique pure toutes les opérations intellectuelles qui les dépassaient. On a déjà vu que c'est par un respect excessif pour l'autorité d'Aristote que Leibniz préférait le point de vue de la compréhension à celui de l'extension, plus conforme à ses principes logiques et à son génie mathématique; et que c'est son attachement à la tradition scolastique qui a fait échouer ses divers essais de Calcul logique, parce qu'il voulait à toute force justifier la subalternation, la conversion partielle, et les modes illégitimes du syllogisme. De même, si l'on cherche ce qui a entravé le développement de son Calcul géométrique, ce qui l'a restreint et fait avorter, on trouvera que c'est l'autorité d'Euclide. En effet, pourquoi, parmi toutes les relations que Leibniz avait cataloguées, s'est-il attaché de préférence à la relation de congruence, et a-t-il négligé les relations de similitude, d'inclusion, de situation, qui servent aujourd'hui de base à des sciences toutes nouvelles qu'il a entrevues et qu'il aurait pu fonder [1]? C'est évidemment parce que la tradition, représentée et incarnée par les *Éléments* d'Euclide, limitait la Géométrie à l'étude des propriétés *métriques* de l'espace. Or cette tradition ne s'explique par aucune raison d'ordre théorique (attendu que les relations métriques sont plus complexes et plus particulières que les relations projectives), mais uniquement par des raisons d'ordre historique et pratique, par le fait que la Géométrie est née de l'arpentage [2], comme son nom même l'indique. C'est cette préoccupation

---

1. La théorie des ensembles, l'*Analysis situs* (au sens où l'entendent Riemann et M. Poincaré), la Géométrie projective, etc.

2. Bien entendu, ce n'est nullement préjuger la question de la valeur empirique ou *a priori* des principes de la Géométrie que de constater l'origine empirique et utilitaire de cette science (comme de toutes les sciences).

tout utilitaire qui d'abord la confinait dans le plan; qui, en outre, la restreignait à la considération des lignes et des surfaces *limitées* (des triangles, des carrés, des rectangles, etc.), de leur mesure et de leur équivalence. La Géométrie a subi pendant vingt siècles les conséquences de cette tare originelle, car ce n'est qu'au xix⁹ siècle qu'elle a trouvé ses principes spéculatifs purs, et cela, par l'introduction de l'idée d'infini, qui a brisé les vieux cadres imposés par les besoins pratiques. D'une part, on a conçu les droites et les plans comme primitivement et essentiellement infinis, toute limitation apparaissant comme une détermination accessoire et accidentelle; d'autre part, on a conçu des ensembles infinis de points, de droites et de plans (faisceaux), et l'espace lui-même comme un ensemble de points, de droites ou de plans. Or cette introduction de l'idée d'infini dans la Géométrie, nul n'était mieux à même de la concevoir et de la réaliser que le grand philosophe infinitiste [1], si le libre essor de son génie mathématique n'avait été gêné et paralysé par les principes étroits, pauvres et mesquins de la Géométrie d'Euclide. Sans doute, Leibniz a lutté pour s'en dégager [2] : mais il n'a pas réussi à s'en affranchir complètement; tout en les critiquant, il en restait à son insu le prisonnier [3]. C'est qu'il est bien difficile d'être complètement original : il est si pénible d'inventer et de développer des idées absolument nouvelles, et il est si aisé, au contraire, de se laisser guider et entraîner par l'exemple des maîtres, et de retomber dans l'ornière de la tradition! Quelle que fût la puis-

1. Voir *Lettre à la duchesse Sophie*, 4 nov. 1696 (*Phil.*, VII, 542), citée p. 210, note 2.
2. Voir Chap. IX, § 17, et p. 423, note 1.
3. Par exemple, il a bien vu qu'Euclide n'avait pas une définition générale et primitive de la similitude, et il a cherché à faire de la similitude une notion fondamentale de la Géométrie; mais il n'y est pas parvenu, parce qu'il aurait fallu bouleverser l'édifice euclidien et en construire un tout nouveau. On sait que le fameux postulatum d'Euclide pouvait être remplacé avec avantage par une définition générale de la similitude qui en postulerait la possibilité, de même que la définition de l'égalité géométrique postule la possibilité de la congruence, c'est-à-dire l'axiome de libre mobilité. (Voir Cournot, *Essai sur les fondements de nos connaissances*, t. II, p. 55, note.)

sance et l'originalité d'esprit de Leibniz, il n'était nullement l'*autodidacte* qu'il se vantait d'être : il s'était nourri et imprégné dans son enfance de la scolastique, et il ne put jamais s'en émanciper tout à fait [1]. Or l'érudition fait souvent tort à l'invention : et la preuve en est que les inventeurs modernes de la Logique algorithmique, BOOLE et ses successeurs, ont tous ignoré (et pour cause) l'exemple et le précédent de Leibniz; on a même remarqué qu'ils se sont presque tous ignorés les uns les autres [2], et si cette ignorance a été une cause d'erreurs, elle a été surtout une condition d'originalité. De même, STAUDT et GRASSMANN ne savaient pas, quand ils fondaient la Géométrie projective et le Calcul géométrique, qu'ils retrouvaient et réalisaient des idées de Leibniz; et leur œuvre n'en valait sans doute que mieux. On ne saura jamais ce qu'ont coûté à l'esprit humain des ouvrages trop parfaits comme l'*Organon* d'ARISTOTE et les *Éléments* d'EUCLIDE, ni de combien de siècles ils ont retardé le progrès des sciences, en décourageant les novateurs par leur apparence d'œuvres définitives [3]. Lors même qu'ils eurent cessé de régner dans les écoles, ils ont continué à exercer sur les esprits une tyrannie traditionnelle, et qui dure encore. Si la Géométrie a fini par s'émanciper d'Euclide, la Logique a été moins heureuse : jusqu'à nos jours, ç'a été un lieu commun de répéter qu'elle était sortie tout entière de l'esprit d'Aristote, comme Pallas du cerveau de Zeus; et il est regrettable qu'un KANT ait sanctionné ce lieu commun de son autorité [4]. Or c'est là une erreur

---

1. Du reste, quand Leibniz se disait *autodidacte*, il ne voulait pas dire qu'il eût tout appris ou plutôt inventé à lui tout seul, mais seulement qu'il avait appris beaucoup de choses sans maître, au hasard de ses lectures. Ce dont il savait le plus de gré à ses maîtres, c'était de l'avoir dirigé aussi peu que possible. (*Vita Leibnitii a se ipso breviter delineata*, Klopp, I, p. XXXVI; cf. *Phil.*, VII, 126, 185.)

2. J. VENN, *Symbolic Logic*, Introduction, p. XXIX-XXX.

3. Cela tient en partie au génie hellénique qui aimait le fini dans tous les sens du mot : or si le *fini* est l'achevé, c'est aussi le borné.

4. Disons à ce propos que la *Logique* de KANT, presque purement scolastique, marque un recul par rapport à Leibniz et à son école, où s'étaient produits, au XVIIIe siècle, divers projets de Logique algorithmique plus ou moins heureux.

complète, comme on vient de le voir, et comme Leibniz en avait déjà pleinement conscience. Malheureusement, ses essais inachevés et, somme toute, infructueux sont restés presque entièrement inédits et ignorés pendant près de deux siècles ; les philosophes ont continué à adorer Aristote [1], et ce sont des mathématiciens qui ont eu l'honneur, dans la seconde moitié du xixe siècle, de ressusciter, sans le savoir, la pensée de Leibniz. L'Algèbre de la Logique paraît aujourd'hui définitivement fondée ; et la Logique des relations commence à se constituer. Il ne faut donc pas dire que la Logique est une science faite (comme si une science humaine pouvait jamais être achevée !) ; la vérité est que la plus grande partie reste à faire.

---

1. Si l'on trouve le reproche excessif, qu'on se demande combien de philosophes, aujourd'hui encore, *savent* (ce que savait JUNGIUS) que tout raisonnement déductif ne se réduit pas au syllogisme. Voir *Catalogus Inventionum in Logicis* : « Joach. Jungius Notionum species varias exquisitius consideravit, ostenditque non omnes consequentias revocari posse ad syllogismos » (**Phil.**, VII, B, iv, 32). Et Leibniz était du même avis (*Nouveaux Essais*, IV, xvii, § 4). Il convenait de rappeler à la fin de ce livre l'hommage rendu par Leibniz à son grand précurseur méconnu (voir p. 73, note 4, et p. 75, note 5).

APPENDICES

APPENDICE I

PRÉCIS DE LOGIQUE CLASSIQUE

Cet appendice est destiné : 1º à exposer sommairement la Logique classique de la manière qui nous paraît la plus simple, la plus claire et la plus démonstrative [1]; 2º à justifier cette opinion de Leibniz, que les règles du syllogisme se démontrent très facilement quand on tient compte de la quantité du prédicat [2]; 3º à prouver, par suite, que la considération de l'extension est la seule qui permette d'établir les principes et de démontrer les règles de la Logique scolastique, contrairement à l'autorité d'Aristote, qui se plaçait plutôt au point de vue de la compréhension.

1. Les idées que considère la Logique classique sont les concepts généraux et abstraits, ou concepts de classes, dont chacun représente une classe d'objets ou d'individus ayant en commun un ensemble de qualités, de caractères ou de propriétés distinctives. L'ensemble de ces caractères constitue la *compréhension* du concept; l'ensemble des objets ou individus qui les possèdent constitue l'*extension* du concept. On admet comme cas particulier (cas-limite) le concept d'un individu.

---

1. En nous inspirant de la *Logique de Port-Royal* (1662), attribuée à ARNAULD et à NICOLE.
2. Voir le Chap. I, § 15, et les textes qui y sont cités. L'exposé suivant est entièrement conforme aux indications données par Leibniz dans ces passages, et peut en être considéré comme le développement et le commentaire. Mais on nous permettra d'ajouter que nous avions complètement élaboré ce précis de Logique, pour notre propre compte, à une époque où nous ne connaissions pas du tout les opinions de Leibniz sur ce sujet.

Un *jugement* catégorique est l'affirmation d'un rapport entre deux concepts au moyen de la copule *est* : « A est B ». Ce rapport peut être conçu de deux manières : au point de vue de la compréhension, ce jugement signifie que le concept A (*sujet*) possède l'*attribut* ou *prédicat* B, c'est-à-dire que celui-ci fait partie de la *compréhension* de celui-là; au point de vue de l'extension, il signifie que l'ensemble des objets dénommés A (la classe A) fait partie de l'ensemble des objets dénommés B (de la classe B), c'est-à-dire que l'*extension* du concept A est contenue dans l'*extension* du concept B. On voit que le rapport d'extension et le rapport de compréhension des deux concepts sont en quelque sorte inverses l'un de l'autre. On peut dire, en gros, qu'au point de vue de l'extension le sujet est contenu dans le prédicat, tandis qu'au point de vue de la compréhension il le contient. En d'autres termes, le prédicat est à la fois plus général et plus abstrait que le sujet.

2. Cela n'est vrai que du jugement *universel affirmatif*. On range en effet les jugements en *quatre* classes, distinguées soit par la *qualité*, soit par la *quantité*. Au point de vue de la *qualité*, les jugements sont ou *affirmatifs*, ou *négatifs*; au point de vue de la *quantité*, ils sont ou *universels*, ou *particuliers*. Un jugement universel est celui où le sujet est pris dans toute son extension (Tout A, tous les A); un jugement particulier est celui où le sujet n'est pris que dans une *partie* de son extension (Quelques A). On distingue aussi les jugements *singuliers*, c'est-à-dire dont le sujet est individuel; mais on peut les assimiler, au point de vue de la quantité, aux jugements universels, attendu que le sujet y est toujours pris dans toute son extension (alors réduite à un seul individu)[1].

En combinant (en croisant) ces deux dichotomies, on arrive à distinguer quatre classes de jugements, qu'on désigne par les quatre premières voyelles, suivant les vers mnémoniques :

Asserit A, negat E, verum generaliter ambo;
Asserit I, negat O, sed particulariter ambo[2].

Voici d'ailleurs les types de ces quatre espèces de jugements (on représentera le sujet par S et le prédicat par P) :

1° Jugement *universel affirmatif* (A) : Tout S est P.
2° Jugement *universel négatif* (E) : Nul S n'est P.
3° Jugement *particulier affirmatif* (I) : Quelque S est P.
4° Jugement *particulier négatif* (O) : Quelque S n'est pas P.

---

1. On remarquera que la distinction des jugements au point de vue de la quantité implique déjà nécessairement la considération de l'extension (du sujet).
2. On peut remarquer que ces quatre voyelles se trouvent respectivement dans les deux verbes :
 AffIrmo et nEgO.

Ces quatre espèces de jugements (en supposant qu'ils aient même sujet et même prédicat) soutiennent deux à deux les relations définies par la figure suivante :

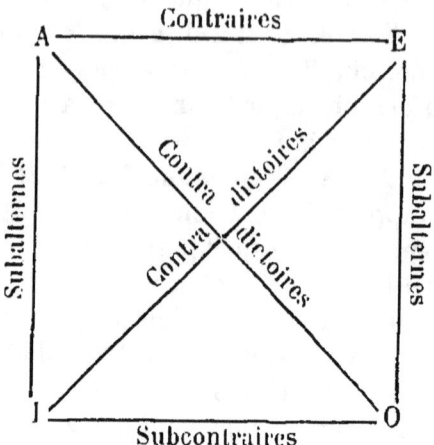

3. Ces relations d'*opposition* donnent lieu à des inférences ou *déductions immédiates*, c'est-à-dire que, étant donnée la vérité ou la fausseté d'une des quatre propositions, on peut en déduire *immédiatement* (sans intermédiaire) la vérité ou la fausseté d'une autre, en vertu des règles suivantes :

1° *Règle des contradictoires* (A et O, E et I) : Si l'une est vraie, l'autre est fausse; si l'une est fausse, l'autre est vraie. En d'autres termes, deux contradictoires ne peuvent être ni vraies ni fausses à la fois [1].

2° *Règle des subalternes* (I est subalterne de A, et O subalterne de E) : Si l'universelle est vraie, la particulière est vraie; si la particulière est fausse, l'universelle est fausse (il n'y a pas d'inférence possible dans les autres cas [2]).

3° *Règle des contraires* (A et E, les deux universelles) : Deux propositions contraires ne peuvent être vraies à la fois, mais elles peuvent être fausses à la fois.

En effet, si A est vraie, O est fausse (par la règle des contradictoires), donc E est fausse (par la règle des subalternes). Mais si A est

---

[1]. On remarquera que cette règle suppose que *Quelque* est pris dans le sens de « quelque au moins », c'est-à-dire « non aucun », et non dans le sens de « quelque seulement », c'est-à-dire de « non tout », que lui attribuait aussi Hamilton. Par suite, *Quelque* exclut *Aucun*, mais n'exclut pas *Tout*; autrement dit, la *partie* de l'extension considérée est indéterminée, et si elle ne peut pas être nulle, elle peut être égale au tout.

[2]. Cette règle implique évidemment que la particulière est contenue dans l'universelle au point de vue de l'extension, autrement dit, que *Tout* enveloppe *Quelque*.

fausse, O est vraie, et l'on n'en peut rien conclure touchant E, c'est-à-dire que E peut être vraie ou fausse.

4° *Règle des subcontraires* (I et O, les deux particulières) : Deux propositions subcontraires peuvent être vraies à la fois, mais ne peuvent être fausses à la fois.

En effet, si I est vraie, E est fausse, et l'on n'en peut rien conclure touchant O; mais si I est fausse, E est vraie, et par conséquent O est vraie.

4. Il y a encore une autre méthode de déduction immédiate, qui est la *conversion*. *Convertir* une proposition, c'est en déduire une autre *équivalente* (c'est-à-dire également vraie ou également fausse) qui ait pour prédicat le sujet et pour sujet le prédicat de la première.

Les règles de la conversion ne peuvent se justifier que si l'on tient compte de l'extension du prédicat. On a pu remarquer que la *quantité* d'une proposition correspond à l'extension du sujet; d'une manière analogue, l'extension du prédicat correspond à la *qualité* de la proposition, en vertu de la règle suivante :

Dans une proposition *négative* le prédicat est *universel*; dans une proposition *affirmative*, il est *particulier*.

En effet, dans une proposition négative, on exclut le sujet (pris dans son extension totale ou partielle) de *toute* l'extension du prédicat; tandis que dans une proposition affirmative on énonce que l'extension (totale ou partielle) du sujet fait *partie* de l'extension du prédicat, c'est-à-dire est identique à une *partie* de cette extension. On ne considère donc qu'une *partie* (indéterminée) de l'extension du prédicat, et c'est par cette partie seulement qu'il figure dans le jugement.

En un mot, toute conversion suppose la *quantification du prédicat*, et cela se comprend, puisque ce prédicat doit être transformé en un sujet doué d'une *quantité* déterminée.

1° *Conversion simple*. E et I se convertissent simplement, c'est-à-dire par simple interversion du sujet et du prédicat :

Nul S n'est P

équivaut à :

Nul P n'est S

et :

Quelque S est P

à :

Quelque P est S.

En effet, dans E, le prédicat est universel comme le sujet; dans I, il est particulier comme le sujet. On peut dire que E exclut « tout S » de « tout P », donc, inversement, « tout P » de « tout S »; et que I identifie « quelque S » à « quelque P », donc inversement « quelque P » à « quelque S ».

2° *Conversion partielle* (par accident ou par limitation). A, ayant son sujet universel et son prédicat particulier, ne peut se convertir que *partiellement*, par limitation de l'extension du prédicat; elle identifie « Tout S » à « quelque P »; on ne peut donc en déduire que la particulière affirmative (I) :

« Quelque P est S ».

On peut remarquer que la conversion partielle de A équivaut à la subalternation suivie d'une conversion simple : en effet, de A on déduit la subalterne I :

« Quelque S est P »,

d'où l'on déduit, par conversion simple :

« Quelque P est S ».

Ainsi nous savons convertir A, E et I; quant à O, elle ne se convertit pas (régulièrement du moins).

5. Passons à la déduction médiate, c'est-à-dire à celle qui déduit une proposition nommée *conclusion* de deux ou plusieurs propositions données (supposées vraies) appelées *prémisses*. Le cas plus simple est celui où il n'y a que deux *prémisses* : le raisonnement s'appelle alors un *syllogisme*.

Le syllogisme consiste à démontrer une conclusion (généralement prévue ou proposée) au moyen de deux prémisses qui mettent respectivement les deux termes de la conclusion en rapport avec un troisième terme auxiliaire, appelé le *moyen terme*. Le sujet de la conclusion s'appelle le *petit terme*, et son prédicat le *grand terme* [1]. Par suite, on nomme *mineure* celle des prémisses qui contient le sujet de la conclusion, et *majeure* celle qui en contient le prédicat. Il est évident que le moyen terme doit figurer dans chacune des deux prémisses, et ne peut au contraire figurer dans la conclusion. Les définitions précédentes sont résumées dans les deux premières règles du syllogisme :

I. *Terminus esto triplex : medius majorque minorque.*

II. *Nequaquam medium capiat conclusio fas est.*

La troisième règle s'énonce :

III. *Latius hos quam præmissæ conclusio non vult.*

La conclusion ne peut admettre ses deux termes avec une extension supérieure à celle qu'ils ont dans les prémisses : en effet, la conclusion ne vaut que dans la mesure où valent les prémisses, et si

---

[1]. On remarquera que ces dénominations sont relatives au point de vue de l'extension.

un terme est particulier dans celles-ci, il ne peut être universel dans la conclusion, sans quoi celle-ci dépasserait les prémisses, et n'en serait pas une conséquence (en un mot, on ne peut conclure de *Quelques* à *Tous*) [1].

IV. *Aut semel aut iterum medius generaliter esto.*

En effet, si le moyen terme était pris deux fois particulièrement, c'est-à-dire s'il figurait dans les deux prémisses par une partie seulement de son extension, rien ne permettrait d'affirmer que ces deux parties (indéterminées) sont les mêmes (même partiellement), et par suite l'identité du moyen terme serait incertaine; or cette identité est la condition indispensable de la validité du syllogisme. Un syllogisme qui violerait cette règle serait un syllogisme à *quatre* termes, et par conséquent non concluant, car de deux prémisses qui n'ont aucun terme commun on ne peut évidemment rien conclure [2].

Corollaire: Il doit toujours y avoir dans les prémisses au moins un terme universel de plus que dans la conclusion.

En effet, si le sujet ou le prédicat de la conclusion est universel, il doit l'être aussi dans la prémisse correspondante (en vertu de la règle III); et de plus le moyen doit être pris une fois universellement (en vertu de la règle IV), ce qui fait un terme universel de plus que n'en contient la conclusion.

Pour l'application de cette règle, il est bon de remarquer que :

A contient 1 terme universel (S);
E — 2 termes universels (S et P);
I — 0 — —
O — 1 terme universel (P).

6. Les quatre règles précédentes portent sur les *termes* du syllogisme. Les quatre suivantes sont relatives aux *propositions* qui composent le syllogisme.

V. *Ambæ affirmantes nequeunt generare negantem.*

En effet, de ce que les deux termes extrêmes sont unis, c'est-à-dire partiellement identifiés, au moyen terme, on ne peut pas conclure qu'ils sont séparés ou qu'ils s'excluent (totalement ou partiellement).

VI. *Utraque si præmissa negel, nil inde sequetur.*

En effet, de ce que les deux termes extrêmes sont séparés ou exclus du moyen terme, on ne peut rien conclure touchant le rap-

---

1. On remarquera que cette règle est fondée sur la considération de l'extension, non seulement du sujet, mais du prédicat.
2. Même remarque que pour la règle précédente, en ajoutant ceci, que le moyen terme peut être aussi bien prédicat que sujet dans chaque prémisse, comme on le verra plus loin.

port des extrêmes : ils peuvent indifféremment être unis ou séparés [1].

VII. *Pejorem sequitur semper conclusio partem.*

La négative étant considérée comme inférieure à l'affirmative, et la particulière à l'universelle, la conclusion a toujours la qualité et la quantité inférieure que possèdent les deux prémisses. La démonstration de cette règle est double, car la règle concerne à la fois la qualité et la quantité.

1° Au point de vue de la qualité, s'il y a une prémisse négative (et il ne peut y en avoir qu'une, par la règle VI), le moyen est uni à l'un des extrêmes et séparé de l'autre; il ne peut donc pas les unir, mais seulement les séparer [2].

2° Au point de vue de la quantité, s'il y a une prémisse particulière, la conclusion ne peut être universelle. En effet, supposons qu'elle soit universelle affirmative : les deux prémisses devront être affirmatives (en vertu de la première partie de cette règle), et de plus contenir 2 termes universels, puisque la conclusion en contient un [3]; donc elles devront être toutes deux universelles (leurs prédicats étant particuliers). Supposons maintenant qu'elle soit universelle négative : les deux prémisses devront contenir 3 termes universels; or une, et une seule, sera négative (aura son prédicat universel); donc les deux sujets devront être universels, c'est-à-dire que les deux prémisses elles-mêmes seront universelles. Ainsi une conclusion universelle ne peut jamais provenir d'une prémisse particulière, à plus forte raison de deux.

VIII. *Nil sequitur geminis e particularibus unquam.*

D'ailleurs il ne peut jamais y avoir deux prémisses particulières. En effet, si les deux prémisses étaient affirmatives, tous leurs termes seraient particuliers, ce qui est contraire à la règle IV. Si l'une d'elles était négative, la conclusion devrait l'être aussi (en vertu de la règle VII); il devrait donc y avoir deux termes universels dans les prémisses. Or un seul prédicat est universel, puisqu'il ne peut y avoir qu'une prémisse négative; donc il faut qu'un des sujets le soit aussi, c'est-à-dire qu'une des prémisses soit universelle.

On voit que, si les huit règles du syllogisme ont pu être démontrées avec une rigueur mathématique, c'est grâce à la considération de l'extension et notamment à la quantification implicite du prédicat, qui en résulte.

---

1. Ces deux règles ne sont vraiment claires, et leur démonstration n'est probante, que si l'on considère chacun des trois termes avec son extension propre, et par suite chaque prémisse comme l'identification partielle ou l'exclusion totale de leurs extensions.
2. Même remarque que pour la règle VI.
3. En vertu du Corollaire de la règle IV.

7. Pour déterminer les *modes* concluants du syllogisme, il faut tenir compte de la place du moyen terme dans les deux prémisses; c'est par là que se distinguent les *figures*. Il y a autant de figures que de dispositions différentes du moyen terme, soit *quatre*.

Ces dispositions sont résumées dans le vers mnémonique suivant :

Sub præ, tum præ præ, tum sub sub, denique præ sub.

Sub præ signifie que, dans la 1re figure, le moyen terme est sujet (*subjectum*) dans la majeure et prédicat (*prædicatum*) dans la mineure ; *præ præ* signifie que, dans la 2e figure, le moyen terme est prédicat dans les deux prémisses; *sub sub* signifie que, dans la 3e figure, le moyen terme est sujet dans les deux prémisses; enfin *præ sub* signifie que, dans la 4e figure, le moyen terme est prédicat dans la majeure et sujet dans la mineure (l'inverse de ce qui a lieu dans la 1re figure).

Nous représenterons chaque figure (à l'exemple de Kant) par un schéma de trois lignes, dont la 1re représentera la majeure, la 2e la mineure, la 3e la conclusion; le sujet de chacune d'elles sera à gauche et le prédicat à droite. Le petit terme sera S, le moyen terme M et le grand terme P.

Il convient de remarquer que les huit règles générales du syllogisme sont indépendantes, tant par leur énoncé que par leur démonstration, de la place du moyen terme, et sont par suite communes à toutes les figures. Nous allons à présent établir les règles spéciales à chaque figure, en tenant compte de la place du moyen terme.

1re figure. — I. *La mineure est affirmative.*

```
M   P
S   M
S   P
```

En effet, si elle était négative, la conclusion devrait être négative, et la majeure affirmative. Donc le grand terme serait universel dans la conclusion, et particulier dans la majeure, ce qui est contraire à la règle III.

II. *La majeure est universelle.*

En effet, la mineure étant affirmative, son prédicat M est particulier; il doit donc être universel dans la majeure, et comme il en est le sujet, celle-ci doit être universelle.

Pour obtenir les modes concluants de la 1re figure, il suffit donc de combiner les majeures universelles (A, E) aux mineures affirmatives (A, I), et de déterminer la conclusion que comporte chaque combinaison de prémisses, en vertu des règles générales.

Majeure A, mineure A, conclusion A.
— A, — I, — I.
— E, — A, — E.
— E, — I, — O.

On a ainsi les quatre modes désignés par les mots artificiels (où les voyelles représentent les 3 propositions du même mode) :

Barbara, Darii, Celarent, Ferio.

Remarque. Les prémisses A et A comportent aussi la conclusion I, et les prémisses E et A, la conclusion O; mais cela va de soi, puisque ce sont respectivement les subalternes des conclusions universelles A et E; c'est pourquoi on ne les considère pas comme donnant lieu à des modes distincts.

2ᵉ figure. — I. *Une des prémisses est négative.*

En effet, le moyen terme, qui est deux fois prédicat, doit être pris une fois universellement, ce qui ne peut se faire que si l'une des prémisses est négative. Il s'ensuit que la conclusion sera aussi négative.

```
P   M
S   M
S   P
```

II. *La majeure est universelle.*

En effet, la conclusion étant négative, le grand terme y est pris universellement; il doit donc être universel dans la majeure, et, comme il en est le sujet, celle-ci doit être universelle.

Pour obtenir les modes concluants de la 2ᵉ figure, il suffit de combiner la majeure A aux mineures *négatives* E et O, et la majeure E aux mineures *affirmatives* A et I :

Majeure A, mineure E, conclusion E.
— A, — O, — O.
— E, — A, — E.
— E, — I, — O.

On a ainsi les quatre modes dénommés :
Camestres, Baroco, Cesare, Festino [1].

3ᵉ figure. — I. *La mineure est affirmative.*

Même démonstration que pour la règle I de la 1ʳᵉ figure.

```
M   P
M   S
S   P
```

II. *La conclusion est particulière.*

En effet, la mineure étant affirmative, son prédicat S est pris particulièrement : il ne peut donc être que particulier dans la conclusion, c'est-à-dire que celle-ci doit être particulière.

Pour obtenir les modes concluants de la 3ᵉ figure, il suffit de prendre pour majeure successivement A, E, I, O, et de combiner avec chaque majeure les mineures affirmatives, dans la mesure où

---

[1]. Même remarque que pour la 1ʳᵉ figure au sujet des modes subalternes.

elles sont compatibles, en vertu des règles générales. La conclusion ne pourra être que I ou O.

Majeure A, mineure A, conclusion I.
— A, — I, — I.
— E, — A, — O.
— E, — I, — O.
— I, — A, — I.
— O, — A, — O.

On obtient ainsi les six modes suivants :
Darapti, Datisi, Felapton, Ferison, Disamis, Bocardo.

4ᵉ figure. — I. *Si la majeure est affirmative, la mineure est universelle.*

```
P  M
M  S
S  P
```

En effet, le moyen terme, étant par hypothèse particulier dans la majeure, devra être universel dans la mineure, ce qui la rend universelle.

II. *Si la mineure est affirmative, la conclusion est particulière.*

En effet, le petit terme, étant le prédicat de la mineure, y est particulier; donc il doit être particulier dans la conclusion, ce qui la rend particulière.

III. *Si la conclusion est négative, la majeure est universelle.*

En effet, le grand terme étant le prédicat de la conclusion y est universel; donc il est universel dans la majeure, et comme il en est le sujet, il la rend universelle.

Pour obtenir tous les modes concluants de la 4ᵉ figure, il suffit de combiner successivement les majeures A, E, I, O avec les mineures qui sont compatibles avec elles en vertu des règles générales et spéciales.

Si la majeure est A, la mineure ne peut être que A ou E (règle I). Si la mineure est A, la conclusion ne peut être que I : AAI. Si la mineure est E, on peut avoir la conclusion E (la conclusion O, subalterne de la précédente, ne donnerait pas de mode distinct) : AEE.

Si la majeure est E, la mineure doit être affirmative, c'est-à-dire A ou I, et la conclusion particulière (donc O). D'où deux modes : EAO, EIO.

Si la majeure est I, la mineure doit être universelle. Si elle est A, la conclusion est nécessairement I (IAI). Si elle est E, la conclusion sera négative, et son prédicat P sera universel. Or il est le sujet de la majeure, donc il y est particulier. Ce mode (IEO) n'est pas concluant.

Enfin la majeure ne peut être O, car alors la conclusion serait négative, et dans ce cas la majeure doit être universelle. Il n'y a donc que cinq modes concluants dans la 4ᵉ figure, à savoir : *Bramantip, Camenes, Fesapo, Fresison, Dimaris*.

En résumé, nous avons trouvé 19 modes, qu'on énumère dans l'ordre traditionnel suivant :

I. *Barbara, Celarent, Darii, Ferio*;
II. *Cesare, Camestres, Festino, Baroco*;
III. *Darapti, Disamis, Datisi, Felapton, Bocardo, Ferison*;
IV. *Bramantip, Camenes, Dimaris, Fesapo, Fresison.*

8. La méthode même par laquelle ces 19 modes ont été obtenus prouve qu'il ne peut pas y avoir d'autres modes valides [1]. Il reste à prouver qu'ils le sont tous. Pour cela, la Logique classique employait la méthode de *réduction* de tous les modes à ceux de la 1ʳᵉ figure; en effet, Aristote regardait celle-ci comme la seule *parfaite*, parce que le moyen terme y est vraiment *moyen*, c'est-à-dire intermédiaire entre le petit et le grand terme. Les quatre modes de la 1ʳᵉ figure étant considérés comme évidents [2], les modes des autres figures [3] seront justifiés, si l'on peut les réduire à un de ceux-là par des transformations légitimes. Ces transformations sont précisément indiquées par la composition des mots artificiels qui désignent ces modes. En premier lieu, chaque mode *imparfait* se ramène au mode *parfait* qui a la même initiale (B, C, D ou F). Ensuite, les consonnes intérieures du nom de chaque mode indiquent les moyens d'effectuer cette réduction : la lettre *s* signifie qu'on doit convertir *simplement* la proposition désignée par la voyelle précédente (*e* ou *i*); la lettre *p*, qu'on doit la convertir *partiellement* (la voyelle est *a*); la lettre *m* signifie qu'on doit permuter (*mutare*) les deux prémisses [4].

Le lecteur pourra s'exercer à ramener, suivant ces règles, *Cesare, Camestres, Camenes*, à *Celarent*; *Darapti, Disamis, Datisi, Dimaris*, à *Darii*; enfin *Festino, Felapton, Ferison, Fesapo, Fresison*, à *Ferio*.

9. Restent *Baroco* (de la 2ᵉ fig.) et *Bocardo* (de la 3ᵉ) qu'on ne

---

1. Si ce n'est les modes *subalternes* obtenus par la subalternation de la conclusion des modes universels.
2. Voir Chap. I, § 7, la manière dont Leibniz démontrait les quatre modes principaux de la 1ʳᵉ figure.
3. Aristote n'admettait que la 2ᵉ et la 3ᵉ figure, parce qu'il ne distinguait pas la 4ᵉ de la 1ʳᵉ (voir UEBERWEG, *System der Logik*, § 103).
4. Nous avons adopté pour les modes de la 4ᵉ figure les noms qui correspondent à ces règles, de préférence à ceux-ci (donnés dans la *Logique de Port-Royal*) : *Barbari, Calentes, Dibatis, Fespamo, Fresisom* (cf. LIARD, *Logique*, Paris, Masson, 1884). Il faut noter seulement que le *p*, dans *Bramantip*, signifie que la conclusion *i* dérive, par conversion partielle, de la conclusion *a* de *Barbara*, et non l'inverse, comme partout ailleurs.

peut pas ramener par cette méthode à un mode de la 1re figure. Ils se ramènent à *Barbara* par la *réduction à l'absurde* [1], qui consiste à prendre pour prémisses la prémisse A et la contradictoire de la conclusion, et à en déduire la contradictoire de l'autre prémisse. En effet, si un mode est concluant, c'est-à-dire si la vérité des deux prémisses entraîne nécessairement la vérité de la conclusion, la fausseté de la conclusion entraîne nécessairement la fausseté d'une des prémisses, de sorte que si l'on en admet une comme vraie, on doit pouvoir en déduire la fausseté de l'autre. Nous allons effectuer la réduction de *Baroco*.

Baroco.
{ Tout P est M.
  Quelque S n'est pas M.
  Quelque S n'est pas P.

Négation de la conclusion : Tout S est P.
Majeure : Tout P est M.
Négation de la mineure : Tout S est M.

C'est un syllogisme en *Barbara* (où P est le moyen terme). Puisque ce syllogisme est concluant, le mode *Baroco* l'est aussi.

Réduisons de même *Bocardo* :

Bocardo.
{ Quelque M n'est pas P.
  Tout M est S.
  Quelque S n'est pas P.

Négation de la conclusion : Tout S est P.
Mineure : Tout M est S.
Négation de la majeure : Tout M est P.

C'est encore un syllogisme en *Barbara* (où S est moyen terme), ce qui prouve que le mode *Bocardo* est concluant.

Leibniz a eu l'idée d'ériger ce procédé de réduction à l'absurde en méthode générale de déduction des modes concluants, et de l'appliquer à tous les modes des 3 dernières figures (voir Chap. I, §§ 5, 7, 9.)

10. Beaucoup de logiciens, suivant l'exemple d'Aristote, n'admettent pas la 4e figure (dont l'invention est attribuée par Averroès à Galien), et voient (avec Théophraste) dans les 5 modes de cette figure autant de modes *indirects* de la 1re figure, qu'ils appellent :

Baralipton, Celantes, Dabitis, Fapesmo, Frisesomorum [2].

Mais de deux choses l'une : 1° Ou bien ces modes présentent la

---

[1]. C'est ce qu'indique le *c* (ou *k*) qui figure dans leur nom.
[2]. Dans les mots de plus de 3 syllabes, les 3 premières seules comptent; les autres ne servent qu'à compléter les vers mnémoniques.

même disposition de termes et de prémisses que les modes directs, et alors *Baralipton* n'est que le subalterne de *Barbara*; *Celantes* et *Dabitis* sont identiques à *Celarent* et *Darii*; et *Fapesmo* et *Frisesomorum* ne sont pas concluants (le 1ᵉʳ parce qu'il viole les règles spéciales de la 1ʳᵉ figure, le 2ᵉ parce qu'il viole les règles générales du syllogisme, et ne peut être concluant dans aucune figure [1]).

2° Ou bien ces modes présentent une autre disposition de termes ou de prémisses, et alors ce ne sont plus des modes de la 1ʳᵉ figure. Mais d'autre part ce ne sont pas des modes de la 4ᵉ figure, car (sauf *Baralipton*, dont les prémisses sont semblables) ils ont tous leurs prémisses interverties : *Celantes* est réellement *Camenes*; *Dabitis* est réellement *Dimaris*, *Fapesmo* est *Fesapo*, et *Frisesomorum* est *Fresison*. Or il ne suffit pas, pour transformer un mode de la 4ᵉ figure en un mode de la 1ʳᵉ, de transposer les deux prémisses de sorte que la mineure soit avant la majeure; ce n'est là qu'un trompe-l'œil qui ne change pas la véritable *figure* de ces modes. Il faut en outre convertir, soit la conclusion (de manière à intervertir le petit terme et le grand terme, ce qui fait que la majeure devient mineure, et inversement), soit les deux prémisses. Or des modes qu'on ne peut ramener à la 1ʳᵉ figure que par une ou deux conversions n'appartiennent pas plus à la 1ʳᵉ figure que n'importe quel mode de la 2ᵉ ou de la 3ᵉ, qu'on ramène à la 1ʳᵉ par le même procédé [2]. Donc les modes en question appartiennent à une figure spéciale, aussi légitime et aussi indépendante que les autres [3].

On allègue encore, contre les modes de la 4ᵉ figure, qu'ils ne sont pas *naturels*, qu'ils ont quelque chose de contourné et de forcé. Mais

---

1. Cf. notre déduction des modes de la 4ᵉ figure, et les observations de Leibniz sur le mode IEO. (Voir p. 6, et p. 7, note 1).
2. Par exemple, *Camenes* se ramène à *Celarent* aussi facilement que *Cesare*, et plus simplement que *Camestres*. *Dimaris* se ramène à *Darii* aussi facilement que *Datisi*, et plus simplement que *Disamis*. *Fresison* se ramène à *Ferio* comme *Ferison*, et aussi simplement que *Camestres* se ramène à *Celarent* (c'est-à-dire par deux conversions).
3. Cf. UEBERWEG, *loc. cit.* Leibniz s'est prononcé explicitement en faveur de la quatrième figure, et a donné les raisons de son opinion, dans une *Lettre à Koch* du 2 septembre 1708 : « Interim posteriores » (à Aristote) « quartam figuram non male adjecere, quam Galeno tribuit Averroës, etsi nullum ejus vestigium sit in scriptis Galenicis quae extant. Quos vulgo vocant modos indirectos primae figurae, revera sunt quartae [si modo praemissae transponantur]. Et inepte eos invexere quidam Logici, ut quartam Galenicam vitarent. Sane nuda transpositio praemissarum non mutat figuram, cum semper illa sit major vel minor propositio, in qua major vel minor terminus conclusionis extat, quocunque praemissa ponatur loco. Cum ergo illi modi primae dicti indirecti habeant hoc sensu medium praedicatum in propositione majore, et medium subjectum in propositione minore, haud dubie pertinent ad quartam figuram, non ad primam. » (*Phil.*, VII, 477-478.)

ils ne sont pas plus « baroques » que *Baroco* ou *Bocardo*, et la plupart le sont moins [1].

En définitive, il n'y a que deux thèses acceptables : ou bien l'on doit admettre les quatre figures comme également valables, et indépendantes les unes des autres; ou bien l'on doit considérer la 1re figure comme la seule *naturelle* et *parfaite*, et les 3 autres comme des figures indirectes et dérivées. C'est la thèse soutenue par Kant [2]. Seuls les modes de la 1re figure seraient simples et purs, et concluants par eux-mêmes. Ceux des 3 autres figures seraient mixtes ou hybrides, parce qu'ils ne deviennent concluants qu'au moyen d'une conversion qui les ramène à la 1re figure (c'était déjà l'opinion d'Aristote). Mais cette thèse se heurte à l'écueil des deux modes *Baroco* et *Bocardo*, qui ne se ramènent pas par conversion à la 1re figure, et qui suffiraient à prouver l'originalité de la 2e et de la 3e figure. En tout cas, il n'y a pas de raison pour admettre les 3 premières figures comme primitives et autonomes, et pour rejeter la 4e, qui est tout aussi légitime et concluante [3].

---

[1]. Ajoutons que, s'il n'est pas *naturel* que le moyen terme contienne le grand et soit contenu dans le petit, il n'est pas plus naturel qu'il contienne à la fois les deux extrêmes, ou soit contenu dans tous deux (comme cela a lieu dans la 2e et la 3e figures). Enfin, comme le remarque la *Logique de Port-Royal* (III, vიი), la conclusion est supposée donnée, et il s'agit de la prouver telle quelle; on ne peut donc pas prétendre qu'il faille la convertir pour la démontrer.

[2]. *Die falsche Spitzfindigkeit der vier syllogistischen Figuren erwiesen* (1762), ap. éd. Hartenstein, t. II.

[3]. Cf. Rabier, *Logique*, chap. V. (Paris, Hachette, 1886).

APPENDICE II

LEIBNIZ ET HOBBES

LEUR LOGIQUE, LEUR NOMINALISME

Il est intéressant de chercher ce que la logique de Leibniz peut devoir à celle de Hobbes. Cette recherche s'impose d'autant plus que M. Tönnies a cru pouvoir attribuer à l'influence de Hobbes, non seulement l'idée fondamentale du *De Arte combinatoria*, mais encore le plan plus général de la Caractéristique universelle [1]. Nous allons d'abord rechercher dans les œuvres de jeunesse de Leibniz, notamment dans le *De Arte combinatoria*, les traces de cette influence, pour en apprécier l'importance; puis nous discuterons les arguments que M. Tönnies invoque pour prouver que cette influence a été prépondérante.

1. On peut alléguer, tout d'abord, que Leibniz cite assez souvent Hobbes (parmi d'autres auteurs) dans le *De Arte combinatoria*. La première fois, c'est pour appliquer l'Art des combinaisons à la classification des propositions fausses [2]. Hobbes ayant distingué quatre espèces de termes : les *corps* (substances), les *accidents*, les *images* et les *noms*, n'admet comme pouvant être vraies que les propositions dont les deux termes sont homogènes (de même espèce), ce qui donne *quatre* espèces de propositions [3]. Toutes les autres espèces de propositions sont nécessairement fausses; or elles sont au nombre de 6 (nombre des combinaisons des 4 classes deux à deux). Leibniz paraît accepter cette théorie, qui lui semble d'accord avec la philosophie commune, et il la déclare utile à l'art d'inventer, « de qua infra », ajoute-t-il. Or dans le paragraphe ainsi annoncé (Usus X),

---

1. *Leibniz und Hobbes*, ap. *Philosophische Monatshefte*, t. XXIII (1887), p. 566-567 : « In der That darf ohne alles Bedenken der Grundgedanke jenes Tractates (*De Arte combinatoria*), wie auch der spätere berühmte Plan der allgemeinen Characteristik directe auf diese von Hobbes empfangenen Anregungen zurückgeführt werden. »
2. *De Arte combinatoria*, Probl. I et II, Usus V, n° 16 (*Phil.*, IV, 46; *Math.*, V, 23).
3. *De Corpore*, pars I, cap. V.

où il applique l'art combinatoire à l'invention des propositions vraies, on ne trouve plus trace de l'idée de Hobbes, ce qui prouve que Leibniz ne l'a pas réellement adoptée [1].

La seconde fois que Leibniz cite Hobbes, c'est pour mentionner qu'il approuve la quatrième figure du syllogisme [2]. Qu'il soit bien aise de pouvoir invoquer l'autorité de l'illustre philosophe anglais en faveur de sa propre thèse, cela se comprend aisément ; mais il s'en serait sans doute fort bien passé, et cela ne prouve pas qu'il s'inspire de lui dans sa théorie des modes concluants du syllogisme, qu'il emprunte bien plutôt à Hospinianus. Nous verrons plus loin que la théorie du syllogisme de Hobbes n'a rien de commun avec celle de Leibniz.

Enfin Leibniz cite une proposition psychologique de Hobbes, qui réduisait au plaisir le sentiment de la « gloire » ou « le triomphe intérieur de l'âme [3] ». Cela prouve simplement qu'il a lu le *De Cive*, comme tant d'autres ouvrages d'auteurs moins connus, qu'il cite avec une prodigalité juvénile, pour faire montre de son érudition.

2. Reste le seul passage où Leibniz semble emprunter à Hobbes une idée de quelque importance, le seul aussi que M. Tönnies cite à l'appui de l'affirmation citée plus haut :

« Profundissimus principiorum in omnibus rebus scrutator Th. Hobbes merito posuit omne opus mentis nostræ esse *computationem*, sed hac vel summam *addendo* vel *subtrahendo* differentiam colligi : Elem. de Corp., p. 1, c. 1, art. 2 [4]. »

Certes, au premier abord, il semble que Leibniz emprunte ici à Hobbes l'idée vraiment profonde et géniale de son Calcul logique et de sa Caractéristique universelle, c'est-à-dire d'une algèbre du raisonnement. Et cet aveu explicite paraît avoir d'autant plus de valeur et de gravité, qu'il suit immédiatement une phrase où Leibniz annonce qu'il va tracer les premiers linéaments de son Art des combinaisons.

Mais lisons la phrase suivante, où Leibniz développe l'idée qu'il croit devoir emprunter à Hobbes. Cette *addition* et cette *soustraction* des concepts consistent tout simplement dans l'affirmation et dans la négation, de sorte que les analogues des signes algébriques + et — sont les copules : *est* et *non est*, ou mieux, selon Leibniz : *revera*

---

[1]. Elle lui a simplement fourni l'occasion d'un exercice de Combinatoire. De même, on ne dira pas que Leibniz est le disciple de Kepler en Géométrie, pour lui avoir emprunté l'idée de l'Usus VII (n° 34).
[2]. *De Arte combinatoria*, Usus VI, n° 25 (*Phil.*, IV, 52 ; *Math.*, V, 29). Cf. Hobbes, *De Corpore*, pars I, cap. IV, § 11.
[3]. *De Arte combinatoria*, Probl. III, n° 14. Cf. Hobbes, *De Cive*.
[4]. *De Arte combinatoria*, Probl. I et II, n° 63 (*Phil.*, IV, 64 ; *Math.*, V, 42).

et *non* (*oui* et *non*)[1]. L'une unit les deux termes de la proposition, l'autre les sépare. Voilà à quoi se réduit, en somme, l'idée empruntée à Hobbes. Peu importe, pour le moment, qu'elle soit juste ou fausse, féconde ou stérile; il suffit de constater, en fait, que Leibniz n'en a fait aucun usage, et qu'il n'en est plus question dans la suite. Bien mieux, il semble indiquer lui-même que ce n'est là qu'une remarque jetée en passant : « Sed hæc obiter ». Ainsi ce passage, loin de prouver que Leibniz emprunte à Hobbes l'idée-mère de son Art combinatoire, ne contient qu'un rapprochement fugitif et tout superficiel; au moment où Leibniz va appliquer une espèce de calcul à la Logique, il remarque que Hobbes a intitulé le Chapitre du *De Corpore* : «*Computatio sive Logica* », et il s'empresse, dans sa manie de citations érudites, de mettre l'idée de son Calcul logique sous le patronage d'un grand nom.

3. Pour confirmer notre thèse, il importe d'examiner la propre théorie de Hobbes, d'abord, pour vérifier si Leibniz l'a bien comprise et interprétée, ensuite, pour savoir si vraiment il a tiré parti, pour sa Logique, des indications de Hobbes, et même s'il pouvait en tirer un parti quelconque. Or voici le passage complet auquel il se réfère :

« Per ratiocinationem autem intelligo computationem. Computare vero est *plurium rerum simul additarum summam colligere, vel una re ab alia detracta, cognoscere residuum*. Ratiocinari igitur idem est quod *addere* et *subtrahere*, vel, si quis adjungat his *multiplicare* et *dividere*, non abnuam, cum *multiplicatio* idem sit quod æqualium *additio*, *divisio* quod æqualium, quoad fieri potest, *subtractio*. Recidit itaque ratiocinatio omnis ad duas operationes animi, *additionem* et *subtractionem*. »

On le voit : l'addition qui constitue pour Hobbes l'opération fondamentale de l'esprit n'est pas du tout l'union de plusieurs concepts généraux et abstraits en un nouveau concept, l'addition des compréhensions que Leibniz symbolisera dans son Calcul logique par le signe +[2]; c'est, conformément au nominalisme de Hobbes, l'addition, soit de deux *choses* particulières dans l'imagination, soit de deux *noms* d'une même chose[3]. De même, la soustraction de Hobbes n'est nullement la soustraction logique telle que Leibniz l'entendra, c'est-à-dire l'abstraction par laquelle on retranche du concept d'un

---

1. « Quemadmodum igitur duo sunt Algebraistarum et Analyticorum primaria signa + et —, ita duæ quasi copulæ *est* et *non-est* : illic componit mens, hic dividit. »
2. V. Chap. VIII, § 24.
3. « Omnis propositio vera est, per cap. 3, art. 7, in qua copulantur duo nomina ejusdem rei. » (*De Corpore*, pars I, cap. v, § 2.)

sujet un de ses attributs [1]; c'est la distinction de deux choses ou de deux noms, ou mieux encore, leur séparation réelle ou imaginaire. C'est pourquoi les signes + et − semblent pouvoir dans la théorie de Hobbes jouer le rôle de copule, qu'elles ne joueront jamais dans la théorie de Leibniz [2].

Que si de l'addition des termes simples, qui constitue les propositions, on passe à l'addition des propositions, on retrouve la même conception nominaliste sous une autre forme, qui confirme encore notre interprétation : « *Syllogismum esse collectionem duarum propositionum in unam summam* », telle est pour Hobbes la définition du syllogisme; et il ajoute : « et ita *syllogismum* esse additionem trium nominum, sicut *propositio* duorum.[3] ». Plus loin, il se demande « *quid sit in animo syllogismo respondens* », et il répond que la conclusion du syllogisme consiste à constater que les trois termes sont des noms divers d'une même chose [4]. Il s'agit donc toujours d'une addition toute mécanique, non de concepts, mais de noms appliqués à des objets concrets et particuliers; et il n'en saurait être autrement, étant donnés les principes nominalistes de l'auteur.

4. On peut remarquer, à ce propos, que ce nominalisme se prête mal à la théorie du syllogisme. Il supprime en effet tout rapport d'extension ou de compréhension entre les termes d'une proposition, pour n'admettre entre eux qu'une adjonction ou une disjonction pour ainsi dire matérielle. Dès lors, on se demande comment Hobbes peut distinguer les modes et surtout les figures du syllogisme, attendu que, en toute rigueur, il est même incapable de distinguer le sujet de l'attribut d'une proposition. Par suite, on ne voit pas comment il pourrait justifier les règles fondamentales du syllogisme, à commencer par celle-ci : « *Nequaquam medium capiat conclusio fas est* », puisque la conclusion consiste à additionner, c'est-à-dire à identifier *trois* noms d'un même objet, parmi lesquels le moyen terme, qui sert de trait d'union entre les deux extrêmes. En un mot, le nominalisme est impuissant à justifier la théorie classique

---

1. V. Chap. VIII, § 26.
2. Leibniz réfutera même plus tard cette thèse de Locke, que les propositions affirmatives et négatives consistent dans « la conjonction ou la séparation des signes suivant que les choses mêmes conviennent ou disconviennent entre elles » (*Nouveaux Essais*, IV, v, § 2.) Après avoir remarqué le nominalisme dont cette définition est entachée (et qui le fait souvenir de Hobbes), Leibniz adresse à cette thèse la critique suivante : « La convenance ou la disconvenance n'est pas proprement ce qu'on exprime par la proposition. Deux œufs ont de la convenance, et deux ennemis de la disconvenance. » (*Ibid.*) Voir la suite de cette critique au § 10.
3. *De Corpore*, pars I, cap. IV, § 6.
4. «... concludit tria illa nomina ejusdem quoque rei esse nomina; hoc est conclusionem esse veram » (*De Corpore*, pars I, cap. IV, § 8).

du syllogisme, et si Hobbes a adopté celle-ci, c'est sans doute par un reste de respect pour la tradition, et peut-être surtout parce qu'il n'avait pas de quoi la remplacer.

Quoi qu'il en soit, d'ailleurs, il suffit de constater que dans cette partie du *De Corpore* à laquelle il a donné le titre ambitieux et prometteur : « *Computatio sive Logica* », il s'est borné à exposer à sa manière la Logique scolastique, en l'adaptant tant bien que mal à ses principes; et que, à part l'idée ingénieuse et séduisante contenue dans le titre, il n'a rien innové, et n'a même pas esquissé le plan d'un Calcul logique. C'est à ce point qu'on se demande s'il a aperçu lui-même toute la portée de ce titre suggestif, ou s'il n'y a vu qu'une simple métaphore, inspirée sans doute de ses prétentions (assez malheureuses, comme on sait) au titre de mathématicien [1]. Dans tous les cas, on peut dire que Leibniz a mieux compris l'idée de Hobbes que Hobbes lui-même, qu'il l'a fécondée, développée et faite sienne; ou plutôt, que l'idée était déjà sienne, qu'elle était beaucoup plus claire et plus profonde dans son esprit que dans celui de Hobbes, et que, dans le rapprochement établi entre elles, Leibniz n'a guère emprunté à Hobbes qu'une formule dont celui-ci n'avait même pas pénétré tout le sens.

5. Il ne le pouvait pas, d'ailleurs; car, comme disait plus tard Leibniz, il fallait être mathématicien pour concevoir la Logique à la manière d'une Algèbre, et pour appliquer aux idées abstraites la méthode mathématique [2]. Or, encore une fois, Hobbes n'était qu'un médiocre mathématicien; et il avait si peu l'idée que la méthode mathématique pût avoir une valeur et une application universelles, qu'au contraire il la confine expressément dans le domaine de la Géométrie, et l'exclut de la Logique générale en ces termes :

« Videri alicui potest, ad hunc locum de methodo pertinere artem illam geometrarum quam vocant logisticam... » (c'est l'analyse des géomètres). « Verum ea ars hoc loco explicari non potest. Cujus rei causa est, quod methodus illa, nisi ab iis qui in geometria versati sunt, neque exerceri, neque intelligi potest; ipsis autem geometris, quano quisque plura præsentioraque habet theoremata, tanto magis logistica uti potest, adeo ut ab ipsa geometria realiter destincta non sit [3]. »

---

1. Voir ce qu'en dit Leibniz au début du *Colloquium cum Eccardo* (5 avril 1677). ap. *Phil.*, I, 212. Dans sa *Préface à Nizolius* (1670), Leibniz rappelle que Hobbes a révoqué en doute le théorème de Pythagore (sur le carré de l'hypoténuse), « quod ego non sine stupore legi » (*Phil.*, IV, 162). Cf. *Théodicée*, Discours préliminaire, § 26.
2. *Lettre à Gabriel Wagner* (1696), ap. *Phil.*, VII, 522.
3. *De Corpore*, pars I, cap. vi, § 19.

Ce passage curieux et péremptoire montre à quel point Hobbes était incapable, en général, de séparer l'idée formelle d'une méthode de l'idée de la science qui lui fournit sa matière et son application, et, en particulier, de concevoir la méthode mathématique comme appliquée ou seulement applicable en dehors des Mathématiques. Or c'est là la véritable idée-mère de la Logique de Leibniz, qu'il appelle lui-même « une mathématique universelle », et c'était déjà l'idée maîtresse de la réforme cartésienne. Si donc Leibniz, en tant que logicien, a eu un précurseur et un inspirateur, ce n'est pas Hobbes, mais Descartes.

6. Il nous reste à discuter la thèse générale de M. Tönnies, à savoir que Leibniz a été Hobbiste en logique dans sa jeunesse (avant 1672). Le principal argument invoqué à l'appui de cette thèse est la lettre de Leibniz à Hobbes, dont M. Tönnies a publié le texte exact, et qui a évidemment inspiré tout son article [1]. Or cette lettre prouve bien que Leibniz adhère au mécanisme de Hobbes et à sa théorie de l'État, mais nullement à sa Logique. M. Tönnies essaie de suppléer à ce silence en alléguant que l'autorité que Hobbes avait, aux yeux de Leibniz adolescent, en Physique et en Politique, devait rejaillir sur sa Logique [2]. Ce n'est là qu'une induction, qui prouve tout au plus que Leibniz a *pu* adopter la Logique de Hobbes, et non qu'il a *dû* l'adopter. Ce raisonnement pourrait servir à expliquer le fait, s'il était constaté ou prouvé par ailleurs ; mais il ne suffit évidemment pas à l'établir à lui seul.

M. Tönnies allègue encore l'admiration que Leibniz éprouvait pour la rigueur logique de Hobbes et pour son style élégant et serré, et il en conclut que Leibniz ne pouvait échapper à ce charme ni manquer d'en être séduit. C'est là une simple présomption, qui paraît excessive. Il est certain que Leibniz admirait la rigueur logique de Hobbes *dans ses théories politiques*, comme le prouve le début de sa seconde lettre à Hobbes [3]. Mais il ne s'ensuit nullement qu'il approuvât ni qu'il adoptât *ses théories logiques* ; car autre chose est la logique qu'un auteur met spontanément dans ses raisonnements et dans son style, autre chose la Logique théorique qu'il professe systématiquement. Ce ne sont donc là que des inductions plus ou moins vraisemblables, et elles sont d'autant moins probantes, que ces deux lettres nous montrent que Leibniz n'adopte pas sans

---

1. Lettre datée de Mayence, 13/23 juillet 1670. Se trouve dans GUHRAUER, II, Notes, 61, dans *Phil.*, I, 82, et le texte exact dans *Phil.*, VII, 572 (table).
2. *Art. cité*, p. 568.
3. Écrite de Paris, en 1673 : « ... Te, qui primus illam accuratam disputandi et demonstrandi rationem... in civilis scientiæ clara luce posuisti. » (GUHRAUER, II, Notes, 65 ; *Phil.*, I, 86 ; citée par TÖNNIES, *art. cité*, p. 569.)

discussions les théories politiques mêmes de Hobbes. Tout en lui disant qu'il semble « rendre des oracles », il se permet de lui adresser des objections, tant en Physique qu'en Politique. Si donc, même dans ce domaine où il se déclare disciple de Hobbes, il n'adhère pas sans réserve à ses doctrines, comment peut-on en inférer une adhésion quelconque aux théories logiques de Hobbes, dont il n'est pas question?

Au surplus, il ne faut pas être dupe de la déférence toute naturelle, et même obligatoire, qu'un jeune homme de 24 ans témoigne à un philosophe illustre et octogénaire, et qui le porte forcément à exagérer l'accord de leurs pensées, et au contraire à atténuer les divergences ou à les passer sous silence. Le fait seul que Leibniz prend la liberté de soumettre ses objections à Hobbes [1], tout en lui témoignant un respect et une admiration d'ailleurs justifiés, prouve sa parfaite indépendance d'esprit à l'égard du philosophe anglais.

7. Du reste, Leibniz ne pouvait manquer d'avoir déjà conscience des divergences profondes qui le séparaient de Hobbes, notamment en théologie : car il termine sa première lettre en l'invitant à démontrer rationnellement l'immortalité de l'âme, mieux que Descartes ne l'avait pu faire [2]. On sait la connexion que Leibniz établissait entre ce dogme et celui de l'existence de Dieu, et l'intérêt moral et religieux qu'il attachait à tous deux [3]. Déjà il avait joint à son *De Arte combinatoria* (1666) un essai de démonstration de l'existence de Dieu [4]. Dans sa *Confessio naturæ contra atheistas* (1667), il combattait l'athéisme des mécanistes, qui excluaient Dieu de l'univers, comme une « hypothèse inutile », et ruinaient ainsi la preuve cosmologique de l'existence de Dieu; et il nommait à regret Hobbes parmi eux, afin de s'inscrire en faux contre son autorité [5]. Sans doute, il accorde son assentiment à tous ces philosophes que

---

1. On sait ce que veulent dire des formules polies comme celles-ci : « Sed hæ dubitatiunculæ meæ forte ex Tuis non satis intellectis proficiscuntur. » (GERHAUER, II, Notes, 63; *Phil.*, I, 84; VII, 573.)
2. Pour le dire en passant, cela semble indiquer que, sur ce point, Leibniz était plus Cartésien que Hobbiste, quoi qu'en dise M. Tönnies. Du reste on remarquera le bref hommage indirectement rendu à Descartes dans ce compliment qu'il adresse à Hobbes : « Scriptorem me, qui Te et exactius et clarius et elegantius philosophatus sit, *ne ipso quidem divini ingenii Cartesio demto*, nosse nullum. » (GERHAUER, II, Notes, 64; *Phil.*, I, 85; VII, 574; TÖNNIES, p. 560.)
3. Voir *Lettre à Arnauld* (1671), ap. *Phil.*, I, 71.
4. Par le fait du mouvement, ce qui explique la gravité que Leibniz attribue à cette thèse hobbienne : « Omnis motor est corpus. » 1re *Lettre à Hobbes*, fin.
5. « Se (les mécanistes) neque Deum, neque immortalitatem Animæ naturali ratione reperire, sed fidem ejus rei vel præceptis civilibus vel historiarum relationi deberi; ita censuit subtilissimus Hobbes, inventis suis meritius hoc loco sileri, nisi autoritati ejus in deterius valituræ nominatim obviam eundum esset. » (*Phil.*, IV, 105.)

Robert Boyle appelait *corpusculaires*, à savoir *Galilée*, *Bacon*, *Gassend*, *Descartes*, *Hobbes* et *Digby*, et il adhère à leur principe, qui est d'expliquer la nature autant que possible d'une manière mécanique, et de n'y faire intervenir Dieu qu'en cas de nécessité : « omnia, quoad fieri possit, ex natura corporis, primisque ejus qualitatibus, Magnitudine, Figura et Motu, deducenda esse[1]. » Mais il soutient que ces qualités premières elles-mêmes n'ont pas leur fondement dans la nature des corps, de sorte que l'explication mécaniste du monde suppose en définitive un principe incorporel. Que peut-on conclure de là ? Sans doute, que Leibniz adhère, d'une manière générale et en gros, au mécanisme, qui n'est pas plus hobbien que cartésien : mais que, en Métaphysique, il abandonne Hobbes pour se rallier au spiritualisme, c'est-à-dire à Descartes. On n'en peut assurément pas conclure, comme M. Tönnies, qu'il est plutôt hobbiste que cartésien, soit en Physique, soit surtout en Métaphysique.

8. Un autre argument de M. Tönnies est tiré d'une *Lettre à Thomasius*[2] où Leibniz, après avoir refusé d'appeler Cartésiens, comme le vulgaire, les philosophes mécanistes, à savoir Bacon, Galilée, Gassend, Hobbes, Digby, déclare, d'une part, qu'il approuve ces restaurateurs ou réformateurs de la philosophie, et, d'autre part, qu'il n'est nullement Cartésien[3]. M. Tönnies en conclut qu'il se reconnaît par là même partisan de Hobbes, qui, de tous les auteurs énumérés, paraît avoir exercé sur lui la plus grande influence. Mais il faut bien se rendre compte du sens exact de ce passage, et surtout de la tendance de la lettre entière. D'abord, Leibniz réserve le titre de Cartésiens à ceux qui adoptent fidèlement et à la lettre toutes les doctrines du maître; et en ce sens, il a raison de dire qu'il n'est pas cartésien[4]. Ensuite, il semble chercher, sans doute pour plaire à son maître Thomasius[5], à rabaisser Descartes : par exemple, il lui accorde que Clauberg, disciple de Descartes, est plus clair que son maître[6]. Il avoue plus loin qu'il ne goûte chez Descartes que la méthode[7]; c'est déjà beaucoup,

---

1. *Phil.*, IV, 106.
2. *Phil.*, I, 15; IV, 163.
3. « Me fateor nihil minus quam Cartesianum esse. » (*Ibid.*)
4. Il semble même que Leibniz ne restreigne ainsi l'extension du mot « cartésien » que pour pouvoir s'en excepter lui-même; ainsi s'expliquerait la liaison cachée des idées dans une phrase en apparence décousue.
5. Voir la *Lettre de Thomasius*, du 2 octobre 1668, où il se défend de mépriser les nouveaux philosophes, ce qui indique qu'il ne les approuvait guère (*Phil.*, I, 13).
6. Cf. *Lettre de Thomasius* (*Phil.*, I, 14).
7. « In Cartesio ejus methodi tantum propositum amo. » (*Ibid.*)

c'est même tout ce qu'il nous faut pour avoir cause gagnée. Mais que reproche-t-il ensuite à Descartes? De n'avoir pas suivi exactement sa propre méthode en Physique. Il se montre donc plus cartésien que Descartes lui-même : le blâme même qu'il lui adresse montre à quel point il approuve et apprécie sa Logique.

D'autre part, toujours dans la même intention secrète, il paraît préférer Aristote à Descartes [1]. Mais il faut voir comment il comprend Aristote. Son dessein est de concilier la Physique d'Aristote avec le mécanisme des modernes; et pour cela, il est amené à soutenir qu'elle n'en diffère nullement [2], attendu que la Physique d'Aristote ne traite que de la figure, de la grandeur, du mouvement, du lieu et du temps [3]. En cela, Leibniz ne fait que dénaturer l'esprit de la philosophie d'Aristote pour l'accommoder bon gré mal gré au mécanisme moderne [4], de sorte qu'il transforme de force Aristote en cartésien, pour pouvoir se dire lui-même aristotélicien [5]. En somme, les efforts mêmes qu'il fait pour répudier le cartésianisme prouvent qu'il est plus cartésien qu'il ne le dit, et peut-être même qu'il ne le croit.

9. Enfin, M. Tönnies allègue un passage d'une note non datée de Leibniz [6] où, traçant le plan d'une Encyclopédie, il manifeste l'inten-

---

1. « Quare dicere non vereor plura me probare in libris Aristotelis [περὶ φυσικῆς ἀκροάσεως] quam in *Meditationibus* Cartesii; tantum abest, ut Cartesianus sim » (*Phil.*, I, 16; IV, 164). Cité par Tönnies, p. 563.
2. « Imo ausim addere totos illos libros 8 Aristotelis salva philosophia reformata ferri posse » (*Phil.*, IV, 164).
3. *Phil.*, I, 21.
4. Comme Thomasius le lui dit fort judicieusement (*Phil.*, I, 12).
5. « Res, credo, insperata erit, Aristotelem jam cartesianum fieri, praesertim cum ipse Leibnitius se cartesianum esse neget. » Hannequin, *Quæ fuerit prior Leibnitii philosophia*, p. 28. Voir dans cet ouvrage toute la discussion de la *Lettre à Thomasius* (p. 27-39) dont nous ne citerons que les conclusions caractéristiques : « Leibnitius autem... quanquam ad Thomasium scripsit » (le passage cité plus haut) « non Aristotelem profecto sequitur, sed recentiores, neque Aristotelis disciplinam ad mechanismum accommodat, quin eam disturbet ac penitus mutet » (p. 27). « Plane perspicuum est Leibnitium, Aristotelis sententiam male interpretatum, id quasi per vim extorsisse ut ad recentiorum eam accommodaret, tantum abest ut eam secutus sit » (p. 32). « Aristotelem ille non interpretatus est, sed in pravum detorsit, vimque ei intulit. Neque aliter fieri potuit : perinde enim erat quasi, ut aiunt, aquam a pumice postularet » (p. 33). « Non Aristotelem igitur, sed Cartesium potius in epistola illa (VI) ad Thomasium Leibnitius secutus est » (p. 35). Ce témoignage nous est d'autant plus précieux que M. Hannequin s'accorde avec M. Tönnies pour reconnaître que Leibniz s'inspire surtout de Hobbes dans son *Hypothesis physica nova* (*Op. cit.*, p. 76, 78, et passim). M. Hannequin montre aussi que, si Leibniz n'avait pas alors une connaissance directe des œuvres de Descartes (et surtout de son œuvre mathématique), il avait déjà une connaissance fort exacte et assez complète de sa philosophie. (*Ibid.*, p. 38-39).
6. *Cogitata de perficiendi et emendandi Encyclopædiam Alstedii ratione* (Dutens, V, 183; Tönnies, p. 566). Voir Note XII.

tion d'y faire entrer Hobbes tout entier : « Huc inserendus Thomas Hobbes de Corpore et de Cive integer, passim tamen emendatus ». Mais, outre que cette dernière réserve montre que Leibniz n'adopte les doctrines de Hobbes qu'en les corrigeant, la suite de la note restreint cette adhésion dans des limites assez étroites. On y voit en effet que Leibniz n'emprunte à Hobbes que sa Physique et sa Politique ; or, même en Physique, il croit devoir le corriger et le compléter par certaines théories de Galilée et de Huygens, et, même en Politique, il manifeste une préférence naïve, mais bien naturelle, pour ses propres « démonstrations ». En revanche, il s'inspire de Descartes pour ce que nous appelons la Psychologie ; quant à la Logique, il l'emprunte principalement à Jungius, pour qui il professait une grande admiration [1], et accessoirement à Clauberg et à Arnauld (auteur présumé de la *Logique de Port-Royal*), c'est-à-dire à deux cartésiens ; enfin il rappelle son *De Arte combinatoria* ; mais il ne fait aucune mention de Hobbes. Ainsi ce texte, bien interprété, prouve que Leibniz ne doit absolument rien à Hobbes en fait de Logique, et que, même en Physique et en Politique, il n'adopte pas les doctrines du philosophe anglais sans réserves ni sans modification. D'une manière générale, elle caractérise Leibniz comme un esprit curieux et ouvert, impartial et érudit, qui cherche son bien un peu partout, chez Hobbes comme chez Descartes ; en un mot, comme un éclectique (au meilleur sens du mot).

10. Allons plus loin : non seulement Leibniz n'a jamais adopté, *en fait*, la logique de Hobbes, mais il ne *pouvait* pas l'adopter, attendu qu'il a toujours combattu et réprouvé le nominalisme radical du philosophe anglais. Toutefois, comme Leibniz aussi est et se dit *nominaliste* en un certain sens, il importe de définir exactement son nominalisme pour le distinguer de celui de Hobbes. C'est d'ailleurs ce qu'il a fait lui-même avec la plus grande précision dans sa *Préface à Nizolius* (1670) [2].

Il convient d'abord de rappeler que dès sa dix-septième année, dans sa thèse de baccalauréat de philosophie [3], Leibniz, discutant la question capitale, et si controversée dans la philosophie scolastique, du principe de l'individuation, se prononçait pour la solution nomi-

---

1. Voir p. 73, note 4.
2. Chose curieuse, M. Tönnies, parlant de cette *Préface*, insiste beaucoup sur un rapprochement tout accidentel et superficiel (une simple remarque philologique sur l'absence du verbe *être* dans les langues orientales : *Phil.*, IV, 145), et glisse au contraire sur la divergence fondamentale qu'elle manifeste entre les deux philosophes sur la question du nominalisme (il la mentionne entre parenthèses dans la même phrase).
3. *Disputatio metaphysica de Principio individui*, soutenue le 30 mai 1663 sous la présidence de Jacques Thomasius (*Phil.*, IV, 15).

naliste : « Omne individuum sua tota entitate individuatur », c'est-à-dire qu'il n'existe réellement que des individus. Cette thèse devait séduire l'esprit d'un jeune philosophe amoureux de nouveauté, car elle s'opposait, par son caractère moderne et hétérodoxe, à la thèse classique et orthodoxe du réalisme (ou de l'existence réelle des universaux). Elle était d'ailleurs conforme à l'esprit général des réformateurs de la philosophie [1], auxquels Leibniz se ralliait [2]. Il définit lui-même le nominalisme en ces termes précis : « Nominales sunt, qui omnia putant esse nuda nomina præter substantias singulares, abstractorum igitur et universalium realitatem prorsus tollunt [3] », et, après avoir esquissé l'histoire du nominalisme, et cité Roscelin et Occam comme ses fondateurs, il rattache la Physique des modernes à l'axiome des nominalistes : « Entia non esse multiplicanda præter necessitatem », qu'il ramène à cette règle : « Hypothesin eo esse meliorem, quo simpliciorem ». Voici comment : « Ex hac jam regula Nominales deduxerunt, omnia in rerum natura explicari posse, etsi universalibus et formalitatibus realibus prorsus careatur. » Et il approuve cette tendance, mais jusqu'à un certain point seulement : « qua sententia nihil verius, nihil nostri temporis philosopho dignius, usque adeo, ut credam ipsum Occamum non fuisse *Nominaliorem*, quam nunc est Thomas Hobbes, qui, ut verum fatear, mihi plus quam nominalis videtur. » Il est ainsi amené à définir très nettement l'ultra-nominalisme de Hobbes, et à le distinguer du nominalisme modéré qu'il vient de définir et qu'il professe : « Non contentus enim cum Nominalibus universalia ad nomina reducere, ipsam rerum veritatem ait in nominibus consistere, ac, quod majus est, pendere ab arbitrio humano, quia veritas pendeat a definitionibus terminorum, definitiones autem terminorum ab arbitrio humano. Hæc est sententia viri inter profundissimos sæculi censendi, qua, ut dixi, nihil potest esse nominalius. »

Après cet hommage rendu à Hobbes, comme au début de la *Confessio naturæ*, et malgré l'admiration qu'il lui témoigne, Leibniz s'inscrit délibérément en faux contre sa doctrine : « Sed quæ tamen stare non potest », et il la réfute par un argument emprunté aux Mathématiques, dont il se servira encore en des occasions analogues [4] : « Uti in Arithmetica, ita et in aliis disciplinis manent eædem veri-

---

1. « Secta Nominalium, omnium inter Scholasticos profundissima, et hodiernæ reformatæ philosophandi rationi congruentissima » (*Phil.*, IV, 157). « Idem dicendum est de nostri temporis philosophiæ Reformatoribus, eos, si non plus quam Nominales, tamen Nominales esse fere omnes » (*Phil.*, IV, 158).
2. *Confessio naturæ contra Atheistas* (*Phil.*, IV, 106). Voir ci-dessus, § 7.
3. *Phil.*, IV, 157.
4. Voir Chap. IV, § 12.

tates, etsi notæ mutentur, nec refert decadica an duodenaria progressio adhibeatur[1]. »

Ainsi, dès 1670 (c'est-à-dire dans la période même où il subissait en Physique l'influence prépondérante de Hobbes), Leibniz réprouvait son nominalisme radical et le réfutait par les mêmes arguments qu'il devait lui opposer plus tard, notamment dans le *Dialogus de connexione inter res et verba* d'août 1677 [2].

11. Mais ce n'est pas seulement le nominalisme de Hobbes que Leibniz réprouve, c'est encore le nominalisme pur et simple, tel que le professait Nizolius ; et il se fait un devoir de le critiquer dans sa *Préface*. En effet, Nizolius refusait toute valeur aux démonstrations, sous prétexte que les universaux n'existent pas dans la nature, ou, autrement dit, que les idées générales n'ont aucune valeur objective. A quoi Leibniz répond d'abord (du point de vue du nominalisme) qu'il suffit à la rigueur, pour que les démonstrations soient valables, que les noms soient universels [3]. Mais il ne se contente pas, et avec raison, de cette réponse sommaire ; il s'aperçoit sans doute que, pour que les noms puissent être universels, il faut qu'ils correspondent à quelque chose d'universel dans la réalité. C'est ce qu'il soutient en discutant la thèse nominaliste, que les universaux sont des touts collectifs, et en lui substituant celle-ci, que les universaux sont des touts distributifs ; en d'autres termes, qu'une idée générale n'est pas une simple somme ou collection d'individus, mais une

---

1. *Phil.*, IV, 158.
2. Voir Chap. IV, § 11. Cf. *Lettre à Tschirnhaus* (fin 1679), et les autres textes cités p. 190, notes 1 et 2 ; *Lettre à Foucher* (1686) : « Quoyque les mots soyent arbitraires, il a fallu quelques marques non-arbitraires pour enseigner la signification de ces mots » (*Phil.*, I, 382). Enfin dans les *Nouveaux Essais* (IV, v, §§ 2 et 11), Leibniz s'explique tout au long sur la question, en réfutant le nominalisme de Locke : « Ce que je trouve le moins à mon gré dans votre définition de la vérité, c'est qu'on y cherche la vérité dans les mots. Ainsi, le même sens étant exprimé en latin, allemand, anglais, français, ne sera pas la même vérité, et il faudra dire avec M. Hobbes que la vérité depend du bon plaisir des hommes, ce qui est parler d'une manière bien étrange.... Nous aurons donc encore des vérités littérales, qu'on pourra distinguer en vérités de papier ou de parchemin, de noir d'encre ordinaire ou d'encre d'imprimerie, s'il faut distinguer les vérités par les signes. Il vaut donc mieux placer les vérités dans le rapport entre les objets des idées... Nous pouvons distinguer entre les vérités, qui sont indépendantes de notre bon plaisir, et entre les expressions, que nous inventons comme bon nous semble. Contentons-nous de chercher la vérité dans la correspondance des propositions qui sont dans l'esprit avec les choses dont il s'agit. » Cf. III, iv, § 17 : « Je crois que l'arbitraire se trouve dans les mots, et nullement dans les idées », et III, vi, § 39 : « Je ne sais pourquoi on veut toujours chez vous faire dépendre de notre opinion ou connaissance les vertus, les vérités et les espèces. Elles sont dans la nature, soit que nous le sachions et approuvions, ou non. » Voir plus loin (§ 13) les passages des *Nouveaux Essais* relatifs à la valeur objective des idées générales.
3. « ... Quod Universalia non sint in rerum natura (cum tamen sufficiat ad demonstrandum, nomina esse universalia) » (*Phil.*, IV, 159).

essence contenue tout entière (distribuée) dans chacun des individus de l'espèce correspondante. Et, à l'exemple de Nizolius, qui prétendait que si l'on peut dire : « totus grex est albus », c'est parce que chacune des brebis est blanche, il riposte en montrant qu'on arriverait à l'absurdité : « totus grex est ovis », si l'on confondait le sens distributif de l'idée générale et le sens collectif[1].

Il approfondit ensuite la doctrine qu'implique cette distinction scolastique; il pousse à bout le nominalisme empiriste en montrant qu'il finit par ruiner toute science et par engendrer le scepticisme. En effet, si les universaux n'étaient que des touts collectifs, toute idée générale et toute loi générale serait tirée par abstraction d'un certain nombre de cas particuliers : il n'y aurait donc plus de démonstration (de déduction) valable, mais seulement des inductions plus ou moins probables. Or, non seulement l'induction ne peut jamais justifier des propositions absolument universelles, mais elle ne peut se justifier elle-même qu'en s'appuyant sur quelque principe universel, qui par conséquent ne saurait être induit. Ainsi l'empirisme qui ruine toute déduction ne réussit même pas à justifier l'induction, ni par suite aucune science, même expérimentale. La science en général n'est donc possible que s'il existe des principes universels, qui ne peuvent être qu'*a priori*, aucune induction ne pouvant engendrer une certitude parfaite[2]. On reconnaît là, esquissée et en quelque sorte préformée, la fameuse doctrine des idées et des vérités innées que Leibniz devait soutenir plus tard contre l'empirisme de Locke. Il y a des idées innées, c'est-à-dire indépendantes de l'expérience, qui ne sont pas tirées par abstraction des données sensibles ; et il y a des vérités innées, c'est-à-dire des principes *a priori*, qui ne sont pas obtenus par une induction fondée sur les faits d'expérience. Tels sont, en particulier, les axiomes mathématiques, que les empiristes ne peuvent naturellement considérer que comme des vérités d'expérience; or cela les amène à révoquer en doute la certitude des Mathématiques, comme Hobbes, ce qui scandalise à bon droit Leibniz[3]. Ainsi, par le fait seul qu'il admet la valeur objective de la science et de la vérité, et en particulier la certitude des Mathématiques, Leibniz est obligé d'admettre des idées et des vérités universelles et nécessaires, donc innées ou *a priori*, et de rompre avec le nominalisme en général, et non pas seulement avec le nominalisme radical de Hobbes.

1. *Phil.*, IV, 160.
2. *Phil.*, IV, 161.
3. *Phil.*, IV, 162 (voir p. 461, note 1).

12. Pourtant, sur un point, Leibniz *paraît* plus nominaliste que Hobbes lui-même, dans un passage curieux de sa *Préface à Nizolius* [1] :

« Recordor quidem acutissimum Hobbesium abstractis aliquam utilitatem tribuere, idque eo potissimum argumento, quod, exempli causa, aliud sit duplicare calida, aliud duplicare calorem.... Terminorum igitur abstractorum nunquam ego, ut verum fatear, ullum in philosophandi rigoroso genere magnopere comperi, abusus vero multos et magnos, et valde perniciosos.... Nam in universum ita sentio, substituere abstracta concretis, et pro hac propositione : *homo est rationalis*, substituere illam : *homo habet rationalitatem*, aut : *cui inest humanitas, illi inest rationalitas*, aut : *humanitate rationalitas continetur*, esse non tantum tropicum, sed et superfluum. »

Ainsi c'est Hobbes qui accorde aux termes abstraits une certaine utilité, alors que Leibniz leur préfère toujours les termes concrets. En y réfléchissant, ce paradoxe s'explique : on comprend qu'un pur nominaliste, pour qui l'universalité réside uniquement dans les mots, reconnaisse que les termes généraux sont d'un usage commode et même nécessaire, tandis qu'un conceptualiste, pour qui l'idée générale n'existe et par suite n'est conçue que dans les objets individuels, recommande de se référer toujours à ceux-ci. Il est naturel que des deux ce soit le dernier qui redoute le plus le *psittacisme*. Cela ne prouve donc pas qu'il n'admette pas d'idées générales, mais bien au contraire qu'il tient à les penser dans leur pureté. Du reste, Leibniz est si loin de nier l'existence des idées universelles, qu'il va jusqu'à soutenir que, étant donnée une collection quelconque d'objets, l'esprit est capable de fournir un concept abstrait et général qui leur convienne à tous et exclusivement [2]. C'est vraiment le comble du conceptualisme.

Le passage cité plus haut appelle une autre remarque : quand Leibniz aime mieux dire : « *homo est rationalis* » que « *humanitate rationalitas continetur* », cela ne signifie pas qu'il préfère les termes concrets aux abstraits, car *rationalis* est précisément aussi abstrait que *rationalitas*, mais bien qu'il préfère la considération de l'extension à celle de la compréhension. Cela est conforme à son attitude nominaliste, ou plus exactement anti-réaliste : du moment qu'on n'admet que l'existence des individus, et non celle des universaux, le jugement apparaît plutôt comme une relation de contenance entre des classes d'individus que comme une relation d'inclusion entre des essences dénuées de réalité ; et c'est en ce sens que la

---

1. *Phil.* IV, 147.
2. *De Arte Combinatoria*, n° 53 (cité p. 325, note 2).

considération de l'extension (qui implique celle des individus) est plus concrète que celle de la compréhension (qui ne porte que sur des abstractions et des entités).

On pourrait encore alléguer, comme une preuve ou au moins un indice de l'influence exercée par Hobbes sur Leibniz logicien, une note [1] où il est dit que les mots sont des jetons pour les intelligents et de l'argent pour les autres. Or c'est là une pensée textuellement empruntée à Hobbes [2]. Mais, après réflexion, on s'aperçoit que la même phrase a chez les deux philosophes un sens diamétralement opposé. Pour Hobbes, en effet, les mots sont des jetons en tant qu'ils représentent les objets individuels et concrets dont ils sont les substituts; et les fous qui les prennent pour de l'or sont ceux qui croient que le mot correspond à une essence générale. Pour Leibniz, au contraire, comme le montre son propre commentaire, les mots sont des jetons en tant qu'ils servent de signes et de véhicules aux idées; et les fous sont ceux qui s'arrêtent aux mots sans en pénétrer le sens, et les prennent pour des causes ou des principes rationnels, c'est-à-dire justement pour les essences objectives qu'ils représentent. En un mot, la même métaphore constitue chez Hobbes l'éloge du nominalisme, et chez Leibniz la satire du psittacisme.

13. Néanmoins, on peut dire que Leibniz reste nominaliste, en un sens tout négatif, à savoir en tant qu'il repousse le réalisme, et dénie aux universaux l'existence réelle et substantielle. Mais il ne leur refuse pas une valeur objective, comme les nominalistes qui les réduisent à des noms (*flatus vocis*). Il adopte la position intermédiaire, qu'on désigne sous le nom de *conceptualisme* : nos concepts seuls sont universels, mais ils ont néanmoins un fondement dans la réalité, en tant qu'ils correspondent à l'essence objective des choses : « La généralité consiste dans la ressemblance des choses singulières entre elles, et cette ressemblance est une réalité. » C'est dans cette ressemblance que Leibniz cherche « l'essence des genres et des espèces », et c'est pourquoi il ne peut admettre, avec Locke, que « les essences sont l'ouvrage de l'entendement [3] ». En résumé, « les individus sont reliés entre eux par l'unité d'une *loi*, sinon par l'unité d'une *substance*. Tout se passe donc comme si les universaux étaient des réalités, bien qu'ils n'en soient pas [4]. »

---

1. Citée p. 107, note 3.
2. Ueberweg-Heinze, *Grundriss der Geschichte der Philosophie*, III, 1, 72.
3. *Nouveaux Essais*, III, iii, §§ 12-14. Cf. III, vi, § 32 : « les essences générales... sont des possibilités dans les ressemblances. »
4. M. Boutroux, dans son Introduction aux *Nouveaux Essais* (livre I), p. 39 (Paris, Delagrave, 1886). Cf. Kvet, Conclusion.

Nous n'avons pas ici à développer cette théorie de la connaissance, qui est exposée tout au long dans les *Nouveaux Essais*. Il nous suffit d'avoir montré que Leibniz en avait déjà très clairement conçu les principes et les conséquences en 1670, c'est-à-dire à l'époque où l'on prétend qu'il était disciple ou partisan de Hobbes, non seulement en Physique, mais encore en Logique. On a vu qu'au contraire il rompt hardiment en visière à Hobbes sur ce point, malgré l'autorité qu'il lui reconnaît en d'autres matières. Et comme la Logique de Hobbes dépend entièrement de ses principes nominalistes, il suffit que Leibniz réprouvât ces principes et en aperçût l'incompatibilité avec sa propre doctrine pour qu'il lui fût impossible d'adopter la Logique de Hobbes, et même de lui emprunter quoi que ce soit.

APPENDICE III

SUR QUELQUES INVENTIONS MATHÉMATIQUES DE LEIBNIZ QUI SE RAPPORTENT A LA COMBINATOIRE ET A LA CARACTÉRISTIQUE

1. Parmi les inventions mathématiques de Leibniz qui procèdent de sa Caractéristique, nous avons déjà eu l'occasion de citer : 1° son Calcul infinitésimal, dont il ne sera pas question ici, et dont l'histoire est définitivement éclaircie [1] ; 2° sa *Méthode de l'Universalité*, conçue en 1674 à Paris, et exposée dans un opuscule encore inédit [2] ; 3° son Arithmétique dyadique ou sa numération binaire [3]. Il importe de donner un peu plus de détails sur celle-ci.

On a vu que Leibniz avait été amené à cette invention par la recherche d'une notation aussi claire et aussi adéquate que possible pour les nombres. Elle lui avait été probablement suggérée par la *Tetractys* de son ancien maître WEIGEL [4], publiée en 1673 [5]. Leibniz n'approuvait pas ce système de numération à base 4, qui n'avait aucune raison d'être. Il pensait que, si l'on voulait abréger les calculs et condenser la numération dans la pratique, il valait mieux choisir

---

1. Voir M. CANTOR, t. III.
2. Bien que GERHARDT le cite dans une Préface (*Math.*, V, 134) conjointement avec le *De Constructione* qu'il a publié, ce qui nous a entraîné à bien des recherches inutiles. (Voir Chap. VII, § 10.)
3. Chap. IV, §§ 4 et 12.
4. Erhard WEIGEL (1625-1699), professeur de Mathématiques à l'Université d'Iéna, où Leibniz suivit son cours pendant un semestre (1663). M. CANTOR parle de sa *Tetractys* avec fort peu d'estime (III, 36-37).
5. Pourtant Leibniz prétendait plus tard avoir inventé sa Dyadique avant la *Tetractys* de WEIGEL. Peut-être sa mémoire le trompait-elle, ou s'exagérait-il son originalité ; peut-être aussi l'idée première lui avait-elle été suggérée, non par le livre, mais par l'enseignement de son maître : Lettre à Jean Bernoulli, 29 avril 1701 : « Molitus hoc sum ante multos annos, etiam antequam quicquam constaret de Tetracty illa nuper ressuscitata.... » (*Math.*, III, 660.) En tout cas, Leibniz en avait l'idée dès 1679, car on trouve dans ses manuscrits un opuscule *De progressione dyadica*, daté du 15 mars 1679 (**Math.**, III, B, 2). Dès 1670, il concevait la possibilité de divers systèmes de numération, notamment du système à base 12 (*Préface à Nizolius, Phil.*, IV, 158 ; texte cité Appendice II, § 10).

une base supérieure à 10, comme 12 ou 16 ; mais que, si l'on voulait obtenir une représentation *théorique* des nombres, il fallait adopter la base 2, parce que c'est le système de numération qui réduit les nombres à leur expression la plus simple et la plus analytique [1]. Elle permettait de représenter tous les nombres avec 2 chiffres seulement, 0 et 1, et elle ramenait la multiplication à l'addition, la table de Pythagore se trouvant réduite à : $1 \times 1 = 1$ [2]. Par suite, elle permettait de *démontrer* les produits de la table de Pythagore ordinaire (dans la numération décimale), au lieu de les poser comme des faits primitifs qu'on doit apprendre par cœur [3].

2. Leibniz se plaisait à donner à ce système une signification métaphysique, et à y voir le symbole de la création *ex nihilo* [4]. C'est ainsi du moins qu'il le présentait au duc Rodolphe-Auguste de Brunswick-Wolfenbüttel en 1697, en lui proposant le modèle d'une médaille portant l'exergue : Imago Creationis, et la devise : Omnibus ex nihilo ducendis sufficit unum [5].

D'autre part, Leibniz croyait avoir trouvé par sa numération binaire l'interprétation des caractères de Fo-Hi, symboles chinois mystérieux et d'une haute antiquité, dont les missionnaires européens et les Chinois eux-mêmes ne connaissaient pas le sens. C'étaient

---

1. *Animadversiones ad Weigelium* (*Foucher de Careil*, B, 164). Cf. *Lettre à Jean Bernoulli*, 29 avril 1701 : « Certe haec est numerorum optima Analysis, quippe in simplicissima Elementa 0 et 1 » (*Math.*, III, 660).

2. Voir *Lettre d'Hermann*, 13 juil. 1705, et *Lettre à Hermann*, 2 juil. 1705 (*Math.*, IV, 276, 280). Leibniz donne une règle pratique de l'addition dyadique, où les retenues et les reports sont figurés par des traits et des points (cf. *Math.*, VII, 230). C'est sans doute à cet artifice graphique qu'il fait allusion dans les *Nouveaux Essais* (IV, i, § 9) : « J'ai projeté une manière d'écrire les comptes, en sorte que celui qui ramasse les sommes des colonnes laisse sur le papier les traces du progrès de son raisonnement, de telle manière qu'il ne fait point de pas inutilement. » C'est encore là une de ces applications de la Caractéristique par lesquelles Leibniz voulait affranchir la déduction de l'aide de la mémoire et des erreurs qui peuvent en résulter. (Voir Chap. IV, § 7.)

3. *Foucher de Careil*, B, 166. Cf. **Phil.**, VII, B, III, 24, où la numération binaire est donnée expressément comme un échantillon de Caractéristique.

4. On lit dans le *De Organo sive Arte Magna cogitandi*, où il est question de la Caractéristique, et qui date certainement de la jeunesse de Leibniz : « Fieri potest, ut non nisi unicum sit quod per se concipitur, nimirum Deus ipse, et praeterea nihilum seu privatio, quod admirabili similitudine declarabo » (**Phil.**, VII, C, 157). Suit un exposé de la numération binaire.

5. Voir *Lettre au duc Rodolphe-Auguste*, 2 janv. 1697, avec l'image de la médaille (*Guhrauer*, I, 401-2; cf. *Dutens*, III, 346; Guhrauer, I, 394 sqq.). Il paraît que l'idée plut au duc, puisqu'il se fit faire un cachet symbolisant cette invention : « Serenissimo Duci Rodolpho Augusto ante aliquot annos quum monstrarem, adeo placuerat haec, ut ipsi videbatur imago creationis seu originis omnium rerum ex nihilo per Deum, ut numerorum ex 1 et 0, ut etiam gemmae cuidam insculpi curaret 0 et 1, qua sigillatas literas mihi mittere solet. » *Lettre à Jean Bernoulli*, 29 avril 1701 (*Math.*, III, 660). Cf. *Lettre à Schulenburg*, 29 mars 1698 : « Atque haec est origo rerum ex Deo et nihilo » (*Math.*, VII, 238).

64 combinaisons de traits pleins et rompus (correspondant respectivement à 0 et à 1) rangées précisément dans l'ordre naturel des nombres supposés écrits dans le système binaire [1]. Il proposait d'employer cette interprétation à la propagation de la foi en Chine, attendu qu'elle était propre à donner aux Chinois une haute idée de la science européenne, et à montrer l'accord de celle-ci avec les traditions vénérables et sacrées de la sagesse chinoise [2]. Il joignit cette interprétation à l'exposé de son Arithmétique binaire qu'il envoya à l'Académie des Sciences de Paris [3].

3. Mais le principal usage que Leibniz voulait faire de la numération binaire était son application à la découverte des propriétés des nombres [4]. En effet, en fournissant l'expression la plus simple des nombres, elle devait révéler des propriétés qui seraient moins manifestes dans tout autre système [5]. Leibniz espérait surtout découvrir ces propriétés périodiques qu'il appelait des *harmonies* ou des *progressions* [6]. Pour étudier une série de nombres, il rangeait

---

1. Voir *Lettres du R. P. Bouvet*, missionnaire en Chine, 1701 (*Dutens*, III, 346; IV, 1, 161). On trouve parmi les manuscrits de Leibniz un mémoire sur les caractères de Fohi, avec un grand tableau représentant ces caractères, le tout d'une main étrangère; c'est probablement un envoi du P. Bouvet à Leibniz (**Math.**, III, B, 7).

2. Voir Appendice IV, §§ 13 et 19; *Lettre à Guido Grandi* (*Math.*, IV, 215); *Lettre au P. des Bosses* (1709), avec un Appendice écrit en 1708 (*Phil.*, II, 380, 383-4). Cf. *Phil.*, III, 544-5.

3. *Explication de l'Arithmétique binaire....* ap. *Mémoires de l'Académie des Sciences*, 1703 (*Math.*, VII, 223). Le mémoire de Leibniz avait été envoyé dès 1701 (voir *Lettre à L'Hospital* du 4 avril 1701, *Math.*, II, 338; *Lettre à Jean Bernoulli*, 5 avril 1701, *Math.*, III, 657), comme hommage à l'Académie, dont Leibniz faisait partie depuis 1699, et surtout pour qu'on effectuât les calculs et les recherches nécessaires. Voir les *Lettres de Leibniz et de Fontenelle* (Foucher de Careil, A, 195-235).

4. Une de ces propriétés résulte immédiatement du fait même de la numération binaire : c'est que tout nombre pair est décomposable (et cela d'une seule manière) en une somme de puissances de 2 prises chacune une seule fois (*Lettre de Jean Bernoulli*, 7 mai 1701, *Math.*, III, 667). Il en résulte cette application pratique, qu'on peut effectuer toutes les pesées avec une série de poids formant une progression géométrique de raison 2 (1, 2, 4, 8, 16....). On sait que c'est le système de mesure qui emploie le plus petit nombre de poids. Voir *Lettre à Schulenburg*, 17 mai 1698 (*Math.*, VII, 242).

5. *Lettre à Tschirnhaus*, 1682 : « Die *Progressio Bimalis* würde sonderlich *ad expressiones quantitatum in numeris* nützlich seyn, denn es *prima* und *simplicissima*, und zweifle nicht dass sich darinnen viel *harmoniæ* finden würden, so in andern progressionen nicht also zu spühren » (*Math.*, IV, 492).

6. *Lettre à Jean Bernoulli*, 5 avril 1701 : « A multis annis cogitationem habui singularem de novo genere Arithmeticæ, ubi omnia exprimuntur per 0 et 1, adhibita scilicet progressione dyadica pro decadica. Hinc quum tam parum characteribus onerati sint numeri, omnia procedunt pulcherrimis progressionibus. » (*Math.*, III, 657.) « Le calcul par deux.... donne de nouvelles découvertes.... dont la raison est que les nombres étant réduits aux plus simples principes, comme 0 et 1, il paroit partout un ordre merveilleux » (*Math.*, VII, 225).

ces nombres, exprimés dans le système binaire, et complétés à gauche par des zéros, les uns au-dessous des autres, et cherchait à démêler la périodicité des chiffres dans les colonnes verticales [1].

Pour la suite naturelle des nombres, la périodicité est évidente : on a dans la 1re colonne (à droite) la période 01; dans la 2e, la période 0011; dans la 3e, la période 0000 1111; dans la 4e, la période 0000 0000 1111 1111, et ainsi de suite en doublant chaque fois le nombre des 0 et des 1. En général, la période de la n^e colonne se compose de 2^{n-1} zéros suivis de 2^{n-1} unités [2]. On trouve des périodes analogues pour la série des nombres impairs et pour celles des multiples successifs d'un même nombre. Par exemple, les multiples de 3 offrent dans la 1re colonne la période 01, dans la 2e la période 0110, dans la 3e la période 0010 1101, dans la 4e la période 000 111 00 111 000 11, et ainsi de suite. Leibniz remarque que chacune de ces périodes se compose de deux moitiés telles, qu'aux zéros de l'une correspondent les unités de l'autre, et inversement, de sorte que les zéros et les unités sont toujours en nombre égal dans la période totale. Il constate une périodicité semblable dans les suites des nombres figurés (triangulaires, pyramidaux, etc.), dans les progressions géométriques, et enfin dans les suites de puissances semblables (carrés, cubes, etc.) [3]. Il y a plus : la même périodicité se retrouve dans les sommes de puissances semblables, et par conséquent, d'une manière générale, dans les fonctions algébriques des nombres entiers successifs [4]. Seulement, comme cela demande d'assez longs calculs, il cherchait un auxiliaire, notamment à Paris, et il demandait à Jean BERNOULLI de lui en procurer un [5]. Celui-ci ne comprit pas tout de suite l'invention de Leibniz, et ne remarqua pas la périodicité en question [6]. Il en fut de même de Jacques BERNOULLI, lorsque Leibniz lui soumit les mêmes idées [7]. Il contestait la périodicité pour les suites de puissances, et dans la suite des carrés n'apercevait que la périodicité des 3 premières colonnes, alors que les autres colonnes présentaient aussi des périodes, seu-

---

1. Voir *Lettre à Schulenburg*, 17 mai 1698 (*Math.*, VII, 240-3), où Leibniz dit qu'il a ces pensées depuis vingt ans et plus, ce qui nous reporte justement à l'année 1678 d'où datent la plupart de ses recherches en Arithmétique.
2. *Math.*, VII, 225.
3. *Demonstratio, quod columnæ serierum exhibentium potestates ab arithmeticis aut numeros ex his conflatos, sint periodicæ*. Berlin, nov. 1701 (*Math.*, VII, 235-8). Cf. note finale du *De dyadicis* (*Math.*, VII, 234) et *Lettre à Schulenburg*, 17 mai 1698 (*Math.*, VII, 240-3).
4. *Lettres à Jean Bernoulli*, 5 avril 1701, 30 oct. 1705 (*Math.*, III, 657, 775).
5. *Lettre à Jean Bernoulli*, 29 avril 1701 (*Math.*, III, 660).
6. *Lettre de Jean Bernoulli*, 11 avril 1701 (*Math.*, III, 659).
7. *Lettre de Jacques Bernoulli*, 28 févr. 1705 (*Math.*, III, 96-7).

lement plus longues [1]. Sans doute, la même périodicité se trouvait dans la numération décimale; mais les périodes y sont beaucoup plus longues, et par suite plus difficiles à découvrir [2].

4. En revanche, il est un point où Leibniz se trompait, et où ses contradicteurs avaient raison : c'est lorsqu'il croyait pouvoir trouver des périodes dans les chiffres *bimaux* [3] des nombres transcendants, sous prétexte qu'ils s'expriment par des séries de puissances entières [4]. En particulier, il espérait trouver une pareille périodicité pour π, et comme Hermann avait entrepris de calculer ce nombre par la méthode de Ludolphe [5], il lui conseillait d'employer à cet effet la numération binaire, dans l'espoir qu'il découvrirait la loi de succession de ses chiffres *bimaux* [6]. Malgré les objections de Jacques Bernoulli (qui se trouvaient fausses dans le cas des puissances) [7], Leibniz persistait à croire qu'on pourrait, avec de la patience, trouver une loi de progression régulière dans l'expression *bimale* des nombres irrationnels et même transcendants [8]. Il ne se rendait pas compte que, si ces nombres avaient des chiffres *bimaux* (ou décimaux) périodiques, ils seraient par là même rationnels (égaux à une fraction).

Quoi qu'il en soit, cette erreur provenait (comme ses découvertes les plus heureuses) de la tendance constante de son esprit à retrouver partout de l'ordre et de l'harmonie. Il cherchait surtout des lois de progression, parce qu'elles mènent à l'infini, et qu'elles permettent de condenser une série infinie dans une seule formule ou défini-

---

1. *Lettre à Jacques Bernoulli*, avril 1705 (*Math.*, III, 101).
2. En effet, les périodes des colonnes successives (en partant de la droite) comprennent en général 10, 100, 1000... chiffres dans le système décimal, au lieu de 2, 4, 8... chiffres dans le système binaire. *Lettre à Jean Bernoulli*, 16 mai 1701 (*Math.*, III, 670). Cf. *Lettre à Hermann*, 2 juil. 1705 (*Math.*, IV, 280). Par exemple, pour les nombres carrés, les chiffres des unités forment la période : 1, 4, 9, 6, 5, 6, 9, 4, 1, 0 (de *dix* chiffres), tandis que dans la numération binaire la période est 1, 0 (de *deux* chiffres).
3. Chiffres « décimaux » dans le système binaire.
4. *Lettre à Jean Bernoulli*, 5 avril 1701 (*Math.*, III, 657); *Lettre de Jacques Bernoulli*, 28 févr. 1705, *Lettre à Jacques Bernoulli*, avril 1705 (*Math.*, III, 96, 101).
5. Ludolph van Ceulen (1540-1610) avait calculé π avec 35 chiffres décimaux, d'où le nom de *nombre de Ludolphe* que porta π pendant le XVIIe siècle (M. Cantor, II, 598). C'est à ce nombre que Leibniz fait allusion, à propos de son « tétragonisme arithmétique », dans les *Nouveaux Essais*, l, I, § 23. Le nom de π lui fut donné par Machin, qui le calcula avec 100 décimales (1706). On connaît aujourd'hui le nombre π avec 707 décimales (Shanks, 1874 : ap. Peano, *Formulaire de Mathématiques*, 1901).
6. *Lettre à Jacques Bernoulli*, 28 nov. 1704 (*Math.*, III, 94-5); *Lettre à Hermann*, 24 nov. 1704 (*Math.*, IV, 265).
7. *Lettre de Jacques Bernoulli*, 28 févr. 1705 (*Math.*, III, 97).
8. *Lettres à Hermann*, 26 juin, 2 juil. 1705 (*Math.*, IV, 274, 278).

tion [1]. Il rappelait à ce propos son grand principe de l'ordre ou de continuité : « Ubicunque principia sunt ordinata, omnia etiam derivata ordinate progredi » [2]. Son seul tort était de chercher l'ordre même là où il n'y en a pas et ne peut pas y en avoir, comme dans les décimales de π, ou encore dans les nombres premiers. En effet, comme il avait remarqué que les multiples de chaque nombre s'échelonnent à intervalles égaux dans la suite naturelle des nombres, il espérait découvrir par là entre les nombres premiers quelque ordre ou périodicité qui fournirait leur définition générale et leur loi de formation ou de succession. Il comptait y parvenir, soit en employant la numération binaire, propre à mettre en évidence la périodicité supposée [3], soit en construisant une figure qui représentait les rapports de divisibilité des nombres entiers deux à deux [4]. Ces tentatives, nécessairement infructueuses, ne sont pourtant pas à dédaigner, car c'est en cherchant une définition générale des nombres premiers que Leibniz a découvert la démonstration du théorème de Fermat, dont nous aurons à parler plus loin (§ 20). D'autre part, il appliqua avec succès la numération binaire à la solution des problèmes d'Arithmétique dits de DIOPHANTE [5].

5. De même que Leibniz cherchait à perfectionner l'Arithmétique par un système de numération plus simple et plus clair que les autres, il avait conçu de bonne heure, pour perfectionner l'Algèbre, un projet dont il poursuivit la réalisation toute sa vie, et qui

---

1. Dans son *Arithmétique binaire*, il parle « d'aller à l'infini par règle » (*Math.*, VII, 226).
2. *Lettre à Schulenburg*, 17 mai 1698 (*Math.*, VII, 240). Ce principe profond a été brillamment vérifié dans ce siècle par les théories de l'Acoustique et de l'Optique : on a trouvé qu'un nombre quelconque de mouvements périodiques (vibrations) se composent en un seul mouvement *également périodique*. Ce fait se traduit mathématiquement par les curieuses propriétés des séries trigonométriques : une fonction quelconque peut s'exprimer par une série de fonctions trigonométriques (périodiques), c'est-à-dire d'oscillations sinusoïdales.
3. *Essay d'une nouvelle science des nombres* (**Math.**, III, B, 3 a). Leibniz y a construit la table des nombres premiers, exprimés dans le système binaire, et a inscrit à côté cette remarque : « primitivi carent periodis. »
4. **Math.**, IV, 17 : *Numeri primi eorumque genesis mira* (6-7 sept. 1677); *Figura Numerorum ordine dispositorum et punctatorum, ut appareant qui Multipli, qui Primitivi*, où Leibniz a noté l'ordre (non périodique, naturellement) des nombres premiers et non premiers jusqu'à 119; *Ouverture nouvelle des Nombres multiples et des diviseurs des puissances* (3 janv. 1676). La figure en question se trouve **Math.**, IV, 11. Elle ressemble à celle que donne SCHRÖDER, *Algebra der Logik*, t. III, p. 45.
5. *Diophantea seu Arithmetica figurata, absoluta methodo dyadica* (**Math.**, III, A, 16); cf. *Methodus diophantea analytica nunc tandem reperta* (**Math.**, III, A, 29); *De absolvendo calculo diophanteo*, 29 nov. 1678 (**Math.**, III, A, 30); « Pro absolvendis Diophanteis... » 8 mars 1683 (**Math.**, IV, 4 c).

l'amena à inventer un nouveau symbolisme algébrique [1]. Il s'agissait de dresser des *Tables* ou *Canons* permettant de résoudre les équations algébriques et d'éliminer les inconnues, par un barème analogue à ceux qu'on emploie pour se dispenser des calculs numériques [2]. Leibniz, toujours préoccupé d'organiser et d'économiser le travail des savants, voulait par là épargner aux algébristes de refaire sans cesse les mêmes calculs, de résoudre toujours à nouveau des équations de même forme et d'y perdre inutilement leur temps et leurs peines (*actum agere*, comme il disait) [3]. C'est pourquoi il vou-

---

[1]. Cette invention doit remonter au séjour de Leibniz à Paris, car il existe un fragment inédit, daté de janvier 1675, qui la suppose (**Math.**, IV, 13 a).

[2]. « J'appelle *Canons* des formules générales qui donnent d'abord ce qu'on demande » (*Math.*, VII, 217). Par exemple, soit à résoudre le système de deux équations :

$$x + y = a, \qquad x - y = b$$

on en tire :

$$2x = a + b, \qquad 2y = a - b,$$

d'où la solution :

$$x = \frac{a+b}{2}, \qquad y = \frac{a-b}{2}.$$

Leibniz appelle cette solution un « théorème ou *canon* général » (*Nouveaux Essais*, IV, VII, § 6).

[3]. *Lettre à Oldenburg*, 27 août 1676 : « Consilium habeo Tabularum Analyticarum, quae non minoris futurae essent usus in Analysi, quam Tabulae Sinuum in Geometria Practica » (*Math.*, I, 121; c'est à cette phrase que fait suite le passage cité par Gerhardt, *Phil.*, VII, 11, où il est question de la Combinatoire, de l'Analyse des concepts et des axiomes et de l'Alphabet des pensées humaines). *Lettre à Tschirnhaus* (1678?) : « Inventio Radicum eo reducta est, ut tantum res calculi sit, quam in rem Tabulas pulcherrimas condi curabo. Alias praescribam Tabulas, quarum ope facile ex pluribus aequationibus fieri possit una : item Tabulas omnium quadraturarum pure analyticarum possibilium. » (*Briefw.*, I, 524.) *Lettre à Galloys*, déc. 1678 : « Pour ce qui est de l'Algèbre en elle-même,... j'ay un grand dessein, c'est de donner un moyen de faire des tables literales, aussi utiles en Algebre specieuse, que les tables des sinus le sont en nombres.... » (*Math.*, I, 184.) *Lettre à Malebranche*, 4 août 1679 (*Phil.*, I, 342). *Lettre à Placcius*, 8 sept. 1690 : « Habeo et inventum condendi tabulas quasdam algebraicas, quae si semel darentur, mirifice calculum sublevarent, et prope tantum utilitatis praestarent in analysi, quantum tabulae sinuum et logarithmorum in numeris communibus. » Et Leibniz propose ce travail à une Société de mathématiciens qui se fonde à Hambourg (*Dutens*, VI, 1, 49). *Lettre à Foucher*, janv. 1692 : « J'avois un projet de certaines Tables Analytiques ou de Specieuse fondées sur les combinaisons, lesquelles si estoient faites, seroient d'un secours merveilleux en Analyse, en Geometrie et en toutes les Mathematiques, et pousseroient l'Analyse à une grande perfection.... Elles serviroient dans la Geometrie profonde, autant que les Tables numeriques des Sinus servent dans la Trigonometrie. » Et il prie Foucher de communiquer cette idée à M. Thévenot pour qu'il réalise son projet (*Phil.*, I, 404). Enfin, dans sa *Lettre à Hermann* du 10 mars 1705, il exprime encore le vœu qu'on dresse « Canones pro tollendis incognitis » (*Math.*, IV, 270). Nous avons cité tous ces textes pour montrer avec quelle persévérance Leibniz poursuivait ses projets de jeunesse pendant vingt ou trente ans, et aussi avec quel désintéressement il communiquait aux autres savants les idées qu'il n'avait pas le loisir de réaliser.

lait construire ces Tables, qui contiendraient les résultats de calculs faits une fois pour toutes, et qui rendraient ainsi dans le calcul algébrique des services analogues à ceux que rendent les Tables de logarithmes et de fonctions circulaires dans les calculs numériques. Or la construction de ces Tables relevait selon lui de la Combinatoire [1].

6. Pour dresser ces Tables ou Canons, il fallait ramener toutes les équations de même degré à un type normal ou canonique (comme on fait pour l'équation du second degré) auquel correspondrait la formule générale qui doit fournir la solution. Dans cette formule, chacun des coefficients (indéterminés) devait être figuré par une lettre distinctive qui rappelât sa place et son rôle dans l'équation. Mais Leibniz observe que les lettres employées pour désigner les coefficients ne représentent pas suffisamment leur ordre et leurs relations, et il imagine à cette fin une *Caractéristique* nouvelle, qui consiste à employer, au lieu de lettres, des nombres symboliques [2]. Les considérations par lesquelles il a dû être amené à cette invention sont sans doute les mêmes par lesquelles il définit la différence de l'Arithmétique et de l'Algèbre. Voici l'exemple très simple auquel il les applique. Soit à effectuer le carré de 12; on multiplie 12 par 12 suivant la règle ordinaire, et l'on trouve 144. Mais ce résultat numérique est brut et particulier, les diverses parties intégrantes n'en sont pas distinctes. Elles le seront déjà davantage, si l'on effectue la multiplication comme suit, en séparant les divers ordres décimaux :

$$\begin{array}{r} 10+2 \\ 10+2 \\ \hline 20+4 \\ 100+20+4 \\ \hline 100+40+4 \end{array}$$

Elles le seront encore plus si l'on écrit, sans effectuer aucun produit :

$$\begin{array}{r} 10+2 \\ 10+2 \\ \hline 10.2+2.2 \\ 10.10+10.2 \\ \hline 10.10+(2)10.2+2.2 \end{array}$$

1. *Lettre à Tschirnhaus*, mai 1678 : « Ars etiam quærendi progressiones et condendi tabulas formularum est pure Combinatoria.... » (*Math.*, IV, 460; *Briefwechsel*, I, 379.)

2. Elle se trouve exposée et employée dans la *Nova Algebræ promotio* (*Math.*, VII, 159), qui a dû être écrite entre 1697 et 1700 (M. Cantor, III, 316, 318), et dans

(Le coefficient numérique 2 est entre parenthèses pour le distinguer du facteur 2.) On a laissé les éléments 10 et 2 distincts, et l'on voit ainsi comment ils entrent dans le résultat final. On les a traités, non comme des nombres particuliers, mais comme des nombres généraux ou indéterminés, et c'est là le propre de l'Algèbre [1]. On a mis en évidence le processus général, la *combinaison* des deux termes qui constitue le carré de leur somme, aussi bien que si l'on avait opéré sur des lettres à la manière habituelle. Ainsi l'Algèbre ne consiste pas à manipuler des lettres au lieu de nombres, mais bien à traiter les nombres eux-mêmes d'une manière générale, de manière à obtenir des formules universelles. En un mot, l'Algèbre est la *science des nombres généraux* [2].

7. De là à employer en Algèbre des nombres fictifs, il n'y avait qu'un pas [3]. L'avantage des nombres sur les lettres est, d'abord, qu'ils sont en provision indéfinie ; ensuite, qu'ils sont plus propres que les lettres à marquer l'ordre, et qu'ils sont susceptibles d'ordres variés et d'arrangements complexes. La notation en question consiste à représenter les coefficients des équations, non plus par des lettres, mais par des nombres fictifs composés de la manière suivante. Étant donné un système d'équations, on assigne un certain ordre à ces équations, et l'on ordonne les termes de chacune d'elles suivant une règle uniforme. Cela fait, on représente le coefficient de chaque terme par un nombre symbolique de deux chiffres, dont le premier indique le rang de l'équation, et le second le rang

---

le *De condendis Tabulis algebraicis, et de lege divisionum*, 5 janv. 1694 (*Math.*, VII, 189).

1. Voir Chap. VII, § 2. Cf. *Nouveaux Essais*, IV, vii, § 6 : « On voit aussi que j'aurois pu me passer des lettres, si j'avois traité les nombres comme lettres. » Et Leibniz reprend avec des nombres le problème déjà traité en lettres :

$$x + y = 10, \qquad x - y = 6$$
$$2x = 10 + 6, \qquad 2y = 10 - 6$$
$$x = \frac{10 + 6}{2}, \qquad y = \frac{10 - 6}{2}$$

« Ainsi dans le calcul particulier même j'aurois eu le calcul general, prenant ces notes 10 et 6 pour des nombres generaux, comme si c'etoient des lettres. »

2. *De ortu, progressu et natura Algebræ, nonnullisque aliorum et propriis circa eam inventis* (*Math.*, VII, 203). Cet opuscule paraît un peu postérieur à 1684, car il y est fait allusion aux *Meditationes* de 1684 avec l'expression « nuper » (p. 213).

3. *Nouveaux Essais, loc. cit.* : « Et comme Viete a substitué les lettres aux nombres pour avoir plus de generalité, j'ai voulu réintroduire les caracteres des nombres, puisqu'ils sont plus propres que les lettres dans la specieuse meme. » Voir la suite de ce texte, dont le présent Appendice forme le commentaire. Cf. *Lettre à Clüver*, 18/28 mai 1680, où Leibniz dit que l'Algèbre a besoin du secours de la Combinatoire : « Unde fit, ut etiam pro Algebraicis characteribus utor aliquando non literis, sed numeris, qui si apte assignentur (nam et characteristicæ scientiæ præceptis Algebra utitur perficique potest) mirum quam pulchra statim nascantur, quibus calculus omnis mirifice contrahi potest » (*Phil.*, VII, 18).

du terme dans cette équation. On sait ainsi, à la simple inspection du coefficient, à quelle équation il appartient et à quel terme de cette équation il correspond. En somme, ce procédé consiste à mettre, suivant le précepte de Descartes, de l'ordre même entre des choses qui n'en possèdent pas naturellement, et, suivant la méthode de Leibniz, à trouver des signes qui expriment le plus possible l'ordre et la relation des choses signifiées [1].

8. Pour montrer l'usage de cette notation, nous allons en exposer les principales applications, d'abord aux équations du 1er degré, puis aux équations de degré quelconque, aux polynomes entiers et aux séries infinies.

Dans les équations du 1er degré, la notation sert à formuler les règles de résolution et d'élimination. Commençons par le problème de l'élimination. Il est traité dans une note (non datée) qui commence ainsi [2] :

« Inveni *Canonem pro tollendis incognitis quotcunque æquationes non nisi simplici gradu ingredientibus*, ponendo æquationum numerum excedere unitate numerum incognitarum. »

Soit, par exemple, le système de 3 équations simultanées à 2 inconnues :

$$10 + 11\,x + 12\,y = 0$$
$$20 + 21\,x + 22\,y = 0$$
$$30 + 31\,x + 32\,y = 0$$

On se propose d'en éliminer les inconnues x et y. Voici la règle que donne Leibniz :

« Fiant omnes *combinationes* possibiles literarum coefficientium, ita ut nunquam concurrant plures coefficientes ejusdem incognitæ et ejusdem æquationis. Hæ combinationes affectæ signis, ut mox sequetur, componantur simul, compositumque æquatum nihilo dabit æquationem omnibus incognitis carentem.

« *Lex signorum* hæc est. Uni ex combinationibus assignetur signum pro arbitrio, et cæteræ combinationes quæ ab hac differunt coefficientibus duobus, quatuor, sex, etc., habebunt signum oppositum ipsius signo; quæ vero ab hac differunt coefficientibus tribus,

---

[1]. « Artis ergo characteristicæ hæc summa regula est, ut characteres omnia exprimant quæ in re designata latent, quod numeris ob eorum copiam et calculandi facilitatem optime fiet » (*Math.*, VII, 8). On voit que cette invention se rattache expressément à l'idée de la Caractéristique, comme le prouve le titre même du fragment que nous citons : « *Specimen Analyseos novæ, qua errores vitantur, animus quasi manu ducitur, et faciles progressiones inveniuntur* » (*Math.*, VII, 7). On reconnaît là un de ces « fils d'Ariane » qui devaient guider l'esprit dans tous les genres de raisonnement.

[2]. *Math.*, VII, 5-6.

quinque, septem, etc., habebunt signum idem cum ipsius signo [1]. »
  D'après cette règle, le résultat de l'élimination sera :

$$+10.21.32 - 10.22.31 + 11.22.30$$
$$-11.20.32 + 12.20.31 - 12.21.30 = 0.$$

On voit comment cette notation permet d'observer la première règle, à savoir, de former toutes les combinaisons possibles de 3 coefficients qui n'appartiennent ni à la même équation ni à la même inconnue. En effet, le premier chiffre indiquant le n° de l'équation, il faut et il suffit que ce chiffre soit différent dans les trois; et de même pour le second, qui indique le n° de l'inconnue. Dès lors, en assignant aux premiers chiffres l'ordre invariable 1.2.3, il suffit de leur associer toutes les permutations possibles des seconds chiffres, lesquelles sont au nombre de six :

$$0.1.2,\ 0.2.1,\ 1.2.0,\ 1.0.2,\ 2.0.1,\ 2.1.0.$$

On voit en même temps comment la Combinatoire intervient ici, grâce à l'ordre artificiel établi entre les équations et les inconnues, et traduit par les chiffres. Quant à la règle des signes, elle se justifie par ce fait que le signe d'un coefficient (exprimé par un nombre symbolique) doit changer à chaque permutation de deux chiffres voisins. Ainsi, en donnant le signe + à 0.1.2, on devra donner le signe − à 0.2.1, le signe + à 2.0.1, le signe − à 2.1.0, enfin le signe + à 1.2.0 et le signe − à 1.0.2. Ici encore, l'emploi des chiffres facilite singulièrement l'application de la règle, et, en la rendant intuitive, préserve de toute erreur [2].

9. Le lecteur mathématicien aura déjà reconnu dans cette règle la loi de formation des *déterminants*. L'équation précédente s'écrit à présent, avec la notation des déterminants :

$$\begin{vmatrix} a_{10} & a_{20} & a_{30} \\ a_{11} & a_{21} & a_{31} \\ a_{12} & a_{22} & a_{32} \end{vmatrix} = 0$$

La notation moderne ne diffère de celle de Leibniz que par ce que les chiffres sont attribués comme indices à une seule et même lettre. Si l'on supprime cette lettre indifférente et insignifiante, en faisant ressortir les indices, qui seuls sont intéressants, on retrouve

---

1. Cf. *Lettre à L'Hospital*, 28 avril 1693 (*Math.*, II, 239-40), où la même règle est énoncée et appliquée sous une autre forme.
2. Une règle plus simple a été donnée par Cramer (1750) : Le signe est + si le nombre des dérangements est pair, et − s'il est impair. Il y a *dérangement* chaque fois que deux indices se trouvent se suivre dans l'ordre inverse de l'ordre naturel. Ainsi dans 012 il n'y a pas de dérangement; dans 021, 102, il y en a un; dans 201 et 120 il y en a deux; dans 210 il y en a trois.

précisément les nombres symboliques de Leibniz. Ainsi l'on peut dire que Leibniz a formulé (probablement le premier) la règle de formation des déterminants, à la notation près [1].

Un autre avantage de cette notation numérique est la facilité qu'elle donne pour vérifier les calculs algébriques. En effet, « en calculant on trouve partout des harmonies qui non seulement nous servent de garants, mais encore nous font entrevoir d'abord des règles ou théorèmes [2] ». On remarquera, par exemple, que la somme des seconds chiffres est la même dans tous les termes; ou encore, que la somme de tous les chiffres est constante, puisque les premiers chiffres sont toujours les mêmes. Or ce procédé, qui consiste à additionner les chiffres des facteurs d'un produit, est justement celui qu'on emploierait si l'on voulait appliquer la preuve par 9 aux nombres fictifs considérés comme de vrais nombres. Enfin, on peut remarquer que la somme des facteurs d'un même terme, considérés comme de vrais nombres, est encore constante, puisque la somme des unités et celle des dizaines sont séparément les mêmes. Ces deux procédés de vérification sont indiqués dans le *Specimen Analyseos novæ* de juin 1678 : « Examen per novenarium sufficit adhiberi continuo; examen autem exactius per summationem satis est singulis stationibus adhiberi [3]. »

10. Une autre application capitale de cette notation est la résolution des systèmes d'équations linéaires (du 1er degré), lorsqu'ils comprennent autant d'équations que d'inconnues. Soit par

---

1. Gerhardt (*Math.*, VII, 8; *Briefwechsel*, I, p. vii); M. Cantor, III, 107. Il convient de rappeler que la notation des indices est elle-même due à Leibniz, et procède aussi de sa constante recherche de « caractères » appropriés. Ils sont employés pour la première fois vers 1675 dans son *Compendium Quadraturæ arithmeticæ* (*Math.*, V, 99), pour désigner les divers points marqués sur une même courbe. Ils sont placés en bas et *à gauche* de la lettre (M. Cantor, II, 751; III, 105).

2. *Lettre à L'Hospital*, 28 avril 1693 (*Math.*, II, 239).

3. *Math.*, VII, 7. Cf. *Lettre à L'Hospital* : « Comme je me sers souvent de nombres au lieu de lettres, mais en traitant ces nombres comme si [ce] n'estoient que des lettres, j'y ai trouvé, entre autres utilités, celle de pouvoir faire épreuve du calcul literal ou de la specieuse *per abjectionem novenarii*; et comme l'abjection novenaire n'exclut pas toutes les erreurs quoyque elle les découvre ordinairement, j'y ay adjouté de plus *abjectionem undenarii*. » (*Math.*, II, 229; cf. 239.) Cf. le *De Scientia universali* : « Possum etiam ostendere, quomodo non minus in calculo generali quam in calculo numerico examina sive indicia veritatis excogitari possint, abjectioni novenariæ talibusque aliis similibus respondentia, prorsus quemadmodum abjectio hæc per me a numeris communibus ad Algebram translata est » (*Phil.*, VII, 201), et les fragments inédits : *De Examine per Novenarium in Calculo Analytico*, daté de janvier 1675 (**Math.**, IV, 13 a); *De Examine per Abjectiones Novenarii pro Algebra ita perficienda, ut vix unquam error contingere possit* (**Math.**, IV, 13 b); *Ars examinandi calculos Analyticos* (**Math.**, IV, 13 c).

exemple à résoudre les deux équations simultanées à deux inconnues :

$$10 + 11x + 12y = 0$$
$$20 + 21x + 22y = 0$$

On élimine y entre ces deux équations par la règle précédente :

$$(10 + 11x) 22 - (20 + 21x) 12 = 0,$$

et l'on trouve l'équation en x :

$$10.22 - 12.20 + (11.22 - 12.21) x = 0$$

d'où l'on tire immédiatement la valeur de x :

$$x = -\frac{10.22 - 12.20}{11.22 - 12.21}$$

On obtiendrait de même la valeur de y :

$$y = -\frac{11.20 - 10.21}{11.22 - 12.21}$$

Leibniz trouve ainsi la *règle dite de Cramer* [1].

Il ne s'est pas borné à formuler cette règle pour le cas particulier de deux équations, il en a donné l'énoncé général, pour un nombre quelconque d'équations, dans le *Specimen Analyseos novæ* de juin 1678 [2]. Cet énoncé équivaut exactement à l'énoncé moderne : la valeur de chaque inconnue a pour dénominateur le *déterminant* des coefficients de toutes les inconnues, et pour numérateur le même déterminant, où l'on a remplacé les coefficients de l'inconnue par les termes connus correspondants. Par exemple, soit le système de deux équations :

$$a_1 x + b_1 y = c_1, \qquad a_2 x + b_2 y = c_2$$

Il a pour déterminant :

$$a_1 b_2 - a_2 b_1,$$

et pour solution :

$$x = \frac{c_1 b_2 - c_2 b_1}{a_1 b_2 - a_2 b_1}, \qquad y = \frac{a_1 c_2 - a_2 c_1}{a_1 b_2 - a_2 b_1} \qquad (^3)$$

11. Passons aux équations de degré supérieur au premier.

---

1. *Lettre à L'Hospital*, 28 avril 1693 (*Math.*, II, 240). Gabriel Cramer (1704-1752) a exposé dans son *Introduction à l'analyse des lignes courbes* (1750) la théorie générale de l'élimination dans les systèmes d'équations linéaires, et y a publié la règle qui porte son nom (M. Cantor, III, 587). On la formule aujourd'hui au moyen des déterminants.

2. *Math.*, IV, 8 (partie inédite, car Gerhardt n'a cru devoir en publier que le préambule : *Math.*, VII, 7, note).

3. Voir par ex. Bourlet, *Leçons d'Algèbre élémentaire*, § 75 (Paris, A. Colin, 1896)

Supposons qu'on veuille éliminer *une* inconnue entre *deux* équations, de manière à obtenir la relation que les coefficients doivent vérifier pour que ces équations soient compatibles. Leibniz se les donne sous la forme suivante :

$$10+11x+12x^2=0,$$
$$20+21x+22x^2=0.$$

Il multiplie chacune de ces équations par un polynome à coefficients indéterminés, d'un degré inférieur d'une unité; par exemple, la première par $(30+31x)$ et la seconde par $(40+41x)$; et il additionne les produits de manière à former une seule équation :

$$10.30+11.30\,x+12.30\,x^2+$$
$$+10.31\,x+11.31\,x^2+12.31\,x^3+$$
$$+20.40+21.40\,x+22.40\,x^2+$$
$$+20.41\,x+21.41\,x^2+22.41\,x^3=0.$$

Cette équation est une conséquence des deux équations données. Pour qu'elle soit vérifiée, quelle que soit la valeur de x, il faut et il suffit que tous ses coefficients soient nuls séparément; d'où les quatre équations :

$$10.30 \qquad\qquad +20.40 \qquad\qquad =0$$
$$11.30+10.31+21.40+20.41=0$$
$$12.30+11.31+22.40+21.41=0$$
$$12.31 \qquad\qquad +22.41=0$$

qui déterminent les quatre coefficients inconnus 30, 31, 40, 41, ou plutôt leurs rapports. Mais en même temps ces quatre équations homogènes ont une conséquence indépendante des inconnues, qui s'exprime par l'annulation de leur déterminant :

$$\begin{vmatrix} 10 & 0 & 20 & 0 \\ 11 & 10 & 21 & 20 \\ 12 & 11 & 22 & 21 \\ 0 & 12 & 0 & 22 \end{vmatrix} = 0.$$

Leibniz procède autrement, et simplifie le problème par un artifice. Il détermine les deux coefficients connus 12, 22 (dont on peut disposer, en vertu de l'homogénéité) de manière à vérifier la 4ᵉ équation :

$$12.31+22.41=0,$$

en posant : $\qquad 12=1, \qquad 22=1,$
$\qquad\qquad\qquad 31=1, \qquad 41=-1,$

ou simplement : $\qquad 12=22, \qquad 31=-41.$

Dès lors les 3 autres équations se simplifient, et se réduisent à 2 inconnues, 30 et 40 :

$$10.30+20.40=0$$
$$11.30+21.40+(10-20)=0,$$
$$12.30+22.40+(11-21)=0.$$

D'après la règle énoncée précédemment, le résultat de l'élimination des 2 inconnues 30, 40 entre ces 3 équations est l'équation que nous écririons :

$$\begin{vmatrix} 10 & 20 & 0 \\ 11 & 21 & 10-20 \\ 12 & 22 & 11-21 \end{vmatrix} = 0,$$

c'est-à-dire, comme Leibniz l'écrit :

$$10.11.21-10.21.21-10.10.22+10.20.22$$
$$-11.11.20+11.20.21+10.12.20-12.20.20=0.$$

Inutile d'ajouter qu'on arriverait au même résultat si l'on calculait le déterminant de 4 colonnes obtenu ci-dessus, en tenant compte de l'égalité :

$$12 = 22 = 1.$$

On établit d'ailleurs aisément l'équivalence des deux déterminants (au signe près) en retranchant terme à terme, dans le premier, la 4ᵉ colonne de la 2ᵉ :

$$\begin{vmatrix} 10 & 0 & 20 & 0 \\ 11 & 10-20 & 21 & 20 \\ 12 & 11-21 & 22 & 21 \\ 0 & 12-22 & 0 & 22 \end{vmatrix}$$

et en y faisant $12-22=0$, ce qui le réduit à :

$$- \begin{vmatrix} 10 & 20 & 0 \\ 11 & 21 & 10-20 \\ 12 & 22 & 11-21 \end{vmatrix} \times 22.$$

12. La même notation symbolique sert à effectuer le produit de deux ou plusieurs polynomes entiers, ou de séries de puissances. Soient, par exemple, à multiplier entre elles les séries entières (finies ou infinies) :

$$x = 10+11n+12n^2+13n^3+\ldots$$
$$y = 20+21n+22n^2+23n^3+\ldots$$
$$z = 30+31n+32n^2+33n^3+\ldots$$

Les produits xy, xyz, pourront s'écrire sous forme de séries de puissances de la même variable indépendante n :

$$xy = 10.20 + \begin{array}{l}10.21\\11.20\end{array}\Big| n + \begin{array}{l}10.22\\11.21\\12.20\end{array}\Big| n^2 + \begin{array}{l}10.23\\11.22\\12.21\\13.20\end{array}\Big| n^3 + \ldots$$

$$xyz = 10.20.30 + \begin{array}{l}11.20.30\\10.21.30\\10.20.31\end{array}\Big| n + \begin{array}{l}12.20.30\\10.22.30\\10.20.32\\11.21.30\\11.20.31\\10.21.31\end{array}\Big| n^2 + \ldots$$

On remarque aisément la loi de formation des termes successifs de ces produits. Les premiers chiffres, qui correspondent aux facteurs du produit, sont toujours les mêmes; les seconds chiffres, qui correspondent aux puissances de n qui entrent dans le produit, ont, par suite, une somme constante, et il y a autant de coefficients différents qu'il y a de combinaisons de chiffres qui donnent la même somme. Par exemple, le coefficient du terme en n^2, dans le développement de xyz, se compose des termes correspondant aux diverses combinaisons : 2.0.0, 0.2.0, 0.0.2, 1.1.0, 1.0.1, 0.1.1, qui donnent toutes pour somme 2. Ainsi, selon la remarque de Leibniz, ces combinaisons obéissent en quelque sorte à la loi d'homogénéité. On peut même les soumettre plus complètement à cette loi, en imaginant que les seconds chiffres représentent les puissances négatives de n; c'est-à-dire que 1 représente $\frac{1}{n}$ ou n^{-1}, 2 représente $\frac{1}{n^2}$, ou n^{-2}, et ainsi de suite. Dans cette hypothèse, la série :

$$10 + 11\,n + 12\,n^2 + 13\,n^3 + \ldots$$

serait homogène, tous ses termes étant alors du degré 0 [1].

Cette considération de l'homogénéité des formules fournit encore un nouveau moyen de vérifier les calculs, et d'abord de les guider.

Leibniz en indique ailleurs un emploi un peu différent, mais qui revient au même. Il s'arrange de manière que le second chiffre du nombre symbolique soit complémentaire du degré, c'est-à-dire forme avec l'exposant correspondant une somme constante. C'est ainsi qu'il écrit l'équation :

$$10\,x^3 + 11\,x^2 + 12\,x + 13 = 0$$

---

[1]. Cf. *Math.*, II, 261, 263, où la même notation se trouve appliquée au Calcul différentiel.

« où le caractère antérieur du coefficient marque l'équation, et le caractère postérieur marque le degré dont il est coefficient, en remplissant les loix des homogenes. Ce qui sert à les observer dans tout le progrès de l'opération [1]. »

Il propose encore, comme moyen de vérification, de donner au terme connu une valeur numérique telle qu'elle vérifie l'équation quand on y donne à x une valeur déterminée, et que l'on considère les coefficients symboliques comme des nombres véritables. Par exemple, si dans l'équation précédente on fait $x = 10$, le terme connu 13 devra être -11220, car :

$$10.10^3 + 11.10^2 + 12.10$$
$$= 10\,000 + 1\,100 + 120 = 11\,220.$$

« Ainsi le calcul se verifiera toujours en nombres véritables, et se pourra même examiner à tout moment par l'abjection du novenaire ou de l'ondenaire, et neantmoins les harmonies paroistront partout substituant 13 pour $-11\,220$. [2] »

Bornons-nous à signaler en passant une généralisation de la même notation, appliquée au cas de plusieurs variables indépendantes ; dans le cas de deux variables, chaque coefficient est représenté par un nombre symbolique de trois chiffres, dont le premier indique le numéro de l'inconnue développé en série et les autres le degré de chaque variable. Par exemple Leibniz écrira :

$$z = 100 + \begin{vmatrix} 110\,x + \\ 101\,y \end{vmatrix} \begin{vmatrix} 120\,x^2 + \\ 111\,xy \\ 102\,y^2 \end{vmatrix} \begin{vmatrix} 130\,x^3 + \ldots \\ 121\,x^2y \\ 112\,xy^2 \\ 103\,y^3 \end{vmatrix}$$

et ainsi de suite pour d'autres inconnues.

13. Mais c'est surtout à la division algébrique que Leibniz veut appliquer sa notation, pour obtenir le *Canon general de la division* [3].

---

1. *Lettre à L'Hospital*, 28 avril 1693 (*Math.*, II, 240).
2. *Ibid.* (*Math.*, II, 241).
3. Voir *De condendis tabulis algebraicis et de lege divisionum*, 5 janv. 1694 (*Math.*, VII, 189); *Canon general de la division* (**Math.**, III. A. 13); *Divisionis compendium generale*, 10 decembr. 1678 (**Math.**, IV, 13 i); *Divisio*, 12 feb. 1679 (**Math.**, IV, 13 h); *Ordinatio divisionis characteristicæ* (**Math.**, IV, 16 a). — La notation symbolique des coefficients est encore employée dans les *Annotationes quædam* et les *Annotationes algebraicæ* (**Math.**, IV, 14 a, b); et dans beaucoup de lettres, notamment : *Lettre à Jacques Bernoulli*, avril 1705, Appendice : *Quadraturæ irrationalium simplicium* (*Math.*, III, 104; V, 366-77); les *Lettres à Hermann*, 24 juin 1707, 11 mai 1708 (*Math.*, IV, 316, 328). Leibniz cherchait aussi les diviseurs d'un polynome par une méthode empruntée à l'Arithmétique. Voir *Divisiones formularum reperire* (*Math.*, VII, 198); et *Methodus generalis investigandi divisores formularum rationalium integralium ex datis divisoribus numerorum rationalium integrorum*, Appendice de la *Lettre à Hermann*, 6 sept. 1708 (*Math.*, IV, 335).

Il écrit par exemple le dividende sous la forme :

$$10x^8 + 11x^7 + 12x^6 + 13x^5 + 14x^4 + 15x^3 + 16x^2 + 17x + 18$$

et le diviseur sous la forme :

$$-20x^5 + 21x^4 + 22x^3 + 23x^2 + 24x + 25$$

de manière à observer sa loi d'homogénéité symbolique, c'est-à-dire que la somme du second chiffre du coefficient et de l'exposant de l'inconnue soit constamment égale au degré du polynome. De même, il écrit le quotient cherché sous la forme :

$$30x^3 + 31x^2 + 32x + 33 + \frac{34x^4 + 35x^3 + 36x^2 + 37x + 38}{-20x^5 + 21x^4 + 22x^3 + 23x^2 + 24x + 25}$$

où le *reste* de la division forme le numérateur de la fraction. Puis il multiplie ce quotient supposé (à coefficients indéterminés) par le diviseur; le produit doit être équivalent au dividende; donc les coefficients correspondants doivent être égaux, ce qui donne autant d'équations qu'il y a de coefficients à déterminer. Nous n'entrerons pas dans le détail du calcul; il suffit d'en avoir indiqué le principe. Ajoutons seulement que, pour conserver l'homogénéité, Leibniz introduit comme facteur le coefficient symbolique —00, supposé égal à 1; il remarque qu'alors toutes les égalités obtenues vérifient doublement la loi d'homogénéité : elles ont une homogénéité *formelle*, en ce que chaque terme est le produit d'un même nombre de facteur (deux); et une homogénéité *virtuelle*, en ce que la somme des seconds chiffres est constante (égale au degré). C'est ce qu'on vérifie par exemple sur l'égalité suivante [1] :

$$20.33 = 00.43 + 21.32 + 22.31 + 23.30$$

On voit en même temps par là en quoi consistent ces « harmonies » et ces « progressions » où Leibniz trouve le principal avantage de sa notation.

Leibniz traite encore le même problème en rangeant les polynomes dans l'ordre inverse, c'est-à-dire par ordre de puissances croissantes, ce qui permet d'appliquer les règles du calcul à des séries infinies convergentes. C'est ainsi qu'il écrit le dividende :

$$+ 10 + 11x + 12x^2 + 13x^3 + \ldots$$

le diviseur :

$$- 20 + 21x + 22x^2 + 23x^3 + \ldots$$

et le quotient :

$$+ 30 + 31x + 32x^2 + 33x^3 + \ldots$$

---

[1]. *Math.*, VII, 168.

Il procède comme ci-dessus pour déterminer les coefficients inconnus 30, 31, 32, 33,....

14. Il employait encore la méthode des coefficients indéterminés pour démontrer et généraliser un théorème de DE MOIVRE [1]. Étant donnée une équation de degré infini entre y et z :

$$0 = (01\,y + 02\,y^2 + 03\,y^3 + \ldots)$$
$$+ (-10 + 11\,y + 12\,y^2 + 13\,y^3 + \ldots)\,z$$
$$+ (20 + 21\,y + 22\,y^2 + 23\,y^3 + \ldots)\,z^2$$
$$+ \ldots \ldots \ldots \ldots \ldots$$

il s'agit d'en tirer l'expression de z en fonction de y. Leibniz pose cette expression sous forme d'une série à coefficients indéterminés :

$$z = 101\,y + 102\,y^2 + 103\,y^3 + \ldots.$$

puis, substituant cette expression de z dans l'équation donnée, il égale à 0 le coefficient de chaque puissance de y, et obtient ainsi les égalités suivantes qui déterminent les coefficients indéterminés [2] :

$101 = 01 : 10$
$102 = (02 + 11.101 + 20.101^2) : 10$
$103 = (03 + 11.102 + 12.101 + (2)20.101.102 + 21.101^2 + 30.103^3) : 10$

15. Revenons aux formules ou « canons » de la multiplication (§ 12). Comme le nombre des combinaisons de facteurs croît rapidement avec le degré des termes, Leibniz imagine une nouvelle notation abréviative, qui correspond encore à une notion nouvelle de Combinatoire. Il distingue les diverses *formes* qui prennent les

---

1. Publié dans les *Philosophical Transactions*, t. XX.
2. G. G. Leibnitii responsio ad Dn. Nic. Fatii Duillerii imputationes, ap. *Acta Eruditorum*, 1700 (*Math.*, V, 340). FATIO DE DUILLIER avait attaqué Leibniz au sujet de la Brachistochrone; c'est lui qui a le premier accusé Leibniz d'avoir plagié Newton, et a ainsi donné naissance à un débat séculaire (M. CANTOR, III, 320). Leibniz termine ce mémoire par cette conclusion, qui montre l'importance théorique qu'il attribue à son invention et le lien qui la rattache à son idée générale de la Caractéristique : « Videbunt intelligentes, *novam Analyseos promotionem in hac nostra designatione per Numeros loco literarum*, qui adeo fictitii seu supposititii sunt, contineri. Nam cum mens nostra sæpissime pro rebus cogitandis notas adhibere debeat, et *Characteristica* sit maximum meditandi subsidium, consequens est, tanto utiliores esse notas, quanto magis exprimunt rerum relationes. » Il montre l'avantage que les chiffres ont sur les lettres, en ce qu'ils indiquent clairement l'ordre des coefficients. Il ajoute que l'on peut considérer ces nombres fictifs comme vrais, et leur appliquer la preuve par 9; il termine en disant que cette notation sera très utile à la construction des *Tabulæ Canonum analyticorum* qu'il médite : « atque ita demum per Characteristicam ex Combinatoria arte, Algebra ei subordinata perficitur », et il rappelle avec complaisance son *De Arte combinatoria*, où il avait déjà émis « quasdam meditationes non pœnitendas nec momenti nullius » (*Math.*, V, 349).

coefficients symboliques de même degré, suivant le nombre des facteurs semblables dont ils se composent :

« Ex. gr. in gradu quarto non sunt formæ nisi hæ : a^4, a^3b, a^2b^2, a^2bc, $abcd$, quibus respondent : 14. 20. 30. 40, et 13. 21. 30. 40, et 12. 22. 30. 40, et 12. 21. 31. 40, et 11. 21. 31. 41. » [1]

Par suite, pour abréger l'écriture, il représente tous les termes ou coefficients de la même *forme* par un seul d'entre eux pris pour type, en mettant un trait au-dessous : ainsi le produit xyz, précédemment formé, s'écrira plus simplement comme suit :

$$xyz = 10.20.30 + 11.\underline{20}.30\, n +$$

$$+ \begin{vmatrix} 12.20.30 \\ 11.\underline{21}.30 \end{vmatrix} n^2 + \begin{vmatrix} 13.\underline{20}.30 \\ 12.\underline{21}.30 \\ 11.\underline{21}.31 \end{vmatrix} n^3 + \begin{vmatrix} 14.\underline{20}.30 \\ 13.\underline{21}.30 \\ 12.\underline{22}.30 \\ 12.\underline{21}.31 \end{vmatrix} n^4 + \begin{vmatrix} 15.\underline{20}.30 \\ 14.\underline{21}.30 \\ 13.\underline{22}.30 \\ 13.\underline{21}.31 \\ 12.\underline{22}.31 \end{vmatrix} n^5 + \ldots$$

Cela suggère à Leibniz la remarque suivante : « Tot sunt formæ in gradu quot sunt exponentis *divulsiones*. Nam numerus :

$$4 = 3 + 1 = 2 + 2 = 2 + 1 + 1 = 1 + 1 + 1 + 1. »$$

En effet, la somme des seconds chiffres étant toujours égale au degré, il y a autant de formes distinctes pour chaque degré qu'il y a de manières de décomposer ce degré en une somme de nombres entiers (en comprenant parmi elles le nombre lui-même, c'est-à-dire la décomposition : $n + 0 + 0 + \ldots$, car d'une manière générale chaque décomposition doit être complétée par des zéros).

Seulement, dans le cas présent, le nombre des formes utiles est limité par le nombre (constant) des coefficients qui entrent en facteurs dans chaque terme, lequel est égal au nombre des séries à multiplier (3 dans l'exemple précédent).

Ces remarques ont amené Leibniz à concevoir les *formes* algébriques, d'une manière un peu différente de celle des mathématiciens modernes, mais néanmoins assez analogue [2] :

« *Formam* voco... summam omnium membrorum ex aliquot literis similiter formatorum. Ita $a + b + c$, etc., est forma primi gradus ; at formæ secundi gradus sunt $a^2 + b^2 + c^2$ etc., et $ab + ac + bc$, etc., et

---

1. *Math.*, VII, 165.
2. Les modernes appellent *forme algébrique* un polynome homogène. La différence entre la *forme* ainsi conçue et la *forme* conçue par Leibniz consiste en ce que la première se définit par la notion d'*homogénéité*, tandis que la seconde se définit par la notion de similitude ou de *symétrie*. Ainsi, au sens moderne, il n'y a qu'une forme pour chaque degré ; et la forme du 3ᵉ degré, par exemple, est la somme des trois formes distinguées par Leibniz : a^3, a^2b et abc.

formæ tertii gradus sunt $a^3 + b^3 + c^3$, etc., et $a^2b + ab^2 + a^2c + ac^2 + b^2c + bc^2$, etc., et $abc + abd + bcd$, etc. »

Il emploie la même abréviation pour représenter chacune d'elles; ainsi les formes précédentes seront respectivement désignées par : $a, a^2, ab, a^3, a^2b, abc,\ldots$ c'est-à-dire par leur premier terme (pris pour type) muni de deux points au-dessous [1].

16. C'est justement pour ces *formes* algébriques que Leibniz entreprenait dès 1678 de construire des tables de calcul, notamment des tables de multiplication, dont il vantait l'utilité à Tschirnhaus [2]. Ces tables, qui étaient encore une application de la Combinatoire, renfermaient selon lui les « arcanes » de l'Algèbre, car elles devaient servir à résoudre toutes les équations : d'abord et directement les équations symétriques par rapport aux inconnues; ensuite et indirectement les équations quelconques, attendu que Leibniz avait un procédé pour les ramener à la forme symétrique [3].

Ce procédé repose sur la relation bien connue qui existe entre

---

[1]. *Math.*, VII, 178. Les deux points souscrits correspondent au signe Σ (somme) des modernes, qui représente une somme de termes semblables dont on n'écrit qu'un seul : ainsi les *formes* précédentes s'écriront : $\Sigma a, \Sigma a^2, \Sigma ab, \Sigma a^3, \Sigma a^2b, \Sigma abc$.

Dans un fragment inédit (**Math.**, I, 9, c), Leibniz représente les formes par les lettres *ets.* (= *et similia*) placées sous le terme-type; il écrit par exemple :

$$aa + ab + abc + abcd$$
$$\text{ets.} \quad \text{ets.} \quad \text{ets.}$$

[2]. *Lettre à Tschirnhaus*, mai 1678 : « Ex. gr. tabulam habeo, per quam statim apparet, quot cujuscunque formæ sint exempla in dato literarum numero. Hæc tabula secundum regulam quandam facilem conditur.... Aliam habeo majoris momenti circa multiplicationem formæ in formam, v. g. a^2b in ab.... Hujus autem regulæ ope Tabulam condere cœpi, cujus ope primo aspectu statim formæ in formam ductus sciri possit, et vero pulchras illa habet progressiones. » (*Math.*, IV, 453-4; *Briefwechsel*, I, 373-4.) Voir une autre *Lettre à Tschirnhaus* (1678?) : « Doctrinam de Formis... tractavi longe generalius. et Tabulas jam anno abhinc per puerum aliquem quem mecum habebam condi curavi, ubi mirifica patent compendia et progressiones, ita ut cum forma una in aliam ducenda est, statim ope tabulæ productum reperiri potest. » .... Formarum tabula « alios maximos habet usus, continet enim Algebræ totius arcana, Combinatoriæ vero applicationem egregiam. » (*Briefw.*, I, 522-3.) Cf. *Lettres à Huygens*, 1679 (*Math.*, II, 17, 31).

[3]. *Même lettre* : « Porro in Algebra quoque pulcherrimos ea Tabula usus habebit, non tantum in problematibus illis, ubi literæ incognitæ se eodem habent modo, sed et in aliis omnibus, quia problemata omnia tandem reduci possunt ad problemata incognitarum se similiter habentium. Quod est utilissimum, quia tunc plerumque pulchra compendia se proferunt, et (quod sane magni momenti est) una æquatio omnibus illis incognitis simul inveniendis servit, et diversæ illæ incognitæ sunt æquationis ultimo inventæ radices. Et hoc mihi inter maxima totius Algebræ arcana habendum videtur, cum illius ope omnia problemata reducantur ad pauca, et tabulæ condi possint, per quæ cuncta sine calculo inveniantur. Hæc etiam vera videtur esse via inveniendi constructiones Geometricas elegantes. » (*Math.*, IV, 453.)

les racines d'une équation et ses coefficients [1]. Le premier coefficient étant 1, les coefficients suivants sont respectivement (au signe près) la somme des racines, la somme de leurs produits deux à deux, celle de leurs produits trois à trois, etc.; en un mot, ce sont les fonctions *symétriques* de ces racines. Par suite, pour rendre un problème symétrique, il suffit de substituer aux inconnues $x, y, z....$ leurs fonctions symétriques, c'est-à-dire de prendre pour inconnues nouvelles les *formes* :

$$\Sigma x, \Sigma xy, \Sigma xyz,....$$

Une fois connues les valeurs respectives $a, b, c,...$ de ces formes, on n'a plus qu'à résoudre l'équation unique :

$$\xi^n - a\xi^{n-1} + b\xi^{n-2} - c\xi^{n-3} + ... = 0$$

et les n racines de ξ seront les valeurs des n inconnues primitives $x, y, z,......$ [2].

On voit que, tous les problèmes étant ainsi ramenés à la résolution d'équations de même forme, il suffirait d'avoir une fois pour toutes la formule de résolution de chacune d'elles. Telle devait être l'utilité des Tables d'Algèbre. On comprend dès lors l'importance de la théorie des formes, et plus généralement de la théorie de la similitude, qui était essentiellement la Combinatoire, et qui dépendait du *principe de raison* et de ses corollaires, les principes d'homogénéité et de symétrie.

17. On a vu que Leibniz, dans sa discussion avec Tschirnhaus, citait la *formule du binome* comme un exemple de l'application de la Combinatoire à l'Algèbre, et comme une preuve de la subordination de celle-ci à celle-là [3]. Et en effet, on sait que les coefficients de la n^e puissance du binome sont respectivement les nombres des combinaisons de n lettres 0 à 0, 1 à 1, 2 à 2,.... n à n; et que cette formule se démontre de la même manière que la loi qui unit les coefficients aux racines d'une équation, c'est-à-dire en faisant le produit de n binomes ayant un terme commun et l'autre différent [4]. Leibniz

---

1. Relation qui se démontre elle-même par des considérations de Combinatoire. Voir *Synthesis. Analysis. Combinatoria. Algebra.* (**Math.**, I, 27 a).

2. Leibniz applique cette méthode, à titre d'exemple, au problème élémentaire :

$$x + y = a, \qquad xy = b.$$

On remplace ce système par une seule équation :

$$z^2 - az + b = 0,$$

et les racines de z sont les valeurs de x et y qui vérifient le système donné (*Math.*, IV, 454).

3. Chap. VII, § 2.

4. La formule du binome (pour un exposant entier et positif) était connue depuis plus d'un siècle. Les coefficients du binome ont été inventés et employés par Michel STIFEL (1486-1567) dans son *Arithmetica integra* (1544). Puis TARTAGLIA

cherche à généraliser la formule du binome, c'est-à-dire à déterminer les coefficients de la n^e puissance d'un polynome, et il trouve que cette détermination dépend encore de la Combinatoire [1]. Voici en effet les formules qu'on obtient pour les premières puissances d'un polynome (d'une forme du 1er degré), écrites dans la notation abrégée des formes [2] :

$$(\Sigma a)^2 = \Sigma a^2 + 2 \Sigma ab$$
$$(\Sigma a)^3 = \Sigma a^3 + 3 \Sigma a^2 b + 6 \Sigma abc$$
$$(\Sigma a)^4 = a^4 + 4 \Sigma a^3 b + 6 \Sigma a^2 b^2 + 12 \Sigma a^2 bc + 24 \Sigma abcd$$

et ainsi de suite. Or, que sont ces coefficients numériques (par exemple : 1, 4, 6, 12, 24 dans la dernière formule), ou quelle est leur loi de formation? Ce sont les nombres des permutations avec répétition des lettres $a, b, c,\ldots$ qu'on obtient en prenant autant de lettres qu'il y a d'unités dans le degré, et en répétant chacune d'elles respectivement le nombre de fois indiqué par son exposant dans le terme général de la forme correspondante. Par exemple, le coefficient 3 de $\Sigma a^2 b$ s'explique par le fait qu'il y a 3 permutations de cette forme, à savoir :

$$aab, aba, baa,$$

et le coefficient 6 de Σabc, par le fait qu'il y a 6 permutations (sans répétition) des 3 lettres a, b, c. De même enfin le coefficient 6 du terme $\Sigma a^2 b^2$ s'explique par le fait qu'il y a 6 permutations des 4 lettres $aabb$, à savoir :

$$aabb, abab, abba, baab, baba, bbaa.$$

C'est ce que Leibniz montre par des figures appropriées, qui donnent une illustration géométrique de ces théorèmes de Combinatoire [3].

---

les lui emprunta.... tacitement dans son *General Trattato* (1556). CARDANO les cite dans son *Opus novum de proportionibus* (1570); Simon JACOB, dans son *New und wolgegründt Rechenbuch* (1565). Ils se trouvent dans l'*Arithmétique* (1556-7) de Pierre FORCADEL; ils étaient connus de VIÈTE (1540-1603) et d'OUGHTRED (1574-1660). Enfin ils sont employés dans le *Traité du triangle arithmétique* de PASCAL (1662) et dans le *De Arte combinatoria* de Leibniz (1666). Le mérite de NEWTON a consisté à étendre la formule du binome au cas des exposants fractionnaires dans son *De Analysi per æquationes numero terminorum infinitas* (1669), à développer par exemple $\sqrt{1+x}$ en série infinie (M. CANTOR, III, 65). D'autre part, le *Formulaire de Mathématiques* de M. PEANO nous apprend que la formule du binome était déjà connue du savant chinois TCHOU CHI KI (1303). Si ce fait avait été connu de Leibniz, il n'aurait pu qu'augmenter son admiration pour l'antique sagesse chinoise.

1. *Math.*, VII, 174.
2. *Math.*, VII, 178.
3. *Math.*, VII, 179.

Reste à énoncer la loi de formation arithmétique de ces coefficients. Leibniz la découvrit, dit-il, autrefois en bateau, sans doute dans sa traversée d'Angleterre en Hollande (octobre 1676) qui fut si féconde en méditations de Logique [1]. Plus tard, Jean BERNOULLI lui en communiqua une, qui se trouva identique, à la forme près, à celle que Leibniz avait inventée. En voici l'énoncé : Soit à trouver le coefficient de la forme :

$$\Sigma\, x^a\, y^b\, z^c\, v^d$$

dans le développement de la n^e puissance du trinome (ou polynome) $x + y + z + \ldots$ (Il va sans dire que : $a + b + c + d = n$.)

Ce coefficient est égal au produit du nombre des combinaisons de n lettres b à b, du nombre des combinaisons de $(n-b)$ lettres c à c, et du nombre de combinaisons de $(n-b-c)$ lettres d à d (et ainsi de suite). Par suite, le coefficient cherché sera [2] :

$$\frac{n(n-1)\ldots(n-b+1)}{1.2.3\ldots b} \times \frac{(n-b)(n-b-1)\ldots(n-b-c+1)}{1.2.3\ldots c}$$
$$\times \frac{(n-b-c)(n-b-c-1)\ldots(n-b-c-d+1)}{1.2.3\ldots d}$$

C'est la formule que Jean BERNOULLI [3] avait trouvée sous la forme purement arithmétique [4] :

$$\frac{n(n-1)(n-2)\ldots(a+1)}{1.2\ldots b \times 1.2\ldots c \times 1.2\ldots d}$$

---

1. *Math.*, VII, 179, et *Lettre à Bernoulli* du 6/16 mai 1695 (*Math.*, III, 175).
2. *Lettre à Jean Bernoulli* du 24 juin 1695 (*Math.*, III, 192).
3. *Lettre de Jean Bernoulli* du 8/18 juin 1695 (*Math.*, III, 181-182).
4. Cette formule se justifie aisément par les considérations suivantes, qui conduisent à la mettre sous une forme symétrique. Si l'on avait à permuter n lettres toutes différentes, le nombre de leurs permutations serait :

$$1.2.3\ldots n = n!$$

Mais si un nombre a de ces lettres deviennent identiques, les $n!$ permutations se partagent en groupes de permutations qui, ne différant que par l'ordre de ces lettres, deviennent identiques : or les permutations de chaque groupe sont au nombre de $a!$: donc le nombre des permutations restées distinctes est égal à $\frac{n!}{a!}$. On prouverait de même que, si b autres lettres deviennent identiques entre elles (mais non identiques aux premières), le nombre des permutations doit être divisé par $b!$; que, si c autres lettres deviennent identiques entre elles (mais non aux précédentes), le nombre des permutations doit encore être divisé par $c!$, et ainsi de suite. En définitive, le nombre des permutations de n lettres dont a, b, c, d sont respectivement semblables, a pour formule :

$$\frac{n!}{a!\,b!\,c!\,d!}$$

On peut toujours supposer que :

$$a+b+c+d=n,$$

C'est encore là un exemple remarquable de l'application de la Combinatoire à l'Algèbre.

18. La portée universelle que Leibniz attribue à la Combinatoire ressort encore mieux d'une remarque fort intéressante qui se trouve dans les mêmes lettres de Leibniz et de Bernoulli [1]. Leibniz constate une analogie curieuse entre le développement d'une puissance d'un binome (ou d'un polynome) et celui de la différentielle d'un produit de deux (ou plusieurs) facteurs. Cette analogie devient plus étroite et plus manifeste encore, si l'on supplée, dans le développement du binome, les facteurs x^0, y^0 (égaux à 1), et si, dans le développement de la différentielle, on considère x et y comme des différentielles d'ordre 0 (d^0x, d^0y). On écrira par exemple :

$$(x+y)^1 = x^1 y^0 + x^0 y^1,$$
$$d(xy) = d^1 x\, d^0 y + d^0 x\, d^1 y.$$

Dès lors, on peut identifier les deux développements en considérant x et y comme de simples indices des lettres d, et les différentielles d'ordre supérieur (d^2x, d^3x,...) comme des puissances de la différentielle première (dx ou d^1x) [2]. De même, il y a une analogie complète entre les puissances du trinome (ou polynome) $x+y+z+...$ et les différentielles successives du produit $xyz...$ [3]

---

car si une lettre ne figure qu'une fois (n'est pas répétée), elle se traduira par le facteur $1! = 1$ au dénominateur de l'expression.

On voit que cette formule comprend comme cas particulier celle des coefficients du binome, car si l'on réduit à 2 le nombre des lettres différentes, elle donne simplement :

$$\frac{n!}{a!\, b!} \quad \text{avec} \quad a+b=n,$$

c'est-à-dire :
$$\frac{n!}{a!\,(n-a)!}$$

ou :
$$\frac{n(n-1)...(n-a+1)(n-a)......3.2.1}{1.2.3...a \times 1.2.3.....(n-a)} = \frac{n(n-1)...(n-a+1)}{1.2.3...a}$$

De même, la formule générale se ramène à la forme donnée par Bernoulli, car

$$\frac{n!}{a!\,b!\,c!\,d!} = \frac{n(n-1)...(a+1).a...3.2.1}{1.2.3...a \times 1.2.3..b \times 1.2.3...c \times 1.2.3...d} = \frac{n(n-1)...(a+1)}{1.2..b \times 1.2..c \times 1.2...d}$$

Mais elle est bien plus claire et plus satisfaisante pour l'esprit sous la forme symétrique que nous venons d'indiquer.

1. *Math.*, III, 175, 179-181, 191.
2. *Math.*, III, 180, 191. Inversement, et pour augmenter l'analogie, Leibniz représente les puissances successives de x par p^1x, p^2x, p^3x,....
3. Leibniz avait déjà comparé les différentielles aux exposants, à titre de notations commodes et appropriées, dans une *Lettre à Huygens* du 3/13 octobre 1693. La notation des différentielles successives dx, d^2x (que Leibniz écrit : ddx), d^3x, etc., a le même avantage que la notation des puissances successives : x, x^2 (qui s'écrivait encore, comme chez Descartes, xx), x^3, etc. : avantage qui consiste dans l'emploi de nombres qui marquent l'ordre au lieu de lettres arbitrairement choisies, c'est-à-dire de signes naturels au lieu de signes conventionnels. On sait que la notation des puissances au moyen d'exposants, qui se

Or à quoi tient cette analogie frappante, qui paraît d'abord à Leibniz et à Bernoulli quelque chose de secret et de mystérieux [1]? Simplement à ce fait que les règles formelles des deux opérations (élévation aux puissances et différentiation) sont les mêmes, si différentes que soient en elles-mêmes ces opérations. Et cette analogie formelle vient, en dernière analyse, de ce que l'une et l'autre obéissent aux mêmes lois générales de combinaison; c'est pourquoi les coefficients sont les mêmes dans les deux développements, attendu qu'ils dépendent uniquement de la forme et du nombre des combinaisons à effectuer pour constituer chaque terme. Cela montre bien que la Combinatoire est plus générale que l'Algèbre, puisqu'on voit les mêmes formules de combinaison s'appliquer à divers calculs hétérogènes [2].

Cette analogie n'est pas seulement curieuse, mais féconde, car elle a aussitôt suggéré à Bernoulli l'idée de considérer les intégrales comme des différentielles d'ordre négatif $(\int = d^{-1})$ [3], et, par suite, d'intégrer des expressions différentielles par une méthode générale analogue à la recherche d'une troisième proportionnelle [4].

19. Ainsi la Combinatoire révèle une analogie curieuse entre le calcul algébrique et le Calcul différentiel et intégral. D'autre part, elle établit une connexion entre l'Algèbre et l'Arithmétique, et prête à la Théorie des nombres un secours inattendu. Leibniz déduit de la forme même des coefficients du binome des théorèmes relatifs à la divisibilité. En effet, le nombre des combinaisons de n objets k à k étant exprimé par la formule :

$$\frac{n(n-1)\ldots(n-k+1)}{1.2.3\ldots k}$$

et ce nombre étant essentiellement entier, il en résulte immédiate-

---

trouve déjà, sous des formes diverses, chez BOMBELLI (*Algèbre*, 1572), STEVIN (1585), CATALDI (1610), BÜRGI et KEPLER (1619), a été adoptée et définitivement consacrée par DESCARTES dans sa *Géométrie* (1637). Cf. M. CANTOR, t. II, *passim*.

1. « Et puto nescio quid arcani subesse », dit Leibniz (*Math.*, III, 175). « Haud dubie aliquid arcani subest », répond Bernoulli (*Math.*, III, 179).

2. Leibniz a exposé cette analogie dans un mémoire intitulé : *Symbolismus memorabilis Calculi algebraici et infinitesimalis in comparatione potentiarum et differentiarum, et de lege homogeneorum transcendentali*, publié dans les *Miscellanea Berolinensia*, 1710 (*Math.*, V, 377-82).

3. *Math.*, III, 181; cf. p. 221, 225, 228. La même idée se trouve exprimée par Leibniz dans une *Lettre à L'Hospital* de mars ou avril 1695 : « J'ay trouvé, comme x^{-1} est $= 1 : x$, que de même $d^{-1}x = \int x$ » (*Math.*, II, 274).

4. *Lettre de Bernoulli*, 8/18 juin 1695 : « Video me hic inter scribendum, et quidem ex insperato, incidisse in methodum universalem summandi, vel per, vel citra seriem, quantitatem differentialem cujuscunque gradus. » (*Math.*, III, 181; cf. 180, 199, etc.).

ment que le numérateur doit être divisible par le dénominateur. Donc, en général, le produit de k nombres entiers consécutifs est divisible par le produit des k premiers nombres entiers (*a fortiori*, par l'un quelconque d'entre eux). Leibniz démontre plusieurs autres théorèmes de divisibilité par la même méthode, c'est-à-dire par des considérations de Combinatoire [1].

C'est par la même méthode que Leibniz a trouvé la démonstration du théorème de Fermat. Il cherchait une définition générale et réelle des nombres premiers, une propriété réciproque et caractéristique qui s'exprimât par une formule ou une équation [2]. Il avait tenté en vain de découvrir dans la succession des nombres premiers une loi de périodicité quelconque (v. § 4); il avait seulement fait cette remarque élémentaire, que tout nombre premier supérieur à 3 est un multiple de 6 augmenté ou diminué de 1 [3].

20. C'est encore la Combinatoire qui le mit sur la voie de sa découverte. Il observa que les *coefficients polynomiaux* dont il avait trouvé la formule générale (v. § 17) ne peuvent pas être premiers avec le degré n, et que, par suite, si ce degré est un nombre premier, ils doivent être divisibles par lui. Or si l'on décompose un nombre x en une somme de nombres entiers $a, b, c, \ldots$ et qu'on développe sa n^e puissance suivant la formule des puissances d'un polynome, le premier terme du développement sera Σa^n, et tous les autres auront des coefficients divisibles par n (supposé premier). Donc la différence $(x^n - \Sigma a^n)$ sera divisible par le nombre premier n. Si l'on pose en particulier :

$$a = b = c = \ldots = 1$$

---

1. *De primitivis et divisoribus ex Tabula combinatoria* (Math., VII, 101-113). Cf. *Conspectus calculi* (Math., VII, 99-100) où le même théorème est démontré par une autre méthode (cf. p. 112). M. Cantor conjecture que ce fragment date de 1680 environ, à cause d'une allusion contenue dans la *Lettre à Clüver* du 18/28 mai 1680 (Phil., VII, 18). Ce qui confirme cette conjecture, c'est que ce fragment contient une figure inédite (**Math.**, IV, 11) qui représente les relations de divisibilité des nombres, et qui marque un progrès manifeste sur les figures analogues ébauchées dans les fragments de 1676 (**Math.**, IV, 17 b). On sait d'ailleurs que Leibniz s'est surtout occupé de la théorie des nombres en 1678-79 ; voir le fragment intitulé : *Invenire triangulum rectangulum in numeris, cujus area sit quadratus*, 29 déc. 1678 (Math., VII, 120-5), et d'autres fragments analogues inédits : **Math.**, III, A, 16 ; III, A, 30 ; III, B, 8 (12 déc. 1675) ; III, B, 19 (avril 1676) ; III, B, 20 (4 déc. 1678) ; IV, 4 (juil. 1679) et les fragments cités p. 478, note 5, relatifs aux problèmes de Diophante. Cf. l'*Appendice* de la *Lettre d'Eckhard à Molanus* du 10 oct. 1679 (Phil., I, 306).

2. *Lettre à Clüver*, 18/28 mai 1680 : « Resolutio numerorum in factores primitivos, et inventio certæ notæ reciprocæ, qua primitivi a derivatis sine tabulis et calculi molestia discerni possint, res est nondum satis a quoquam tractata. » (Phil., VII, 18.)

3. *Lettre à l'éditeur du Journal des Savants* (février 1678) : *Observation nouvelle sur la manière d'essayer si un nombre est primitif* (Math., VII, 119-120).

on aura :
$$\Sigma a^n = \Sigma a = a + b + c + \ldots = x.$$

Donc $(x^n - x)$ est divisible par le nombre premier n. Or :
$$x^n - x = x(x^{n-1} - 1)$$

Par conséquent, si x n'est pas divisible par n (c'est-à-dire est premier avec n), c'est $(x^{n-1} - 1)$ qui doit être divisible par n. C'est précisément là le *théorème de Fermat* :

« Si le nombre entier x n'est pas divisible par le nombre premier p, $x^{p-1} - 1$ est divisible par p. »

Ce théorème fondamental de la Théorie des nombres a ce caractère remarquable, d'énoncer une propriété générale des nombres premiers [1], bien que ce ne soit pas une propriété caractéristique (ou exclusive) comme Leibniz le croyait [2]. Quoi qu'il en soit, la démonstration précédente est la première connue, et reste une des plus élégantes et des plus simples [3]. Elle est une preuve en quelque sorte expérimentale de la fécondité de la Combinatoire conçue par Leibniz ; elle confirme d'une manière éclatante ses vues sur l'importance de la science de l'ordre et des combinaisons, et sur ses relations avec les autres sciences mathématiques.

---

1. « Hinc tandem duci potest aliquid hactenus Analyticis incognitum, aequatio nempe generalis pro Numero primitivo. Quae *Numeri primitivi proprietas reciproca* esse reperitur, ut si e non sit primitivus, etiam $x^e - x$ per e dividi non possit. » (*Math.*, VII, 180.) Cf. *Nouveaux Essais*, IV, xvii, § 13.

2. La première propriété *caractéristique* des nombres premiers (pouvant leur servir de définition) est le *théorème de Wilson*, publié par WARING en 1770, et démontré par LAGRANGE en 1771. M. VACCA a découvert dans les manuscrits inédits de Leibniz un théorème fort analogue à celui de Wilson (mais non réciproque ou convertible), à savoir :

« Si a est un nombre premier, $(a-2)! - 1$ est divisible par a. » (**Math.**, III, B, 11, f. 10.)

3. M. CANTOR, III, 319. Voir G. VACCA, *Intorno alla prima dimostrazione di un teorema di Fermat*, ap. *Bibliotheca mathematica*, t. VIII, p. 46 (1894), et une note *Sui manoscritti inediti di Leibniz*, ap. *Bollettino di bibliografia e storia delle scienze matematiche*, 4° trimestre 1899 (Torino, Clausen). M. VACCA a établi que la découverte des coefficients polynomiaux est antérieure à 1678, et celle du théorème de Fermat à 1683. On lit en effet sur un feuillet daté du 1er juin 1683 : « Acquatio primitivi. Hic tandem arcanum illum detexi... $2^{y-1} - 1 : y$ est integer... » (**Math.**, III, B, 17, f. 3). Nous avons trouvé dans un autre fascicule un fragment qui commence par ces mots : « Definitionem realem seu aequationem numeri primitivi ita demonstrabimus... » et où le théorème de Fermat est présenté sous la forme :
$$2y - 2 = by.$$
(**Math.**, III, B, 12.)

APPENDICE IV

SUR LEIBNIZ FONDATEUR D'ACADÉMIES

1. Nous ne prétendons pas retracer ici, même sommairement, l'histoire des nombreux projets d'Académies conçus par Leibniz. Nous nous proposons seulement d'en dégager les idées directrices et les caractères essentiels; de montrer qu'ils se sont succédé avec une parfaite continuité de vues depuis sa première jeunesse jusqu'à sa mort; et de les rattacher tous à son grand dessein de l'Encyclopédie [1].

On sait que Leibniz avait dès 1668 le dessein de publier des *Semes-*

---

[1]. Les principaux documents se trouvent dans *Klopp*, t. I et X, et dans *Foucher de Careil*, t. VII. Voir KLOPP, *Leibniz der Stifter gelehrter Gesellschaften*, Vortrag bei der 23. Philologen-Sammlung zu Hannover (Leipzig, Teubner, 1864). Tous les documents relatifs à l'Académie de Berlin (dont beaucoup d'inédits) sont réunis, avec quelques autres, dans le tome II de HARNACK, *Geschichte der kön. preuss. Akademie der Wissenschaften zu Berlin* (Berlin, 1900). Nous les citerons simplement par leur numéro d'ordre, étant sous-entendu qu'il s'agit du tome II (volume consacré aux documents). M. Harnack les a soigneusement classés par ordre chronologique, et il a pris la peine (que n'ont pas prise les éditeurs de Leibniz) d'indiquer où ils avaient été publiés précédemment. Il est fâcheux toutefois qu'il semble ignorer l'édition Foucher de Careil. M. HARNACK rattache, lui aussi, les projets d'Académies conçus par Leibniz à son grand projet d'une Caractéristique universelle. Mais il se trompe sur la nature de celui-ci, lorsqu'il dit qu'il ne s'agissait pas de créer « un Volapük », mais simplement une écriture lisible en toutes les langues (t. I, p. 26, note 1). Leibniz déclarait expressément qu'il voulait créer une *langue* universelle, parlée et écrite, et non pas seulement une « pasigraphie » (voir les textes inédits cités p. 59, note 2; p. 78, note 2). Il se trompe également quand il croit que Leibniz « a dû s'apercevoir vers la fin de sa vie que ce problème était insoluble », car Leibniz eut jusqu'au bout l'espoir de créer sa Caractéristique. (Voir *Lettre à Remond* du 10 janv. 1714, citée Chap. V, § 26, fin, et *Lettre à Lange*, du 5 juin 1716, ap. Note XIX.) Enfin il prétend que Leibniz a reconnu l'absurdité de l'entreprise d'une langue universelle, qui, dit-il, ne ferait qu'ajouter à une demi-douzaine de langues civilisées (*Cultursprachen*) une septième. Absurde ou non, ce projet fut pourtant celui de Leibniz. Et nous ne voyons pas plus que Leibniz ce qu'il y a d'absurde dans le projet d'instituer une langue internationale qui ne se *juxtaposerait* pas, mais se *superposerait* aux langues nationales, remplacerait pour chaque peuple toutes les langues étrangères, et dispenserait d'apprendre les cinq ou six langues auxquelles M. Harnack, avec un exclusivisme hautain,

tria literaria [1]. Voici d'où lui était venue cette idée : deux fois par an, à Pâques et en automne, avait lieu à Francfort sur le Mein une grande foire où, entre autres marchandises, on vendait des livres, de sorte que les livres nouveaux paraissaient de préférence à ces deux époques de l'année, et qu'à chaque foire on publiait un Catalogue des livres nouveaux. Leibniz proposait de perfectionner ce moyen de publicité, et de le faire servir au progrès des sciences et de l'érudition. Au lieu d'un simple catalogue commercial ne contenant que les titres des ouvrages avec le nom des auteurs et le prix, il aurait voulu publier une analyse de chaque livre, indiquant les connaissances nouvelles ou les renseignements intéressants qu'il contiendrait. En cela, il se proposait d'imiter les revues savantes qui paraissaient en France (*Journal des Savants*), en Angleterre (*Philosophical Transactions*) et en Italie (*Giornale di Letterati*) [2], avec cette différence, qu'il voulait s'abstenir de toute critique, et se borner à un compte rendu impartial des œuvres. La meilleure manière de critiquer les œuvres insignifiantes ou mauvaises était de les passer sous silence. Par là, Leibniz espérait remédier à l'encombrement du marché littéraire, aider les libraires à faire connaître leur marchandise, et surtout aider le public à se reconnaître dans la foule des productions nouvelles, à distinguer la minorité des bonnes de la multitude des médiocres, en un mot, le diriger dans le choix de ses lectures. Cette publication devait encore rendre service à ceux qui n'auraient pas le temps de lire les livres nouveaux ou le moyen de se les procurer, en leur en faisant connaître la substance et en remplaçant la lecture des originaux. Enfin ceux même qui les auraient lus retrouveraient dans la revue un résumé et un memento

---

réserve la qualité de *civilisées*. M. Harnack prête tout bonnement à Leibniz ses préjugés contre la langue universelle, qu'il exprime ailleurs en son nom personnel (t. II, p. 189). Si le problème d'une *langue* universelle est plus difficile que celui d'une *écriture* universelle (comme Leibniz le reconnaissait), il n'est pourtant pas « insoluble », et encore moins « absurde », étant donné que les chimistes, par exemple, n'ont pas seulement inventé un système de signes, mais une nomenclature internationale. La principale objection de M. Harnack est que les concepts des diverses langues ne coïncident pas exactement, et que les mêmes mots n'ont pas le même sens; d'où il suit que l'on ne pourrait pas rendre les finesses et les nuances de chacune d'elles. Mais n'est-ce pas là un inconvénient et une imperfection communs à toutes les traductions? Pourquoi exiger de la langue universelle ce que l'on ne songe pas à exiger de n'importe quelle langue vivante? En tout cas, on peut affirmer que les notions scientifiques (à la diffusion desquelles la langue universelle serait surtout destinée) *doivent* être rigoureusement les mêmes dans toutes les langues et pour tous les peuples, s'il est vrai, comme le reconnaît M. Harnack lui-même, que c'est un non-sens de parler de « science nationale » (t. I, p. 17).

1. Chap. V, § 4.
2. *Klopp*, I, 142; *Foucher de Careil*, VII, 81.

de leurs lectures qui les aiderait à les retenir et à les digérer. La revue bibliographique des livres parus à chaque foire de Francfort devait paraître environ six semaines plus tard à la foire (également semestrielle) de Leipzig, où elle pourrait servir de guide aux acheteurs de livres [1].

2. Pour réaliser ce projet, Leibniz avait besoin de la protection de l'évêque-électeur de Mayence, Jean-Philippe de Schönborn, archichancelier de l'Empire, à qui il avait dédié en 1667 sa *Nova Methodus* [2]. Aussi proposait-il de lui conférer la direction ou le commissariat de la librairie allemande, c'est-à-dire la censure des livres dans tout l'Empire [3]. Il avait besoin, en outre, d'un privilège de l'Empereur pour ses *Semestria literaria* [4]; à cette fin il fit, et fit faire par Boineburg et d'autres, maintes démarches à la cour de Vienne, en 1668-69, sans succès, à ce qu'il semble.

Pour exercer le commissariat des livres au nom de l'électeur de Mayence, Leibniz propose de fonder une Société qui aurait pour objet de faciliter la correspondance entre les savants de tous pays, d'entretenir notamment des relations avec les Académies de France, d'Angleterre et d'Italie, et de composer une Bibliothèque universelle, avec des index. Pour lui préparer le travail, les auteurs devraient être astreints à mettre en tête de leurs livres un résumé indiquant les idées essentielles et les vérités nouvelles qui y sont contenues. La Société devrait en outre travailler au progrès des sciences, de la médecine en particulier, en faisant recueillir des observations et en instituant des expériences. Pour trouver les fonds nécessaires à l'entretien de la Société, Leibniz propose un impôt sur le papier; que si cet impôt diminuait un peu la production littéraire, il n'y verrait aucun inconvénient, au contraire. Il voudrait une censure qui réprimât la multitude des livres mauvais ou superflus, et favorisât la diffusion des bons ouvrages. Cette censure serait exercée par les Universités [5].

---

1. V. *Nuclei Librarii Semestralis Utilitas, imo Necessitas*, notamment § 18 (*Klopp*, I, 86-91).
2. *Leibnitius Electori Moguntino Johanni Philippo a Schœnborn dedicat scriptum suum: Nova Methodus docendi discendique juris* (*Klopp*, I, 3-5).
3. *Die Direction des deutschen Bücherwesens an Churmainz zu ziehen*, 1668 (*Klopp*, I, 9; *Foucher de Careil*, VII, 1); *Notanda das Bücher-Commissariat betreffend, für den Kurfürsten von Mainz* (*Klopp*, I, 11; *Foucher de Careil*, VII, 5; Harnack, n° 2 a).
4. Pour alimenter les *Semestria*, Leibniz proposait d'instituer le dépôt obligatoire des livres nouveaux (*Klopp*, I, 90).
5. *De vera ratione Reformandi rem literariam Meditationes*, 1668 (*Klopp*, I, 17; *Foucher de Careil*, VII, 20; Harnack, n° 2 b). La première idée de cette Société savante a dû être suggérée à Leibniz par la *Societas quærentium*, dont il avait fait partie pendant son séjour à l'Université d'Iéna, en 1663 (Voir Guhrauer, I, 33).

3. Cependant, le projet de Leibniz grandissait peu à peu dans son esprit. Pour mettre de l'ordre dans le chaos des publications nouvelles, on dresserait des Index et des Répertoires méthodiques de tout ce qui aurait paru dans la revue, de manière à classer non seulement les livres, mais les matières et les connaissances qu'ils contiennent, et à permettre de les retrouver aisément. On composerait ainsi peu à peu une Histoire littéraire, qui deviendrait avec le temps un Inventaire de toutes les connaissances écrites [1]. Mais on ne se contenterait pas d'enregistrer les documents déjà publiés : on en publierait d'inédits, soit anciens, oubliés dans les manuscrits et enfouis dans les bibliothèques et les archives, soit nouveaux, mais inconnus ou méconnus. On publierait même des extraits particulièrement intéressants des livres anciens ou modernes rares. La revue servirait aussi d'intermédiaire entre les chercheurs; elle publierait les questions des uns, les réponses des autres, et des « consultations sur le moyen de corriger et d'augmenter les sciences, et sur la méthode » [2]. D'autre part, toutes les connaissances ne se trouvent pas consignées dans les livres ou les manuscrits : la revue publiera donc toutes sortes de documents et de descriptions touchant les arts, les voyages, les faits de guerre, les antiquités, l'histoire naturelle, les instruments, les jeux, les métiers. Elle recueillera et classera tous les faits historiques, les observations et les expériences [3]. Tout cela servira de matière à l'Encyclopédie, qui est la fin de cette entreprise [4].

Pour venir à bout d'un si grand travail, Leibniz se voit obligé de faire appel à des collaborateurs, et, comme il y faut une unité de méthode et d'esprit et une entente absolues, il rêve de constituer une société de savants; il espère à cette fin obtenir pour elle un privilège perpétuel, et il compte sur des fondations publiques et privées

---

1. L'« Inventorium quoddam scientiæ humanæ libris proditæ » réclamé par Bacon (*Klopp*, I, 89).

2. Même, pour faciliter les relations entre les savants, Leibniz propose d'organiser un *Bureau d'Adresse général des gens de lettres* (*Klopp*, I, 39; *Foucher de Careil*, VII, 156), à l'imitation de celui que Théophraste Renaudot avait fondé à Paris sous Richelieu (en même temps que la *Gazette de France*). Leibniz y fait allusion dans un projet bien postérieur : *Errichtung eines Notiz-Amtes* (*Foucher de Careil*, VII, 363).

3. *Klopp*, I, 41, 42; *Foucher de Careil*, VII, 159, 162.

4. « 1. *Notitia rei librariæ*, id est index bonorum librorum, sedesque materiarum.... 2. *Historia literaria*, ubi et de originibus scientiarum atque inventionum. 3. *Desiderata literaria*, seu consultationes de emendandis augendisque scientiis, ac de Methodo. 4. *Excerpta ex autoribus*, quo paulatim maxime utilia quæ in iis continentur in commune Reipublicæ ærarium referantur. 5. *Publicatio ineditorum* aut rariorum, sive veterum codicum, sive novorum operum.... 6. Finis universi operis : elaboratio Encyclopædiæ.... » *Consilium de Literis instaurandis condendaque Encyclopædia* (*Klopp*, 1, 48).

pour en constituer et en accroître les revenus[1]. Il énumère les qualités morales qu'on devra exiger des sociétaires : ils devront avoir horreur des plagiats, de l'esprit de secte et de système, des disputes et des rivalités; ils ne devront pas avoir d'amour-propre ni de jalousie, ni d'ambition égoïste, ni surtout l'amour de l'argent; ils devront être unis par le pur amour de la science et de la vérité.

4. Ce projet paraît s'être développé dans les années suivantes (1669-72), comme en témoignent deux plans de sociétés que Klopp rapporte à cette époque[2]. Le premier[3] a un caractère religieux très marqué : son préambule moral et pieux sur la foi, l'espérance et la charité, et l'allusion élogieuse au P. Jésuite Spee (§ 16) nous font conjecturer que ce mémoire était destiné à l'évêque de Mayence, qui avait justement recommandé à Leibniz la lecture du livre du P. Spee sur les trois vertus théologales[4]. Il se termine par un projet de réconciliation des catholiques et des protestants, où Leibniz pose déjà comme condition du compromis qu'on ne soit pas obligé d'accepter les décisions du Concile de Trente.

Le second plan[5], resté inachevé, a plutôt un caractère patriotique : Leibniz y célèbre le génie allemand, et lui fait gloire de ses inventions pratiques. Il s'étend surtout sur la Médecine, à laquelle la société projetée ferait faire de grands progrès en recueillant et coordonnant les observations que les médecins dédaignent d'écrire et laissent perdre[6]. Il propose en exemple les Académies étrangères, et aussi certaines sociétés savantes d'Allemagne, la *Societas frugifera* et l'*Ordre du Cygne* de l'Elbe, consacrées au perfectionnement de la

---

1. *Propositio* (Klopp, I, 52-56).
2. HARNACK leur assigne même la date plus précise 1669-70.
3. *Grundriss eines Bedenckens von auffrichtung einer Societät in Teutschland zu aufnehmen der Künste und Wissenschafften* (Klopp, I, 111-133; Foucher de Careil, VII, 27-63; HARNACK, n° 3).
4. Cf. *Lettre à l'Électrice Sophie* (Phil., VII, 550), où Leibniz dit qu'il lui envoie sa traduction du *Dialogue* du P. Spee (V. Note X).
5. *Bedenken von auffrichtung einer Academie oder Societät in Teutschland zu aufnehmen der Künste und Wissenschaften* (Klopp, I, 133-148; Foucher de Careil. VII, 64-93; HARNACK, n° 4). Cf. le *Mémoire pour des personnes éclairées* (Foucher de Careil, A, 290-1), la *Consultatio de Natura cognitione* (Foucher de Careil, VII, 116, 118) et le *Plan zu einer teutschliebenden Genossenschaft*, où il est dit que « le siècle est aux sociétés ». (Foucher de Careil, VII, 390-1.)
6. Le *Bedenken* se termine par une vive satire des médecins (§§ 22-25), qui rappelle les railleries si sérieuses et si pénétrantes, sous leur apparence bouffonne, de Molière. Comparer par exemple l'anecdote de Fioravante (§ 23) avec les contes de Martine dans le *Médecin malgré lui* (acte I, scène v). On trouve dans les manuscrits de Hanovre un fragment sur l'amélioration de la Médecine, qui constitue une satire piquante des médecins, et de leur « methodus medendi vel occidendi » (Bodemann, p. 220). On sait que Leibniz avait vu jouer Molière, sans doute dans le *Malade imaginaire*. V. Lettre à Tenzel, 1694 (Guhrauer, II, 463).

langue (comme l'Académie française et l'Accademia della Crusca)[1], et le *Collegium Medicorum Naturæ curiosorum*, qui a commencé depuis un an, dit-il, à publier des observations médicales (§ 16).

5. C'est sans doute à la même époque qu'il faut rapporter le projet d'une *Société Philadelphique* dont le but, assez vaguement indiqué, serait de propager les sciences et de les faire progresser, particulièrement la Médecine (§§ 6-22)[2]. En revanche, Leibniz détaille avec complaisance les voies et moyens de cette institution. Il désirerait que ce fût un ordre religieux ; mais il se défie des ecclésiastiques, plus amis de la tradition que de la raison[3]. Il ne manifestera pas toujours la même défiance ; nous verrons pourtant qu'elle était justifiée. Il se demande ensuite si la société devra être une communauté laïque : mais la cohabitation et la vie commune sont presque impossibles à des gens mariés. Le lien de la société sera donc purement moral : ce sera un serment d'obéissance ; en échange de sa liberté, chaque sociétaire recevra un traitement qui le mettra à l'abri du besoin et lui permettra de vaquer librement à l'œuvre commune.

Mais d'où la société tirera-t-elle ses ressources? Elle sera d'abord exempte de tous impôts, en échange de quoi elle pourvoira gratuitement à tous les services publics, fournira magistrats, avocats, médecins, professeurs, etc., ce qui lui acquerra la faveur populaire et une grande influence, « à l'exemple des Jésuites »[4]. Ensuite, elle s'enrichira par le commerce, grâce à la franchise douanière ; elle s'installera en Hollande, dans le pays le plus commerçant de l'Europe à cette époque, et elle en accaparera peu à peu le commerce et les richesses. Elle sera d'ailleurs patronnée à la fois par le pape, l'empereur et le roi de France. Elle nouera des relations étroites avec les sociétés savantes et les ordres religieux, notamment la Compagnie de Jésus. Ses membres ecclésiastiques se feront confesseurs pour capter les héritages (toujours à l'imitation

---

1. La *Societas frugifera* ou *Ordre du palmier* avait été fondée en 1617 par le prince Louis d'Anhalt, à l'imitation de l'*Accademia della Crusca*. Jungius avait institué en 1622, à Rostock, une *Société zététique* ou *éreunétique* (*Societas quærentium*) consacrée à l'étude des sciences naturelles et aux recherches expérimentales.

2. *Quædam de Societate Philadelphica proponenda Leibnitii annotata* (Klopp, III, 307 [les 10 premiers paragraphes seulement] ; *Foucher de Careil*, VII, 94-106). Ce mémoire est divisé en courts paragraphes, comme ceux de cette période.

3. « § 11. Societas talis stabiliri nulla melius ratione posset, quam religiosorum conspiratione ; sed quando illa gens rationem non audit, instituta tantum majorum sequitur, frustra per illos quicquam tentaveris. » (*Foucher de Careil*, VII, 95.)

4. « Exemplo Jesuitarum gratis docentium », § 25 (*Foucher de Careil*, VII, 97).

des Jésuites). Elle exploitera les privilèges ou brevets des inventions dues à ses membres, et dont elle gardera le secret (§§ 32, 44). Enfin elle aura la haute main sur les universités (§ 48), sur le gouvernement, sur l'armée, sur la marine, sur les colonies [1], qu'elle remplira de ses membres et de ses élèves (§ 49). Elle acquerra ainsi une extension internationale et une influence universelle qui lui permettront de mettre fin aux guerres et d'empêcher les injustices et les violences entre les nations (§ 50). C'est un rêve étrange et séduisant que celui de cette espèce d'Internationale des savants, calquée sur la Compagnie de Jésus, et qui ferait servir au progrès des sciences et au bonheur du genre humain une puissance et des méthodes d'action analogues à celles que les Jésuites mettaient au service de la politique pontificale [2]. On verra plus loin (§ 10) que ce rêve de jeunesse a hanté l'esprit de Leibniz jusque dans l'âge mûr [3].

6. Leibniz ne perdit pas de vue son grand projet pendant son séjour à Paris; le spectacle de l'activité scientifique de la France et de l'Angleterre semble au contraire avoir excité son patriotisme et lui avoir inspiré le désir de voir son pays rivaliser avec les autres. C'est de Paris (mai 1676) qu'est daté un plan d'Encyclopédie où il proposait d'instituer une société savante sur le modèle des ordres religieux [4]. Il s'étonnait que de tant de fondations pieuses, aucune ne fût consacrée au progrès des sciences et au bonheur du genre humain; il regrettait que tant de richesses fussent accaparées et immobilisées par les ordres religieux, et semblait désirer qu'on en mît une partie au service de la science [5].

Le même projet se trouve développé dans un autre mémoire qui contient des détails pratiques, et même une liste des savants à qui

---

1. Elle fondera des colonies et accaparera le commerce de l'Orient, où elle enverra des missions scientifiques (§ 39). Remarquer qu'il n'est pas question de missions religieuses.
2. Il ressemble beaucoup à la théocratie ou à l'aristocratie scientifique rêvée par Renan.
3. On remarquera qu'il n'est pas question d'Encyclopédie dans ce projet. La Société servirait de lien entre tous les savants; elle établirait entre eux une « correspondance universelle », elle dirigerait et coordonnerait leurs recherches (§ 8).
4. *Methodus physica. Characteristica. Emendanda. Societas sive ordo* (**Phil.**, V, 6 c, 9-10) publié par *Klopp* (III, 308) et *Foucher de Careil* (VII, 101-105) sous le titre : *De fundatione ad scientiam provehendam instituenda*.
5. « Cum multi adeo sint Ordines praeclaraeque fundationes, mirandum est, neminem unquam quicquam tale fundasse, in quo cum religione etiam humani generis praesens felicitas procuraretur » (variante pour les 2 derniers mots : « utilitas combinaretur »).
« Cum coenobia nonnulla tantis abundent divitiis, optandum esset, quod ipsis superest ultra victus ac commoditatem, scientiarum verarum incrementis impendi, quibus maxime gloria Dei celebratur ».

Leibniz veut écrire pour leur proposer de faire partie de la Société [1]. Il s'agit toujours d'une Société impériale allemande [2], dont les travaux auraient un but patriotique et utilitaire : perfectionner les sciences naturelles et leurs applications pratiques, et les répandre dans le peuple allemand en employant la langue nationale.

Enfin, dans un mémoire latin daté de juin 1679 [3], Leibniz s'adresse aux savants, aux hommes de bonne volonté, pour les inviter à collaborer avec lui à l'Encyclopédie; il leur soumet le plan de cette œuvre collective, et leur propose sa méthode, c'est-à-dire l'Art d'inventer, dont il a découvert des secrets admirables. Il présente d'ailleurs son projet sous une forme modeste, à titre d'opinion et de proposition, et sollicite l'avis de ses collaborateurs éventuels [4].

7. Il ne cessait pas, d'ailleurs, de compter sur l'appui d'un souverain, en particulier du duc Jean-Frédéric de Hanovre, qu'il entretenait sans cesse de ses nombreux projets. Le premier de ceux-ci était, naturellement, la formation de la Bibliothèque ducale, dont il était primitivement chargé [5]. Un second était de réunir les Archives du duché, pour connaître exactement les droits et les relations politiques des ducs [6]. Il proposait de faire pour le duc un « extrait de tous les Archives du pays », qui lui servirait de « Manuel » ou de guide de politique et de gouvernement [7]. Puis il sollicitait du duc un bénéfice ecclésiastique, pour subvenir à ses travaux et entreprises scientifiques, « car V. A. S. sçait bien », disait-il, « que le meilleur usage qu'on en peut faire... est de les donner à des gens qui travaillent à l'avancement des sciences [8] ». C'était, nous le

---

1. *Consultatio de Naturæ cognitione ad vitæ usus promovenda, instituendaque in eam rem Societate Germana, quæ scientias artesque maxime utiles vitæ nostra lingua describat patriæque honorem vindicet* (*Klopp*, III, 312; *Foucher de Careil*, VII, 105-126; HARNACK, n° 5).
2. *Foucher de Careil*, VII, 118-119 : « *Societatem Cæsaream*, ... sub hoc signo Aquilæ. »
3. *Consilium de Encyclopædia nova conscribenda methodo inventoria* (**Phil.**, V, 7).
4. « *Summa Consilii* est Notitiarum humanarum potissimarum dudum cognitarum vitæ utilium ordinatio *ad inveniendum* apta. » (**Phil.**, V, 7, 1 verso.) Cf. la *Consultatio de Naturæ Cognitione* : « *Summa Consilii* est Notitiarum humanarum potissimarum ordinatio *ad Usum Vitæ*, sive Encyclopædia vera » (*Foucher de Careil*, VII, 124.) et l' « *Opinio Proponentis* » (*ibid.*, p. 124).
5. Voir *Lettres au duc Jean-Frédéric*, 1677-79 (*Klopp*, IV, 378, 426, etc.), notamment pour l'achat de la bibliothèque de Martin Fogel, de Hambourg (*ibid.* p. 385).
6. Voir *Von nützlicher einrichtung eines Archivi* (*Klopp*, IV, 415; *Foucher de Careil*, VII, 127). Cf. *Lettre au duc Ernest-Auguste*, avril 1680, § 7 (*Klopp*, V, 62).
7. Voir *Lettre au duc Jean-Frédéric* (*Klopp*, IV, 409). Cf. *Repræsentanda*, janv. 1680 (*Klopp*, V, 57), et *Entwurf gewisser Staatstafeln* (*Klopp*, V, 303), où Leibniz vante l'utilité des inventaires et des tableaux synoptiques en général, et les compare au fil d'Ariane (p. 308).
8. *Lettre au duc Jean-Frédéric* (*Klopp*, IV, 443).

savons, son idée fixe de laïciser indirectement les richesses inutilement immobilisées entre les mains des congrégations, en les consacrant aux recherches scientifiques. Aussi proposait-il bientôt au duc « une nouvelle chimere » : c'était de lui accorder la surveillance des cloîtres, des fondations pieuses, des pensions stipendiales, etc., pour faire servir les biens ecclésiastiques à des causes pieuses, *non pas comme le vulgaire l'entend*, mais bien à l'avancement des sciences. Il espérait par là diriger les études, notamment à l'université d'Helmstädt, encourager les travaux utiles, subvenir aux expériences et susciter des découvertes. Le but final de ce projet apparaît clairement :

« En effet, je ne voy point de meilleure voye pour obtenir des preparatifs necessaires au grand dessein de cette langue ou caracteristique surprenante dont j'ay parlé quelques fois, et qui me paroist plus propre à en eterniser le promoteur que quoy que ce soit au monde, quoyque ceux qui aideront à en faire les preparatifs ne s'en appercevront pas » [1].

Aussi n'est-on pas étonné de trouver dans un mémoire intitulé *De Republica*, daté de septembre 1678, après beaucoup d'autres projets politiques ou scientifiques [2], le plan d'une Société ou plutôt d'un ordre scientifique [3], analogue à celui des Jésuites, et qui serait du

---

1. *Lettre au duc Jean-Frédéric* (Klopp, IV, 429). Cf. le fragment *Phil.*, VII, 40 (cité p. 80, note 2), et la fin de la *Methodus physica*, mai 1676 (Klopp, III, 308; Foucher de Careil, VII, 101). Leibniz dit, en parlant de l'Université d'Helmstädt : « que n'y feroit-on pas, si ces Messieurs des Universités trouvoient leur conte aussi bien dans les realités que dans les subtilités en l'air? » Voir une *Lettre* analogue *au duc Ernest-Auguste*, avril 1680, § 8 (Klopp, V, 62).

2. A savoir : une *Topographia politica*; une liste de tous les écrits qui paraissent; des *Historica monumenta*; une Caisse d'assurances, de pensions et de retraites ; un Mont-de-piété, un Bureau d'adresses, une Académie des sciences et langues semblable à celle de Turin, enfin un *Collegium combinatorium*, c'est-à-dire un laboratoire de recherches pour les savants (on sait que Combinatoire est pour Leibniz synonyme d'*Art d'inventer*). Ce projet d'Académie se retrouve dans la *Lettre au duc Ernest-Auguste* d'avril 1680, § 12; Leibniz propose de l'installer à Göttingen, où se trouve déjà un Gymnase ducal florissant. (Par Académie, on entendait une sorte d'École supérieure ou d'Université.)

3. « L'ordre de la charité, *Societas Theophilorum vel Amoris Divini* sollen wahrhafftig *ad gloriam Dei* gehen, solche gegen die Atheisten aus der Natur und verwunderungswürdigen wercken Gottes behaupten, alda anfangen, wo die Jesuiter aufhören, und die *studia* tractiren, welche die Jesuiter nicht pflegen zu treiben, nehmlich *Naturæ arcana*, und arme krancke Leute umbsonst curiren, die jugend *in altioribus studiis* informiren, absonderlich *in Theologia mystica, so summus hujus instituti gradus*, dazu die *chymica* und *arcana naturæ* eine herrliche anleitung geben. *Scholasticam theologiam* sollen sie nicht tractiren, sondern den Jesuitern überlassen, wie auch *Philosophiam scholasticam*; sollen nur dasjenige tractiren, was ohne *stylo scholastico communi loquendi more* zu tractiren. Dieser were der allerherrlichste *institutum*, so zu ersinnen, und köndte sich in der ganzen welt ausbreiten, denn nichts angenehmer seyn würde als diese Menschen. Dieser order mösste guthe intelligenz und gleich-

reste en relations avec lui [1]; qui s'occuperait précisément des études scientifiques que les Jésuites négligent, et leur abandonnerait en revanche la philosophie et la théologie scolastiques [2].

Il semble que Leibniz ait réussi à faire agréer ce projet au duc de Hanovre, car il lui écrivait : « V. A. S. s'est proposé d'établir un jour une manière d'assemblée pour l'avancement des sciences. »... « V. A. S. m'a donné ordre d'ébaucher un jour le plan de cette assemblée »[3]. Mais pour faire aboutir ce projet, il fallait trouver des ressources financières. Leibniz espérait les tirer des mines du Harz, dont il disait : « V. A. S. a dans son pays un trésor presque inépuisable »[4]. Aussi songeait-il aux moyens d'améliorer les mines et la métallurgie [5]. Il avait inventé une machine à élever les eaux, plus commode et plus puissante que les pompes, qu'il voulait employer à épuiser l'eau des mines [6], et il proposait d'en faire l'expérience à ses frais et à ses risques. Mais il semble que l'expérience ne réussit pas, ou du moins qu'elle ne parut pas suffisamment probante au directeur des mines [7].

Malheureusement, le duc Jean-Frédéric mourut le 28 décembre 1679, et Leibniz eut tout à recommencer sur nouveaux frais avec son successeur le duc Ernest-Auguste. Une fois confirmé par celui-ci dans ses charges et dignités, il lui soumit derechef ses divers projets relatifs aux Archives, à l'Académie de Göttingen, aux mines du Harz, etc. [8]. Il lui adressa un mémoire en allemand [9],

---

sam confraternität mit den Jesuitern und andern orden halten. » (*Klopp*, V, 22.) C'est ce plan d'une *Societas Theophilorum* qui forme le couronnement du *Plus Ultra* (*Phil.*, VII, 51). Cf. les deux fragments **Theol.**, XX, 99-100, ap. *Bodemann*, p. 22 (cités p. 132, note 1).

1. Cf. le *De Societate Philadelphica* (*Foucher de Careil*, VII, 94) et la *Methodus physica... Societas sive ordo*, mai 1676 (*Klopp*, III, 308; *Foucher de Careil*, VII, 101).
2. Cf. le *Plan zu einer teutschliebenden Genossenschaft* (v. infra, § 11).
3. *Lettre au duc Jean-Frédéric*, 1679 (*Klopp*, IV, 401-2).
4. *Ibid.*, p. 404.
5. Voir *Lettres au duc Jean-Frédéric*, 1677 (*Klopp*, IV, 382, 383), 1679 (*ibid.*, p. 424); *Lettre à Lincker*, 1680 (*Klopp*, V, 14). C'est à cette époque que Brandt, qui avait inventé le phosphore en 1677, vint faire ses expériences à Hanovre (août 1678); Leibniz lui acheta le secret de la fabrication du phosphore au nom du duc de Hanovre, et il proposait d'envoyer Brandt dans le Harz. Voir *Lettres au duc Jean-Frédéric*, 1678 (*Klopp*, IV, 385, 389), et le *Contrat entre Leibniz et Brandt*, 14 juillet 1678 (*ibid.*, p. 388). Leibniz fait allusion à l'invention du phosphore dans son fragment « De Republica literaria » de mai 1681 (*Phil.*, VII, 69); il la raconta plus tard dans les *Miscellanea Berolinensia* (1710), p. 91-98 : *Historia inventionis Phosphori*.
6. *Lettre au duc Jean-Frédéric*, 1679 (*Klopp*, IV, 405).
7. Voir le *Rescrit du duc Ernest-Auguste*, du 31 juill. 1685 (*Klopp*, V, p. XL-XLII). FONTENELLE (*Eloge de Leibniz*) insinue que Leibniz fut trahi par les ouvriers employés à la construction et aux expériences de sa machine (*Dutens*, I, p. XL).
8. *Lettres au duc Ernest-Auguste*, 1680 (*Klopp*, V, 39, 42, 46, 58), cette dernière déjà publiée par GROTEFEND dans le *Leibniz-Album*, p. 17-18 (1846).
9. *Representanda*, janv. 1680 (*Klopp*, V, 50; *Foucher de Careil*, VII, 138).

pour l'exhorter à accroître la Bibliothèque, à lui adjoindre un musée des beaux-arts, un musée des arts et métiers, une collection minéralogique dont le Harz fournirait les éléments (car le Harz renfermait une foule de curiosités naturelles et formait, selon son expression, un véritable *Theatrum naturæ et artis*); des laboratoires, une imprimerie ducale, etc. [1] En même temps il proposait de former un *Corpus historicum* par la réunion des *Scriptores rerum Germanicarum*, de composer en particulier un *Corpus Brunsvico-Luneburgicum* [2], enfin, d'écrire l'histoire de la maison de Brunswick. De tous ces projets, qui témoignent de la curiosité universelle et de l'activité vraiment encyclopédique de Leibniz, le duc ne favorisa naturellement que celui qui pouvait servir son amour-propre et ses intérêts, et par le même rescrit qui constatait l'échec de la machine à épuiser l'eau, il chargeait Leibniz, comme par compensation, d'élaborer l'histoire de la maison de Brunswick et augmentait son traitement pour l'indemniser des frais que ce nouveau travail devait entraîner [3]. Dès lors, Leibniz avait un boulet rivé au pied, qu'il devait traîner toute sa vie [4].

8. On sait que pour chercher les documents qui devaient servir de matériaux à son histoire du Brunswick, et notamment pour élucider la question des relations des maisons de Brunswick et d'Este, Leibniz fut amené à faire un voyage de deux ans et demi en Allemagne et en Italie (1687-1690). Un peu avant ce voyage, il apprit que Paullini, médecin du duc de Savoie, avait conçu le projet d'un *Collegium historicum Germanorum*, qui travaillerait à l'histoire de l'Empire et des divers États allemands, et il y adhéra avec empressement [5]. Il voulait mettre ce Collège sous le patronage de l'Empereur, pour que toutes les archives princières lui fussent ouvertes. Il écrivait à ce sujet, dès décembre 1688 [6], à Job Ludolf, conseiller de l'Empereur [7]. Revenu à Hanovre, il entretenait une correspon-

---

1. Cf. *Lettre* (ou plutôt mémoire) *au duc Ernest-Auguste*, avril 1680, § 11 (*Klopp*, V, 62).
2. Qui eût porté le nom de son protecteur : *Corpus Ernestino-Augustum* (*Klopp*, V, 46, 62).
3. Rescrit du 31 juillet 1685 (*Klopp*, V, xl-xlii).
4. Voir la Note XV : Sur les distractions de Leibniz, et p. 167, note 5.
5. Voir *Foucher de Careil*, VII, 179-181. Leibniz cite encore l'exemple du *Collegium naturæ curiosorum*. (Rapprocher la p. 180 de la p. 116 de la *Consultatio de Naturæ cognitione*.)
6. *Foucher de Careil*, VII, 181 sqq.
7. Job Ludolf, historien et orientaliste (1624-1704), vivait à Francfort s. Mein. Il l'entretenait également de ses projets de philosophie comparée; voir ses *Lettres à Ludolf* ap. *Dutens*, VI, 1. Il ne dépendit que de Leibniz qu'il devînt historiographe de l'Empereur et de l'Empire. (Voir Klopp, ap. *Archiv für österreichische Geschichte*, t. XL : cité § 17.)

dance avec Ludolf et Paullini (en 1691-92)[1], et le projet était si bien arrêté dans son esprit et si avancé dans la réalité qu'il avait dressé une longue liste des adhérents de la future Société avec l'indication de la nature de leurs contributions respectives à l'œuvre commune[2]. Ce projet échoua, comme presque tous les projets analogues, faute d'entente et de désintéressement entre les collaborateurs[3].

Dans son voyage en Italie, il avait proposé d'occuper les congrégations religieuses aux recherches de physique et d'histoire naturelle, et de « transformer en quelque sorte les cloîtres en académies[4] ». C'était toujours la suite de ses projets de jeunesse : il considérait avec envie les richesses, les loisirs et les facultés dont les ordres religieux disposent; il pensait que tout cela serait mieux employé à l'étude de la nature, et que, n'en détournât-on qu'une faible partie au profit des sciences profanes, on ferait faire à celles-ci des progrès considérables[5].

9. Aussi espérait-il toujours faire exécuter son Encyclopédie par une société savante; et il comptait sur les Académies pour fixer les bases définitives de la *perennis philosophia*. Il disait à propos de Descartes : « On oubliera bientôt le beau Roman de physique qu'il nous a donné. C'est donc à la postérité de commencer à bastir sur de meilleurs fondemens, que les illustres Académies sont occupées de jetter en sorte que rien ne les puisse ébranler[6]. » Lorsqu'en 1693 Tschirnhaus lui parlait des avantages de la *Cabale*, c'est-à-dire d'une tradition orale destinée à conserver les découvertes secrètes entre les savants et à empêcher l'immixtion des ignorants[7], Leibniz,

---

1. *Foucher de Careil*, VII, 172 sqq., 193 sqq.
2. *Foucher de Careil*, VII, 201-210.
3. Guhrauer, II, 86. Il y a dans les manuscrits de Leibniz un certain nombre de pièces relatives au *Collegium historicum*, mêlées aux mémoires relatifs au projet (bien postérieur) d'une Académie impériale à Vienne; ce sont, dans la division XIII du catalogue *Bodemann*, les feuilles 164-5 : « De usu *Collegii imperialis historici* arcaniore cogitatio », mémoire adressé au comte de Kœnigseck, prochancelier de l'Empire (publié par *Klopp*, VI, 11); 168 à 173 : « *Propositio Imperialis Collegii historici...* » (publié par *Klopp*, VI, 4); 174 : « *Delineatio Imperialis Collegii historici...* »; 175 : « Einige *Excerpta* betreffend delineationem Imperialis Collegii historici », tirés des lettres de Paullini et de Job Ludolf; 178-9 : « Imperialis Collegii historici leges, a S. Cæs. Maj. confirmande », et 184 : Liste des membres futurs du *Collegium historicum* (*Bodemann*, p. 213).
4. Guhrauer, II, 92-93.
5. *Lettre à Magliabecchi*, 31 déc. 1689; autres lettres en 1692 (ap. Guhrauer, *loc. cit.*). On y retrouve les idées des mémoires antérieurs sur les rapports de la science et de la piété. (Cf. p. 137, note 6; p. 138, note 1).
6. *Lettre à Molanus*, non datée (*Phil.*, IV, 303). Leibniz y oppose les Académies aux « sectes » comme celle de Descartes (*ibid.*, p. 297).
7. Comme Ozanam, qui critiquait le Calcul infinitésimal de Leibniz, tout en le plagiant impudemment (*Math.*, IV, 517; *Briefw.*, I, 482). Cf. *Lettres à Foucher*, 1686, 1692 (*Phil.*, I, 381, 404).

qui avait toujours fait part au public avec désintéressement de ses inventions (au risque de se les voir dérober) [1], l'entendait tout autrement, et rappelait ses vues anciennes sur la « Cabale des sages », c'est-à-dire la Caractéristique [2]. Seulement, pour constituer cette Caractéristique et l'appliquer à l'élaboration de l'Encyclopédie, il faudrait une société de savants de bonne volonté [3]. Et Leibniz définit, avec beaucoup de bon sens et de finesse, les conditions morales que devrait remplir une telle société. Ce ne devrait être ni une société sans lien durable et sans union intime, comme les Académies libres, ni une société patronnée et subventionnée par les grands et les pouvoirs publics, comme les Universités et l'Académie Royale de Paris; parce que dans le premier cas elles manquent d'entente et de zèle pour l'œuvre commune, et dans le second cas, elles sont encombrées de parasites, protégés de courtisans, qui ne travaillent que pour l'argent et paralysent l'activité des autres membres. La société que souhaite Leibniz devrait être indépendante, fondée sur l'union volontaire et l'accord réciproque, et en même temps posséder en propre des biens et des revenus. Elle ne pourrait donc être que le résultat d'une fondation privée faite par des personnes généreuses et zélées pour la science. Il y a longtemps, dit Leibniz, qu'il a conçu ce projet; il y a bien un autre plan, lequel consiste à persuader à un prince d'assumer à lui seul l'initiative et les frais de l'entreprise; mais, puisque celui-ci, « plus facile en soi », n'a pas réussi, l'autre est le meilleur, ou plutôt le seul. Et il demande à Tschirnhaus si l'on ne pourrait pas fonder une telle société en Hollande. Il précise encore sa pensée en disant que cette société devrait ressembler à un ordre monastique ou à une congrégation comme celles de l'Église romaine. Ce n'est pas la première fois, nous le savons, que cette idée lui est venue.

10. Il n'est pas étonnant, dès lors, qu'il ait pensé à l'ordre puissant et si fortement organisé des Jésuites, et qu'il lui ait fait des ouvertures et des avances significatives. C'est ce qui ressort d'un

---

1. Voir *Lettre à Foucher*, janv. 1692 (*Phil.*, I, 404) et la fin du *De Solutionibus problematis catenarii vel funicularis*, in *Actis Junii 1691 aliisque a Dn. Jac. Bernoullio propositis*, citée p. 279, note 1. Cf. *Lettre à Jacques Bernoulli*, 2 déc. 1695 (*Math.*, III, 24).
2. « Was Sie sonst *de Cabbala* gedencken, verstehe ich *de Cabbala sapientum*, das ist *Characteristica*, deswegen Sie meine Gedancken wissen » (*Math.*, IV, 515; *Briefwechsel*, I, 479).
3. « Alleine zu rechten Gebrauch der *Cabbala* würde gehören eine Societät recht gelehrter und wohlgesinnter Leute » (*Math.*, IV, 518; *Briefw.*, I, 482). De même, ayant appris qu'une société de mathématiciens se fondait à Hambourg, il lui proposait d'exécuter les Tables algébriques dont il avait conçu depuis longtemps le projet (*Lettre à Placcius* du 8 sept. 1696, *Dutens*, VI, I, 49). Voir Appendice III, § 5.

curieux fragment consacré à une critique du Cartésianisme, comme « contraire à la Religion et à la pieté », et manifestement adressé aux Jésuites [1]. On sait que ceux-ci étaient depuis l'origine les adversaires de la philosophie cartésienne [2]. Leibniz blâme discrètement leurs excès de zèle, tout en approuvant en principe leur opposition à une philosophie dangereuse pour la religion ; il se présente comme un conciliateur, et comme le restaurateur de la philosophie péripatéticienne et scolastique [3] dont les Jésuites étaient les partisans et les défenseurs naturels ; enfin il leur propose « d'établir des Elemens demonstratifs et tout à fait rigoureux à la façon des Geometres, qu'on puisse enseigner seurement dans les écoles, et employer utilement dans la vie humaine »; et il ajoute, pour que personne ne puisse se méprendre sur le sens et l'adresse de cette invitation : « Et à mon avis les RR. PP. Jésuites sont les plus capables de donner ce bien au genre humain [4] ». Il termine en indiquant les raisons déjà connues pour lesquelles la Compagnie de Jésus lui paraît propre à un tel travail, et en faisant allusion à la méthode infaillible au moyen de laquelle on devrait l'exécuter, c'est-à-dire à la Caractéristique [5]. On ne sait quelle réponse les Jésuites firent à une offre

---

1. « C'est pourquoy je loue fort le zèle des RR. PP. Jesuites qui ont cru que le plus seur est de ne se pas eloigner sans necessité et sans demonstration des dogmes receus qui souvent interessent la religion. » Suit une énumération des Jésuites qui se sont occupés de philosophie et qui ont combattu Descartes (*Phil.*, IV, 346). Cf. *Lettre à Honoré Fabri*, 1676 ou 77 (*Phil.*, IV, 241 sqq.) et une curieuse *Lettre au landgrave* (1680) qui rappelle à la fois le fragment en question et le *De Republica* de sept. 1678 (v. § 7). Tout en blâmant la morale des Jésuites et leur opposition à la philosophie moderne, il leur propose une nouvelle philosophie qui effacerait celle de Descartes, et qui se démontrerait comme les *Éléments* d'Euclide. Il voudrait rendre la Compagnie de Jésus utile à l'humanité et à la civilisation en réformant son enseignement (plus littéraire que scientifique) et en l'employant aux œuvres de charité. Il dit même qu'il a soumis ce projet à quelques sommités de l'ordre (probablement pendant son séjour à Paris); on devine avec quel succès (Rommel, I, 281).

2. Voir ce qu'en dit Leibniz dans ses *Notata quædam circum vitam et doctrinam Cartesii* (*Phil.* IV, 321). Cf. Note 1 sur Thomas Barton.

3. Après avoir opposé (comme *Phil.*, IV, 297) l'esprit des Académies à l' « esprit de secte » des Cartésiens, il dit : « Je conclus qu'il est important de desabuser les hommes des opinions dangereuses ou inutiles, de retablir la reputation de la philosophie de S. Thomas et de tant d'autres habiles gens... de faire cesser cette manie des sectes... » (suit la phrase citée dans le texte) (*Phil.*, IV, 349).

4. Les sentiments de Leibniz à l'égard des Jésuites étaient un singulier mélange d'aversion pour leurs doctrines et de sympathie pour leurs personnes, leurs missions et leur organisation politique (voir Guhrauer, II, 98-99). On sait qu'il avait des relations amicales avec leurs missionnaires en Chine, et qu'il prit leur défense lorsqu'ils furent accusés d'apostasie, parce qu'ils étaient devenus mandarins. Il disait à propos de la brouille des Jésuites de France et de Rome : « J'aime les Ordres Religieux, et voudrois les voir en bon estat. » *Lettre au landgrave*, juil. 1690 (Rommel, II, 225).

5. « Je croy qu'on y pourroit contribuer considerablement en monstrant une methode dont on peut demonstrer, tant par un raisonnement necessaire par

si flatteuse et si désintéressée; mais on peut la deviner, d'après l'hostilité qu'ils témoignèrent plus tard au projet de fonder une Académie à Vienne.

11. La paix de Ryswyck (1697), que Leibniz déplorait, raviva le zèle patriotique dont nous l'avons vu animé dès sa jeunesse. Plus que jamais, il comprit la nécessité d'émanciper l'esprit allemand, et pour cela, de perfectionner la langue allemande, de l'affranchir des emprunts aux langues vivantes ou mortes; il espérait par là donner au peuple allemand la conscience de son unité et de son autonomie intellectuelles et morales, et favoriser en même temps son relèvement politique et économique [1]. Or le principal moyen qu'il proposait à cette fin était l'institution d'une Société « d'esprit allemand [2] ». C'est à cette époque que se rapporte probablement le plan d'une *Société teutophile* [3] qui rappelle, par son contenu, les projets de 1676. Leibniz y vante l'esprit allemand, qui est tourné vers les réalités; il célèbre les inventions allemandes, d'un caractère pratique, comme l'imprimerie, la poudre à canon, la machine pneumatique, le télescope et le microscope [4]. Il exalte les vertus de la langue allemande, qui sont telles qu'il est impossible d'y déraisonner, et qu'elle constitue une pierre de touche pour les pensées [5]. Il déplore seulement que les nobles et les bourgeois allemands, adonnés au jeu et à l'ivrognerie, ne montrent pas pour le progrès des

---

avance que par l'expérience effective de quelques essais, qu'elle y meneroit indubitablement; mais pour venir à l'exécution entière d'un ouvrage de cette force, qui seroit plustost grand que long, il faudroit que plusieurs personnes très capables y pûssent concourir d'une manière bien concertée et sous la direction de quelque autorité; ce qu'on peut attendre le mieux des membres d'une fleurissante Compagnie. » (*Ibid.* : corrigé d'après le ms. **Phil.**, VIII, 64-65.)

1. *Unvorgreifliche Gedanken, betreffend die Ausübung und Verbesserung der teutschen Sprache* (1697), publié par Eckhart dans les *Collectanea etymologica* en 1717 (*Dutens*, VI, 11; Guhrauer, I, 440-86). Voir Gerhauer, II, 132-7.

2. *Ermahnung an die Teutsche, ihren Verstand und Sprache besser zu üben, samt beygefügten Vorschlag einer teutschgesinnten Gesellschaft*, publié par Grotefend en 1847 (*Klopp*, VI, 187 sqq.).

3. *Plan zu einer teutschliebenden Genossenschaft* (*Klopp*, VI, 214 sqq.; *Foucher de Careil*, VII, 383-94).

4. *Foucher de Careil*, VII, 384-5; cf. *Bedencken*, p. 64-70.

5. *Ibid.*, 391-2. C'est évidemment là une exagération patriotique née de cette illusion commune, que chacun trouve sa langue maternelle plus claire que toute autre. Elle entraîne Leibniz à porter un jugement injuste sur les autres langues, qui, dit-il, ont toute liberté d'exprimer les rêveries et chimères de l'École en empruntant des mots au latin. Ce reproche est d'autant plus mal fondé qu'aucune langue n'était plus mélangée de mots latins que l'allemand de Leibniz. (Il s'en excuse d'ailleurs dans le *Bedencken* : *ibid.*, p. 74.) Il ne faut retenir de ce jugement que le dédain remarquable pour la philosophie et la théologie scolastiques, et pardonner à Leibniz une prévention « chauvine » qui devait entraîner plus tard Fichte à de semblables exagérations dans ses *Discours à la nation allemande*.

sciences et des lettres le même zèle que les Français et les Anglais [1]. Il approuve le dessein des Sociétés littéraires fondées pour perfectionner la langue allemande, mais il trouve les Sociétés scientifiques encore plus utiles, d'autant plus que le meilleur moyen d'enrichir et d'assouplir la langue est de l'employer à exprimer les idées et les faits scientifiques. « La langue est le clair miroir de l'esprit », et elle se perfectionne avec l'esprit lui-même, c'est-à-dire avec les sciences et surtout avec la Logique [2]. Or Leibniz se flatte de posséder l'*organum organorum*, c'est-à-dire la vraie Logique et l'art d'inventer, avec laquelle on ferait faire des progrès incroyables aux sciences, et notamment à la Médecine, la plus utile de toutes [3]. On voit que c'est toujours la Logique de Leibniz qui est pour ainsi dire l'âme de ses projets de Sociétés savantes comme de ses plans d'Encyclopédie [4].

12. Après tant de projets avortés, Leibniz réussit enfin à en réaliser un, avec l'appui de la princesse Sophie-Charlotte, électrice de Brandebourg (ensuite reine de Prusse), fille de la duchesse Sophie de Hanovre, sa protectrice, et protectrice elle-même du philosophe qu'elle révérait comme son maître. C'est grâce à elle qu'il parvint à organiser, sous le patronage de l'électeur Frédéric III (depuis Frédéric Ier de Prusse), la Société des Sciences de Berlin [5], dont il fut le président [6], et qui devint sous Frédéric II (1744) l'Académie royale des Sciences de Prusse. La première idée de ce projet fut conçue en 1697 [7]. Nous n'avons pas l'intention de raconter la fondation de cette Académie [8] ; nous voulons seulement marquer comment et par où elle se rattache aux projets antérieurs de Leibniz [9].

---

1. *Foucher de Careil*, VII, 393-4.
2. *Ibid.*, 390-1.
3. *Ibid.*, 386, textuellement : « la chose la plus importante pour l'homme après la crainte de Dieu et la vertu. »
4. Un exemple de la persévérance avec laquelle Leibniz poursuivait ses projets de jeunesse jusque dans l'âge mûr est la publication du *Monathlicher Auszug aus allerhand neu herausgegebener nützlichen und artigen Büchern*, qu'il fit pendant trois ans (1700-2) sous le nom de son secrétaire Johann Georg Eckhart (Guhrauer, II, 313 sqq., 494 sqq. Cf. *Ercurs über den Monatlichen Auszug*, dans les *Beilagen*, p. 3-43). C'était la réalisation du plan des *Semestria literaria*. La première critique qui s'y trouve est celle de l'*Essai sur l'entendement humain* de Locke, trad. Coste, qui venait de paraître (1700).
5. Voir *Stiftungsbrief der Societät der Wissenschaften zu Berlin*, 11 juil. 1700 (Klopp, X, 325-8 ; Harnack, n° 48).
6. Voir *Bestallung für Leibniz als Präsidenten der Societät der Wissenschaften*, 12 juillet 1700 (Klopp, X, 328-30 ; Harnack, n° 54).
7. *Lettre à Cuneau*, 7 oct. 1697 (Guhrauer, II, 180-2).
8. Voir Christian Bartholmèss, *Histoire philosophique de l'Académie de Prusse depuis Leibniz* (Paris, 1850-1) ; Adolf Harnack, *Geschichte der königlichen Preussischen Akademie der Wissenschaften zu Berlin*, t. I (Berlin, 1900).
9. Voir les deux mémoires de Leibniz, datés de mars 1700, ap. Guhrauer, II,

D'abord, la future Société devait être animée de l'esprit national allemand, et travailler à l'honneur de la nation et de la langue allemandes [1]. On a vu que dans les années précédentes Leibniz désirait fonder une Société « d'esprit allemand » destinée à perfectionner la langue nationale. Il était naturel qu'il cherchât à donner ce caractère à la Société de Berlin, et à en faire pour l'Allemagne ce que l'Académie française devait être, dans la pensée de Richelieu, pour la langue et la littérature françaises [2].

13. Mais le perfectionnement de la langue n'était que le moindre objet de l'institution; elle avait surtout pour but de développer en Allemagne ce que Leibniz appelle, d'un mot si juste, les sciences « réelles » [3], et par suite l'industrie et le commerce, afin d'augmenter le bien-être et la richesse de la nation. On reconnait là les préoccupations utilitaires et philanthropiques qui inspiraient tous ses projets antérieurs. Aussi conseille-t-il d'adjoindre à la Société un observatoire, des bibliothèques, des musées d'histoire naturelle et d'arts et métiers, des cabinets de médailles et d'antiquités, un jardin zoologique et botanique, bref, un véritable *Theatrum Naturæ et Artis* [4]. Parmi les applications pratiques des sciences, il cite l'assainissement et le dessèchement des marais (qui occupaient une grande partie du Brandebourg) [5], la construction des digues et des canaux [6], le nivellement et l'arpentage, etc.

La Société devrait réunir le plus possible d'observations touchant les sciences naturelles, et pour cela, Leibniz voudrait qu'on imposât aux médecins l'obligation de noter et de communiquer à la Société

267, 272; *Klopp*, X, 299, 304; *Foucher de Careil*, VII, 599, 608; HARNACK, n° 30; et deux autres mémoires ap. *Foucher de Careil*, VII, 278, 287; le second seul se trouve dans *Klopp* (X, 373) et dans HARNACK (n° 70).

1. « Teutschgesinnete Gesellschaft », est-il dit dans *Einige Vorschläge pro Fundo Societatis Scientiarum*, juin 1700 (*Guhrauer*, II, 278; *Klopp*, X, 311; *Foucher de Careil*, VII, 619, cf. p. 287; HARNACK, n° 42).

2. Voir GUHRAUER, II, 192. Il semble que ce soit l'électeur lui-même qui ait ajouté au programme surtout scientifique de Leibniz la littérature et l'histoire (voir *Foucher de Careil*, VII, 287; *Klopp*, X, 373; HARNACK, n° 70; cf. HARNACK, I, 78). Cela n'empêche pas que Leibniz ait bien mérité de la langue allemande par ses écrits et projets antérieurs. Seulement, il croyait qu'il serait plus utile pour elle de rédiger en allemand les travaux scientifiques que de composer un *Dictionnaire*, à l'exemple de l'Académie française, comme c'était le projet de Jablonski (voir HARNACK, n° 119).

3. Il oppose ces sciences réelles et utiles, qui sont la Mathématique et la Physique, avec leurs applications, aux « curiosités » qui font seules l'objet des études de la Société Royale de Londres et de l'Académie des Sciences de Paris. *Mémoire* du 26 mars 1700 (*Foucher de Careil*, VII, 608; cf. p. 280).

4. *Ibid.*, p. 611-2.

5. *Ibid.*, p. 607. Voir *Denkschrift über die Abhülfe von Wasserschäden*, 28 janv. 1707 (HARNACK, n° 86).

6. Cf. HARNACK, n° 52, § 8.

toutes les observations qu'ils pourraient faire 1° sur la météorologie; 2° sur la botanique et la zoologie; 3° sur les maladies des animaux; 4° sur les maladies des hommes; 5° sur les cas singuliers et rares de la nature et de l'art, en Physique et en Médecine; 6° sur la géographie, la géologie et le climat des lieux qu'ils habitent. On conçoit aisément l'utilité qu'aurait eue cette vaste enquête perpétuelle étendue à toute l'Allemagne; mais elle échoua devant le mauvais vouloir des médecins [1].

Enfin la Société travaillerait à la « propagation de la foi par les sciences », notamment en Chine, dans ce grand empire mystérieux qui fascinait les imaginations au XVII° siècle par le prestige d'une civilisation antique et traditionnelle, d'une science et d'une philosophie dont les missionnaires jésuites exagéraient la profondeur [2]. Leibniz conseillait à l'électeur de Brandebourg d'envoyer en Chine des missions évangéliques qui, à l'exemple des Jésuites [3], acquerraient influence et crédit en y enseignant les sciences (mathématiques, astronomie) dont les mandarins et l'empereur de Chine étaient curieux, et aussi certaines inventions pratiques (agriculture, arts et métiers) [4]. Il espérait en même temps faire servir cette influence à des visées toutes profanes, notamment à développer le commerce allemand en Asie et en Extrême-Orient, grâce aux bonnes relations de la Prusse avec l'empire moscovite [5]. Là comme ailleurs, Leibniz apparaît comme le précurseur et le prophète du moderne Empire allemand.

14. Après l'organisation des travaux scientifiques de la Société, la principale préoccupation de Leibniz était de trouver les fonds nécessaires à son entretien, sans grever le trésor public. Pour cela,

---

1. *Summarische punctation, die Medicinalische observationes betreffend, so durchgehends anzustellen und beständig fortzusetzen seyn möchten* 1701. (*Klopp*, X, 346-350; HARNACK, n° 65 a). Voir un projet d'ordonnance à cet effet ap. HARNACK, n° 65 b, et un autre ap. *Bodemann*, p. 276. Il y a dans les manuscrits inédits de Hanovre un projet d' « Histoire annale de médecine » (voir *Bodemann*, p. 280, n° 38) et un projet d' « Observationum meteorologico-epidemiarum » (voir *Bodemann*, p. 273, n° 23).
2. Voir *Historia et Philosophia Sinensium*, ap. *Dutens*, IV, 1.
3. *Lettre au landgrave*, juil. 1690 : « Je ne blasme pas, mais je loue les Jesuites de la Chine de ce qu'ils se servent de Mathematiques pour s'y insinuer. » (*Rommel*, II, 227.)
4. Voir p. 138, note 2. Cf. deux mémoires sur la *Propagatio fidei per scientias*, de novembre 1701 (*Klopp*, X, 353-366; HARNACK, n° 66. a-b) et *Foucher de Careil*, VII, 280, 288, 633. Parmi les moyens scientifiques de faire la conquête intellectuelle des Chinois, Leibniz propose l'explication des caractères de Fohi au moyen de son Arithmétique binaire (GUHRAUER, II, 97); voir Appendice III, § 2, et la *Lettre du P. Bouvet*, datée de Pékin, 4 nov. 1701 (*Dutens*, IV, I. 161).
5. *Foucher de Careil*, 601, 616-8. Il en parlait dès 1698 dans une *Lettre à Burnett* (*Phil.* III, 222).

il lui fit accorder divers privilèges, comme celui des calendriers [1]; il réclamait pour elle le Commissariat des livres [2], c'est-à-dire la surveillance de la librairie et la censure [3], ainsi que le privilège des livres d'instruction et des éditions classiques, qui ne devraient paraître qu'avec l'autorisation de la Société, ce qui serait pour ces publications une garantie de science et de moralité, et remédierait à la diversité fâcheuse des livres de classe [4]. Plus généralement, il proposait d'accorder à la Société la direction de l'enseignement public [5] et la surveillance des fondations scientifiques et charitables [6]. Il proposait en outre un impôt sur le papier, un impôt sur les livres étrangers, une taxe sur les voyages à l'étranger [7], tous moyens fort peu libéraux; il proposait même l'établissement d'« une ou plusieurs loteries » pour subvenir aux frais de la Société [8]. Il voulait que l'on considérât les missions scientifiques comme des « œuvres pies », et qu'on leur consacrât une partie des fonds destinés à ces œuvres, sous la forme d'un impôt sur les institutions charitables [9]. C'est une application de sa théorie favorite, selon laquelle le travail scientifique est au premier chef une « bonne œuvre » et une œuvre pieuse. La Société pouvait tirer quelques revenus de la vérification des poids et mesures soumise à une taxe, et à ce sujet, Leibniz propose l'unification des poids et mesures et l'adoption de divisions décimales des unités principales, en un mot, un système métrique comme celui que la Révolution a institué en France et qui

---

1. *Foucher de Careil*, VII, 281, 288, 619; Harnack, n° 37.
2. *Entwurf des Auftrages eines Bücher-Commissariates u. s. w. für die Societät der Wissenschaften*, juil. 1700 (Klopp: X, 319-23; Harnack, n° 46). *Erzählung von der Absicht der Preussischen Societät der Wissenschaften* (Guhrauer, II, 284; Klopp, X, 366 sqq.; *Foucher de Careil*, VII, 634; cf. 623 sqq.; Harnack, n° 67).
3. Voir *Königliche Verordnung betreffend die Büchercensur durch die Societät*, 24 août 1708 (Harnack, n° 92).
4. *Ohnmassgeblicher Vorschlag, im Monat August 1704 gethan, wie durch allerhand königliche und gemeinnützliche Concessiones der Societät der Wissenschaften aufzuhelfen* (Guhrauer, II, 289; Klopp, X, 366; Foucher de Careil, VII, 628-643; Harnack, n° 76).
5. *Entwurf eines Privilegs in Betreff des Unterrichtswesens für die Societät der Wissenschaften*, 10 févr. 1705 (Klopp, X. 399; Harnack, n° 79).
6. *Entwurf eines Privilegs der Ephoria generalis für die Societät* (Harnack, n° 80).
7. *Einige Vorschläge pro Fundo Societatis Scientiarum* (Guhrauer, II, 278; Klopp, X, 311; Foucher de Careil, VII, 619; Harnack, n° 42). Cf. *Kurfürstliches Edict, wodurch das Reisen der Jugend in auswärtige Provintzien verbothen*, 8 juillet 1700, préparé par Leibniz (Harnack, n° 43).
8. *Entwurf eines Chur-Brandenburgischen Befehls, kraft welches der Societät der Wissenschaften frey stehen soll, eine oder mehrere Lotterien ohne oder in ihrem Namen anzustellen* (Guhrauer, II, 282; Foucher de Careil, VII, 626, cf. p. 625; Harnack, n° 47).
9. *Entwurf des Versuchs einer Besteuerung der milden Stiftungen zum zwecke von Missionen* (Klopp, X, 317-9; Harnack, n° 45). Cf. *Foucher de Careil*, VII, 633.

s'est répandu dans les autres pays civilisés [1]. Une autre institution scientifique et pratique est celle de pompes à incendie perfectionnées (à jet continu); la Société en aurait la surveillance et la direction, et percevrait en échange un impôt foncier dont elle tirerait profit [2]. Cette idée se développe plus tard : Leibniz imagine que la Société se charge de gérer une Caisse d'assurances contre l'incendie, dont une partie servirait à l'installation et à l'entretien des pompes, et dont le reste serait le bénéfice de la Société [3]. Il pense même à lui adjoindre une banque [4]. Plus tard encore, il propose de subvenir aux frais des laboratoires et des expériences de Chimie par un impôt sur la distillation de l'alcool, en posant ce principe (ratifié par les hygiénistes modernes), que « c'est une boisson utile comme remède, mais extrêmement nuisible comme aliment pour l'usage habituel » [5].

15. Mais le projet qui l'a surtout occupé est celui de l'élevage des vers à soie et de la culture des mûriers, dont il espérait tirer des revenus pour la Société [6]. Ce projet lui avait été suggéré par l'initiative antérieure de plusieurs princes allemands [7]; en outre, les protestants français réfugiés en Allemagne avaient essayé, eux aussi, d'introduire la sériciculture [8]. Il demandait donc pour la Société le privilège de la plantation des mûriers et de la fabrication de la soie. Il voulait profiter de la guerre de la succession d'Espagne, qui venait d'éclater, pour transplanter en Prusse une industrie pour laquelle l'Allemagne était tributaire de la France [9]; et il faisait appel à la

---

1. *Foucher de Careil*, VII, 635, 642; HARNACK, n°ˢ 67, 76.
2. *Foucher de Careil*, VII, 621-2. Voir *Entwurf eines Privilegiums für die Societät der Wissenschaften auf Feuerspritzen*, 25 juin 1700 (*Klopp*, X, 315; HARNACK, n° 44).
3. *Foucher de Careil*, VII, 636.
4. HARNACK, n° 52.
5. *Antrag auf Besteuerung des Branntwein-Brennens zu Gunsten der Berliner Societät*, 3 avril 1711 (*Klopp*, X, 442; HARNACK, n° 117). La plupart de ces projets étaient déjà anciens dans l'esprit de Leibniz : car, dans les propositions qu'il faisait au duc Jean-Frédéric en 1678-9, on trouve déjà un Bureau d'adresse général, des Assurances, un mont-de-piété, des précautions contre les inondations, la conservation des forêts, l'assistance des pupilles, des veuves et des orphelins, la surveillance des biens ecclésiastiques, etc. (*Klopp*, V, 18 sqq.; 25).
6. Voir la première idée de cette entreprise dans le *Bedencken über die Seidenziehung* (*Foucher de Careil*, VII, 211-217). Cf. *Bedenken über Seidenziehung*, 1692 (*Klopp*, VI, 227).
7. Jean-Philippe de Schönborn, électeur de Mayence, et le prince palatin Charles-Louis (*Foucher de Careil*, VII, 287-297; *Klopp*, X, 373; HARNACK, n° 70).
8. *Foucher de Careil*, VII, 290. Nous recommandons ce texte aux modernes apologistes de la révocation de l'édit de Nantes. On sait combien la Prusse et Berlin ont profité de l'émigration des protestants français, grâce à l'intelligente tolérance des électeurs de Brandebourg. L'Académie de Berlin comprenait beaucoup de réfugiés français. (Voir HARNACK, I, 107 sqq.)
9. *Foucher de Careil*, VII, 284. Au surplus, ce n'est pas la première fois qu'il méditait de rivaliser avec l'industrie et le commerce français : dès son séjour à

protection de la reine Sophie-Charlotte [1], qui lui donna en effet pleins pouvoirs pour la culture de la soie [2]. Leibniz eut cependant à faire encore bien des démarches pendant quatre ans pour obtenir enfin le privilège des mûriers [3].

Il lutta ainsi pendant dix ans pour organiser et faire vivre la Société des Sciences, qui ne fut définitivement constituée et installée que le 19 janvier 1711 [4]. Il eût voulu que la Société publiât tous les ans un recueil de travaux [5]; mais ce n'est qu'en 1710 que parut le Ier volume des *Miscellanea Berolinensia*, auquel il avait largement contribué par la *Dédicace* [6], la *Préface* [7] et douze mémoires sur les sujets les plus divers [8].

On sait comment tous ces efforts de Leibniz furent récompensés : par l'ingratitude de la Société et du souverain [9]. L'année même où

Paris, il cherchait à surprendre les secrets des arts et métiers pour les rapporter en Allemagne (*Lettre à Habbeus*, avril 1673, Klopp, III, 224). Dans des projets de 1678-80, il disait : « Man mus mit Franckreich *in pace* krieg führen », et proposait de s'allier à l'Espagne, « den spanischen Leinwandhandel Franckreich abzuschneiden », en ajoutant : « *Lapis philosophicus in re textoria* »; de fonder une Compagnie allemande de commerce, et des colonies allemandes dans les Indes espagnoles : « die Spezereyen über Italien aus Aegypten bringen », etc. Enfin il parlait déjà de la culture de la soie, et ajoutait : « An Näh-und Steppseide allein geschieht Teutschland jährlich bey einer *million* schaden » (Klopp, V, 23, 25). Cf. sa *Lettre au duc Jean-Frédéric* sur le Sr Krafft et les manufactures de laine (Klopp, IV, 392). Plus tard, il conclut un traité avec ce même Krafft (4 mai 1694) pour fonder une Compagnie qui fabriquerait de l'eau de-vie avec du sucre; et il sollicitait pour cette entreprise un privilège du roi d'Angleterre, dans l'espoir de « ruiner à jamais le commerce en France ». (Voir les *Mémoires* adressés à Guillaume III en 1694-5, ap. Klopp, VI, p. 91-102; cf. p. XXXIII.) De même, en 1694, il proposait d'établir en Prusse des manufactures de toiles pour faire concurrence à celles de France (Klopp, X, 39; Harnack, n° 9).

1. *Foucher de Careil*, VII, 293.
2. *Vorschlag der Seidencultur*, déc. 1702 (Klopp, X, 371; Harnack, n° 68 a). *Vollmacht der Königin betreffs des Seidenbaues*, 8 janv. 1703 (Klopp, X, 372; Harnack, n° 68 b).
3. Voir la *Lettre au roi Frédéric Ier*, janv. 1703; les deux *Lettres à la reine Sophie-Charlotte* du 8 mai 1703; celle du 18 mai 1704; l'*Instruction pour la graine des meuriers blancs*; *Gedanken auf was Art das von J. Kön. M^t dem Herrn von Leibniz als Præsidi der Societät mündlich zugest. versprochene, und derselben zu ertheilende Privilegium, die Erziehung der Maulbeer-Bäume betreffend, einzurichten sey*, 10 janv. 1707; enfin le *Maulbeerprivileg* du 28 mars 1707 (Klopp, X, 372, 384, 385, 245, 247, 407; Harnack, n°^{s} 49, 71, 72, 73, 74, 84, 85).
4. Voir Harnack, I, 173, et n° 107. Le statut du 3 juin 1710 (Harnack, n° 99) fut copié sur un projet de Leibniz qui datait de mars 1701 (Harnack, I, 165).
5. Klopp, X, 368-392; *Foucher de Careil*, VII, 631, 646; Harnack, n°^{s} 67, 76.
6. Harnack, I, 161-163.
7. Harnack, n° 95; cf. *Lettre au roi Frédéric Ier* (14 mai 1710) pour lui présenter le volume (Harnack, n° 94).
8. En voir l'énumération ap. Harnack, I, 160, note, et t. III (liste des travaux de l'Académie), à l'article *Leibniz*.
9. Dès janvier 1705, il était obligé de rédiger un mémoire pour énumérer tous les services qu'il avait rendus au roi et à la Prusse, et faire le compte des dépenses qu'il avait faites à cette fin (Klopp, X, 394; Harnack, n° 77).

il allait recueillir le fruit de ses peines, il était supplanté dans les honneurs de la présidence par le ministre von Printzen [1], et ses collègues allaient jusqu'à lui retirer son traitement, que le roi se contenta de réduire de moitié [2].

16. Les difficultés et les déboires de toute sorte qu'il avait trouvés dans cette première fondation ne l'empêchèrent pas d'en tenter bientôt d'autres semblables. Il pensa d'abord à fonder une Société des Sciences dans la Saxe royale, à Dresde [3], et il s'en occupa activement pendant l'année 1704 [4]. L'institution devait posséder le même caractère libéral et tolérant que la Société de Berlin : on ne devait y faire aucune distinction de nationalité ni de religion. Elle devait avoir pour objet de cultiver les sciences, de recueillir les observations (surtout médicales), de dresser des statistiques démographiques [5], de tenir un Bureau de renseignements, de délivrer des brevets d'invention [6], de publier des ouvrages encyclopédiques (*theatrum naturæ et artis*, *tableaux des sciences en taille-douce*), des annales médicales, de perfectionner l'art militaire, offensif et défensif, et aussi l'art de soigner les blessés (école de chirurgie militaire), de remédier aux dégâts de l'eau (régime des eaux) et du feu (par les pompes à incendie), enfin de propager la foi au moyen des sciences (notamment la Mathématique et la Médecine) par des missions en Asie. La Société aurait encore pour attributions la censure des livres, la direction de l'enseignement, le privilège perpétuel des livres d'école, et le contrôle des poids et mesures. Elle devait posséder un laboratoire et un observatoire installés dans un des châteaux royaux. Les revenus devaient être tirés en partie des divers privilèges et services publics énumérés ci-dessus, en partie d'un impôt sur le tabac, d'un impôt sur le papier, d'un privilège des calendriers, etc. Le projet était, comme on voit, étudié et prêt ; mais la guerre avec Charles XII empêcha le roi de Saxe d'y donner suite [7].

17. Leibniz se tourna ensuite vers l'Empereur, et essaya de

---

1. Voir HARNACK, n°ˢ 97, 98 (27 juin, 7 août 1710). Voir toutes ses lettres de cette période ap. HARNACK, n°ˢ 100, 101, 103, 104, 105, 106, 112, 114, 115; *Klopp*, X, 418, 421, 423, 424, 427, 430; IX, 326; X, 440, 433.

2. Voir HARNACK, t. I, p. 197-210, et les documents n°ˢ 121-123 (nov.-déc. 1714).

3. Voir les documents réunis par *Foucher de Careil*, VII, 218-265, 274-277; et BODEMANN, *Leibnizens Plan einer Societät der Wissenschaften in Sachsen*, ap. *Neues Archiv für Sächsische Geschichte*, t. IV, p. 177-214 (1883), où sont publiés les autres documents (v. *Bodemann*, p. 225-6).

4. Voir HARNACK, I, 137.

5. A l'exemple du *Bill of mortality* anglais (*Foucher de Careil*, VII, 226). Cf. les essais cités p. 274 et 275.

6. Ici Leibniz s'inspirait de l'exemple de Colbert (*Foucher de Careil*, VII, 241-2).

7. GUHRAUER, II, 203. Le projet destiné à la Saxe a été pris pour un projet de l'Académie de Berlin (voir *Bodemann*, p. 220, feuilles 75-78). Le P. Vota, jésuite;

fonder une Société des Sciences en Autriche. C'est pour réaliser ce projet qu'il séjourna à Vienne près de deux ans (décembre 1712-août 1714)[1]. Il ne faisait que reprendre, on le sait, son projet de jeunesse d'une Société impériale germanique, et élargir son projet ultérieur d'un Collège impérial d'histoire germanique[2]. Il faisait en effet une grande place à l'histoire de l'Empire allemand dans le programme de la future Société; il voulait l'associer à ses travaux historiques, la faire profiter des matériaux qu'il avait accumulés en vue de son histoire du Brunswick, et lui tracer le plan de ses travaux et de ses recherches[3]. A cette entreprise d'un *Corpus annalium imperii*[4], il joint le projet d'une histoire littéraire et d'une bibliographie allemandes, et d'un triple dictionnaire allemand, savoir un dictionnaire de l'usage, un dictionnaire technique et un glossaire[5]. Le programme de la Société comprenait encore la publication d'une *Historia physico-medica annua*, le perfectionnement des industries de toutes sortes par l'application des procédés et des

---

confesseur de l'électeur de Saxe Auguste I*er*, roi de Pologne, et le général comte Fleming avaient appuyé le projet de Leibniz. Celui-ci avait également soumis au roi son *Projet de l'éducation d'un Prince*, composé en 1693 pour M. de la Bodinière (publié dans *Böhmer's Magazin für Kirchenrecht*, t. I; v. GUHRAUER, II, 205 sqq., et Notes, 17-19; Bodemann, p. 77-78).

1. Voir KLOPP, *Leibniz' Plan der Gründung einer Societät der Wissenschaften in Wien*, ap. *Archiv für österreichische Geschichte*, t. XL. p. 157-271 (1869), et les documents publiés par *Foucher de Careil*, t. VII, p. 266-273, 298-382. Cf. Bodemann, p. 209-13 (en exceptant les documents relatifs au *Collegium historicum*, énumérés p. 512, note 3).

2. Le premier projet est daté de Luzenburg (Charlottenburg), 2 oct. 1704 (Bodemann, p. 209).

3. Voir la lettre à un ambassadeur, probablement datée de 1712 (*Foucher de Careil*, VII, 266-273, cf. p. 304). C'est en somme le plan que devait réaliser l'Académie de Berlin par la publication des *Monumenta Germaniæ Historica*, entreprise en 1819 (HARNACK, n⁰ˢ 198-226). Un mémoire presque identique, daté du 23 déc. 1712, se trouve dans KLOPP, *op. cit.*, Appendice VIII (p. 217). Voici les projets de travaux qui y sont énumérés :

 « 1. *Syntagma jurium imperatoris et imperii*;
 2. *Germania sacra*;
 3. *Volumen conciliorum Germaniæ*;
 4. *Scriptores rerum Germanicarum*;
 5. *Leges et Constitutiones imperii*;
 6. *Collectanea diplomatum utiliorum*;
 7. *Chorographia Germaniæ*;
 8. *Res Genealogica Germaniæ emendata*;
 9. *Opus Annalium Germaniæ*;
 10. *Historia Germaniæ naturalis*;
 11. *Cultus Linguæ Germanicæ*;
 12. *Historia Literaria et Bibliographia Germanica.* »

Cf. un brouillon de *Lettre à Hörnigk* (1709) où se trouve un plan analogue, mais moins complet (KLOPP, *op. cit.*, Appendice IV, p. 210).

4. Imité des *Annales Ecclesiæ* de BARONIUS.

5. A l'imitation de l'Académie Française, de Furetière et de Ménage (Cf. p. 65, note 1, et p. 157, note 2).

inventions scientifiques, en un mot, l'amélioration des conditions de la vie humaine [1].

La Société devait comprendre des membres honoraires et ordinaires, et en outre des collaborateurs, qu'on encouragerait par des prix, et en publiant gratuitement leurs travaux [2]. Elle se diviserait en trois classes : littéraire, mathématique, et physique [3]. Leibniz propose d'employer pour les publications de la Société le système (anglais) des souscriptions [4]. Il voulait y joindre un bureau d'adresses et de renseignements [5]. La Société devait posséder tous les instruments de travail et tous les moyens d'instruction (musées, bibliothèques, observatoires, laboratoires, etc.). Elle devait même constituer pour ses membres et associés une Société de secours mutuels et d'assurances sur la vie. Les ressources devaient consister en divers privilèges (des calendriers, des livres, des médailles), dans la censure des livres, l'inspection de la librairie, le commerce du papier, un mont-de-piété [6]. Ailleurs, Leibniz proposait de subvenir à ses frais par l'institution du papier timbré, qui existait déjà en d'autres pays, et qu'on avait essayé plusieurs fois d'introduire dans les domaines héréditaires de l'Empereur (en 1686, 1692 et 1705) [7]. Il proposait même d'attribuer à la Société la direction des établissements hospitaliers, le contrôle des poids et mesures, et jusqu'à la surveillance des Juifs, dont elle pourrait tirer quelques profits [8].

18. Pour faire réussir son projet, Leibniz comptait sur de puissants protecteurs : l'impératrice Élisabeth, petite-fille du duc Anton-Ulrich de Wolfenbüttel [9]; l'impératrice Amélie, veuve de Joseph Ier [10];

---

1. *Foucher de Careil*, VII, 303-4, 316, etc.
2. Comme toujours, Leibniz admettait les étrangers, imitant en cela le libéralisme de Louis XIV, si profitable à la France (*Foucher de Careil*, VII, 299).
3. *Foucher de Careil*, VII, 317, 319, 368.
4. *Foucher de Careil*, VII, 299, 363. Leibniz a conservé jusqu'à ses derniers jours le désir de créer une Société de souscription pour l'impression des livres utiles et savants : v. un fragment daté du 28 oct. 1716 ap. *Bodemann*, p. 333. Quatorze jours avant sa mort, il écrivait encore à Vienne pour la Société (*Lettre à Herveus*, 1er nov. 1716, ap. *Dutens*, V, 526).
5. Voir *Errichtung eines Notiz-Amts* (*Foucher de Careil*, VII, 358-366).
6. *Societatis Imperialis Germanicæ designatæ schema*, 2 janv. 1713 (*Foucher de Careil*, VII, 298-301).
7. *Foucher de Careil*, VII, 306, 324; cf. Klopp, *Leibniz' Plan der Gründung einer Societät der Wissenschaften in Wien*, Appendice XVI : *Zweck einer Societät der Wissenschaften und Begründung der selben durch das gestempelte Papier*. On trouve dans les manuscrits de Hanovre un brouillon relatif à ce projet (v. *Bodemann*, p. 270, n° 4).
8. *Foucher de Careil*, VII, 365.
9. Lequel l'avait accrédité auprès de l'empereur Charles VI et du tsar Pierre (v. Klopp, *Leibniz' Plan der Gründung einer Soc. der Wiss. in Wien*, Appendice V). Une autre petite-fille du duc avait épousé le tsarévitch en 1711 (v. p. 525, note 6).
10. Voir Klopp, *op. cit.*, Appendice VII : *Lettre à l'impératrice Amélie*.

le prince Eugène de Savoie, à qui il fut présenté en mars 1713, à qui il adressa plusieurs lettres et mémoires [1], et pour qui, comme on sait, il composa les *Principes de la Nature et de la Grace* (1714). Il fit agir son ami Garelli, médecin de l'Empereur. Enfin il s'adressa au P. Jésuite Orban, confesseur du prince palatin (par qui il avait déjà transmis ses projets à la cour impériale dès 1704), pour qu'il fit intervenir en sa faveur le P. Jésuite Consbruch, confesseur de l'Empereur [2]. Il connaissait bien l'influence des Jésuites, et il ne négligeait rien, on l'a vu, pour se les rendre favorables; il cherchait, en diplomate expert, à gagner les souverains par leurs confesseurs. Néanmoins, ses efforts paraissent avoir échoué à Vienne devant l'opposition sourde des Jésuites [3], bien qu'il fit preuve de son parfait désintéressement en renonçant, à cause de sa qualité de protestant, à la présidence de la Société future, et en proposant de la donner à un des grands prélats catholiques de l'Empire [4].

19. En même temps qu'à l'Empereur, Leibniz s'adressait au tsar Pierre, dont il connaissait le zèle pour les sciences et la civilisation, depuis que le tsar était venu incognito en Hanovre (à Coppenbrügge) comme membre de sa propre ambassade (juillet 1697) [5]. Il lui fut présenté à Torgau en octobre 1711 [6], et lui soumit ses projets académiques et encyclopédiques. Il le revit à Carlsbad et à

---

1. Voir *Foucher de Careil*, VII, 312, 319, 326; Klopp, *op. cit.*, Appendices XII, XVII.
2. Voir Klopp, *op. cit.*, et Appendice VI : *Lettre au P. Orban*, 12 déc. 1712.
3. Guhrauer, II, 290 sqq.; *Foucher de Careil*, VII, p. xxvii, xxxi. Klopp (*op. cit.*) prétend que c'est là une légende créée par Kortholt, qui, publiant une *Lettre à Schmid*, 27 févr. 1715 (Dutens, V, 529), où Leibniz parle de l'opposition de « personnes zélées pour la Religion », a précisé l'allusion en écrivant dans le titre de cette lettre : « les Jésuites s'opposent à une Société des Sciences ». Mais Kortholt a pu emprunter son interprétation, soit à une autre *Lettre à Schmid*, 24 déc. 1715 (Dutens, V, 533; citée par Klopp), où Leibniz dit expressément : « quelques Jésuites », soit à d'autres documents. Quant à la *Lettre au P. Consbruch* du 8 juin 1716 (Dutens, V, 445), que Klopp invoque pour prouver les bons rapports de Leibniz avec les Jésuites, elle ne signifie rien : car, lors même que Leibniz eût su que Consbruch était personnellement hostile à son projet, il n'eût pu lui écrire autrement, surtout dans une lettre de recommandation (de même qu'il écrivait au P. Orban, le 12 déc. 1712 : « Significes me Tibi et Vestris amicum esse »). Il y a en tout cas un fait attesté par plusieurs témoins de la vie de Leibniz (Wolff, Bourguet) : c'est que les Jésuites firent courir le bruit de sa conversion au catholicisme, apparemment pour la hâter (Guhrauer, II, 292), et que c'était probablement là le prix de leur concours.
4. Voir *Lettre à Schmid* (Dutens, V, 533), et un *Mémoire* cité par Klopp, *op. cit.* (Appendice XI, p. 230).
5. Guhrauer, II, 272. Voir les *Lettres de Leibniz* à ce sujet dans *Foucher de Careil*, VII, 420, 423, 426, notamment la *Lettre à Sparvenfeld* du 13 juil. 1698, où il parle « du beau dessein qu'il (le Tsar) a de débarbariser sa nation ». (*Foucher de Careil*, VII, 451.)
6. A l'occasion du mariage d'une princesse de Brunswick-Wolfenbüttel avec le tsarévitch (Guhrauer, II, 270).

Dresde dans l'été de 1712, aux eaux de Pyrmont et à Herrenhausen en 1716. Il fut nommé par lui conseiller intime de justice le 1ᵉʳ novembre 1712 [1]. Il crut avoir trouvé en lui le souverain qu'il cherchait et rêvait depuis plus de trente ans [2]. Il pensait qu'il serait plus facile de réussir dans un pays neuf qui offrait une *table rase*, comme il dit, pour ses desseins [3]. Dès 1708 il envoyait au tsar un mémoire sur l'organisation de l'enseignement en Russie, l'installation de bibliothèques, de musées, de laboratoires et d'observatoires [4]. Bientôt il lui proposait de fonder une Société qui aurait la direction des études, des missions et des entreprises scientifiques de tout genre [5]. Parmi celles-ci, Leibniz cite l'amélioration de la navigation fluviale, et la construction des canaux [6].

Il y avait deux entreprises qui lui tenaient surtout à cœur : c'était, d'une part, l'exploration linguistique de l'empire moscovite, dont il s'occupait dès 1697 [7], ainsi que l'exploration géographique (il

---

1. Voir le décret ap. *Foucher de Careil*, VII, 553. Cf. Guerrier, *Leibniz in seinen Beziehungen zu Russland und Peter dem Grossen* (Petersbourg et Leipzig, 1873), et Foucher de Careil : *Leibniz et Pierre le Grand*, dans les Comptes rendus de l'Académie des sciences morales (1874).

2. *Lettre au comte Golofkin*, chancelier du tsar, 16 janv. 1712 : « Comme depuis ma jeunesse mon grand but a été de travailler à la gloire de Dieu par l'accroissement des sciences.... je suis toujours prest à tourner mes pensées vers ce grand but, et je n'ai cherché qu'un grand prince qui ait le même but. Je crois de l'avoir trouvé dans la personne du Grand Czar... » Et il écrivait la même chose dans un *Projet de lettre au tsar* de la même date (*Foucher de Careil*, VII, 502-3, 511).

3. *Foucher de Careil*, VII, 467, 481, 490.

4. *Foucher de Careil*, VII, 467-479.

5. *Projet d'un Conseil supérieur des sciences et arts pour le Czar* (1712), ap. *Foucher de Careil*, VII, 516-8; *Denkschrift für S. M. den Czar Petrus den Ersten über eine Societät der Wissenschaften in Russland* (postérieur à la paix d'Utrecht), ap. *Foucher de Careil*, VII, 404-15; *Concept einer Denkschrift über die Verbesserung der Künste und Wissenschaften im russischen Reich* (*Foucher de Careil*, VII, 567). Leibniz projette d'instituer plusieurs Académies ou Universités à Moscou, à Saint-Pétersbourg, à Kiev et à Astrakan, sous l'autorité du Conseil supérieur résidant à Moscou (*Ibid.*, p. 418, 518).

6. *Foucher de Careil*, VII, 414, 497. L'invention qui permettait de remonter les fleuves à courant rapide est consignée dans un brouillon inédit (allemand) daté du 24 déc. 1678 et intitulé : « Navigare adverso flumine ipsa fluminis vi » (*Bodemann*, p. 332). Dans le même mémoire, Leibniz parle d'un instrument balistique qui tirerait 400 coups à l'heure sans poudre. Il s'agit sans doute d'une sorte de mitrailleuse pneumatique dont les projets se trouvent dans les papiers inédits : « On pourroit obtenir un grand amendement dans l'artillerie et dans l'usage des armes à tirer ou à jetter en y employant comme il faut la force de l'air... » (*Bodemann*, p. 320); « Tormentum mortarium quod globum projiciat vi vacui seu aeris pondere » (*ibid.*, p. 321). Parmi toutes ces inventions curieuses, mentionnons encore un projet de bateau sous-marin daté de mai 1678 (*ibid.*, p. 332).

7. Voir *Lettre à Sparvenfeld*, 29 janv. 1697 (*Foucher de Careil*, VII, 419; cf. p. 400, 424, 429, 442, 559). Leibniz cherchait à recueillir des traductions du *Pater* dans toutes les langues et dialectes parlés « en Moscovie », et dans les diverses races slaves (cf. p. 65, note 1).

voulait savoir s'il y avait un passage au Nord de la Sibérie) [1] ; et, d'autre part, l'observation de la déclinaison de l'aiguille aimantée dans toutes les régions de ce grand empire, afin de démêler les lois de sa variation, et d'avoir par là un moyen de déterminer les longitudes (en mer, par exemple) [2].

Quant aux missions scientifiques et religieuses en Chine, la Russie était particulièrement bien placée pour les organiser et pour profiter du développement des relations commerciales qui en résulterait [3] : aussi Leibniz insistait-il beaucoup sur cette entreprise. Il rappelait qu'il avait découvert par son Arithmétique binaire le sens des caractères de Fohi [4], et il faisait exécuter un troisième exemplaire de sa Machine arithmétique destiné à être présenté à l'Empereur de Chine et à exciter la curiosité et l'admiration des mandarins [5]. Il rêvait d'une compénétration mutuelle de l'Orient et de l'Occident, d'une fusion des sciences et de la philosophie européennes et chinoises, dont la Russie serait l'intermédiaire naturel et le principal bénéficiaire. Il cherchait à gagner la faveur du tsar en lui proposant certaines inventions militaires secrètes qui devaient lui servir à vaincre les Turcs et à conquérir Constantinople [6]. La guerre perpétuelle avec les Turcs était en effet la préoccupation constante du tsar, et c'est elle qui semble l'avoir empêché de donner suite aux projets de Leibniz [7]. On sait que ces projets devaient être réalisés peu de temps après sa mort : l'Académie de Pétersbourg fut fondée en 1724 par Pierre Ier, et installée en 1725 par Catherine Ire.

20. Toutes ces tentatives, dont une seule eut un succès immédiat, ne furent donc pas stériles : les germes semés par Leibniz aux quatre coins de l'Europe devaient tôt ou tard fructifier. Elles procédaient toujours de la même idée de l'Encyclopédie ou de la *perennis philosophia*, du même désir de concilier et de pacifier les esprits. Leibniz voulait unir tous les savants du monde civilisé

---

1. *Foucher de Careil*, VII, 544, 598. Ou encore, si l'Asie est séparée de l'Amérique (*ibid.*, p. 557).
2. *Concept einer Denkschrift über Untersuchung der Sprachen und Beobachtung der Variation des Magnets im Russischen Reiche* (*Foucher de Careil*, VII, 519-546; *Observationes über die Magnet-Nadel, ibid.*, p. 562-6 ; cf. p. 396, 497, 506, 518, 557). Dès 1681, Leibniz avait combattu la théorie cartésienne du magnétisme terrestre, suivant laquelle la déclinaison dépendait de causes accidentelles, locales et variables (courants magnétiques), et proposait de fonder une *Société magnétique-mathématique* pour faire des observations et dresser la carte magnétique du globe, qui permettrait de déterminer les longitudes (Klopp, *op. cit.*, p. 170).
3. *Foucher de Careil*, VII, 408, 485, 491, 495, 512, 557.
4. *Foucher de Careil*, VII, 398. V. Appendice III, § 2.
5. *Foucher de Careil*, VII, 486-7, 498. Voir p. 295, note 4.
6. *Foucher de Careil*, VII, 486-7, 408, 549 ; cf. p. 410.
7. Voir *Foucher de Careil*, VII, 568.

dans une communion de méthode et de doctrine, et les faire collaborer à l'œuvre collective et impersonnelle de la science, au progrès perpétuel de la civilisation. Les Académies qu'il s'efforçait de fonder dans les différents pays n'étaient dans sa pensée que les fragments épars et provisoires d'une vaste Académie européenne, d'une sorte de fédération internationale des savants, dont elles eussent constitué simplement des collèges distincts [1]. On reconnaît là cette « Internationale des savants » qu'il rêvait dans sa jeunesse, qui devait assurer la paix universelle et le bonheur de l'humanité. Il est resté toujours fidèle, malgré les malheurs de son pays et les blessures de son patriotisme, à cet idéal généreux et humanitaire; il a toujours été un *cosmopolite* au vrai et beau sens de ce mot, un citoyen de l'univers. Il écrivait par exemple : « Pourveu qu'il se fasse quelque chose de conséquent, je suis indifferent que cela se fasse en Allemagne ou en France, car je souhaitte le bien du genre humain; je suis, non pas φιλέλλην ou φιλορωμαῖος, mais φιλάνθρωπος [2] », et cela, à l'époque même où il composait les *Unvorgreifliche Gedanken*, et travaillait de tout cœur à l'émancipation de la langue et de la pensée allemandes. Ses compatriotes peuvent célébrer à bon droit son patriotisme clairvoyant qui prévoyait et préparait de loin la grandeur et l'unité de la nation allemande [3]; mais il ne faut pas oublier que ce patriotisme ne fut jamais jaloux, ni ombrageux, ni exclusif, ni haineux. Les philosophes et les savants de tous pays doivent lui rendre cette justice, et lui être reconnaissants d'avoir montré, par un illustre exemple, que le cosmopolitisme intellectuel et humanitaire est parfaitement compatible avec le patriotisme le plus ardent et le plus actif [4].

1. *Lettre à Placcius* (1696), ap. GUHRAUER, II, 181 (cf. TRENDELENBURG, II, 254). Ce projet a été réalisé en 1900 par l'institution de l'*Association internationale des Académies*. V. l'article de M. DARBOUX dans le *Journal des Savants* de janv. 1901.

2. *Lettre à des Billettes*, 11/21 octobre 1697 (*Phil.*, VII, 456). Cf. le *Projet de Lettre au comte Golofkin*, du 16 janvier 1712, où, après avoir déclaré que son but constant est l'accroissement des Sciences, qu'il cherche un grand prince qui ait le même but, et qu'il croit l'avoir trouvé dans le tsar Pierre, il ajoute : « En cela je ne distingue ny nation ny party, et j'aimeray mieux de voir les sciences rendues fort fleurissantes chez les Russes que de les voir médiocrement cultivées en Allemagne. Le pays où cela ira le mieux sera celui qui me sera le plus cher, puisque tout le genre humain en profitera toujours... » V. aussi le *Projet de Lettre au tsar*, même date (*Foucher de Careil*, VII, 503, 514).

3. Voir LÉVY-BRUHL, *L'Allemagne depuis Leibniz*, Essai sur la formation de la conscience nationale en Allemagne (Paris, 1890).

4. Ce patriotisme était d'autant plus méritoire qu'il était plus rare en Allemagne à cette époque. Leibniz écrivait en 1695, à propos de la guerre avec la France, où il eût voulu plus d'entente et de zèle parmi ses compatriotes : « Je trouve que les gens ne sont que trop de l'opinion de M. Thomasius, qui soutient dans ses notes sur Monzambano » (pseudonyme de Puffendorff) « que ce qu'on dit des devoirs que la patrie exige ne sont que des chimères inventées par les payens. Voilà des doctrines fort à la mode. » *Lettre à Avemann*, 18 oct. 1695 (*Klopp*, VI, 115).

APPENDICE V

SUR LE CALCUL GÉOMÉTRIQUE DE GRASSMANN

1. Un an après la publication de l'*Ausdehnungslehre* de Hermann Grassmann (1844), la Société Jablonowski, de Leipzig, mettait au concours, à l'occasion du deuxième centenaire de la naissance de Leibniz, la question suivante : Reconstituer et développer le calcul géométrique inventé par Leibniz, ou instituer un calcul semblable [1]. Grassmann profita de cette occasion pour exposer son *Calcul de l'extension*, et pour le rattacher au projet de Leibniz, tout en critiquant l'essai assez informe du philosophe. Son mémoire [2] (le seul présenté) fut couronné le 1er juillet 1846, sur le rapport de Möbius, dont Grassmann continuait l'œuvre en absorbant le *Calcul barycentrique* dans une Analyse beaucoup plus vaste et plus féconde.

Les idées directrices qui avaient suggéré à Grassmann son invention sont, de son propre aveu, les deux suivantes [3] : d'une part, sachant que, grâce à l'admission des segments négatifs, la formule de Möbius :

$$AB + BC = AC$$

a une valeur universelle pour trois points en ligne droite, il eut l'idée de l'étendre au plan, c'est-à-dire, en somme, à trois points quelconques de l'espace. Il conçut ainsi une addition proprement géométrique, connue depuis sous le nom d'addition des vecteurs [4].

---

[1] « Die Wiederherstellung und weitere Ausbildung des von Leibniz erfundenen geometrischen Kalkuls, oder die Aufstellung eines ihm ähnlichen Kalkuls. »

[2] *Geometrische Analyse, geknüpft an die von Leibniz erfundene geometrische Charakteristik* (Leipzig, Weidmann, 1847), réimprimé dans les *Gesammelte Werke*, t. I, 1re partie (Leipzig, Teubner, 1894). Grassmann paraît n'avoir connu que l'*Essay* envoyé par Leibniz à Huygens en 1679.

[3] Préface de la 1re éd. de l'*Ausdehnungslehre* de 1844.

[4] Nous avons remarqué (Chap. IX, § 6) que pour Leibniz la même formule caractérisait trois points *en ligne droite*, justement parce qu'il lui conservait un sens *métrique*.

D'autre part, il pensa à généraliser l'idée de produit géométrique, que son père appliquait au rectangle construit sur deux vecteurs perpendiculaires, en l'appliquant à deux vecteurs faisant entre eux un angle quelconque. Il arriva ainsi à concevoir une multiplication proprement géométrique, qu'il appela *combinatoire*, et que caractérisent les deux lois suivantes[1] :

$$AB = -BA$$
$$AA = 0.$$

C'est par cette multiplication que l'on définira toutes les figures fondamentales comme *produits* de points. La droite déterminée par deux points A et B sera leur produit AB; le plan déterminé par trois points A, B, C sera leur produit ABC. Il sera aussi le produit du point A et de la droite BC, ou de la droite AB et du point C, qui le déterminent; et ainsi de suite.

Par le fait même que cette multiplication n'est pas commutative, puisqu'un produit change de signe quand on intervertit deux facteurs (consécutifs), les figures ainsi définies ont un sens déterminé, traduit par leur signe (positif ou négatif) : par exemple, la droite AB n'est pas équivalente à la droite BA : elle lui est *symétrique*[2]. De même, le triangle ABC aura un sens contraire à celui du triangle symétrique BAC; et le tétraèdre ABCD, un sens contraire à celui du tétraèdre symétrique BACD. Les figures symétriques ainsi distinguées auront donc des signes contraires.

2. Grassmann ne s'en tient pas là : son Calcul unit la Géométrie projective et la Géométrie métrique, sans les confondre, et permet de les développer parallèlement. Les produits AB, ABC, ABCD ne représentent pas seulement des figures ou des situations, mais des grandeurs et, comme on vient de le voir, des grandeurs affectées de signes (positives ou négatives), qu'on peut appeler leur *intensité*[3]. L'intensité du produit AB sera la *longueur* du segment rectiligne AB, prise avec son signe. L'intensité du produit ABC sera l'*aire* du triangle ABC, prise avec son signe. L'intensité du produit ABCD sera le *volume* du tétraèdre ABCD, pris avec son signe. En somme, le produit AB représente une droite indéfinie avec une longueur prise sur cette droite; le produit ABC représente un plan indéfini avec une aire déterminée contenue dans ce plan; et le produit ABCD représente un volume déterminé pris dans l'espace illimité,

---

[1]. La seconde peut d'ailleurs se déduire de la première en faisant $B = A$.

[2]. *Égale et de signe contraire*, suivant une locution aussi vicieuse que traditionnelle.

[3]. WHITEHEAD, *A Treatise of Universal Algebra*, Liv. III, ch. IV (Cambridge, 1898).

c'est-à-dire une quantité purement numérique [1]. Enfin, pour compléter l'analogie, on attribue à chaque point une intensité, représentée par un coefficient numérique, qu'on peut appeler sa *masse*, et qui peut, elle aussi, être positive ou négative [2].

Cela posé, il est aisé de voir à quelle condition un produit s'annule (en supposant que tous ses facteurs aient une intensité non nulle). Le produit AB sera nul, quand la *longueur* du segment AB sera nulle, c'est-à-dire quand les deux points A et B coïncideront. Le produit ABC sera nul, quand l'*aire* du triangle ABC sera nulle, c'est-à-dire quand les trois points A, B, C seront en ligne droite. Le produit ABCD sera nul, quand le *volume* du tétraèdre ABCD sera nul, c'est-à-dire quand les quatre points A, B, C, D seront dans un même plan. Ainsi l'équation :

$$AX = 0$$

représente le lieu des points coïncidant avec A, c'est-à-dire le point A lui-même. L'équation :

$$ABX = 0$$

représente le lieu des points situés en ligne droite avec A et B, c'est-à-dire la droite AB elle-même. Et l'équation :

$$ABCX = 0$$

représente le lieu des points situés dans le même plan que A, B, C, c'est-à-dire le plan ABC lui-même. L'égalité :

$$ABC = 0$$

signifie que le point A, par exemple, est situé sur la droite BC ; et l'égalité :

$$ABCD = 0$$

signifie que le point A, par exemple, est situé dans le plan BCD, ou que les deux droites AB et CD sont situées dans le même plan. On peut donc dépouiller ces égalités de leur sens métrique, et les regarder comme exprimant, par convention, qu'il existe une relation projective entre les points qui y figurent comme facteurs [3].

---

1. De même, dans le plan, le produit de 3 points A,B,C représente simplement l'*aire* du triangle ABC, situé n'importe où dans ce plan, c'est-à-dire une quantité purement numérique.

2. Nous venons de définir l'intensité des produits AB, ABC, ABCD dans l'hypothèse où les points qui y entrent comme facteurs ont tous l'intensité 1. Dans le cas général, on devra multiplier l'intensité ainsi définie par les intensités de tous ces points pour avoir l'intensité du produit.

3. On peut encore dire, en employant une locution de Clebsch, qu'elles expriment la *réunion de situation* de ces points, ou d'un point et d'une droite, ou d'un point et d'un plan, ou enfin de deux droites. V. ses *Leçons sur la Géométrie*, rédigées par Lindemann, traduites par Benoist, 3 vol. (Paris, Gauthier-Villars, 1879-83).

On voit comment Grassmann a réussi à obtenir des formules qui constituent une définition *intrinsèque* de la droite et du plan, et qui expriment en même temps les relations projectives (collinéations) entre divers points.

3. Ces formules permettent d'établir entre des figures de même espèce deux sortes de relations : des *égalités* et des *congruences*.

Deux points seront égaux s'ils coïncident, *et s'ils ont des intensités égales*.

Deux segments seront égaux s'ils sont sur la même droite, *et s'ils ont même longueur et même sens*.

Deux triangles seront égaux, s'ils sont dans le même plan, *et s'ils ont même aire et même sens*.

Deux tétraèdres seront égaux, si (étant naturellement contenus dans le même espace à 3 dimensions) *ils ont même volume et même sens*.

On voit que l'égalité enveloppe deux relations : l'identité de situation, d'abord, et ensuite l'égalité des intensités, prises avec leur signe.

On dit que deux figures sont *congruentes*, si elles sont égales *à l'intensité près*, ou si elles ne diffèrent que par l'intensité, de telle sorte qu'on puisse passer de l'une à l'autre en multipliant la première par un simple facteur numérique.

Pour avoir les conditions de congruence, il suffit de remplacer, dans les définitions précédentes, le mot *égaux* par le mot *congruents* et de supprimer la condition relative à l'intensité (en italiques). En un mot, la congruence de deux figures consiste dans leur identité de situation, abstraction faite de leur grandeur ou de leur intensité. C'est leur égalité au point de vue purement projectif, abstraction faite du point de vue métrique [1].

Deux figures congruentes sont *homogènes*, en ce sens qu'elles ne diffèrent que par un facteur numérique. Elles sont donc comparables et mesurables l'une par l'autre ; elles ont entre elles un *rapport* arithmétique. On voit comment les notations de Grassmann permettent à la fois d'unir et de distinguer les relations projectives et les relations métriques, et de les exprimer ensemble ou séparément [2].

---

1. Il faut bien se garder de confondre l'*égalité* et la *congruence* telles que les définit Grassmann avec l'*égalité* et la *congruence* telles que les entendent Leibniz et la Géométrie ordinaire. Il suffit de remarquer que pour Grassmann l'*égalité* enveloppe la *congruence*, tandis que pour Leibniz la *congruence* implique l'*égalité*.

2. Nous passons sous silence, pour simplifier, toute la théorie des vecteurs, bivecteurs et trivecteurs, qui servent d'*indices* respectivement aux segments, aux triangles et aux tétraèdres, et qui donnent lieu à une autre espèce d'égalité,

4. Jusqu'ici nous n'avons considéré que des produits *progressifs*, c'est-à-dire ayant un nombre de dimensions supérieur à celui de chacun de leurs facteurs [1]. Il reste à définir les produits *régressifs*, qui ont au contraire un nombre de dimensions inférieur à ceux de leurs facteurs. Un produit est régressif, quand le nombre de ses facteurs-points est supérieur de plus d'une unité au nombre des dimensions de la région qui les contient tous, c'est-à-dire est supérieur au nombre de points nécessaires pour déterminer cette région ; par exemple, quand il est supérieur à 3 dans le plan, ou à 4 dans l'espace ordinaire à 3 dimensions.

Nous ne formulerons pas ici la définition analytique, assez compliquée, de la multiplication régressive ; nous nous contenterons de donner l'interprétation géométrique des divers produits régressifs, et encore, en nous bornant au point de vue purement projectif, c'est-à-dire en faisant abstraction de l'intensité.

Plaçons-nous d'abord dans le plan : A, B, C étant trois points quelconques, on a :

$$AB . AC = ABC . A.$$

Or ABC, produit des 3 points, représente l'aire d'un triangle, c'est-à-dire une quantité numérique [2]. Ainsi le produit régressif de deux segments AB, AC est le point A multiplié par un coefficient numérique qui ne fait que multiplier son intensité. Cette définition est d'ailleurs générale, car étant donnés deux segments quelconques du plan, on peut toujours les transporter au point d'intersection de leurs directions. Donc le produit régressif de deux segments dans un plan est leur point d'intersection.

Pour *trois* segments du plan, on a la formule :

$$AB . AC . BC = ABC . ABC = (ABC)^2.$$

Le produit de trois segments est une quantité numérique, à savoir

---

impliquant le parallélisme au lieu de la congruence. Deux segments de même vecteur sont égaux, parallèles et de même sens ; deux triangles de même bivecteur sont égaux, parallèles et de même sens ; deux tétraèdres de même trivecteur sont égaux et de même sens (appartenant au même espace à trois dimensions). Ainsi un vecteur indique une direction de droite, et un bivecteur une direction de plan. Cette théorie donne lieu à un calcul spécial, l'*Analyse des vecteurs*, employée par MM. Gibbs et Heaviside. V. Whitehead, *Universal Algebra*, t. I, liv. VII, et le mémoire de M. Macfarlane sur le Calcul géométrique, ap. *Bibliothèque du Congrès international de Philosophie*, t. III.

1. En général, le produit de n points est une grandeur géométrique à $(n-1)$ dimensions, tant que $(n-1)$ ne dépasse pas le nombre des dimensions de l'espace.

2. Le rapport du triangle ABC au triangle-unité.

le carré de l'aire du triangle qu'ils déterminent. Cette définition est d'ailleurs générale, en vertu de la remarque précédente [1].

Dans l'espace, le produit de deux éléments plans (triangles) est défini par la formule :

$$\text{ABC. ABD} = \text{ABCD. AB.}$$

Or ABCD, produit de quatre points, représente le volume du tétraèdre ABCD, c'est-à-dire une quantité numérique. Ainsi le produit régressif de deux éléments plans est un segment de leur intersection, multiplié par un coefficient numérique [2]. Au point de vue projectif, le produit de deux plans est leur droite d'intersection.

Le produit de trois éléments plans est défini par la formule :

$$\text{ABC. ABD. ACD} = \text{ABCD. ABCD. A} = (\text{ABCD})^2 \cdot \text{A.}$$

Ainsi le produit régressif de trois éléments plans est leur point d'intersection, multiplié par un coefficient numérique [3].

Enfin le produit de quatre éléments plans est défini par la formule :

$$\text{ABC. ABD. ACD. BCD} = (\text{ABCD})^3.$$

Il est donc égal au cube du volume du tétraèdre que ces éléments déterminent, c'est-à-dire à une quantité numérique.

Les formules précédentes définissent en même temps les produits régressifs des éléments de tout ordre (plans, droites et points) dans l'espace. Ainsi le produit de deux segments AB, CD est le volume du tétraèdre ABCD qu'ils déterminent, c'est-à-dire une quantité numérique [4]. Le produit d'un segment AB et d'un plan ACD est leur point d'intersection (car il équivaut au produit de trois plans ABC, ABD, ACD); et ainsi de suite.

En résumé, les produits régressifs représentent en général des *sections*, comme les produits progressifs représentent des *projections* [5].

---

1. Il faut y ajouter que, étant donnés 3 segments quelconques du plan, on peut toujours les ramener à coïncider avec les côtés du triangle déterminé par leurs directions, en faisant varier leur intensité en sens inverse de leur longueur.

2. Cette définition est d'ailleurs générale, car on peut toujours remplacer deux triangles quelconques par deux triangles égaux ayant leur base sur la droite d'intersection de leurs plans respectifs.

3. Même remarque que ci-dessus.

4. Cette quantité est nulle si les deux segments sont dans un même plan. On retrouve ainsi la condition : $\text{AB.CD} = 0$.

5. Cf. L'article où GRASSMANN a lui-même résumé son système sous une forme élémentaire : *Kurze Uebersicht über das Wesen der Ausdehnungslehre*, ap *Grünert's Archiv*, t. VI (1845), réimprimé en Appendice III à l'*Ausdehnungslehre* de 1844, 2ᵉ éd. (1878). Voir *Gesammelte Werke*, 1, p. 297.

5. On conçoit dès lors comment ce Calcul peut traduire toutes les constructions de la Géométrie projective. Il traduit également les constructions de la Géométrie métrique : pour cela, il suffit de tenir compte des *intensités* des points. Par exemple, la somme de 2 points (d'intensité 1) est le milieu de la droite qui les joint (avec l'intensité 2). Plus généralement, la somme de n points (d'intensité 1) est leur point-milieu (avec l'intensité n). Pour avoir ce même point avec l'intensité 1, il suffit de prendre la moyenne des points donnés (c'est-à-dire de diviser leur somme par n). Si les intensités inégales des points représentent des masses situées en ces points, la somme de ceux-ci sera le *centre de gravité* du système (avec une intensité égale à la somme des masses). Si elles représentent des forces parallèles appliquées en ces points, la somme de ceux-ci sera le *centre des forces parallèles* du système, c'est-à-dire le point d'application de la résultante (avec une intensité égale à la somme de ces forces, c'est-à-dire à leur résultante). Ainsi le Calcul de l'extension englobe le *Calcul barycentrique* de Möbius, qui se réduit aux règles d'addition des points ; et il représente également la composition des forces parallèles.

Il peut aussi représenter la composition de forces quelconques. En effet, les *segments* de Grassmann possèdent exactement les propriétés des forces ; car ils définissent : 1° une droite indéfinie déterminée ; 2° une longueur déterminée sur cette droite, avec un sens déterminé. De même qu'une force peut être appliquée en un point quelconque de sa direction, de même un segment peut se transporter le long de sa droite sans cesser d'être égal à lui-même. Si l'on veut additionner deux segments issus d'un même point, on opère ainsi :

$$AB + AC = A(B + C) = 2A \cdot \frac{B+C}{2}.$$

Or $\frac{B+C}{2}$ est le milieu O du segment BC (diagonale du parallélogramme BACD) ; donc le segment $2A \cdot \frac{B+C}{2} = 2AO = AD$, c'est-à-dire l'autre diagonale du parallélogramme. Ainsi la somme de deux segments correspond à la résultante de deux forces. Dès lors, la composition des forces (en nombre quelconque) s'exprimera dans le Calcul de l'extension par l'addition des segments. En un mot, toute la Statique rentre dans le Calcul de l'extension.

La Cinématique et la Dynamique y rentrent également, grâce à des considérations infinitésimales que nous ne pouvons exposer ici. Qu'il suffise de dire que l'on peut définir la dérivée première d'un point mobile (qui représente sa vitesse) et la dérivée seconde (qui représente son accélération). Comme, d'autre part, la force qui agit sur un point doit être égale au produit de sa masse (coefficient numérique) par son accélération, on voit que le Calcul de l'extension fournit le moyen de représenter les forces accélératrices, et de formuler les équations générales de la Dynamique [1].

Enfin le même Calcul peut encore s'appliquer à la Physique mathématique, grâce précisément à cet élément intensif que la Géométrie néglige et dont elle fait abstraction. Ce coefficient numérique attaché à chaque point de l'espace permet en effet de représenter une quantité non extensive, par exemple un degré déterminé de telle ou telle qualité physique de la matière, comme la densité, la température, le potentiel électrique, etc. Le Calcul de l'extension est donc capable de traduire la distribution dans l'espace d'une matière douée de propriétés physiques, et même la variation de cette distribution à travers le temps, c'est-à-dire, en définitive, toute espèce de phénomènes et de processus physiques [2]. Il peut ainsi formuler d'une manière très simple et intuitive les équations de l'Hydrodynamique, celles de l'Électrodynamique, etc. [3]. En un mot, il peut s'appliquer à tous les phénomènes physiques qui ont pour substratum ou pour équivalent des phénomènes géométriques.

6. On peut maintenant vérifier dans quelle mesure le Calcul de Grassmann réalise l'idéal proposé et entrevu par Leibniz. On remarque d'abord qu'il répond parfaitement à la définition de Leibniz : « novum calculi genus, a calculo algebraico toto cœlo diversum, notisque pariter et usu notarum operationibusve novum » [4]. En effet, les signes ou lettres y représentent, non plus des nombres ou des grandeurs, mais de pures positions (des points). D'autre part, les opérations qu'on effectue sur ces signes diffèrent des opérations algébriques à la fois par leurs lois formelles et par leur sens réel, car elles représentent des constructions géométriques, qui reviennent en définitive aux deux opérations de la Géométrie projective : *projection* et *section*.

Par suite, ce Calcul réussit, bien mieux que celui que Leibniz avait imaginé, à exprimer la situation *directement*, et non plus, comme la Géométrie analytique, au moyen de la grandeur. En effet, le Calcul de Grassmann traduit directement les rapports de situation, c'est-à-dire les relations projectives, des éléments géométriques (points, droites, plans). Il est vrai qu'il traduit aussi des rela-

---

[1]. Cf. GRASSMANN, *Geometrische Analyse*, § 11 : *Anwendungen auf die reine Bewegungslehre*, et § 12 : *die Differentialgleichungen der Mechanik*.
[2]. Voir WHITEHEAD, *Universal Algebra*, liv. VII, ch. IV.
[3]. Grassmann lui-même a indiqué l'application de son Calcul à la théorie du magnétisme.
[4]. *De Analysi situs* (*Math.*, V, 182; cité p. 415, note 2).

tions métriques, mais parallèlement, en quelque sorte, aux relations projectives, et sans jamais les confondre ou les entremêler, grâce à la distinction de la congruence (identité de situation) et de l'égalité (identité de grandeur).

Enfin Grassmann a opéré la fusion de la Géométrie synthétique et de la Géométrie analytique, rêvée par Leibniz, en inventant des définitions *intrinsèques* des figures fondamentales, rapportées à leurs propres éléments ; il a éliminé les éléments de référence étrangers et arbitraires qui compliquent inutilement les équations et les rendent difficilement comparables, en y introduisant une variété artificielle et extérieure qui déguise leur identité réelle [1]. Cette fusion intime est surtout obtenue en associant à chaque construction géométrique une opération analytique simple qui en est la traduction immédiate, de telle sorte que le raisonnement analytique et la construction marchent ensemble et du même pas [2]. Chaque transformation algébrique, chaque étape du calcul, a une signification géométrique intuitive, et réciproquement chaque étape de la construction ou de la déduction synthétique se traduit par une formule. On n'a plus besoin de cette double transposition de la Géométrie en Algèbre et de l'Algèbre en Géométrie, que Leibniz trouvait si laborieuse et si gênante. Le même raisonnement se poursuit sous une double forme, et pour ainsi dire dans deux langues différentes, la langue de l'intuition et celle du calcul. C'est justement là le principal avantage que Leibniz attribuait à son Calcul géométrique [3].

Quant aux applications du nouveau Calcul, elles sont bien celles que Leibniz avait prévues, et en comprennent d'autres qu'il ne pouvait prévoir. Il croyait « qu'on pourroit représenter des figures et mesme des machines et mouvemens en caractères », « qu'on pourroit manier par ce moyen la mécanique presque comme la géométrie, et qu'on pourroit mesme venir jusqu'à examiner les qualités des matériaux, parce que cela dépend ordinairement de certaines figures de leurs parties sensibles » [4]. Or on a vu que le Calcul de Grassmann s'applique parfaitement à la Cinématique et à la Mécanique. Pour ce qui est des qualités physiques des corps, il peut les représenter de

---

1. Voir Chap. IX, § 5.
2. Voir *Ausdehnungslehre* de 1844, 2ᵉ éd. Appendice III, n° 8.
3. Voir Chap. IX, § 8.
4. *Lettres à Huygens*, 1679 (*Math.*, II, 19, 21). Cf. *Characteristica geometrica*, § 7 : « Quod si jam semel figuras et corpora literis exacte repraesentare poterimus, non tantum Geometriam mirifice promovebimus, sed et opticen, et phoronomicam, et mechanicam, in universum quicquid imaginationi subjectum est certa methodo et veluti analysi tractabimus... Poterunt enim caeterae quoque qualitates, quibus puncta, quae in Geometria ut similia considerantur, inter se different, facile sub characteres vocari. » (*Math.*, V, 143-144.)

deux manières : si ces qualités se traduisent par des quantités intensives, elles s'exprimeront par les *intensités* des différents éléments géométriques ; si, comme le prévoit Leibniz, elles dépendent de la configuration de ces éléments mêmes, elles s'exprimeront par la situation relative des parties, que le Calcul de l'extension est propre à traduire [1].

En résumé, le Calcul de Grassmann paraît réaliser pleinement la Caractéristique géométrique conçue par Leibniz, et montre que ce projet n'était nullement une chimère. Seulement, il y avait une telle disproportion entre l'idée que Leibniz s'en faisait et l'essai très défectueux qu'il en a donné, que Grassmann a cru devoir faire une distinction tranchée entre l'idéal rêvé et l'ébauche réalisée. Cette distinction est sans doute légitime au point de vue critique, mais elle est certainement inexacte au point de vue historique [2].

---

1. Grassmann montre par exemple comment son Calcul peut s'appliquer à la Cristallographie.

2. Pour s'initier au Calcul de Grassmann, on pourra consulter, outre l'*Universal Algebra* de M. WHITEHEAD, déjà citée, les ouvrages suivants : G. PEANO, *Calcolo Geometrico secondo l'Ausdehnungslehre di H. Grassmann* (Turin, Bocca, 1888); *Saggio di Calcolo geometrico*, et *Analisi della Teoria dei vettori*, ap. *Mémoires de l'Académie des Sciences de Turin*, 1896, 1898); — Robert GRASSMANN, *die Ausdehnungslehre oder die Wissenschaft von den extensiven Grössen in strenger Formel-Entwicklung* (Stettin, 1891); — C. BURALI-FORTI, *Introduction à la Géométrie différentielle suivant la méthode de H. Grassmann* (Paris, Gauthier-Villars, 1897); — H. FEHR, *Application de la méthode vectorielle de Grassmann à la Géométrie infinitésimale* (Paris, Carré et Naud, 1900). On trouvera une bibliographie des travaux relatifs à la méthode de Grassmann dans la *Rivista di Matematica* de M. PEANO, année 1895.

NOTES

NOTE I

Sur Thomas BARTON.

Il y a un philosophe que Leibniz connut de bonne heure, et qu'il nomme constamment avec éloge, sous les noms divers de : *Thomas Anglus, Thomas Albius* [1] et *Thomas Bonartes*. Il le citait déjà à Thomasius parmi les conciliateurs d'Aristote et de Descartes, comme un disciple de sir Kenelm Digby [2]; et il se proposait même de lui emprunter certaines théories psychologiques pour compléter l'*Encyclopédie* d'ALSTED [3]; il mentionnait son *Euclides metaphysicus* parmi les essais de philosophie démonstrative à la manière des Géomètres [4]. Plus tard, dans ses *Remarques sur l'abrégé de la vie de M. des Cartes* (publié par Baillet en 1693), il cite à la fois un autre nom et un autre ouvrage : « *Thomæ Bonartis Nordtani Angli Concordia scientiæ cum fide* »; et il ajoute, comme preuve de l'hostilité des Jésuites à l'égard du cartésianisme, que l'auteur, étant un des rares Jésuites cartésiens, a été persécuté comme tel [5]. C'est ce livre qui paraît avoir surtout intéressé Leibniz à l'époque où il composait sa *Théodicée*, qui traitait du même sujet. Aussi s'adressa-t-il au P. des Bosses pour connaître le vrai nom de l'auteur [6]; et comme le P. des Bosses

---

1. Du nom de son pays natal : on trouve dans les mss. de Leibniz des notes intitulées : « *Ad Thomæ Albii* (Thomæ Angli ex Albiis Eastsaxonum) *Euclidem Physicum*. Lond. 1657 » (**Phil.**, III, 3 a; *Bodemann*, p. 68). Nous n'avons pas pu découvrir quelle est la ville du comté d'Essex qui s'appelait *Albiæ*.
2. *Lettre à Jacques Thomasius*, 20/30 avril 1669 : « nostris temporibus Kenelm Digbæus et ejus asseclus Thomas Anglus... » (*Phil.*, I, 20). Cf. la *Lettre à Thomasius* du 6 kal. Oct. 1668, où Digby est rangé parmi les réformateurs de la philosophie à côté de Galilée, Bacon, Gassend, Hobbes et Descartes (*Phil.*, I, 10).
3. Voir les *Cogitata de ratione perficiendi... Encyclopædiam Alstedii* (Note XII).
4. *Lettre à Conring*, 3 janv. 1678 : « Vidi cujusdam Thomæ Angli *Euclidem Metaphysicum*, quem etsi non contemnam (scio enim autorem esse ingeniosum) nec commendare tamen magnopere possum » (*Phil.*, I, 188). « On a vû un Euclide Métaphysique de Thomas Albius... » Leibniz cite ensuite Abdias Treu et le P. Honoré Fabry (*Phil.*, VII, 166). Cf. **Phil.**, VI, 12, f, 27.
5. *Phil.*, IV, 321.
6. *Lettre au P. des Bosses*, 21 juillet 1707 : « Scripsit olim aliquis *concordiam scientiæ cum fide*, sub nomine Thomæ Bonartis Nordtani Angli. Eum ex vestro

l'ignorait, il répéta sa demande pendant plus d'un an, avec une persévérance et une ténacité étonnantes, pour obtenir de lui le renseignement qu'il désirait [1], et il le demandait aussi, entre temps, à Thomas Burnett [2]. A force d'insistance, il finit par recevoir la réponse suivante :

« Initium facio ab autore *Consensus scientiæ cum fide*, quem esse Thomam Bartonum sub anagrammate Thomæ Bonartis latentem, edocuit me P. Eduardus Slaughter, in Anglicano nostro collegio Leodii [3] Theologiæ professor, a quo et sequentia de ejus fortuna intellexi. Fuit Thomas Bartonus Anglus Societatis nostræ, et quidem collegii quod apud Eburones [4] est, alumnus. Præpositus Generalis noster (ni fallor Joannes Paulus Oliva), cum eum opiniones paradoxas et a doctrina catholica alienas fovere et fortasse jam in publicum protrusisse comperisset, hominem ad sacræ Inquisitionis tribunal detulit, jamque eum in Italiam pellexerat; sed Bartonus, ubi id agi sensit, mutata veste clam profugit in Hiberniam, ubi tandem a Talboto, regionis illius Episcopo catholico, qui olim et ipse Jesuita fuerat, saniora sapere doctus, tandem pœnitens obiit [5]. »

C'est à ces renseignements que Leibniz fait allusion dans sa *Théodicée*, en les résumant [6].

Que ce Thomas Barton, dit *Bonartes*, soit bien le même que le Thomas Albius que Leibniz avait étudié dans sa jeunesse, c'est ce qui ressort des documents suivants, qui prouvent que jusqu'à la fin de sa vie il conserva la même estime pour cet auteur, et qui contiennent de curieuses indications sur les rapports de Barton et de Digby :

« Je crois que tout ce que l'on a de M. *Digby* a été composé par *Thomas Anglus*. *Digby* étoit un Chymiste excellent et très expérimenté dans les choses naturelles, et il communiquoit ses pensées à *Thomas Anglus*; et celui-ci étoit plutôt philosophe, qui polissoit les ouvrages de celui-là [7]. »

Voici une lettre qui nous révèle encore un autre ouvrage du même Barton :

« Nescio an videris *Thomæ Albii* Angli *Stateram morum*. Erat fidus Achates *Kenelmi Digbæi*, et quædam ipsius operibus adjecit [8]. »

Enfin une autre lettre nous donne le jugement définitif de Leibniz sur ce philosophe inconnu ou méconnu :

fuisse ordine, et ob librum reprehensiones sustinuisse didici : ipsum viri nomen vellem discere » (*Phil.*, II, 335).

1. *Phil.*, II, 341, 342, 343, 347, 350, 351, 355, 362, 592. V. les réponses évasives du P. des Bosses, pp. 345 et 352.
2. *Lettre à Burnett*, 29 déc. 1707 (*Phil.*, III, 316). D'après cette lettre, le livre *Concordia*... remontait à quarante ans environ, soit vers 1667.
3. Leeds.
4. Evreux.
5. *Lettre du P. des Bosses*, 28 nov. 1708 (*Phil.*, II, 363).
6. *Discours préliminaire*, § 86; v. aussi *Préface*, § 16.
7. *Leibniliana*, Remarques sur les *Chevræana*, CLXXII (*Dutens*, VI, 1, 329). Cf. *Antibarbarus physicus* : « Kenelmus Digbæus cum Thoma Anglo cætera non male philosophatus in opere majore.... » Leibniz les rapproche encore d'Honoré Fabry (*Phil.*, VII, 343).
8. *Lettre à Kortholt*, 2 juil. 1715 (*Dutens*, V, 328).

« *Thomas Albius* fuit addictus Romanæ Ecclesiæ, sed invisus fere Monachis et Jesuitis, et scripta ejus censuris notata sunt. Inter cætera *Sonus buccinæ* sane plenus meditationibus ingeniosis, sed non raro paradoxis. Scripsit etiam *Euclidem physicum* et *Euclidem metaphysicum*, sed uterque mihi visus est parum Euclideus. Quædam etiam ejus adjecta sunt ad *Digbæi* opus de immortalitate animæ; nam hujus fidus Achates, et scribendi, ut arbitror, adjutor fuit. Voluit etiam quædam dare in Geometria, sed ubi miro paralogismo lapsus est; quædam etiam Ascetica, sed sermone Anglico scripsit, et sane ubique ingenium singulare tralucet. Voluit etiam Funiculum Lini defendere contra *Boylii* et aliorum verissimam sententiam de gravitate et vi elastica aeris. Ego curiosus operum ejus inspector fui, quod animadverterem, in plerisque esse aliquid non spernendum [1]. »

NOTE II

Sur l'*Ars magna* de Raymond LULLE et d'Athanase KIRCHER.

L'ouvrage du P. KIRCHER intitulé : *Ars magna sciendi seu nova porta scientiarum*, ou, sur le frontispice : *Ars magna sciendi sive Combinatoria* (2 vol. in fol., Amsterdam, Jansson, 1669), se présente comme un perfectionnement de l'*Ars Magna* de Raymond LULLE [2]. Aussi le 1er Livre est-il consacré à exposer la méthode de Lulle. Celle-ci avait pour base une sorte de table des catégories réparties en *six* classes, chaque classe comprenant *neuf* catégories, représentées par *neuf* lettres de l'alphabet. Voici cette table :

	Quæstiones.	Principia absoluta.	Principia respectiva.	Subjecta.	Virtutes.	Vitia.
B	Utrum.	Bonitas.	Differentia.	Deus.	Justitia.	Avaritia.
C	Quid.	Magnitudo.	Concordantia.	Angelus.	Prudentia.	Gula.
D	Quare.	Duratio.	Contrarietas.	Cœlum.	Fortitudo.	Luxuria.
E	Quomodo.	Potentia.	Principium.	Homo.	Temperantia.	Superbia.
F	Ex quo.	Cognitio.	Medium.	Imaginativa.	Fides.	Acedia.
G	Quantum.	Voluntas.	Finis.	Sensitiva.	Spes.	Invidia.
H	Quale.	Virtus.	Majoritas.	Vegetativa.	Charitas.	Ira.
I	Ubi.	Veritas.	Æqualitas.	Elementativa.	Patientia.	Mendacium.
K	Quando.	Gloria.	Minoritas.	Instrumentativa.	Pietas.	Inconstantia.

---

1. *Lettre à Kortholt*, 19 nov. 1715 (*Dutens*, V, 335).
2. Voir Chap. II, § 4.

Ce sont ces six classes de catégories que Lulle disposait sur autant de cercles concentriques, et qu'il combinait en faisant tourner ces cercles les uns par rapport aux autres.

Entre autres critiques, Kircher blâme Lulle de désigner par les mêmes lettres les catégories des diverses classes, ce qui donne lieu à des confusions.

Aussi sa principale innovation consiste-t-elle à représenter chaque catégorie par un symbole différent, qui en soit un signe plus ou moins naturel. Voici en effet la table de Kircher, qui se trouve Lib. II (*Nova Methodus Lulliana*), Cap. VI :

TABULA ALPHABETORUM ARTIS NOSTRÆ :

I ALPHABETUM PRIMUM EROTEMATICUM	II ALPHABETUM PRINCIPIORUM ABSOLUTORUM	III ALPHABETUM PRINCIPIORUM RESPECTIVORUM	IV ALPHABETUM PRINCIPIORUM UNIVERSALIUM [1]
1. An.	B. Bonitas.	= Differentia.	△ Deus.
2. Quid.	M. Magnitudo.	♡ Concordantia.	Angelus.
3. Cur.	D. Duratio.	⊶ Contrarietas.	◉ Cœlum.
4. Quantum.	P. Potentia.	α Principium.	□ Elementa.
5. Qui, quomodo.	S. Sapientia.	⊙ Medium.	Homo.
6. Quale.	Vo. Voluntas.	ω Finis.	Animalia.
7. Ubi.	Vi. Virtus.	M Majoritas.	Plantæ.
8. Quando.	Ve. Veritas.	Æ Æqualitas.	Mineralia et omnia mixta.
9. Quibuscum.	G. Gloria.	Mi Minoritas.	... Materialia, Instrumentalia [2].

On le voit, le P. Kircher n'a guère fait qu'emprunter à Lulle ses quatre premières classes de catégories, en leur assignant des symboles appropriés. Dans le Livre III, il répète le tableau de Lulle en y ajoutant son nouvel Alphabet. Dans le Livre IV, il expose les éléments de l'Art Combinatoire, en vue de les appliquer à la combinaison des catégories.

---

1. Ailleurs ces principes (*universaux*) sont appelés *Subjecta*, comme chez Lulle.
2. Les *Instrumentalia* sont les neuf prédicaments ou catégories d'Aristote (moins la substance), savoir : Quantitas, Relatio, Qualitas, Actio, Passio, Ubi, Quando, Situs, Habitus. C'est ce qui explique le symbole composé de 9 points.

Il emploie à cette fin divers schèmes : pour combiner deux à deux les 9 catégories de chaque classe entre elles, ou bien avec les 9 catégories d'une autre classe, il range les deux séries sur deux files verticales parallèles, et il les joint chacune à chacune par des lignes droites (au nombre de 81) qui forment un réseau régulier. Une de ces tables a 18 termes dans chaque file, ce qui donne un réseau de 324 droites [1]. Il emploie encore les cercles concentriques en papier, à l'exemple de Raymond Lulle. Enfin il emploie les tables à double entrée. L'une d'elles : « *Tabula Combinatoria seu Abacus Polysophus* », contient toutes les combinaisons des 18 principes absolus et relatifs (colonnes II et III) deux à deux (c'est comme une table de Pythagore ayant 18 cases sur chaque côté). Deux autres (intercalées p. 462) composent la TABULA PANSOPHA *Bipartita* [2]. L'une a pour titre :

TABULA I COMBINATORIA, *Universam Artis et Cognoscibilium rerum epitomen exhibens; et in hac absolutorum cum absolutis principiis fit Combinatio.*

C'est une table à double entrée de 81 cases (9 sur chaque côté); l'entrée de gauche (1re colonne) contient les 9 principes absolus; l'entrée du haut contient en 1re ligne les 9 questions [3], et en 2e ligne les noms des 9 principes absolus au génitif. Chaque case contient les résultats de la combinaison du principe correspondant à sa ligne avec le principe correspondant à sa colonne.

L'autre table a pour titre :

TABULA II. *Qua absoluta Artis nostræ Principia cum respectivis combinantur.*

C'est une table à double entrée semblable à la précédente; l'entrée de gauche contient encore les 9 principes absolus, l'entrée du haut contient en 1re ligne les 9 questions, et en 2e ligne les 9 principes relatifs avec leurs symboles.

La seconde partie de l'*Ars Magna* de Kircher est consacrée à appliquer la Combinatoire aux diverses sciences : le Livre V traite donc de la division (classification) des sciences. Les Livres VI à X contiennent les applications de la méthode à la Théologie; à la Métaphysique, à la Logique, à la Physique, et à la Médecine; à l'Éthique et à la Jurisprudence; à l'Ascétique, aux Controverses et à la Rhétorique; au Droit canon, à la Théologie positive et à la Théologie morale. Enfin le Livre XI traite de la méthode pour exposer une science. (L'ouvrage ne comprend que XI livres, au lieu des XII annoncés par le titre.)

---

1. On trouve des schèmes linéaires de ce genre dans les écrits mathématiques de Leibniz, notamment dans la *Nova Algebræ promotio* (*Math.*, VII, 179).
2. Ces deux tables se trouvent dans les papiers de Leibniz (**Philologie**, I, 2).
3. Accompagnées des symboles des 9 principes universels ou sujets.

NOTE III

Sur l'*Ars Signorum* de DALGARNO.

La Bibliothèque Royale de Hanovre possède de cet ouvrage l'exemplaire qui a appartenu à Leibniz et qu'il a annoté de sa main [1] :

Ars Signorum, vulgo Character universalis et lingua philosophica. Qua poterunt homines diversissimorum Idiomatum, spatio duarum septimanarum, omnia Animi sua sensa (in Rebus familiaribus) non minus intelligibiliter, sive scribendo sive loquendo, mutuo communicare quam Linguis propriis vernaculis. Præterea hinc etiam poterunt Juvenes Philosophiæ Principia et veram Logicæ Praxin citius et facilius multo imbibere, quam ex vulgaribus Philosophorum scriptis. Authore Geo. DALGARNO. Hoc ultra. Londini, Hayes, 1661.

Au verso de la feuille de garde on lit la note manuscrite suivante de Leibniz [2] :

« Hoc inventum prosecutus est et ad finem perduxit Johannes *Wilkinsius*, Episcopus Chestrensis, philosophus mathematicus et theologus insignis, qui inter Societatis Regiæ Anglicanæ fundatores censeri potest. Videatur opus præclarum Characteris philosophici quod in fol. Londini prodiit [3].

Verum quemadmodum ego coram indicavi Roberto Boylio et Henrico Oldenburgio, videntur egregii viri magnitudinem rei verumque usum non satis animo complexi. Nam illorum sive Lingua sive scriptura hoc tantum efficit, ut inter lingua dissitos commoda institui possit communicatio; sed vera Characteristica Realis, qualis a me concipitur, inter aptissima humanæ Mentis instrumenta censeri deberet, invincibilem scilicet vim habitura et ad inveniendum et ad retinendum et ad judicandum. Illud enim efficit in omni materia, quod characteres Arithmetici et Algebraici in Mathematica : quorum quanta sit vis quamque admirabilis usus sciunt periti.

Sed de his rogatu clarissimorum e Societate Regia Virorum peculiarem molior dissertationem [4]. »

Voici les titres des Chapitres :

Cap. I : *De primis Signorum Elementis, speciatim vero de sonis simplicibus.*
Cap. II : *De Characteribus.*
Cap. III : *De Rerum Serie Prædicamentali.*

---

1. Catalogué Ms. IV, 308 a (v. *Bodemann*, p. 82). Format in-16.
2. Publiée par TRENDELENBURG, III, 31-32, puis par GERHARDT (*Phil.*, VII, 7-8; *Briefwechsel*, I, 100). Elle doit dater de 1673.
3. Il s'agit de l'ouvrage analysé dans la Note IV.
4. La dissertation ainsi annoncée parait avoir été remplacée par la *Lettre à Oldenburg* qui commence par ces mots :
« Petis a me, Vir Cl^{me}, ut paulo fusius agam de Characteristica illa reali, cujus aliquoties inter nos mentio incidit » (*Phil.*, VII, 11; *Briefwechsel*, I, 100).

Cap. IV : *Corollaria quædam Grammaticalia ex dictis de Prædicamentis.*
Cap. V : *Explicatio Tabularum.*
Cap. VI : *De Institutione Verborum, seu Signorum Applicatione ad Tabulas.*
Cap. VII : *De Subsidiis Mnemonicis.*
Cap. VIII : *De Flexionibus Grammaticalibus.*
Cap. IX : *De Syntaxi.*
Cap. X : *De particulis.*

Lexicon Latino-Philosophicum (c'est-à-dire vocabulaire de la Langue philosophique).

L'Ouvrage se termine par le premier Chapitre de la Genèse, 5 psaumes et 2 fables d'Ésope, le tout traduit en Langue philosophique, à titre de spécimens.

A la fin de la *Préface*, une page porte les indications suivantes, qui résument à la fois le système linguistique de Dalgarno et sa table des catégories :

« Alphabetum hujus Linguæ Philosophicæ. Singulæ Literæ in principio dictionis sunt Characteristicæ Notionum Genericarum in Tabulis, ut infra indicatur.

    A Ens, res.
    H Substantia.
    E Accidens.
    I Ens Concretum ex Subst. et Accid.
    O Corpus.
    Y Spiritus.
    U Concretum ex Corpore et Spiritu. 1. Homo.
    M Concretum Mathematicum.
    N Concretum Physicum.
    F Concretum Artefactum.
    B Accidens Mathematicum.
    D Accidens Physicum Generale.
    G Qalitas [1] sensibilis.
    P Accidens Sensitivum.
    T Accidens Rationale.
    K Accidens Politicum.
    S Accidens commune, alias, servilis [2].
    R Servilis, significat oppositionem.
    L Servilis, significat medium inter extrema.
    V Characterist. vocis numericæ.

Suit une table qui donne le moyen de traduire les nombres en mots, comme le montrent les exemples cités dans la colonne de droite :

---

1. *Sic* : Dalgarno supprime partout l'*u* après *q*.
2. Les lettres *serviles* ou auxiliaires sont celles qui concourent à la formation des mots sans avoir un sens logique déterminé.

Notæ Numericæ.

A	1	M	1	Vado [1]	154
H	2	N	2	Ventum	32 864
E	3	F	3	Vapulo	17 604
O	4	B	4	Vel	30
Y	5	D	5	Vendo	3 254
U	6	G	6	Veluit	38 608
AI	7	P	7	Valili	10 000
EI	8	T	8	Void	95
OI	9	K	9	Vestis	380
I	0	L	0	Verrere	333

D'autre part, on trouve parmi les papiers de Leibniz un placard in-folio imprimé (**Phil.**, VII, D, I, 1), dont voici le titre [2] :

« LEXICON GRAMMATICO-PHILOSOPHICUM, *seu Tabulæ Rerum et Notionum omnium Simpliciorum et Generaliorum, tam Artefactarum quam Naturalium, Rationes et Respectus communiores, Methodo Prædicamentali ordinatas, complectentes; Quibus significandis, Nomina, non Casu, sed Arte et Consilio, servata inter Res et Signa convenientia Analogica, instituuntur. Ex quibus Rerum et Notionum aliarum omnium magis Complexarum et specialiorum Nomina, vel Derivatione, vel Compositione, in una vel pluribus vocibus, per Regulas quasdam Generales et certas, secundum Analogiam Logico-Grammaticam, formantur; Ita ut Nomina sic formata Rerum Descriptiones ipsarum Naturæ consentaneas contineant.* »

Ce placard porte plusieurs notes manuscrites de Leibniz (inédites). L'une reproduit à peu près la table des lettres et des chiffres de l'*Ars Signorum*. Une autre résume comme suit les règles adoptées par DALGARNO pour la formation des mots :

« *Syllaba quæ non incipit a consona denotat rem imperfectam, seu partem alterius. In substantiis, retentis consonantibus unius sub-classis variatur vocalis; in accidentibus, retenta vocali variatur ultima consona* » [3].

Le vocabulaire est divisé en catégories qui portent les rubriques suivantes :

MeiM	CONCRETUM MATHEMATICUM.
Neis	CONCRETUM PHYSICUM.
AIv	CONCRETUM SPIRITUALE.
EIv	ANIMA.
OIv	ANGELUS.

---

1. Dans tous ces mots, l'initiale V est la caractéristique des noms de nombre; les voyelles et consonnes ont la valeur indiquée dans le tableau à gauche, chacune représentant des unités de l'ordre décimal qui correspond à sa place dans le mot, abstraction faite des lettres « serviles » *r* et *s*, qui n'ont aucune valeur numérique et servent de remplissage.

2. Publié par TRENDELENBURG, III, 40.

3. On comprendra ces règles par les exemples que nous allons donner.

Vv   Homo seu Concretum Compositum.
        DEUS *Sava*, id est, *Causa prima* [1].

TABULA ACCIDENTIUM

Seis	Accidens Commune.
Beis	Accidens Mathematicum.
Deis	Physicum Generale.
Geis	Qalitas Sensibilis.
Teis	Accidens Rationale.
STeis	OEconomicum.
Keis	Politicum.

Les mots de la colonne de gauche sont des types : la majuscule seule est fixe, les minuscules varient : la diphtongue *ei* peut être remplacée par toute autre voyelle ; les consonnes *v* et *s*, par toute autre consonne.

Voici par exemple les subdivisions (ce que Leibniz appelle *sub-classes*) de la dernière catégorie (rubrique Politicum) :

KAs	*Relatio officii.*
KIIs	*Relatio officii in Judiciis.*
KEs	*Judiciorum Materia.*
KIs	*Partes litigantium.*
KOs	*Partes Judicis.*
KYs	*Delicta.*
KUs	*Bellum.*
SKAs	*Religio* r.[2] *Superstitio.*

Comme toujours, les majuscules de chaque mot-type sont invariables, et les minuscules (ici la consonne finale) varient seules. Voici par exemple les mots rangés dans la dernière sous-classe (rubrique *Religio*) :

skam	gratia	r.	natura.
skem	felicitas	r.	miseria.
skaf	colere	r.	profanare.
skab	jurare		
skad	orare	r.	laudare.
skag	sacrificium		
skap	sacramentum		
skat	mysterum [3]		
skak	miraculum.		

Le Lexique est complété par la liste des *Particulæ pronominales*, par celle des *Flexiones Grammaticæ*, et par l'*Etymologia præcipuarum particu-*

---

1. *Sa* veut dire *cause* (dans la catégorie S = Accidens commune) ; *va* veut dire *premier* (*v* caractéristique des nombres, *a* = 1).
2. Rappelons que la lettre *r* est le signe des contraires.
3. *Sic.*

larum (lexique des particules). Il se termine par l'*Oratio dominica*, traduite en Langue philosophique.

Les indications précédentes suffisent à donner une idée du système de DALGARNO.

Ajoutons que, dans l'*Ars Signorum*, p. 42, en marge de ce passage de DALGARNO :

« ... addendo literas terminales voci genericæ ordinis numerici significativas, e. g. :

Nηka		1. Elephas.
Nηkη		2. Equs.
Nηke	pro	3. Asinus.
Nηko		4. Mulus. »

on lit cette note manuscrite de Leibniz : « Ita fecit Wilkinsius. »

NOTE IV

Sur la Langue philosophique de WILKINS.

L'ouvrage de John WILKINS, évêque de Chester, membre de la Société Royale de Londres : *An Essay towards a Real Character and a Philosophical Language* (in-folio, London, 1668) est divisé en quatre parties.

La 1re partie (assez courte) contient des *Prolégomènes* sur l'origine et la nature du langage.

La 2e partie contient une *Philosophie générale*, où tous les concepts sont classés sous 40 genres ; chacun se divise en *différences*, et chaque différence en *espèces*.

La 3e partie contient la *Grammaire philosophique* (ou *naturelle*).

Enfin la 4e partie est consacrée au *Caractère réel* et à la *Langue philosophique*. Ce sont deux langages différents, quoique correspondants : le premier est écrit, le second est parlé.

Le Chapitre I expose le *Caractère réel* : c'est un système de caractères idéographiques, qui représentent, soit les *intégraux* (mots proprement dits), soit les *particules*. Les *intégraux* comprennent les *radicaux*, les *dérivations* et les *flexions*. Les *radicaux* eux-mêmes se composent de trois parties, qui correspondent respectivement au *genre*, à la *différence* et à l'*espèce* du concept exprimé.

Les 40 *genres* sont représentés par des traits dont la direction fondamentale est horizontale, mais dont la partie médiane est variée par divers dessins, au-dessus ou au-dessous de l'axe horizontal.

Les *différences* sont représentées par des traits horizontaux qui servent de *préfixes*, et dont l'extrémité gauche varie [1]. Il y a 9 *préfixes*, correspondant respectivement aux neuf premiers nombres.

1. A peu près comme les bras du télégraphe aérien.

Les *espèces* sont représentées par des traits horizontaux servant de *suffixes*; ils sont symétriques des précédents, et correspondent comme eux aux neuf premiers nombres [1].

Le radical étant constitué par l'ensemble de trois caractères (un préfixe, un symbole de genre et un suffixe) formant un trait continu, les dérivations et les flexions sont marquées par des traits qui s'ajoutent au commencement ou à la fin. Ainsi l'*Opposition* est marquée par un rond au commencement, et l'*Affinité* par un rond à la fin du caractère.

Les *Adjectifs* dérivés du radical se marquent par des crochets à la fin; les *Adverbes*, par une boucle à la fin. De même les dérivés *abstraits*, le *pluriel*, l'*actif* et le *passif*.

Les *particules* se divisent en *grammaticales* et *transcendentales*.

Les *particules grammaticales* sont : la *copule* (le verbe *être*), marquée par un petit cercle; les *pronoms*, marqués par des points; les *interjections*, marquées par des crochets; les *prépositions*, marquées par des demi-cercles; les *adverbes*, marqués par des angles droits; les *conjonctions*, marquées par des angles aigus; les *articles*, marqués par des accents; les *modes*, marqués par des courbes à boucle (semblables aux chiffres 6, 9, 8); les *temps*, marqués par un trait horizontal dont le sens dépend de la place (en haut, au milieu ou en bas du caractère radical) [2].

Les *particules transcendentales* désignent des dérivations ou flexions d'idées; elles sont marquées par des signes analogues à ceux des particules grammaticales; seulement ils sont placés au-dessus ou au-dessous du caractère radical, et leur sens varie suivant qu'ils sont à gauche, au milieu ou à droite, de sorte que chacun d'eux comporte six sens différents. Nous croyons devoir reproduire la table de ces sens, en raison de son intérêt philosophique :

Metaphor. Like.	Kind. Manner.	Thing. Person.	Place. Time.	Cause. Sign.	Aggregate. Segregate.
Lamin. Pinn.	Instrument. Vessel.	Jugament. Machin.	Sepiment. Armament.	Vest. Armour.	House. Chamber.
Habit. Art.	Officer. Artist.	Mechanic. Merchant.	Ability. Proneness.	Inceptive. Frequentative.	Endeavor. Impetus.
Augmentative. Diminutive.	Excess. Defect.	Perfective. Corruptive.	Voice. Language.	Male. Female.	Young. Part.

Le Chapitre II donne, comme exemple du *Caractère réel*, le *Pater* et le

---

1. Wilkins a prévu une disposition particulière pour le cas où il y aurait plus de 9 différences dans un genre ou plus de 9 espèces dans une différence.
2. En général, d'ailleurs, le sens des caractères des particules varie suivant ces trois places.

Credo écrits dans ce symbolisme idéographique, avec la traduction analysée et commentée.

Le Chapitre III expose la *Langue philosophique*, c'est-à-dire le moyen de rendre cette écriture énonçable. Pour cela, il faut faire correspondre des sons articulés aux divers caractères énumérés au Chap. I.

Les 40 *genres* sont énoncés en syllabes formées d'une consonne et d'une voyelle. Voici leur liste complète :

	Transcendental General...................	Bα
	Transcendental Relation Mixed..................	Ba
	Transcendental Relation of Action...............	Be
	Discourse...................	Bi
	God...................	Dα
	World...................	Da
	Element...................	De
	Stone...................	Di
	Metall...................	Do
Plant	Herb Leaf (feuille)...................	Gα
	Herb Flower (fleur)...................	Ga
	Herb Seed Vessel (fruit)...............	Ge
	Shrub (arbuste)...................	Gi
	Tree (arbre)...................	Go
Animal	Exsanguious...................	Zα
	Fish...................	Za
	Bird...................	Ze
	Beast...................	Zi
Part	Peculiar...................	Pα
	General...................	Pa
Quantity	Magnitude...................	Pe
	Space...................	Pi
	Measure...................	Po
Quality	Natural Power...................	Tα
	Habit...................	Ta
	Manners...................	Te
	Sensible Quality...................	Ti
	Sickness (maladie)...................	To
Action	Spiritual...................	Cα
	Corporeal...................	Ca
	Motion...................	Ce
	Operation...................	Ci
Relation	OEconomical...................	Co
	Possessions...................	Cy
	Provisions...................	Sα
	Civil...................	Sa
	Judicial...................	Se
	Military...................	Si
	Naval...................	So
	Ecclesiastical...................	Sy

Les *Différences* sont représentées par *neuf* consonnes, et les Espèces par *neuf* voyelles, ou diphtongues, qui correspondent respectivement aux 9 premiers nombres, comme suit :

	1	2	3	4	5	6	7	8	9
Différences....	b	d	g	p	t	c	z	s	n
Species........	α	a	e	i	o	u[1]	y	yi	yu[1]

Un radical se composera en ajoutant à la syllabe qui représente le genre la consonne qui représente la différence et la voyelle qui représente l'espèce. Par exemple, *De* signifie *Élément* : *Deb* indique la 1re différence du genre *Élément*, à savoir *Feu*; et *Debα* la 1re espèce de *Feu*, à savoir *Flamme*.

L'*Affinité* et l'*Opposition* sont indiquées par la répétition ou l'opposition de certaines lettres du radical (voyelles ou consonnes).

Les *Adjectifs* se forment en changeant la 1re consonne du radical.

Les *Adverbes*, en changeant la voyelle radicale en diphtongue (en y ajoutant *i*).

Les *Abstraits*, en changeant la 2e consonne du radical (exemple : *Saba* signifie *roi*; *Sava* signifiera *royauté*).

L'*Actif* et le *Passif* s'indiquent en ajoutant respectivement *l* ou *m* après la 1re voyelle du radical.

Le *Pluriel* s'indique (dans les substantifs seulement) en ajoutant *u*[2] à la fin du radical.

Les *Particules* se traduisent par des monosyllabes spéciaux, commençant par L ou R pour les *prépositions*; par M pour les *adverbes*; par N pour les *conjonctions*, etc.

Les nombres s'énoncent oralement en faisant suivre leur caractéristique générique *Pob* des lettres (voyelles ou consonnes) qui correspondent à leurs chiffres consécutifs, d'après le tableau précédent [3].

Le Chapitre IV donne, comme exemple du *Langage philosophique*, le *Pater* et le *Credo* traduits cette fois en lettres prononçables [4]. Pour montrer que sa langue artificielle est aussi aisée à prononcer et aussi harmonieuse que les langues naturelles, Wilkins superpose à sa traduction du *Pater* les traductions du même texte dans 49 langues mortes ou vivantes.

Dans le Chapitre V, il donne des conseils et directions pratiques pour apprendre tant le *Caractère réel* que la *Langue philosophique*.

Le Chapitre VI forme un Appendice contenant une comparaison entre

---

1. Nous remplaçons par *u* le caractère grec composite qui représente la diphtongue ου.
2. Même remarque.
3. Wilkins dit emprunter cet artifice à *Herrigon* (HÉRIGONE; voir p. 82, note 4); mais il ressemble beaucoup à celui de DALGARNO (voir Note III).
4. Puisque les vocables de cette langue peuvent *s'écrire* en lettres, les hiéroglyphes du *Caractère réel* deviennent inutiles, et l'on peut dire, avec Leibniz, que Wilkins aurait pu s'en passer (voir p. 59, note 2).

la *Grammaire naturelle philosophique* et celles des langues naturelles, en particulier du Latin [1].

L'ouvrage se termine par :

An Alphabetical Dictionary, wherein all English Words, according to their various significations, are either referred to their Places in the Philosophical Tables, explained by such Words as are in these Tables.

On y trouve et, après chaque mot, soit sa définition au moyen de radicaux catalogués, soit l'indication du genre, de la différence et de l'espèce auxquels il correspond dans la classification des concepts.

Enfin l'ouvrage contient (p. 143) trois tables : les deux premières présentent le tableau de cette classification des concepts, rangés en colonnes sous chacun des 40 genres, avec les différences et les espèces numérotées. Ce tableau résume la 2ᵉ partie de l'ouvrage. La troisième table est un tableau synoptique de la grammaire et de la syntaxe du *Caractère réel* et de la *Langue philosophique*, telles que nous venons de les résumer [2].

NOTE V

Sur le *De Conditionibus*.

Le *Specimen certitudinis seu demonstrationum in jure, exhibitum in doctrina conditionum* (désigné couramment sous le titre plus bref : *De conditionibus*) fut publié en 1665, puis remanié et publié avec les autres mémoires relatifs au droit en 1672 sous le titre général *Specimina juris* [3].

Cet opuscule contient une théorie des jugements hypothétiques, appliquée au droit. Il commence par la définition de la proposition conditionnelle : l'hypothèse (ou l'antécédent) est appelée *Conditio*, la thèse (ou le conséquent), *Conditionatum*. Suivent des théorèmes dont nous allons citer les principaux :

« 1. Conditio infert Conditionatum. »

« 2. Conditionatum suspendit Conditionem »,

c'est-à-dire : si la condition est posée, le conditionné s'ensuit; si le conditionné est supprimé, il supprime la condition.

« 3. Conditio Conditionis est Conditio Conditionati »,

c'est-à-dire que si A conditionne B et B conditionne C, A conditionne C. C'est le principe du *syllogisme hypothétique* proprement dit.

---

1. Nous recommandons la lecture de ce Chapitre à ceux qui sont encore partisans du latin comme langue internationale pratique; ils y verront énumérés les graves défauts logiques de la grammaire et de la syntaxe latines.

2. Ces trois tables se trouvent parmi les papiers de Leibniz (**Phil.**, VII, D, 1, 2-4; voir *Bodemann*, p. 101).

3. *Dutens*, III, 94 sqq. Voir les *Lettres à Job Ludolf*, ap. *Dutens*, VI, 1. En 1704, Leibniz exprimait encore le désir de publier à nouveau cet ouvrage (*Nouveaux Essais*, IV, III, § 18).

« 4. Conditio nihil ponit »,

c'est-à-dire qu'un jugement hypothétique n'affirme rien catégoriquement, ni l'hypothèse, ni la thèse.

« 7. Si Conditio infert et suspendit Conditionatum, etiam vicissim Conditionatum ipsam suspendet et inferet »,

c'est-à-dire : si l'hypothèse est condition nécessaire et suffisante de la thèse, celle-ci est à son tour condition nécessaire et suffisante de l'hypothèse [1].

« 22. Plura disjuncta sunt unum incertum »,

c'est-à-dire : Si l'on affirme une alternative (« ou A, ou B, ou C,.... ») on affirme *un* des cas, mais indéterminé (de même s'il s'agit d'une promesse).

« 37. Necessarii contrarium est impossibile. »

Le nécessaire est ce qui arrive dans tous les cas, et sans condition ; le contraire n'arrive donc jamais, et ne peut arriver à aucune condition.

Dans le Chapitre V, Leibniz dresse le tableau suivant, suffisamment clair par lui-même :

Conditio : impossibilis, contingens, necessaria

$$0 \qquad \frac{1}{2} \qquad 1$$

Jus :   nullum,   conditionale,   purum

qui résume les trois théorèmes suivants :

« 63. Conditio impossibilis jus Conditionale nullum efficit ;
« 64. Conditio necessaria jus facit purum ;
« 65. Conditio incerta efficit jus Conditionale. »

Il s'agit, on le devine, d'un droit éventuel soumis à une certaine condition. Si cette condition est impossible, le droit est nul ; si elle est nécessaire (donc certainement remplie), le droit est plein et absolu ; enfin si elle est contingente ou incertaine, le droit est proprement conditionnel ou hypothétique.

Ce qu'il y a de plus remarquable dans ce tableau, ce sont les valeurs numériques attribuées au droit conditionnel dans les trois cas. (Leibniz nous avertit lui-même que $\frac{1}{2}$ représente une fraction quelconque comprise entre 0 et 1 ; remplaçons-la, suivant l'usage moderne, par p.) En effet, ces valeurs 0, p et 1 mesurent précisément la probabilité de ce droit dans les trois cas. Aussi, dans la Logique algorithmique, 0 représente-t-il les propositions impossibles ou absurdes, et 1 les propositions certaines ou nécessaires [2]. Ainsi Leibniz a entrevu ici, d'une part, le Calcul des probabilités, d'autre part, le Calcul des jugements. Cet opuscule est

---

[1]. Ce théorème se formule en Logique algorithmique comme suit :
   « Si $A < B$ et si $A' < B'$, on a $A = B$, et par suite : $B < A$ et $B' < A'$. »
Et en effet : $(A' < B') = (B < A)$,
   or : $(A < B)(B < A) = (A = B) = (A' = B') = (B' < A')(A' < B')$.

[2]. Dans le Calcul des propositions de Boole et Schröder, M. Mac Coll y a ajouté la 3ᵉ modalité 0 (*variable*).

d'autant plus intéressant que les idées neuves et fécondes qu'il contient n'ont malheureusement pas reparu dans l'œuvre logique de Leibniz; c'est à savoir : 1° l'idée d'une Théorie des jugements hypothétiques (jugements *secondaires* de Boole, c'est-à-dire jugements portant sur d'autres jugements); 2° l'idée de représenter numériquement (par 0, 0 et 1) la valeur d'un jugement plus ou moins probable ou certain.

NOTE VI

Extrait du *De Arte combinatoria*.

Le seul échantillon que Leibniz ait donné de sa Caractéristique est l'essai de définition des concepts géométriques élémentaires qui se trouve dans le *De Arte combinatoria* (1666), n° 88. Rappelons que les termes simples ou premiers composent la Classe I, et sont désignés par un seul nombre, tandis que les termes composés sont désignés par l'ensemble de deux nombres écrit sous forme de fraction : le premier (numérateur) est le numéro du terme dans sa classe, le second (dénominateur) est le numéro de la classe elle-même. Les nombres cardinaux sont écrits entre parenthèses, pour les distinguer des nombres symboliques. Toutefois, (15) désigne un nombre indéterminé (plusieurs).

On remarquera que le numéro de la classe à laquelle appartient une définition est égal à la somme des dénominateurs des fractions qui y figurent, en considérant les entiers comme des fractions de dénominateur 1, et en ne comptant pas les nombres entre parenthèses. Cette règle nous a aidé à découvrir et à corriger plusieurs fautes d'impression.

CLASSE I.

1. *Punctum.*
2. *Spatium.*
3. *Intersitum.*
4. *Adsitum* seu contiguum.
5. *Dissitum* seu distans.
6. *Terminus* seu quae distant.
7. *Insitum.*
8. *Inclusum*[1].
9. *Pars.*
10. *Totum.*
11. *Idem.*
12. *Diversum.*
13. *Unum.*
14. *Numerus.*
15. *Plura.*
16. *Distantia.*
17. *Possibile.*
18. *Omne.*
19. *Datum.*
20. *Fit.*
21. *Regio.*
22. *Dimensio.*
23. *Longum.*
24. *Latum.*
25. *Profundum.*
26. *Commune.*
27. *Progressio* seu Continuatum.

1. « Verbi gratia, centrum est insitum circulo, inclusum peripheriae. » (Glose de Leibniz.)

Classe II.

1. *Quantitas* est 14 τῶν 9 (15).
La *quantité* est le nombre des parties.

2. *Includens* est 6. 10.
Le *contenant* est le terme total (le tout qui termine, ou la totalité des termes?).

Classe III.

1. *Intervallum* est 2. 3. 10.
L'*intervalle* est l'espace total compris (entre les termes).

2. *Aequale* A τῆς 11. $\frac{1}{2}$.
Égal est de la même grandeur.

3. *Continuum* est A ad B, si τοῦ A ἡ 9 est 4 et 7 τῷ B.
A est *continu* avec B, si une partie de A est à la fois contiguë à B et contenue en B.

Classe IV.

1. *Majus* est A habens τὴν 9. $\frac{2}{3}$ τῷ B.
A est *plus grand* que B, s'il a une partie égale à B.

2. *Minus*, B. $\frac{2}{3}$ τῇ 9 τοῦ A.
B est *plus petit* que A, s'il est égal à une partie de A.

3. *Linea*, $\frac{1}{3}$ τῶν 1 (2).
Une *ligne* est l'intervalle de deux points.

4. *Parallelum*, $\frac{2}{3}$ ἐν τῇ 16.
Parallèle est égal en distance.

5. *Figura*, 24. 8 ab 18. 21.
Une *figure* est la largeur incluse dans toute direction.

Classe V.

1. *Crescens*, quod 20. $\frac{1}{4}$.
Croissant est ce qui devient plus grand.

2. *Decrescens*, 20. $\frac{2}{4}$.
Décroissant, ce qui devient plus petit.

3. *Implexum* est $\frac{2}{3}$ in τῇ 11. 22.
Implexe est égal dans la même dimension.

4. *Secans*, $\frac{2}{3}$ in τῇ 12. 22.
Sécant est égal dans une autre dimension.

CLASSE VI.

1. *Convergens*, $\frac{2}{5}$ ἐν τῇ 16.

Convergent est décroissant en distance.

2. *Divergens*, $\frac{1}{5}$ ἐν τῇ 16.

Divergent, croissant en distance.

CLASSE VII.

1. *Superficies*, $\frac{1}{3}$ τῶν $\frac{3}{4}$.

Une *surface* est l'intervalle des lignes.

2. *Infinitum*, $\frac{1}{4}$ quam 18. 19. 17.

Infini est plus grand que tout donné possible.

3. *Peripheria*, $\frac{3}{4}$ 13. $\frac{2}{5}$.

La *périphérie* est la ligne une contenante (c'est-à-dire qui forme le contour unique d'une figure).

4. A dicitur *Mensura* seu metitur B, si 10 ex A (15) $\frac{2}{3}$ est $\frac{2}{3}$ τῷ B.

A *mesure* B, si un tout formé de quantités égales à A est égal à B.

CLASSE VIII.

1. *Maximum* est $\frac{1}{4}$ non $\frac{2}{4}$.

Le *maximum* est plus grand, non plus petit (que chacune des quantités considérées).

2. *Minimum*, $\frac{2}{4}$ non $\frac{1}{4}$.

Le *minimum* est plus petit, non plus grand (id.).

3. *Recta*, $\frac{3}{4}$. $\frac{2}{3}$. τῇ 16 τῶν 6 (2).

La *droite* est une ligne égale à la distance de ses deux extrémités [1].

4. Quae non talis, *Curva*.

Une *courbe* est une ligne qui n'est pas droite.

5. *Arcus*, 9 τῆς $\frac{3}{7}$.

Un *arc* est une partie de périphérie.

CLASSE IX.

1. *Ambitus* est $\frac{1}{7}$. $\frac{2}{5}$.

L'*aire* est la surface contenante (ou la surface contenue?).

CLASSE X.

1. *Commensurabilia* sunt, quorum $\frac{4}{7}$. 26 est et 1 et 2.

Sont *commensurables* les quantités (géométriques) dont la mesure commune est un point et un espace.

CLASSE XI.

1. *Angulus* est quem faciunt $\frac{3}{4}$ (2). 4. $\frac{2}{6}$.

L'*angle* est ce que font deux lignes contiguës divergentes.

CLASSE XII.

1. *Planum* est, $\frac{1}{7}$. $\frac{2}{3}$. τῇ 16 τῶν 6.

Le *plan* est une surface égale à la distance de ses termes.

CLASSE XIII.

1. *Gibbus*, $\frac{1}{7}$. $\frac{1}{4}$ τῇ 16 τῶν 6.

Une *surface courbe* est une surface plus grande que la distance de ses termes.

CLASSE XIV.

1. *Rectilineum* est $\frac{5}{4}$ cujus $\frac{2}{2}$ est τῶν $\frac{3}{8}$ (15).

Est *rectiligne* une figure dont le contour est formé de plusieurs droites.

2. Quæ dicuntur *Latera*.

Et ces droites sont appelées *côtés*.

3. Si $\frac{3}{8}$ (3). *Triangulum*.

Si elles sont au nombre de trois, la figure est un *triangle*.

4. Si $\frac{3}{8}$ (4), *Quadrangulum*, etc.

Si elles sont au nombre de quatre, un *quadrilatère*, etc.

CLASSE XV.

1. *Lunula* est $\frac{1}{3}$ τῶν $\frac{5}{8}$ (2), non $\frac{2}{3}$. 4 (2) [1].

Une *lunule* est l'intervalle de deux arcs non égaux et contigus.

CLASSE XVI.

1. *Angulus rectus* est $\frac{1}{11}$. $\frac{2}{3}$. in τῷ 18.21.

Un *angle droit* est un angle égal dans toute direction.

---

[1]. « Subintelligo autem tam lunulam gibbosam, qua arcus arcui concavitatem obvertit, quam falcantem, qua interior alterius concavitati suam convexitatem. » (Glose de Leibniz.)

2. *Segmentum* est 3 τῶν $\frac{2}{2}$ et $\frac{3}{8}$. 7 τῇ $\frac{5}{4}$.

Un segment est l'intervalle entre le contour et une droite contenue dans la figure.

CLASSE XVII.

1. *Aequilaterum* est $\frac{5}{4}$ cujus $\frac{2}{2}$ est τῶν $\frac{3}{8}$ (15) $\frac{2}{3}$. (¹)

Est *équilatérale* une figure dont le contour est formé de plusieurs droites égales.

2. *Triangulum æquicrurum* est $\frac{5}{4}$ cujus $\frac{2}{2}$ est τῶν $\frac{3}{8}$ (3) $\frac{2}{3}$ (2).

Un *triangle isoscèle* est une figure dont le contour est formé de trois droites, dont deux égales.

3. *Scalenum* est $\frac{5}{4}$ cujus $\frac{2}{2}$ est τῶν $\frac{3}{8}$ (3) non $\frac{2}{3}$ (3).

Un (triangle) *scalène* est une figure dont le contour est formé de trois droites non égales (deux à deux)².

CLASSE XVIII.

1. *Angulus contactus* est quem faciunt $\frac{3}{4}$ (2). 4. $\frac{2}{6}$ non $\frac{4}{5}$. 27. modo 17.

L'*angle de contact* est ce que font deux lignes contiguës divergentes non sécantes et continuées si c'est possible.

CLASSE XIX.

1. *Inscriptum* est $\frac{5}{4}$. 7. cujus $\frac{1}{11}$ (15) sunt 4 τῷ $\frac{2}{3}$. (³)

Inscrite est une figure située dans (une autre) et dont les angles (sommets) sont contigus au contour (de cette autre).

2. *Circumscripta* vero est ea figura cui inscripta est.

Est *circonscrite* la figure à laquelle l'autre est inscrite.

CLASSE XX.

1. *Angulus obtusus* est $\frac{1}{4}$ quam $\frac{1}{16}$.

Un *angle obtus* est (un angle) plus grand qu'un angle droit.

---

1. Nous avons corrigé, en nous inspirant des définitions suivantes, le texte inintelligible que voici : « *Aequilaterum* est $\frac{5}{4}$ cujus $\frac{2}{2}$ est 8 τῶν $\frac{3}{8}$ (15) ». Cette définition est évidemment fautive, car elle appartiendrait à la classe XV, et non à la classe XVII.

2. C'est 2, et non 3, qui devrait figurer dans la dernière parenthèse de cette définition : car un triangle scalène n'est pas un triangle non équilatéral (dont les *trois* côtés ne sont pas égaux), mais un triangle non isoscèle (dont *deux* côtés quelconques ne sont pas égaux).

3. GERHARDT (*Phil.*) imprime à tort $\frac{4}{5}$, au lieu de $\frac{5}{4}$, que donne *Erdmann*.

2. *Acutus*, $\frac{2}{4}$ quam $\frac{1}{16}$.

Un *angle aigu* est (un angle) plus petit qu'un angle droit.

Classe XXI.

1. *Diameter* est $\frac{3}{8} \cdot \frac{1}{8} \cdot 7 \cdot τῇ \frac{5}{4}$.

Le diamètre est la droite la plus grande incluse dans la figure.

Classe XXII.

1. *Circulus* est $\frac{1}{12}$ ab 18.21 habens τὴν 16. $\frac{2}{3}$ τοῦ 19 alicujus 1 (quod dicitur
2. *Centrum* circuli) ab 18.6 ([1]).

Un *cercle* est une surface plane ayant tous ses termes (extrémités) dans toutes les directions à égale distance d'un point donné (appelé *centre* du cercle).

3. *Triangulum rectangulum* est $\frac{3}{4}$ cujus $\frac{1}{11}$ ([2]) sunt omnes, sed 13. est $\frac{2}{3}$ in τῷ 18.21.

Un *triangle rectangle* est une figure à trois angles en tout, mais dont l'un est égal dans toute direction $\left(\text{c.-à-d. droit : voir } \frac{1}{16}\right)$ [2].

Classe XXIII.

1. *Centrum figuræ* est 1.26 τοῖς $\frac{1}{21}$ (13).

Le centre de figure est le point commun à plusieurs diamètres.

Classe XXIV.

1. *Semifigura* data (v. g. semicirculus, etc.) est 3 τὸν $\frac{1}{21}$ et dimidium τοῦ $\frac{2}{5}$. ([3])

Une demi-figure donnée (p. ex. un demi-cercle) est intermédiaire entre le diamètre et la moitié du contour.

Pour apprécier équitablement cette ébauche de Caractéristique, il faut avant tout se rappeler qu'elle se trouve dans un « essai d'écolier »[4] que

1. Nous avons supprimé après $\frac{1}{12}$ le facteur 8, qui nous paraît inutile, sinon inintelligible; avec ce facteur, que nous avons déjà dû supprimer ailleurs (voir $\frac{1}{17}$), la définition serait de la classe XXIII.

2. Cette définition devrait être de la classe XXI; à moins que Leibniz n'ait compté pour un terme le mot *omnes*, qu'il aurait dû traduire par 18.

3. Nous avons corrigé cette définition en remplaçant $\frac{1}{22}$ par $\frac{1}{21}$, qui concorde avec le numéro de la classe.

4. *Lettre à Remond*, juillet 1714 (*Phil.*, III, 620).

l'auteur devait plus tard désavouer en partie comme indigne de lui [1]; et, en outre, qu'elle date d'une époque où Leibniz était, de son propre aveu, ignorant en Mathématiques [2]. En un mot, il faut l'apprécier, non au point de vue géométrique (où il serait trop facile de la critiquer), mais au point de vue logique.

Or le principal défaut de cette Caractéristique, qui ressort de la forme même des définitions, consiste en ce que toutes les idées n'y sont pas exprimées par des signes, de sorte qu'à ceux-ci se mêlent encore des mots du langage ordinaire. Ces mots sont, non seulement des articles grecs (faute d'articles latins), mais des prépositions et conjonctions (ἐν, et, ad, ab, in, ex, si, sed, modo, quam), des relatifs (quod, quorum, cujus, quem), même des verbes (est, sunt, habens, faciunt) et des termes indiquant la quantité (omnes, alicujus, dimidium), enfin la négation (non). Leibniz a reconnu ce défaut; il l'explique et l'excuse en disant que l'analyse des concepts n'est pas poussée à bout, de manière à les réduire tous à des concepts primitifs. Cela est vrai en partie, notamment pour les notions de quantité et pour la négation, qu'on peut traduire par des signes. Mais le défaut en question ne tient pas uniquement à une analyse insuffisante ou incomplète : car aucune analyse ne peut résoudre en concepts les idées représentées par les verbes, les prépositions et les cas (génitif, datif, accusatif, représentés par les articles), parce que ce sont des idées de *relations*. Par exemple, dans la première définition : « Quantitas est 14 τῶν 9, », c'est-à-dire : « numerus partium », on ne peut pas supprimer l'article τῶν (ou le génitif) et écrire simplement : « Quantitas est 14. 9 », c'est-à-dire : « numerus pars », ce qui n'aurait pas de sens [3].

D'ailleurs, parmi les concepts simples (catégories) de la Classe I, Leibniz a dû ranger, à côté de termes absolus comme *Punctum*, *Spatium*, *Numerus*, etc., des termes relatifs comme *idem* et *diversum*, *pars* et *totum*, *insitum* et *inclusum*, *adsitum*, *dissitum* et *intersitum*, *commune*, et même un verbe : *fit*. Peu importe donc qu'il ait ou non traduit en signes quelques-uns de ces termes : le fait est que ces termes sont indispensables à l'expression des propositions et des définitions les plus simples de la Géométrie. Or ces termes ne peuvent se réduire par l'analyse à une combinaison de termes absolus, c'est-à-dire de concepts génériques (concepts de classes).

Que doit-on conclure de là? Que la simple combinaison (par addition ou par multiplication) des concepts généraux et abstraits ne suffit pas à représenter la pensée, comme le croyait Leibniz. Il faut y joindre, non seulement la négation, mais des termes relatifs qui indiquent diverses

---

1. *Phil.*, IV, 103-104.
2. *Lettre à Jacques Bernoulli*, avril 1703 (*Math.*, III, 71).
3. Cette remarque a été faite par Exner : *Ueber Leibnitzens Universal-Wissenschaft*, ap. *Abhandlungen der K. böhmischen Gesellschaft der Wissenschaften*, Ve Folge, Bd. III, p. 162-200 (Prag, 1845). Peut-être s'appliquerait-elle aussi à la 2e définition, car, au lieu de : « Includens est 6.10 », c'est-à-dire : « terminus totius », on pourrait lire : « Includens est 6 τοῦ 10 », c'est-à-dire : « terminus totius » : Le contenant (ou contour) est le terme du tout.

connexions ou relations entre les concepts. Ces termes relatifs correspondent, soit aux particules (prépositions, conjonctions), soit aux verbes du langage courant; et ils doivent se traduire dans la Logique algorithmique, les uns par des signes d'opérations (analogues aux signes $\times$, $-$, etc.), les autres par des signes de relations ou copules (analogues aux signes $=$, $<$, etc.)[1].

NOTE VII

Nova Methodus discendæ docendæque Jurisprudentiæ.

La *Nova methodus discendæ docendæque Jurisprudentiæ, ex artis didacticæ principiis in parte generali præmissis*, dédiée à Jean-Philippe de Schönborn, électeur de Mayence, fut publiée à Francfort en 1667[2]. En voici quelques extraits intéressants.

§ 22 : Leibniz expose la division de l'art didactique :

« Topica autem et Analytica una *Logicæ* voce comprehenduntur, ex quo patet *Logicam* et *Mnemonicam Didacticæ* partes esse » (p. 173).

Il remarque que ces trois parties de la Didactique : Mnémonique, Topique et Analytique, correspondent aux trois facultés de l'esprit (distinguées par Bacon) : mémoire, invention, jugement.

Cette tripartition se trouve dans la Note inscrite par Leibniz sur son exemplaire de Dalgarno (v. Note III) et dans le fragment *De la sagesse* (*Phil.*, VII, 82). Quant à la division de la Logique en art de juger et art d'inventer (qui vient d'Aristote), elle se retrouve partout chez Leibniz.

§ 25 : Leibniz réduit à deux toutes les règles de l'Analytique : tout définir et tout démontrer; et il oppose ces règles (inspirées de Hobbes et aussi de Pascal)[3] à celles de Descartes, qu'il critique :

« *Analytica* seu ars judicandi mihi quidem videtur duabus fere regulis tota absolvi : 1° Ut nulla vox admittatur, nisi explicata; 2° ut nulla propositio, nisi probata. Quas arbitror longe absolutiores esse, quam quatuor illas *Cartesianas* in prima Philosophia, quarum primaria est, « quicquid clare distincteque percipio, illud est verum » : quæ infinitis modis fallit » (p. 174).

Il est intéressant de voir Leibniz, dès 1667, rejeter la méthode cartésienne et critiquer le criterium de l'évidence comme il le fera plus tard.

§ 51 : Leibniz énumère des logiciens du Droit, de même que dans le

---

1. Voir notre Conclusion.
2. Sur les conditions où cet opuscule fut publié, voir les *Lettres à Bierling* de mars-avril 1712 (*Phil.*, VII, 504-5), où Leibniz exprime l'intention de le rééditer corrigé et développé. Il fut publié de nouveau avec une préface de Christian de Wolff (Leipzig et Halle, 1748). Il se trouve dans l'éd. Dutens, t. III, p. 150 sqq.
3. Leibniz connaissait de celui-ci le fragment *De l'Esprit géométrique*, il y fait allusion dans un fragment inédit (**Phil.**, VII, A, 26). V. p. 183, notes 2 et 3.

Proœmium de son *Specimen difficultatis in jure*, 1664 (*Dutens*, III, 68), ce qui montre que ce qui l'intéresse surtout dans le Droit, c'est l'application qui y est faite de la Logique (p. 201).

§ 52 : « Ad hanc Logicam juridicam pertinet et *conciliatio antinomiarum* » (p. 201). Ces antinomies juridiques sont les conflits qui naissent entre les lois dans leur application aux cas particuliers ambigus. Leibniz professe qu'il y en a, mais qu'il y a aussi une méthode logique pour les résoudre :

« Ars solvendi antinomias consistit in eo, ut tueamur, aliud subjectum vel prædicatum esse in hac, aliud in illa lege vel propositione, vel utrumque esse idem. Quibus autem modis probari *Aristoteles* diversitatem et identitatem posse ostendit, tot modis solvi possunt antinomiæ. Quod nos in *peculiari de arte solvendi antinomias* plenius ostendemus » (p. 202).

Cet art de résoudre les antinomies rappelle à la fois le *De Arte combinatoria* (v. Chap. II) et la dissertation *De casibus perplexis in jure* (5 novembre 1666).

§ 74 : « Juris naturæ tres sunt gradus : *Jus strictum, æquitas, pietas* », dont les maximes sont respectivement : « 1° Neminem læde; 2° Suum cuique tribuere; 3° Honeste vivere. »

Ainsi Leibniz avait arrêté dès sa jeunesse ces principes du Droit naturel qu'il exposait vingt-six ans plus tard dans la préface de la 1re partie de son *Codex juris gentium diplomaticus* (1693), § XII : « de tribus juris naturæ et gentium gradibus » (*Phil.*, III, 386-9).

Enfin l'opuscule se termine par un *Catalogus desideratorum* visiblement inspiré de l'exemple du *De Augmentis scientiarum* de BACON (v. GUHRAUER, I, 50). Cf. *De Arte combinatoria*, n° 62 (*Phil.*, IV, 64; *Math.*, V, 42).

NOTE VIII

Specimen demonstrationum politicarum.

« *Specimen demonstrationum politicarum pro eligendo rege Polonorum, novo scribendi genere ad claram certitudinem exactum. Auctore Georgio Vlicovio Lithuano, juxta exemplar editum Vilnæ anno 1659.* »

Leibniz avait dissimulé sa personne sous un pseudonyme dont les initiales seules reproduisaient les siennes (Godofredus Vuilelmus Leibnitius); pour la même raison, il avait changé le lieu et la date, qui sont : Danzig, 1669 [1].

Cet opuscule, qui occupe plus de 100 pages de l'édition *Dutens* (IV, III,

---

[1]. « 1669 prodiit specimen demonstrationum politicarum pro eligendo rege Poloniæ. Titulus habet Vilniæ 1659, sed revera editum Dantisci 12°. » *Scheda Leibnitii manu exarata*, postérieure à 1675, où il passe en revue ses « scripta puerilia » pour les rééditer (GUHRAUER, II, Notes, 58; *Klopp*, I, p. XLI). Cf. les lettres de Leibniz où il est question de cet ouvrage et du pseudonyme d'Ulicovius, ap. *Klopp*, I, p. XXIII-XXIX, et 331.

. 522-630), se compose de 60 propositions démontrées *more geometrico*, parfois de plusieurs manières, accompagnées de corollaires, et suivies de 4 conclusions tendant à l'exclusion de trois candidats et à l'élection de Philippe-Guillaume de Neubourg.

La *Préface* surtout est intéressante, d'abord à titre d'échantillon du style de Leibniz, ensuite parce qu'elle offre un tableau assez complet de ses idées sur la philosophie et l'histoire de la philosophie à l'âge de vingt-trois ans, enfin parce qu'elle définit son idéal déjà mathématique de Logique et de style. En voici les principaux passages, empreints d'un enthousiasme et d'une exubérance juvéniles :

« Raram novamque scribendi rationem affero, Lectores, cui utinam tam par essem ego, quam ipsa materia digna est ! Controversia, qua nunc per orbem ingenia exercentur, a cujus eventu Europæ fata dependent, dedignari mihi visa est, sive inanes Oratorum argutias, sive humi repentes Scholasticorum Syllogismos. Venit in mentem masculum illud, breve, et torsum, et ipsa subtilitate cultum Orationis genus [1], quo se HIPPOCRATES collegit, quo EUCLIDES astrinxit, quo ARISTOTELES contorsit, quo admirabilis Jureconsultorum veterum in *Pandectis* brevitas se diffudit. Sed ipsam connexionis formam a Mathematicis petendam censui, qui soli prope mortalium nihil dicunt, quod non probent. Etiam nunc nostro sæculo certitudo earum artium, bono generis humani, exundare in cæteras scientias cœpit. Princeps GALILÆUS, reseratis motuum claustris, naturalem scientiam nova fœcunditate irrigavit. Hujus exemplo CARTESIUS altiorem in Metaphysicæ sublimia aquæ ductum, impari tamen successu, molitus est. Aturi [2] ingeniosissimus THOMAS HOBBES, Anglus... inter plana et abrupta medius, Philosophiæ civili sese infudit... »

« Si superbum putas, in tanta re certitudinem polliceri, incomparabilis BACONI VERULAMII Angliæ Cancellarii eleganti sententia me tuebor. Quisquis libero manuum impetu rectissimas semper lineas, æquabiles circulos, regularissimas omnis generis figuras descripturum se prædicat, is profecto magnum aliquid promiserit. Sed qui regula, qui circino, qui norma adhibitis idem præstare profiteatur, ille, opinor, non admodum jactator erit [3]... »

« Nunc contractis in arctum spatiis, septis itineribus, continuo etiam nexorum sibi Soritarum filo vestigia regente, quid mirum est, etiam in labyrintho, etiam a cæco non vacillari [4]? Id vero filum mihi ipsa demonstrandi forma est, perpetua rationum catena constans, et implicantibus sese propositionum annulis innexa. Ausim dicere, a me primo sic scribi. Nam nec Geometræ eum in demonstrando rigorem tenent, materiæ evi-

---

1. Cf. un passage analogue dans *Guilielmi Pacidii Plus Ultra...* (*Phil.*, VII, 52), cité par GERHARDT (*Phil.*, I, 4).
2. *Sic*. Peut-être faut-il lire : « At vir. »
3. Leibniz a repris la même pensée de Bacon dans sa *Lettre à Gabriel Wagner*, 1696 (*Phil.*, VII, 519).
4. On voit apparaître ici l'image favorite du *fil d'Ariane*, et aussi celle du garde-fou (v. Chap. IV, §§ 5 et 6).

dentia sermonis hiatum supplente. At in civilibus, tam varie contortis, nemo, nisi a summa severitate ratiocinationis, certitudinem speret[1]. »

Dans le même ouvrage se trouve indiquée une curieuse application de l'Arithmétique aux sciences morales, ou à l'évaluation des probabilités (des avantages ou des inconvénients d'un parti à prendre). Il y a des cas où plusieurs avantages hétérogènes, mais de même sens, ne s'additionnent pas simplement, mais se multiplient. Voici les deux passages où cette idée est exposée :

1° Dans la démonstration de la prop. LIII, il s'agit de prouver qu'il ne faut pas élire *Moschus* (le candidat moscovite), non seulement parce qu'il est puissant, mais encore parce qu'il est voisin de la Pologne :

« Is enim non solum per se potens, sed et vicinus est; vicinitas autem et ipsa potentiæ genus est, et quælibet pars *potentiæ per se* multiplicatur per vicinitatem, et per consequens, potentia integra vicini potentis est velut factus ex ductu vicinitatis in potentiam per se, et ita erit velut factus ex ductu potentiæ in potentiam. Ergo *potentia simplex ad potentiam integram vicini et potentis simul erit, ut radix ad quadratum, vel latus ad rectangulum.* » (*Dutens*, IV, III, 579.)

2° Dans la démonstration de la prop. LX : « *Rex extraneus esto, seu Piastus ne esto* » (p. 595), après avoir démontré la proposition de plusieurs manières, Leibniz conclut :

« Piastus multis modis periculosus est....

« Multæ causæ ex diversis capitibus ortæ in se invicem ducendæ sunt. Quia una tota in quamlibet partem alterius agit, et ita una per alteram multiplicanda est....

« Ergo productum periculi erit factum per multiplicationem continuam causarum in sese invicem » (p. 604)[2].

On pourrait remarquer que cette vue ingénieuse, selon laquelle une des grandeurs à combiner doit être multipliée par chaque partie de l'autre (c'est-à-dire par ses éléments infiniment petits), contient en germe l'idée des quadratures et par suite du Calcul intégral. Voir *Phil.* VII, 115, où Leibniz propose d'évaluer le bonheur « ex ductu bonitatis in durationem », par le produit du bien par la durée, de même que les aires se mesurent « ex ductu latitudinum in longitudinem ». Et Leibniz ajoute que cela a encore lieu, quand même la largeur (l'ordonnée) est variable. C'est ce qu'il montre par une figure, où l'on voit « Latitudines variæ in Longitudinem ordinatim ductæ ». C'est l'idée même de l'intégrale : si l'abscisse x

---

1. L'idée exprimée dans ces deux dernières phrases reparait à diverses reprises chez Leibniz, à savoir qu'il faut encore plus de rigueur dans les sciences morales qu'en Mathématiques, parce qu'on y manque du contrôle de l'intuition ou de l'expérience : *Lettre à Tschirnhaus* de mai 1678 (*Math.*, IV, 451 ; *Briefwechsel*, I, 381) ; *Lettre à Burnett*, 1699 (*Phil.*, III, 259) ; *De primæ philosophiæ emendatione*, 1694 (*Phil.*, IV, 469) et les autres textes cités p. 93.

2. Leibniz rappelle à diverses reprises cette idée, où il parait se complaire : *Lettre à Arnauld*, 1671 (*Phil.*, I, 74) ; *Definitio justitiæ universalis* (Trendelenburg, II, 278 ; v. Note IX) ; *Lettre à Burnett*, 1/11 février 1697 (*Phil.*, III, 190).

représente le temps (la longueur) et l'ordonnée y (variable) le bien-être à chaque instant (la largeur), le bonheur sera mesuré par la somme $\int y dx$.

NOTE IX

Definitio justitiæ universalis.

On sait que, dans les années 1671-72, Leibniz préparait un ouvrage intitulé *Elementa juris naturalis* [1] ; c'est apparemment un fragment de cet ouvrage que TRENDELENBURG a publié sous le titre : *Definitio justitiæ universalis* [2].

Nous allons en citer ou en résumer les passages les plus intéressants, et d'abord la définition même de la justice, que Leibniz a professée tout le reste de sa vie [3] :

« 1. *Justitia* est habitus (seu status confirmatus) viri boni » (p. 265).
« 2. *Vir Bonus* est quisquis amat omnes » (p. 267).
« 3. *Amamus* eum cujus felicitate delectamur » (p. 269).

Cette définition peut se condenser dans cette formule empruntée à un autre brouillon de Leibniz, postérieur à 1670 :

« *Justitia habitus amandi alios* » (p. 276).

Comme le remarque Trendelenburg, elle s'oppose à la fois à la notion aristotélicienne de la justice, adoptée dans le *De complexionibus* de 1666 : « Justitia... est virtus servans mediocritatem circa affectus hominis erga hominem.... » (p. 276), et à la conception hobbienne (utilitariste) exprimée dans la *Nova methodus...* (1667) : « justum atque injustum est quicquid publice utile vel damnosum est » [4].

Une seconde particularité très remarquable de ce fragment est le parallélisme établi entre les catégories de la Logique et celles du Droit, en conséquence de la définition précédente :

$$\left.\begin{array}{l}\textit{Justum, licitum}\\\textit{Injustum, illicitum}\\\textit{Æquum, debitum}\\\textit{Indifferens}\end{array}\right\} \text{est quicquid} \left\{\begin{array}{l}\text{possibile}\\\text{impossibile}\\\text{necessarium}\\\text{contingens}\end{array}\right\} \text{est fieri à viro bono.} \quad \text{(P. 265.} [5]\text{)}$$

Ce tableau est complété par le suivant, qui définit à leur tour les quatre modalités logiques :

---

[1]. *Lettre au duc Jean-Frédéric de Brunswick-Lunebourg* (Phil., I, 60) ; *Lettre à Arnauld* (Phil., I, 73). V. Note X.
[2]. *Bruchstücke in Leibnizens Nachlass zum Naturrecht gehörig,* ap. TRENDELENBURG, II, 257-82.
[3]. Notamment dans la Préface du *Corpus juris gentium diplomaticus* de 1693 (v. Note X).
[4]. Cf. Phil., VII, 106.
[5]. Cf. *Lettre à Arnauld,* loc. cit.

Possibile			potest	
Impossibile	} est quicquid {	non potest	} fieri.
Necessarium			non potest non	(P. 266.)
Contingens			potest non	

Ainsi les quatre modalités correspondent aux quatre espèces de jugements que distingue la Logique classique :

Le *nécessaire* au jugement *universel affirmatif*;
Le *possible* — *particulier affirmatif*;
L'*impossible* — *universel négatif*;
Le *contingent* — *particulier négatif*;

et les oppositions sont les mêmes de part et d'autre [1]. Il en résulte une analogie parfaite entre les règles de la Logique et les règles du Droit, de sorte qu'on peut déduire celles-ci de celles-là, comme le remarque Leibniz :

« Nullum est theorema logicum, in doctrina conversionum, oppositionum, immo et figurarum modorumque, quod non aliquo theoremate juridico investiri queat, modo, ut ostendi, justo possibile et *quidam*, injusto impossibile et *nullum*, debito necessarium et *omnis*, omissibili contingens et *quidam non* substituantur » (p. 278).

Ce parallélisme complet établi entre la Logique et le Droit fait mieux comprendre comment Leibniz a pu dire que la Jurisprudence n'est que la Logique appliquée aux choses morales [2], et comment l'étude du droit lui a suggéré de bonne heure ses recherches logiques [3].

Enfin on trouve dans le même fragment une application très curieuse de l'Arithmétique aux choses morales, qui contient le germe de la Logique des probabilités. Certaines actions ont, selon Leibniz, un effet analogue à l'addition, et d'autres un effet analogue à la multiplication :

« Quia emendationes multiplicationis potius quam additionis naturam habent, plus ergo boni addit emendatio meliori quam deteriori, etiam caeteris paribus. Quia si duo numeri per eundem multiplicentur, factus a majore plus addit multiplicato quam factus a minore. » (Suit un exemple numérique.) « Quanto quis plus habet, tanto plus multiplicatione lucratur. Emendationes autem multiplicationis naturam habere alibi ostendetur. »

On peut rapprocher de ce texte le passage suivant de la première *Lettre à Arnauld*, qui le complète :

« Ostendetur enim, juvare non additionis, sed multiplicationis rationem habere.... » (Ici un exemple arithmétique.) « Plus ergo in summa lucramur multiplicando numerum majorem per eundem multiplicatorem; quae differentia inter additionem et multiplicationem magnum etiam habet usum

---

1. Par exemple, le nécessaire et le contingent, le possible et l'impossible s'opposent contradictoirement comme les jugements correspondants.
2. *Lettre à Conring*, 9/19 avril 1670 (*Phil.*, I, 168).
3. Voir ses premiers essais de juriste : *Specimen difficultatis in jure*, 1664; *De Conditionibus*, 1665 (v. Note V); *Nova Methodus*, 1667 (v. Note VII).

in doctrina justitiæ. Juvare autem esse multiplicare, et nocere dividere, ratio est, quia qui juvatur mens est; mens autem omnia omnibus applicare utendo potest, quod est in se invicem ducere seu multiplicare. Fac aliquem esse sapientem ut 3, potentem ut 4, erit tota ejus æstimatio ut 12, non ut 7; nam quovis potentiæ gradu sapientia uti potest. Imo in homogeneis, qui centena aureorum nummum millia habet, ditior est, quam sunt centum, quorum quisque habet mille. Nam unio usum facit; ipse lucrabitur etiam quiescendo; illi perdent etiam laborando » [1].

On sait que des idées analogues sur la multiplication des raisons (des motifs moraux qui dans une délibération militent pour ou contre telle décision) se trouvaient déjà indiquées dans le *Specimen demonstrationum politicarum* (1669) [2]. Ainsi Leibniz avait élaboré spontanément dès sa jeunesse les idées principales de sa Logique des probabilités, qu'il exprimait plus tard en disant qu'il y a des cas où il faut additionner les raisons (quand elles sont homogènes) et des cas où il faut les multiplier entre elles (quand elles sont hétérogènes) [3].

NOTE X

Sur la définition de l'amour.

On a vu combien Leibniz s'était occupé de dresser des tables de définitions (Ch. V, § 23) et quelle importance il attachait à l'invention de bonnes définitions, destinées à servir de base aux démonstrations (Ch. VI, § 5) [4]. Il avait une telle confiance dans le choix judicieux des définitions logiques, qu'il croyait pouvoir par ce seul moyen résoudre toutes les questions obscures ou douteuses. L'exemple le plus curieux en est fourni par sa définition de l'amour, qu'il rappelait souvent avec complaisance. Il l'avait inventée de bonne heure, car on la trouve dans sa *Definitio justitiæ universalis* [5]. Elle devait faire partie de ses *Elementa juris naturalis*, comme le prouve la 1re *Lettre à Arnauld* (1671?) où on lit :

« *Elementa juris naturalis* brevi libello complecti cogito, quibus omnia ex solis definitionibus demonstrentur. Virum bonum seu justum definio : qui amat omnes; amorem, voluptatem ex felicitate aliena [6]. »

Elle se retrouve dans les listes de définitions morales formées en vue de l'Encyclopédie [7], dans la *Lettre à Arnauld* du 23 mars 1690 où Leibniz

1. *Phil.*, I, 74.
2. Voir Note VIII.
3. V. *Nouveaux Essais*, II, xxi, § 66, et les autres passages cités Chap. VI, § 30.
4. Cf. *Lettre à Galloys*, 1677 (*Math.*, I, 179), citée p. 281, note.
5. Voir Note IX.
6. *Phil.*, I, 73.
7. *Phil.*, VII, 73, 75; **Phil.**, VII, B, v, 11-14; **Phil.**, VIII, 4-5; Mollat, p. 28 sqq., 35 sqq., 63, etc. V. *Discours de métaphysique* (1686), § 4 (*Phil.*, IV, 429).

résume les principales thèses de sa philosophie [1], enfin dans la Préface du *Codex juris gentium diplomaticus* (1693) :

« *Justitiam*.... definiemus caritatem sapientis.... *Caritas* est benevolentia universalis, et *benevolentia* amandi sive diligendi habitus. *Amare* autem sive *diligere* est felicitate alterius delectari, vel, quod eodem redit, felicitatem alienam adsciscere in suam [2] ».

Ces idées avaient été suggérées à Leibniz dans sa jeunesse par la lecture du livre du P. Frédéric SPEE (1591-1635) sur les trois vertus théologales, que l'électeur de Mayence lui avait recommandé, et qu'il avait beaucoup goûté. C'est ce qu'il déclarait plus tard à la princesse Sophie, en lui envoyant la traduction qu'il avait faite de la Préface de ce livre [3].

Leibniz se flattait de résoudre au moyen de cette définition la question délicate et controversée de l'amour mercenaire et de l'amour désintéressé :

« Unde difficilis nodus solvitur, magni etiam in Theologia momenti, quomodo amor non mercenarius detur, qui sit a spe metuque et omni utilitatis respectu separatus [4].... »

Aussi, quand s'éleva entre Fénelon et Bossuet la fameuse querelle du quiétisme, qui portait justement sur le *pur amour* de Dieu, Leibniz proposait-il à ses divers correspondants la solution qu'il avait trouvée d'avance [5], et c'est à ce propos qu'il écrivait à l'Électrice Sophie la lettre que nous venons de rappeler [6].

1. *Phil.*, II, 136.
2. *Phil.*, III, 386-7; *Klopp*, VI, 470. Cf. *Lettre au duc de Hanovre* (*Phil.*, VII, 27); *Lettre au landgrave*, 4/14 sept. 1690 (*Rommel*, II, 232); *Lettre à M*^{me} *de Brinon*, 9/19 mai 1691 (*Foucher de Careil*, I, 143-4; *Klopp*, VII, 110-1).
3. *Dialogue sur la nature des trois vertus divines : Foy, Esperance et Charité*, traduit de l'Allemand du P. Spee, mis au devant de son livre des trois vertus divines (*Klopp*, VIII, 67-84). Cf. *Elogium Patris Frederici Spee*, S. J., mai 1677 (*Klopp*, VIII, 62), l'éloge du *Güldenes Tugendbuch* du P. Spee dans une *Lettre au landgrave* de 1680 (*Rommel*, I, 253), et une « digression » de la *Théodicée*, §§ 96-97, où Leibniz rappelle que le P. Spee eut le mérite singulier de s'opposer aux procès de sorcellerie par un livre anonyme intitulé : *Cautio criminalis circa processus contra sagas*, et de convertir à ses vues de tolérance l'électeur de Mayence, qui aurait raconté le fait à Leibniz. KLOPP conjecture que c'est Leibniz lui-même qui, suivant cet exemple et faisant valoir ce précédent, aurait à son tour converti les ducs de Hanovre (*Klopp*, IV, p. xxix). Comme le dit Leibniz, « la mémoire de cet excellent homme doit être précieuse aux personnes de savoir et de bon sens », car c'est à lui que revient surtout le mérite qu'on attribue généralement à Bekker et à Thomasius, qui furent après lui les apôtres de la tolérance en Allemagne. (V. LÉVY-BRÜHL, *L'Allemagne depuis Leibniz*.)
4. *Phil.*, III, 387. Cf. la *Dissertatio II, secundæ Codicis juris gentium diplomatici parti præfixa*, § X : « De amore Dei non mercenario, sed bonum amati spectante, et tamen a boni proprii impulsu dependente » (*Dutens*, IV, III, 313).
5. Voir *Lettres à Nicaise*, 1697-99 (*Phil.*, II, 569-70, 573, 576-80, 580-2, 584, 586-7, 590); *Lettres à Burnett*, 8/18 mai 1697, 20/30 janv. 1699 (*Phil.*, III, 207, 253); *Lettre à Malebranche* (qui préparait un Traité sur le pur amour), 13/23 mars 1699 (*Phil.*, I, 357-8); *Nouveaux Essais*, II, xx, § 5; *Lettre à Hansch*, 25 juillet 1707 (*Erdm.*, 446 b); *Remarques sur les Characteristics de lord Shaftesbury*, en appendice à la *Lettre à Coste*, 30 mai 1712 (*Phil.*, III, 425); *Principes de la Nature et de la Grâce*, §§ 9, 16, 18.
6. *Phil.*, VII, 546-50; *Klopp*, VIII, 56 sqq.

Une controverse analogue s'étant produite en Angleterre entre M. Serlock et M. Norris, à laquelle se mêlèrent des dames versées en philosophie, Mistress Astell (ou Miss Ash) [1] et lady Masham [2], Leibniz saisit cette nouvelle occasion de recommander sa définition comme le seul moyen de trancher le débat [3]. Il ne manquait pas de la proposer dans les réunions mondaines où l'on dissertait sur l'amour, et il déclarait galamment qu' « il est raisonnable que les dames jugent des matières d'amour » [4]. Il l'appliquait même aux œuvres d'art et à la beauté, pour expliquer le caractère désintéressé du plaisir esthétique [5]. Il écrivait quelque temps après :

« Je me suis aussi étonné cent fois, qu'on a tant disputé sur l'amour pur sans donner une définition intelligible de l'Amour. Car en considérant ce qu'en disent les auteurs ordinairement, on trouve qu'ils expliquent *obscurum per aeque obscurum*. C'est à quoy j'ai cherché de remedier, et j'ay tousjours eu grand soin de donner des Definitions [6]. »

Plus tard, Malebranche ayant été attaqué sur sa doctrine touchant l'action des créatures, Leibniz disait :

« J'ay peur que ce ne soit un combat semblable à celuy qui agitoit autres fois les esprits en France sur le pur Amour. Une bonne définition (comme j'ay donné celle de l'Amour) les auroit tirés d'affaire.

Certamina tanta
Pulveris exigui jactu compressa quiescunt [7]. »

Ainsi, jusqu'à la fin de sa vie, il conserva cette confiance absolue dans l'utilité et l'efficacité des bonnes définitions. Sans doute, comme il ajoute

---

1. *Phil.*, II, 569 et 579, notes.
2. Fille du philosophe Cudworth et correspondante de Leibniz de 1703 à 1705 (*Phil.*, III, 333 sqq.).
3. *Lettre à Coste* (qui lui envoyait sa traduction du livre de lady Masham sur l'amour de Dieu, dirigé contre M. Norris), 4 juillet 1706 (*Phil.*, III, 382).
4. *Lettre à Nicaise*, 28 mai 1697 (*Phil.*, II, 569, 580). Cf. la *Lettre à la princesse Sophie* (*Phil.*, VII, 546). Il parle toutefois assez dédaigneusement de Mme Guyon, et la traite de dévote ignorante. En revanche, il cite avec éloge Mrs Norris, et Mlle de Scudéry, avec qui il avait échangé des madrigaux : v. l'*Epigramme latin* de Leibniz sur le perroquet de Mlle de Scudéry, et la réponse de celle-ci en vers français (Guhrauer, II, 415-6); et la *Kurze Lebensbeschreibung der Fräulein von Scudery* (*ibid.*, p. 416 sqq). Il lui avait envoyé après la paix de Ryswyck un poème en français (daté du 15/25 nov. 1697) destiné à Louis XIV pour l'engager dans des entreprises pacifiques (Klopp, V, 175, et p. xxxvi). V. les *Lettres à Mlle de Scudéry*, 17 nov. 1697 (Dutens, I, 738), et 14/24 janv. 1698 (Klopp, V, 180).
5. *Lettre à Nicaise* (*Phil.*, II, 581); *Lettre à Coste* [tableau de Raphaël] (*Phil.*, III, 587); *Lettre à la princesse Sophie* (*Phil.*, VII, 546).
6. *Lettre à Coste*, 4 juil. 1706 (*Phil.*, III, 384).
7. *Lettre à Bourguet*, 22 mars 1714 (*Phil.*, III, 567). Cf. *Reflexions sur la declaration de la guerre que la France a faite à l'Empire* (déc. 1688) : « On dit que les essaims des abeilles en colere quittent toute leur fureur, quand on leur jette un peu de poudre :

Pulveris exigui jactu conspersa quiescunt. »

(Klopp, V, 610.)

aussitôt, « quand on ne fixe point les idées, on a un grand champ de raisonner pour et contre ». Mais peut-être se faisait-il quelque illusion en prétendant mettre fin à toute dispute par le simple choix d'une définition, si juste et si ingénieuse qu'elle fût; car si les définitions sont indémontrables [1], elles ne sont pourtant pas arbitraires [2], et par suite peuvent être discutées et contestées. La preuve en est que lui-même, tout en blâmant les philosophes de « ne pas s'attacher assez à bien former les définitions des termes » [3], il reprochait à Spinoza d'avoir donné une définition de la substance que personne ne reconnaît [4].

NOTE XI

Excerptum ex epistola Leibnitii ad amicum, de utilitate Grammaticæ cylindriaceæ Alberti von Holten (Dutens, V, 185).

« Occasionem talia meditandi ei dedi *mea arte combinatoria*. Similia *Kircherus* machinatus est. Cæterum eadem ratione parari *cista* posset, quæ omnia theoremata possibilia inter certas voces contineret, definitionibus earum ultimis fundamenti instar indagatis, eumque in finem elementa formari possent non difficulter, primariis vocibus adhibitis. Sed pro universali opere assignanda esset certa vox cuilibet combinationi, eumque in finem conferendæ omnes linguæ; una enim rem aliquam sola exprimit, quam cæteræ nonnisi circumlocutione dicere possunt. Uni autem voci nonnisi una assignanda esset significatio.... In Jurisprudentia, constituta accurate tabula, facile erit tale quid machinari. Adde conceptus *Wilkinsii* et *Comenii* de l'anglottide seu lingua universali. »

(Pour le commentaire de ce fragment, v. Chap. IV, § 16.)

NOTE XII

Cogitata quædam de ratione perficiendi et emendandi Encyclopædiam Alstedii (Dutens, V, 183) [5].

« Quicquid sciri dignum est, distinguo in Theoremata seu rationes, et observationes seu historiam rerum, historiam locorum et temporum. Encyclopædiæ igitur necessaria sunt primo Elementa veræ philosophiæ accurate demonstrata. Huc inserendus Thomas Hobbes de Corpore et de Cive integer, passim tamen emendatus. Inserenda huc Elementa *Euclidis*...

---

1. *Colloquium cum Eccardo*, 5 avril 1677 (*Phil.*, I, 212).
2. Voir Chap. VI, § 7.
3. *Lettre à Nicaise*, 4/14 mai 1698 (*Phil.*, II, 580).
4. *Lettre à de Volder*, 6 sept. 1700 (*Phil.*, II, 213).
5. Johann Heinrich ALSTED (1588-1638) avait publié en 1620 une *Encyclopédie* en 4 volumes in-folio, sur laquelle Leibniz porte ce jugement assez élogieux : «... Diligentissimus Joh. Henr. Alstedius, cujus Encyclopædia mihi pro captu illorum temporum certe laudanda videtur » (mai 1681; *Phil.*, VII, 67).

Pro vera Theologia, addenda nostra Elementa philosophica de mente [1]; pro vera Jurisprudentia, nostræ demonstrationes juris naturalis [2]; pro vera politica, nostræ demonstrationes, tum de utili in genere, tum de optima civitate possibili. Interea pro philosophia de mente adhibenda excerpta quædam ex *Cartesio* [3] et *Digbæo* et *Bonarte* [4], et Logica.... *Jungii* cum excerptis ex *Claubergiana* et *Arnaldiana* [5], et mea arte combinatoria. Pro vera Physica supplendo *Hobbio* addenda *Galilæana* et *Huyeniana* de motu, et mea etiam nonnulla [6], imo et *Aristotelica* et *Digbæana* quædam, quæ in meris ratiocinationibus, non experimentis, consistunt. »

A la partie déductive de l'Encyclopédie doit succéder la partie historique, c'est-à-dire descriptive et empirique : « *Historia rerum* seu Observationes de mente, de corpore, de homine » (ces titres rappellent ceux de Hobbes). L'« *historia locorum et temporum* » comprend la géographie et l'histoire proprement dite [7].

NOTE XIII

Judicium de scriptis Comenianis, D. Hesenthalero, professori quondam Tubingensi, inscriptum (Dutens, V, 181-2).

« Comenio prorsus assentior, Januam linguarum [8] et Encyclopædiolam debere esse idem.... Est enim Encyclopædia Systema omnium, quousque licet, propositionum verarum, utilium, hactenus cognitarum. »

Leibniz distingue alors les propositions universelles et les propositions singulières :

1. C'est entre 1671 et 1673 que Leibniz méditait ses *Elementa philosophica de mente* (v. *Lettre à Arnauld*, 1671, Phil., I, 73; *Lettre au duc Jean-Frédéric* du 26 mars 1673, ibid., 67), ce qui donne la date approximative du présent fragment.
2. Allusion aux *Elementa juris naturalis* dont Leibniz conçut le dessein vers 1670. V. *Lettre à Arnauld*, 1671 (Phil., I, 73).
3. Le *De vita beata* paraît être un de ces extraits (v. Chap. IV, § 23).
4. Voir Note I.
5. Leibniz attribua en effet la *Logique de Port-Royal* à Arnauld seul (v. par exemple *Préface à Nizolius*, 1670, Phil., I, 154; *Meditationes*, 1684, Phil., IV, 426), jusqu'à ce que M. des Billettes lui eut appris que « Le livre *de l'art de penser* est en partie de M. Arnaut et en partie de M. Nicole » (*Lettre* du 23 août 1697, Phil., VII, 457, note).
6. Allusion à son *Hypothesis physica nova* (1671).
7. L'exemple de l'*Encyclopédie* d'Alsted est encore rappelé dans une *Lettre à Lange* de 1716 (v. Note XIX).
8. C'est le titre d'un ouvrage de Comenius : « *Janua Linguarum Reserata* sive seminarium Linguarum et Scientiarum Omnium. Hoc est Compendiosa Latinam (et quamlibet aliam) Linguam, una cum Scientiarum Artiumque omnium fundamentis, perdiscendi Methodus: sub Titulis centum, Periodis autem mille, comprehensa » (1628). C'était une sorte de Chrestomathie latine où toutes les connaissances humaines étaient passées en revue et résumées. Cet ouvrage eut de nombreuses éditions au xviie siècle, et fut traduit dans presque toutes les langues européennes. Voir J. Kvacsala, *Johann Amos Comenius, sein Leben und seine Schriften* (Leipzig, 1892).

« Propositiones universales vel *demonstratione* vel *inductione* constitutæ sunt, id est, vel ratione vel sensu. Demonstratione cognitæ sunt propositiones, quæ pendent ex definitionibus vocabulorum, seu claris distinctisque ideis rerum [1], quales sunt omnes arithmeticæ, geometricæ, logicæ, metaphysicæ, magnaque pars earum, quæ ad moralia scientiamque civilem ac Jurisprudentiam naturalem pertinent; quarum omnium clavis in definitionibus continetur. Cum enim *nihil sit aliud demonstratio quam combinatio definitionum* [2], ut in *Arte combinatoria* ostendi.... etc. »

Suit une longue énumération de tous les auteurs qui ont essayé de faire des démonstrations rigoureuses : Platon, Aristote, Euclide, les Jurisconsultes, Cujas, Campanella ; Descartes, Hobbes, Ritschelius ; parmi les Géomètres, Diophante, Cardan, Viète et Descartes (bis) [3].

« Quo negotio cum apex humanæ scientiæ contineatur, efficiam, spero, ut quæ aliquando *de arte combinatoria* Lullianorum exerrationibus depravata et infamata pene puerilibus annis orsus sum, fructu aliquo exitum sortiatur.... »

On remarquera ce double rappel du *De Arte combinatoria* considéré comme l'origine des idées de Leibniz en Logique. Il revient à l'idée de l'Encyclopédie :

« Volui hæc eo tantum consilio huc afferre, ut ostenderem, non posse perfectam Encyclopædiam aut Encyclopædiolam fieri, nisi omnium potissimorum vocabulorum definitionibus, omnibus experimentis artium liberalium pariter et mechanicarum fundamentalibus utilioribus, denique Historia universali temporum locorumque [4] distinctissima summaria, collectis et digestis. Unde omnia accedentibus tantum artibus combinatoria et analytica, seu synthetica et resolutoria, quarum illa inventionis, hæc judicii est, proprio ingenio suppleri possunt; quanquam auctis interim experimentis, Historia et Geographia, ipsa quoque Encyclopædiæ supellex perpetuo augeatur. »

Les trois fragments qui précèdent, et qui sont réunis dans l'édition Dutens, appartiennent visiblement à la même époque. LUDOVICI [5] les datait du séjour de Leibniz à Mayence (vers 1670), d'après Eckhart et d'autres ; GUHRAUER croit devoir les placer plus tard, pour des raisons intrinsèques qu'il n'indique pas d'ailleurs (I, Notes, 17).

Nous nous rallions au contraire, pour des raisons intrinsèques, à l'opinion de LUDOVICI. En effet, nous avons pu fixer la date des *Cogitata* à l'année 1671 environ, ce qui détermine approximativement celle des deux autres morceaux. D'autre part, AMOS COMENIUS étant mort

---

1. On remarquera que Leibniz juxtapose ici les idées de Descartes à celles de Hobbes.
2. Sur cette thèse, cf. les *Lettres à Conring*, 1671-78 (*Phil.*, I), citées Chap. VI, §§ 5 et 6.
3. Cf. **Phil.**, VI, 12 f. 27 ; 19 c 13.
4. Cf. les *Cogitata quædam...* (Note XII).
5. *Ausführlicher Entwurf einer vollständigen Historie der leibnitzschen Philosophie*, I, 327 (Leipzig, 1736-37).

en 1671, il est vraisemblable que le *Judicium de scriptis Comenianis* se rapporte à cette époque. D'ailleurs, Comenius est encore cité dans l'*Excerptum*, ainsi que Wilkins et le P. Kircher, qui occupaient alors plus que jamais l'esprit de Leibniz. Enfin, il y est fait mention du *De Arte combinatoria* sans aucun mot qui en indique l'ancienneté (comme ailleurs *olim*, etc.). Quant aux termes vagues : « aliquando... pene puerilibus annis », ils peuvent fort bien être employés par un jeune homme de vingt-cinq ans au sujet d'un opuscule conçu dès l'âge de dix-huit ans, quand il était encore « écolier ». Toutes ces présomptions concordantes confèrent une haute probabilité à la date donnée par Ludovici (d'après le propre secrétaire de Leibniz, dont le témoignage n'est pas négligeable).

NOTE XIV

Sur Leibniz bibliothécaire.

On sait que Leibniz fut nommé en 1676 bibliothécaire du duc de Hanovre, et en outre, en 1691, bibliothécaire du duc de Wolfenbüttel. Pour savoir comment il comprenait ses fonctions et s'en acquittait, il convient de lire sa *Représentation à S. A. S. le duc de Wolfenbüttel pour l'encourager à l'entretien de sa Bibliothèque* [1].

A ce mémoire sont joints deux plans d'une classification de bibliothèque fondée sur la classification des sciences qui devait aussi servir de base à l'Encyclopédie [2]. Dans le premier et le plus étendu (*Idea Leibnitiana bibliothecæ publicæ secundum classes scientiarum ordinandæ*) [3], les sciences sont rangées dans l'ordre suivant (qui rappelle celui des quatre Facultés) :

Théologie, Droit, Médecine, Physique, Philosophie, Mathématiques pures et appliquées, Philologie, Éloquence et Poésie, Géographie, Histoire.

Dans le second (*Idea Leibnitiana Bibliothecæ ordinandæ contractior*) [4], la Physique est reportée après les Mathématiques, ce qui est plus naturel. Voici l'ordre des principales rubriques :

Theologia, Jurisprudentia, Medicina, Philosophia intellectualis, Philosophia rerum imaginationis seu Mathematica, Philosophia rerum sensibilium seu Physica, Philologica, Historia civilis, Historia literaria.

On remarquera l'ordre des trois parties de la Philosophie (Métaphysique, Mathématique et Physique) ainsi que leur distinction, fondée sur celle de leurs objets, c'est-à-dire de nos facultés de connaître : objets de l'entendement pur, objets de l'imagination, objets des sens.

---

1. *Dutens*, V, 207.
2. Il disait : « Il faut qu'une Bibliotheque soit une Encyclopedie. » *Lettre au duc Jean-Frédéric*, 1679 (*Klopp*, IV, 426).
3. *Dutens*, V, 209.
4. *Dutens*, V, 213.

NOTE XV

Sur les « distractions » de Leibniz.

On a vu (Chap. V, § 22) Leibniz se plaindre que « mille distractions » l'eussent empêché de rédiger ces Éléments de Philosophie qui devaient être le succédané de sa grande Encyclopédie; et qu'à la fin de sa vie, il aurait publié sa Spécieuse générale, « s'il avait été moins distrait » (Chap. V, fin). Il est donc intéressant de savoir quelles étaient ces nombreuses occupations qui ont entravé et finalement fait avorter ses grands projets.

La principale était naturellement cette histoire de Brunswick qu'il avait entreprise pour son maître et patron le duc de Hanovre [1]. Tout d'abord, il avait accepté volontiers (et même provoqué) cette mission, où son esprit, curieux des faits, se délassait des spéculations abstraites en fouillant les archives et en compulsant des documents. Son voyage en Allemagne et en Italie lui avait procuré la joie de découvrir et de prouver une vérité historique [2]. Il espérait être bientôt débarrassé de sa tâche d'historien, et pouvoir revenir à son projet favori; il en soumettait déjà le plan au duc de Hanovre, pour l'intéresser à son entreprise [3] et peut-être lui demander « un peu d'assistance » [4]. Il conservait toujours l'espoir de conquérir l'appui d'un prince pour l'exécution de son grand œuvre. Mais à mesure qu'il avançait, son travail s'étendait et se développait, et l'entraînait à de nouvelles recherches historiques ou à de nouvelles études scientifiques, comme sa *Protogæa* (1691) [5]. Il était débordé par la masse des matériaux qu'il avait recueillis et accumulés : il en publia une partie, d'abord dans son *Codex juris gentium diplomaticus* (1re partie, 1693; 2e partie, 1700), recueil de documents diplomatiques, puis dans ses *Accessiones historicæ* (1698), enfin dans le recueil des *Scriptores rerum Brunsvi-*

---

1. Voir Appendice IV, § 7.
2. Voir le début de sa *Lettre à Arnauld*, Venise, 23 mars 1690 (*Phil.*, II, 134). Deux ans auparavant, au début de son voyage, il lui écrivait : « Si je trouve un jour assez de loisir, je veux achever mes meditations sur la Caracteristique generale ou maniere de calcul universel, qui doit servir dans les autres sciences comme dans les Mathematiques. » *Lettre à Arnauld*, Nürnberg, 14 janv. 1688 (*Phil.*, II, 134).
3. « Ayant l'honneur d'entretenir V. A. S. et voyant ses lumieres et l'amour qu'elle a pour la verité, je prends la liberté de luy parler de quelques uns de mes desseins, auxquels je pretends m'appliquer si Dieu me donne la grace d'achever l'Histoire de la Sme maison. » *Lettre au duc de Hanovre* (*Phil.*, VII, 24). Cf. sa *Lettre à Bernstorf* (Venise, 17/27 février 1690) où, après avoir rendu compte au ministre de sa mission en Italie, il ajoute : « J'espère aussi de jouir un jour du fruit de mes travaux, si Dieu me donne assez de vie pour cela » (publiée par L. Stein ap. *Archiv für Geschichte der Philosophie*, I, 239).
4. Derniers mots de la lettre citée.
5. Publiée par Scheid (Göttingen, 1749); *Dutens*, II, 181 sqq.

censium illustrationi inservientes (1701-11). Quant à son ouvrage historique, les *Annales Brunsvicenses*, il y travailla jusqu'à sa mort, et le laissa inachevé [1].

Dès lors, il fut constamment « distrait » de ses méditations logiques et métaphysiques par toutes sortes d'occupations, auxquelles se joignaient les devoirs de sa charge et les corvées de cour. Il écrivait en 1695 :

« Quam mirifice sim distractus, dici non potest. Varia ex archivis eruo, antiquas chartas inspicio, manuscripta inedita conquiro. Ex his lucem dare conor Brunsvicensi historiæ. Magno numero litteras et accipio et dimitto [2]. Habeo vero tam multa nova in mathematicis, tot cogitationes in philosophicis, tot alias litterarias observationes, quas vellem non perire, ut sæpe inter agenda anceps hæream, et prope illud Ovidianum sentiam : *Inopem me copia fecit* », et, après avoir cité parmi ses projets sa *Characteristica situs* (v. Ch. IX), il ajoutait : « Hi tamen omnes labores mei, si historicos excipias, pene furtivi sunt. Nam in aulis scis longe aliud quæri atque exspectari [3]. »

Dans une *Lettre à Jean Bernoulli* du 28 décembre 1696 [4], Leibniz énumérait toutes ses occupations : d'abord l'histoire de la maison de Brunsvick, puis la diète de Ratisbonne, le *Tractatus irenicus* (pour l'union des églises protestantes), les *Elementa perpetui juris*, le 2ᵉ volume du *Codex diplomaticus*, le *Système nouveau de la nature et de la communication des substances*, la Machine arithmétique (dont il fait construire le 3ᵉ exemplaire), des études de Chimie et de Médecine, des recherches sur les origines germaniques, un mémoire au duc de Wolfenbüttel *de Restauratione linguæ Germanicæ* [5], une lettre à une grande princesse *de natura animarum* [6], sa correspondance avec le P. Grimaldi en Chine, enfin sa controverse avec Sturm.

Dans une *Lettre à Jacques Bernoulli* (1696), Leibniz parle de son projet d'une *Scientia Infiniti* (traité de Calcul infinitésimal) [7] et de ses autres desseins : « Cum habeam quasdam meditationes philosophicas quæ mihi videntur certitudine et usu mathematicis non inferiores, cogitabo et de illis ordinandis, ne intercidant; quemadmodum et *Elementa* quædam

---

1. Il n'a été publié que par Pertz (Hanovre, 1843).
2. La bibliothèque de Hanovre possède plus de 15 000 lettres de Leibniz; lui-même dit qu'il en écrivait en moyenne 300 par an (*Lettre à Jean Bernoulli* du 2 juillet 1697, *Math.*, III, 434). Voir BODEMANN, *der Briefwechsel des G. W. Leibniz* (Hannover, 1889).
3. *Lettre à Placcius*, 5 sept. 1695 (*Dutens*, VI, I, p. 59-60; citée en partie par GERHARDT, *Phil.*, IV, 413, note, et par GUHRAUER, II, 115-7). Cf. *Lettres à L'Hospital* (*Math.*, II, 219, 227).
4. *Math.*, III, 347 sqq.
5. Voir p. 65, note 1.
6. Probablement sa *Lettre à l'Électrice Sophie de Hanovre* du 4 novembre 1696, sur l'âme des bêtes et sur le Cartésianisme (*Phil.*, VII, 541).
7. Il devait y renoncer à la suite de la publication de l'*Analyse des infiniment petits pour l'intelligence des lignes courbes*, du marquis de L'HOSPITAL, qui parut la même année à Paris (voir la *Lettre à l'électrice Sophie* citée ci-dessus).

perpetui juris olim a me concepta [1], *ut de aliis taceam. Sed Historica et Politica me nimis morantur, dum aulis satisfaciendum est* [2]. »

C'est à ces projets philosophiques et logiques qu'il faisait allusion quand il écrivait : « Ich habe viel wunderliche Grillen in vielen Dingen gehabt, aber die *Historico-politica* nehmen mir viel Zeit weg, wollen doch auch gethan seyn, zumal wenn man in Bedienungen stehet [3]. » Dans une autre *Lettre à Tschirnhaus* [4], il répète la phrase d'Ovide : « Inopem me copiat fecit », et dit qu'il aurait besoin de jeunes gens pour le seconder dans ses travaux [5]. Il se compare à Descartes, qui, dit-il, ne s'y prenait pas bien, car il ne cherchait que des ouvriers mercenaires, et non des auxiliaires associés à ses études.

Leibniz employa en effet vers cette époque plusieurs jeunes gens comme secrétaires : deux juristes, Christian Ulrich Grupen, et Johann Wilhelm von Göbel, pour l'aider dans ses travaux sur le droit [6]; puis Hodann, qu'il chargea de recueillir des définitions dans les diverses encyclopédies [7].

Il n'oubliait pas plus sa Caractéristique que son Encyclopédie. Dans une *Lettre à Jean Bernoulli* du 2 juillet 1697, après avoir énuméré ses nombreuses occupations, et divers projets, entre autres celui des *Elementa Juris Naturæ*, promis depuis longtemps au public, il dit : « sed in primis molior novam Analysin, multo recepta sublimiorem pro omni ratiocinatione humana [8] ». Il écrivait à Thomas Burnett, à propos de son art des démonstrations : « Sed hoc aliquando uberius exponere spero, si vitam Deus suffecerit [9]. » Plus tard, dans une *Lettre à Jean Bernoulli* du 6 juin 1710, il se plaint encore de la multiplicité de ses occupations; il espère être débarrassé de ses travaux historiques dans deux ans [10]. Mais cet espoir ne devait pas être exaucé, car il écrivait l'année même de sa mort : « Ego nunc totus sum in absolvendo magno Opere Historico meo, cujus apparatum a multis annis collegi, quod antiquitates Brunsvicenses, simulque Annales Imperii Occidentis ab initio regni Caroli Magni usque ad finem Imperii Henrici Secundi complectitur »; il espérait l'avoir terminé dans l'année, et il exprimait le désir de réaliser ensuite d'autres projets « non vulgaires » [11]. La mort le surprit avant qu'il les eût exécutés.

---

1. Voir Note IX.
2. *Math.*, III, 47. Cf. *Lettre à Jacques Bernoulli*, 24 sept. 1690 : « ... præsertim cum nunc diversissimis distrahar cogitatis Historico-politicis, quibus absolutis plus libertatis spero » (*Math.*, III, 19).
3. *Lettre à Tschirnhaus*, 1693 (*Math.*, IV, 514; *Briefwechsel*, I, 479).
4. 21 mars 1694 (*Math.*, IV, 523-5; *Briefw.*, I, 493-4).
5. Voir la *Lettre à Remond* du 10 janv. 1714 (citée à la fin du Ch. V).
6. GERHAUER, II, 117.
7. Voir Chap. V, § 24, et les *Lettres à L'Hospital* de 1699 et 1701 (citées p. 395, note 3).
8. *Math.*, III, 434.
9. *Lettre à Burnett*, 1699 (*Phil.*, III, 259).
10. *Math.*, III, 849.
11. *Lettre à Jean Bernoulli*, 31 janv. 1716 (*Math.*, III, 957).

NOTE XVI

Sur le principe de la moindre action.

Nous avons dit (Chap. VI, § 25) que ce principe est dû à Leibniz, et non à Maupertuis, à qui on l'attribue d'ordinaire. Cette question de priorité a donné lieu, au milieu du XVIIIe siècle, à un débat retentissant et scandaleux que nous allons rappeler brièvement [1].

Maupertuis avait été appelé par Frédéric II à Berlin pour présider et réorganiser l'Académie des Sciences fondée par Leibniz. Il avait reconnu en 1740 que les cas d'équilibre (déterminés par la loi des vitesses virtuelles) correspondent aux minima de la fonction des forces dans tout système soumis à des forces centrales fonctions de la distance seulement. Puis il avait cherché à découvrir pour la Dynamique une loi de minimum analogue. Il trouva bientôt en Optique une telle loi, qu'il exposa dans un mémoire présenté à l'Académie des Sciences de Paris le 15 avril 1744, mais qui avait été déjà découverte par Leibniz [2]. La voie suivie par un rayon lumineux, soit réfléchi, soit réfracté, correspondait au minimum du produit du chemin par la vitesse (produit déjà nommé *action* par Leibniz).

En 1746, Maupertuis publia un mémoire prétentieux et confus sur *les lois du repos et du mouvement, déduites d'un principe métaphysique*, où il énonçait le *principe de la moindre action* sous une forme très générale et très vague, partant fausse, et prétendait en tirer la démonstration de l'existence de Dieu. Le principe avait été auparavant formulé par Euler à la fin de son ouvrage sur le Calcul des variations (1744) pour le cas particulier d'un système soumis à des forces centrales, où il est en effet exact. Euler, qui résidait à Berlin et présidait la section mathématique de l'Académie des Sciences, chercha en vain en 1751 à démontrer le principe de la moindre action sous la forme générale que lui avait donnée Maupertuis.

C'est alors qu'intervint Samuel König, qui était correspondant de l'Académie des Sciences de Paris depuis 1740 et membre de l'Académie de Berlin depuis 1749, grâce à la protection de Maupertuis. König soumit à Maupertuis, à la fin de 1750, le manuscrit d'un mémoire où il critiquait le principe de la moindre action, et où il avançait que Leibniz en avait déjà eu l'idée, sans vouloir par là diminuer le mérite et contester l'originalité de Maupertuis, et en lui en faisant au contraire honneur. Maupertuis le lui rendit sans l'avoir lu, en l'assurant qu'il ne voyait aucun

---

1. Voir Harnack, *Geschichte der k. pr. Akademie der Wissenschaften zu Berlin*, t. I, p. 331 sqq.; et les documents publiés dans le même ouvrage, t. II, n°s 170 et 171, notamment 170 b : Helmholtz, *Rede über die Entdeckungsgeschichte des Princips der kleinsten Action* (27 janv. 1887; inédit).

2. Voir Chap. VI, § 25. Le mémoire de Leibniz avait été publié dans les *Acta Eruditorum* en 1682.

inconvénient à ce qu'il fût publié (König lui avait même offert de le supprimer s'il déplaisait à Maupertuis). Le mémoire parut dans les *Nova Acta Eruditorum* de Leipzig, en mars 1751. MAUPERTUIS, infatué de sa prétendue invention, prétendit aussitôt qu'on lui retirait son principal titre de gloire et qu'on l'accusait de plagiat. Il réussit à intéresser l'Académie de Berlin à sa cause, et à l'engager dans le débat. Il somma König, et le fit sommer par l'Académie, de produire dans un délai fixé l'original de la lettre de Leibniz dont il avait cité un extrait où était énoncé le fameux principe [1]. Or König n'en avait qu'une copie, qu'il avait reçue, avec la copie de trois autres lettres de Leibniz, d'un Suisse nommé Henzi qui avait été depuis lors exécuté pour cause politique. König se soumit bénévolement à cette exigence, et fit rechercher les lettres originales; en même temps Frédéric II les faisait rechercher de son côté par voie diplomatique, les papiers de Henzi ayant été confisqués par les autorités. Toutes ces recherches restèrent infructueuses, et l'Académie de Berlin, s'érigeant en tribunal littéraire, déclara, sur un rapport d'Euler, et sans entendre König, que la lettre citée par König était fausse, et avait été forgée pour nuire à la réputation de Maupertuis et augmenter la gloire de Leibniz, comme s'il en était besoin (séance du 13 avril 1752) [2]. Peu s'en fallut qu'on n'accusât König d'être le faussaire.

König riposta à la décision de l'Académie par un *Appel au public* [3] où il exposait avec modération l'histoire du débat et publiait les pièces du procès [4]. Il contestait à l'Académie le droit de rendre un tel arrêt, et la compétence nécessaire pour le rendre; il montrait l'injustice, la passion et le parti pris avec lequel les Académiciens s'étaient conduits envers lui; enfin il s'attaquait à Maupertuis, il rabaissait son originalité en retrouvant le fameux principe chez d'autres savants : S'GRAVESANDE (1722) et ENGELHARDT (1732), et il insinuait qu'il avait simplement emprunté son principe à la fois à Malebranche et à Leibniz (p. 117). Sur la question

---

1. Voir *Lettre de Maupertuis à König*, 23 déc. 1751, ap. HARNACK, t. II, n° 170 a, et toute la correspondance ap. KÖNIG, *Appel au public* (voir note 3).
2. Voir l'*Exposé concernant l'Examen de la Lettre de M. de Leibnitz, alléguée par M. le Prof. König, dans le mois de mars 1751 des Actes de Leipzig, à l'occasion du principe de la moindre action*, ap. HARNACK, t. II, n° 171.
3. *Appel au public du jugement de l'Académie royale de Berlin sur un fragment de M. de Leibnitz cité par M. König* (2ᵉ édition, Leide, Cuzac, 1753).
4. Le livre est divisé en 4 parties : I. *Exposé de l'Origine de la Controverse* (p. 7); II. *Remarques littéraires sur le fragment* (p. 21); III. *Examen des droits de l'Académie* (p. 40); IV. *Appendice contenant les lettres écrites par MM. de Maupertuis, Formey* (secrétaire de l'Académie), *König*, etc. (p. 126). Un second Appendice contient le texte des quatre lettres de Leibniz (p. 165). La 1ʳᵉ est la lettre controversée (en français) datée de Hanovre, 16 oct. 1707 (sans adresse). La 2ᵉ, sans date ni adresse, commence par ces mots : « Puisque vous voulez bien que je vous dise librement mes pensées sur le Cartésianisme... » (*Phil.*, IV. 297-303). La 3ᵉ, sans date ni adresse, est la *Lettre à Bayle* de décembre 1702 (*Phil.*, III, 65-69). Enfin la 4ᵉ (en latin) est adressée *à de Volder* et datée du 21 janvier 1704 (*Phil.*, II, 261-265). L'authenticité de ces 3 dernières lettres, dont Henzi avait communiqué la copie à König en même temps que de la première, est déjà une forte présomption d'authenticité en faveur de celle-ci.

d'authenticité, il se bornait à affirmer qu'il avait reçu la copie des quatre lettres comme étant de Leibniz, et qu'il les avait données de bonne foi comme telles; qu'au surplus, il en faisait juge le public impartial.

On sait comment Voltaire, rival de Maupertuis, se mêla ensuite à ce conflit [1]; comment Frédéric II répondit à Voltaire pour soutenir Maupertuis [2]; comment Voltaire riposta par *le Docteur Akakia*, satire impitoyable de la *Cosmologie* (1750) de Maupertuis; et comment cette polémique amena la brouille de Voltaire et de Frédéric II.

Pour revenir au fond du débat, l'opinion unanime des savants d'aujourd'hui est favorable à l'authenticité de la lettre contestée. Seulement, il est fort peu probable qu'elle soit adressée à Hermann, comme le croyait König, parce qu'elle avait été trouvée dans la correspondance de Leibniz et d'Hermann [3]; et Euler triomphait trop aisément de lui sur ce point, qui n'avait rien à voir d'ailleurs avec la question d'authenticité. Gerhardt a conjecturé que son destinataire était Varignon [4].

Quoi qu'il en soit, voici le contenu de cette lettre, toute leibnitienne de style et d'esprit. La première moitié (la plus longue) est consacrée au principe de continuité. L'auteur de la lettre déclare que le principe de continuité vaut aussi bien pour la Physique que pour la Géométrie, attendu qu'il y a harmonie entre le Physique et le Géométrique, et que « tout est lié dans l'Univers en vertu de raisons de Metaphysique ». Ces raisons sont le principe de raison suffisante, d'où il résulte que tout est déterminé dans le monde, et que « le present est toujours gros de l'avenir ». Le principe de continuité s'applique ainsi au temps, à l'espace (d'où il exclut le vide), à la Mécanique (où il réfute les lois du choc de Descartes), enfin à l'ensemble des êtres de la nature, qui « ne forment qu'une seule chaîne », et dont « les différentes classes ne sont dans les Idées de Dieu que comme autant d'ordonnées d'une même courbe ». De ces considérations l'auteur tire des conséquences fort remarquables touchant la continuité des espèces animales et végétales, et « l'existence de Zoophytes, ou, comme Buddeus les nomme, de *Plant-Animaux* [5] ». Et il conclut le paragraphe en ces termes : « Le principe de continuité est donc hors de doute chez moi, et pourrait servir à établir plusieurs verités importantes dans la veritable philosophie.... Je me flatte d'en avoir quelques idées, mais ce siècle n'est point fait pour les recevoir [6]. »

La seconde partie de la lettre traite des principes de la Dynamique, qui « ont pris naissance dans la même Metaphysique ». C'est par des considérations abstraites et *a priori* que l'auteur est arrivé à sa manière d'es-

---

1. *Réponse d'un académicien de Berlin à un académicien de Paris* (18 sept. 1752).
2. *Lettre d'un académicien de Berlin à un académicien de Paris* (11 nov. 1752).
3. Voir l'*Observation des auteurs des mémoires de l'Académie de Berlin*, intercalée dans la correspondance avec Hermann (*Dutens*, III, 531).
4. *Sitzungsberichte der k. pr. Akademie der Wissenschaften zu Berlin* (23 juin 1898). Cf. *Math.*, IV, 257-8.
5. Cf. *Nouveaux Essais*, III, vi, § 12; IV, xvi, § 12.
6. Cette partie de la lettre a été publiée par Guhrauer, t. I, Notes, p. 31-33.

timer la puissance ou force vive des Corps en mouvement (dont la formule est mv^2) [1]; il remarque que « le temps n'y fait rien », et il ajoute aussitôt :

« Mais l'Action n'est point ce que vous pensez; la considération du temps y entre : elle est comme le produit de la masse par l'espace et la vitesse, ou du temps par la force vive [2]. J'ai remarqué que, dans les modifications des mouvemens, elle devient ordinairement un *Maximum* ou un *Minimum* : on en peut deduire plusieurs propositions de grande consequence : elle pourroit servir à determiner les Courbes que decrivent les Corps attirés à un ou plusieurs Centres. Je voulois traiter de ces choses entre autres dans la seconde partie de ma Dynamique, que j'ai supprimée, le mauvais accueil, que le préjugé a fait à la première, m'aïant dégouté [3]. »

Tel est le paragraphe que König avait cité, et sur lequel il s'appuyait pour attribuer à Leibniz l'invention du principe de la moindre action, non sans raison, nous semble-t-il; car, d'une part, l'authenticité de la lettre parait incontestable; et, d'autre part, le principe y est formulé explicitement, et l'*action* y est mathématiquement définie comme dans d'autres ouvrages qui sont sans contredit de Leibniz [4]. Il est vrai que l'énoncé du principe est incomplet, en ce qu'il ne comprend pas la condition de validité du principe, à savoir la constance de l'énergie (en

---

1. Cf. *Dynamica de potentia et legibus naturæ corporeæ*, Pars I, Sectio III, Cap. II : *De Potentia motrice demonstrata a priori*, Prop. 5 : « Potentiæ motrices absolutæ sunt in ratione composita ex simplice mobilium et duplicata velocitatum » (*Math.*, VII, 359, 365).

2. On peut se rendre compte de l'équivalence de ces deux définitions par les « formules de dimensions ». Soient M l'unité de masse, L l'unité de longueur, T l'unité de temps. Les dimensions d'une force vive mv^2 sont :

$$ML^2T^{-2}$$

car une vitesse, étant le rapport d'un espace à un temps, a pour dimensions LT^{-1}; et les dimensions de l'action sont :

$$ML^2T^{-1}$$

soit qu'on multiplie la masse (M) par l'espace (L) et la vitesse (LT^{-1}), soit qu'on multiplie la force vive (ML^2T^{-2}) par le temps (T).

3. Allusion au *Specimen Dynamicum pro admirandis Naturæ legibus circa corporum vires et mutuas actiones detegendis et ad suas causas revocandis*, dont la 1re partie avait paru dans les *Acta Eruditorum* de 1695 (*Math*, VI, 234; la 2e partie, inédite, p. 246).

4. König cite (p. 116) un mémoire de Leibniz et Wolff (c'est-à-dire sans doute de Wolff *d'après* Leibniz, car celui-ci était mort), publié dans le tome I des *Commentaires de l'Académie impériale de Pétersbourg* (1726), où on lit : « Donc les Actions sont en raison composée des masses, des vitesses et des espaces. » Mais voici des textes d'une autorité moins contestable : *Dynamica de potentia et legibus naturæ corporeæ*, pars I, sectio III : *De Actione et Potentia*, Cap. I, Prop. 10 : « Actiones formales motuum sunt.... in ratione composita quantitatum materiæ, longitudinum, per quas sunt motæ, et velocitatum »; et Prop. 17 : « Actiones motuum formales sunt in ratione composita ex rationibus mobilium et temporum simplice et velocitatum agendi duplicata »; Cap. III, Prop. 7 : « Actiones sunt in ratione composita potentiarum a quibus exercentur » (c.-à-d. des forces vives) « et temporum quibus durant » (*Math.*, VI, 354, 356, 366).

particulier, de la force vive). Mais ni EULER ni MAUPERTUIS n'avaient non plus découvert cette condition nécessaire, et c'est pourquoi ils n'avaient pu trouver la démonstration générale du principe. C'est à LAGRANGE qu'était réservé cet honneur. Il envoya à l'Académie de Berlin un mémoire sur le fameux principe (7 mai 1756), ce qui le fit élire membre de l'Académie quelques mois après; et en 1760, il formula et démontra analytiquement le principe, qui est devenu classique dans la Mécanique rationnelle, et que HAMILTON, JACOBI, NEUMANN et HELMHOLTZ ont développé et transformé successivement[1].

NOTE XVII

Sur la théorie mathématique des jeux.

On a vu (Chap. VI, § 29) que Leibniz avait fréquemment exprimé le vœu qu'on fît la théorie mathématique des divers jeux, pour perfectionner l'art d'inventer[2]. Lui-même y a travaillé à diverses reprises. Il publia dans les *Miscellanea Berolinensia* (1710) une *Annotatio de quibusdam ludis, in primis de ludo quodam Sinico, differentiaque Scachici et Latrunculorum, et novo genere ludi navalis* (Dutens, V, 203) dont une brève analyse donnera quelque idée.

L'intention philosophique de cette étude est bien marquée par des phrases comme celles-ci : « Ludi eventus fortuiti inter alia prosunt ad æstimandas probabilitates. » Leibniz rappelle à ce propos les recherches de Pascal, suscitées par le chevalier de Méré. « Sane verissimum est, esse superiorem Mathematica scientiam, parem certitudine, majorem virtute et efficacia, ubi rationes ideales, non tantum a sensibus, sed etiam ab imaginibus sejunguntur. » Cette science abstraite, qui dépasse non seulement les sens mais encore l'imagination (domaine des Mathématiques), c'est la Caractéristique ou la Combinatoire, en un mot la Logique ou l'Art d'inventer[3]. « Sed ego ad profectum inventricis artis ludendi artificia detexisse, non ludum valde exercuisse laudarem. »

Puis Leibniz distingue les jeux de pur hasard, les jeux de hasard mêlés d'adresse, et les jeux d'adresse et de combinaisons (Exemple : le trictrac) :

« Ludi misti ex fortuna et ingenio aptissime vitam humanam, sed maxime res militares et praxim medicam repræsentant, ubi pars arti,

---

1. Voir MACH, *die Mechanik in ihrer Entwickelung*, Chap. III, § 8 : der Satz der kleinsten Wirkung, 4ᵉ éd., p. 395 sqq. (Leipzig, Brockhaus, 1901).
2. *Lettres à Jacques Bernoulli*, avril 1703 (*Math.*, III, 71); 28 nov. 1704 (*ibid.*, 94); *Lettres à Jean Bernoulli*, 29 janv. 1697 (*ibid.*, 363); 5 mars 1697 (*ibid.*, 377); *Lettre à Hermann*, 10 mars 1705 (*Math.*, IV, 270); *Lettre à Remond*, juillet 1714 (*Phil.* III, 621); *Nouveaux Essais*, IV, XVI, § 9. Cf. *Phil.*, VII, 181.
3. Leibniz dit ailleurs que les jeux relèvent de l'Art combinatoire, et par suite peuvent servir à l'étudier et à le perfectionner : *De Synthesi et Analysi universali*, fin (*Phil.*, VII, 298); *De ortu, progressu et natura Algebræ* (*Math.*, VII, 206).

pars casui necessario danda est.... Et hic conjungendæ sunt consequentiæ certæ cum verisimilitudinum æstimatione [1]. »

Parmi les jeux sans hasard, Leibniz range d'abord les Échecs; il rappelle à ce sujet un traité allemand relatif à ce jeu, composé par *Gustavus Selenus*, pseudonyme d'Auguste de Luneburg, plus tard duc de Wolfenbüttel [2]. Puis le jeu ancien des *latrunculi*, qu'il distingue à la fois des Échecs et des Dames [3]; il écrivait à ce sujet à Remond de Montmort : « Je voudrois qu'on retablît *ludum antiquum latrunculorum*, qui ne ressemble à aucun des modernes. La principale loy de ce jeu était fort raisonnable : quand ma pièce est touchée par deux ennemis à la fois, elle est perdue : *cum vitreus gemino miles ab hoste perit*. C'estoit comme des larrons qui venoient fondre sur leur proye *ex insidiis* [4]. » Il rapprochait au contraire ce jeu antique d'un jeu chinois [5] où l'on ne prend pas les pions, mais où l'on se contente de les bloquer [6]. Puis il imagine de renverser le jeu de Solitaire, c'est-à-dire de le prendre à rebours, en se proposant, non plus d'enlever les fiches, mais de les remettre suivant une loi inverse, de manière à former une figure déterminée d'avance; il faudrait d'abord s'assurer que cette figure est réalisable conformément aux lois du jeu (« hoc ipsum magnæ artis esset ») [7]. Enfin il propose un nouveau jeu qui imiterait la tactique de la guerre navale, et où l'on aurait à tenir compte de la direction du vent [8].

A cet opuscule il convient de joindre celui qui le suit dans l'édition *Dutens*, bien qu'il ne soit pas de la main de Leibniz :

G. G. *Leibnitii Cogitationes casuales de inventione Ludorum utilium, ex*

---

[1]. Ce n'est pas là un rapprochement accidentel et simplement spirituel; Leibniz a dit ailleurs « que les affaires de milice et de marine dépendent beaucoup des mathematiques et de la physique particulière », exactement comme les jeux d'adresse, qui dès lors en fournissent une image et un exercice (*Discours touchant la méthode de la certitude*, Phil., VII, 181).

[2]. « Grand père de celuy d'à present. » *Lettre à Remond de Montmort*, 17 janv. 1716 (*Phil.* III, 668.) Ce traité est déjà cité dans le *De Arte combinatoria*, n° 96 (*Phil.*, IV, 75; *Math.*, V, 52). Cf. *Lettre à Burnett*, 14 déc. 1705, où il est question du comte de Sunderland qui avait fait un livre latin sur le jeu d'Échecs, et que Leibniz regrette de n'avoir pu entretenir de ce sujet (*Phil.*, III, 304).

[3]. Cf. *Lettre à Bierling*, 20 juin 1712 (*Phil.*, VII, 506).

[4]. *Lettre* déjà citée (*Phil.*, III, 669).

[5]. D'après Nicolas Trigant.

[6]. « Vous aurés veu, Monsieur, ce que j'ay dit *in Miscellaneis Berolinensibus* sur le jeu des Chinois, où l'on joue sans se battre, et on ne fait que s'enfermer et affamer, pour ainsi dire, pour obliger l'ennemi à se rendre. » Même *Lettre à Remond de Montmort* (*loc. cit.*).

[7]. « Le jeu nommé *le Solitaire* me plut assez. Je le pris d'une manière renversée, c.-à-d. au lieu de défaire un composé de pieces selon la loy de ce jeu, qui est de sauter dans une place vide, et oster la pièce sur laquelle on saute, j'ay cru qu'il seroit plus beau de retablir ce qui a esté défait, en remplissant un trou sur lequel on saute, et par ce moyen on pourroit se proposer de former une telle ou telle figure proposée, si elle est faisable, comme elle est sans doute, si elle est défaisable. » (Même *Lettre à Remond de Montmort, Phil.*, III, 668.)

[8]. « Un tel jeu est une contestation entre deux vaisseaux qui tachent de se gagner le vent, supposé qu'ils soyent egalement bons voiliers. » Même lettre (*loc. cit.*).

ipsius colloquiis depromptæ, et scripto annotatæ per J. F. Feller [1] (*Dutens*, V, 206).

On y voit Leibniz cherchant à inventer des jeux de société (du genre des devinettes, charades, etc.), pour exercer l'esprit et aussi le caractère : « Nec dubito, multos ludos novos excogitari posse ad facultates animi augendas, ipsasque etiam virtutes exercendas. Nam in ludendo opus est moderatione quadam, ut in ludo regio, ubi Princeps sorte ductus dat mandata... » Ce n'est plus en mathématicien, mais en moraliste qu'il recommande les jeux. Il est curieux de trouver chez Leibniz des considérations analogues à celles qu'on a fait valoir de nos jours pour montrer l'utilité morale des jeux et exercices physiques [2].

NOTE XVIII

Epistola ad D. Elerum, reipublicæ Gedanensis [3] *secretarium*. Hanovre, 10 mai 1716 (*Dutens*, V, 403).

« Ego puto, bonam Logicam esse sufficientem judicem controversiarum, ubicunque data sunt hominibus dijudicandi fundamenta.... Atque hoc ipsum per Logicam consequi possumus, neque ego aliam hic postulo, quam vulgarem illam, cujus præcepta Aristoteles dedit. Sed quoties inter plura, argumentis non sophisticis nec tamen demonstrativis fulta, dijudicandum est, quodnam sit verisimilius, fateor indigere nos Logica nova de gradibus verisimilitudinis, cujus præcepta nondum exstant, sed quædam tamen semina nuspiam melius habentur quam apud Jurisconsultos. »

---

1. Publié en allemand ap. *Guhrauer*, II, 491, sous le titre *Zufällige Gedanken von Erfindung nützlicher Spiele*. On sait que Joachim Friedrich Feller fut pendant deux ans (1696-98) le secrétaire peu délicat de Leibniz. C'est à lui que succéda dans ce poste de confiance le fidèle Johann Georg Eckhart (1698-1706) qui revint en 1714 près de Leibniz et lui succéda comme bibliothécaire et historiographe du duché de Brunswick. (Guhrauer, II, 140, et Notes, 36.) Cette indication détermine à peu près la date des *Cogitationes casuales*. On sait aussi que Feller publia après la mort de Leibniz un *Otium Hanoveranum sive Miscellanea G. W. Leibnitii* (Leipzig, 1718), contenant des papiers inédits du philosophe, et des souvenirs personnels réunis sous le titre de *Leibnitiana* (*Dutens*, VI, 1). Grotefend conseille de se défier des documents de Feller, en raison de leur origine furtive (*Grotefend*, p. 208 note).
2. La théorie mathématique des jeux a été traitée de nos jours par le mathématicien E. Lucas (qui a même inventé plusieurs jeux d'enfants fort ingénieux sous le pseudonyme du docteur *Claus*) dans ses *Récréations mathématiques*, 4 vol. in-4° (Paris, 1882-95). Voir aussi les *Récréations et problèmes mathématiques des temps anciens et modernes*, par W.-W. Rouse-Ball, trad. Fitz Patrick (Paris, Hermann, 1898).
3. *Gedanum* = Danzig.

NOTE XIX

Epistola ad Joh. Christianum Langium, summum antistitem Idsteniensem. Hanovre, 5 juin 1716 (*Dutens*, V, 404-5).

« ... Itaque vellem ut aliquot eruditorum et bene animatorum studio componeretur *Opus Encyclopædiæ*, qualem olim tentavit *Alstedius* [1], sed quæ nunc tota refundenda est, ob innumera maximi momenti quæ ab eo tempore accessere. »

« ... *Quadratum* tuum *Logicum* [2] vidi, et placuit. Excogitaram olim juvenis nonnulla hujusmodi, ut linearum ductu ostendi posset consequentia, vel ἀσυλλογιστία [3]. Demonstravi etiam quamlibet quatuor figurarum (tot enim revera sunt) habere sex modos concludentes [4]. Tota Logicarum consequentiarum doctrina non minus demonstrativa est, quam Arithmetica aut Geometria; idque juvenis olim multis modis sum expertus. Et in eo continetur, ut sic dicam, *Algebra universalis*. Nam vulgaris Algebra est doctrina de quantitate in genere, seu de numero indefinito; sed vera Characteristica quandam, ut sic dicam, Analysin præbet, quæ ad omnem rationem accuratam pertinet. Et fortasse, si Deus mihi vitam prorogat, aliquod ejus specimen aliquando dare licebit. »

NOTE XX

Lettre à Kestner du 1er juillet 1716 (*Dutens*, IV, III, 269; GUHRAUER, I, Notes, 10).

« Interea fateor optandum esse, ut veterum legum corpus apud nos habeat vim non legis, sed rationis, et, ut Galli loquuntur, magni Doctoris; et ex illis aliisque, patrii etiam juris monumentis, usuque præsenti, sed imprimis ex evidenti æquitate novus quidam Codex brevis, clarus, sufficiens, auctoritate publica concinnetur; quo jus multitudine, obscuritate, imperfectione legum, varietate tribunalium, disceptationibus peritorum obtenebratum et ad miram incertitudinem redactum, in clara tandem luce collocetur. »

---

1. Voir Note XII.
2. LANGE venait de publier son *Inventum Novum Quadrati logici*, qui n'avait pas d'autre mérite que de figurer la dichotomie des concepts (VENN, *Symbolic Logic*, 2ᵉ éd., p. 509). Ce devait donc être un schème analogue au carré que Leibniz a dessiné dans les *Ad Specimen Calculi universalis addenda*, fragment inédit (**Phil.**, VII, B, II, 21).
3. Voir Chap. I, §§ 16 et 17.
4. Voir Chap. I, §§ 1 et 4.

ABRÉVIATIONS BIBLIOGRAPHIQUES

Math. =
Phil. =
Philologie =
Theol. =
} Manuscrits de Leibniz, conservés à la Bibliothèque royale de Hanovre, et classés respectivement dans le Catalogue *Bodemann* sous les rubriques[1] :
{ Mathématique (XXXV).
Philosophie (IV).
Philologie (V).
Théologie (I).

Bodemann = *Die Leibniz-Handschriften der kön. öff. Bibliothek zu Hannover*, beschrieben von Dr. Eduard BODEMANN (Hannover, 1895)[2].

Briefwechsel = *Briefwechsel von G.-W. Leibniz mit Mathematikern*, ed. Gerhardt, t. I (Berlin, 1899).

Dutens = *G.-G. Leibnitii Opera omnia...* ed. Dutens, 6 vol. in-4° (Genève, 1768).

Erdmann = *G.-G. Leibnitii opera philosophica quæ exstant... omnia*, ed. J.-E. Erdmann, in-4° (Berlin, 1840).

Foucher de Careil, A = *Lettres et Opuscules inédits de Leibniz*, par Foucher de Careil (Paris, 1854)[3].

Foucher de Careil, B = *Nouvelles Lettres et Opuscules inédits de Leibniz*, par Foucher de Careil (Paris, 1857).

Foucher de Careil, I-VII = *Œuvres de Leibniz* publiées pour la première fois d'après les manuscrits originaux, par Foucher de Careil. 7 vol. (Paris, 1859-1875).

---

1. Tous les morceaux ainsi désignés sont, ou inédits, ou publiés uniquement dans le catalogue *Bodemann*, auquel cas nous renvoyons à celui-ci. Tous les morceaux inédits que nous citons se trouveront dans nos *Opuscules et Fragments inédits de Leibniz*, classés dans l'ordre même du catalogue *Bodemann*.
2. Cet ouvrage n'est pas seulement un catalogue complet des manuscrits de Leibniz; c'est aussi un recueil de fragments inédits souvent fort intéressants. Cf. *Der Briefwechsel des G. W. Leibniz in der kön. Bibliothek zu Hannover*, beschrieben von Ed. BODEMANN (Hannover, Hahn, 1889).
3. Cf. *Réfutation inédite de Spinoza par Leibniz*, précédée d'un mémoire par A. FOUCHER DE CAREIL (Hanovre, 1854).

Grotefend = *Briefwechsel zwischen Leibniz, Arnauld und dem Landgrafen Ernst von Hessen-Rheinfels*, aus den Handschriften der k. Bibliothek zu Hannover herausgegeben von C. L. Grotefend (Hannover, 1846)[1].

Guhrauer = *Leibniz's deutsche Schriften*, ed. Guhrauer, 2 vol. (Berlin, 1838-40).

Klopp = *Die Werke von Leibniz*, erste Reihe : historisch-politische und staatswissenschaftliche Schriften, ed. Onno Klopp, 11 vol. (Hannover, 1864-1884).

Math. = *Leibnizens mathematische Schriften*, ed. Gerhardt, 7 vol. (Berlin-Halle, 1849-1863).

Mollat = *Mittheilungen aus Leibnizens ungedruckten Schriften*, von Georg Mollat, in-12 (Leipzig, 1893)[2].

Phil. = *Die philosophischen Schriften von G. W. Leibniz*, ed. Gerhardt, 7 vol. in-4° (Berlin, 1875-1890).

Rommel = *Leibniz und der Landgraf Ernst von Hessen-Rheinfels*, ein ungedruckter Briefwechsel über religiöse und politische Gegenstände, ed. Chr. von Rommel, 2 vol. in-12 (Frankfurt-am-Main, 1847).

M. Cantor = *Vorlesungen über Geschichte der Mathematik*, par Moritz Cantor[3], 3 vol. (2º édition, Leipzig, 1894-1900).

Guhrauer = *G. W. Freiherr von Leibnitz, eine Biographie*, par Guhrauer. 2 vol. in-12 (Breslau, 1846).

Kern = Hermann Kern : *de Leibnitii Scientia generali commentatio*, Programm des königl. Pädagogium zu Halle (1847).

Kvet = *Leibniz'ens Logik*, nach den Quellen dargestellt von Dr. Franz Kvet (Prag, 1857).

Trendelenburg = Trendelenburg; *Historische Beiträge zur Philosophie*, 3 vol. (Berlin, 1867).

---

1. Ce volume est le premier et le seul de la 2º série (*Philosophie*) de l'édition suivante : *Leibnizens gesammelte Werke*, aus den Handschriften der k. Bibliothek zu Hannover herausgegeben von Georg Heinrich Pertz, dont la 1ʳᵉ série (*Histoire*) comprend 4 volumes publiés (Hannover, 1843-47), et dont la 3º série est l'édition *Math*. — Presque tout le contenu de ce volume se retrouve dans *Phil.* et dans *Janet*. Ne pas le confondre avec le *Leibniz-Album* (in-folio) publié par Grotefend pour le 2ᵉ centenaire de Leibniz (Hannover, 1846).

2. Cf. G. Mollat, *Rechtsphilosophisches aus Leibnizens ungedruckten Schriften* (Leipzig, 1885).

3. L'auteur résume la Caractéristique géométrique de Leibniz au Chap. 83 (t. III, p. 31-34) et sa Combinatoire au Chap. 84 (t. III, p. 38-42).

TABLE DE CORRESPONDANCE

entre l'éd. GERHARDT (*Philosophische Schriften*)
et l'éd. ERDMANN (*Opera philosophica*) [1].

Gerhardt.		Erdmann.
I, 15-27 ([2])	Lettre à Thomasius (1669).	48-54
188	Lettre à Conring (3 janvier 1678).	78 (extrait)
402-6	Lettre à Foucher (janvier 1692).	114-5 (extrait)
410-4	Lettre de Foucher (mars 1693).	116-7 (extrait)
415-6	Réponse à Foucher (1693).	117-8
II, 134-8	Lettre à Arnauld (23 mars 1690).	107-9
300-1	Lettre au P. des Bosses (14 février 1706).	434-5
304-8	— (11 mars 1706).	435-7
310-11	— (14 juillet 1706).	437-8
313-4	— (1er septembre 1706).	438-9
316-8	— (20 septembre 1706).	439
319-20	— (4 octobre 1706).	439-40
324-5	— (16 octobre 1706).	440-1
335-9	— (21 juillet 1707).	441-3
347-9	— (8 février 1708).	454-5
358-9	— (12 septembre 1708).	455
368	— (16 mars 1709).	456
369-72	— (30 avril 1709).	456-7 ([3])
377-9	— (31 juillet 1709).	461-2
389-91	— (8 septembre 1709).	462-3
409-10	— (4 août 1710).	666
411-3	— (7 novembre 1710).	666-7
419-20	— (8 février 1711).	667-8
433-8	— (15 février 1712).	679-81
444-5	— (26 mai 1712).	681-2
450-2	— (16 juin 1712).	682-3

1. Nous imprimons en italiques les titres qui ne sont pas originaux.
2. Reproduite avec des variantes : IV, 162-174.
3. Sans le Post-Scriptum.

Gerhardt.		Erdmann.
II, 456-61	Lettre au P. des Bosses (20 septembre 1712).	685-7
461	— (10 octobre 1712).	687
473-5	— (24 janvier 1713).	688
481-3	— (23 août 1713).	689
485-6	— (21 avril 1714).	713
492-3	— (15 mars 1715).	726-7
495-6	— (29 avril 1715).	727
502-6	— (19 août 1715).	727-30
508-11	— (13 janvier 1716).	738-40
515-21	— (29 mai 1716).	740-3
534-5	Lettre à Nicaise (5 juin 1692).	120-1 (extrait)
562-4	— (15 février 1697).	139-40 (extrait)
576-80	Sentiment de M. de Leibniz sur le livre de M. de Cambray, et sur l'amour de Dieu désintéressé.	789-91
580-3	Lettre à Nicaise (14 mai 1698).	791-2
III, 51-5	Lettre sur un principe général utile à l'explication des loix de la nature par la considération de la sagesse divine, pour servir de réplique à la réponse du R. P. D. Malebranche (1687).	104-6
58-61	Lettre à Bayle (1702?).	191-3
386-9	Extrait de la Préface du Codex juris gentium diplomaticus (1693) (de notionibus juris et justitiæ).	118-20
400-4	Lettre à Coste (19 déc. 1707).	447-9
558-9	Lettre à Bourguet (1713).	718-9
564-70	— (22 mars 1714).	721-4
572-6	— (décembre 1714).	719-21
578-83	— (5 août 1715).	731-3
588-91	— (février-mars 1716).	733-5
591-3	— (3 avril 1716).	743-4
594-6	— (2 juillet 1716).	744-5
605-8	Lettre à Remond (10 janvier 1714).	701-2
611-3	— (14 mars 1714).	702-4
618-21	— (juillet 1714).	698-700
624-5	— (26 août 1714).	704
634-7	— (11 février 1715).	724-5 (extrait)
656-60	— (4 novembre 1715).	735-7
IV, 15-26	Disputatio metaphysica de Principio Individui (1663).	1-5
27-102	Dissertatio de Arte combinatoria (1666).	6-44
105-110	Confessio naturæ contra Atheistas (1669).	45-47
131-162	Préface à l'ouvrage de Nizolius (de stilo philosophico Nizolii) (1670).	55-71

Gerhardt.		Erdmann.
IV, 333-6	Réflexions sur une lettre de M. Leibnits écrite à Monsieur l'abbé Nicaise.... [par Silvain Regis] (*Journal des Savants*, juin 1697).	140-1
336-42	Réponse aux réflexions... touchant les conséquences de quelques endroits de la philosophie de des Cartes (*Journal des Savants*, août 1697).	142-5
405-6	De la démonstration cartésienne de l'existence de Dieu par le R. P. Lamy (*Mémoires de Trévoux*, 1701).	177-8
422-6	Meditationes de Cognitione, veritate et ideis (*Acta Eruditorum*, 1684).	79-81
464-6 (1)	*Lettre sur la question : Si l'essence du corps consiste dans l'étendue* (*Journal des Savants*, 18 juin 1691).	112-3
466-7	Extrait d'une lettre de M. D. L. pour soutenir ce qu'il y a de luy dans le Journal des Sçavans du 18 juin 1691 (5 janvier 1693).	113-4
468-70	De primæ philosophiæ emendatione, et de notione substantiæ (*Acta Eruditorum*, 1694).	121-2
477-87	Système nouveau de la nature et de la communication des substances, aussi bien que de l'union qu'il y a entre l'âme et le corps (*Journal des Savants*, 27 juin 1695).	124-8
487-90	Objections de M. Foucher.... contre le nouveau système de la communication des substances (*Journal des Savants*, 12 septembre 1695).	129-30
493-8	Éclaircissement du nouveau système de la communication des substances (*Journal des Savants*, avril 1696).	131-3
498-500	(*Second Éclaircissement.*) P. S. d'une lettre à Basnage de Beauval (13 janvier 1696), ap. *Histoire des Ouvrages des Savants*, février 1696.	133-4
500-3	(*Troisième Éclaircissement.*) Extrait d'une lettre de M. D. L. sur son Hypothèse de philosophie, et sur le problème curieux qu'un de ses amis propose aux Mathématiciens (*Journal des Savants*, 19 nov. 1696).	134-6

1. Cf. VII, 447 (Lettre à Alberti).

Gerhardt.		Erdmann.
IV, 504-16	De ipsa natura, sive de vi insita actionibusque Creaturarum (*Acta Eruditorum*, septembre 1698).	154-60
517-24	Éclaircissement des difficultés que M. Bayle a trouvées dans le système nouveau de l'union de l'âme et du corps (*Lettre à Basnage*, publiée dans l'*Histoire des ouvrages des Savants*, juillet 1698).	150-4
554-71	Réponse aux réflexions contenues dans la seconde édition du Dictionnaire Critique de M. Bayle, article Rorarius, sur le système de l'Harmonie préétablie (*Histoire de la République des Lettres*, 1702).	183-191
590-5	Réponse aux objections contre le système de l'harmonie préétablie qui se trouvent dans le livre de la Connoissance de soy-même [du P. Lamy, 1699] (*Journal des Savants*, 1709).	458-60
V, 15-19	Réflexions sur l'Essay de l'entendement humain de M. Lock (1696).	136-9
39-fin	NOUVEAUX ESSAIS SUR L'ENTENDEMENT HUMAIN (1704).	194-418
VI, 21-471	ESSAIS DE THÉODICÉE (1710).	468-665
347-50 (note)	Lettre de février 1711 (*Mémoires de Trévoux*, juillet 1712).	683-5
529-38	Considérations sur la doctrine d'un Esprit universel unique (1702).	178-82
539-46	Considérations sur les Principes de Vie, et sur les Natures Plastiques... (*Histoire des ouvrages des savants*, 1705).	429-32
556-8	Observatio ad Recensionem libri de Fidei et Rationis consensu a Domino Jacqueloto editi, mense Octobris proxime præcedenti factam (*Acta Eruditorum*, 1705).	433-4
574-8	Remarques sur l'Examen du sentiment du R. P. Malebranche [par Locke] (1708?).	450-2
579-94	Entretien de Philarète et d'Ariste (*Examen des principes du R. P. Malebranche*) (1711?).	690-7
595-7	Remarque de l'auteur du système de l'Harmonie préétablie sur un endroit des Mémoires de Trévoux de mars 1704 (*Mémoires de Trévoux*, mars 1708).	452-3
598-606	Principes de la Nature et de la Grace, fondés en raison (1714).	714-8
607-23	Monadologie.	705-12

Gerhardt.		Erdmann.
VII, 49-51	Guilielmi Pacidii Plus Ultra, sive initia et specimina Scientiæ generalis, de instauratione et augmentis scientiarum, ac de perficienda mente, rerumque inventionibus ad publicam felicitatem. — Œconomia operis [1].	88-9
51-3	In specimina Pacidii introductio historica.	91-2
60-3	De natura et usu scientiæ generalis.	86-8
64-5	Synopsis libri cui titulus erit : Initia et Specimina Scientiæ novæ Generalis pro Instauratione et Augmentis Scientiarum ad publicam felicitatem [1].	89
73-5	Definitiones ethicæ.	670
82-5	De la sagesse.	673-5
86-90	Von der Glückseligkeit.	671-3
90-8	De vita beata [2].	71-5
108-9	De libertate.	669
124-6	Guilielmi Pacidii initia et specimina Scientiæ generalis, sive de instauratione et augmentis scientiarum in publicam felicitatem.	90-1
160-73	Préceptes pour avancer les Sciences.	165-71
174-83	Discours touchant la Méthode de la certitude et l'Art d'inventer, pour finir les disputes et pour faire en peu de temps des grands progrès.	172-6
184-9	Historia et commendatio linguæ charactericæ universalis quæ simul sit ars inveniendi et judicandi.	162-4
190-3	Dialogus de connexione inter res et verba, et veritatis realitate (août 1677).	76-8
194-7	De Veritatibus primis.	99
198-203	De Scientia universali seu Calculo philosophico.	82-5
204-7	Fundamenta Calculi ratiocinatoris.	92-4
208-10	Definitiones logicæ.	100-1
211-7	Difficultates logicæ.	101-4
221, 223-5	Ad specimen Calculi universalis addenda.	98-9
228-35	[Non inelegans specimen demonstrandi in abstractis].	94-7

1. Ces deux titres sont intervertis dans *Erdmann*.
2. Le plan de cet opuscule se trouve dans *Phil.*, VII, 81. Gerhardt n'en donne que la version allemande.

Gerhardt.		Erdmann
VII, 302-8	De rerum originatione radicali (23 novembre 1697).	147-50
319-22	De modo distinguendi phænomena realia ab imaginariis.	443-5
323-7	De vera methodo Philosophiæ et Theologiæ.	109-11
328-32	Commentatio de anima brutorum (1710 ?).	463-5
352-442	Recueil des lettres de Leibniz et de Clarke (1715-6).	746-88
500-2	Lettre à Bierling (12 août 1711)	677-8
514-27	Lettre à Gabriel Wagner (1696).	418-26
528-32	Lettre à Christian Wagner (4 juin 1710) de vi activa corporis, de anima, de anima brutorum.	465-7
534-6	Lettre à des Maizeaux (8 juillet 1711).	675-7

L'édition *Erdmann* contient en outre les opuscules suivants, qui manquent à l'édition *Gerhardt*[1] :

Dutens.		Erdmann.
inédit	De vita beata (en latin).	71-75
II, 1, 264	Lettre à Louis de Seckendorf *de loco quodam Aristotelis* (1684).	82
inédit	Initia Scientiæ generalis.	85-6
II, 1, 263	Lettre à un ami sur le cartésianisme (1695).	123
234	Lettre à Fardella (1697).	145
94	Lettre à Sturm (1697).	145-6
262	Lettre au P. Bouvet (1697).	146
260	Lettre à Hoffmann (27 sept. 1699).	161-2
222	Lettre à Hansch *de philosophia platonica sive de enthusiasmo platonico* (25 juillet 1707).	445-7
I, 503	Remarques sur la *Théodicée* (1711).	668
III, 499	Lettre à Dangicourt, extrait (11 sept. 1716).	745-6

M. Benno ERDMANN a publié, en 1891, dans l'*Archiv für Geschichte der Philosophie* (IV, 320-3), une table de correspondance inverse de la précédente, et qui nous a servi à contrôler celle-ci. Malheureusement, les textes de l'édition *Erdmann* n'y sont désignés que par leur numéro d'ordre (en chiffres romains), et non par leurs pages ; cela enlève à cette table sa principale utilité, qui serait de permettre de traduire les renvois aux pages d'*Erdmann* en renvois aux pages de *Gerhardt*. Le lecteur pourra aisément suppléer à ce défaut en intervertissant la table précédente.

1. Les seuls, par suite, pour lesquels nous renvoyons à l'édition *Erdmann*.

INDEX DES NOMS PROPRES

Agrippa : 36.
Alsted : 36, 38, 125, 126, 158, 174, 539, 570-571, 584.
Alvensleben : 228.
Amélie (L'impératrice) : 524.
Anton-Ulrich, duc de Brunswick-Wolfenbüttel : 65, 524, 573, 575.
Apollonius : 199, 201, 403.
Archimède : 199, 227, 306, 413, 422.
Aristote : 1, 2, 4, 13, 23, 24, 32, 33, 56, 74, 118, 125, 128, 137, 155, 161, 206, 248, 249, 281, 284, 305, 337, 361, 375, 415, 438, 440, 441, 443, 453, 454, 465, 539, 561, 562, 563, 565, 571, 572, 583.
Arnauld : 74, 121, 183, 202, 209, 443, 466, 571.
Ash (Miss) ou Mistress Astell : 569.
Augustin (St) : 259.
Augustinus : v. Steuchus.
Averroès : 454.

Bachet de Méziriac : 272, 293.
Bacon : 56, 133, 224, 271, 464, 504, 539, 561, 562, 563.
Baillet : 539.
Baronius : 523.
Bartholmèss : 516.
Barton : 125, 281, 539-541, 571.
Basnage de Beauval : 234.
Bayle : 168, 238.
Becher : 52.

Bekker : 568.
Bernoulli (Daniel) : 278.
Bernoulli (Jacques) : 240, 242, 247, 255, 275, 378, 476.
Bernoulli (Jean) : 201, 204, 242, 275, 391, 476, 496, 497, 498.
Bernoulli (Nicolas) : 242.
Bernstorf : 574.
Bierling : 160.
Bodemann : ix, 522.
Bodenhausen (Le baron de) : 397.
Bodinière (De la) : 523.
Bœhme : 77.
Boineburg (Le baron de) : 61, 122, 131, 244, 503.
Bombelli : 498.
Booel : 320, 328, 344, 350, 354, 385, 386, 387, 430, 440, 553, 554.
Bossuet : 164, 568.
Bouasse : 264.
Bourguet : 525.
Bourlet : 485.
Boutroux : 216, 471.
Bouvet (Le P.) : 60, 475.
Boyle : 142, 261, 464, 541, 544.
Brandebourg : v. Prusse.
Brandt : 540.
Brébeuf : 89.
Breissac : 38.
Brunswick : v. Hanovre et Wolfenbüttel.
Buddeus : 579.
Burali-Forti : 411, 538.

BÜRGI : 498.
BURNETT (Thomas) : 166, 540, 576.

CALINON : 415.
CAMPANELLA : 155, 572.
CANTOR (Moritz) : 36, 83, 85, 242, 244, 246, 295, 473, 477, 480, 484, 485, 491, 495, 498, 499, 500.
CARDAN : 36, 155, 251, 287, 495, 572.
CASAUBON : 97, 166.
CASSINI (Dominique) : 148.
CATALDI : 498.
CATELAN (L'abbé) : 233-235.
CATHERINE Ire, tsarine : 527.
CHARLES VI (L'empereur) : 524.
CHARLES XII, roi de Suède : 522.
CHARLES-LOUIS, prince palatin : 520.
CHEVREUSE (Le duc de) : 148.
CLAUBERG : 125, 464, 466, 571.
CLAVIUS : 36.
CLEBSCH : 531.
COLBERT : 522.
COMENIUS : 100, 570, 571-573.
COMTE (Auguste) : 85.
CONRING : 184, 186, 266-267.
CONSBRUCH (Le P.) : 525.
COSTE : 569.
COURNOT : 106, 158, 248, 258, 264, 289, 400, 439.
CRAMER : 483, 485.
CUDWORTH : 569.
CUJAS : 572.

DALGARNO : 58, 62-63, 78, 171, 172, 544-548, 551, 561.
DANGEAU : 242.
DARBOUX : 528.
DEDEKIND : 193, 435.
DEFOE (Daniel) : 155.
DELBŒUF : 412, 413, 414.
DÉMOCRITE : 118.
DE MOIVRE : 491.
DE MORGAN : 303, 387.
DESARGUES : 429.
DES BILLETTES : 571.
DES BOSSES (Le P.) : 166, 539-540.
DESCARTES : 39, 56-57, 74, 83, 86, 90, 94-96, 100, 117, 125, 140, 150, 156, 165, 169, 176, 179-182, 195-196, 200, 201-202, 218, 223-224, 229, 230, 233-235, 236, 257-258, 272, 280-281, 285, 290, 292, 293, 294, 389, 390, 462, 463, 464, 465, 466, 482, 497, 498, 512, 514, 539, 561, 563, 571, 572, 576.
DIELS : 53.
DIGBY : 51, 125, 464, 539-541, 571.
DINOSTRATE : 151.
DIOPHANTE : 293, 389, 392, 478, 572.
DUILLIER : v. FATIO.

EBERHARD : 229.
ECKHART : 515, 516, 572-573, 583.
ELISABETH (L'impératrice) : 524.
ENGELHARDT : 578.
ERDMANN (Benno) : 592.
ERDMANN (Joh.-Ed.) : IX, 135, 145-147, 168, 169, 323, 336, 358, 364, 388.
ERNEST-AUGUSTE, duc de Hanovre : 510, 574.
Espagnol anonyme : 51, 53.
EUCLIDE : 125, 152, 163, 173, 194, 199, 212, 281, 305, 310, 319, 397, 403, 413, 421, 422, 423, 425, 438, 439, 440, 514, 563, 570, 572.
EUGÈNE de Savoie (Le prince) : 168, 525.
EULER : 21, 25, 29, 577-584.
EXNER : 560.

FABRY (Le P. Honoré) : 281, 539, 540.
FATIO DE DUILLIER : 491.
FEHR : 538.
FELLER : 583.
FÉNELON : 568.
FERDINAND III (L'empereur) : 53.
FERMAT : 229, 230, 241, 293.
— (Le théorème de) : 499-500.
FICHTE : 515.
FLEMING : 522.
FOGEL : 508.
FONSECA : 34.
FONTENELLE : 50, 242, 510.
FORCADEL : 495.

INDEX DES NOMS PROPRES

Foucher (L'abbé) : 479.
Foucher de Careil : 175, 526.
Frédéric III, électeur de Brandebourg, puis Frédéric Ier, roi de Prusse : 516, 517, 521, 522.
Frédéric II, roi de Prusse : 516, 577-579.
Frédéric-Auguste Ier, électeur de Saxe, roi de Pologne : 522, 523.
Frenicle : 293.
Fromondus : 130.
Furetière : 157, 523.
Fustel de Coulanges : 159.

Galien : 454.
Galilée : 125, 155, 165, 464, 466, 539, 563, 571.
Galloys (L'abbé) : 143, 145, 169.
Galois : 289.
Garelli : 525.
Gassend : 5, 464, 539.
Gerhardt : viii, ix, 2, 6-7, 59, 85, 114, 125, 129, 143, 163, 169, 170, 172, 189, 224, 322, 323, 336, 364, 393, 398, 406, 473, 479, 484, 485, 544, 558, 563, 575, 579.
Gibbs : 533.
Giordano : 421, 422.
Glanvill : 56, 132, 133.
Göbel (von) : 576.
Grassmann (Hermann) : 401, 430, 440, 529-538.
Grassmann (Robert) : 538.
Grégoire : 38, 39.
Grillet : 296.
Grimaldi (le P.) : 575.
Grotefend : 510, 515, 583.
Grupen : 576.
Guerrier : 526.
Guhrauer : 76, 131, 147, 148, 169, 474, 503, 512, 514, 515, 517, 518, 522, 523, 525, 562, 572, 575, 576, 583.
Guillaume III, roi d'Angleterre : 521.
Guyon (Mme) : 569.

Haak : 144.
Hamilton : 25, 445.
Hamilton (sir W.-R.) : 581.
Hannequin : 196, 258, 465.
Hanovre : v. Jean-Frédéric, Ernest-Auguste, Sophie.
Hardt (Von der) : 77.
Harnack (Adolf) : 501-502, 505, 520, 521, 522, 577.
Harsdörffer : 38, 115.
Harvey : 155.
Heaviside : 533.
Helmholtz : 577, 581.
Henzi : 578.
Hérigone : 82, 174, 551.
Hermann : 477, 579.
Héron : 421, 422.
Hilbe : 53.
Hippocrate : 563.
Hobbes : 5, 39, 96, 103-104, 125, 137, 184, 187-190, 196, 204, 218, 457-472, 539, 561, 563, 565, 570, 571, 572.
Hodann : 170-172, 576.
Holten (Albert von) : 115, 570.
Hook : 82, 143, 144.
Hospinianus : 3, 4, 458.
Hudde : 241, 263.
Huygens : 86, 125, 143, 145, 175, 241, 296, 391, 392, 393, 396, 466, 571.

Jablonski : 517.
Jacob : 495.
Jacobi : 581.
Jean-Frédéric, duc de Hanovre : 121, 134, 164, 508, 520, 573.
Jésuites : 165, 250, 506, 507, 509, 512, 513-515, 518, 525, 539-541.
Jevons (Stanley) : 116, 206, 344, 350, 385.
Jörger : 39.
Joseph Ier (L'empereur) : 524.
Jugubinus : v. Steuchus.
Jungius : 73, 74, 75, 76, 94, 125, 387, 420, 434, 435, 441, 466, 506, 571.

INDEX DES NOMS PROPRES

KANT : XI, 210, 222, 225, 256, 258, 269, 440, 456.
KEPLER : 458, 498.
KERN : 249.
KIRCHER (Le P.) : 38, 39, 52, 53, 54, 58, 63, 83, 541-543, 570, 573.
KLOPP : 132, 501, 505, 511, 523, 524, 525, 527, 568.
KÖHLER : 168.
KÖNIG : 393, 577-580.
KORTHOLT : 525.
KRAFT : 521.
KVACSALA : 571.
KVET : 110, 175, 471.

LABBÉ (Le P.) : 59.
LAGRANGE : 500, 581.
LANGE : 113, 584.
LAPLACE : 248, 249, 278.
LASSER : 121.
LECHALAS : 412.
LÉVY-BRUHL : 528, 568.
L'HOSPITAL : 175, 235, 394, 395, 396, 578.
LIARD : IX, 453.
LOCKE : 187, 202, 281-282, 402, 460, 468, 469, 516.
LOEFLER : 491.
LORIA : 83.
LOUIS XIV : 122, 145-8, 524, 569.
LOUIS, prince d'Anhalt : 506.
LUCAS : 583.
LUDOLF (Job) : 511, 512.
LUDOLPHE VAN CEULEN : 275, 477.
LUDOVICI : 572.
LULLE : 36, 37, 39, 83, 541-543, 572.

MABILLON (Dom) : 160, 161.
MAC COLL : 19, 350, 385, 553.
MACFARLANE : 533.
MACH : 581.
MACHIN : 477.
MALEBRANCHE (Le P.) : 130, 159, 202, 230, 233, 234, 235, 292, 568, 569, 578.
MARQUAND : 116.
MASHAM (Lady) : 569.

MAUPERTUIS : 231, 577-581.
MAYENCE (L'électeur de) : v. SCHÖNBORN.
MÉNAGE : 523.
MÉRÉ : 241, 581.
MERSENNE (Le P.) : 56.
MILL (Stuart) : 271.
MÖBIUS : 401, 529, 535.
MOIVRE : v. DE MOIVRE.
MOLIÈRE : 505.
MOLINEUX : 229, 230.
MOLLAT : 121.
MONZAMBANO : v. PUFFENDORFF.
MOREL : 161.
MORGAN : v. DE MORGAN.
MORLAND : 296.

NEPER : 296.
NEUBOURG (Philippe-Guillaume de) : 563.
NEUMANN : 581.
NEWTON : 85, 135, 230, 491, 495.
NICAISE (L'abbé) : 161.
NICOLE : 443, 571.
NICOMÈDE : 151.
NIZOLIUS : 468, 469.
NORRIS : 569.

OCCAM : 467.
OLDENBURG : 56, 61, 142, 544.
OLIVA (Le P.) : 540.
ORBAN (Le P.) : 525.
OUGHTRED : 495.
OVIDE : 575, 576.
OZANAM : 512.

PAPIN : 2, 318.
PAPPUS : 265, 403.
PASCAL : 36, 183, 184, 241, 296, 495, 561, 581.
PAULLINI : 511, 512.
PEANO : 309, 338, 355, 408, 477, 495, 538.
PEIRCE : 303, 346, 385, 387, 408.
PERRAULT : 148.
PETIT : 296.
PETTY : 274.

INDEX DES NOMS PROPRES

Photius : 124, 155.
Pierre le Grand : 65, 173, 296, 524, 525-7.
Pierre Ier, tsar : 527.
Placcius : 75, 175.
Platon : 77, 130, 155, 572.
Poincaré : 438.
Poinsot : 289, 317.
Poiret (Le P.) : 159.
Printzen (Von) : 522.
Proclus : 199, 201.
Prusse : v. Frédéric Ier, Frédéric II, Sophie-Charlotte.
Puffendorff : 528.

Rabier : 456.
Ramus : 5, 8, 32, 56.
Raphaël : 569.
Raspe : ix, 140, 463.
Remond (Nicolas) : 168, 175.
Remond de Montmort (Pierre) : 243, 582.
Renan : 507.
Renaudot : 504.
Renouvier : 412.
Richelieu : 504, 517.
Riemann : 396, 438.
Ritschelius : 572.
Roannez (Le duc de) : 241.
Roberval : 201.
Rodolphe-Auguste, duc de Brunswick-Wolfenbüttel : 474-475.
Rolle : 143.
Roscelin : 467.
Rouse-Ball : 583.
Rubio : 34.
Russell : x, 417, 421.

Saumaise : 159, 160.
Sauveur : 242.
Scaliger : 155.
Scheid : 574.
Schönborn (Jean-Philippe de), électeur de Mayence : 98, 164-165, 503, 520, 561, 568, 599.
Schottus : 51, 174.

Schröder : 303, 305, 329, 336, 343, 346, 349, 355, 375, 385, 386, 387, 408, 435, 478, 553.
Schwenter : 36, 38.
Scudéry (Mlle de) : 569.
Selenus (Auguste de Brunswick-Lunebourg, duc de Wolfenbüttel) : 582.
Serlock : 569.
S'Gravesande : 578.
Shaftesbury (Lord) : 568.
Shanks : 477.
Slaughter (Le P.) : 540.
Snellius : 229.
Sophie, duchesse, puis électrice de Hanovre : 228, 516, 568, 575.
Sophie-Charlotte, électrice de Brandebourg, puis reine de Prusse : 516, 521.
Spee (Le P.) : 505, 568, 599.
Spinola : 164.
Spinoza : 93, 94, 169, 195, 218, 219, 223, 280-281, 570.
Staudt (Chr. von) : 405, 429, 440.
Stein : 118, 161, 195, 281, 296, 574.
Steuchus : 150.
Stevin : 498.
Stifel : 494.
Sturm : 11, 575.
Suarez : 34.
Sunderland (Le comte de) : 243, 582.

Talbot : 540.
Tartaglia : 495.
Tchou Chi Ki : 495.
Théophraste : 454.
Thévenot : 479.
Thomas (S^t) : 514.
Thomasius (Christian) : 528, 568.
Thomasius (Jacob) : 8, 11, 464, 465, 466, 539.
Tönnies : 457-472.
Trendelenburg : 121, 169, 171, 172, 544, 565.
Treu : 281, 539.
Trigant : 582.
Trithemius : 52.

TSCHIRNHAUS : 86, 188, 286-288, 493-494, 512-513.

UEBERWEG : 453, 455, 471.
ULICOVIUS : 562.

VACCA : IX, 500.
VAGETIUS : 74, 75.
VARIGNON : 579.
VENN : 114, 116, 350, 375, 378, 440, 584.
VIÈTE : 82, 83, 86, 285, 287, 389, 481, 495, 572.
VOLTAIRE : 579.
VOTA (Le P.) : 522.

WAGNER (Rud.-Chr.) : 296.
WALLIS : 255.
WARING : 500.
WEIGEL : 114, 473.
WERNER : 246.
WHITEHEAD : 19, 320, 430, 530, 533, 536, 538.
WILKINS : 54, 58-59, 60, 82, 112, 144, 171, 544, 548-552, 570, 573.
WILSON (Théorème de) : 500.
WITT (Jan de) : 241, 242.
WOLFENBÜTTEL : v. ANTON-ULRICH, RODOLPHE-AUGUSTE, SELENUS.
WOLFF : 174, 525, 561, 580.

ZABARELLA : 34.
ZWINGER : 126, 157.

ADDENDA

P. 137, note 6 : On trouve encore les mêmes expressions dans une *Lettre à Martin Vogel* du 8 février 1671 : « ultimam rerum rationem (id est Deum), harmoniam universalem. » (BODEMANN, *Briefwechsel*, p. 363.)

P. 138, note 1, ligne 4, ajouter : *Lettre à Thévenot*, 24 août 1691 (BODEMANN, *Briefwechsel*, p. 335.)

P. 138, note 2 : Aux textes qui prouvent le « rationalisme » de Leibniz en Théologie, ajouter ces lignes d'une *Lettre au landgrave* (1684), à propos des « absurdités apparentes de la Transsubstantiation » : « *De vouloir renoncer à la raison en matiere de Religion, est auprès de moy une marque presque certaine, ou d'un entestement approchant de l'enthousiasme, ou, qui pis est, d'une hypocrisie.* » (Rommel, II, 54.)

P. 167-168, 175, 280, 501, note 1, et 576 : Aux textes qui prouvent que Leibniz a conservé jusqu'à la fin de sa vie le désir et l'espoir de réaliser sa Caractéristique et son Encyclopédie, on peut ajouter une *Lettre à Biber* (mars 1716), où il écrivait : « Mon grand ouvrage historique m'empêche d'executer la pensée que j'ay de mettre la philosophie en demonstrations.... car je voy qu'il est possible d'inventer une caracteristique generale, qui pourroit faire dans toutes les recherches capables de certitude, ce que l'Algebre fait dans les Mathematiques. » (BODEMANN, *Briefwechsel*, p. 15-16.) Les travaux historiques de Leibniz l'empêchaient également de réaliser son ancien projet de réforme de la Jurisprudence : *Lettre à Kestner*, oct. 1709 (*Ibid.*, p. 111); *Lettre à Michelotti*, 17 sept. 1715 (*Ibid.*, p. 185). Aussi en disait-il lui-même : « hæreo ad Sisyphium historiæ nostræ saxum. » *Lettre au P. Kochanski* (*Ibid.*, p. 116).

P. 204, note 2, fin, ajouter : *Lettre à J. Vagetius*, 2 déc. 1679 (BODEMANN, *Briefwechsel*, p. 354.)

P. 255, 270 : Leibniz considérait l'art de déchiffrer comme « un des plus grands échantillons de l'esprit humain. » *Lettre à Sparfvenfelt*, 7/17 avril 1699 (BODEMANN, *Briefwechsel*, p. 299.)

P. 568 : Leibniz avait reçu en présence de l'électeur de Mayence le livre du P. SPEE. Il l'offrit en 1707 à la princesse Elisabeth-Christine de Brunswick-Wolfenbüttel, à l'occasion de son mariage avec le roi d'Espagne Charles III, en lui en recommandant la lecture. (*Lettre à Imhof*, ap. BODEMANN, *Briefwechsel*, p. 105.) Il faisait encore l'éloge du *Guldenes Tugenbuch* du P. SPEE dans une *Lettre à Morell* du 10 déc. 1696 (*Ibid.*, p. 190).

ERRATA

P. 3, ligne 5, *au lieu de* : HOSPINIAMUS, *lire* : HOSPINIANUS.

P. 81, *titre* : LA CARACTÉRISTIQUE UNIVERSELLE.

P. 82, note 4, 3° ligne du bas, *lire* : « .. est nota genitivi, : est nota numeri pluralis. » *c'est-à-dire* : Deux points couchés sont le signe du génitif, et deux points debout, le signe du pluriel.

P. 100, note 2, fin : *au lieu de* : Chap. VI, § 14, *lire* : p. 203, note 2.

P. 106, note 1, ligne 11, *lire* : chap. I.

P. 181, note 1 : *au lieu de* : § 7, *lire* : § 9.

P. 195, note 3, ligne 1 : *au lieu de* : hoc, *lire* : hæc.

P. 216, note 3, ligne 3 : *au lieu de* : Phil., VII, 300, *lire* : Phil., VII, 309.

P. 280, note de la p. 279, ligne 5, *ajouter* : Cf. p. 165, note 2.

P. 280, note 2, ligne 3 : *au lieu de* : 10 déc. 1705, *lire* : 14 déc. 1705.

P. 353, note 3 : *au lieu de* : **Phil.**, VIII, C, 97, *lire* : **Phil.**, VII, C, 97.

P. 363, note 3, 2° ligne du bas : *au lieu de* : devient-il, *lire* : revient-il.

P. 419, ligne 11 : *au lieu de* : ABC = DEF, *lire* : ABC ≡ DEF.

TABLE DES MATIÈRES

Préface.. VII
Avertissement... XIII

CHAPITRE I

LA SYLLOGISTIQUE

1. Opinion de Leibniz sur la Logique classique....................... 1
2. Théorie du syllogisme d'Hospinianus................................ 2
3. Les 12 modes simples.. 4
4. Les 24 modes figurés... 5
5. Réduction des modes à la 1re figure.......................... 8
6. Subalternation et conversion.. 9
7. Réduction par régression.. 12
8. Point de vue de la compréhension.................................... 14
9. Tous les modes déduits des 5 universels............................ 15
10. Remarques sur le tableau des 24 modes.............................. 17
11. Les 9 modes imparfaits.. 18
12. Principes des modes universels..................................... 19
13. Discussion de ces principes.. 21
14. Extension et compréhension... 23
15. Quantification implicite du prédicat............................... 24
16. Schèmes des propositions en extension.............................. 25
17. Schèmes des syllogismes en extension............................... 28
18. Schèmes des propositions en compréhension.......................... 30
19. Schèmes des syllogismes en compréhension........................... 31

CHAPITRE II

LA COMBINATOIRE

1. Idée première de la Combinatoire................................... 33
2. L'Alphabet des pensées humaines..................................... 34
3. Le *De Arte combinatoria*... 35
4. Les précédents : Raymond Lulle, etc................................. 36
5. Critique de Lulle. Autres précurseurs............................... 38
6. Analyse et classification des concepts.............................. 39
7. Trouver tous les prédicats d'un sujet donné........................ 41

8. Trouver tous les sujets d'un prédicat donné....................	43
9. Trouver les prédicats ou sujets particuliers d'un terme donné..........	44
10. Trouver les sujets ou prédicats négatifs d'un terme donné..........	44
11. Trouver tous les moyens termes propres à prouver une conclusion donnée...	46
12. Jugements postérieurs de Leibniz sur le *De Arte combinatoria*, et nouveaux projets..	48

CHAPITRE III

LA LANGUE UNIVERSELLE

1. Les projets antérieurs.......................................	51
2. Le projet du *De Arte combinatoria*.............................	54
3. Projets contemporains.......................................	55
4. Idées de Descartes sur le sujet................................	56
5. Projets de Wilkins et Dalgarno................................	57
6. Jugement de Leibniz sur ces projets............................	59
7. Principe de la Caractéristique.................................	61
8. Projet de grammaire rationnelle................................	63
9. Le latin comme intermédiaire..................................	65
10. Simplification de la grammaire................................	67
11. Les flexions et les particules..................................	68
12. Réduction des parties du discours..............................	70
13. Analyse des particules.......................................	71
14. Analyse des flexions...	72
15. Analyse grammaticale des relations.............................	73
16. Analyse des concepts par la définition..........................	76
17. La langue philosophique n'est pas un calcul.....................	78
18. Caractéristique et Encyclopédie................................	79

CHAPITRE IV

LA CARACTÉRISTIQUE UNIVERSELLE

1. La Caractéristique doit être *réelle*............................	81
2. Algèbre et Calcul infinitésimal.................................	83
3. Utilité d'une bonne caractéristique.............................	85
4. Conditions exigées des caractères..............................	87
5. Analogie avec la méthode cartésienne..........................	89
6. Supériorité sur la méthode cartésienne.........................	94
7. Critique du doute méthodique de Descartes.....................	95
8. La Logique juge des controverses...............................	96
9. Utilité du calcul logique......................................	98
10. Le calcul remplace le raisonnement............................	101
11. Réfutation du nominalisme....................................	103
12. Application aux mathématiques................................	105
13. Importance des signes naturels................................	107
14. Divers projets de caractéristique : les nombres.................	110
15. Les figures géométriques.....................................	113
16. Les mécanismes...	115
17. La Caractéristique n'a jamais été réalisée......................	117

CHAPITRE V

L'ENCYCLOPÉDIE

1. Premiers travaux : la Logique du Droit 119
2. Philosophie du Droit : refonte des codes 120
3. Application de la Logique aux questions morales 122
4. Projet des *Semestria literaria* (1668-1669) 123
5. Premiers plans de compilations encyclopédiques 125
6. Plans de 1676 : *Société philadelphique* 126
7. Plans de 1678-1679 127
8. Le *De Rerum Arcanis* 129
9. Le *Plus Ultra* 131
10. Les préliminaires du *Plus Ultra* 134
11. *Initia et Specimina Scientiæ generalis* 138
12. Démarches auprès d'Oldenburg et de Galloys 142
13. Nouvelles démarches à la Société Royale 143
14. Mémoires adressés à Louis XIV 145
15. Satire de la République des Lettres 149
16. Plan de l'Encyclopédie démonstrative 150
17. Les sciences rationnelles 152
18. Les sciences expérimentales 154
19. Les arts et métiers 155
20. L'histoire 157
21. Les *Éléments de Philosophie* 162
22. Histoire du « vœu » de Leibniz 164
23. Recueils de définitions 168
24. Tables de définitions (1702-1704) 170
25. Projet d'encyclopédie dans les *Nouveaux Essais* 172
26. Projet présenté à Pierre le Grand 173

CHAPITRE VI

LA SCIENCE GÉNÉRALE

1. Art de juger et art d'inventer 176
2. Analyse et synthèse 178
3. Développement de la méthode cartésienne 179
4. Analyse des vérités 182
5. La démonstration repose sur les définitions 184
6. Et sur les axiomes identiques 186
7. Définitions nominales et réelles 188
8. Exemple des Géomètres 190
9. Trouver la définition la plus parfaite 192
10. Criterium de l'idée vraie 194
11. Critique de l'argument ontologique 195
12. Théorie des idées claires, distinctes, adéquates 197
13. Analyse des idées 200
14. Critique de la méthode cartésienne 201
15. Démonstration des axiomes 203
16. Principe de la substitution des équivalents 205
17. Toute vérité est analytique 208
18. Vérités de raison et vérités de fait 210
19. Principe de raison et principe de contradiction 213
20. Rapport des deux principes et des deux ordres de vérités 216
21. Vérités nécessaires et contingentes 217

22. Contingence des lois de la nature........................... 221
23. Théorie des possibles et des compossibles.................. 224
24. Principes de symétrie et des indiscernables................ 227
25. Principe de la simplicité des lois de la nature............ 229
26. Principe de continuité ou de l'ordre général............... 233
27. Principes mathématiques et principes métaphysiques......... 237
28. Logique des probabilités.................................. 239
29. Théorie mathématique des jeux............................. 242
30. Principes du Calcul des probabilités...................... 244
31. Rôle de la Logique des probabilités....................... 248
32. Degrés de détermination des problèmes..................... 250
33. Exemples tirés de l'Algèbre et de la Géométrie............ 252
34. Analogie de la Cryptographie.............................. 254
35. Rôle de l'expérience dans les sciences.................... 255
36. Théorie des vérités premières empiriques.................. 257
37. Théorie de l'induction empirique.......................... 261
38. Rôle de la déduction dans les sciences expérimentales..... 264
39. Théorie de l'analyse de Pappus............................ 265
40. Théorie de l'hypothèse.................................... 266
41. La méthode expérimentale est la déduction................. 269
42. La Caractéristique et l'Art d'inventer.................... 272
43. L'Art d'inventer et le Calcul des probabilités............ 273
44. L'Art d'inventer dans les sciences techniques et pratiques 276
45. Logique, Mathématique et Métaphysique..................... 278

CHAPITRE VII

LA MATHÉMATIQUE UNIVERSELLE

1. Analogie formelle entre la Logique et la Mathématique..... 283
2. L'Algèbre subordonnée à la Combinatoire................... 285
3. Conception de la Combinatoire............................. 288
4. Division capitale de la Mathématique...................... 290
5. L'Algèbre n'est pas la méthode universelle................ 293
6. La Combinatoire est l'Art d'inventer...................... 294
7. Le nouveau *De Arte combinatoria*......................... 297
8. Relations de grandeur..................................... 300
9. Relations d'identité et d'inclusion....................... 303
10. Relations de détermination............................... 307
11. Congruence, égalité, similitude.......................... 310
12. Axiomes communs à ces relations.......................... 312
13. Axiomes propres à ces relations.......................... 314
14. La Mathématique se réduit à la Logique................... 317
15. La Logique se réduit à la Mathématique................... 318
16. Idée de l'Algèbre universelle............................ 319

CHAPITRE VIII

LE CALCUL LOGIQUE

1. La multiplication logique, commutative.................... 323
2. Le système des nombres caractéristiques (1679)............ 326
3. Traduction des propositions A, E, I, O.................... 327
4. Traduction de la négation................................. 329
5. Nouvelle traduction des propositions A, E, I, O........... 330
6. Conversions et subalternation............................. 332

7. Défauts du système... 333
8. Système fondé sur l'inclusion logique........................ 335
9. *Specimen Calculi universalis* : principes.................... 336
10. Règles de composition et de décomposition.................... 339
11. *Ad Specimen Calculi universalis Addenda*.................... 341
12. Essai de Calcul des alternatives............................. 343
13. *Generales Inquisitiones* de 1686 : principes................ 344
14. Théorie du syllogisme....................................... 347
15. Divers essais de traduction des propositions A, E, I, O...... 349
16. Analogie des propositions catégoriques et hypothétiques..... 354
17. Fragments d'août 1690....................................... 358
18. *Difficultates Logicæ*...................................... 358
19. Addition au point de vue de l'extension..................... 361
20. *Non inelegans Specimen* : axiomes et définitions........... 364
21. Démonstration du principe du syllogisme..................... 367
22. Règles de composition des inclusions........................ 371
23. Sens de l'inclusion : inclusion des compréhensions.......... 373
24. Sens de l'addition : addition des compréhensions............ 375
25. Théorie de la soustraction.................................. 376
26. Propriétés de la soustraction............................... 377
27. Théorie des compensations................................... 381
28. Théorèmes relatifs à la soustraction........................ 383
29. Résumé et conclusion.. 385

CHAPITRE IX

LE CALCUL GÉOMÉTRIQUE

1. L'*Essai* de 1679.. 388
2. Correspondance avec Huygens.................................. 391
3. Correspondance avec L'Hospital............................... 394
4. Opuscules relatifs au Calcul géométrique..................... 396
5. Défauts de l'Algèbre et de la Géométrie analytique........... 398
6. Défauts de la Géométrie synthétique.......................... 401
7. Avantages d'une analyse proprement géométrique............... 403
8. *Analysis situs*... 405
9. Définitions de la situation, du point et de l'espace......... 407
10. Description des figures par points et par lignes............ 409
11. Théorie de la similitude.................................... 410
12. Définitions de la droite et du plan par l'idée de similitude.. 413
13. Autres définitions, par les idées de section et de mouvement.. 415
14. Définitions fondées sur l'idée de congruence................ 417
15. Définitions de la sphère et du cercle....................... 418
16. Définition de la droite..................................... 420
17. Critique de la définition de la droite d'Euclide............ 421
18. Définition du plan, des intersections....................... 423
19. Autre définition de la droite............................... 424
20. Remarques critiques... 427

CONCLUSION.. 431

APPENDICES

APPENDICE I

PRÉCIS DE LOGIQUE CLASSIQUE

1. Le jugement universel affirmatif.. 443
2. Les quatre espèces de propositions... 444
3. Règles des oppositions.. 445
4. Règles des conversions... 446
5. Règles du syllogisme relatives aux termes....................................... 447
6. Règles du syllogisme relatives aux propositions................................. 448
7. Règles des figures du syllogisme.. 450
8. Réduction des modes... 453
9. Réduction à l'absurde ou *régression*... 453
10. Justification de la IVe figure...................................... 454

APPENDICE II

LEIBNIZ ET HOBBES
LEUR LOGIQUE, LEUR NOMINALISME

1. Citation de Hobbes dans le *De Arte combinatoria*............................... 457
2. Le raisonnement est un calcul... 458
3. Conception de l'addition logique de Hobbes...................................... 459
4. Nominalisme et syllogisme... 460
5. Opinion de Hobbes sur la méthode mathématique................................... 461
6. Rapports de Leibniz avec Hobbes... 462
7. Leibniz combat le matérialisme de Hobbes.. 463
8. Leibniz cartésien ou aristotélicien?.. 464
9. Leibniz et la physique de Hobbes.. 465
10. Leibniz et le nominalisme de Hobbes.. 466
11. Critique du nominalisme par Leibniz.. 468
12. Le nominalisme apparent de Leibniz... 470
13. Le nominalisme réel de Leibniz... 471

APPENDICE III

SUR QUELQUES INVENTIONS MATHÉMATIQUES DE LEIBNIZ QUI SE RAPPORTENT A LA COMBINATOIRE ET A LA CARACTÉRISTIQUE

1. L'Arithmétique binaire.. 473
2. Symbole métaphysique; interprétation des caractères de Fohi..................... 474
3. Périodicité des colonnes dans les séries de nombres............................. 475
4. Périodicité prétendue de π et des nombres premiers.......................... 477
5. Tables ou Canons algébriques.. 478
6. Différence de l'Arithmétique et de l'Algèbre.................................... 480
7. Notation des coefficients au moyen de nombres fictifs........................... 481
8. Élimination dans les équations du 1er degré......................... 482
9. Règle des déterminants. La preuve par 9... 483
10. Résolution des équations du 1er degré (*règle de Cramer*)......... 484
11. Élimination dans les équations de degrés supérieurs............................ 485

12. Multiplication des polynomes. Homogénéité symbolique............... 487
13. Division des polynomes... 489
14. Méthode des coefficients indéterminés (*théorème de De Moivre*)......... 491
15. Notation des *formes* algébriques...................................... 491
16. Tables pour le calcul des formes et la résolution des équations....... 493
17. Formule du binome; puissances d'un polynome.......................... 494
18. Analogie du binome et des différentielles............................ 497
19. Théorèmes de divisibilité tirés de la Combinatoire................... 498
20. Démonstration du théorème de Fermat.................................. 499

APPENDICE IV

SUR LEIBNIZ FONDATEUR D'ACADÉMIES

1. *Semestria literaria* (1668).. 501
2. Commissariat des livres.. 503
3. Premier projet de Société encyclopédique............................... 504
4. Projet d'une Société allemande... 505
5. Projet d'une Société philadelphique.................................... 506
6. Projets de 1676-1679... 507
7. Projets soumis aux ducs de Hanovre..................................... 508
8. *Collegium Imperiale historicum* (1688)................................ 511
9. Idée d'un ordre religieux (1693)....................................... 512
10. Avances aux Jésuites.. 513
11. Projet de Société teutophile.. 515
12. Fondation de la Société des Sciences de Berlin (1700)................. 516
13. Fonctions scientifiques de la Société................................. 517
14. Ressources financières de la Société.................................. 518
15. Projet de sériciculture... 520
16. Projet de Société des sciences à Dresde (1704)........................ 522
17. Projet de Société impériale à Vienne (1712)........................... 522
18. Echec : opposition des Jésuites....................................... 524
19. Projets soumis au tsar Pierre le Grand................................ 525
20. Patriotisme et cosmopolitisme de Leibniz.............................. 527

APPENDICE V

SUR LE CALCUL GÉOMÉTRIQUE DE GRASSMANN

1. Principes du *Calcul de l'extension*................................... 529
2. Définitions fondamentales.. 530
3. Égalité et congruence.. 532
4. Multiplication régressive.. 533
5. Applications géométriques et mécaniques................................ 535
6. Comparaison avec le Calcul géométrique de Leibniz..................... 536

NOTES

I.	Sur Thomas BARTON...	539
II.	Sur l'*Ars magna* de Raymond LULLE et d'Athanase KIRCHER........	541
III.	Sur l'*Ars signorum* de DALGARNO.....................................	544
IV.	Sur la Langue philosophique de WILKINS............................	548
V.	Sur le *De Conditionibus* (1665).....................................	552
VI.	Extrait du *De Arte combinatoria* (1666)...........................	554
VII.	*Nova Methodus discendæ docendæque Jurisprudentiæ* (1667).......	561
VIII.	*Specimen demonstrationum politicarum* (1669).....................	562
IX.	*Definitio justitiæ universalis*.....................................	565
X.	Sur la définition de l'amour...	567
XI.	*De utilitate Grammaticæ cylindriaceæ Alberti von Holten*........	570
XII.	*De ratione perficiendi et emendandi Encyclopædiam Alstedii*.....	570
XIII.	*Judicium de scriptis Comenianis*....................................	571
XIV.	Sur Leibniz bibliothécaire...	573
XV.	Sur les « distractions » de Leibniz.................................	574
XVI.	Sur le principe de la moindre action...............................	577
XVII.	Sur la théorie mathématique des jeux...............................	581
XVIII.	Lettre à Eler (10 mai 1716)...	583
XIX.	Lettre à Lange (5 juin 1716)..	584
XX.	Lettre à Kestner (1er juillet 1716).................................	584

Abréviations bibliographiques......................................	585
Table de correspondance entre l'édition Gerhardt et l'édition Erdmann......	587
Index des noms propres...	593
Addenda...	599
Errata..	600
Table des matières...	604

www.ingramcontent.com/pod-product-compliance
Lightning Source LLC
Chambersburg PA
CBHW060401230426
43663CB00008B/1355